（京）新登字 041 号

图书在版编目（CIP）数据

辽宁统计年鉴. 2011/辽宁省统计局编. —北京：
中国统计出版社，2011.9
ISBN 978-7-5037-6363-2

Ⅰ.①辽…
Ⅱ.①辽…
Ⅲ.①统计资料—辽宁省—2011—年鉴
Ⅳ.①C832.31-54
中国版本图书馆 CIP 数据核字（2011）第 187634 号

辽宁统计年鉴—2011

作　　者/ 辽宁省统计局
责任编辑/ 佘竞雄　王立群
责任校对/ 徐　凡
封面设计/ 庄庆芳
出版发行/ 中国统计出版社
通信地址/ 北京市西城区月坛南街 57 号
办公地址/ 北京市丰台区西三环南路甲 6 号
邮　　编/ 100826
电　　话/（010）63376907
E-mail/ yearbook@gj.stats.cn
印　　刷/ 辽宁省统计局印刷厂
经　　销/ 新华书店
开　　本/ 890×1240 毫米　1/16
字　　数/ 1500 千字
印　　张/ 41.375
版　　别/ 2011 年 9 月第 1 版
版　　次/ 2011 年 9 月第 1 次印刷
书　　号/ ISBN 978-7-5037-6363-2/C·2569
定　　价/ 390.00 元

《辽宁统计年鉴》编委会和编辑出版人员

编　辑　委　员　会

主　　编　张　晶

副 主 编　马艳竞　张兆臣　吴惠民　魏红江　姜海波
胡亚军　郑　坚　孙武军

编辑委员　（以姓氏笔划为序）
马建伟　王志坚　王洪奇　毛伟忠　付成忠
乔智媛　李长坤　张建华　张振刚　张旭东
杨万波　郎益芳　郜树威　徐　平

编　辑　工　作　人　员

总 编 辑　张兆臣

副总编辑　张旭东　徐　凡

编辑人员　琚慧敏　刘俭峰　徐蓉蓉　刘锦程

电 子 版 工 作 人 员

监　　制　张　晶

策　　划　张兆臣　孙武军

总体设计　毛伟忠　张旭东

制　　作　李忠诚　徐　凡　王畅泳

责任编辑　王立群

编 者 说 明

一、《辽宁统计年鉴—2011》是一部信息高度密集的大型资料性年刊。本书收录了全省和各市、县、区2010年经济、社会、科技等方面的统计数据，以及重要年份和改革开放以来的主要统计数据。

二、全书分为二十三个部分，即：1. 行政区划和自然资源；2. 综合；3. 国民经济核算；4. 人口；5. 就业人员和职工工资；6. 固定资产投资；7. 能源；8. 财政；9. 物价；10. 人民生活；11. 城市概况；12. 环境保护；13. 农业；14. 工业；15. 建筑业；16. 运输和邮电；17. 国内贸易；18. 对外经济贸易；19. 旅游；20. 金融业；21. 教育和科技；22. 文化、体育、卫生；23. 其他社会活动。另附辽宁省与有关省市经济指标对比及各市、县、区主要经济指标。

三、《年鉴》中所使用的计量单位均采用国际统一标准计量单位。

四、《年鉴》中的资料大部分来自年度统计报表，部分数据使用年度快报数。全国分省资料来自国家统计局出版的有关统计资料。

五、《年鉴》中部分数据的合计数或相对数由于单位取舍不同产生的计算误差均未作机械调整。

六、《年鉴》中凡带续表的资料，如有注解均加在最后一张续表下面，请使用时注意。

七、《年鉴》表中的符号使用说明："…"表示数据不足本表最小单位数；"空格"表示该项统计指标数据不详或无该项数据；"#"表示其中的主要项。

目　　录

CONTENTS

Chapter 5 Employment and Wage

Chapter 6 Investment in Fixed Assets

Chapter 11 General Survey of Cities

Chapter 12 Environment Protection

Chapter 13 Agriculture

Chapter 14 Industry

Chapter 15 Construction

Chapter 16 Transport, Post and Telecommunication Services

Chapter 17 Domestic Trade

Chapter 18 Foreign Trade and Economy Cooperation

Chapter 19 Tourism

Chapter 20 Financial intermediation

Chapter 21 Education, Science and Technology

Chapter 22 Culture, Sports and Public Health

Chapter 23 Others Social Activities

Appendix

第一篇

行政区划和自然资源

1

XINGZHENG QUHUA HE ZIRAN ZIYUAN

1—1 行　政　区　划

（2010 年）　　单位：个

地　区	县级市	县	自治县	区	镇	乡	街道
全　省	**17**	**19**	**8**	**56**	**582**	**322**	**602**
沈　阳	1	3		9	52	28	134
大　连	3	1		6	40	20	101
鞍　山	1	1	1	4	62	3	39
抚　顺		1	2	4	24	23	36
本　溪			2	4	21	5	32
丹　东	2		1	3	59	5	26
锦　州	2	2		3	49	32	34
营　口	2			4	35	3	34
阜　新		1	1	5	34	31	30
辽　阳	1	1		5	30	7	24
盘　锦		2		2	26	3	27
铁　岭	2	3		2	57	32	14
朝　阳	2	2	1	2	59	72	36
葫芦岛	1	2		3	34	58	35

1—2 县区一览表

地　　区	县(市)	区
沈　　阳	新民市、辽中县、康平县、法库县	和平、沈河、大东、皇姑、铁西、东陵、苏家屯、沈北新区、于洪
大　　连	瓦房店市、普兰店市、庄河市、长海县	中山、西岗、沙河口、甘井子、旅顺口、金州
鞍　　山	海城市、台安县、岫岩县(满)	铁东、铁西、立山、千山
抚　　顺	抚顺县、新宾县(满)、清原县(满)	新抚、东洲、望花、顺城
本　　溪	本溪县(满)、桓仁县(满)	平山、溪湖、明山、南芬
丹　　东	东港市、凤城市、宽甸县(满)	元宝、振兴、振安
锦　　州	凌海市、北镇市、义县、黑山县	古塔、凌河、太和
营　　口	大石桥市、盖州市	站前、西市、老边、鲅鱼圈
阜　　新	阜新县(蒙)、彰武县	海州、新邱、太平、细河、清河门
辽　　阳	辽阳县、灯塔市	白塔、文圣、宏伟、弓长岭、太子河
盘　　锦	盘山县、大洼县	双台子、兴隆台
铁　　岭	调兵山市、开原市、铁岭县、西丰县、昌图县	银州、清河
朝　　阳	北票市、凌源市、朝阳县、建平县、喀左县(蒙)	双塔、龙城
葫 芦 岛	兴城市、绥中县、建昌县	连山、南票、龙港

1—3 自然状况及资源

指　　标	2010年	指　　标	2010年
一、自然状况		三、海洋、水产资源	
1.经纬度		海岸线总长度	2 738公里
东　经	118°53′～125°46′	大陆岸线长度	2 110公里
北　纬	38°43′～43°26′	岛屿岸线长度	628公里
2.气　候		海水养殖面积	762.101千公顷
平均降水量	966.6毫米	滩涂面积	139.019千公顷
平均气温	8.0摄氏度	海上面积	547.225千公顷
平均日照时数	2 332.9小时	陆基面积	75.857千公顷
二、土地资源		内陆水域养殖面积	198.066千公顷
土地总面积	14.8万平方公里	水库面积	103.363千公顷
山　地	8.6万平方公里	池塘面积	52.370千公顷
平　地	4.9万平方公里	其他面积	42.333千公顷
其　他	1.3万平方公里	四、水资源	
农业用地面积	1 123.0万公顷	省内流域面积	14.55万平方公里
1.耕地面积	408.5万公顷	#辽　河	6.35万平方公里
2.园地面积	59.7万公顷	鸭绿江	1.66万平方公里
3.林地面积	569.9万公顷	沿海诸河	5.75万平方公里
4.牧草地面积	34.9万公顷	地表水:	
5.其他农业用地	50.0万公顷	河川径流量	554.00亿立方米
建设用地面积	139.1万公顷	#辽　河	231.83亿立方米
1.居民点和工矿用地面积	115.2万公顷	鸭绿江	182.48亿立方米
2.交通用地面积	9.1万公顷	沿海诸河	134.17亿立方米
3.水利设施用地	14.8万公顷	地下水:	
未利用地面积	218.5万公顷	资源量	146.75亿立方米
		水资源总量	606.66亿立方米

注:本表土地资源数据,由于第二次国土资源调查数据国土资源部没有确定,故仍为2008年数据。

1—4 主要城市平均气温

(2010年)　　单位:摄氏度

城　　市	1月	2月	3月	4月	5月	6月	7月	8月	9月	10月	11月	12月	年平均
沈　　阳	-12.6	-9.2	-1.6	6.4	16.4	23.0	24.5	22.8	17.6	8.3	1.0	-9.7	7.2
大　　连	-5.8	-2.7	1.0	7.7	15.3	19.7	24.6	23.8	20.0	12.8	7.4	-0.8	10.2
鞍　　山	-8.9	-5.3	0.2	7.9	17.9	24.0	25.8	24.5	19.5	11.2	4.3	-5.7	9.6
抚　　顺	-13.2	-10.1	-2.6	5.7	16.0	22.5	24.0	22.4	17.0	7.9	-0.4	-11.3	6.5
本　　溪	-11.6	-8.0	-1.5	6.2	16.1	22.4	24.4	23.0	17.7	8.9	1.6	-8.4	7.6
丹　　东	-8.5	-3.9	0.9	7.0	14.8	20.9	24.0	23.5	19.4	10.7	2.8	-5.9	8.8
锦　　州	-9.1	-5.1	0.3	8.0	16.9	22.9	25.5	24.2	19.6	10.8	4.2	-5.6	9.4
营　　口	-9.8	-5.7	-0.2	7.2	16.0	21.8	25.5	24.1	19.4	10.9	4.5	-5.2	9.0
阜　　新	-11.8	-8.5	-2.0	6.6	16.7	23.2	24.3	22.7	16.9	8.0	0.6	-9.4	7.3
辽　　阳	-10.5	-6.4	-0.4	7.2	17.3	23.6	25.2	23.6	18.6	9.7	2.8	-7.5	8.6
盘　　锦	-10.3	-6.5	-0.7	6.7	16.2	22.6	24.8	23.4	18.5	10.0	3.2	-6.7	8.4
铁　　岭	-12.1	-9.2	-2.3	6.3	16.9	23.7	24.2	22.7	17.7	8.9	1.2	-9.4	7.4
朝　　阳	-11.6	-6.7	0.0	8.0	17.9	23.1	25.0	23.2	17.5	8.9	2.3	-6.6	8.4
葫 芦 岛	-9.2	-5.7	-0.1	7.5	16.3	21.6	24.8	23.4	18.7	9.9	3.8	-5.0	8.8

1—5 主要城市平均相对湿度

（2010 年）

单位:%

城市	1月	2月	3月	4月	5月	6月	7月	8月	9月	10月	11月	12月	年平均
沈阳	66	63	57	59	69	66	86	88	81	74	71	68	71
大连	66	63	59	58	72	80	88	89	83	70	65	63	71
鞍山	61	54	52	57	65	63	82	79	73	60	54	54	63
抚顺	66	64	61	61	69	68	87	88	84	75	78	76	73
本溪	64	61	54	56	62	66	82	83	80	69	65	65	67
丹东	63	56	56	64	75	77	88	91	83	71	68	64	71
锦州	54	48	47	51	67	63	81	79	67	63	56	45	60
营口	70	65	59	65	75	77	82	83	78	69	64	61	71
阜新	61	49	48	50	66	57	85	82	74	66	64	58	63
辽阳	63	57	55	57	65	62	82	81	77	68	63	63	66
盘锦	66	60	57	63	74	72	86	86	76	70	66	59	70
铁岭	61	58	56	57	65	61	85	86	78	68	66	63	67
朝阳	55	41	40	45	60	61	85	80	73	64	52	41	58
葫芦岛	58	54	52	55	71	71	85	84	73	68	59	48	65

1—6 主要城市降水量

(2010 年)

单位:毫米

城　　市	1月	2月	3月	4月	5月	6月	7月	8月	9月	10月	11月	12月	全年
沈　　阳	11.6	26.2	30.6	72.7	134.8	35.5	149.1	356.9	56.0	52.4	87.1	23.7	1 036.6
大　　连	4.5	7.4	22.3	36.3	81.3	61.0	46.6	267.5	83.8	64.6	5.1	4.2	684.6
鞍　　山	12.4	19.6	29.4	66.8	125.1	30.9	165.9	424.4	84.0	31.0	78.9	31.8	1 100.2
抚　　顺	8.3	35.6	34.2	82.3	133.3	68.1	234.7	346.5	61.6	46.9	73.5	23.6	1 148.6
本　　溪	7.2	19.1	36.3	84.4	94.8	94.7	213.8	465.4	93.7	40.3	77.4	32.7	1 259.8
丹　　东	5.1	19.9	57.5	54.1	124.8	38.2	166.4	357.9	92.5	59.7	60.2	20.0	1 056.3
锦　　州	3.8	8.3	13.5	45.9	104.2	38.8	163.7	250.0	80.8	76.3	23.4	0.6	809.3
营　　口	3.1	5.3	17.1	49.7	96.3	31.7	271.9	369.0	81.5	63.0	35.1	5.6	1 029.3
阜　　新	4.4	0.6	9.1	33.8	85.7	38.3	167.8	182.3	54.7	73.5	34.9	4.8	689.9
辽　　阳	6.8	20.8	27.5	73.6	135.6	40.2	181.0	318.7	80.3	28.0	73.1	31.2	1 016.8
盘　　锦	3.9	20.5	11.0	48.9	116.6	32.3	325.3	196.3	78.7	69.4	15.9	1.5	920.3
铁　　岭	4.1	19.4	33.2	74.1	134.4	30.7	556.7	236.0	48.3	45.5	59.4	23.8	1 265.6
朝　　阳	7.1	0.2	10.6	41.7	90.3	40.8	172.4	96.8	118.0	88.6	17.1	0.1	683.7
葫 芦 岛	3.9	2.6	12.0	41.2	99.0	27.3	181.4	309.5	69.5	80.6	0.1	0.2	827.3

1—7 主要城市日照时数

(2010 年)　　单位:小时

城　市	1月	2月	3月	4月	5月	6月	7月	8月	9月	10月	11月	12月	全　年
沈　阳	183.9	183.0	229.4	182.7	212.6	260.5	126.9	195.5	189.3	195.2	141.9	174.3	2 275.2
大　连	195.9	154.2	229.5	235.1	247.1	249.1	168.8	134.1	172.5	233.6	167.0	173.0	2 359.9
鞍　山	200.4	186.0	253.9	211.1	229.5	288.9	173.7	215.2	213.3	214.8	193.4	171.6	2 551.8
抚　顺	170.3	183.4	224.1	187.5	217.6	280.2	160.9	198.8	191.6	188.4	137.3	149.6	2 289.7
本　溪	196.4	181.7	248.6	189.2	225.1	279.4	174.2	196.0	194.6	220.9	184.0	184.2	2 474.3
丹　东	175.5	147.0	183.9	159.6	171.8	234.6	145.4	135.3	176.8	246.5	150.7	164.9	2 092.0
锦　州	182.6	193.1	242.2	221.1	211.7	259.2	125.3	206.6	216.3	213.8	200.0	169.2	2 441.1
营　口	184.9	164.8	224.0	185.9	190.6	237.9	100.9	173.4	185.8	218.2	178.6	161.9	2 206.9
阜　新	160.3	185.7	222.0	185.8	187.9	268.8	139.8	232.9	230.2	220.6	187.1	145.7	2 366.8
辽　阳	183.2	155.9	219.6	181.1	186.3	238.3	109.7	178.6	176.7	182.4	152.8	146.6	2 111.2
盘　锦	200.3	212.5	258.9	228.6	234.2	294.4	160.9	213.8	227.3	193.6	179.1	179.5	2 583.1
铁　岭	188.3	183.5	230.1	190.5	206.7	259.1	140.3	182.8	202.7	193.3	147.0	158.4	2 282.7
朝　阳	166.3	178.6	209.6	223.0	208.6	278.0	150.2	235.3	225.7	218.6	184.6	160.7	2 439.2
葫芦岛	163.7	170.2	223.9	213.4	199.5	230.1	109.4	178.1	187.3	193.0	180.5	168.1	2 217.2

主要统计指标解释

森林面积 指生长着乔木和竹林,郁闭度在0.3以上(不包括0.3)的林地面积,即有林地面积。它是反映森林资源总面积的重要指标。森林面积包括天然林面积和人工林面积。但不包括灌木林地和疏林面积。

森林覆盖率 通常是指森林面积占土地总面积之比,一般用百分数表示。但国家规定在计算森林覆盖率时,森林面积还包括灌木林面积、农田林网树占地面积以及四旁树木的覆盖面积。森林覆盖率,是反映一个国家或地区森林资源和绿化水平的重要指标。计算公式:

$$森林覆盖率(\%)=\frac{森林面积}{土地总面积}\times 100\%$$

活立木总蓄积量 指全部土地上树木蓄积的总量。包括森林蓄积、疏林蓄积、散生木蓄积和四旁树蓄积。

森林蓄积量 指森林面积上生长着的林木树干材积总量。它是反映一个国家或地区森林资源总规模和水平的重要指标。

草地面积 指牧区和农区用于放牧牲畜或割草,植被盖度在5%以上的草原、草坡、草山等面积。包括天然的和人工种植或改良的草地面积。

矿产保有储量 指探明的矿产储量(包括工业储量和远景储量)扣除已开采部分和地下损失量后的年底实有储量。它反映全省矿产资源的现状。

第二篇

综合 2

ZONGHE

2—1 全省法人、产业活动单位数

单位:个

行业、类型	法人单位数			产业活动单位数	
	合计	单产业法人单位	多产业法人单位	合计	多产业法人单位所属的产业活动单位数
总计	**368 996**	**358 653**	**10 331**	**427 032**	**68 379**
按行业分					
农、林、牧、渔业	11 087	11 025	60	11 816	791
采矿业	5 826	5 772	54	6 025	253
制造业	89 489	88 555	928	90 839	2 284
电力、燃气及水的生产和供应业	1 766	1 653	113	2 781	1 128
建筑业	18 582	18 061	520	20 438	2 377
交通运输、仓储和邮政业	10 269	9 965	304	12 924	2 959
信息传输、计算机服务和软件业	8 714	8 568	146	11 444	2 876
批发和零售业	88 529	86 854	1 673	100 788	13 934
住宿和餐饮业	5 951	5 773	178	6 837	1 064
金融业	2 069	1 576	493	11 040	9 464
房地产业	13 817	13 500	317	14 601	1 101
租赁和商务服务业	24 651	24 307	344	27 244	2 937
科学研究、技术服务和地质勘查业	12 729	12 569	159	13 930	1 361
水利、环境和公共设施管理业	2 964	2 899	65	3 403	504
居民服务和其他服务业	6 646	6 568	78	7 946	1 378
教育	11 420	10 368	1 052	17 586	7 218
卫生、社会保障和社会福利业	10 117	9 784	333	13 892	4 108
文化、体育和娱乐业	3 788	3 726	62	4 299	573
公共管理和社会组织	40 581	37 129	3 452	49 198	12 069
按登记注册类型分					
内资企业	359 169	349 193	9 964	413 844	64 651
国有企业	48 713	44 553	4 159	74 224	29 671
集体企业	20 358	19 518	840	26 971	7 453
股份合作企业	3 984	3 873	111	5 593	1 720
联营企业	493	487	6	596	109
国有联营企业	83	82	1	112	30
集体联营企业	205	204	1	240	36
国有与集体联营企业	65	63	2	85	22
其他联营企业	140	138	2	159	21
有限责任公司	41 674	40 720	952	46 362	5 642
国有独资公司	500	442	58	943	501
其他有限责任公司	41 174	40 278	894	45 419	5 141
股份有限公司	4 787	4 374	413	10 945	6 571
私营企业	201 121	199 146	1 966	207 321	8 175
私营独资企业	77 168	76 789	374	78 498	1 709
私营合伙企业	5 698	5 647	51	5 819	172
私营有限责任公司	110 775	109 309	1 462	115 110	5 801
私营股份有限公司	7 479	7 400	79	7 893	493
其他企业	38 039	36 522	1 517	41 832	5 310
港、澳、台商投资企业	2 196	2 086	110	3 464	1 378
合资经营企业(港或澳、台资)	1 062	1 025	37	1 266	241
合作经营企业(港或澳、台资)	106	102	4	130	28
港、澳、台商独资经营企业	926	864	62	1 600	736
港、澳、台商投资股份有限公司	102	95	7	468	373
外商投资企业	7 629	7 372	257	9 713	2 341
中外合资经营企业	3 219	3 117	102	3 583	466
中外合作经营企业	355	345	10	410	65
外资企业	3 828	3 698	130	5 231	1 533
外商投资股份有限公司	227	212	15	489	277

注:该数据最终认定结果可能有所变化。

2—2 平均每天主要社会经济活动

指 标	单 位	2000年	2005年	2006年	2007年	2008年	2009年	2010年
一、全省每天创造财富								
地区生产总值(现价)	亿元	12.79	22.05	25.49	30.59	37.45	41.68	50.57
农业总产值	亿元	2.65	4.58	5.04	5.83	6.79	7.41	8.51
地区财政收入	亿元	2.28	5.17	6.39	8.64	10.18	12.64	18.43
地方财政一般预算收入	亿元	0.81	1.85	2.24	2.97	3.72	4.36	5.49
布	万米	137	156	148	211	129	137	197.26
纸及纸板	万吨	0.2	0.2	0.2	0.2	0.2	0.2	0.2
卷 烟	亿支	630.0	1 257.0	1 310.0	1 399.0	0.7	0.7	0.7
啤 酒	万升	4 101.0	5 058.0	5 490.0	6 329.0	643.8	676.7	679.5
原 煤	万吨	12.21	17.52	20.18	17.39	17.57	18.15	18.20
发电量	亿千瓦小时	1.77	2.48	2.78	3.05	3.12	3.18	3.55
原 油	万吨	3.84	3.45	3.36	3.31	3.29	2.74	2.60
钢	万吨	4.26	8.38	10.14	11.34	11.15	13.10	14.25
水 泥	万吨	5.36	7.34	9.15	10.67	11.16	12.89	13.11
二、全省每天消费量								
城乡居民消费总额	万元	50 619.2	82 164.4	94 098.6	110 413.7	134 726.0	159 249.3	186 564.4
每人平均消费额	元	12.3	19.7	22.4	26.2	31.8	37.5	43.9
三、其他经济活动量								
货物运输总量	万吨	229.05	267.80	299.01	330.43	347.78	382.30	447.41
旅客运输总量	万人	141.25	166.02	176.83	195.38	248.57	263.48	280.11
港口货物吞吐量	万吨	37.44	82.76	97.72	114.01	133.61	152.09	186.17
房屋建筑竣工面积	万平方米	14.25	22.40	28.06	30.90	35.37	34.88	37.27
#住 宅	万平方米	10.74	13.05	16.33	16.96	18.85	19.60	20.56
邮寄函件	万件	46.58	34.15	27.23	22.66	22.82	20.51	21.92
四、人口变动和婚姻								
出 生	人	1 204	899	893	951	917	883	1 020
死 亡	人	761	667	630	672	756	797	1 272
结 婚	对	747	704	847	792	880	1 047	894
离 婚	对	97	218	211	236	253	277	277

注:2007年及以前卷烟产量的计量单位为万箱、啤酒产量的计量单位为万吨。

2—3 国民经济和社会

指标	单位	总量指标					
		2000年	2005年	2007年	2008年	2009年	2010年
人口与就业							
人口							
年底总人口	万人	4 135.3	4 189.2	4 231.7	4 246.1	4 256.0	4 251.7
男性人口	万人	2 103.3	2 123.4	2 141.5	2 146.9	2 149.9	2 144.7
女性人口	万人	2 032.0	2 065.8	2 090.2	2 099.2	2 106.1	2 107.0
就业							
从业人员数	万人	2 052.0	2 120.3	2 180.7	2 198.2	2 277.1	2 317.5
#职工人数	万人	826.5	609.6	582.4	585.6	572.1	572.8
城镇登记失业人数	万人	40.8	60.4	44.5	39.0	41.6	39.5
宏观经济							
地区生产总值(现价)	**亿元**	4 669.1	8 047.3	11 164.3	13 668.6	15 212.5	18 457.3
第一产业	亿元	503.4	882.4	1 133.4	1 302.0	1 414.9	1 631.1
第二产业	亿元	2 344.4	3 953.3	5 853.1	7 512.1	7 906.3	9 976.8
第三产业	亿元	1 821.2	3 173.3	4 037.0	4 647.5	5 891.3	6 849.4
人均地区生产总值	**元**	11 177	19 074	26 054	31 736	35 239	42 355
固定资产投资							
全社会固定资产投资总额	亿元	1 267.7	4 234.1	7 435.2	10 019.1	12 292.6	16 043.0
#国有经济	亿元	649.4	1 245.5	2 051.4	2 496.8	2 845.6	3 875.5
集体经济	亿元	154.1	526.3	278.7	442.1	480.7	504.4
私营个体	亿元	149.1	819.8	2 091.6	3 140.7	4 108.3	5 437.5
财政							
地方财政一般预算收入	亿元	295.6	675.3	1 082.7	1 356.1	1 591.2	2 004.8
地方财政一般预算支出	亿元	518.1	1 204.4	1 764.3	2 153.4	2 682.4	3 195.8
物价总指数(上年=100)							
商品零售价格总指数	%	98.4	100.1	104.4	105.3	99.8	103.2
居民消费价格总指数	%	99.9	101.4	105.1	104.6	100.0	103.0
利用外资							
签订利用外资协议额	亿美元	55.6	110.2	207.8	203.0	281.8	256.4
实际外商直接投资额	亿美元	25.5	35.9	91.0	120.2	154.4	207.5
产业							
农业							
耕地面积	千公顷	4 164.2	3 655.2	4 085.2	4 085.3		
乡村从业人员	万人	966.0	1 113.5	1 153.6	1 164.7	1 180.4	1 208.5
农林牧渔业总产值(现价)	亿元	967.4	1 671.6	2 128	2 476.9	2 704.6	3 106.5
主要农产品产量							
粮食	万吨	1 140	1 745.8	1 835	1 860.3	1 591.0	1 765.4
棉花	万吨	0.6	0.3	0.2	0.2	0.1	0.1
油料	万吨	29.6	36.8	26.4	83.5	55.3	99.6
甜菜	万吨	28.7	6.2	5.0	7.5	6.2	4.9
水果	万吨	250.0	329.3	396.1	422.5	477.2	521.6
肉类	万吨	236.1	346.1	348.0	373.3	389.2	406.7
水产品	万吨	361.3	494.9	534.7	429.1	126.8	100.9

注:1. 本表总量指标中的价值量指标除邮电业务总量指标外均按当年价格计算。

2. 本表速度指标中,地区生产总值及三次产业及人均生产总值、农林牧渔业总产值、邮电业务总量指标均按可比价格计算。

发展总量与速度指标

速度指标（%）						
指数(2010为以下各年)					平均增长速度	
2000年	2005年	2007年	2008年	2009年	2001－2005年	2006－2010年
102.8	101.5	100.5	100.1	99.9	0.3	0.3
102.0	101.0	100.1	99.9	99.8	0.2	0.2
103.7	102.0	100.8	100.4	100.0	0.3	0.4
112.9	109.3	106.3	105.4	101.8	0.7	1.8
69.3	94.0	98.4	97.8	100.1	-5.9	-1.2
96.8	65.4	88.8	101.3	95.0	8.2	-8.1
327.4	192.4	146.5	129.2	114.2	11.2	14.0
185.0	128.2	115.9	109.1	105.8	7.6	5.1
380.2	216.2	156.8	135.0	116.8	11.9	16.7
312.7	181.9	140.7	126.1	112.5	11.4	12.7
315.3	186.9	144.4	128.0	113.4	11.0	13.2
1 265.5	378.9	215.8	160.1	130.5	27.3	30.5
596.8	311.2	188.9	155.2	136.2	13.9	25.5
327.3	95.8	181.0	114.1	104.9	27.8	-0.8
3 646.8	663.3	260.0	173.1	132.4	40.6	46.0
678.2	296.9	185.2	147.8	126.0	18.0	24.3
616.8	265.3	181.1	148.4	119.1	18.4	21.6
112.1	114.7	108.5	103.0	103.2	-0.5	2.8
121.0	114.6	107.8	103.0	103.0	1.1	2.8
461.1	232.6	123.4	126.3	91.0	14.7	18.4
813.7	578.0	228.0	172.6	134.4	7.1	42.0
125.1	108.5	104.8	103.8	102.4	2.9	1.7
185.9	129.6	116.5	109.3	105.8	7.5	5.3
154.9	101.1	96.2	94.9	111.0	8.9	0.2
16.7	33.3	50.0	50.0	100.0	-12.9	-19.7
336.5	270.6	377.3	119.3	180.1	4.5	22.0
17.0	78.6	97.5	65.0	78.6	-26.4	-4.7
208.6	158.4	131.7	123.4	109.3	5.7	9.6
172.3	117.5	116.9	108.9	104.5	7.9	3.3
118.8	86.7	80.3	4.7	0.2		

2—3 续表 1

指　　标	单　位	总　量　指　标					
		2000年	2005年	2007年	2008年	2009年	2010年
工　业							
主要工业产品产量							
布	亿米	5	5.7	7.7	4.7	5.0	7.2
机制纸及纸板	万吨	55.2	83.4	87.5	56.9	77.2	88.5
糖	万吨	2.1	1.1	1.4	2.0	5.6	6.1
家用电冰箱	万台	23.1	120.4	134.3	139.3	96.2	87.8
彩色电视机	万台	374.4	550.2	423.2	500.2	441.4	576.9
原　煤	万吨	4 454.9	6 395.0	6 349.1	6 415.5	6 624.2	6 641.6
原　油	万吨	1 401.1	1 261.0	1 207.2	1 199.3	1 000.0	950.0
发电量	亿千瓦小时	645.6	904.2	1 115.0	1 139.0	1 162.5	1 295.1
钢	万吨	1 553.8	3 059.1	4 140.3	4 068.6	4 783.2	5 202.7
成品钢材	万吨	1 443.2	3 235.9	4 364.3	4 285.3	4 943.4	5 669.4
水　泥	万吨	1 954.9	2 680.7	3 893.2	4 074.4	4 704.8	4 785.8
国有及限额以上非国有工业企业财务指标							
固定资产原价	亿元	5 372.8	8 202.5	10 923.0	12 731.7	15 419.8	18 742.1
利润总额	亿元	176.2	356.0	852.7	658.2	1 382.0	2 371.4
建筑业							
建筑业企业人数	万人	96.0	91.7	99.4	109.3	132.6	165.8
建筑业总产值	亿元	598.0	1 482.0	2 100.0	2 505.2	3 384.6	4 690.3
施工房屋面积	万平方米	6 334.9	10 224.9	13 704.3	14 616.8	18 760.5	26 807.0
竣工房屋面积	万平方米	3 547.9	5 111.1	6 051.4	6 707.5	9 228.4	13 003.3
交通运输							
货运量合计	万吨	83 604	97 748	120 615	126 939	139 541	163 303
铁　路	万吨	12 523	14 271	16 552	17 400	18 262	18 622
公　路	万吨	64 515	74 799	90 387	92 938	105 088	127 361
水　运	万吨	3 091	5 730	8 778	9 267	9 651	10 434
管　道	万吨	3 466	2 939	4 887	7 323	6 531	6 876
空　运	万吨	8.9	9.4	11.2	10.4	9.5	10.2

速度指标（%）						
指数(2010为以下各年)					平均增长速度	
2000年	2005年	2007年	2008年	2009年	2001－2005年	2006－2010年
144.0	126.3	93.5	153.2	144.0	2.7	4.8
160.3	106.1	101.1	155.5	114.6	8.6	1.2
290.5	554.5	435.7	305.0	108.9	－12.1	40.9
380.1	72.9	65.4	63.0	91.3	39.1	－6.1
154.1	104.9	136.3	115.3	130.7	8.0	1.0
149.1	103.9	104.6	103.5	100.3	7.5	0.8
67.8	75.3	78.7	79.2	95.0	－2.1	－5.5
200.6	143.2	116.2	113.7	111.4	7.0	7.5
334.8	170.1	125.7	127.9	108.8	14.5	11.2
392.8	175.2	129.9	132.3	114.7	17.5	11.9
244.8	178.5	122.9	117.5	101.7	6.5	12.3
348.8	228.5	171.6	147.2	121.5	8.8	18.0
1 345.8	666.1	278.1	360.3	171.6	15.1	46.1
172.7	180.8	166.8	151.7	125.0	－0.9	12.6
784.3	316.5	223.3	187.2	138.6	19.9	25.9
423.2	262.2	195.6	183.4	142.9	10.0	21.3
366.5	254.4	214.9	193.9	140.9	7.6	20.5
195.3	167.1	135.4	128.6	117.0	3.2	10.8
148.7	130.5	112.5	107.0	102.0	2.6	5.5
197.4	170.3	140.9	137.0	121.2	3.0	11.2
337.6	182.1	118.9	112.6	108.1	13.1	12.7
198.4	234.0	140.7	93.9	105.3	－3.2	18.5
114.6	108.5	91.1	98.1	107.4	1.1	1.6

2—3 续表 2

指标	单位	总量指标					
		2000年	2005年	2007年	2008年	2009年	2010年
客运量合计	万人	51 555	60 599	71 322	90 729	96 172	102 241
铁路	万人	10 174	9 503	10 417	11 958	13 336	13 298
公路	万人	40 385	49 917	59 562	77 510	81 585	87 699
水运	万人	616	650	651	597	543	490
空运	万人	380	529	692	664	708	754
沿海主要港口货物吞吐量	万吨	13 665	30 208	41 613	48 768	55 513	67 952
邮电通信业							
邮电业务总量	亿元	242.6	450.7	706.1	819.7	948.5	1 159.9
函件	亿件	1.7	1.3	0.8	0.8	0.8	0.8
报刊期发数	万份	415	339	330	375.1	356.1	383.7
国内商业							
社会消费品零售总额	亿元	1 847.6	2 999	4 030.1	4 917.5	5 812.6	6 809.6
对外贸易							
进出口总额	亿美元	190.2	410.1	594.7	724.4	629.2	806.7
进口额	亿美元	81.7	175.7	241.5	303.8	294.8	375.5
出口额	亿美元	108.5	234.4	353.3	420.5	334.4	431.2
国际旅游							
接待旅游人数	万人	61.2	130.2	200.1	241.9	293.2	361.8
旅游外汇收入	亿美元	3.8	7.4	12.3	15.3	18.6	22.6
金融							
金融机构各项存款	亿元	5 880.0	11 967.0	15 117.8	18 223.2	22 758.6	27 372.5
金融机构各项贷款	亿元	5 195.6	7 958.1	10 403.9	11 794.6	15 549.6	18 689.8
金融机构现金收入	亿元	14 891.5	29 915.5	42 001.7	39 885.5	41 432.1	47 611.5
金融机构现金支出	亿元	14 891.6	29 943.6	42 064	40 025.4	41 542.8	47 812.0
教育、科技、文化							
教育							
专任教师数							
普通高等学校	万人	2.8	4.4	5.0	5.3	5.6	5.7
中等学校	万人	16.9	17.5	17.5	17.5	17.7	17.7
小学	万人	18.6	16.4	15.4	15.1	15.0	14.7
在校学生数							
普通高等学校	万人	29.8	65.9	77.8	82.0	85.2	88.0
中等学校	万人	253.0	283.6	277.7	273.4	263.1	251.9
小学	万人	344.4	266.6	245.3	236.7	225.6	218.3
科技							
科技活动人数	万人	16.5	18.6	19.1	20.4	23.5	21.9
研究与发展经费支出	亿元	41.7	125.3	166	194.2	241.1	287.5
技术市场成交额	亿元	34.8	86.5	94.0		119.8	130.7

速度指标（%）						
指 数(2010 为以下各年)					平均增长速度	
2000 年	2005 年	2007 年	2008 年	2009 年	2001－2005 年	2006－2010 年
198.3	168.7	143.4	112.7	106.3	3.3	11.0
130.7	139.9	127.7	111.2	99.7	－1.4	7.0
217.2	175.7	147.2	113.1	107.5	4.3	11.9
79.5	75.4	75.3	82.1	90.2	1.1	－5.5
198.4	142.5	109.0	113.6	106.5	6.8	7.3
497.3	224.9	163.3	139.3	122.4	17.2	17.6
478.1	257.4	164.3	141.5	122.3	13.2	20.8
47.1	61.5	100.0	100.0	100.0	－5.2	－9.3
92.5	113.2	116.3	102.3	107.8	－4.0	2.5
368.6	227.1	169.0	138.5	117.2	10.2	17.8
424.1	196.7	135.6	111.4	128.2	16.6	14.5
459.6	213.7	155.5	123.6	127.4	16.5	16.4
397.4	184.0	122.0	102.5	128.9	16.7	13.0
591.2	277.9	180.8	149.6	123.4	16.3	22.7
594.6	305.3	183.7	147.7	121.5	14.3	25.0
465.5	228.7	181.1	150.2	120.3	15.3	18.0
359.7	234.9	179.6	158.5	120.2	8.9	18.6
319.7	159.2	113.4	119.4	114.9	15.0	9.7
321.1	159.7	113.7	119.5	115.1	15.0	9.8
203.6	129.5	114.0	107.5	101.8	9.5	5.3
104.7	101.1	101.1	101.1	100.0	0.7	0.2
79.0	89.6	95.5	97.4	98.0	－2.5	－2.2
295.3	133.5	113.1	107.3	103.3	17.2	6.0
99.6	88.8	90.7	92.1	95.7	2.3	－2.3
63.4	81.9	89.0	92.2	96.8	－5.0	－3.9
132.7	117.7	114.7	107.4	93.2	2.4	3.3
689.4	229.4	173.2	148.0	119.2	24.6	18.1
375.6	151.1	139.0		109.1	20.0	8.6

2—3 续表 3

指标	单位	总量指标					
		2000年	2005年	2007年	2008年	2009年	2010年
家庭、生活、环境							
家庭							
家庭总户数	万户	1 315.3	1 400.2	1 439.3	1 452.7	1 473.3	1 488.8
城镇居民平均每户家庭人口	人	3.1	2.8	2.8	2.7	2.7	2.7
农村居民平均每户家庭人口	人	3.6	3.4	3.3	3.3	3.2	3.18
婚姻							
结婚数	万对	27.3	25.7	28.9	32.1	38.2	32.2
离婚数	万对	3.5	8.0	8.6	9.2	10.1	10.0
居住							
城市居民人均住宅建筑面积	平方米	17.5	22.0	23.7	25.7	26.6	26.9
农村居民人均住房面积	平方米	22.0	25.1	25.7	26.4	27.0	27.3
生活							
城镇居民人均可支配收入	元	5 357.8	9 107.6	12 300.4	14 392.7	15 761.4	17 712.6
农村居民人均纯收入	元	2 355.6	3 690.2	4 773.4	5 576.0	5 958.0	6 908.0
城乡储蓄存款余额	亿元	3 779.6	6 950.2	8 063.0	10 127.3	12 030.9	13 690.3
工资和福利							
工资总额	亿元	553.1	862.9	1 143	1 396.4	1 552.5	1 771.8
在岗职工平均工资	元	8 811	17 331	23 202	27 729	31 104	35 057
卫生							
医疗机构数	个	6 451	3 457	3 694	3 701	3 711	3 879
医生	万人	10.0	7.9	9.1	9.1	9.2	9.4
医疗床位数	万张	19.1	17.8	18	18.3	19.2	20.4
市政建设							
自来水供应量	亿吨	30.9	28.3	28.3	29.5	28.9	26.2
下水道长度	公里	8 354	10 519	11 655	12 192	13 350	14 070
城市煤气和天然气供气量	亿立方米	10.7	10	11	12	11.4	12.1
公共汽(电)车总数	辆	13 136	17 548	18 748	19 490	19 457	20 146
铺装道路长度	公里	9 249	10 556	11 530	12 111	12 866	14 238
绿地面积	公顷	61 432	74 583	76 888	78 841	84 145	92 751
环境、灾害							
污染治理项目本年完成投资额	万元	120 195	369 499	237 002	201 645	195 027	147 706
火灾发生数	起	14 836	25 478	9 404	5 134	3 785	5 601
火灾损失	万元	5 487	4 766	7 181	3 930	2 773	3 587
交通事故发生数	起	19 278	10 334	8 000	7 210	6 973	6 758
交通事故损失	万元	10 194	5 906	3 567.2	3 758	3 145.6	3 061.8

速度指标（%）						
指数(2010为以下各年)					平均增长速度	
2000年	2005年	2007年	2008年	2009年	2001-2005年	2006-2010年
113.2	106.3	103.4	102.5	101.1	1.3	1.2
87.1	96.4	96.4	100.0	100.0	-2.0	-0.7
88.3	93.5	96.4	96.4	99.4	-1.1	-1.3
117.9	125.3	111.4	100.3	84.3	-1.2	4.6
285.7	125.0	116.3	108.7	99.0	18.0	4.6
153.7	122.3	113.5	104.7	101.1	4.7	4.1
124.1	108.8	106.2	103.4	101.1	2.7	1.7
330.6	194.5	144.0	123.1	112.4	11.2	14.2
293.3	187.2	144.7	123.9	115.9	9.4	13.4
362.2	197.0	169.8	135.2	113.8	13.0	14.5
320.3	205.3	155.0	126.9	114.1	9.3	15.5
397.9	202.3	151.1	126.4	112.7	14.5	15.1
60.1	112.2	105.0	104.8	104.5	-11.7	2.3
94.0	119.0	103.3	103.3	102.2	-4.6	3.5
106.8	114.6	113.3	111.5	106.3	-1.4	2.8
84.8	92.6	92.6	88.8	90.7	-1.7	-1.5
168.4	133.8	120.7	115.4	105.4	4.7	6.0
113.1	121.0	110.0	100.8	106.1	-1.3	3.9
153.4	114.8	107.5	103.4	103.5	6.0	2.8
153.9	134.9	123.5	117.6	110.7	2.7	6.2
151.0	124.4	120.6	117.6	110.2	4.0	4.5
122.9	40.0	62.3	73.3	75.7	25.2	-16.8
37.8	22.0	59.6	109.1	148.0	11.4	-26.1
65.4	75.3	50.0	91.3	129.4	-2.8	-5.5
35.1	65.4	84.5	93.7	96.9	-11.7	-8.1
30.0	51.8	85.8	81.5	97.3	-10.3	-12.3

2—4 国民经济主要比例关系

单位:%

指标	2000年	2005年	2006年	2007年	2008年	2009年	2010年
地区生产总值产业比例							
第一产业	10.8	11.0	10.1	10.2	9.5	9.3	8.8
第二产业	50.2	48.1	49.1	49.7	52.4	52.0	54.1
第三产业	39.0	41.0	40.8	40.2	38.1	38.7	37.1
就业人数产业比例							
第一产业	33.4	34.1	33.7	32.4	31.9	30.6	30.4
第二产业	31.7	28.1	27.7	27.6	27.5	27.2	27.7
第三产业	34.9	37.8	38.6	40.0	40.6	42.2	42.0
固定资产投资总额资金来源比例							
国家预算	5.7	4.1	4.5	7.0	4.5	4.2	2.9
国内贷款	19.9	12.2	11.3	15.0	11.5	13.9	15.5
利用外资	5.8	2.9	2.3	2.4	3.7	2.9	1.8
自筹	54.2	69.3	70.9	72.0	72.2	71.6	73.8
其他	14.4	11.5	11.0	3.6	8.1	7.4	6.0
农业总产值中五业比例							
农业	47.9	38.3	38.8	39.4	36.2	33.8	36.7
林业	2.0	2.7	2.8	2.8	2.8	2.6	2.7
牧业	31.4	38.1	35.6	39.0	42.5	43.3	40.9
渔业	18.7	18.3	19.9	15.3	15.1	16.3	15.8
农林牧渔服务业		2.6	2.9	3.5	3.4	4.0	3.9
工业总产值中轻重工业比例							
国有企业	31.2	12.7	11.6	11.5	14.8	9.6	8.5
集体企业	7.4	3.4	3.0	2.8	2.4	2.6	2.5
其他经济类型企业	61.4	83.9	85.5	85.8	82.8	87.8	89.0
货运周转总量比例							
铁路	53.2	35.1	29.5	22.1	19.0	16.7	15.4
公路	11.6	12.2	11.6	9.7	19.1	19.9	21.3
水运	31.6	51.1	57.7	67.3	61.2	62.8	62.8
民航	0.1	0.1	0.1	0.1	0.1	0.1	0.1
管道	3.5	1.5	1.1	0.8	0.6	0.5	0.5
客运周转总量比例							
铁路	58.8	56.7	55.2	54.2	52.2	51.4	50.3
公路	29.9	31.2	31.7	32.7	36.2	37.2	38.3
水运	2.0	1.2	1.2	1.0	0.9	0.7	0.6
民航	9.3	10.9	11.9	12.1	10.7	10.6	10.7

2—5 按总人口平均的国民经济主要指标

指　　标	单　位	2000 年	2005 年	2006 年	2007 年	2008 年	2009 年	2010 年
地区生产总值(现价)	元/人	11 177	19 074	21 914	26 054	31 736	35 239	42 355
农业总产值(现价)	元/人	2 348	3 998	4 384	5 041	5 843	6 362	7 303
固定资产投资总额	元/人	3 077	10 127	13 547	17 615	23 636	28 916	37 715
地方财政收入	元/人	718	1 615	1 947	2 565	3 199	3 743	4 713
地方财政支出	元/人	1 258	2 881	3 388	4 180	5 080	6 310	7 513
耕 地 面 积	亩/	1.5	1.3	1.5	1.5	1.5		
粮 食 产 量	公斤/人	276.7	417.6	410.7	434.7	438.9	374.3	415.0
油 料 产 量	公斤/人	7.2	8.8	9.1	6.2	19.7	13.0	23.4
棉 花 产 量	公斤/人	0.1	0.1	0.1	0.1	0.1	0.02	0.02
猪牛羊肉产量	公斤/人	38	57	55	56	60	63	65
水产品产量	公斤/人	82.2	101.7	83.7	85.6	116.8	125.8	100.9
水 果 产 量	公斤/人	60.7	78.8	81.8	93.8	99.7	112.3	122.6
布　产　量	米/人	12.1	13.6	11.9	18.2	11	11.8	16.9
纸及纸板产量	公斤/人	13.4	19.9	16.1	22	13.4	18.2	20.8
卷 烟 产 量	支/人	5.6	11	11.4	12.1	614	612	624
钢　产　量	公斤/人	377	732	908	981	960	1 125	1 223
煤　产　量	公斤/人	1 082	1 530	1 645	1 504	1 514	1 558	1 561
发　电　量	千瓦小时/人	1 567	2 162	2 413	2 642	2 687	2 735	3 045
原 油 产 量	公斤/人	340	302	292	293	283	235	223
水 泥 产 量	公斤/人	475	641	775	922	961	1 107	1 125
社会消费品零售总额	元/人	4 485	7 173	8 178	9 548	11 601	13 673	16 008
出 口 总 额	美元/人	263	561	674	837	992	787	1 014
高等学校在校学生	人/万人	72.3	157.7	171.6	184.3	193.5	201	207
普通中学在校学生	人/万人	526.1	553.6	540	525	510	489	467
医院床位数	张/万人	41.8	42.5	42.9	42.6	43.2	45.1	48.0
卫生技术人员数	人/万人	55.3	49.9	45.2	51.1	51.4	52.2	53.7
#医　　生	人/万人	24.4	21.8	22.4	21.5	21.4	21.6	22.0
城乡储蓄余额	元/人	9 140	16 591	18 291	18 760	23 891	28 301	32 184

注:2005 年及以后各年医生数为执业医师和执业助理医师。
2007 年及以前卷烟产量的计量单位为箱/千人。

主要统计指标解释

可比价格 指在不同时期的价值指标对比时，扣除了价格变动的因素，以确切反映物量的变化。按可比价格计算有两种方法：一种是直接用产品产量乘某一年的不变价格计算；另一种是用价格指数换算。

不变价格 指用同类产品的年平均价格作为固定价格，来计算各年产品价值。按不变价格计算的产品价值消除了价格变动因素，不同时期对比可以反映生产的发展速度。新中国成立后，随着工农业产品价格水平的变化，国家统计局先后五次制定了全国统一的工业产品不变价格和农业产品不变价格，从1949年到1957年使用1952年工（农）业产品不变价格，从1957年到1971年使用1957年不变价格，从1971年到1981年使用1970年不变价格，从1981年到1990年使用1980年不变价格，从1990年开始使用1990年不变价格。

平均每年增长速度 在我国计算平均增长速度有两种方法，一种是习惯上经常使用的“水平法”，又称几何平均法，是以间隔期最后一年的水平同基期水平对比来计算平均每年增长（或下降）速度。另一种是“累计法”，又称代数平均法或方程法，是以间隔期内各年水平的总和同基期水平对比来计算平均每年增长（或下降）速度。

在一般正常情况下，两种方法计算的平均每年增长速度比较接近，但在经济发展不平衡，出现大起大落时，两种方法计算的结果差别较大。

本《年鉴》内所列的平均每年增长速度均用“水平法”计算。从某年到某年平均增长速度的年份，均不包括基期年在内。如建国四十三年的平均增长速度是以 1949 年为基期计算的，则写为 1950—1992 年平均增长速度，余类推。

各个计划时期 表内所用各个“时期”代表的年份如下：恢复时期为1950年到1952年；第一个五年计划时期（简称一五时期）为1953年到1957年；第二个五年计划时期（简称二五时期）为1958年到1962年；第三个五年计划时期（简称三五时期）为1966年到1970年；第四个五年计划时期（简称四五时期）为1971年到1975年；第五个五年计划时期（简称五五时期）为1976年到1980年；第六个五年计划时期（简称六五时期）为1981年到1985年；第七个五年计划时期（简称七五时期）为1986年到1990年；第八个五年计划时期（简称八五时期）为1991到1995年；第九个五年计划时期（简称九五时期）为 1996 年到 2000 年。

企业（单位）登记注册类型 是以在工商行政管理机关登记注册的各类企业为划分对象，以工商行政管理部门对企业登记注册的类型为依据，将企业登记注册类型分为内资企业、港澳台商投资企业和外商投资企业三大类。内资企业包括国有企业、集体企业、股份合作企业、联营企业、有限责任公司、股份有限公司、私营公司和其他企业；港澳台商投资企业和外商投资企业分别包括合资经营企业、合作经营企业、独资经营企业和股份有限公司。对不在工商行政管理部门进行登记注册的行政机关、事业单位和社会团体，主要按其经费来源和管理方式进行划分。

国有企业 指企业全部资产归国家所有，并按《中华人民共和国企业法人登记管理条例》规定登记注册的非公司制的经济组织。不包括有限责任公司中的国有独资公司。

集体企业 指企业资产归集体所有，并按《中华人民共和国企业法人登记管理条例》规定登记注册的经济组织。

股份合作企业 指以合作制为基础，由企业职工共同出资入股，吸收一定比例的社会资产投资组建，实行自主经营，自负盈亏，共同劳动，民主管理，按劳分配与按股分红相结合的一种集体经济组织。

联营企业 指两个及两个以上相同或不同所有制性质的企业法人或事业单位法人，按自愿、平等、互利的原则，共同投资组成的经济组织。联营企业包括国有联营企业、集体联营企业、国有与集体联营企业和其他联营企业。

有限责任公司 指根据《中华人民共和国公司登记管理条例》规定登记注册，由两个以上、五十个以下的股东共同出资，每个股东以其所认缴的出资额对公司承担有限责任，公司以其全部资产对其债务承担责任的经济组织。有限责任公司包括国有独资公司以及其他有限责任公司。

（1）国有独资公司：指国家授权的投资机构或者国家授权的部门单独投资设立的有限责任公司。

（2）其他有限责任公司：指国有独资公司以外的有限责任公司。

股份有限公司 指根据《中华人民共和国公司登记管理条例》规定登记注册，其全部注册资本由等额股份构成并通过发行股票筹集资本，股东以其认购的股份对公司承担有限责任，公司以其全部资产对其债务承担责任的经济组织。

私营企业 指由自然人投资设立或由自然人控股，以雇佣劳动为基础的营利性经济组织。包括按照《公司法》、《合伙企业法》、《私营企业暂行条例》规定登记注册的私营有限责任公司、私营股份有限公司、私营合伙企业和私营独资企业。

（1）私营独资企业：指按《私营企业暂行条例》的规定，由一名自然人投资经营，以雇佣劳动为基础，投资者对企业债务承担无限责任的企业。

（2）私营合伙企业：指按《合伙企业法》或《私营企业暂行条例》的规定，由两个以上自然人按照协议共同投资、共同经营、共负盈亏，以雇佣劳动为基础，对债务承担无限责任的企业。

（3）私营有限责任公司：指按《公司法》、《私营企业暂行条例》的规定，由两个以上自然人投资或由单个自然人控股的有限责任公司。

（4）私营股份有限公司：指按《公司法》的规定，由五个以上自然人投资，或由单个自然人控股的股份有限公司。

其他内资企业 指上述企业之外的其他内资经济组织。

第三篇

国民经济核算

3

GUOMIN
JINGJI
HESUAN

3—1 生 产 总 值

单位:亿元

年 份	生产总值	第一产业	第二产业			第三产业	人均生产总值（元）
				工 业	建筑业		
1978	229.2	32.4	162.9	155.2	7.7	33.9	680
1979	245.0	40.7	166.4	158.0	8.4	37.9	717
1980	281.0	46.1	192.3	182.7	9.6	42.6	811
1981	288.6	49.1	187.5	174.0	13.5	51.9	823
1982	315.1	54.7	199.7	185.6	14.1	60.7	884
1983	364.0	72.2	219.7	202.2	17.5	72.1	1 012
1984	438.2	80.4	268.2	243.3	24.9	89.6	1 203
1985	518.6	74.9	328.1	299.2	28.9	115.6	1 413
1986	605.3	92.9	357.8	326.0	31.8	154.6	1 633
1987	719.1	109.5	417.0	375.6	41.4	192.6	1 917
1988	881.0	141.9	492.5	444.4	48.1	246.6	2 285
1989	1 003.8	141.9	545.1	492.6	52.5	316.9	2 574
1990	1 062.7	168.6	540.8	482.9	57.9	353.3	2 698
1991	1 200.1	180.8	590.1	526.8	63.3	429.2	3 027
1992	1 473.0	194.6	741.9	661.2	80.7	536.5	3 693
1993	2 010.8	260.8	1 039.3	920.6	118.8	710.8	5 015
1994	2 461.8	319.0	1 259.1	1 109.8	149.2	883.8	6 103
1995	2 793.4	392.2	1 390.0	1 233.4	156.6	1 011.2	6 880
1996	3 157.7	474.1	1 537.7	1 379.1	158.6	1 145.9	7 730
1997	3 582.5	474.4	1 743.9	1 567.6	176.3	1 364.2	8 725
1998	3 881.7	531.5	1 855.2	1 664.1	191.2	1 495.1	9 415
1999	4 171.7	520.8	2 001.5	1 795.7	205.8	1 649.4	10 086
2000	4 669.1	503.4	2 344.4	2 114.9	229.5	1 821.2	11 177
2001	5 033.1	544.4	2 440.6	2 190.1	250.4	2 048.1	12 015
2002	5 458.2	590.2	2 609.9	2 332.0	277.9	2 258.2	13 000
2003	6 002.5	615.8	2 898.9	2 556.8	342.1	2 487.9	14 270
2004	6 672.0	798.4	3 061.6	2 680.4	381.2	2 812.0	15 835
2005	8 047.3	882.4	3 869.4	3 401.8	467.6	3 295.5	19 074
2006	9 304.5	939.4	4 566.8	4 017.0	549.8	3 798.3	21 914
2007	11 164.3	1 133.4	5 544.2	4 892.5	651.7	4 486.7	26 057
2008	13 668.6	1 302.0	7 158.8	6 359.4	799.4	5 207.7	31 739
2009	15 212.5	1 414.9	7 906.3	6 925.6	980.7	5 891.3	35 149
2010	18 457.3	1 631.1	9 976.8	8 789.3	1 187.5	6 849.4	42 355

注:1. 2000 年以后的人均生产总值按常住人口计算。

2. 2004 年以前数据未与经济普查数据衔接,下同。

3. 2005 年—2008 年数据已根据 2008 年第二次经济普查数据进行了修订,下同。

3—2 生产总值指数

（上年＝100）　　单位：%

年份	生产总值	第一产业	第二产业			第三产业	人均生产总值
				工业	建筑业		
1978	110.7	96.9	115.4	116.6	92.6	103.4	109.3
1979	104.9	106.9	103.3	103.2	106.5	111.2	103.6
1980	109.2	103.8	110.0	110.0	109.4	109.9	107.6
1981	98.4	98.1	94.0	92.8	123.5	119.4	97.2
1982	105.3	106.6	102.5	101.8	113.5	113.8	103.7
1983	113.3	128.3	108.8	109.1	104.4	115.2	112.3
1984	116.8	105.0	119.5	120.1	109.3	119.5	115.4
1985	113.3	84.0	118.7	118.2	127.8	120.5	112.4
1986	108.3	111.7	103.5	103.1	109.6	120.5	107.2
1987	114.1	106.0	111.4	111.5	110.4	124.8	112.7
1988	111.7	106.9	111.7	111.5	114.9	113.7	108.7
1989	103.1	95.7	101.6	102.0	95.4	109.3	101.9
1990	100.9	114.5	97.0	96.6	104.0	104.8	100.1
1991	106.1	104.2	104.0	103.2	110.9	110.2	105.4
1992	112.1	104.2	113.6	114.7	104.4	113.6	111.4
1993	114.9	110.7	116.6	116.1	120.4	114.3	114.3
1994	111.2	102.1	113.8	128.1	109.3	111.1	111.2
1995	107.1	104.9	107.1	107.8	100.1	107.8	106.4
1996	108.6	112.6	107.8	108.6	99.1	108.4	107.9
1997	108.9	101.3	110.5	110.9	106.1	109.2	108.7
1998	108.3	113.0	107.6	107.6	108.2	107.9	107.9
1999	108.2	105.1	108.5	108.6	106.7	108.9	107.9
2000	108.9	98.4	110.7	110.8	109.3	109.6	108.6
2001	109.0	106.7	107.5	107.4	108.7	111.5	108.7
2002	110.2	108.4	109.8	109.8	110.3	111.3	110.0
2003	111.5	107.2	112.3	111.6	117.5	111.7	111.3
2004	112.8	107.9	116.0	115.2	121.3	110.7	112.6
2005	112.7	107.9	114.4	114.9	111.0	112.1	112.6
2006	114.2	106.3	117.1	117.5	114.4	112.9	113.5
2007	115.0	104.0	117.8	118.6	111.7	114.5	114.0
2008	113.4	106.3	116.1	117.2	108.3	111.6	112.8
2009	113.1	103.1	115.6	114.4	125.6	112.1	112.5
2010	114.2	105.8	116.8	116.9	116.2	112.5	113.4

注：本表按可比价计算。

3—3 生产总值指数

(1952年=100)　　单位:%

年份	生产总值	第一产业	第二产业	工业	建筑业	第三产业	人均生产总值
1952	100.0	100.0	100.0	100.0	100.0	100.0	100.0
1957	212.8	113.8	297.2	293.7	327.8	174.9	171.9
1965	251.2	134.7	353.4	365.0	183.0	203.4	172.3
1970	382.9	168.5	588.5	616.3	201.4	260.9	237.3
1975	578.8	192.8	955.5	986.6	486.7	359.7	335.3
1978	665.8	173.9	1 178.8	1 248.7	378.1	380.1	373.7
1979	698.4	185.9	1 217.7	1 288.7	402.7	422.7	387.2
1980	762.7	193.0	1 339.5	1 417.5	440.5	464.5	416.6
1981	750.5	189.3	1 259.1	1 315.5	544.1	554.6	405.0
1982	790.3	201.8	1 290.6	1 339.2	617.5	631.2	419.9
1983	895.4	258.9	1 404.1	1 461.0	644.7	727.1	471.6
1984	1 045.8	271.8	1 677.9	1 754.7	704.6	868.9	544.2
1985	1 184.9	228.4	1 991.7	2 074.0	900.5	1 047.0	611.7
1986	1 283.2	255.1	2 061.4	2 138.3	987.0	1 261.6	655.7
1987	1 464.1	270.4	2 296.4	2 384.2	1 089.6	1 574.5	739.0
1988	1 635.4	289.0	2 565.1	2 658.4	1 252.0	1 790.2	803.3
1989	1 686.1	276.6	2 606.1	2 711.6	1 194.4	1 956.7	818.6
1990	1 701.3	316.7	2 528.0	2 619.4	1 242.2	2 050.6	819.4
1991	1 805.1	330.0	2 629.1	2 703.2	1 377.6	2 259.8	863.6
1992	2 023.5	343.9	2 986.6	3 100.6	1 438.2	2 567.1	962.1
1993	2 325.0	380.7	3 482.4	3 599.8	1 731.6	2 934.2	1 099.7
1994	2 585.4	388.7	3 963.0	4 611.3	1 892.6	3 259.9	1 222.9
1995	2 768.9	407.7	4 244.3	4 971.0	1 894.5	3 514.2	1 301.1
1996	3 007.2	459.1	4 575.4	5 398.5	1 877.4	3 809.4	1 403.9
1997	3 274.8	465.1	5 055.8	5 986.9	1 992.0	4 159.9	1 526.0
1998	3 546.7	525.6	5 440.1	6 442.0	2 155.3	4 488.5	1 646.6
1999	3 837.5	552.4	5 902.5	6 996.0	2 299.7	4 888.0	1 776.7
2000	4 179.0	543.6	6 534.1	7 751.5	2 513.6	5 357.2	1 929.5
2001	4 555.1	580.0	7 024.2	8 325.1	2 732.3	5 973.3	2 097.4
2002	5 019.7	628.7	7 712.6	9 141.0	3 013.7	6 648.3	2 307.1
2003	5 596.0	673.8	8 657.8	10 203.6	3 541.3	7 423.3	2 567.8
2004	6 312.0	726.9	10 041.4	11 757.9	4 294.1	8 214.6	2 891.3
2005	7 113.6	784.3	11 487.4	13 509.8	4 766.5	9 208.6	3 255.6
2006	8 123.8	833.7	13 451.7	15 874.0	5 452.8	10 396.5	3 695.1
2007	9 342.3	867.1	15 846.1	18 826.6	6 090.8	11 904.0	4 212.4
2008	10 594.2	921.7	18 397.3	22 064.8	6 596.3	13 284.8	4 751.6
2009	11 982.0	950.3	21 267.3	25 242.1	8 285.0	14 892.3	5 345.6
2010	13 683.4	1 005.4	24 840.2	29 508.0	9 627.2	16 753.8	6 061.9

注:本表按可比价计算。

3—4 生产总值构成

单位:%

年份	生产总值	第一产业	第二产业	工业	建筑业	第三产业
1952	100	29.0	48.3			22.7
1953	100	23.3	49.5			27.2
1957	100	20.3	59.3			20.4
1965	100	19.6	60.7			19.7
1970	100	20.8	62.4			16.8
1975	100	18.1	66.9			15.0
1978	100	14.1	71.1	95.3	4.7	14.8
1979	100	16.6	67.9	94.9	5.1	15.5
1980	100	16.4	68.4	95.0	5.0	15.2
1981	100	17.0	65.0	92.8	7.2	18.0
1982	100	17.4	63.4	92.9	7.1	19.2
1983	100	19.9	60.3	92.1	7.9	19.8
1984	100	18.3	61.2	90.7	9.3	20.5
1985	100	14.4	63.3	91.2	8.8	22.3
1986	100	15.3	59.1	91.1	8.9	25.6
1987	100	15.2	58.0	90.1	9.9	26.8
1988	100	16.1	55.9	90.2	9.8	28.0
1989	100	14.1	54.3	90.4	9.6	31.6
1990	100	15.9	50.9	89.3	10.7	33.2
1991	100	15.1	49.2	89.3	10.7	35.7
1992	100	13.2	50.4	89.1	10.9	36.4
1993	100	13.0	51.7	88.6	11.4	35.3
1994	100	13.0	51.1	88.2	11.8	35.9
1995	100	14.0	49.8	88.7	11.3	36.2
1996	100	15.0	48.7	89.7	10.3	36.3
1997	100	13.2	48.7	89.9	10.1	38.1
1998	100	13.7	47.8	89.7	10.3	38.5
1999	100	12.5	48.0	89.7	10.3	39.5
2000	100	10.8	50.2	90.2	9.8	39.0
2001	100	10.8	48.5	89.7	10.3	40.7
2002	100	10.8	47.8	89.4	10.6	41.4
2003	100	10.3	48.3	88.2	11.8	41.4
2004	100	12.0	45.9	87.5	12.5	42.1
2005	100	11.0	48.1	87.9	12.1	41.0
2006	100	10.1	49.1	88.0	12.0	40.8
2007	100	10.2	49.7	88.2	11.8	40.2
2008	100	9.5	52.4	88.8	11.2	38.1
2009	100	9.3	52.0	87.6	12.4	38.7
2010	100	8.8	54.1	88.1	11.9	37.1

注:1999 年初进行了第三产业快速调查,本表中 1997、1998 年生产总值使用的是快速调查数,以前年度未进行调整。

3—5 分行业增加值

单位:亿元

行业	2005年	2006年	2007年	2008年	2009年	2010年
总计	**8 047.26**	**9 304.51**	**11 164.28**	**13 668.58**	**15 212.49**	**18 457.27**
第一产业	**882.41**	**939.43**	**1 133.40**	**1 302.02**	**1 414.90**	**1 631.08**
农林牧渔业	882.41	939.43	1 133.40	1 302.02	1 414.90	1 631.08
第二产业	**3 869.40**	**4 566.83**	**5 544.14**	**7 158.84**	**7 906.34**	**9 976.82**
工业	3 869.40	4 017.02	4 892.45	6 359.43	6 925.63	8 789.27
建筑业	467.60	549.81	651.69	799.41	980.71	1 187.55
第三产业	**3 295.45**	**3 798.25**	**4 486.74**	**5 207.72**	**5 891.25**	**6 849.37**
交通运输、仓储和邮政业	493.75	572.26	665.63	734.13	790.56	926.81
批发和零售业	820.35	919.43	1 078.67	1 257.50	1 410.33	1 651.66
住宿和餐饮业	180.81	202.49	231.54	275.86	318.80	369.61
金融业	232.85	303.41	386.34	455.07	560.20	639.27
房地产业	256.77	318.54	410.43	500.81	605.27	733.37
其他服务业	1 310.92	1 482.12	1 714.13	1 984.35	2 206.09	2 528.65

3—6 三次产业贡献率

单位:%

年份	生产总值	第一产业	第二产业	# 工业	第三产业
1991	100	13.8	41.2		45.0
1992	100	6.4	64.2		29.4
1993	100	12.1	63.3	55.6	24.6
1994	100	2.7	63.3	59.0	34.0
1995	100	8.6	55.7	55.6	35.7
1996	100	18.0	50.2	50.7	31.8
1997	100	1.9	64.7	61.9	33.4
1998	100	17.7	50.2	46.3	32.1
1999	100	7.4	56.0	52.8	36.6
2000	100	-2.0	65.4	61.3	36.6
2001	100	8.0	42.2	37.4	49.8
2002	100	8.6	47.5	42.6	43.9
2003	100	6.5	51.0	43.2	42.5
2004	100	6.4	57.0	47.5	36.6
2005	100	6.5	53.0	48.2	40.5
2006	100	2.1	53.6	46.6	44.3
2007	100	2.7	57.4	52.8	39.9
2008	100	4.3	60.1	56.5	35.6
2009	100	2.0	60.7	50.0	37.3
2010	100	3.2	61.6	54.7	35.2

注:产业贡献率指各产业增加值增量与 GDP 增量之比。

3—7 三次产业对生产总值增长的拉动

单位:百分点

年份	生产总值	第一产业	第二产业	#工业	第三产业
1991	6.1	0.8	2.5		2.7
1992	12.1	0.8	7.8		3.6
1993	14.9	1.8	9.4	8.3	3.7
1994	11.2	0.3	7.1	6.6	3.8
1995	7.1	0.6	4.0	3.9	2.5
1996	8.6	1.6	4.3	4.4	2.7
1997	8.9	0.2	5.8	5.5	3.0
1998	8.3	1.5	4.2	3.8	2.7
1999	8.2	0.6	4.6	4.3	3.0
2000	8.9	-0.2	5.8	5.5	3.3
2001	9.0	0.7	3.8	3.4	4.5
2002	10.2	0.9	4.8	4.3	4.5
2003	11.5	0.7	5.9	5.0	4.9
2004	12.8	0.8	7.3	6.1	4.7
2005	12.7	0.8	6.7	6.1	5.2
2006	14.2	0.3	7.6	6.6	6.3
2007	15.0	0.4	8.6	7.9	6.0
2008	13.4	0.5	8.1	7.6	4.8
2009	13.1	0.3	7.9	6.5	4.9
2010	14.2	0.5	8.7	7.8	5.0

注:产业拉动指 GDP 增长速度与各产业贡献率之乘积。

3—8 各地区生产总值和指数

地　　区	2005年	2006年	2007年	2008年	2009年	2010年
生产总值(亿元)						
沈　阳	2 084.13	2 519.63	3 159.69	3 780.87	4 268.51	5 017.54
大　连	2 119.82	2 541.71	3 078.76	3 803.35	4 349.51	5 158.16
鞍　山	1 005.21	1 122.08	1 299.59	1 536.96	1 730.47	2 125.01
抚　顺	386.83	452.03	526.56	637.41	698.64	895.10
本　溪	343.29	399.91	484.92	625.70	688.39	860.37
丹　东	302.22	356.81	430.36	522.42	607.52	728.89
锦　州	348.58	432.42	516.60	629.20	727.30	912.63
营　口	375.64	447.77	552.49	674.73	806.96	1 002.45
阜　新	143.99	162.09	198.79	243.93	287.97	378.87
辽　阳	304.27	363.18	433.29	523.12	608.26	735.43
盘　锦	444.36	517.92	575.59	682.13	676.87	926.32
铁　岭	264.23	323.93	403.97	516.60	605.71	722.13
朝　阳	211.77	253.07	333.84	446.01	518.09	656.41
葫芦岛	299.52	335.35	379.41	414.56	445.58	531.45
指数(上年=100)						
沈　阳	116.0	116.7	120.5	116.3	114.1	114.1
大　连	114.2	116.5	117.4	116.5	115.0	115.2
鞍　山	116.2	115.6	115.7	116.8	117.2	116.0
抚　顺	113.8	115.1	116.1	116.0	114.1	117.0
本　溪	115.1	116.1	114.5	115.0	118.3	116.0
丹　东	116.4	116.1	116.2	116.1	116.6	115.8
锦　州	115.1	115.9	115.6	114.7	116.0	116.2
营　口	120.4	118.8	121.3	120.3	120.3	117.8
阜　新	114.3	112.3	116.6	114.8	116.2	117.5
辽　阳	117.0	116.0	116.7	116.0	116.2	116.0
盘　锦	106.4	106.1	108.9	111.0	110.0	117.8
铁　岭	118.1	120.1	120.0	120.0	118.0	116.0
朝　阳	116.6	117.9	121.9	120.5	117.6	116.6
葫芦岛	113.8	110.1	108.0	110.0	110.0	115.5

3—9 各 地 区

(2010

地　　区	生产总值（亿元）	第一产业	第二产业	工　业	建筑业	第三产业
沈　　阳	5 017.54	232.75	2 529.93	2 283.51	246.42	2 254.86
大　　连	5 158.16	345.10	2 624.49	2 309.49	315.00	2 188.57
鞍　　山	2 125.01	93.01	1 154.37	1 046.31	108.06	877.63
抚　　顺	895.16	54.82	525.46	452.43	73.03	314.88
本　　溪	860.37	43.35	536.01	488.99	47.03	281.01
丹　　东	728.89	100.09	373.19	314.86	58.34	255.61
锦　　州	912.63	151.31	434.55	377.54	57.01	326.77
营　　口	1 002.45	77.23	554.67	497.64	57.03	370.55
阜　　新	378.87	92.66	158.46	133.46	25.00	127.75
辽　　阳	735.43	45.86	465.14	437.28	27.86	224.43
盘　　锦	926.32	81.52	616.49	567.37	49.12	228.31
铁　　岭	722.13	142.18	381.03	341.93	39.10	198.92
朝　　阳	656.41	135.80	332.55	285.05	47.50	188.06
葫 芦 岛	531.45	71.63	247.02	209.42	37.60	212.80

生　　　产　　　总　　　值

年）

人均生产总值（元）	构成（%）			指数（上年=100）			
	第一产业	第二产业	第三产业	生产总值	第一产业	第二产业	第三产业
62 357	4.6	50.4	45.0	114.1	106.0	115.2	113.7
77 704	6.7	50.9	42.4	115.2	106.0	120.7	110.8
58 428	4.4	54.3	41.3	116.0	105.8	115.4	117.9
41 810	6.1	58.7	35.2	117.0	105.8	119.2	115.3
50 612	5.0	62.3	32.7	116.0	105.8	117.6	114.7
29 893	13.7	51.2	35.1	115.8	105.9	120.6	113.1
29 264	16.6	47.6	35.8	116.2	105.9	118.9	117.8
41 452	7.7	55.3	37.0	117.8	106.0	118.5	119.0
20 819	24.5	41.8	33.7	117.5	118.1	120.8	113.8
39 686	6.2	63.2	30.6	116.0	112.8	115.2	118.0
66 976	8.8	66.6	24.6	117.8	106.0	119.7	117.7
26 556	19.7	52.8	27.5	116.0	106.1	120.1	114.4
21 536	20.7	50.7	28.6	116.6	119.2	116.0	116.2
20 302	13.5	46.5	40.0	115.5	106.5	120.3	112.8

3—10 生产总值(支出法)

单位:亿元

年份	生产总值	最终消费支出	资本形成总额	货物和服务净流出	消费率 %	投资率 %
1978	229.20	109.37	62.33	57.50	47.72	27.19
1980	281.00	157.43	56.82	66.75	56.02	20.22
1981	288.61	177.41	53.80	57.40	61.47	18.64
1982	315.07	185.21	67.87	61.99	58.78	21.54
1983	364.02	208.15	86.81	69.06	57.18	23.85
1984	438.17	236.89	127.59	73.69	54.06	29.12
1985	518.59	276.19	174.24	68.16	53.26	33.60
1986	605.33	314.75	215.95	74.63	52.00	35.67
1987	719.12	371.81	256.83	90.48	51.70	35.71
1988	881.24	459.39	335.39	86.24	52.14	38.07
1989	1 003.81	543.60	356.47	103.74	54.15	35.51
1990	1 062.74	574.24	392.74	95.76	54.03	36.96
1991	1 200.10	640.51	452.62	106.97	53.37	37.72
1992	1 472.95	769.94	561.81	141.20	52.27	38.14
1993	2 010.82	962.51	901.26	147.05	47.87	44.82
1994	2 461.78	1 239.61	1 024.66	197.51	50.35	41.62
1995	2 793.37	1 501.84	1 046.60	244.93	53.76	37.47
1996	3 148.23	1 728.74	1 076.26	343.23	54.91	34.19
1997	3 582.46	1 943.35	1 146.95	491.66	54.42	32.02
1998	3 881.73	2 128.05	1 225.99	527.69	54.82	31.58
1999	4 171.69	2 330.53	1 284.31	556.85	55.87	30.79
2000	4 669.06	2 587.52	1 471.61	609.93	55.42	31.52
2001	5 033.08	2 828.09	1 625.50	579.49	56.19	32.30
2002	5 458.22	3 031.47	1 835.54	591.21	55.54	33.63
2003	6 002.54	3 102.51	2 333.67	566.36	51.69	38.88
2004	6 672.00	3 248.3	3 161.08	262.62	48.69	47.38
2005	8 047.3	3 688.9	4 580.4	-222.1	45.8	56.9
2006	9 304.5	4 054.9	5 519.7	-270.1	43.6	59.3
2007	11 164.3	4 717.1	6 646.1	-198.9	42.3	59.5
2008	13 668.6	5 579.1	8 547.8	-458.3	40.8	62.5
2009	15 212.49	6 273.7	9 412	-473.2	41.2	61.9
2010	18 457.3	7 473.9	11 436.8	-453.4	40.5	62.0

3—11 生产总值结构(支出法)

年份	资本形成总额		最终消费支出			
	固定资本形成总额	存货增加	居民消费支出	农村居民	城镇居民	政府消费支出
一、绝对数(亿元)						
1981	43.10	10.70	142.53	59.27	83.26	34.88
1982	63.03	4.84	148.54	60.89	87.65	36.67
1983	71.55	15.26	162.51	67.86	94.65	45.64
1984	92.63	34.96	188.42	80.66	107.76	48.47
1985	130.91	43.33	225.51	90.99	134.52	50.68
1986	158.58	57.37	257.88	100.04	157.84	56.87
1987	210.23	46.60	296.93	113.00	183.93	74.88
1988	260.30	75.09	379.61	131.15	248.46	79.78
1989	241.89	114.58	434.09	148.43	285.66	109.51
1990	262.39	130.35	450.76	140.60	310.16	123.48
1991	323.66	128.96	502.22	156.02	346.20	138.29
1992	405.18	156.63	614.28	200.54	413.74	155.66
1993	731.60	169.66	770.19	240.22	529.97	192.32
1994	887.99	136.67	965.96	302.29	663.67	273.65
1995	884.95	161.65	1 177.59	350.38	827.21	324.25
1996	920.66	155.60	1 327.68	408.76	918.92	401.06
1997	976.45	170.50	1 485.79	425.90	1 059.89	458.06
1998	1 069.57	156.42	1 578.49	462.27	1 116.22	549.56
1999	1 115.82	168.49	1 707.30	491.98	1 215.32	623.23
2000	1 293.92	177.69	1 867.36	535.84	1 331.52	720.16
2001	1 444.15	181.35	2 001.97	566.95	1 435.02	826.12
2002	1 627.56	207.98	2 141.47	590.27	1 551.20	890.00
2003	2 102.10	231.57	2 172.06	487.16	1 684.90	930.45
2004	2 925.14	235.94	2 316.03	486.35	1 829.68	932.27
2005	4 279.8	300.7	2 719.9	553.2	2 166.7	969.0
2006	5 272.1	247.5	2 940.8	613.0	2 327.8	1 114.1
2007	6 297.2	348.9	3 399.1	653.1	2 746.0	1 318.0
2008	8 098.6	449.2	4 155.9	749.7	3 406.2	1 423.1
2009	8 906.4	505.6	4 683.0	843.5	3 839.5	1 590.7
2010	11 024.6	412.2	5 622.1	967.2	4 654.8	1 851.8
二、比重(%)						
1981	75.57	24.43	79.27	42.48	57.52	20.73
1982	80.11	19.89	80.34	41.58	58.42	19.66
1983	92.87	7.13	80.20	40.99	59.01	19.80
1984	82.42	17.58	78.07	41.76	58.24	21.93
1985	72.60	27.40	79.54	42.81	57.19	20.46
1986	75.13	24.87	81.65	40.35	59.65	18.35
1987	73.43	26.57	81.93	38.79	61.21	18.07
1988	81.86	18.14	79.86	38.06	61.94	20.14
1989	77.61	22.39	82.63	34.55	65.45	17.37
1990	67.86	32.14	79.85	34.19	65.81	20.15
1991	66.81	33.19	78.50	31.19	68.81	21.50
1992	71.51	28.49	78.41	31.07	68.93	21.59
1993	72.12	27.88	79.78	32.65	67.35	20.22
1994	74.41	25.59	80.02	31.19	68.81	19.98
1995	86.66	13.34	77.92	31.29	68.71	22.08
1996	84.55	15.45	78.41	29.75	70.25	21.59
1997	85.54	14.46	76.80	30.79	78.03	23.20
1998	85.13	14.87	76.44	29.99	70.01	23.56
1999	87.24	12.76	74.18	29.29	70.71	25.82
2000	86.88	13.12	73.26	28.82	71.18	26.74
2001	88.84	11.16	70.79	28.32	71.68	29.21
2002	88.67	11.33	70.64	27.56	72.44	29.36
2003	90.08	9.92	70.01	22.43	77.57	29.99
2004	92.54	7.46	71.30	21.00	79.00	28.70
2005	93.44	6.56	73.73	20.34	79.66	26.30
2006	95.51	4.48	72.52	20.84	79.16	27.50
2007	94.75	5.25	72.06	19.21	80.79	27.90
2008	94.74	5.26	74.49	18.04	81.96	25.50
2009	94.63	5.37	74.64	18.01	81.99	25.40
2010	96.40	3.60	75.22	17.20	82.80	24.80

3—12 三大需求对生产总值增长的贡献率和拉动

年份	最终消费支出		资本形成总额		货物和服务净出口	
	贡献率（%）	拉动（百分点）	贡献率（%）	拉动（百分点）	贡献率（%）	拉动（百分点）
1991	62.3	3.8	37.0	2.3	0.7	
1992	62.1	7.5	36.3	4.4	1.7	0.2
1993	40.2	6.0	60.1	8.9	-0.3	
1994	56.3	6.3	52.7	5.9	-9.0	-1.0
1995	80.4	5.7	-14.1	-1.0	33.7	2.4
1996	51.4	4.4	9.3	0.8	39.3	3.4
1997	50.2	4.5	19.4	1.7	30.4	2.7
1998	54.5	4.5	30.0	2.5	15.5	1.3
1999	65.5	5.4	16.2	1.3	18.3	1.5
2000	56.8	5.1	35.1	3.1	8.2	0.7
2001	61.6	5.5	35.2	3.2	3.2	0.3
2002	53.0	5.4	37.1	3.8	9.9	0.5
2003	31.6	3.6	67.5	7.8	0.9	0.1
2004	33.8	4.1	58.6	7.0	7.6	0.9
2005	33.9	4.3	73	9.3	-6.9	-0.9
2006	34.4	4.9	73.1	10.4	-7.5	-1.1
2007	36.1	5.4	74.1	11.1	-10.3	-1.5
2008	40.5	5.4	75.7	10.1	-16.2	-2.2
2009	40.4	5.3	76.6	10.0	-16.9	-2.2
2010	39.6	5.6	68.1	9.7	-7.7	-1.1

注:1. 贡献率指三大需求增量与支出法国内生产总值增量之比。

2. 拉动指国内生产总值增长速度与三大需求贡献率的乘积。

3—13 居民消费水平

年份	居民消费水平(元/人)			城镇与农村消费水平对比
	全体居民	农村居民	城镇居民	
1978	267	173	476	2.75 : 1
1980	355	235	573	2.44 : 1
1981	400	264	632	2.39 : 1
1982	410	270	641	2.37 : 1
1983	443	301	669	2.22 : 1
1984	510	362	735	2.03 : 1
1985	605	414	880	2.12 : 1
1986	686	454	1 012	2.23 : 1
1987	780	508	1 160	2.28 : 1
1988	985	589	1 530	2.60 : 1
1989	1 113	662	1 722	2.60 : 1
1990	1 144	622	1 849	2.97 : 1
1991	1 267	687	2 045	2.98 : 1
1992	1 540	884	2 407	2.72 : 1
1993	1 921	1 065	3 021	2.84 : 1
1994	2 397	1 348	3 704	2.75 : 1
1995	2 900	1 566	4 540	2.90 : 1
1996	3 250	1 826	4 975	2.73 : 1
1997	3 619	1 906	5 665	2.97 : 1
1998	3 828	2 073	5 897	2.84 : 1
1999	4 128	2 209	6 366	2.84 : 1
2000	4 490	2 403	6 903	2.88 : 1
2001	4 789	2 540	7 366	2.90 : 1
2002	5 095	2 643	7 874	2.98 : 1
2003	5 159	2 630	7 147	2.72 : 1
2004	5 492	2 621	7 748	2.71 : 1
2005	6 447	3 175	8 749	2.76 : 1
2006	6 926	3 508	9 317	2.66 : 1
2007	7 909	3 725	10 792	2.90 : 1
2008	9 650	4 312	13 265	3.08 : 1
2009	10 848	4 909	14 774	3.01 : 1
2010	12 934	5 739	17 489	3.05 : 1

3—14 居民消费水平指数

单位:%

年份	以上年为100			以1952年为100		
	全体居民	农村居民	城镇居民	全体居民	农村居民	城镇居民
1978	108.5	97.6	116.3	170.1	143.4	160.2
1980	107.2	119.1	95.2	210.2	187.3	173.4
1981	108.1	109.1	105.5	227.4	204.2	182.9
1982	101.1	100.8	100.2	229.8	205.9	183.2
1983	106.1	108.6	103.1	243.9	223.6	188.9
1984	111.8	115.9	107.1	272.6	259.1	202.3
1985	106.3	104.7	105.8	289.7	271.3	214.1
1986	107.6	105.7	108.5	311.7	286.6	232.2
1987	106.3	105.1	106.7	331.2	301.1	247.8
1988	107.6	104.6	108.9	356.3	314.8	269.7
1989	122.3	157.4	99.9	435.8	495.7	269.4
1990	83.7	56.8	109.9	364.9	281.7	296.1
1991	105.3	104.5	105.5	384.3	294.4	312.5
1992	112.4	112.9	111.5	431.8	332.5	348.3
1993	108.7	108.9	107.6	469.4	361.9	374.8
1994	108.8	108.9	107.7	476.4	330.8	454.7
1995	106.2	102.3	107.3	505.9	338.4	423.8
1996	106.3	106.1	105.9	537.8	359.0	448.8
1997	110.7	110.2	110.4	595.3	395.6	495.5
1998	107.7	109.9	106.3	641.2	434.8	526.7
1999	108.4	107.0	108.6	749.6	465.2	572.0
2000	108.4	107.9	108.2	695.0	502.0	618.9
2001	107.6	106.1	107.8	747.9	532.6	667.2
2002	108.4	107.2	108.4	810.7	571.0	723.2
2003	105.3	109.1	103.6	853.7	622.9	749.2
2004	106.5	99.7	108.4	909.1	621.0	812.2
2005	111.6	114.2	107.5	989	713.7	844.4
2006	106.6	108.6	106.0	1 094.8	806.4	928
2007	109.7	100	111.8	1 228.4	808.1	1 070
2008	116.4	109.6	117.2	1 429.9	885.7	1 254.0
2009	112.1	113.6	111.0	1 602.9	1 006.1	1 392.0
2010	113.2	111.1	112.3	1 752.4	1 065.3	1 511.6

主要统计指标解释

国内生产总值 是按市场价格计算的国内生产总值的简称。它是一个国家(地区)所有常住单位在一定时期内生产活动的最终成果。国内生产总值有三种表现形态,既价值形态、收入形态和产品形态。从价值形态看,它是所有常住单位在一定时期内所生产的全部货物和服务价值超过同期投入的全部非固定资产货物和服务价值的差额,即所有常住单位的增加值之和;从收入形态看,它是所有常住单位在一定时期内所创造并分配给常住单位和非常住单位的初次分配收入之和;从产品形态看,它是最终使用的货物和服务减去进口货物和服务。在实际核算中,国内生产总值的三种表现形态表现为三种计算方法,即生产法、收入法和支出法。三种方法分别从不同的方面反映国内生产总值及构成。

国民生产总值 是按市场价格计算的国民生产总值的简称。它是一个国家(或地区)所有常住单位在一定时期内收入初次分配的最终成果。一国常住单位从事生产活动所创造的增加值在初次分配过程中主要分配给该国的常住单位,但也有一部分以生产税及进口税(扣除生产和进口补贴)、劳动者报酬和财产收入等形式分配给该国的非常住单位,同时,国外生产所创造的增加值也有一部分以生产税及进口税(扣除生产和进口补贴)、劳动者报酬和财产收入等形式分配给该国的常住单位。从而产生了国民生产总值概念,它等于国内生产总值加上来自国外的初次分配收入净额。与国内生产总值不同,国内生产总值是一个生产概念,而国民生产总值则是个收入概念。

三次产业 根据社会生产活动历史发展的顺序对产业结构的划分,产品直接取自自然界的部门称为第一产业,对初级产品进行再加工的部门称为第二产业。为生产和消费提供各种服务的部门称为第三产业。它是世界上通用的产业结构分类,但各国的划分不尽一致。我国的三次产业划分是:

第一产业:农林牧渔业(包括农业、林业、畜牧业和渔业)。

第二产业:工业(包括采掘业、制造业、电力煤气及水的生产和供应业)、建筑业。

第三产业:除第一、第二产业以外的其他各业。包括农林牧渔服务业、地质勘查业及水利管理业、交通运输仓储及邮电通信业、批发和零售贸易及餐饮业、金融保险业、房地产业、社会服务业、卫生体育和社会福利业、教育文化艺术及广播电影电视业、科学研究和综合技术服务业、国家机关政党机关和社会团体、其他行业。

最终消费 最终消费是指常住单位在一定时期内对于货物和服务的全部最终消费支出,也就是常住单位为满足物质、文化和精神生产的需要,从本国经济领土和国外购买的货物和服务的支出。它不包括非常住单位在本国经济领土内的消费支出。最终消费分为居民消费和政府消费。

居民消费 居民消费指常住住户在一定时期内对于货物和服务的全部最终消费支出。居民消费除了包括直接以货币形式购买的货物和服务的消费支出外,还包括以其他方式获得的货物和服务的消费支出。

政府消费 政府消费指政府部门为全社会提供的公共服务的消费支出和免费或以较低的价格向居民住户提供的货物和服务的净支出,前者等于政府服务的产出价值减去政府单位所获得的经营收入的价值,政府服务的产出价值等于它的经营性业务支出加上固定资产折旧;后者等于政府部门免费或以较低价格向居民住户提供的货物和服务的市场价值减去向住户收取的价值。

资本形成总额 资本形成总额指常住单位在一定时期内对固定资产和存货的投资支出合计,包括固定资产形成总额和存货增加。

(1)固定资产形成总额:指从常住单位在一定时期内购置、转入和资产自用的固定资产,扣除固定资产的销售和转出后的价值。可分为有形固定资本形成总额和无形固定资产形成总额。

(2)存货增加:存货增加指常住单位在一定时期内存货实物量变动的市场价值,即期末价值减期初价值的差额。存货增加可以是正值,也可以是负值,正值表示存货上升,负值表示存货下降。它包括生产单位购进的原材料、燃料和储备物资等存货,以及生产单位生产的产成品、在制品和半成品等存货等。

货物和服务净出口 指货物和服务出口减货物和服务进口的差额。出口包括常住单位向非常住单位出售或无偿转让的各种货物和服务的价值;进口包括常住单位从非常住单位购买或无偿得到的各种货物和服务的价值。由于服务活动的提供与使用同时发生,因此服务的进出口业务并不发生出入境现象,一般把常住单位从国外得到的服务作为进口,非常住单位从本国得到的服务作为出口。货物的出口和进口都按离岸价格计算。

劳动者报酬 劳动者报酬是指劳动者因从事生产活动所获得的全部报酬。它包括劳动者获得的各种形式工资、奖金和津贴,即包括货币形式的,也包括实物形式的,它还包括劳动者所享受的公费医疗和医药卫生费、上下班交通补贴和单位支付的社会保险费等。单位支付的社会保险费,就是单位直接支付给负责社会保险的政府单位(一般指劳动部门)的社会保险金或为本单位职工离退休、发生死亡、伤残、医疗保险等而支付的保险费。对于个体经济来说,其所有者所获得的劳动报酬和经营利润不易区分,这两部分统一作为劳动者报酬处理。

生产税净额 生产税净额是指生产税减生产补贴后的差额。生产税指政府对生产单位生产、销售和从事经营活动以及因从事生产活动使用某些生产要素,如固定资产、土地、劳动力所征收的各种税、附加费和规费。具体包括销售锐金及附加、增值税、管理费中开支的各种税、应交纳的养路费、排污费和水电费附加、烟酒专卖上缴政府的专项收入等。生产补贴与生产税相反，是政府对生产单位的单方面收入转移，因此视为负生产税处理，包括政策亏损补贴、粮食系统价格补贴、外贸企业出口退税收入等。

固定资产折旧　固定资产折旧是指一定时期内为弥补固定资产损耗按照核定的固定资产折旧率提取的固定资产折旧，或按国民经济核算统一规定的折旧率虚拟计算的固定资产折旧。它反映了固定资产在当期生产中的转移价值。各种类型企业和企业化管理的事业单位的固定资产折旧指实际计提并计入成本费用中的折旧费；不计提折旧的单位，如政府机关、非企业化管理的事业单位和居民住房的固定资产折旧则是按照统一规定的折旧率和固定资产原值计算的虚拟折旧。原则上，固定资产折旧应按固定资产的重置价值来计算，但是我国目前尚不具备对全社会固定资产进行重估价的基础，所以暂时只能采用上述方法来计算。

营业盈余　营业盈余是指常住单位创造的增加值扣除劳动者报酬、生产税净额和固定资产折旧后的余额。它相当于企业的营业利润加上生产补贴，但要扣除从利润中开支的工资和福利等。

第四篇

人口

4

RENKOU

4—1 人口数

单位:万人

年份	年末总人口	按性别分	
		男	女
1978	3 394.0	1 735.3	1 658.7
1980	3 486.9	1 779.2	1 707.7
1981	3 534.8	1 803.2	1 731.6
1982	3 592.1	1 832.0	1 760.1
1983	3 629.1	1 852.9	1 776.2
1984	3 654.8	1 866.6	1 788.2
1985	3 686.2	1 883.2	1 803.0
1986	3 726.0	1 904.1	1 821.9
1987	3 777.4	1 930.4	1 847.0
1988	3 825.5	1 955.5	1 870.0
1989	3 876.0	1 979.5	1 896.5
1990	3 917.3	1 999.1	1 918.2
1991	3 938.5	2 009.8	1 928.7
1992	3 957.9	2 018.9	1 939.0
1993	3 982.9	2 031.6	1 951.3
1994	4 007.2	2 043.6	1 963.6
1995	4 034.0	2 056.9	1 977.1
1996	4 056.8	2 067.5	1 989.3
1997	4 077.1	2 076.9	2 000.2
1998	4 090.4	2 083.1	2 007.3
1999	4 103.2	2 088.4	2 014.8
2000	4 135.3	2 103.3	2 032.0
2001	4 147.0	2 109.1	2 037.9
2002	4 155.4	2 111.6	2 043.8
2003	4 161.6	2 113.2	2 048.4
2004	4 172.8	2 117.3	2 055.5
2005	4 189.2	2 123.4	2 065.8
2006	4 210.4	2 132.5	2 077.9
2007	4 231.7	2 141.5	2 090.2
2008	4 246.1	2 146.9	2 099.2
2009	4 256.0	2 149.9	2 106.1
2010	4 251.7	2 144.7	2 107.0

注:本表至4—6表为公安户籍统计数。

4—2 人口构成

单位:%

年份	总人口	按性别分	
		男	女
1978	100.0	51.2	48.8
1980	100.0	51.0	49.0
1981	100.0	51.0	49.0
1982	100.0	51.0	49.0
1983	100.0	51.1	48.9
1984	100.0	51.1	48.9
1985	100.0	51.1	48.9
1986	100.0	51.1	48.9
1987	100.0	51.1	48.9
1988	100.0	51.1	48.9
1989	100.0	51.1	48.9
1990	100.0	51.0	49.0
1991	100.0	51.0	49.0
1992	100.0	51.0	49.0
1993	100.0	51.0	49.0
1994	100.0	51.0	49.0
1995	100.0	51.0	49.0
1996	100.0	51.0	49.0
1997	100.0	50.9	49.1
1998	100.0	50.9	49.1
1999	100.0	50.9	49.1
2000	100.0	50.9	49.1
2001	100.0	50.9	49.1
2002	100.0	50.8	49.2
2003	100.0	50.1	49.9
2004	100.0	50.7	49.3
2005	100.0	50.7	49.3
2006	100.0	50.6	49.4
2007	100.0	50.6	49.4
2008	100.0	50.6	49.4
2009	100.0	50.5	49.5
2010	100.0	50.4	49.6

4—3 人口出生率、死亡率、自然增长率

单位:‰

年份	出生率	死亡率	自然增长率
1978	18.0	5.3	12.7
1980	14.1	5.4	8.7
1981	16.6	5.3	11.3
1982	18.9	5.4	13.4
1983	13.4	5.0	8.4
1984	10.8	5.0	5.8
1985	11.9	5.3	6.6
1986	14.8	5.2	9.6
1987	17.3	5.3	12.0
1988	15.4	5.2	10.2
1989	14.6	5.2	9.4
1990	14.5	5.7	8.8
1991	9.9	5.2	4.7
1992	10.2	5.4	4.8
1993	10.0	5.6	4.4
1994	10.7	5.8	4.9
1995	9.9	5.5	4.4
1996	9.5	5.8	3.7
1997	8.9	5.7	3.2
1998	7.9	5.8	2.1
1999	8.0	6.0	2.0
2000	10.7	6.7	4.0
2001	7.1	5.3	1.8
2002	7.5	5.4	2.1
2003	6.2	5.6	0.6
2004	7.7	6.5	1.2
2005	7.8	5.8	2.0
2006	7.8	5.5	2.3
2007	8.2	5.8	2.4
2008	7.9	6.5	1.4
2009	7.6	6.8	0.8
2010	8.8	10.9	-2.1

4—4 各地区年末总户数及总人口

地区	总户数		总人口		男性人口		女性人口	
	2009年	2010年	2009年	2010年	2009年	2010年	2009年	2010年
全省	**1 473.3**	**1 488.8**	**4 256.0**	**4 251.7**	**2 149.9**	**2 144.7**	**2 106.1**	**2 107.0**
沈阳	247.6	251.3	716.5	719.6	357.4	358.4	359.1	361.2
大连	205.6	207.6	584.8	586.4	293.8	294.2	291.0	292.2
鞍山	116.9	117.9	352.0	351.8	178.3	178.1	173.7	173.7
抚顺	82.2	83.3	222.6	220.9	111.9	110.8	110.7	110.1
本溪	56.4	56.7	155.5	154.6	78.1	77.6	77.4	77.0
丹东	82.2	82.8	242.6	241.4	122.3	121.5	120.3	119.9
锦州	103.3	103.8	310.2	308.3	156.4	155.2	153.8	153.1
营口	88.2	87.2	235.0	235.5	119.8	119.7	115.2	115.8
阜新	64.5	67.0	192.3	192.4	96.4	96.1	95.9	96.3
辽阳	67.7	69.0	183.5	183.4	93.3	93.1	90.2	90.3
盘锦	46.7	47.6	130.0	131.3	65.6	66.2	64.4	65.1
铁岭	104.3	105.0	306.1	305.1	155.8	155.1	150.3	150.0
朝阳	111.6	112.5	342.6	339.2	176.1	174.3	166.5	164.9
葫芦岛	96.1	97.1	282.3	281.8	144.7	144.4	137.6	137.4

4—5 各地区人口自然变动情况

地区	平均人口(万人)		人口出生率(‰)		人口死亡率(‰)		人口自然增长率(‰)	
	2009年	2010年	2009年	2010年	2009年	2010年	2009年	2010年
全省	**4 251.1**	**4 253.8**	**7.58**	**8.76**	**6.84**	**10.91**	**0.74**	**-2.15**
沈阳	715.1	718.1	7.30	7.57	7.13	8.17	0.17	-0.60
大连	584.1	585.6	6.89	7.03	10.21	8.18	-3.32	-1.15
鞍山	351.7	351.9	7.62	8.91	6.57	10.56	1.05	-1.65
抚顺	222.9	221.8	5.89	6.09	6.79	11.76	-0.90	-5.67
本溪	155.6	155.0	5.92	6.85	6.28	11.29	-0.36	-4.44
丹东	242.7	242.0	6.15	6.79	6.51	11.90	-0.36	-5.11
锦州	310.2	309.3	6.81	8.28	6.23	13.80	0.58	-5.52
营口	234.4	235.3	10.06	10.58	6.99	12.20	3.07	-1.62
阜新	192.4	192.3	7.47	6.67	6.52	9.67	0.95	-3.00
辽阳	183.4	183.4	6.65	10.73	5.49	11.38	1.16	-0.65
盘锦	129.6	130.6	7.74	10.36	4.89	5.96	2.85	4.40
铁岭	306.0	305.6	7.40	9.76	5.70	11.47	1.70	-1.71
朝阳	341.7	340.9	10.11	13.00	5.61	14.45	4.50	-1.45
葫芦岛	281.3	282.0	9.61	12.16	5.42	16.07	4.19	-3.91

4—6 各地区分年龄人口数

2010 年　　单位:万人

地　　区	总人口	18 岁以下	18—35 岁	35—60 岁	60 岁以上
全　　省	**4 251.7**	**608.8**	**1 041.4**	**1 892.6**	**708.9**
沈　　阳	719.6	91.8	182.1	323.0	122.7
大　　连	586.4	71.7	149.8	259.2	105.7
鞍　　山	351.8	52.2	83.9	157.1	58.6
抚　　顺	220.9	26.5	51.5	105.9	37.0
本　　溪	154.6	17.2	37.9	73.0	26.5
丹　　东	241.4	33.4	55.2	111.4	41.4
锦　　州	308.3	44.9	71.0	137.7	54.7
营　　口	235.5	32.1	65.0	100.1	38.3
阜　　新	192.4	31.1	46.2	84.0	31.1
辽　　阳	183.4	26.7	42.6	82.5	31.6
盘　　锦	131.3	20.5	32.2	59.5	19.1
铁　　岭	305.1	47.8	71.6	138.0	47.7
朝　　阳	339.2	60.9	82.0	145.2	51.1
葫 芦 岛	281.8	52.0	70.4	116.0	43.4

4—7 全省历年人口变动抽样调查推算数

年份	总人口（万人）	出生率（‰）	死亡率（‰）	自然增长率（‰）	文盲率（%）	家庭户规模（人/户）
1990	3 946	15.60	6.01	9.59	11.51	3.59
1991	3 990	12.10	6.64	5.46		3.60
1992	4 016	12.57	6.11	6.46		3.57
1993	4 042	12.43	6.11	6.32		3.53
1994	4 067	12.26	6.03	6.23	10.46	3.48
1995	4 092	12.17	6.15	6.02	9.31	3.49
1996	4 116	12.15	6.20	5.95	8.86	3.44
1997	4 138	11.78	6.38	5.40	8.21	3.31
1998	4 157	11.39	6.81	4.58	8.17	3.27
1999	4 171	10.38	7.05	3.30	7.18	3.24
2000	4 184	8.46	6.06	2.40	5.79	3.15
2001	4 194	7.74	6.10	1.64	5.16	3.12
2002	4 203	7.38	6.04	1.34	5.16	3.14
2003	4 210	6.90	5.83	1.07	4.74	3.10
2004	4 217	6.51	5.60	0.91	4.03	3.13
2005	4 221	7.32	6.06	1.26	4.75	2.92
2006	4 271	6.40	5.30	1.10	4.17	2.95
2007	4 298	6.89	5.36	1.53	3.76	2.91
2008	4 315	6.32	5.22	1.10	3.45	2.85
2009	4 341	6.06	5.09	0.97	3.29	2.87
2010	4 375	6.68	6.26	0.42	2.18	2.78

注:文盲率指成人文盲率(文盲、半文盲占15岁及以上人口的比重)。

4—8 全省历年人口变动抽样调查年龄构成指数

单位:%

年份	0-14岁占总人口比重	15-64岁占总人口比重	65岁及以上占总人口比重	总负担系数	负担少儿系数	负担老年系数
1990	23.22	71.10	5.68	40.65	32.66	7.99
1991	23.33	70.48	6.19	41.88	33.10	8.78
1992	22.78	70.62	6.60	41.60	32.25	9.35
1993	22.00	71.21	6.79	40.44	30.90	9.54
1994	22.26	71.20	6.54	40.45	31.27	9.18
1995	21.37	71.61	7.02	40.15	29.96	10.19
1996	20.61	72.47	6.92	37.98	28.44	9.54
1997	19.12	73.63	7.25	36.62	25.95	10.67
1998	18.51	73.94	7.55	35.24	25.03	10.21
1999	18.48	73.71	7.81	35.67	25.08	10.60
2000	17.68	74.44	7.88	34.34	23.75	10.59
2001	17.68	74.44	7.88	34.34	23.75	10.59
2002	15.70	76.21	8.10	31.22	20.60	10.63
2003	15.90	75.60	8.90	32.27	21.03	11.24
2004	14.50	76.60	8.90	30.55	18.93	11.62
2005	14.18	76.08	9.74	31.44	18.64	12.80
2006	12.61	76.85	10.54	30.13	16.41	13.72
2007	12.68	76.69	10.63	30.40	16.54	13.86
2008	12.03	76.56	11.41	30.62	15.72	14.90
2009	11.14	77.43	11.43	29.15	14.38	14.77
2010	11.42	78.27	10.31	27.76	14.59	13.17

4—9 总人口和性别比

单位:万人、%

地区	总人口			占总人口比重		
	合计	男	女	合计	男	女
全省合计	**4 374.6**	**2 214.8**	**2 159.8**	**50.63**	**49.37**	**102.54**
沈阳市	810.6	409.5	401.1	50.52	49.48	102.10
大连市	669.0	337.6	331.4	50.46	49.54	101.84
鞍山市	364.6	185.0	179.6	50.74	49.26	103.02
抚顺市	213.8	108.1	105.7	50.55	49.45	102.21
本溪市	171.0	87.4	83.6	51.11	48.89	104.56
丹东市	244.5	124.0	120.5	50.71	49.29	102.90
锦州市	312.6	156.6	156.0	50.10	49.90	100.39
营口市	242.8	124.3	118.5	51.21	48.79	104.95
阜新市	181.9	91.3	90.6	50.22	49.78	100.87
辽阳市	185.9	94.6	91.3	50.87	49.13	103.54
盘锦市	139.2	70.3	68.9	50.50	49.50	102.03
铁岭市	271.8	137.9	133.9	50.72	49.28	102.94
朝阳市	304.5	154.7	149.8	50.81	49.19	103.30
葫芦岛市	262.4	133.5	128.9	50.87	49.13	103.53

注:表4－9至表4－19为第六次全国人口普查数据。

4—10 人口密度

单位:万人、万平方公里、人

地区	总人口	土地面积	人口密度
全省合计	**4 374.6**	**14.7**	**297**
沈阳市	810.6	1.3	625
大连市	669.0	1.3	532
鞍山市	364.6	0.9	394
抚顺市	213.8	1.1	190
本溪市	171.0	0.8	203
丹东市	244.5	1.5	161
锦州市	312.6	1.0	316
营口市	242.8	0.5	450
阜新市	181.9	1.0	176
辽阳市	185.9	0.5	392
盘锦市	139.2	0.4	342
铁岭市	271.8	1.3	209
朝阳市	304.5	2.0	155
葫芦岛市	262.4	1.1	252

4—11 城乡人口分布

单位:万人、%

地区	总人口	城镇人口	乡村人口	占总人口比重	
				城镇	乡村
全省合计	**4 374.6**	**2 718.8**	**1 655.8**	**62.15**	**37.85**
沈阳市	810.6	624.8	185.8	77.07	22.93
大连市	669.0	497.9	171.1	74.42	25.58
鞍山市	364.6	244.9	119.7	67.17	32.83
抚顺市	213.8	153.2	60.6	71.64	28.36
本溪市	171.0	127.1	43.9	74.36	25.64
丹东市	244.5	147.5	97.0	60.34	39.66
锦州市	312.6	149.6	163.0	47.86	52.14
营口市	242.8	142.9	99.9	58.85	41.15
阜新市	181.9	95.5	86.4	52.48	47.52
辽阳市	185.9	103.9	82.0	55.90	44.10
盘锦市	139.2	91.8	47.4	65.96	34.04
铁岭市	271.8	114.6	157.2	42.16	57.84
朝阳市	304.5	116.1	188.4	38.11	61.89
葫芦岛市	262.4	109.0	153.4	41.54	58.46

4—12　家庭户与集体户的总户数和总人口

单位:万户、万人、%

地　区	总人口	家庭户		集体户人口数	家庭户人口占总人口比重	平均每个家庭户人口
		户数	人口数			
全省合计	**4 374.6**	**1 499.4**	**4 175.6**	**199.0**	**95.45**	**2.78**
沈阳市	810.6	283.9	753.6	57.0	92.97	2.65
大连市	669.0	232.5	611.4	57.6	91.39	2.63
鞍山市	364.6	123.2	355.3	9.3	97.45	2.88
抚顺市	213.8	79.0	208.2	5.6	97.38	2.64
本溪市	171.0	58.4	163.3	7.7	95.53	2.80
丹东市	244.5	81.6	233.8	10.7	95.63	2.87
锦州市	312.6	103.9	301.4	11.2	96.40	2.90
营口市	242.8	82.3	236.2	6.6	97.29	2.87
阜新市	181.9	63.5	177.4	4.5	97.52	2.79
辽阳市	185.9	63.9	180.5	5.4	97.09	2.82
盘锦市	139.2	47.9	135.2	4.0	97.09	2.82
铁岭市	271.8	92.4	267.9	3.9	98.57	2.90
朝阳市	304.5	101.3	296.0	8.5	97.20	2.92
葫芦岛市	262.4	85.6	255.4	7.0	97.33	2.98

4—13 年 龄 结 构(一)

单位:万人、%

地区	总人口	年龄别人口			占总人口比重		
		0-14岁	15-59岁	60岁及以上	0-14岁	15-59岁	60岁及以上
全省合计	**4 374.6**	**499.7**	**3 199.8**	**675.1**	**11.42**	**73.15**	**15.43**
沈阳市	810.6	79.2	607.4	124.0	9.77	74.93	15.30
大连市	669.0	66.2	497.1	105.7	9.90	74.30	15.80
鞍山市	364.6	43.0	263.7	57.9	11.82	72.31	15.87
抚顺市	213.8	20.3	158.1	35.4	9.50	73.95	16.55
本溪市	171.0	16.5	128.5	26.0	9.64	75.19	15.17
丹东市	244.5	27.1	177.5	39.9	11.08	72.59	16.33
锦州市	312.6	36.1	225.6	50.9	11.52	72.19	16.29
营口市	242.8	28.0	178.4	36.4	11.56	73.46	14.98
阜新市	181.9	22.1	132.3	27.5	12.14	72.75	15.11
辽阳市	185.9	22.1	134.6	29.2	11.88	72.43	15.69
盘锦市	139.2	17.7	103.3	18.2	12.71	74.20	13.09
铁岭市	271.8	34.7	196.6	40.5	12.77	72.33	14.90
朝阳市	304.5	47.5	212.9	44.1	15.61	69.90	14.49
葫芦岛市	262.4	39.2	183.8	39.4	14.92	70.03	15.05

4—14 年 龄 结 构(二)

单位:万人、%

地区	总人口	年龄别人口			占总人口比重		
		0-14岁	15-64岁	65岁及以上	0-14岁	15-64岁	65岁及以上
全省合计	**4 374.6**	**499.7**	**3 424.0**	**450.9**	**11.42**	**78.27**	**10.31**
沈阳市	810.6	79.2	647.3	84.1	9.77	79.86	10.37
大连市	669.0	66.2	531.2	71.6	9.90	79.39	10.71
鞍山市	364.6	43.0	282.4	39.2	11.82	77.46	10.72
抚顺市	213.8	20.3	169.4	24.1	9.50	79.22	11.28
本溪市	171.0	16.5	136.8	17.7	9.64	80.03	10.33
丹东市	244.5	27.1	191.2	26.2	11.08	78.19	10.73
锦州市	312.6	36.1	243.0	33.5	11.52	77.70	10.78
营口市	242.8	28.0	190.6	24.2	11.56	78.48	9.96
阜新市	181.9	22.1	141.3	18.5	12.14	77.70	10.16
辽阳市	185.9	22.1	145.0	18.8	11.88	78.01	10.11
盘锦市	139.2	17.7	110.4	11.1	12.71	79.25	8.04
铁岭市	271.8	34.7	211.9	25.2	12.77	77.96	9.27
朝阳市	304.5	47.5	226.9	30.1	15.61	74.51	9.88
葫芦岛市	262.4	39.2	196.6	26.6	14.92	74.96	10.12

4—15 按城乡分

地区	年龄别人口					
	0-14岁		15-59岁		60岁及以上	
	城镇	乡村	城镇	乡村	城镇	乡村
全省合计	**272.7**	**227.0**	**2 039.5**	**1 160.3**	**406.6**	**268.5**
沈阳市	55.0	24.2	475.4	132.0	94.4	29.6
大连市	48.1	18.1	378.3	118.8	71.5	34.2
鞍山市	25.2	17.8	181.0	82.7	38.7	19.2
抚顺市	12.8	7.5	114.3	43.8	26.1	9.3
本溪市	11.9	4.6	95.9	32.6	19.3	6.7
丹东市	14.7	12.4	109.3	68.2	23.5	16.4
锦州市	15.2	20.9	110.6	115.0	23.8	27.1
营口市	15.5	12.5	107.4	71.0	20.0	16.4
阜新市	9.3	12.8	71.1	61.2	15.1	12.4
辽阳市	11.5	10.6	76.9	57.7	15.5	13.7
盘锦市	11.3	6.4	68.7	34.6	11.8	6.4
铁岭市	11.9	22.8	85.7	110.9	17.0	23.5
朝阳市	16.2	31.3	85.2	127.7	14.7	29.4
葫芦岛市	14.1	25.1	79.7	104.1	15.2	24.2

4—16 按城乡分

地区	总人口					
	0-14岁		15-64岁		65岁及以上	
	城镇	乡村	城镇	乡村	城镇	乡村
全省合计	**272.7**	**227.0**	**2 166.2**	**1 257.8**	**279.9**	**171.0**
沈阳市	55.0	24.2	503.9	143.4	65.9	18.2
大连市	48.1	18.1	400.7	130.5	49.1	22.5
鞍山市	25.2	17.8	192.8	89.6	26.9	12.3
抚顺市	12.8	7.5	121.8	47.6	18.6	5.5
本溪市	11.9	4.6	101.6	35.2	13.6	4.1
丹东市	14.7	12.4	116.9	74.3	15.9	10.3
锦州市	15.2	20.9	118.0	125.0	16.4	17.1
营口市	15.5	12.5	113.9	76.7	13.5	10.7
阜新市	9.3	12.8	75.3	66.0	10.9	7.6
辽阳市	11.5	10.6	82.0	63.0	10.4	8.4
盘锦市	11.3	6.4	73.5	36.9	7.0	4.1
铁岭市	11.9	22.8	91.7	120.2	11.0	14.2
朝阳市	16.2	31.3	89.7	137.2	10.2	19.9
葫芦岛市	14.1	25.1	84.4	112.2	10.5	16.1

的 年 龄 结 构(一)

单位:万人、%

占城镇(乡村)人口比重					
0-14岁		15-59岁		60岁及以上	
城镇	乡村	城镇	乡村	城镇	乡村
10.03	**13.71**	**75.01**	**70.08**	**14.96**	**16.21**
8.79	13.05	76.10	71.04	15.11	15.91
9.66	10.58	75.98	69.43	14.36	19.99
10.32	14.89	73.89	69.08	15.79	16.03
8.38	12.33	74.61	72.28	17.01	15.39
9.34	10.52	75.46	74.38	15.20	15.10
9.99	12.73	74.08	70.34	15.93	16.93
10.15	12.79	73.95	70.58	15.90	16.63
10.87	12.53	75.12	71.09	14.01	16.38
9.71	14.82	74.50	70.81	15.79	14.37
11.04	12.93	74.03	70.41	14.93	16.66
12.29	13.52	74.84	72.95	12.87	13.53
10.39	14.51	74.79	70.54	14.82	14.95
13.94	16.64	73.41	67.74	12.65	15.62
12.93	16.34	73.07	67.87	14.00	15.79

的 年 龄 结 构(二)

单位:万人、%

占城镇(乡村)人口比重					
0-14岁		15-64岁		65岁及以上	
城镇	乡村	城镇	乡村	城镇	乡村
10.03	**13.71**	**79.67**	**75.96**	**10.30**	**10.33**
8.79	13.05	80.66	77.18	10.55	9.77
9.66	10.58	80.47	76.27	9.87	13.15
10.32	14.89	78.71	74.88	10.97	10.23
8.38	12.33	79.51	78.49	12.11	9.18
9.34	10.52	79.93	80.30	10.73	9.18
9.99	12.73	79.22	76.63	10.79	10.64
10.15	12.79	78.84	76.65	11.01	10.56
10.87	12.53	79.67	76.80	9.46	10.67
9.71	14.82	78.91	76.38	11.38	8.80
11.04	12.93	78.96	76.81	10.00	10.26
12.29	13.52	80.04	77.74	7.67	8.74
10.39	14.51	80.00	76.48	9.61	9.01
13.94	16.64	77.30	72.79	8.76	10.57
12.93	16.34	77.47	73.17	9.60	10.49

4—17 每十万人拥有的各种受教育程度人口

单位:人

地区	大专及以上	高中	初中	小学
全省合计	**11 965**	**14 788**	**45 328**	**21 407**
沈阳市	20 391	18 082	41 243	14 972
大连市	17 367	16 890	38 293	20 966
鞍山市	9 393	14 766	52 139	17 977
抚顺市	11 993	17 638	45 905	18 249
本溪市	11 178	17 499	48 349	16 955
丹东市	8 351	12 622	45 634	26 776
锦州市	8 739	13 136	47 334	24 365
营口市	7 220	10 655	51 774	24 440
阜新市	7 764	17 757	47 735	19 633
辽阳市	9 085	12 772	49 168	23 791
盘锦市	11 475	15 787	46 986	19 477
铁岭市	5 665	10 460	48 111	29 185
朝阳市	6 101	11 342	43 540	28 571
葫芦岛市	6 366	10 332	49 270	25 512

4—18 按城乡分的每十万人拥有各种受教育程度人口

单位:人

地区	大专及以上		高中		初中		小学	
	城镇	乡村	城镇	乡村	城镇	乡村	城镇	乡村
全省合计	**18 162**	**1 790**	**20 610**	**5 228**	**42 470**	**50 021**	**13 619**	**34 194**
沈阳市	25 844	2 057	21 553	6 412	37 614	53 443	10 372	30 437
大连市	22 568	2 234	20 443	6 552	36 323	44 023	15 166	37 842
鞍山市	13 223	1 553	18 650	6 818	50 296	55 909	13 104	27 950
抚顺市	15 567	2 962	22 358	5 712	45 740	46 320	11 318	35 758
本溪市	14 051	2 845	21 402	6 179	47 305	51 377	11 913	31 581
丹东市	12 799	1 583	17 973	4 480	46 869	43 754	17 105	41 491
锦州市	16 599	1 523	22 108	4 900	42 668	51 618	13 683	34 171
营口市	11 071	1 712	15 717	3 414	51 197	52 599	16 895	35 231
阜新市	13 288	1 663	28 620	5 762	39 293	57 056	13 131	26 813
辽阳市	14 855	1 772	18 788	5 146	46 392	52 685	15 491	34 311
盘锦市	16 340	2 047	21 229	5 243	42 377	55 917	14 618	28 893
铁岭市	11 630	1 317	20 116	3 421	49 042	47 433	14 784	39 682
朝阳市	13 171	1 747	20 862	5 479	41 525	44 781	17 377	35 465
葫芦岛市	13 366	1 392	19 382	3 901	46 126	51 504	15 029	32 961

4—19 汉族和各少数民族人口

单位:万%

地区	总人口	汉族		各少数民族	
		人数	占总人口比重	人数	占总人口比重
全省合计	**4 374.6**	**3 710.3**	**84.81**	**664.3**	**15.19**
沈阳市	810.6	734.0	90.55	76.6	9.45
大连市	669.0	629.9	94.15	39.1	5.85
鞍山市	364.6	310.2	85.07	54.4	14.93
抚顺市	213.8	155.9	72.93	57.9	27.07
本溪市	171.0	117.9	68.97	53.1	31.03
丹东市	244.5	160.5	65.66	84.0	34.34
锦州市	312.6	227.8	72.85	84.8	27.15
营口市	242.8	227.5	93.67	15.3	6.33
阜新市	181.9	155.3	85.34	26.6	14.66
辽阳市	185.9	173.0	93.08	12.9	6.92
盘锦市	139.2	133.9	96.18	5.3	3.82
铁岭市	271.8	211.2	77.72	60.6	22.28
朝阳市	304.5	282.9	92.90	21.6	7.10
葫芦岛市	262.4	190.3	72.55	72.1	27.45

主要统计指标解释

人口数 指一定时点、一定地区范围内的有生命的个人的总和。

年度统计的年末人口数是指每年 12 月 31 日 24 时的人口数。

出生率(又称粗出生率) 指在一定时期内(通常为一年)平均每千人所出生的人数的比率,一般用千分率表示。计算公式:

$$出生率=\frac{年出生人数}{年平均人数}\times 1000‰$$

出生人数是指活产婴儿,即胎儿脱离母体时(不管怀孕月数),有过呼吸或其他生命现象。

年平均人数是指年初、年末人口数的平均数,也可用年中人口数代替。

死亡率(又称粗死亡率) 指在一定时期内(通常为一年)某地区的死亡人数与同期平均人数(或期中人数)之比,一般用千分率表示。计算公式:

$$死亡率=\frac{年死亡人数}{年平均人数}\times 1000‰$$

人口自然增长率 指在一定时期内(通常为一年)人口自然增加数(出生人数减死亡人数)与该时期内平均人数(或期中人数)之比,一般用千分率表示。计算公式:

$$人口自然增长率=\frac{本年出生人数-本年死亡人数}{年平均人数}\times 1000‰$$

$$人口自然增长率=人口出生率-人口死亡率$$

第五篇

就业人员和职工工资

5

JIUYE
RENYUAN
HE
ZHIGONG
GONGZI

5—1 就业基本情况

指　　标	单位	2005年	2006年	2007年	2008年	2009年	2010年
年末就业人员	**万人**	**2 120.3**	**2 128.1**	**2 180.7**	**2 198.2**	**2 277.1**	**2 317.5**
第一产业	万人	722.1	716.2	705.7	700.7	697.5	703.6
第二产业	万人	596.0	590.2	601.4	605.0	619.2	641.5
第三产业	万人	802.2	821.7	873.6	892.5	960.4	972.4
按城乡分就业人员							
城镇就业人员	万人	1 006.8	995.2	1 027.0	1 033.5	1 096.6	1 109.0
国有单位	万人	352.0	345.6	336.8	338.1	313.7	312.1
城镇集体单位	万	106.9	99.0	90.6	83.9	74.6	70.0
其他内资	万人	116.6	117.1	118.0	128.2	149.3	154.9
外商投资单位	万人	39.7	42.8	44.1	44.7	41.0	41.8
港澳台投资单位	万人	10.3	10.1	11.5	10.8	11.5	11.9
其他	万人	4.5	4.1	3.9	5.0	6.5	6.9
私营企业	万人	189.5	184.6	202.9	206.1	240.7	271.6
个体	万人	187.2	191.9	219.2	216.6	259.2	239.9
乡村就业人员	万人	1 113.5	1 132.9	1 153.6	1 164.7	1 180.5	1 208.5
在岗职工人数	万人	609.6	596.7	582.4	585.6	572.1	572.8
国有单位	万人	342.1	335.8	327.7	327.2	303.2	300.4
城镇集体单位	万人	105.7	97.9	89.6	82.3	72.9	68.5
其他单位	万人	161.8	163	165.1	176.1	196.1	204.0
城镇当年就业(再就业)人数	万人	119.8	120.4	122.4	112.6	114.0	115.6
城镇登记失业人数	万人	60.4	53.9	44.5	39.0	41.6	39.5
#失业女性	万人	35.3	28.1	23.4	18.6	19.4	20.5
城镇登记失业率	%	5.7	5.1	4.4	3.8	3.9	3.7

5—2 按三次产业分的就业人员

（年末数）

年份	就业人员合计（万人）	第一产业	第二产业	第三产业	构成（%，以合计为100）第一产业	第二产业	第三产业
1978	1 254.1	595.3	433.4	225.4	47.4	34.6	18.0
1980	1 441.7	597.1	564.7	279.9	41.4	39.2	19.4
1985	1 769.1	634.3	726.4	408.4	35.9	41.0	23.1
1986	1 799.2	640.4	735.3	423.5	35.6	40.9	23.5
1987	1 835.4	630.7	770.7	434.0	34.4	42.0	23.6
1988	1 858.6	625.1	784.2	449.3	33.6	42.2	24.2
1989	1 874.8	638.2	777.1	459.5	34.0	41.5	24.5
1990	1 897.3	646.0	778.2	473.1	34.0	41.0	25.0
1991	1 938.3	666.3	788.5	483.5	34.4	40.7	24.9
1992	1 957.8	652.6	797.4	507.8	33.3	40.7	26.0
1993	2 006.1	640.3	827.4	538.4	31.9	41.3	26.8
1994	2 009.3	627.7	773.3	608.3	31.2	38.5	30.3
1995	2 027.8	632.7	787.5	607.6	31.2	38.8	30.0
1996	2 031.8	644.7	751.8	635.3	31.7	37.0	31.3
1997	1 967.1	639.7	716.7	610.7	32.5	36.4	31.1
1998	1 958.8	657.9	684.7	616.2	33.6	35.0	31.4
1999	1 994.4	651.5	658.3	684.6	32.7	33.0	34.3
2000	2 052.0	685.4	649.6	717.0	33.4	31.7	34.9
2001	2 069.3	686.7	625.9	756.7	33.2	30.2	36.6
2002	2 025.3	697.6	580.6	747.1	34.4	28.7	36.9
2003	2 018.9	700.8	568.8	749.3	34.7	28.2	37.1
2004	2 097.3	721.2	586.8	789.3	34.4	28.0	37.6
2005	2 120.3	722.1	596.0	802.2	34.1	28.1	37.8
2006	2 128.1	716.2	590.2	821.7	33.7	27.7	38.6
2007	2 180.7	705.7	601.4	873.6	32.4	27.6	40.1
2008	2 198.2	700.7	605.0	892.5	31.9	27.5	40.6
2009	2 277.1	697.5	619.2	960.4	30.6	27.2	42.2
2010	2 317.5	703.6	641.5	972.4	30.3	27.7	42.0

5—3 各地区按三次产业分的就业人员

（2010 年末）

年份	就业人员合计（万人）	第一产业	第二产业	第三产业	构成(%,以合计为100) 第一产业	第二产业	第三产业
全省	**2 317.5**	**703.6**	**641.5**	**972.4**	**30.4**	**27.7**	**42.0**
沈阳	348.6	78.7	95.1	174.8	22.6	27.3	50.1
大连	402.2	69.2	126.5	206.5	17.2	31.5	51.3
鞍山	164.2	49.1	57.2	57.8	29.9	34.9	35.2
抚顺	117.5	31.4	39.3	46.8	26.8	33.4	39.8
本溪	77.0	14.7	29.4	32.9	19.1	38.2	42.7
丹东	120.8	45.7	30.2	45.0	37.8	25.0	37.2
锦州	163.7	69.6	33.8	60.3	42.5	20.6	36.8
营口	139.3	37.2	34.7	67.3	26.7	24.9	48.3
阜新	110.0	38.4	27.7	43.9	34.9	25.2	39.9
辽阳	89.4	31.2	27.7	30.4	34.9	31.0	34.0
盘锦	104.9	42.9	31.3	30.6	41.0	29.9	29.2
铁岭	142.7	58.7	31.3	52.8	41.1	21.9	37.0
朝阳	182.4	78.7	44.1	59.5	43.2	24.2	32.6
葫芦岛	137.5	57.4	30.9	49.1	41.8	22.5	35.7

5—4 各地区城镇单位就业人员

（年末数） 单位:万人

行业	2009年			2010年		
	单位全部就业人员	全部职工	其他就业人员	单位全部就业人员	全部职工	其他就业人员
全省	**596.7**	**572.1**	**24.6**	**597.6**	**572.8**	**24.7**
沈阳	106.3	100.8	5.5	109.9	103.6	6.3
大连	96.7	87.8	8.9	96.3	89.3	7.0
鞍山	51.8	50.2	1.6	51.2	49.5	1.7
抚顺	41.7	41.0	0.7	40.3	39.7	0.7
本溪	33.1	32.5	0.6	32.3	31.5	0.9
丹东	24.9	24.5	0.5	24.6	23.9	0.7
锦州	31.9	31.3	0.5	32.2	31.5	0.6
营口	19.5	19.2	0.3	20.8	20.4	0.4
阜新	25.7	25.2	0.4	25.6	24.9	0.7
辽阳	19.4	19.0	0.4	18.9	18.7	0.2
盘锦	50.3	47.9	2.4	50.3	47.6	2.7
铁岭	27.4	27.1	0.3	27.2	26.8	0.5
朝阳	24.2	23.4	0.8	25.2	24.2	1.0
葫芦岛	26.7	25.0	1.6	25.4	24.2	1.1

5—5 各地区分行业

(2010

行　　业	沈　阳	大　连	鞍　山	抚　顺	本　溪	丹　东
总　　计	**998 381**	**941 911**	**409 748**	**267 596**	**232 157**	**211 001**
农、林、牧、渔业	5 245	9 705	7 398	5 540	1 920	2 563
采　矿　业	20 995	2 241	3 487	35 336	17 262	4 708
制　造　业	298 446	408 834	156 169	84 959	83 597	48 944
电力、燃气及水的生产和供应业	32 177	17 058	12 833	13 559	8 313	8 846
建　筑　业	50 679	47 581	39 792	20 037	20 132	16 966
交通运输、仓储及邮政业	40 260	52 983	12 150	8 348	9 991	11 350
信息转输、计算机服务和软件业	14 869	24 177	3 637	1 802	2 401	4 168
批发和零售业	53 762	36 136	12 296	5 998	6 536	9 794
住宿和餐饮业	15 755	23 266	3 565	1 254	591	3 226
金　融　业	42 751	50 288	13 373	9 694	9 143	6 713
房地产业	22 296	28 797	5 374	2 363	5 046	6 462
租赁和商务服务业	42 954	19 338	7 842	2 639	1 586	2 092
科学研究、技术服务和地质勘查业	44 898	15 892	10 386	5 254	2 271	7 213
水利、环境和公共设施管理业	31 470	14 067	13 867	7 386	6 465	7 953
居民服务和其他服务业	5 873	3 593	2 911	1 122	435	583
教　　育	114 282	78 165	40 940	23 535	21 019	25 057
卫生、社会保障和社会福利业	59 315	41 060	24 376	10 550	13 295	12 799
文化、体育和娱乐业	16 392	8 228	3 190	2 065	1 862	2 522
公共管理和社会组织	85 962	60 502	36 162	26 155	20 292	29 042
国际组织						

城镇单位就业人数

年末数）　　　　单位：人

锦州	营口	阜新	辽阳	盘锦	铁岭	朝阳	葫芦岛
241 259	**196 169**	**175 381**	**166 072**	**493 875**	**221 284**	**240 041**	**226 316**
14 601	1 090	4 401	4 234	187 530	20 231	6 094	4 179
113	1 158	45 805	1 618	139 431	44 901	15 311	18 836
50 971	54 961	16 676	57 041	36 162	18 101	53 819	73 776
14 892	7 692	8 118	4 054	5 839	9 000	9 230	14 250
14 503	10 987	8 930	21 066	15 848	15 080	12 695	6 070
12 520	12 191	4 215	3 409	5 292	6 105	6 058	8 004
3 263	2 018	2 456	1 523	2 324	2 329	2 808	2 169
8 861	5 348	5 794	3 089	7 315	2 478	4 635	3 574
1 225	2 422	823	1 306	2 741	432	685	1 700
12 459	8 894	7 518	5 248	8 657	9 000	14 184	8 584
2 565	3 221	1 503	1 535	3 109	1 825	2 450	1 252
3 533	5 086	2 247	2 262	17 811	5 474	3 646	2 274
7 815	3 038	2 600	2 410	5 017	4 858	3 312	3 520
5 397	6 311	4 014	6 987	8 376	5 656	4 761	5 543
976	247	405	249	382	579	3 236	319
34 224	27 582	24 453	17 393	15 405	29 420	42 599	28 407
17 568	12 346	11 017	8 958	7 037	11 886	14 169	10 585
2 600	2 929	2 356	1 712	1 832	1 791	1 610	1 600
33 173	28 648	22 050	21 978	23 767	32 138	38 739	31 674

5—6 各地区个体从业人员

单位:户、万人

地区	2005年		2009年		2010年	
	户数	从业人数	户数	从业人数	户数	从业人数
全省	**1 274 219**	**288.3**	**1 459 614**	**366.1**	**1 529 646**	**346.2**
沈阳	191 639	56.9	218 006	54.9	226 732	59.6
大连	250 925	42.1	238 625	34.8	263 602	38.0
鞍山	91 430	24.6	70 677	33.9	82 488	15.1
抚顺	73 769	23.9	103 141	27.1	109 156	28.2
本溪	38 906	12.2	55 921	11.1	58 628	13.1
丹东	79 254	20.3	85 529	17.3	82 526	18.8
锦州	89 065	18.5	112 946	39.6	127 751	29.1
营口	72 557	11.6	104 552	49.0	120 031	47.1
阜新	59 160	16.2	61 423	12.7	69 636	13.5
辽阳	47 225	16.3	60 492	16.0	62 023	15.6
盘锦	42 745	8.6	65 971	14.9	62 249	11.4
铁岭	87 135	14.0	103 439	18.3	104 566	26.2
朝阳	80 647	13.4	94 468	20.4	76 368	15.5
葫芦岛	69 762	9.6	84 424	16.1	83 890	15.0

5—7 各地区私营企业从业人员

单位:户、万人

地区	2005年		2009年		2010年	
	户数	从业人数	户数	从业人数	户数	从业人数
全省	**165 217**	**252.1**	**266 809**	**337.6**	**307 733**	**371.1**
沈阳	47 703	54.2	68 872	57.8	80 729	64.7
大连	56 056	90.2	80 271	133.1	85 317	144.0
鞍山	11 482	11.0	19 129	12.2	22 293	14.8
抚顺	5 294	14.6	10 422	10.0	11 827	10.8
本溪	3 821	7.4	6 080	6.4	7 116	7.3
丹东	6 556	9.9	11 408	9.8	13 535	11.2
锦州	6 243	6.9	11 043	11.1	12 840	12.5
营口	6 218	8.6	16 703	25.3	20 090	28.0
阜新	2 834	9.6	5 917	10.7	7 745	12.1
辽阳	4 744	11.2	8 062	11.3	9 856	12.4
盘锦	3 108	6.2	6 124	11.8	8 389	13.3
铁岭	3 891	7.1	8 170	11.7	10 202	12.2
朝阳	3 644	10.0	7 514	15.0	8 757	15.6
葫芦岛	3 623	5.2	7 094	11.3	9 037	12.3

5—8 分行业职工人数

单位:万人

行业	2009年			2010年		
	全部职工	在岗职工	离岗职工	全部职工	在岗职工	离岗职工
总计	**572.1**	**485.0**	**87.2**	**572.8**	**493.4**	**79.4**
农、林、牧、渔业	30.7	27.2	3.5	31.0	27.6	3.4
采矿业	42.7	35.3	7.4	41.6	35.0	6.7
制造业	179.4	139.2	40.2	176.7	140.0	36.6
电力、燃气及水的生产和供应业	17.8	16.0	1.8	18.0	16.3	1.7
建筑业	38.0	28.2	9.8	39.1	29.1	10.0
交通运输、仓储及邮政业	35.8	31.0	4.8	33.9	29.5	4.3
信息转输、计算机服务和软件业	6.1	5.9	0.3	6.9	6.7	0.2
批发和零售业	23.9	16.6	7.3	22.9	16.4	6.5
住宿和餐饮业	7.0	6.4	0.6	6.5	6.0	0.4
金融业	16.3	15.0	1.2	16.5	15.3	1.2
房地产业	8.5	7.0	1.5	9.8	8.4	1.3
租赁和商务服务业	11.7	8.3	3.4	13.3	10.4	2.9
科学研究、技术服务和地质勘查业	11.1	10.4	0.7	12.0	11.3	0.7
水利、环境和公共设施管理业	10.8	10.2	0.6	11.5	11.0	0.5
居民服务和其他服务业	2.5	2.2	0.3	3.1	2.8	0.3
教育	50.1	49.4	0.7	51.2	50.7	0.5
卫生、社会保障和社会福利业	25.0	23.3	1.7	25.4	24.2	1.2
文化、体育和娱乐业	5.6	5.3	0.3	5.1	4.9	0.1
公共管理和社会组织	49.1	48.1	1.0	48.3	47.7	0.7
国际组织						

注:离岗职工是离开本单位仍保留劳动关系的职工(下同)。

5—9 分行业职工人数

（2010年末） 单位:万人

行业	职工合计	在岗职工	#国有单位	#集体单位	离岗职工	#国有单位	#集体单位
总计	**572.8**	**493.4**	**271.6**	**29.6**	**79.4**	**28.8**	**38.9**
农、林、牧、渔业	31.0	27.6	26.6	0.1	3.4	3.3	0.1
采矿业	41.6	35.0	8.3	1.2	6.7	1.1	4.7
制造业	176.7	140.0	29.4	11.9	36.6	10.8	20.4
电力、燃气及水的生产和供应业	18.0	16.3	9.9	0.2	1.7	1.1	0.1
建筑业	39.1	29.1	10.1	6.0	10.0	2.7	5.5
交通运输、仓储及邮政业	33.9	29.5	21.6	0.8	4.3	2.4	1.1
信息转输、计算机服务和软件业	6.9	6.7	2.1		0.2	0.1	
批发和零售业	22.9	16.4	3.7	1.8	6.5	1.6	4.4
住宿和餐饮业	6.5	6.0	1.6	0.3	0.4	0.2	0.1
金融业	16.5	15.3	6.5	2.3	1.2	0.4	0.2
房地产业	9.8	8.4	2.4	0.2	1.3	0.4	0.3
租赁和商务服务业	13.3	10.4	4.7	2.0	2.9	1.5	1.3
科学研究、技术服务和地质勘查业	12.0	11.3	9.2	0.3	0.7	0.6	0.1
水利、环境和公共设施管理业	11.5	11.0	10.3	0.2	0.5	0.5	
居民服务和其他服务业	3.1	2.8	2.0	0.3	0.3		0.2
教育	51.2	50.7	49.3	0.2	0.5	0.4	
卫生、社会保障和社会福利业	25.4	24.2	21.9	1.4	1.2	0.9	0.3
文化、体育和娱乐业	5.1	4.9	4.5		0.1	0.1	
公共管理和社会组织	48.3	47.7	47.5	0.1	0.7	0.7	
国际组织							

5—10 各 地 区

（2010

地区	全部职工			
	合计	国有单位	城镇集体单位	其他单位
全省	**5 728 380**	**3 004 140**	**684 665**	**2 039 575**
沈阳	1 036 138	517 549	91 624	426 965
大连	893 220	281 781	24 356	587 083
鞍山	494 812	316 509	94 592	83 711
抚顺	396 758	155 718	94 146	146 894
本溪	314 916	208 034	62 428	44 454
丹东	239 213	138 088	26 279	74 846
锦州	315 360	203 105	43 213	69 042
营口	204 477	111 229	13 141	80 107
阜新	249 493	137 485	88 086	23 922
辽阳	187 269	88 074	28 632	70 563
盘锦	476 060	259 466	4 334	212 260
铁岭	267 778	138 974	54 820	73 984
朝阳	241 584	139 859	18 482	83 243
葫芦岛	242 034	139 001	40 532	62 501

职　工　人　数

年末数）

单位:万人

在岗职工				离岗职工			
合计	国有单位	城镇集体单位	其他单位	合计	国有单位	城镇集体单位	其他单位
4 934 115	**2 715 820**	**295 513**	**1 922 782**	**794 265**	**288 320**	**389 152**	**116 793**
935 114	475 621	55 529	403 964	101 024	41 928	36 095	23 001
871 718	273 741	23 045	574 932	21 502	8 040	1 311	12 151
392 355	276 108	40 657	75 590	102 457	40 401	53 935	8 121
260 972	114 252	16 031	130 689	135 786	41 466	78 115	16 205
223 603	176 454	20 453	26 696	91 313	31 580	41 975	17 758
204 199	125 267	13 243	65 689	35 014	12 821	13 036	9 157
235 007	155 234	17 767	62 006	80 353	47 871	25 446	7 036
192 284	105 488	10 743	76 053	12 193	5 741	2 398	4 054
168 403	129 343	16 263	22 797	81 090	8 142	71 823	1 125
164 414	82 605	16 978	64 831	22 855	5 469	11 654	5 732
467 304	253 823	4 127	209 354	8 756	5 643	207	2 906
216 689	127 444	20 478	68 767	51 089	11 530	34 342	5 217
229 738	136 978	11 207	81 553	11 846	2 881	7 275	1 690
214 841	125 988	28 992	59 861	27 193	13 013	11 540	2 640

5—11 各地区分行业

(2010

行业	沈阳	大连	鞍山	抚顺	本溪	丹东
总计	**935 114**	**871 718**	**392 355**	**260 972**	**223 603**	**204 199**
农、林、牧、渔业	4 788	9 608	7 240	5 540	1 915	2 558
采矿业	20 988	2 241	3 349	35 331	17 253	4 253
制造业	292 427	378 729	152 796	84 476	83 194	47 706
电力、燃气及水的生产和供应业	31 579	16 405	12 142	13 524	7 670	8 838
建筑业	41 460	45 469	37 602	19 783	19 240	16 068
交通运输、仓储及邮政业	37 444	52 463	10 806	8 347	9 785	11 285
信息转输、计算机服务和软件业	13 619	23 835	3 546	1 622	2 295	4 073
批发和零售业	52 181	34 394	11 756	5 875	6 314	9 736
住宿和餐饮业	15 286	21 317	3 495	1 254	561	3 196
金融业	30 987	31 049	13 027	7 101	6 127	5 700
房地产业	21 426	26 922	5 178	2 271	4 879	6 090
租赁和商务服务业	41 559	18 477	7 770	2 610	1 400	2 080
科学研究、技术服务和地质勘查业	42 993	14 605	8 745	4 661	2 210	7 088
水利、环境和公共设施管理业	23 964	12 871	12 862	6 856	5 643	7 536
居民服务和其他服务业	5 820	3 476	2 833	1 095	433	562
教育	107 242	75 445	38 767	23 328	20 489	24 581
卫生、社会保障和社会福利业	55 863	37 712	22 285	10 277	12 891	12 027
文化、体育和娱乐业	15 843	7 657	3 095	2 047	1 785	2 502
公共管理和社会组织	79 645	59 043	35 061	24 974	19 519	28 320
国际组织						

在岗职工人数

年末数)

单位:人

锦州	营口	阜新	辽阳	盘锦	铁岭	朝阳	葫芦岛
235 007	**192 284**	**168 403**	**164 414**	**467 304**	**216 689**	**229 738**	**214 841**
13 697	1 089	4 390	4 234	186 020	20 127	6 048	4 100
113	1 158	45 795	1 618	139 404	44 901	15 306	17 138
50 408	54 147	16 284	56 929	35 186	17 890	53 677	71 227
14 794	7 671	8 117	4 022	5 755	9 000	9 228	13 919
14 308	10 738	7 720	20 860	14 942	14 085	11 253	6 020
12 473	12 191	3 976	3 371	5 253	6 085	5 539	7 279
3 059	2 014	1 968	1 438	2 238	2 242	2 808	2 006
8 693	5 221	5 643	3 010	7 155	2 464	4 626	3 542
1 216	2 400	798	1 284	2 719	432	685	1 680
10 206	7 374	5 956	5 214	6 105	7 845	10 209	6 389
2 545	3 187	1 424	1 533	3 036	1 809	2 401	1 087
3 510	5 071	2 174	2 247	2 852	5 473	3 613	2 273
7 667	2 993	2 583	2 406	4 985	4 819	3 211	3 471
5 065	6 280	3 422	6 900	5 358	4 664	3 793	4 371
951	227	405	224	377	579	3 230	319
34 091	27 281	24 070	17 350	15 183	29 327	41 757	27 390
16 817	12 128	10 364	8 512	6 700	11 379	13 485	10 357
2 577	2 872	2 134	1 685	1 827	1 788	1 567	1 504
32 817	28 242	21 180	21 577	22 209	31 780	37 302	30 769

5—12 各地区分行业

(2010

行业	沈阳	大连	鞍山	抚顺	本溪	丹东
总计	**101 024**	**21 502**	**102 457**	**135 786**	**91 313**	**35 014**
农、林、牧、渔业	874	131	231	4 307	654	695
采矿业	1 845	82	3 788	20 595	3 861	638
制造业	60 650	7 455	60 639	60 358	54 389	17 030
电力、燃气及水的生产和供应业	3 768	669	1 132	2 522	1 458	737
建筑业	7 822	1 928	15 309	26 678	11 880	7 790
交通运输、仓储及邮政业	4 192	4 613	3 837	6 286	5 453	1 420
信息转输、计算机服务和软件业	263	186	143	139	83	612
批发和零售业	7 998	1 164	2 832	6 972	4 205	2 395
住宿和餐饮业	883	191	199	445	784	71
金融业	1 399	1 836	1 033	997	330	951
房地产业	1 177	391	81	1 735	6 186	1 468
租赁和商务服务业	2 282	90	8 783	1 467	162	165
科学研究、技术服务和地质勘查业	1 455	322	956	433	171	415
水利、环境和公共设施管理业	1 140	391	169	598	241	274
居民服务和其他服务业	298	123	264	1 022	79	37
教育	1 449	288	814	314	388	20
卫生、社会保障和社会福利业	1 668	698	1 524	692	723	220
文化、体育和娱乐业	207	251	80	65	114	6
公共管理和社会组织	1 654	693	643	161	152	70
国际组织						

离 岗 职 工 人 数

年末数）

单位：人

锦州	营口	阜新	辽阳	盘锦	铁岭	朝阳	葫芦岛
80 353	**12 193**	**81 090**	**22 855**	**8 756**	**51 089**	**11 846**	**27 193**
20 985	98	488	367	2 797	595	72	1 990
83		27 527	73	494	2 615	347	4 780
27 792	6 092	22 222	10 945	2 099	22 243	4 571	9 340
2 717	576	469	1 109	591	899	511	238
8 474	578	6 632	3 413	489	3 641	326	4 742
4 108	1 037	648	1 225	117	3 171	321	1 109
208	54	32	106	1	144	129	29
9 466	631	10 721	1 536	520	11 525	3 232	720
625	81	291	71		269	13	349
943	896	886	580	360	798	563	323
855	363	387	79	5	137	7	596
282	240	9 137	2 600	123	227	144	77
487	182	241	96	59	817	264	826
655	390	143	132	139	426	136	242
135	5	480		14	18	209	
90	72	306	75	327	360	97	157
2 303	504	324	260	224	2 135	520	637
143	179	29		9	138	6	101
2	215	127	188	388	931	378	937

5—13 分细行业在岗职工人数

（2010年末）　　　　单位：人

项目	在岗职工人数合计	国有经济单位	城镇集体经济单位	其他经济单位
全省总计	**4 934 115**	**2 715 820**	**295 513**	**1 922 782**
按隶属关系分组				
中央		549 307		
省属		294 033		
市属		688 850		
县及县以下		1 153 528		
其他		30 102		
按企、事业和机关分组				
企业	3 432 863	1 253 439	267 712	1 911 712
#地方		755 164		
事业	1 086 582	1 054 578	20 934	11 070
#地方		1 026 524		
机关	414 670	407 803	6 867	
#地方		384 825		
按国民经济行业分组				
农、林、牧、渔业	275 967	265 595	1 492	8 880
农业	228 546	226 134	40	2 372
林业	16 095	15 925	112	58
畜牧业	5 271	4 258	10	1 003
渔业	6 896	679	917	5 300
农、林、牧、渔服务业	19 159	18 599	413	147
采矿业	349 532	83 158	11 652	254 722
煤炭开采和洗选业	166 472	58 588	4 992	102 892
石油和天然气开采业	139 404			139 404
黑色金属矿采选业	22 136	13 497	3 769	4 870
有色金属矿采选业	11 516	5 748	1 263	4 505
非金属矿采选业	9 314	4 641	1 628	3 045
其他采矿业	690	684		6
制造业	1 400 414	293 948	119 016	987 450
农副食品加工业	49 548	4 620	1 516	43 412
食品制造业	18 492	2 664	166	15 662
饮料制造业	22 571	1 454	488	20 629
烟草制品业	2 478	514	152	1 812
纺织业	27 818	1 173	1 171	25 474
纺织服装、鞋、帽制造业	59 727	867	2 644	56 216
皮革、毛皮、羽毛(绒)及其制品业	8 015	68	583	7 364
木材加工及木、竹、藤、棕、草制品业	11 999	291	807	10 901
家具制造业	14 186	20	152	14 014
造纸及纸制品业	12 827	1 141	892	10 794
印刷业和记录媒介的复制	9 841	2 568	2 905	4 368
文教体育用品制造业	4 515	930	252	3 333
石油加工、炼焦及核燃料加工业	70 164	11 483	9 210	49 471

5—13 续表1　　(2010 年末)　　单位:人

项　　目	在岗职工人数合计	国有经济单位	城镇集体经济单位	其他经济单位
化学原料及化学制品制造业	97 149	18 226	7 939	70 984
医药制造业	21 858	3 762	902	17 194
化学纤维制造业	8 921	59	2 174	6 688
橡胶制品业	19 653	159	2 856	16 638
塑料制品业	23 150	803	3 179	19 168
非金属矿物制品业	50 625	5 195	9 924	35 506
黑色金属冶炼及压延加工业	220 800	154 424	7 176	59 200
有色金属冶炼及压延加工业	33 315	4 083	4 371	24 861
金属制品业	59 661	5 636	9 911	44 114
通用设备制造业	156 977	16 218	14 736	126 023
专用设备制造业	93 475	23 076	7 674	62 725
交通运输设备制造业	153 255	24 779	16 400	112 076
电气机械及器材制造业	62 628	3 338	6 245	53 045
通信设备、计算机及其他电子设备制造业	55 650	3 409	591	51 650
仪器仪表及文化、办公用机械制造业	21 168	1 548	2 302	17 318
工艺品及其他制造业	9 434	1 331	1 495	6 608
废弃资源和废旧材料回收加工业	514	109	203	202
电力、燃气及水的生产和供应业	162 664	99 071	2 233	61 360
电力、热力的生产和供应业	117 237	64 663	1 316	51 258
燃气生产和供应业	14 064	8 870	102	5 092
水的生产和供应业	31 363	25 538	815	5 010
建筑业	291 077	101 300	59 852	129 925
房屋和土木工程建筑业	236 433	87 848	42 766	105 819
建筑安装业	43 959	12 847	14 724	16 388
建筑装饰业	7 034	265	418	6 351
其他建筑业	3 651	340	1 944	1 367
交通运输、仓储和邮政业	295 375	215 778	7 912	71 685
铁路运输业	101 550	97 897	1 173	2 480
道路运输业	64 895	46 308	4 512	14 075
城市公共交通业	37 428	16 125	243	21 060
水上运输业	31 481	10 940	20	20 521
航空运输业	9 947	7 071		2 876
管道运输业	2 416	1 053		1 363
装卸搬运和其他运输服务业	22 367	15 187	1 515	5 665
仓储业	10 018	6 566	449	3 003
邮政业	15 273	14 631		642
信息传输、计算机服务和软件业	67 085	21 101	234	45 750
电信和其他信息传输服务业	42 864	19 854	123	22 887
计算机服务业	3 071	912	75	2 084
软件业	21 150	335	36	20 779
批发和零售业	163 999	36 736	18 273	108 990
批发业	84 413	25 292	11 135	47 986

5—13 续表2　　(2010年末)　　单位:人

项　　目	在岗职工人数合计	国有经济单位	城镇集体经济单位	其他经济单位
零售业	79 586	11 444	7 138	61 004
住宿和餐饮业	60 283	15 884	3 360	41 039
住宿业	34 733	10 387	2 679	21 667
餐饮业	25 550	5 497	681	19 372
金融业	153 289	64 610	23 296	65 383
银行业	127 400	59 217	22 566	45 617
证券业	2 782	659		2 123
保险业	19 874	3 300	83	16 491
其他金融活动	3 233	1 434	647	1 152
房地产业	84 195	23 910	2 232	58 053
租赁和商务服务业	104 393	47 291	20 039	37 063
租赁业	299	92	25	182
商务服务业	104 094	47 199	20 014	36 881
科学研究、技术服务和地质勘查业	113 079	92 271	2 772	18 036
研究与试验发展	31 423	26 835	233	4 355
专业技术服务业	57 897	45 311	1 495	11 091
科技交流和推广服务业	13 725	10 518	758	2 449
地质勘查业	10 034	9 607	286	141
水利、环境和公共设施管理业	109 585	103 437	2 333	3 815
水利管理业	20 324	20 044	186	94
环境管理业	51 640	49 230	1 176	1 234
公共设施管理业	37 621	34 163	971	2 487
居民服务和其他服务业	28 296	19 854	3 036	5 406
居民服务业	13 911	10 138	1 580	2 193
其他服务业	14 385	9 716	1 456	3 213
教育	506 770	492 718	2 333	11 719
卫生、社会保障和社会福利业	241 998	218 986	14 043	8 969
卫生	224 594	202 410	13 476	8 708
社会保障业	8 517	8 455	32	30
社会福利业	8 887	8 121	535	231
文化、体育和娱乐业	49 246	45 287	262	3 697
新闻出版业	9 957	9 378	49	530
广播、电视、电影和音像业	17 044	16 179	8	857
文化艺术业	16 449	16 265	174	10
体育	2 984	2 886	5	93
娱乐业	2 812	579	26	2 207
公共管理和社会组织	476 868	474 885	1 143	840
中国共产党机关	22 823	22 823		
国家机构	440 101	439 958	73	70
人民政协和民主党派	3 264	3 264		
群众社团、社会团体、宗教组织	9 502	8 163	1 070	269

5—14 国有单位分行业职工人数

单位:万人

行业	2009年			2010年		
	全部职工	在岗职工	离岗职工	全部职工	在岗职工	离岗职工
总计	**303.2**	**271.2**	**32.0**	**300.4**	**271.6**	**28.8**
农、林、牧、渔业	29.8	26.4	3.4	29.9	26.6	3.3
采矿业	9.5	8.2	1.3	9.4	8.3	1.1
制造业	42.3	30.7	11.6	40.2	29.4	10.8
电力、燃气及水的生产和供应业	10.6	9.5	1.1	11.0	9.9	1.1
建筑业	11.5	9.2	2.2	12.8	10.1	2.7
交通运输、仓储及邮政业	26.3	23.6	2.7	24.0	21.6	2.4
信息转输、计算机服务和软件业	2.1	2.0	0.1	2.2	2.1	0.1
批发和零售业	6.6	4.6	2.0	5.2	3.7	1.6
住宿和餐饮业	1.6	1.4	0.2	1.8	1.6	0.2
金融业	7.1	6.6	0.5	6.9	6.5	0.4
房地产业	2.7	2.3	0.5	2.8	2.4	0.4
租赁和商务服务业	6.4	4.7	1.7	6.3	4.7	1.5
科学研究、技术服务和地质勘查业	9.3	8.7	0.6	9.8	9.2	0.6
水利、环境和公共设施管理业	10.1	9.6	0.5	10.8	10.3	0.5
居民服务和其他服务业	1.5	1.4		2.0	2.0	
教育	49.2	48.5	0.7	49.7	49.3	0.4
卫生、社会保障和社会福利业	22.4	21.0	1.3	22.8	21.9	0.9
文化、体育和娱乐业	5.3	4.9	0.3	4.7	4.5	0.1
公共管理和社会组织	48.9	47.9	1.0	48.1	47.5	0.7
国际组织						

5—15 各地区国有单位

(2010

行　　业	沈　阳	大　连	鞍　山	抚　顺	本　溪	丹　东
总　　计	**475 621**	**273 741**	**276 108**	**114 252**	**176 454**	**125 267**
农、林、牧、渔业	3 715	2 199	7 061	5 494	1 692	2 286
采　矿　业	236	2 167	1 837	4 073	12 675	1 860
制　造　业	45 547	24 564	97 375	12 779	64 233	4 463
电力、燃气及水的生产和供应业	20 044	7 323	9 330	6 563	5 338	7 759
建　筑　业	11 446	8 619	22 535	713	11 660	10 683
交通运输、仓储及邮政业	22 078	12 424	8 742	7 102	4 930	9 308
信息转输、计算机服务和软件业	8 263	450	88	243	1 580	1 897
批发和零售业	10 119	1 528	3 440	1 693	3 781	1 863
住宿和餐饮业	3 487	2 877	475	678	305	935
金　融　业	18 410	11 405	2 602	1 418	4 412	3 006
房地产业	6 489	1 042	2 410	1 106	2 896	1 123
租赁和商务服务业	13 604	4 798	5 694	2 530	1 137	1 056
科学研究、技术服务和地质勘查业	35 279	8 961	5 576	3 115	2 124	6 398
水利、环境和公共设施管理业	23 534	10 988	12 312	6 371	5 121	7 374
居民服务和其他服务业	3 598	1 144	414	402	396	279
教　　育	103 650	73 769	38 117	23 328	20 392	24 114
卫生、社会保障和社会福利业	51 989	33 951	20 064	9 625	12 481	10 823
文化、体育和娱乐业	14 488	6 497	2 991	2 045	1 782	2 321
公共管理和社会组织	79 645	59 035	35 045	24 974	19 519	27 719
国际组织						

分行业在岗职工人数

年末数)　　　　单位:人

锦州	营口	阜新	辽阳	盘锦	铁岭	朝阳	葫芦岛
155 234	**105 488**	**129 343**	**82 605**	**253 823**	**127 444**	**136 978**	**125 988**
13 687	1 060	4 382	4 173	185 496	19 985	5 744	4 008
63		41 379	396		716	1 608	15 464
5 706	5 498	1 939	10 168	2 307	1 947	2 631	9 453
10 712	5 906	7 694	1 562	2 057	2 588	6 951	5 244
4 514	2 853	1 964	3 984	3 632	4 613	1 489	1 066
8 818	9 329	2 415	1 652	2 338	5 641	5 001	6 922
2 605	1 488	551	35	237	676	1 033	1 633
1 695	1 988	1 454	930	959	942	1 463	1 492
416	333	511	137	614	314	536	306
5 049	2 947	2 848	658	1 601	3 234	4 933	2 087
1 360	893	767	1 156	383	1 719	1 189	970
2 226	3 033	1 195	756	2 525	2 911	2 046	496
7 610	2 927	2 313	2 308	3 983	4 690	2 880	3 465
4 494	6 223	3 149	6 561	4 668	4 579	3 777	4 286
822	212	365	211	162	576	3 210	298
34 011	22 058	23 715	17 345	14 167	29 009	41 184	27 390
16 052	9 462	9 502	7 363	4 857	9 893	12 514	9 209
2 577	2 102	2 050	1 633	1 679	1 787	1 522	1 450
32 817	27 176	21 150	21 577	22 158	31 624	37 267	30 749

5—16 各地区国有单位

（2010

行业	沈阳	大连	鞍山	抚顺	本溪	丹东
总计	**41 928**	**8 040**	**40 401**	**41 466**	**31 580**	**12 821**
农、林、牧、渔业	874	25	228	4 307	537	570
采矿业		82	549	833	1 361	353
制造业	19 757	1 987	21 272	20 249	19 150	3 611
电力、燃气及水的生产和供应业	1 925	535	882	1 186	1 150	683
建筑业	3 783	448	2 459	6 768	2 376	4 541
交通运输、仓储及邮政业	2 707	933	2 471	2 447	2 894	637
信息转输、计算机服务和软件业	214				83	331
批发和零售业	1 980	213	845	1 636	1 444	508
住宿和餐饮业	375	124	25	293	128	26
金融业	887	702	46	105	223	384
房地产业	989	314	47	386	502	57
租赁和商务服务业	1 336	54	8 373	1 396	56	146
科学研究、技术服务和地质勘查业	1 259	308	355	330	135	407
水利、环境和公共设施管理业	1 106	383	169	580	202	237
居民服务和其他服务业	24	22	1		7	37
教育	1 283	287	655	314	372	12
卫生、社会保障和社会福利业	1 568	683	1 303	410	694	205
文化、体育和娱乐业	207	247	78	65	114	6
公共管理和社会组织	1 654	693	643	161	152	70
国际组织						

分行业离岗职工人数

年末数）　　　　单位:人

锦　州	营　口	阜　新	辽　阳	盘　锦	铁　岭	朝　阳	葫芦岛
47 871	**5 741**	**8 142**	**5 469**	**5 643**	**11 530**	**2 881**	**13 013**
20 985	98	61	363	2 797	400	72	1 990
83		4 237	2		576	44	2 601
12 416	1 384	703	1 930	629	2 597	197	1 299
2 004	576	469	59	334	194	479	144
1 256	277	653	754	132	845	33	1 910
2 038	819	281	437	43	1 306	153	825
194	54	4	106		72	129	29
4 467	206	208	993	457	876	77	515
339	78	96	71		193		333
331	289	457	4		458	371	45
840	363	13	79		136	7	596
236	187	9	23	122	117	144	
487	182	226	96	54	616	264	826
655	390	123	29	139	426	136	242
	5	1		14	2		
75	72	306	75	308	274	97	157
1 320	372	139	260	217	1 384	294	505
143	179	29		9	138	6	101
2	210	127	188	388	920	378	895

5—17 各地区集体单位

(2010

行　　业	沈　阳	大　连	鞍　山	抚　顺	本　溪	丹　东
总　　计	**55 529**	**23 045**	**40 657**	**16 031**	**20 453**	**13 243**
农、林、牧、渔业	5	756	111	46	51	267
采　矿　业	27	2	1 208	1 939	2 760	978
制　造　业	18 253	7 966	20 596	4 831	8 844	4 476
电力、燃气及水的生产和供应业	181	13	159	682	54	273
建　筑　业	13 620	3 809	10 203	4 775	5 320	2 388
交通运输、仓储及邮政业	938	831	1 429	259	660	361
信息转输、计算机服务和软件业	38		32		12	57
批发和零售业	6 778	406	1 273	749	329	1 171
住宿和餐饮业	798	723	236	139	29	609
金　融　业	4 381		1 742	1 056	1 004	552
房地产业	299	558	51	207	194	537
租赁和商务服务业	4 435	4 775	758	75	170	182
科学研究、技术服务和地质勘查业	1 091	875	125	10	12	123
水利、环境和公共设施管理业	136	176	3	102	478	7
居民服务和其他服务业	1 310	261	653	507	26	48
教　　育	894	339	216		97	176
卫生、社会保障和社会福利业	2 274	1 543	1 857	652	410	948
文化、体育和娱乐业	71	12		2	3	26
公共管理和社会组织			5			64
国际组织						

分行业在岗职工人数

年末数）

单位:人

锦　州	营　口	阜　新	辽　阳	盘　锦	铁　岭	朝　阳	葫芦岛
17 767	**10 743**	**16 263**	**16 978**	**4 127**	**20 478**	**11 207**	**28 992**
	29	8			77	142	
	174	3 761	702		4		97
8 480	3 759	3 127	6 199	1 728	8 236	4 053	18 468
312	74			485			
2 181	1 726	1 184	4 643	352	3 627	1 834	4 190
797	112	1 210	403	296	233	32	351
41					22		32
1 066	402	3 344	534	272	519	980	450
330	38	69	144	134	80	30	1
2 117	217	1 181	1 182	525	3 753	3 271	2 315
34	7	197	107	18	17	6	
1 251	1 999	618	1 460	38	2 409	92	1 777
33	42	175	98	93	81	8	6
520	57	273	339	84	85		73
88	15	40	13	56	3	6	10
22	3	277	5		304		
495	1 025	715	1 149	46	1 028	753	1 148
	10	84					54
	1 054						20

5—18 各地区集体单位

(2010

行业	沈阳	大连	鞍山	抚顺	本溪	丹东
总计	**36 095**	**1 311**	**53 935**	**78 115**	**41 975**	**13 036**
农、林、牧、渔业			3		1	125
采矿业	247		1 473	17 274	2 500	130
制造业	25 994	970	37 551	31 883	30 860	8 246
电力、燃气及水的生产和供应业			68	522		18
建筑业	3 415	104	11 116	18 567	4 351	502
交通运输、仓储及邮政业	914	123	1 281	2 228	1 072	592
信息转输、计算机服务和软件业	49		31			2
批发和零售业	4 085	37	1 227	4 416	2 389	1 741
住宿和餐饮业	185		90	124	199	32
金融业			231	274	101	174
房地产业	90	17	2	1 342	213	1 411
租赁和商务服务业	500		43	71	106	3
科学研究、技术服务和地质勘查业	171	4	213	92	27	
水利、环境和公共设施管理业	22			18	39	37
居民服务和其他服务业	183	40	243	1 022	72	
教育	148	1	142		16	8
卫生、社会保障和社会福利业	92	14	221	282	29	15
文化、体育和娱乐业		1				
公共管理和社会组织						
国际组织						

分行业离岗职工人数

年末数）

单位：人

锦州	营口	阜新	辽阳	盘锦	铁岭	朝阳	葫芦岛
25 446	**2 398**	**71 823**	**11 654**	**207**	**34 342**	**7 275**	**11 540**
		427			180		
		23 290	71		106		2 179
12 974	1 369	21 181	5 834	71	18 135	3 072	5 644
			60	78			
3 747	294	5 703	1 960	1	2 095	293	2 722
2 048	112	357	428		1 720	168	284
14		8					
4 928	401	10 376	458	34	10 599	3 141	205
259		195			76	13	16
289	32	88	163	18	282	153	239
8		374					
46	53	9 125	2 577		109		77
		15		5	201		
		20	103				
135		479			16	209	
15					86		
983	132	185			737	226	132
	5						42

5—19 城镇集体单位分行业职工人数

单位:万人

行业	2009年			2010年		
	全部职工	在岗职工	离岗职工	全部职工	在岗职工	离岗职工
总计	**72.9**	**30.3**	**42.6**	**68.5**	**29.6**	**38.9**
农、林、牧、渔业	0.3	0.2	0.1	0.2	0.1	0.1
采矿业	6.3	1.2	5.1	5.9	1.2	4.7
制造业	35.4	12.7	22.7	32.3	11.9	20.4
电力、燃气及水的生产和供应业	0.4	0.3	0.1	0.3	0.2	0.1
建筑业	11.8	5.9	5.9	11.5	6.0	5.5
交通运输、仓储及邮政业	2.1	0.9	1.2	1.9	0.8	1.1
信息转输、计算机服务和软件业						
批发和零售业	6.0	1.5	4.5	6.2	1.8	4.4
住宿和餐饮业	0.5	0.3	0.2	0.5	0.3	0.1
金融业	2.5	2.3	0.2	2.5	2.3	0.2
房地产业	0.6	0.2	0.4	0.6	0.2	0.3
租赁和商务服务业	3.5	1.9	1.6	3.3	2.0	1.3
科学研究、技术服务和地质勘查业	0.4	0.4	0.1	0.4	0.3	0.1
水利、环境和公共设施管理业	0.3	0.2		0.3	0.2	
居民服务和其他服务业	0.6	0.3	0.2	0.5	0.3	0.2
教育	0.3	0.2		0.3	0.2	
卫生、社会保障和社会福利业	1.8	1.5	0.3	1.7	1.4	0.3
文化、体育和娱乐业						
公共管理和社会组织	0.1	0.1		0.1	0.1	
国际组织						

5—20 其他经济单位分行业职工人数

单位:万人

行业	2009年			2010年		
	全部职工	在岗职工	离岗职工	全部职工	在岗职工	离岗职工
总计	**196.1**	**183.5**	**12.6**	**204.0**	**192.3**	**11.7**
农、林、牧、渔业	0.6	0.6		0.9	0.9	
采矿业	26.9	25.9	1.0	26.3	25.5	0.9
制造业	101.7	95.8	5.9	104.2	98.7	5.5
电力、燃气及水的生产和供应业	6.8	6.2	0.7	6.7	6.1	0.6
建筑业	14.8	13.0	1.7	14.9	13.0	1.9
交通运输、仓储及邮政业	7.4	6.4	0.9	8.0	7.2	0.8
信息转输、计算机服务和软件业	4.0	3.9	0.1	4.7	4.6	0.1
批发和零售业	11.4	10.6	0.8	11.4	10.9	0.5
住宿和餐饮业	4.9	4.7	0.2	4.2	4.1	0.1
金融业	6.7	6.1	0.5	7.1	6.5	0.6
房地产业	5.1	4.6	0.6	6.4	5.8	0.6
租赁和商务服务业	1.8	1.7	0.1	3.8	3.7	0.1
科学研究、技术服务和地质勘查业	1.4	1.4		1.8	1.8	
水利、环境和公共设施管理业	0.4	0.4		0.4	0.4	
居民服务和其他服务业	0.4	0.4		0.6	0.5	
教育	0.6	0.6		1.2	1.2	
卫生、社会保障和社会福利业	0.8	0.8		0.9	0.9	
文化、体育和娱乐业	0.3	0.3		0.4	0.4	
公共管理和社会组织	0.1	0.1		0.1	0.1	
国际组织						

5—21 城镇登记失业人数及失业率

（年末数）

年份	城镇登记失业人数（万人）	#女性	女性占城镇登记失业人数（%）	失业率（%）
1980	44.7			
1985	19.7			1.9
1986	20.2			2.0
1987	25.4			2.4
1988	25.8			2.4
1989	28.3			3.3
1990	23.7			2.7
1991	24.9			2.2
1992	26.7			2.4
1993	28.5			2.6
1994	30.0			2.5
1995	30.4			2.6
1996	40.8	22.5	55.1	3.6
1997	43.5	23.4	53.8	3.7
1998	40.0	21.0	52.5	3.4
1999	39.8	21.5	54.0	3.5
2000	40.8	21.6	52.9	3.7
2001	55.5	29.2	52.6	4.8
2002	75.5	39.1	51.8	6.8
2003	72.0	46.0	63.9	6.7
2004	68.2	44.2	64.8	6.3
2005	60.4	35.3	58.4	5.7
2006	53.9	28.1	52.1	5.1
2007	44.5	23.4	52.6	4.4
2008	39.0	18.6	47.7	3.8
2009	41.6	19.4	46.6	3.9
2010	39.5	20.5	51.9	3.7

5—22 各地区城镇登记失业人数及失业率

地区	年末城镇登记失业人数(万人)					城镇登记失业率(%)				
	2006年	2007年	2008年	2009年	2010年	2006年	2007年	2008年	2009年	2010年
全省	**53.9**	**44.5**	**39.0**	**41.6**	**39.5**	**5.1**	**4.4**	**3.8**	**3.9**	**3.7**
沈阳	11.8	8.1	7.6	7.7	7.8	5.1	3.3	3.3	3.1	3.1
大连	6.0	5.0	5.3	6.7	7.2	2.8	2.2	2.4	2.8	2.7
鞍山	5.2	4.4	3.2	3.2	2.0	5.0	4.3	3.3	3.1	2.0
抚顺	5.1	4.1	3.8	4.1	4.0	5.5	4.5	4.4	4.5	4.3
本溪	3.7	3.4	3.1	3.0	2.9	5.4	5.2	5.0	4.5	4.0
丹东	2.8	2.4	2.4	2.4	2.2	5.5	4.8	4.9	4.5	4.1
锦州	3.7	3.5	1.7	1.7	1.8	5.0	4.7	4.1	3.7	3.9
营口	2.5	1.8	1.7	2.2	1.6	4.8	3.3	3.2	3.5	2.6
阜新	2.2	2.1	2.1	1.8	1.7	5.5	5.0	5.1	4.3	4.0
辽阳	2.1	2.0	1.7	1.5	1.2	4.8	4.5	4.0	3.3	2.7
盘锦	1.4	1.3	1.3	1.8	1.9	3.1	2.8	2.9	3.6	3.7
铁岭	2.0	1.9	1.6	1.8	1.8	3.9	3.6	3.4	3.9	3.9
朝阳	2.7	1.9	1.4	1.4	1.5	5.8	4.2	3.2	2.8	2.8
葫芦岛	2.7	2.6	2.3	2.2	2.0	4.9	4.7	4.4	3.9	3.6

5—23 职工工资总额及指数

年份、地区	绝对数(亿元)				指数(上年=100)			
	合计	国有经济单位	城镇集体经济单位	其他经济单位	合计	国有经济单位	城镇集体经济单位	其他经济单位
1980	56.7	43.7	13.0		122.5	118.8	136.8	
1985	99.7	68.6	29.9	1.2	123.5	123.4	124.1	120.0
1986	121.5	84.9	35.1	1.5	121.9	123.8	117.4	125.0
1987	139.2	97.6	39.6	2.0	114.6	115.0	112.8	133.3
1988	172.2	122.4	47.0	2.8	123.7	125.4	118.7	140.0
1989	193.9	139.2	51.1	3.6	112.6	113.7	108.7	128.6
1990	217.8	158.1	55.3	4.4	112.3	113.6	108.2	122.2
1991	242.1	174.8	61.6	5.7	111.2	110.6	111.4	129.5
1992	282.0	204.1	70.1	7.8	116.5	116.8	113.8	136.8
1993	342.5	248.5	79.1	14.9	121.5	121.8	112.8	191.0
1994	439.7	319.4	90.4	29.9	128.4	128.5	114.3	200.7
1995	496.9	368.1	97.2	31.6	113.0	115.2	107.5	105.7
1996	525.3	394.2	94.6	36.5	105.7	107.1	97.3	115.4
1997	544.5	408.1	92.4	44.0	103.6	103.5	97.6	120.6
1998	521.3	384.9	71.7	64.7	95.7	94.3	197.6	147.0
1999	529.6	388.9	62.1	78.6	101.6	101.0	86.6	121.5
2000	553.1	404.2	57.1	91.8	104.4	103.9	91.9	116.8
2001	595.9	425.3	51.9	118.7	107.7	105.2	90.9	129.3
2002	635.9	437.8	43.7	154.4	106.7	102.9	84.1	130.1
2003	680.6	455.6	41.3	183.7	107.0	104.1	94.5	118.9
2004	759.8	501.0	40.8	218.1	111.6	110.0	98.8	118.7
2005	862.9	566.4	39.7	256.8	113.6	113.1	97.3	117.7
2006	973.0	631.9	44.0	297.1	112.8	111.6	110.8	115.7
2007	1 143.0	745.1	46.4	351.5	117.5	117.9	105.5	118.3
2008	1 396.4	892.0	53.7	450.7	122.2	119.7	115.8	128.2
2009	1 552.5	912.5	56.4	583.6	111.2	102.3	105.0	129.5
2010	1 771.8	1 013.0	63.4	695.5	114.1	111.0	112.3	119.2
沈阳	392.5	238.0	14.3	140.2	113.5	109.1	112.6	121.8
大连	389.4	156.8	7.0	225.7	116.9	114.2	116.3	118.9
鞍山	135.5	107.9	7.2	20.4	109.6	109.6	114.4	108.2
抚顺	95.4	41.5	3.3	50.6	113.1	104.2	110.8	121.7
本溪	76.3	65.8	3.5	7.0	109.7	108.0	108.4	129.6
丹东	53.9	39.4	2.5	12.0	110.5	108.9	101.7	118.1
锦州	71.4	48.2	3.2	20.0	114.9	112.2	105.3	123.7
营口	60.6	37.0	2.1	21.5	121.4	119.0	115.4	126.5
阜新	43.9	36.9	2.5	4.6	110.7	107.7	114.8	139.5
辽阳	56.2	24.0	5.0	27.2	116.3	108.2	123.5	123.0
盘锦	131.1	33.7	0.9	96.6	114.0	108.5	106.2	116.1
铁岭	63.0	31.1	3.1	28.9	116.9	113.3	114.6	121.5
朝阳	69.9	44.6	2.8	22.4	116.0	117.4	98.4	116.1
葫芦岛	58.9	34.4	6.1	18.4	107.6	108.7	113.3	103.9

5—24 在岗职工平均工资及指数

年 份、地 区	在岗职工平均工资(元)				指 数(上年=100))			
	合 计	国有经济单 位	城镇集体经济单位	其他经济单 位	合 计	国有经济单 位	城镇集体经济单位	其他经济单 位
1980	779	833	640		111.6	111.7	114.7	
1985	1 101	1 164	980	1 090	120.7	119.5	123.6	121.4
1986	1 305	1 398	1 125	1 277	118.5	120.1	114.8	117.2
1987	1 452	1 560	1 240	1 495	111.3	111.6	110.2	117.1
1988	1 766	1 914	1 463	1 909	121.6	122.7	118.0	127.7
1989	1 964	2 138	1 602	2 117	111.2	111.7	109.5	110.9
1990	2 180	2 388	1 740	2 300	111.0	111.7	108.6	108.6
1991	2 371	2 582	1 904	2 741	108.8	108.1	109.4	119.2
1992	2 715	2 975	2 134	3 265	114.5	115.2	112.1	119.1
1993	3 305	3 593	2 568	4 071	121.7	120.8	120.3	124.7
1994	4 269	4 766	2 940	5 717	129.2	132.6	114.5	140.4
1995	4 877	5 434	3 333	6 349	114.2	114.0	113.4	111.1
1996	5 269	5 894	3 462	6 648	108.0	108.5	103.9	104.7
1997	5 591	6 226	3 583	7 266	106.1	105.6	103.5	109.3
1998	7 161	7 604	4 972	8 285	128.1	122.1	138.8	114.0
1999	7 895	8 370	5 161	9 122	110.2	110.1	103.8	110.1
2000	8 811	9 221	5 721	10 196	111.6	110.2	110.9	111.8
2001	10 145	10 609	6 354	11 258	115.1	115.1	111.1	110.4
2002	11 659	12 239	7 094	12 214	114.9	115.4	111.6	108.5
2003	13 008	13 603	7 629	13 665	111.6	111.1	107.5	111.9
2004	14 922	15 716	8 466	15 301	114.7	115.5	111.0	112.0
2005	17 331	18 360	9 161	17 550	116.1	116.8	108.2	114.7
2006	19 624	20 681	10 888	19 797	113.2	112.6	118.9	112.8
2007	23 202	24 748	12 242	22 834	118.2	119.7	112.4	115.3
2008	27 729	29 456	15 365	27 163	119.5	119.0	125.5	119.0
2009	31 104	32 572	17 369	31 266	112.2	110.6	113.0	115.1
2010	35 057	36 371	20 237	35 527	112.7	111.7	116.5	113.6
沈 阳	41 525	49 968	24 706	34 118	109.5	109.7	118.5	110.4
大 连	44 617	56 729	30 412	39 356	115.1	114.2	115.5	116.1
鞍 山	32 913	37 080	17 123	26 302	108.1	108.2	118.9	103.2
抚 顺	35 148	34 872	19 773	37 251	114.0	110.5	118.5	116.1
本 溪	31 823	34 791	15 416	24 525	112.1	109.9	111.6	132.5
丹 东	25 863	30 911	17 988	17 862	110.7	113.3	106.4	108.3
锦 州	29 450	30 164	16 943	31 325	113.7	114.7	121.3	106.8
营 口	30 592	35 068	18 720	26 299	115.9	116.5	108.0	117.0
阜 新	25 354	27 670	14 712	19 929	110.2	107.8	120.1	128.7
辽 阳	32 028	28 211	26 196	38 315	115.5	113.1	131.3	111.5
盘 锦	28 028	13 152	20 922	46 371	115.1	108.6	106.1	118.3
铁 岭	27 959	23 626	14 290	39 896	116.2	115.1	119.2	113.8
朝 阳	29 947	32 169	24 800	26 946	112.7	113.1	98.8	113.8
葫 芦 岛	26 041	26 517	17 604	29 452	108.8	111.2	112.1	103.8

注:1978—1997 年为全部职工平均工资。

5—25 按登记注册类型分在岗职工平均工资

单位:元

年份、地区	合计	国有经济单位	城镇集体经济单位	股份合作单位	联营单位	有限责任公司	股份有限公司	其他经济单位	港澳台商投资单位	外商投资单位
1995	4 877	5 434	3 333							
1996	5 269	5 894	3 462							
1997	5 591	6 226	3 583							
1998	7 161	7 604	4 972	5 381	5 547	7 875	7 946	5 684	9 133	9 951
1999	7 895	8 370	5 161	5 817	6 578	8 534	8 517	6 380	10 060	11 487
2000	8 811	9 221	5 721	6 422	6 460	9 816	10 003	4 828	10 539	12 109
2001	10 145	10 609	6 354	6 584	8 877	10 826	11 441	5 643	12 505	12 766
2002	11 659	12 239	7 094	8 122	9 173	11 206	13 960	9 186	12 805	14 277
2003	13 008	13 603	7 629	8 685	8 810	12 839	16 165	8 422	13 846	15 060
2004	14 922	15 716	8 466	10 132	10 439	14 489	19 009	9 828	15 902	15 821
2005	17 331	18 360	9 161	11 364	10 646	17 148	21 874	10 163	17 164	17 448
2006	19 624	20 681	10 888	13 261	11 843	19 056	25 312	10 053	18 959	19 556
2007	23 202	24 748	12 242	14 640	15 471	22 074	29 851	12 089	21 520	21 826
2008	27 729	29 456	15 365	18 305	19 166	26 826	34 466	17 202	25 307	26 388
2009	31 104	32 572	17 369	19 927	20 288	29 670	39 677	19 546	29 123	29 626
2010	35 057	36 371	20 237	23 099	22 486	33 368	46 281	23 092	31 241	34 121
沈阳	41 525	49 968	24 706	24 632	23 935	34 930	37 386	33 736	27 372	32 724
大连	44 617	56 729	30 412	32 286	30 295	40 055	56 048	26 650	31 869	37 851
鞍山	32 913	37 080	17 123	26 064	11 623	24 756	35 533	16 487	36 069	24 408
抚顺	35 148	34 872	19 773	21 441	10 529	35 303	48 514	22 544	34 940	21 551
本溪	31 823	34 791	15 416	19 065		16 860	33 740	8 477	14 046	31 489
丹东	25 863	30 911	17 988	14 997	21 504	16 604	24 203	17 260	25 216	15 923
锦州	29 450	30 164	16 943	16 931	10 456	18 687	42 675	14 555	43 877	28 026
营口	30 592	35 068	18 720	27 131	38 492	24 355	40 022	30 420	26 722	21 718
阜新	25 354	27 670	14 712	14 943	13 918	17 847	27 860	9 272	9 101	32 296
辽阳	32 028	28 211	26 196	20 129		28 168	54 421	17 004	33 503	24 714
盘锦	28 028	13 152	20 922	22 190	13 182	27 087	51 497	18 862	31 440	35 553
铁岭	27 959	23 626	14 290	24 082	23 200	44 727	19 979	17 097	44 196	14 170
朝阳	29 947	32 169	24 800	25 613	24 757	26 844	27 027	22 895	30 804	34 217
葫芦岛	26 041	26 517	17 604	17 178	20 290	27 278	39 881	8 776	17 641	21 637

注:1995—1997 年为全部职工平均工资。

5—26 分行业职工工资总额

(2010年)　　单位:亿元

行业	职工合计	在岗职工	#国有单位	#集体单位	离岗职工	#国有单位	#集体单位
总计	**1 771.8**	**1 731.0**	**986.1**	**61.0**	**40.8**	**26.9**	**2.4**
农、林、牧、渔业	28.4	27.7	24.6	0.3	0.6	0.6	
采矿业	146.3	143.8	21.2	2.1	2.5	1.0	0.2
制造业	466.0	449.4	114.6	21.2	16.6	10.4	1.1
电力、燃气及水的生产和供应业	72.4	69.9	45.2	0.5	2.6	1.6	
建筑业	93.1	90.5	35.8	13.6	2.5	1.4	0.4
交通运输、仓储及邮政业	117.9	114.4	85.9	1.2	3.5	2.6	0.1
信息转输、计算机服务和软件业	37.2	36.9	10.1		0.3	0.2	
批发和零售业	49.7	48.2	13.3	3.3	1.5	1.0	0.1
住宿和餐饮业	13.3	13.1	3.9	0.7	0.1	0.1	
金融业	97.0	93.0	45.2	7.7	4.0	2.2	0.3
房地产业	24.0	23.6	6.7	0.5	0.4	0.3	
租赁和商务服务业	29.3	28.3	13.7	3.5	1.0	0.9	
科学研究、技术服务和地质勘查业	55.0	54.4	42.6	1.2	0.7	0.6	
水利、环境和公共设施管理业	29.8	29.1	27.7	0.4	0.6	0.6	
居民服务和其他服务业	7.0	7.0	5.3	0.6			
教育	214.1	213.3	209.3	0.6	0.9	0.9	
卫生、社会保障和社会福利业	91.0	90.0	84.1	3.3	1.0	1.0	
文化、体育和娱乐业	18.5	18.3	17.2		0.2	0.2	
公共管理和社会组织	181.6	180.1	179.8	0.2	1.6	1.6	
国际组织							

5—27 分行业职工平均工资

(2010 年)　　单位:元

行　　业	职工合计	在岗职工	#国有单位	#集体单位	离岗职工	#国有单位	#集体单位
总　　计	**30 814**	**35 057**	**36 371**	**20 237**	**5 020**	**9 057**	**607**
农、林、牧、渔业	9 161	10 109	9 289	19 235	1 791	1 764	894
采　矿　业	35 210	41 419	25 224	17 669	3 690	8 962	343
制　造　业	26 317	32 256	39 447	17 654	4 396	9 185	550
电力、燃气及水的生产和供应业	40 308	43 069	45 710	20 571	14 633	15 051	1 545
建　筑　业	22 251	28 545	34 198	21 180	2 509	4 998	728
交通运输、仓储及邮政业	34 746	38 833	39 341	15 086	7 889	10 338	480
信息转输、计算机服务和软件业	55 446	56 870	48 011	15 301	15 030	13 291	173
批发和零售业	21 160	28 635	34 737	17 958	2 210	5 912	249
住宿和餐饮业	20 390	21 708	24 356	19 417	2 648	4 014	422
金　融　业	59 343	61 507	70 523	33 177	32 484	47 001	16 882
房地产业	24 946	28 395	27 510	21 353	3 280	5 819	329
租赁和商务服务业	21 932	26 905	28 308	17 604	3 610	6 161	336
科学研究、技术服务和地质勘查业	46 543	48 882	46 840	45 841	9 316	10 594	2 641
水利、环境和公共设施管理业	26 398	27 105	27 290	18 585	11 967	12 310	4 569
居民服务和其他服务业	23 013	25 196	27 615	18 701	1 696	7 830	1 100
教　　育	42 018	42 266	42 656	24 642	17 463	18 824	2 384
卫生、社会保障和社会福利业	36 096	37 552	38 799	23 735	8 114	10 436	1 058
文化、体育和娱乐业	36 698	37 218	37 962	17 240	17 557	17 592	5 000
公共管理和社会组织	37 653	37 842	37 936	19 716	23 984	24 174	1 128
国际组织							

5—28 分细行业在岗职工平均工资

（2010 年） 单位：元

项目	在岗职工合计	国有经济单位	城镇集体经济单位	其他经济单位
全省总计	**35 057**	**36 371**	**20 237**	**35 527**
按隶属关系分组				
中央		51 399		
省属		41 411		
市属		36 404		
县及县以下		27 697		
其他		43 122		
按企、事业和机关分组				
企业	33 979	34 650	19 670	35 583
#地方		24 160		
事业	37 333	37 758	22 078	25 583
#地方		36 847		
机关	38 090	38 107	37 082	
#地方		37 518		
按国民经济行业分组				
农、林、牧、渔业	10 109	9 289	19 235	34 413
农业	7 543	7 367	12 000	24 624
林业	21 117	21 147	19 798	15 949
畜牧业	11 638	9 732	10 700	19 641
渔业	36 718	20 329	17 436	42 748
农、林、牧、渔服务业	22 386	22 317	24 010	27 496
采矿业	41 419	25 224	17 669	47 981
煤炭开采和洗选业	34 084	21 196	15 481	42 571
石油和天然气开采业	53 420			53 420
黑色金属矿采选业	31 736	38 424	15 075	26 039
有色金属矿采选业	39 157	37 186	22 340	47 023
非金属矿采选业	21 547	21 770	26 681	18 340
其他采矿业	30 783	30 662		44 833
制造业	32 256	39 447	17 654	31 911
农副食品加工业	22 768	47 981	9 744	20 524
食品制造业	19 322	19 669	11 521	19 345
饮料制造业	24 879	15 182	10 742	25 889
烟草制品业	77 103	31 401	72 252	90 180
纺织业	19 079	19 390	10 533	19 455
纺织服装、鞋、帽制造业	20 363	31 781	9 804	20 699
皮革、毛皮、羽毛(绒)及其制品业	21 930	19 014	8 698	22 941
木材加工及木、竹、藤、棕、草制品业	23 625	13 616	26 625	23 716
家具制造业	21 155	19 850	9 748	21 282
造纸及纸制品业	17 227	17 422	10 690	17 749
印刷业和记录媒介的复制	22 665	24 062	17 376	25 360
文教体育用品制造业	21 036	13 714	14 976	23 641
石油加工、炼焦及核燃料加工业	51 830	61 505	17 340	56 000

5—28 续表 1 (2010 年) 单位:元

项　　目	在岗职工合计	国有经济单位	城镇集体经济单位	其他经济单位
化学原料及化学制品制造业	32 326	27 733	17 697	35 122
医药制造业	24 332	28 047	13 934	24 217
化学纤维制造业	26 685	12 237	52 028	18 562
橡胶制品业	26 746	22 690	17 124	28 490
塑料制品业	28 174	15 453	20 415	30 003
非金属矿物制品业	22 537	27 258	15 515	23 764
黑色金属冶炼及压延加工业	40 454	43 249	18 917	35 576
有色金属冶炼及压延加工业	23 676	22 379	17 480	24 915
金属制品业	29 856	48 711	15 535	30 736
通用设备制造业	30 172	32 612	15 336	31 649
专用设备制造业	34 306	40 134	18 428	34 524
交通运输设备制造业	42 380	35 846	20 107	47 037
电气机械及器材制造业	28 120	28 690	18 143	29 280
通信设备、计算机及其他电子设备制造业	28 840	23 265	14 052	29 349
仪器仪表及文化、办公用机械制造业	25 825	34 152	18 186	26 106
工艺品及其他制造业	19 085	22 408	12 577	19 919
废弃资源和废旧材料回收加工业	16 635	19 598	14 473	17 210
电力、燃气及水的生产和供应业	43 069	45 710	20 571	39 662
电力、热力的生产和供应业	49 551	56 990	20 882	40 926
燃气生产和供应业	27 112	24 818		31 596
水的生产和供应业	25 871	24 243	21 855	34 819
建筑业	28 545	34 198	21 180	27 746
房屋和土木工程建筑业	28 416	33 360	19 364	28 236
建筑安装业	31 229	39 598	28 363	27 125
建筑装饰业	20 409	54 202	16 447	19 261
其他建筑业	19 576	34 298	11 339	27 698
交通运输、仓储和邮政业	38 833	39 341	15 086	40 008
铁路运输业	45 257	45 959	12 036	33 302
道路运输业	20 282	20 408	16 693	21 017
城市公共交通业	21 339	17 997	16 315	24 075
水上运输业	52 904	35 890	18 364	62 951
航空运输业	87 527	77 123		115 452
管道运输业	53 968	46 468		59 720
装卸搬运和其他运输服务业	57 100	68 797	12 373	38 138
仓储业	28 693	27 798	15 313	32 717
邮政业	36 060	36 272		31 257
信息传输、计算机服务和软件业	56 870	48 011	15 301	61 376
电信和其他信息传输服务业	51 977	47 892	16 740	55 824
计算机服务业	51 705	53 368	13 987	52 406
软件业	68 042	40 357	13 194	68 618
批发和零售业	28 635	34 737	17 958	28 294
批发业	34 365	40 192	20 683	34 292

5—28 续表2　　(2010年)　　单位:元

项　　目	在岗职工合计	国有经济单位	城镇集体经济单位	其他经济单位
零售业	22 460	22 123	13 746	23 529
住宿和餐饮业	21 708	24 356	19 417	20 865
住宿业	23 678	23 257	19 954	24 342
餐饮业	19 054	26 420	17 306	17 017
金融业	61 507	70 523	33 177	62 767
银行业	62 976	71 512	33 286	66 707
证券业	117 032	198 580		91 231
保险业	46 603	37 929	37 641	48 429
其他金融活动	48 072	46 355	28 717	60 093
房地产业	28 395	27 510	21 353	29 054
租赁和商务服务业	26 905	28 308	17 604	30 130
租赁业	26 463	22 750	25 690	28 497
商务服务业	26 906	28 318	17 592	30 138
科学研究、技术服务和地质勘查业	48 882	46 840	45 841	59 869
研究与试验发展	54 112	48 465	22 728	89 128
专业技术服务业	50 303	49 884	52 064	51 801
科技交流和推广服务业	35 720	33 919	38 882	42 935
地质勘查业	42 068	42 229	45 521	24 248
水利、环境和公共设施管理业	27 105	27 290	18 585	27 386
水利管理业	26 183	26 208	24 660	23 840
环境管理业	25 459	25 549	19 506	27 681
公共设施管理业	29 747	30 297	16 278	27 374
居民服务和其他服务业	25 196	27 615	18 701	20 202
居民服务业	22 407	22 831	17 979	23 699
其他服务业	27 990	32 910	19 486	17 875
教育	42 266	42 656	24 642	29 197
卫生、社会保障和社会福利业	37 552	38 799	23 735	28 938
卫生	38 154	39 471	24 230	29 284
社会保障业	30 018	30 062	21 563	26 633
社会福利业	29 561	31 166	11 586	16 281
文化、体育和娱乐业	37 218	37 962	17 240	29 437
新闻出版业	47 424	46 240	16 837	71 835
广播、电视、电影和音像业	37 040	37 173	28 250	34 607
文化艺术业	33 759	33 964	14 897	24 800
体育	38 223	38 725	41 000	23 687
娱乐业	21 345	35 419	25 731	17 696
公共管理和社会组织	37 842	37 936	19 716	9 846
中国共产党机关	39 308	39 308		
国家机构	37 834	37 836	41 315	20 486
人民政协和民主党派	44 128	44 128		
群众社团、社会团体、宗教组织		38 347	18 242	10 123

5—29 各地区职工平均工资

(2010 年)

单位:元

地区	职工合计	在岗职工	#国有单位	#集体单位	离岗职工	#国有单位	#集体单位
全省	**30 814**	**35 057**	**36 371**	**20 237**	**5 020**	**9 057**	**607**
沈阳	38 024	41 525	49 968	24 706	6 872	10 832	1 251
大连	43 966	44 617	56 729	30 412	19 408	23 949	13 219
鞍山	27 363	32 913	37 080	17 123	6 337	14 133	387
抚顺	23 869	35 148	34 872	19 773	2 465	4 096	202
本溪	23 902	31 823	34 791	15 416	4 929	11 573	730
丹东	22 456	25 863	30 911	17 988	3 049	5 832	391
锦州	22 418	29 450	30 164	16 943	2 354	2 514	391
营口	29 357	30 592	35 068	18 720	10 087	7 450	3 254
阜新	17 517	25 354	27 670	14 712	1 235	11 159	11
辽阳	28 935	32 028	28 211	26 196	6 228	4 164	1 447
盘锦	27 738	28 028	13 152	20 922	12 730	7 589	6 222
铁岭	23 187	27 959	23 626	14 290	2 721	6 359	189
朝阳	28 856	29 947	32 169	24 800	8 034	20 837	620
葫芦岛	23 663	26 041	26 517	17 604	5 829	5 282	4 586

5—30 分行业在岗职工工资总额及离岗生活费

(2010 年)　　单位:万元

行业	在岗职工工资总额				离岗职工生活费			
	合计	国有单位	集体单位	其他单位	合计	国有单位	集体单位	其他单位
总计	**17 310 261**	**9 860 507**	**609 805**	**6 839 949**	**407 748**	**269 051**	**23 915**	**114 782**
农、林、牧、渔业	277 348	245 674	2 899	28 776	6 323	6 057	66	200
采矿业	1 437 951	211 882	21 362	1 204 708	25 239	9 760	1 660	13 819
制造业	4 494 150	1 145 822	211 501	3 136 827	165 921	103 668	11 384	50 870
电力、燃气及水的生产和供应业	698 934	452 178	4 886	241 870	25 537	15 910	109	9 518
建筑业	905 240	358 154	136 234	410 853	25 373	13 512	3 982	7 878
交通运输、仓储及邮政业	1 143 523	858 800	12 134	272 589	35 351	25 555	544	9 252
信息转输、计算机服务和软件业	368 994	101 120	361	267 513	3 436	1 720	2	1 714
批发和零售业	482 200	133 076	32 904	316 220	14 685	9 758	1 096	3 831
住宿和餐饮业	131 429	39 006	6 512	85 910	1 191	891	54	246
金融业	930 380	451 937	77 086	401 357	39 601	21 503	3 463	14 636
房地产业	236 121	66 743	4 815	164 563	4 341	2 574	117	1 651
租赁和商务服务业	282 876	136 686	35 280	110 910	10 305	9 148	430	727
科学研究、技术服务和地质勘查业	543 848	426 126	12 148	105 574	6 513	6 155	190	168
水利、环境和公共设施管理业	291 374	276 611	4 327	10 437	6 301	6 163	109	29
居民服务和其他服务业	69 651	53 132	5 713	10 806	480	143	272	66
教育	2 132 586	2 093 213	5 700	33 673	8 906	8 686	103	118
卫生、社会保障和社会福利业	899 909	840 895	33 239	25 775	10 123	9 744	329	50
文化、体育和娱乐业	183 081	171 867	452	10 762	2 349	2 343	1	5
公共管理和社会组织	1 800 667	1 797 587	2 254	827	15 774	15 762	5	7
国际组织								

5—31 各地区在岗职工工资总额及离岗生活费

（2010 年）

单位：万元

地区	在岗职工工资总额				离岗职工生活费			
	合计	国有单位	集体单位	其他单位	合计	国有单位	集体单位	其他单位
全省	**17 310 261**	**9 860 507**	**609 805**	**6 839 949**	**407 748**	**269 051**	**23 915**	**114 782**
沈阳	3 853 139	2 333 191	138 538	1 381 410	71 664	46 612	4 617	20 436
大连	3 849 830	1 547 295	67 733	2 234 802	44 375	20 795	1 857	21 723
鞍山	1 289 331	1 020 406	70 153	198 772	65 537	58 697	2 087	4 753
抚顺	919 875	397 633	31 582	490 660	33 998	17 153	1 594	15 251
本溪	716 592	619 702	31 331	65 559	46 342	38 366	3 173	4 803
丹东	528 188	386 672	24 031	117 485	10 932	7 424	545	2 963
锦州	694 798	469 693	30 809	194 296	19 467	12 330	1 005	6 132
营口	593 218	365 260	19 974	207 984	12 541	4 370	801	7 370
阜新	429 145	359 433	24 602	45 109	10 065	9 212	82	770
辽阳	547 420	237 653	48 281	261 486	14 501	2 350	1 685	10 466
盘锦	1 299 816	332 658	8 630	958 527	11 420	4 283	129	7 008
铁岭	616 259	303 433	30 210	282 616	13 984	7 410	650	5 924
朝阳	688 980	440 104	27 818	221 057	9 690	6 141	452	3 098
葫芦岛	572 164	335 865	56 113	180 186	17 081	7 756	5 239	4 086

5—32 分行业在岗职工平均工资及离岗职工平均生活费

(2010年)

单位:元

行业	在岗职工人均工资				离岗职工人均生活费			
	全部	国有	集体	其他	全部	国有	集体	其他
总计	**35 057**	**36 371**	**20 237**	**35 527**	**5 020**	**9 057**	**607**	**9 444**
农、林、牧、渔业	10 109	9 289	19 235	34 413	1 791	1 764	894	8 342
采矿业	41 419	25 224	17 669	47 981	3 690	8 962	343	15 191
制造业	32 256	39 447	17 654	31 911	4 396	9 185	550	8 826
电力、燃气及水的生产和供应业	43 069	45 710	20 571	39 662	14 633	15 051	1 545	15 409
建筑业	28 545	34 198	21 180	27 746	2 509	4 998	728	4 069
交通运输、仓储及邮政业	38 833	39 341	15 086	40 008	7 889	10 338	480	10 564
信息转输、计算机服务和软件业	56 870	48 011	15 301	61 376	15 030	13 291	173	19 304
批发和零售业	28 635	34 737	17 958	28 294	2 210	5 912	249	6 485
住宿和餐饮业	21 708	24 356	19 417	20 865	2 648	4 014	422	2 450
金融业	61 507	70 523	33 177	62 767	32 484	47 001	16 882	26 299
房地产业	28 395	27 510	21 353	29 054	3 280	5 819	329	3 142
租赁和商务服务业	26 905	28 308	17 604	30 130	3 610	6 161	336	8 129
科学研究、技术服务和地质勘查业	48 882	46 840	45 841	59 869	9 316	10 594	2 641	3 630
水利、环境和公共设施管理业	27 105	27 290	18 585	27 386	11 967	12 310	4 569	14 500
居民服务和其他服务业	25 196	27 615	18 701	20 202	1 696	7 830	1 100	3 743
教育	42 266	42 656	24 642	29 197	17 463	18 824	2 384	21 759
卫生、社会保障和社会福利业	37 552	38 799	23 735	28 938	8 114	10 436	1 058	16 533
文化、体育和娱乐业	37 218	37 962	17 240	29 437	17 557	17 592	5 000	10 800
公共管理和社会组织	37 842	37 936	19 716	9 846	23 984	24 174	1 128	7 100
国际组织								

5—33 各地区分行业

（2010

行业	沈阳	大连	鞍山	抚顺	本溪	丹东
总计	**41 525**	**44 617**	**32 913**	**35 148**	**31 823**	**25 863**
农、林、牧、渔业	27 216	35 414	12 415	17 861	23 719	15 016
采矿业	38 219	29 768	17 389	43 983	39 483	16 138
制造业	34 476	35 026	36 408	35 366	29 289	15 973
电力、燃气及水的生产和供应业	46 861	53 202	39 239	42 886	34 655	49 738
建筑业	27 123	42 479	27 390	21 813	25 922	20 847
交通运输、仓储及邮政业	45 137	51 673	19 489	18 744	19 904	20 649
信息转输、计算机服务和软件业	67 830	70 293	48 974	56 596	37 359	24 246
批发和零售业	29 135	39 873	21 441	28 143	21 068	18 832
住宿和餐饮业	19 772	26 472	15 250	16 673	13 634	17 950
金融业	86 307	88 141	47 301	48 166	51 285	53 432
房地产业	31 250	33 458	22 628	23 143	26 397	17 893
租赁和商务服务业	29 821	31 504	22 567	19 870	24 111	19 360
科学研究、技术服务和地质勘查业	60 258	62 886	53 742	52 280	36 713	24 356
水利、环境和公共设施管理业	34 451	38 844	23 160	21 931	26 183	28 175
居民服务和其他服务业	23 221	34 646	15 216	21 914	26 660	19 333
教育	51 226	59 669	34 726	42 245	40 071	35 618
卫生、社会保障和社会福利业	51 055	54 708	29 589	26 915	37 215	29 737
文化、体育和娱乐业	44 751	55 265	28 847	32 978	32 563	26 185
公共管理和社会组织	46 210	57 677	33 692	36 235	35 702	32 713
国际组织						

在岗职工平均工资

年）

单位:元

锦州	营口	阜新	辽阳	盘锦	铁岭	朝阳	葫芦岛
29 450	**30 592**	**25 354**	**32 028**	**28 028**	**27 959**	**29 947**	**26 041**
8 701	20 479	10 490	7 164	7 255	8 197	23 681	10 182
10 150	21 132	24 010	22 512	53 420	46 437	24 081	11 944
27 606	25 460	16 263	36 082	36 479	13 501	25 963	26 612
38 864	47 160	33 388	57 478	35 962	44 856	37 952	35 678
24 452	30 313	14 757	27 771	22 865	27 075	27 658	20 848
26 621	31 547	19 327	16 145	19 498	18 759	24 571	19 403
44 145	46 559	36 810	54 524	37 115	42 661	44 481	39 641
18 751	23 849	20 267	27 437	22 777	14 098	24 321	26 079
12 567	18 907	13 769	19 865	21 941	10 741	16 462	14 955
52 704	47 086	37 325	40 892	44 736	28 966	38 893	37 340
23 292	25 332	18 007	21 644	22 962	18 033	20 914	26 284
19 581	19 437	17 584	26 227	16 103	14 228	23 616	15 352
37 516	32 442	30 719	28 753	34 663	23 388	33 406	26 780
27 818	19 650	20 985	19 798	21 796	18 671	21 747	16 321
25 510	32 724	23 191	21 281	20 186	22 789	8 938	27 431
34 623	34 754	36 902	35 332	32 572	29 900	35 767	32 277
26 856	31 181	22 098	28 259	22 529	20 967	30 999	24 549
24 224	24 916	21 940	26 329	26 443	22 717	29 723	22 664
31 557	34 413	28 092	32 620	32 264	27 225	32 679	28 056

5—34 各地区在岗职工平均工资及离岗职工平均生活费

(2010年)

单位:元

地区	在岗职工平均工资				离岗职工平均生活费			
	合计	国有单位	集体单位	其他单位	合计	国有单位	集体单位	其他单位
全省	**35 057**	**36 371**	**20 237**	**35 527**	**5 020**	**9 057**	**607**	**9 444**
沈阳	41 525	49 968	24 706	34 118	6 872	10 832	1 251	8 392
大连	44 617	56 729	30 412	39 356	19 408	23 949	13 219	17 003
鞍山	32 913	37 080	17 123	26 302	6 337	14 133	387	5 919
抚顺	35 148	34 872	19 773	37 251	2 465	4 096	202	8 882
本溪	31 823	34 791	15 416	24 525	4 929	11 573	730	2 761
丹东	25 863	30 911	17 988	17 862	3 049	5 832	391	3 226
锦州	29 450	30 164	16 943	31 325	2 354	2 514	391	7 752
营口	30 592	35 068	18 720	26 299	10 087	7 450	3 254	17 953
阜新	25 354	27 670	14 712	19 929	1 235	11 159	11	6 669
辽阳	32 028	28 211	26 196	38 315	6 228	4 164	1 447	17 467
盘锦	28 028	13 152	20 922	46 371	12 730	7 589	6 222	22 462
铁岭	27 959	23 626	14 290	39 896	2 721	6 359	189	11 149
朝阳	29 947	32 169	24 800	26 946	8 034	20 837	620	16 882
葫芦岛	26 041	26 517	17 604	29 452	5 829	5 282	4 586	12 796

5—35 国有单位分行业职工工资总额

单位:万元

行业	2005年	2006年	2007年	2008年	2009年	2010年
总计	**5 663 648**	**6 318 724**	**7 451 021**	**8 614 665**	**9 125 030**	**10 129 558**
农、林、牧、渔业	165 328	177 394	205 179	209 295	229 049	251 731
采矿业	377 738	447 602	516 551	819 843	208 675	221 642
制造业	844 955	953 740	1 058 849	1 143 282	1 216 148	1 249 490
电力、燃气及水的生产和供应业	277 648	307 249	356 931	367 542	365 902	468 089
建筑业	180 592	204 294	214 970	242 402	303 917	371 666
交通运输、仓储及邮政业	578 076	667 600	762 695	741 406	809 326	884 354
信息转输、计算机服务和软件业	74 410	79 161	77 464	81 674	93 996	102 840
批发和零售业	100 200	106 541	103 330	102 246	149 227	142 834
住宿和餐饮业	23 192	27 106	26 148	25 707	29 716	39 897
金融业	245 496	244 036	265 188	365 367	395 474	473 440
房地产业	51 261	50 613	52 707	54 283	56 972	69 316
租赁和商务服务业	75 498	87 439	94 424	117 169	132 464	145 834
科学研究、技术服务和地质勘查业	173 947	203 572	246 864	283 124	357 649	432 281
水利、环境和公共设施管理业	133 126	148 241	170 072	196 485	247 954	282 774
居民服务和其他服务业	16 037	23 791	20 962	25 211	34 276	53 274
教育	943 131	1 029 385	1 323 509	1 579 923	1 897 978	2 101 899
卫生、社会保障和社会福利业	377 100	439 672	507 023	593 094	726 596	850 639
文化、体育和娱乐业	97 680	103 938	119 276	138 153	182 261	174 210
公共管理和社会组织	928 233	1 017 348	1 328 879	1 528 459	1 687 451	1 813 348
国际组织						

5—36 城镇集体单位分行业职工工资总额

单位:万元

行业	2005年	2006年	2007年	2008年	2009年	2010年
总计	**397 224**	**439 975**	**464 149**	**513 765**	**564 377**	**633 720**
农、林、牧、渔业	2 908	2 844	3 646	2 861	3 349	2 965
采矿业	15 767	20 473	24 057	21 292	20 853	23 021
制造业	153 506	168 188	180 203	201 521	208 171	222 885
电力、燃气及水的生产和供应业	5 239	4 166	5 611	7 470	6 423	4 994
建筑业	92 867	100 747	99 303	110 885	122 143	140 216
交通运输、仓储及邮政业	11 235	17 839	18 582	11 415	13 073	12 678
信息转输、计算机服务和软件业	2 958	3 142	2 715	269	373	363
批发和零售业	19 890	21 838	22 459	17 662	21 646	34 000
住宿和餐饮业	4 115	3 904	3 939	4 016	5 548	6 566
金融业	47 110	48 801	50 868	56 847	70 345	80 549
房地产业	2 748	2 163	2 625	4 082	3 747	4 932
租赁和商务服务业	14 976	18 886	20 345	34 439	32 696	35 710
科学研究、技术服务和地质勘查业	3 378	5 364	5 386	8 015	10 649	12 338
水利、环境和公共设施管理业	1 981	2 386	2 999	3 054	3 919	4 436
居民服务和其他服务业	4 675	3 771	4 109	4 836	5 954	5 985
教育	1 841	2 013	2 084	3 007	4 489	5 803
卫生、社会保障和社会福利业	10 835	12 175	13 456	20 045	28 518	33 568
文化、体育和娱乐业	299	244	174	344	476	452
公共管理和社会组织	898	1 031	1 588	1 706	2 005	2 259
国际组织						

5—37 其他单位分行业职工工资总额

单位:万元

行　　业	2005年	2006年	2007年	2008年	2009年	2010年
总　　计	**2 567 766**	**2 971 070**	**3 515 195**	**4 393 707**	**5 835 691**	**6 954 732**
农、林、牧、渔业	9 893	13 501	15 924	19 108	15 728	28 976
采　矿　业	226 289	264 767	299 490	354 712	1 047 349	1 218 527
制　造　业	1 473 858	1 647 495	1 929 735	2 340 636	2 686 378	3 187 697
电力、燃气及水的生产和供应业	137 013	140 629	173 102	192 945	229 511	251 388
建　筑　业	132 729	199 601	217 824	286 419	374 188	418 731
交通运输、仓储及邮政业	70 581	85 284	100 362	198 480	233 744	281 841
信息转输、计算机服务和软件业	107 501	121 501	148 811	207 003	232 379	269 227
批发和零售业	125 977	142 394	161 097	215 881	279 667	320 051
住宿和餐饮业	47 257	46 820	53 718	67 996	82 665	86 156
金　融　业	126 333	178 225	260 294	260 667	334 872	415 993
房地产业	40 647	51 863	55 500	81 550	123 943	166 214
租赁和商务服务业	17 477	15 586	20 312	43 583	46 380	111 637
科学研究、技术服务和地质勘查业	35 036	42 056	52 034	78 131	83 136	105 741
水利、环境和公共设施管理业	2 686	3 653	6 891	7 233	8 896	10 466
居民服务和其他服务业	6 175	5 539	6 207	6 964	8 324	10 872
教　　育	942	1 375	1 976	13 591	18 957	33 791
卫生、社会保障和社会福利业	3 073	4 399	6 543	12 391	21 354	25 825
文化、体育和娱乐业	4 179	6 292	5 266	6 049	7 532	10 768
公共管理和社会组织	120	91	110	370	689	834
国际组织						

5—38 分行业离岗职工生活费

单位:万元

行业	2005年	2006年	2007年	2008年	2009年	2010年
总计	**354 044**	**370 936**	**402 398**	**442 102**	**416 946**	**407 748**
农、林、牧、渔业	3 116	4 019	5 097	5 745	8 525	6 323
采矿业	19 896	18 130	21 541	21 096	21 603	25 239
制造业	140 108	153 914	164 673	196 478	169 343	165 921
电力、燃气及水的生产和供应业	21 521	21 350	25 312	22 322	27 540	25 537
建筑业	19 941	20 435	19 208	24 113	19 139	25 373
交通运输、仓储及邮政业	35 504	36 063	40 281	38 635	39 962	35 351
信息转输、计算机服务和软件业	8 607	9 415	9 265	9 011	7 481	3 436
批发和零售业	14 887	13 986	15 005	12 221	14 430	14 685
住宿和餐饮业	2 143	1 993	2 023	1 738	1 750	1 191
金融业	24 475	28 875	32 124	35 517	35 439	39 601
房地产业	4 216	3 371	4 251	3 970	2 856	4 341
租赁和商务服务业	5 780	7 250	4 657	8 847	13 684	10 305
科学研究、技术服务和地质勘查业	5 381	5 519	5 656	6 310	5 670	6 513
水利、环境和公共设施管理业	5 967	5 999	6 467	6 934	7 143	6 301
居民服务和其他服务业	564	316	338	285	956	480
教育	13 658	11 559	13 285	14 553	10 019	8 906
卫生、社会保障和社会福利业	8 939	9 519	9 867	11 038	11 571	10 123
文化、体育和娱乐业	1 420	1 860	1 797	1 636	3 302	2 349
公共管理和社会组织	17 920	17 363	21 553	21 654	16 533	15 774
国际组织						

主要统计指标解释

劳动力资源总数　指在劳动年龄内,具有劳动能力,在正常情况下,可能或实际参加社会劳动的人口数。

从业人员　指从事一定社会劳动并取得劳动报酬或经营收入的全部劳动力。包括:

(1)全部职工

(2)城镇私营企业从业人员

(3)城镇个体劳动者

(4)农村社会劳动者

(5)其他社会劳动者

这一指标反映了一定时期内全部劳动力资源的实际利用情况,是研究国情国力的重要指标。

各单位的从业人员是指在各级国家机关、政党机关、社会团体及企业、事业单位中工作,并取得劳动报酬的全部人员。包括职工、再就业的离退休人员、民办教师以及在各单位中工作的外方人员和港、澳、台方人员。

各单位的从业人员反映了各单位实际参加生产或工作的全部劳动力。

在岗职工　是指在本单位工作并由单位支付劳动报酬的在岗职工。在岗职工可分为在岗长期职工和在岗临时职工。包括由单位派出学习、劳务及病伤产假并由单位支付劳动报酬的人员。

使用的农村劳动力　指国有经济、城镇集体经济、联营经济、股份制经济、外商和港、澳、台投资经济、其他经济单位的职工中,现仍保留农村户籍关系的人员。

在岗长期职工　指用工期限在一年以上(含一年)的职工。包括原固定职工、合同制职工、长期临时工以及国有单位使用的城镇集体所有制单位的人员和其他使用期限在一年以上的原计划外用工。

在岗临时职工　指用工期限不超过一年的职工。包括各单位根据国家有关规定招用的,签订一年以内的劳动合同或使用期不超过一年的临时性、季节性用工。

其他从业人员　指劳动统计制度规定不作职工统计,但实际参加社会劳动并取得劳动报酬的人员。

各单位的其他从业人员是指单位中除职工以外的全部参加本单位生产或工作并取得劳动报酬的人员。包括再就业的离退休人员、民办教师以及在各单位中工作的外方人员和港、澳、台方人员。

离岗职工(离开本单位仍保留劳动关系的职工)　指由于各种原因已离开本人的生产或工作岗位,并已不在本单位从事其他工作,但仍与用人单位保留劳动关系的职工。

城镇集体经济单位职工　指在城镇集体经济单位及其管理部门工作,并由其支付工资的各类人员。

其他经济单位职工　指在联营经济、股份制经济、外商投资经济、港、澳、台投资经济单位工作,并由其支付工资的各类人员。

城镇个体劳动者　指经工商行政管理部门核准登记,领取营业执照,参加生产经营活动,户口在城镇的全部人员。

农村社会劳动者　指农村人口中经常参加合作经济组织〔包括乡(镇)办企业事业单位〕和家庭副业生产劳动的劳动力。凡是由合作经济组织分配劳动任务或承包各种生产任务,并从中直接取得实物、现金收入和从承包的生产任务中获得实物、现金收入的劳动力,不管从事何种劳动,都要统计为农村社会劳动者。国家从乡(村)调用的建勤民工;由集体经费支付工资或补贴的乡(村)脱产管理干部;乡(村)劳动力到国有经济单位或城镇集体经济单位工作,其收入交给合作经济组织,并从中取得实物或现金收入的合同工、临时工、亦工亦农人员;自行外出,但户口没有转出的劳动力,都应包括在内。

城镇登记失业人员　指有非农业户口,在一定的劳动年龄内(16 岁以上及男 50 岁以下、女 45 岁以下),有劳动能力,无业而要求就业,并在当地就业服务机构进行求职登记的人员。

城镇登记失业率　是城镇登记失业人数与城镇从业人数与城镇失业人数之和的比。计算公式为:

$$\text{城镇登记失业率}=\frac{\text{城镇登记失业人数}}{\text{城镇从业人数}+\text{城镇登记失业人数}}\times 100\%$$

从业人员劳动报酬　指各单位在一定时期内直接支付给本单位全部从业人员的劳动报酬总额。包括职工工资总额和本单位其他从业人员劳动报酬两部分。

在岗职工工资总额　指各单位在一定时期内直接支付给本单位全部在岗职工的劳动报酬总额。

在岗工资总额的计算原则应以直接支付给在岗职工的全部劳动报酬为根据。各单位支付给在岗职工的劳动报酬以及其他根据有关规定支付的工资,不论是计入成本的还是不计入成本的,不论是按国家规定列入计征奖金税项目的,还是未列入计征奖金税项目的,不论是以货币形式支付的还是以实物形式支付的,均包括在在岗职工工资总额内。

计时工资　指按计时工资标准(包括地区生活费补贴)和工作时间支付给个人的劳动报酬,以及根据国家法律、法规和政策规定,因病、工伤、产假、计划生育假、婚丧假、事假、探亲假、定期休假、停工学习、执行国家或社会义务等原因按计时工资标准或计时工资标准的一定比例支付的工资。

计件标准工资 是指实行计件工资制的单位按照批准的计件单价和规定的劳动定额或工作量应支付给计件工人的劳动报酬。

计件超额工资 是计件工资的一部分,指计件工人超额完成定额任务后所得的工资。即计件工人实得的全部计件工资减去应得的计件标准工资后的数额。某些企业的工人由于从事生产的工作物等级高于本人工资等级,因而其计件标准工资高于本人标准工资,其计件超额工资也应是全部工资减去应得的计件标准工资后的数额。

奖金 指支付给职工的超额劳动报酬和增收节支的劳动报酬。

津贴和补贴 指为了补偿职工特殊或额外的劳动消耗和因其他特殊原因支付给职工的津贴,以及为了保证职工工资水平不受物价影响支付给职工的物价补贴。

离岗生活费(离开本单位仍保留劳动关系的职工生活费) 指离开本单位仍保留劳动关系的职工,在离开本单位仍保留劳动关系期间从单位领取的生活费。

其他从业人员劳动报酬 指各单位在一定时期内直接支付给本单位其他从业人员的全部劳动报酬。

在岗职工平均工资 指企业、事业、机关单位的在岗职工在一定时期内平均每人所得的货币工资额。它表明一定时期在岗职工工资收入的高低程度,是反映在岗职工工资水平的主要指标。计算公式为:

$$\text{在岗职工平均工资} = \frac{\text{报告期实际支付的全部在岗职工工资总额}}{\text{报告期全部在岗职工平均人数}}$$

在岗职工平均实际工资 指扣除物价变动因素后的在岗职工平均工资。计算公式为:

$$\text{在岗职工平均实际工资} = \frac{\text{报告期在岗职工平均工资}}{\text{报告期在岗职工生活费价格指数}}$$

第六篇

固定资产投资

6

GUDING
ZICHAN
TOUZI

6—1 全社会固定资产投资

指标	2005年	2006年	2007年	2008年	2009年	2010年
投资总额(亿元)	**4 234.06**	**5 689.64**	**7 435.22**	**10 019.07**	**12 292.6**	**16 043.03**
1.按经济类型分						
国有经济	1 245.53	1 700.33	2 051.43	2 496.84	2 845.55	3 875.48
集体经济	526.28	185.30	278.71	442.12	480.72	504.36
#农村	428.29					
私营个体经济	819.75	1 486.56	2 091.58	3 140.67	4 108.29	5 437.46
#农村	132.89					
其他经济	1 642.50	2 317.45	3 013.50	3 939.44	4 858.02	6 225.73
2.按投资渠道分						
建设项目投资	2 792.27	3 835.65	5 078.47	6 821.15	8 964.61	11 640.57
房地产开发投资	874.25	1 142.19	1 497.58	2 060.80	2 640.56	3 465.76
3.按资金来源分						
国家预算内资金	173.74	258.78	363.10	448.05	518.33	472.50
国内贷款	516.84	640.95	967.00	1 153.72	1 705.09	2 485.74
利用外资	124.49	132.44	203.91	372.41	350.45	280.91
自筹投资	2 935.79	4 034.07	5 169.70	7 238.22	8 803.58	11 843.48
其他投资	483.20	623.40	731.51	806.66	915.14	960.40
4.按构成分						
建筑安装工程	2 490.04	3 437.55	4 703.50	6 208.05	7 891.13	10 348.82
设备、工具、器具购置	1 050.16	1 367.37	1 703.47	2 574.15	3 007.55	3 755.94
其他费用	693.86	884.72	1 028.26	1 236.88	1 393.92	1 938.26
5.按建设性质分						
#新建	1 655.57	2 320.20	3 488.42	4 691.68	5 666.63	8 174.84
改建	635.88	1 014.94	891.30	1 277.23	1 344.59	1 216.98
扩建	715.40	741.14	978.08	1 238.83	1 764.50	2 206.52
6.按产业分						
第一产业	143.83	155.55	197.99	325.14	322.59	358.28
第二产业	2 012.76	2 644.40	3 573.04	4 833.11	5 833.72	7 498.08
第三产业	2 077.48	2 889.69	3 664.20	4 860.82	6 124.85	8 186.67
7.按城乡分						
城镇	3 672.87	4 977.84	6 576.05	8 881.95	11 605.17	106.33
农村	561.19	711.80	859.18	1 137.12	687.42	936.70
8.按主要行业分						
#农业	143.83	155.55	197.99	325.14	322.59	358.28
工业	1 959.61	2 560.44	3 517.43	4 764.44	5 704.47	7 302.59
#能源工业	250.89	435.93	609.04	541.24	726.77	972.28
运输邮电业	308.81	561.26	592.75	804.23	757.62	1 080.82
本年新增固定资产(亿元)	**2 864.74**	**3 394.45**	**4 400.88**	**6 087.57**	**7 508.61**	**10 150.43**
房屋建筑面积(万平方米)						
施工面积	15 881.9	19 863.9	25 805.9	29 420.1	33 861.3	49 050.4
#住宅	8 595.4	10 863.3	13 503.7	15 741.3	18 429.9	24 867.6
竣工面积	8 177.5	10 241.7	11 279.3	12 909.2	12 731.0	13 603.7
#住宅	4 762.5	5 960.0	6 189.6	6 879.9	7 152.5	7 504.3

6—2 按登记注册类型分全社会固定资产投资

年份	总计	国有经济	集体经济	私营个体	其他经济
投资额(亿元)					
1985	142.18	110.41	15.73	16.04	
1986	178.16	138.66	16.98	22.51	
1987	220.11	172.87	23.25	23.99	
1988	269.77	212.25	25.13	32.39	
1989	253.49	201.31	17.95	34.23	
1990	262.88	217.94	22.13	22.81	
1991	317.96	261.15	21.61	35.19	
1992	436.85	362.88	43.19	30.78	
1993	718.25	476.47	98.54	36.66	106.58
1994	887.98	592.97	98.62	41.11	155.28
1995	884.95	584.39	95.46	49.53	155.57
1996	876.07	548.54	102.83	59.83	164.88
1997	953.69	603.76	97.36	54.22	198.35
1998	1 052.57	651.21	119.26	95.20	186.90
1999	1 102.32	662.95	111.44	132.84	195.10
2000	1 267.69	649.42	154.14	149.10	315.02
2001	1 420.96	690.71	158.49	179.08	392.68
2002	1 605.55	648.90	173.54	240.19	542.92
2003	2 082.70	712.23	229.49	336.18	804.81
2004	3 000.11	928.20	341.26	589.66	1 140.99
2005	4 234.06	1 245.53	526.28	819.75	1 642.50
2006	5 689.64	1 700.33	185.30	1 486.56	2 317.45
2007	7 435.23	2 051.43	278.71	2 091.58	3 013.50
2008	10 019.07	2 496.84	442.12	3 140.67	3 939.44
2009	12 292.59	2 845.55	480.72	4 108.29	4 858.03
2010	16 043.02	3 875.48	504.36	5 437.45	6 225.73
比上年增长速度(%)					
1985	47.1	50.7	48.3	25.2	
1986	25.3	25.6	8.0	40.3	
1987	23.6	24.7	36.9	6.6	
1988	22.6	22.8	8.1	35.0	
1989	-6.0	-5.2	-28.6	5.7	
1990	3.7	8.3	23.3	-33.4	
1991	21.0	19.8	-2.4	54.3	
1992	37.4	39.0	99.9	-12.5	
1993	64.4	31.3	128.2	19.1	
1994	23.6	24.5	0.1	12.2	45.7
1995	-0.3	-1.4	-3.2	20.5	0.6
1996	-1.0	-6.1	7.7	20.8	6.0
1997	8.9	10.1	-5.3	-9.4	20.3
1998	10.4	7.9	21.3	75.6	-5.8
1999	4.7	1.8	-8.4	39.5	4.4
2000	15.0	-2.0	38.3	12.2	61.5
2001	12.1	6.4	2.8	20.1	24.7
2002	13.0	-6.1	9.5	34.1	38.3
2003	29.7	9.8	32.2	40.0	48.2
2004	44.0	30.3	48.7	75.4	41.8
2005	41.1	34.2	54.2	39.0	44.0
2006	34.8	32.9	29.6	40.1	33.4
2007	30.7	20.6	50.4	40.7	30.0
2008	34.8	21.7	58.6	50.2	30.7
2009	22.7	14.0	8.7	30.8	23.3
2010	30.5	36.2	4.9	32.4	28.2

6—3 按资金来源和构成分全社会固定资产投资

年份	按资金来源分				按构成分		
	国家投资	国内贷款	利用外资	自筹和其他资金	建筑安装工程	设备工具器具购置	其他费用
投资额(亿元)							
1985	21.14	29.97	1.07	90.00	91.21	38.47	12.50
1987	30.61	49.31	12.09	128.11	133.02	63.91	23.18
1988	25.11	60.90	15.93	167.83	167.49	74.09	28.19
1989	19.04	45.95	22.61	165.89	153.01	69.11	31.37
1990	17.32	54.30	21.61	169.65	162.77	73.21	26.90
1991	16.98	81.18	31.04	188.76	192.75	92.58	32.63
1992	17.20	113.21	25.05	281.39	275.78	108.42	52.65
1993	22.50	149.72	66.74	479.30	462.57	178.46	77.22
1994	16.41	186.28	119.81	565.49	546.98	234.77	106.24
1995	21.78	178.34	112.43	572.40	536.18	223.31	125.46
1996	19.67	151.26	92.58	612.56	531.29	212.99	131.79
1997	29.35	163.36	133.47	627.50	583.67	231.47	138.55
1998	36.63	190.03	94.61	731.30	642.00	273.72	136.85
1999	71.10	216.50	70.62	744.10	718.77	248.24	135.31
2000	72.25	252.22	73.23	869.98	801.57	301.08	165.04
2001	112.21	264.50	53.44	990.80	885.71	325.90	209.34
2002	108.29	279.92	72.16	1 145.18	969.71	348.08	287.76
2003	89.35	372.14	58.55	1 562.66	1 222.23	472.60	387.87
2004	114.00	390.01	90.00	2 406.1	1 791.86	728.97	479.29
2005	173.74	516.84	124.49	3 418.99	2 490.04	1 050.16	693.86
2006	258.78	640.95	132.44	4 657.47	3 437.55	1 367.37	884.72
2007	363.11	967.00	203.91	5 901.21	4 703.50	1 703.47	1 028.26
2008	448.05	1 153.72	372.41	8 044.89	6 208.05	2 574.14	1 236.88
2009	518.33	1 705.09	350.45	9 718.72	7 891.13	3 007.54	1 393.92
2010	472.50	2 485.74	280.90	12 803.88	10 348.82	3 755.94	1 938.26
构成(%)							
1985	14.9	21.1	0.7	63.3	64.1	27.1	8.8
1987	13.9	22.4	5.5	58.2	60.4	29.0	10.6
1988	9.3	22.6	5.9	62.2	62.1	27.5	10.4
1989	7.5	18.1	8.9	65.5	60.4	27.3	12.3
1990	6.6	20.7	8.2	64.5	61.9	27.8	10.3
1991	5.3	25.5	9.8	59.4	60.6	29.1	10.3
1992	3.9	25.9	5.7	64.5	63.1	24.8	12.1
1993	3.1	20.8	9.3	66.8	64.4	24.8	10.8
1994	1.8	21.0	13.5	63.7	61.6	26.4	12.0
1995	2.5	20.2	12.7	64.6	60.6	25.2	14.2
1996	2.2	17.3	10.6	69.9	60.6	24.3	15.1
1997	3.1	17.1	14.0	65.8	61.2	24.3	14.5
1998	3.5	18.1	9.0	69.4	61.0	26.0	13.0
1999	6.5	19.6	6.4	67.5	65.2	22.5	12.3
2000	5.7	19.9	5.8	68.6	63.2	23.8	13.0
2001	7.9	18.6	3.8	69.7	62.3	22.9	14.8
2002	6.7	17.4	4.5	71.4	60.4	21.7	17.9
2003	4.3	17.9	2.8	75.0	58.7	22.7	18.6
2004	3.8	13.0	3.0	80.2	59.7	24.3	16.0
2005	4.1	12.2	2.9	80.8	58.8	24.8	16.4
2006	4.5	11.3	2.3	81.9	60.4	24.0	15.5
2007	4.9	13.0	2.7	79.4	63.3	22.9	13.8
2008	4.5	11.5	3.7	80.3	62.0	25.7	12.3
2009	4.2	13.9	2.9	79.0	64.2	24.5	11.3
2010	2.9	15.5	1.8	79.8	64.5	23.4	12.1

6—4 全社会固定资产投资及构成

(2010 年)

指　　标	总　计	建设项目投　资	房 地 产开发投资	农村集体单位投资	农村私人投　资
一、绝　对　数					
1. 投资总额(亿元)	16 043.03	11 640.57	3 465.76	687.31	249.39
#住　宅	2 724.15	80.75	2 481.35	3.32	158.73
(1)按资金来源分					
国家预算内投资	472.50	465.62		6.87	
国内贷款	2 485.74	1 862.49	554.52	68.73	
债　券	23.28	23.28			
利用外资	280.91	209.53	69.32	2.06	
自筹投资	11 843.48	8 916.68	2 079.45	597.96	249.39
其他投资	937.12	162.97	762.47	11.68	
(2)按构成分					
建筑安装工程	10 348.82	7 100.08	2 675.42	391.88	181.44
设备工器具购置	3 755.94	3 422.75	54.34	247.44	31.42
其他费用	1 938.26	1 117.75	736.00	47.99	36.52
2. 本年新增固定资产(亿元)	10 150.43	8 159.95	1 269.26	471.83	249.39
3. 房屋建筑面积(万平方米)					
施工面积	49 050.40	17 307.50	26 831.10	843.70	4 068.10
竣工面积	18 352.00	9 245.70	4 748.30	289.90	4 068.10
#住　宅	7 678.80	3 865.90	174.50	0.30	3 638.10
二、构　成(%)					
(1)按资金来源分					
国家预算内投资	2.9	4.0		1.0	
国内贷款	15.5	16.0	16.0	10.0	
债　券	0.2	0.2			
利用外资	1.8	1.8	2.0	0.3	
自筹投资	73.8	76.6	60.0	87.0	100.0
其他投资	5.8	1.4	22.0	1.7	
(2)按构成分					
建筑安装工程	64.5	61.0	77.2	57.0	72.8
设备工具器具购置	23.4	29.4	1.6	36.0	12.6
其他费用	12.1	9.6	21.2	7.0	14.6

6—5 各地区全社会固定资产投资

（2010 年）

单位:万元

地区	总计	建设项目投资	房地产开发投资	农村集体单位投资	农村私人投资
全省	**160 430 255**	**116 405 717**	**34 657 562**	**6 873 125**	**2 493 851**
沈阳	41 391 498	25 719 566	14 500 794	1 037 138	134 000
大连	40 478 904	30 943 633	7 680 202	1 662 596	192 473
鞍山	11 907 648	8 196 432	2 358 587	836 755	515 874
抚顺	6 815 257	5 672 321	848 293	294 643	
本溪	4 500 335	3 856 951	572 849	30 535	40 000
丹东	6 738 771	4 982 623	1 150 099	455 795	150 254
锦州	5 511 643	4 127 673	925 383	316 325	142 262
营口	9 828 626	7 016 927	1 790 755	486 599	534 345
阜新	3 506 942	2 780 105	328 608	338 151	60 078
辽阳	4 228 195	3 295 344	620 375	114 219	198 257
盘锦	6 924 951	5 758 746	861 412	196 793	108 000
铁岭	9 126 199	6 838 697	1 748 262	380 898	158 342
朝阳	5 461 954	4 174 025	742 338	389 991	155 600
葫芦岛	4 009 332	3 042 674	529 605	332 687	104 366

注:分市数据由各市提供。

6—6 各地区按经济类型

（2010

地　　区	总　计	国有经济	集体经济	私营个体
全　　省	**160 430 255**	**38 754 800**	**5 043 608**	**54 374 546**
沈　　阳	41 391 498	6 689 922	1 163 203	11 431 309
大　　连	40 478 904	10 955 028	2 776 687	13 603 536
鞍　　山	11 907 648	2 198 350	524 346	5 440 094
抚　　顺	6 815 257	1 090 341	38 820	2 324 772
本　　溪	4 500 335	1 356 458	149 767	1 584 336
丹　　东	6 738 771	995 486	199 180	3 905 029
锦　　州	5 511 643	1 887 097	136 903	1 954 668
营　　口	9 828 626	3 564 043	178 144	3 543 308
阜　　新	3 506 942	976 979	33 181	1 143 704
辽　　阳	4 228 195	1 018 720	82 172	2 105 512
盘　　锦	6 924 951	904 524	51 952	3 350 364
铁　　岭	9 126 199	778 448	65 938	5 288 983
朝　　阳	5 461 954	816 163	58 141	3 090 813
葫 芦 岛	4 009 332	1 259 935	155 801	1 279 684

分全社会固定资产投资

年)　　　　　　　　　　　　　　　　　　　　单位:万元

#农　户	联营经济	股份制经济	外商投资经济	港澳台商投资经济	其他经济
2 493 851	**40 821**	**42 845 477**	**9 185 713**	**7 950 066**	**2 235 224**
134 000	7 466	12 888 690	4 015 920	4 229 736	965 252
192 473	17 887	8 167 721	2 959 366	1 440 483	558 196
515 874		2 601 946	210 281	326 918	605 713
		2 738 799	198 350	179 640	244 535
90 000	4 800	1 303 439	21 250	38 988	41 297
150 254	770	1 198 613	241 639	40 971	157 083
142 262		1 087 398	86 137	296 554	62 886
534 345		2 094 096	261 124	170 214	17 697
60 078		1 251 810	26 454	74 814	
198 257		757 308	46 011	213 974	4 498
108 000		2 504 103	29 253	69 389	15 366
158 342	2 100	2 627 652	30 756	180 790	151 532
155 600		1 299 841	46 701	11 200	139 095
104 366	450	960 806	21 934	2 986	327 736

6—7 各地区按隶属关系和构成分全社会固定资产投资

(2010 年)

单位:万元

地区	总计	按隶属关系分		按构成分		
		中央项目	地方项目	建安工程投资	设备工器具购置	其他费用
全省	**160 430 255**	**9 997 227**	**150 433 028**	**103 488 211**	**37 559 411**	**19 382 633**
沈阳	41 391 498	1 858 405	39 533 093	27 940 074	8 210 713	5 240 711
大连	40 478 904	2 391 834	38 087 070	27 359 421	8 081 698	5 037 785
鞍山	11 907 648	666 139	11 241 509	7 088 127	3 091 181	1 728 340
抚顺	6 815 257	739 930	6 075 327	3 753 297	2 407 420	654 540
本溪	4 500 335	40 069	4 460 266	2 299 880	1 499 601	700 854
丹东	6 738 771	82 750	6 656 021	5 150 784	1 296 436	291 551
锦州	5 511 643	196 773	5 314 870	2 897 079	1 253 865	1 360 699
营口	9 828 626	490 204	9 338 422	7 403 662	1 793 948	631 016
阜新	3 506 942	271 044	3 235 898	1 848 080	1 373 047	285 815
辽阳	4 228 195	343 081	3 885 114	2 129 483	1 565 320	533 392
盘锦	6 924 951	1 157 053	5 767 898	4 907 554	1 345 606	671 791
铁岭	9 126 199	133 475	8 992 724	4 920 663	3 550 764	654 772
朝阳	5 461 954	411 906	5 050 048	2 985 233	2 022 960	453 761
葫芦岛	4 009 332	71 050	3 938 282	3 034 436	587 993	386 903

6—8 各地区全社会住宅投资

单位:亿元

年份、地区	合计	城镇	#房地产	农村	#农户
2000	317.00	252.03	181.29	64.98	53.19
2001	323.49	275.79	227.57	47.71	43.55
2002	376.31	323.76	275.89	52.55	45.06
2003	439.70	388.10	343.47	51.60	43.37
2004	608.55	535.75	494.28	72.80	53.49
2005	751.79	685.11	614.54	66.68	57.44
2006	1 041.86	929.38	838.90	112.48	92.59
2007	1 380.53	1 256.50	1 165.89	124.03	101.26
2008	1 768.62	1 639.17	1 579.21	129.45	121.15
2009	2 128.39	1 984.13	1 933.92	144.26	142.35
2010	2 724.15	2 562.10	2 481.35	162.05	158.73
沈阳	1 011.77	1 005.09	1 004.34	6.68	6.68
大连	620.13	609.37	575.65	10.76	10.45
鞍山	160.03	153.65	153.44	6.38	6.15
抚顺	56.20	56.20	54.48		
本溪	34.31	30.57	30.57	3.74	3.74
丹东	101.74	98.71	96.49	3.03	3.00
锦州	80.60	75.80	69.37	4.80	4.80
营口	161.69	151.79	136.62	9.90	9.50
阜新	178.22	148.87	21.14	29.35	6.01
辽阳	56.33	46.01	41.00	10.32	10.32
盘锦	74.40	66.72	66.71	7.68	7.68
铁岭	137.68	131.12	129.09	6.56	6.40
朝阳	61.82	59.79	55.41	2.03	2.00
葫芦岛	55.53	48.97	43.88	6.56	6.26

6—9 各地区按主要行业

年份、地区	合计	农林牧渔业	采矿业	制造业	电力、燃气及水的生产和供应业	建筑业	交通运输仓储和邮政业	信息传输、计算机服务和软件业	批发和零售业
2003	2 082.70	93.65	101.75	576.18	98.38	61.98	208.95		91.02
2004	3 000.11	94.28	147.42	942.49	110.20	63.66	237.76	50.60	100.99
2005	4 234.06	143.83	226.44	1 588.86	144.32	53.14	308.81	41.28	132.04
2006	5 689.64	155.55	256.09	2 088.88	215.46	83.96	561.26	97.21	141.67
2007	7 435.23	197.99	334.92	2 839.84	342.66	55.61	592.75	67.05	200.15
2008	10 019.07	325.14	400.48	3 917.72	446.24	68.67	804.23	116.42	243.21
2009	12 292.59	322.59	388.20	4 637.55	678.73	129.24	757.62	132.56	393.60
2010	16 043.03	358.28	635.72	5 838.22	828.65	195.49	1 080.82	146.51	323.93
沈阳	4 139.15	83.95	10.76	1 300.11	131.59	33.85	152.89	81.36	237.37
大连	4 047.89	237.55	12.40	1 266.49	223.91	20.83	332.29	60.64	69.01
鞍山	1 190.76	47.31	36.92	582.95	30.62	11.54	37.79	1.99	55.39
抚顺	681.53	15.02	28.58	363.02	14.22	12.79	38.50	3.27	11.39
本溪	450.03	14.88	46.50	179.39	14.59	8.25	44.60	2.92	15.74
丹东	673.88	31.87	82.02	254.17	25.62	13.77	36.20	0.91	27.10
锦州	551.16	16.08	20.12	152.46	37.73	15.07	42.28	4.82	5.02
营口	982.86	11.89	8.27	402.37	26.29	16.17	93.08	0.05	30.17
阜新	350.69	12.60	19.64	131.69	82.07	0.31	18.36	0.94	7.83
辽阳	422.82	9.46	54.51	162.01	36.03	22.37	16.78	6.18	8.41
盘锦	692.50	12.19	98.77	264.13	16.09	20.75	54.48	8.99	10.97
铁岭	912.62	17.08	48.53	504.91	43.97	9.07	31.79		17.29
朝阳	546.20	41.59	122.30	188.15	44.62	1.35	8.72	0.64	10.77
葫芦岛	400.93	22.23	34.16	133.75	40.35	5.06	22.65	1.27	11.49

分全社会固定资产投资

单位:亿元

住宿和餐饮业	金融业	房地产业	租赁和商务服务业	科学研究、技术服务和地质勘查业	水利、环境和公共设施管理业	居民服务和其他服务业	教育	卫生、社会保障和社会福利业	文化、体育和娱乐业	公共管理和社会组织
	4.57	516.43	5.38	14.92	16.85	101.63		11.90	68.44	110.68
47.96	4.13	797.30	25.86	25.27	168.33	13.27	68.24	19.46	32.90	49.84
44.19	17.49	981.30	38.87	27.16	274.38	13.58	89.60	23.31	36.05	49.41
60.86	10.36	1 318.95	58.39	36.75	318.23	27.19	92.43	30.07	60.16	76.17
91.85	20.81	1 701.06	87.66	49.30	541.95	41.37	101.18	44.66	57.92	66.50
119.82	47.20	2 306.87	128.74	63.31	684.55	39.87	110.70	54.25	64.34	77.31
177.41	41.06	2 861.99	158.40	95.04	899.34	59.94	129.12	84.35	132.16	213.68
210.19	32.53	3 755.53	340.84	122.30	1 377.03	89.87	132.68	86.84	186.60	301.00
61.13	8.07	1 497.60	101.75	71.01	156.43	57.21	55.69	40.27	30.86	27.24
72.04	21.69	788.58	179.16	23.36	500.79	10.83	33.25	13.14	71.80	110.13
17.89	3.56	242.69	1.98	12.95	33.62	21.10	13.82	7.02	12.48	19.16
10.27	1.03	91.65	8.56	1.89	37.71	3.34	5.51	3.28	24.02	7.47
10.35	5.53	60.63	3.05	3.95	8.99	4.93	7.02	4.16	2.81	11.77
11.75	0.35	115.01	3.86	1.45	44.84	6.16	3.14	4.14	5.30	6.24
9.44		122.17	1.90	0.13	89.29	5.26	4.57	6.83	4.33	13.66
18.22	1.80	194.46	16.41	9.98	109.99	11.33	5.17	1.61	12.62	12.98
1.74	0.07	37.09	1.12	0.34	24.04	0.15	4.63	2.18	2.47	3.43
2.65	0.39	65.65	1.78	0.24	17.55	6.84	2.64	3.82	2.15	3.36
3.73	0.17	92.70	4.07	0.32	89.29	0.67	0.95	4.91	8.52	0.80
3.81		197.04	1.18	4.19	15.24	0.45	9.50	3.07	0.92	4.59
4.33	0.09	76.18	0.58		22.90	2.76	4.24	2.77	1.92	12.29
0.81	0.12	53.06	1.20	4.40	41.61	0.26	1.06	1.83	1.45	24.19

6—10 各地区全社会施工、竣工房屋面积

单位:万平方米

年份	施工房屋建筑面积	#住宅	竣工房屋建筑面积	#住宅
1990	4 353.9		3 049.0	2 112.1
1991	5 267.0		3 640.4	2 678.8
1992	6 123.7		3 772.8	2 531.6
1993	7 379.4		3 972.3	2 633.3
1994	7 756.6		4 058.2	2 614.5
1995	6 844.0	4 002.8	3 648.6	2 477.7
1996	6 172.0	3 652.3	3 536.0	2 407.3
1997	5 705.7	3 447.4	3 254.1	2 314.4
1998	5 816.4	3 321.1	3 469.5	2 144.5
1999	6 347.2	3 850.9	4 002.4	2 686.2
2000	7 986.4	5 449.2	5 202.0	3 920.1
2001	8 877.8	5 871.3	5 519.0	4 033.8
2002	10 359.3	6 552.0	6 309.8	4 221.1
2003	11 820.7	7 017.8	6 949.9	4 352.1
2004	13 594.0	7 865.5	7 799.1	4 846.6
2005	15 881.9	8 595.4	8 177.5	4 762.5
2006	19 863.9	10 863.3	10 241.7	5 960.0
2007	25 805.9	13 503.7	11 279.3	6 189.6
2008	29 420.1	15 741.3	12 909.2	6 879.9
2009	33 861.3	18 429.9	12 731	7 152.5
2010	49 050.4	24 867.6	13 603.7	7 504.3
沈阳	14 448.2	6 720.1	3 839.8	1 193.6
大连	11 010.1	4 235.5	1 528.5	546.2
鞍山	4 796.3	2 305.4	892.5	329.2
抚顺	1 289.3	513.8	336.1	126.4
本溪	1 380.1	566.7	364.6	158.4
丹东	1 994.1	1 054.3	453.2	239.4
锦州	2 010.0	1 783.3	586.2	227.2
营口	3 595.4	1 836.4	1 263.4	618.8
阜新	520.3	127.4	282.3	193.2
辽阳	1 229.8	597.8	438.9	212.0
盘锦	930.4	346.7	320.1	186.5
铁岭	2 699.3	1 418.2	826.3	390.2
朝阳	1 211.8	692.8	309.8	145.2
葫芦岛	737.3	576.0	286.8	233.7

6—11 按构成和建设性质分的城镇固定资产投资

单位:亿元

年份、地区	投资额	按构成分			按建设性质分	
		建筑安装工程	设备、工器具购置	其他费用	#新建	#改、扩建
2000	1 067.10	676.69	246.37	144.04	249.66	489.24
2001	1 203.74	772.27	257.44	174.03	278.91	545.87
2002	1 364.04	839.45	276.04	248.55	307.31	600.27
2003	1 777.57	1 065.42	375.51	336.64	511.82	687.51
2004	2 600.80	1 579.60	593.60	427.60	807.55	941.98
2005	3 672.87	2 167.63	882.14	623.09	1 388.41	1 224.34
2006	3 015.85	1 164.71	797.28	1 976.40	888.65	689.09
2007	6 576.05	4 176.03	1 459.18	940.84	3 073.58	1 657.19
2008	8 881.95	5 526.65	2 229.01	1 126.29	4 144.82	2 203.95
2009	11 605.17	7 473.49	2 813.46	1 318.22	5 399.68	2 946.08
2010	15 106.33	9 775.50	3 477.08	1 853.75	7 724.28	3 236.78
沈阳	3 271.30	2 218.19	554.35	498.76	1 287.70	420.94
大连	3 985.48	2 667.87	798.55	519.07	2 096.19	818.78
鞍山	1 109.29	699.62	263.71	145.96	540.87	299.74
抚顺	674.62	354.57	258.35	61.70	446.60	117.51
本溪	461.54	252.74	136.82	71.98	174.91	205.85
丹东	629.43	510.57	90.94	27.91	330.34	173.01
锦州	658.82	325.12	186.87	146.83	389.92	131.68
营口	1 021.93	792.18	169.05	60.71	679.25	136.94
阜新	258.83	131.63	92.67	34.53	205.72	17.74
辽阳	464.32	214.58	194.57	55.17	273.78	102.00
盘锦	783.72	557.31	151.92	74.49	439.42	254.07
铁岭	904.70	498.57	342.74	63.39	437.09	253.41
朝阳	491.72	257.23	190.61	43.88	155.15	234.77
葫芦岛	356.87	274.59	40.48	41.80	233.56	70.34

6—12 按资金来源和隶属关系分的城镇固定资产投资

单位:亿元

年份、地区	按资金来源分					按隶属关系分	
	国家预算内资金	国内贷款	利用外资	自筹资金	其他投资	中央项目	地方项目
2000	65.63	245.25	69.30	511.43	175.48	283.93	783.07
2001	107.69	256.03	51.33	592.83	195.86	302.20	901.54
2002	100.68	265.02	65.80	726.20	206.34	269.85	1 094.19
2003	82.89	345.98	49.35	1 051.91	247.44	250.90	1 526.67
2004	105.02	359.85	79.61	1 676.65	379.67	363.65	2 237.14
2005	164.74	489.57	117.64	2 447.25	453.67	476.68	3 196.19
2006	252.39	618.77	127.01	3 376.11	603.56	606.17	4 371.67
2007	355.49	917.52	199.76	4 394.80	708.48	861.29	5 714.76
2008	422.62	1 117.03	367.31	6 198.79	776.20	1 073.03	7 808.91
2009	510.98	1 677.54	348.16	8 159.79	908.70	815.50	10 789.67
2010	465.62	2 417.01	278.85	10 996.13	948.72	994.90	14 111.43
沈阳	93.38	612.32	137.52	2 610.36	552.28	187.57	3 083.74
大连	319.21	770.30	202.76	2 807.00	592.15	255.03	3 730.46
鞍山	37.92	102.12	36.42	1 130.78	91.43	82.09	1 027.20
抚顺	15.59	156.34	11.48	604.17	47.84	74.17	600.45
本溪	12.15	57.95	3.10	364.64	37.24	11.12	450.43
丹东	19.05	143.74	8.30	587.48	30.91	9.72	619.70
锦州	32.25	292.58	3.58	466.74	69.51	22.85	635.98
营口	11.08	137.35	15.58	913.19	77.39	49.24	972.69
阜新	4.22	75.94	0.54	153.63	23.83	35.92	222.91
辽阳	4.40	71.69	0.74	382.90	65.58	39.75	424.57
盘锦	8.23	86.90	13.80	647.21	40.29	139.06	644.66
铁岭	7.20	45.00	3.79	853.35	52.31	20.56	884.14
朝阳	17.08	61.48	0.31	380.26	37.70	41.19	450.53
葫芦岛	5.93	46.97		237.38	75.51	7.57	349.30

注:本表资金来源分市数据为本年到位资金。

6—13 按行业分的城镇固定资产投资额

(2010年)

单位:万元

行业	投资额	建筑安装工程投资	设备工器具购置	其他费用
全省合计	**151 063 279**	**97 754 995**	**34 770 825**	**18 537 459**
农、林、牧、渔业	2 163 769	1 534 547	408 907	220 315
农业	445 310	302 654	68 670	73 986
林业	164 989	142 106	19 248	3 635
畜牧业	500 846	332 180	115 631	53 035
渔业	667 633	527 957	76 007	63 669
农、林、牧、渔服务业	384 991	229 650	129 351	25 990
采矿业	5 643 295	3 008 458	2 223 851	410 986
煤炭开采和洗选业	688 868	291 994	363 610	33 264
石油和天然气开采业	1 458 037	1 013 689	314 680	129 668
黑色金属矿采选业	2 123 932	915 901	1 046 370	161 661
有色金属矿采选业	471 238	316 512	128 835	25 891
非金属矿采选业	872 530	461 425	351 208	59 897
其他采矿业	28 690	8 937	19 148	605
制造业	55 032 705	28 444 545	22 330 225	4 257 935
农副食品加工业	2 354 496	1 288 106	896 145	170 245
食品制造业	1 164 235	677 764	393 831	92 640
饮料制造业	660 259	319 524	303 900	36 835
烟草制品业	35 013	18 356	5 817	10 840
纺织业	587 403	295 941	254 925	36 537
纺织服装、鞋、帽制造业	643 536	324 960	255 381	63 195
皮革、毛皮、羽毛(绒)及其制品业	290 420	115 768	126 899	47 753
木材加工及木、竹、藤、棕、草制品业	737 153	405 583	275 265	56 305
家具制造业	324 058	205 095	90 927	28 036
造纸及纸制品业	507 051	239 191	225 857	42 003
印刷业和记录媒介的复制	176 333	74 004	90 962	11 367
文教体育用品制造业	69 168	31 763	32 387	5 018
石油加工、炼焦及核燃料加工业	2 668 832	1 357 001	1 109 908	201 923
化学原料及化学制品制造业	3 488 369	1 764 167	1 504 494	219 708
医药制造业	1 366 023	828 479	389 135	148 409
化学纤维制造业	165 550	39 946	43 113	82 491
橡胶制品业	634 954	246 957	331 725	56 272
塑料制品业	1 586 553	754 535	697 343	134 675
非金属矿物制品业	5 057 233	2 476 009	2 224 318	356 906
黑色金属冶炼及压延加工业	3 573 890	1 657 978	1 555 073	360 839
有色金属冶炼及压延加工业	1 448 878	643 353	740 915	64 610
金属制品业	2 813 401	1 459 517	1 134 417	219 467

6—13 续表 1 （2010 年） 单位:万元

行业	投资额	建筑安装工程投资	设备工器具购置	其他费用
通用设备制造业	7 670 397	4 090 058	3 063 346	516 993
专用设备制造业	4 403 058	2 404 320	1 620 778	377 960
交通运输设备制造业	6 059 690	3 485 942	2 145 497	428 251
电气机械及器材制造业	3 127 360	1 551 639	1 332 007	243 714
通信设备、计算机及其他电子设备制造业	2 291 909	935 086	1 175 218	181 605
仪器仪表及文化、办公用机械制造业	615 796	417 674	157 728	40 394
工艺品及其他制造业	355 047	240 158	102 517	12 372
废弃资源和废旧材料回收加工业	156 640	95 671	50 397	10 572
电力、燃气及水的生产和供应业	7 870 743	3 402 781	3 565 104	902 858
电力、热力的生产和供应业	6 372 244	2 455 112	3 295 387	621 745
燃气生产和供应业	716 306	337 316	131 154	247 836
水的生产和供应业	782 193	610 353	138 563	33 277
建筑业	1 717 387	1 228 794	346 522	142 071
房屋和土木工程建筑业	1 443 878	1 120 210	202 011	121 657
建筑安装业	68 064	33 085	32 215	2 764
建筑装饰业	27 383	9 606	16 677	1 100
其他建筑业	178 062	65 893	95 619	16 550
交通运输、仓储和邮政业	10 482 028	7 342 969	1 829 558	1 309 501
铁路运输	950 970	727 471	70 969	152 530
道路运输业	2 434 795	1 867 654	362 383	204 758
城市公共交通业	1 578 289	884 616	398 958	294 715
水上运输业	3 374 623	2 378 439	691 889	304 295
航空运输业	412 833	148 023	25 930	238 880
管道运输业	26 295	24 048		2 247
装卸搬运和其他运输服务业	100 973	74 249	10 451	16 273
仓储业	1 599 330	1 237 769	265 758	95 803
邮政业	3 920	700	3 220	
信息传输、计算机服务和软件业	1 464 595	829 017	590 056	45 522
电信和其他信息传输服务业	903 940	301 079	569 982	32 879
计算机服务业	98 155	77 041	9 723	11 391
软件业	462 500	450 897	10 351	1 252
批发和零售业	3 098 954	2 163 763	474 218	460 973
批发业	1 177 291	789 176	219 506	168 609
零售业	1 921 663	1 374 587	254 712	292 364
住宿和餐饮业	1 965 858	1 476 251	270 245	219 362
住宿业	1 198 821	879 560	156 619	162 642
餐饮业	767 037	596 691	113 626	56 720

6—13 续表 2　　(2010 年)　　单位:万元

行　　业	投资额	建筑安装工程投资	设备工器具购置	其他费用
金融业	325 279	148 497	83 560	93 222
银行业	126 691	58 406	50 483	17 802
证券业	129 800	59 450		70 350
保险业				
其他金融活动	68 788	30 641	33 077	5 070
房地产业	35 995 812	27 809 140	596 444	7 590 228
租赁和商务服务业	3 336 478	2 825 410	184 740	326 328
租赁业	47 035	2 484	44 535	16
商务服务业	3 289 443	2 822 926	140 205	326 312
科学研究、技术服务和地质勘查业	1 219 997	795 546	242 269	182 182
研究与试验发展	496 565	308 412	123 279	64 874
专业技术服务业	364 290	289 831	28 818	45 641
科技交流和推广服务业	271 522	140 944	61 372	69 206
地质勘查业	87 620	56 359	28 800	2 461
水利、环境和公共设施管理业	13 134 381	10 859 177	717 325	1 557 879
水利管理业	1 027 085	831 208	54 131	141 746
环境管理业	531 410	412 405	79 393	39 612
公共设施管理业	11 575 886	9 615 564	583 801	1 376 521
居民服务和其他服务业	827 292	650 876	52 510	123 906
居民服务业	185 312	140 099	21 020	24 193
其他服务业	641 980	510 777	31 490	99 713
教育	1 319 221	1 031 959	154 095	133 167
卫生、社会保障和社会福利业	848 511	593 579	202 836	52 096
卫生	719 246	496 212	187 394	35 640
社会保障业	12 350	9 410	1 840	1 100
社会福利业	116 915	87 957	13 602	15 356
文化、体育和娱乐业	1 812 590	1 162 964	349 089	300 537
新闻出版业	29 047	24 600	4 147	300
广播、电视、电影和音像业	16 800	3 979	12 040	781
文化艺术业	238 953	200 478	16 941	21 534
体育	772 048	463 294	90 340	218 414
娱乐业	755 742	470 613	225 621	59 508
公共管理和社会组织	2 804 384	2 446 722	149 271	208 391
中国共产党机关				
国家机构	2 309 069	1 976 860	143 241	188 968
人民政协和民主党派				
群众社团、社会团体、宗教组织	89 715	79 734	3 780	6 201
基层群众自治组织	405 600	390 128	2 250	13 222

6—14 按行业、隶属关系和注册类型分城镇固定资产投资

（2010 年）

单位：万元

行　　业	投资额	中　央	地　方	内　资	港澳台商投　资	外商投资	个体经营
全　省　合　计	**151 063 279**	**9 948 985**	**141 114 294**	**133 821 065**	**7 930 386**	**9 086 902**	**224 926**
农、林、牧、渔业	2 163 769		2 163 769	2 058 099	36 420	32 900	36 350
农业	445 310		445 310	415 310	6 900	23 100	
林业	164 989		164 989	164 989			
畜牧业	500 846		500 846	447 376	29 520		23 950
渔业	667 633		667 633	648 333		9 800	9 500
农、林、牧、渔服务业	384 991		384 991	382 091			2 900
采矿业	5 643 295	1 347 383	4 295 912	5 577 945	48 300		17 050
煤炭开采和洗选业	688 868		688 868	687 818			1 050
石油和天然气开采业	1 458 037	1 247 762	210 275	1 448 237	9 800		
黑色金属矿采选业	2 123 932	80 121	2 043 811	2 088 932	27 000		8 000
有色金属矿采选业	471 238	19 500	451 738	468 238	3 000		
非金属矿采选业	872 530		872 530	856 030	8 500		8 000
其他采矿业	28 690		28 690	28 690			
制造业	55 032 705	3 113 275	51 919 430	48 889 904	1 703 034	4 369 164	70 603
农副食品加工业	2 354 496	9 831	2 344 665	2 276 952	12 931	43 003	21 610
食品制造业	1 164 235		1 164 235	1 104 757	1 200	58 278	
饮料制造业	660 259		660 259	545 083	14 180	100 996	
烟草制品业	35 013	24 763	10 250	35 013			
纺织业	587 403		587 403	554 740	2 931	29 732	
纺织服装、鞋、帽制造业	643 536		643 536	614 214	5 016	20 416	3 890
皮革、毛皮、羽毛(绒)及其制品业	290 420		290 420	290 420			
木材加工及木、竹、藤、棕、草制品业	737 153		737 153	694 018	11 950	31 185	
家具制造业	324 058		324 058	303 408		20 650	
造纸及纸制品业	507 051		507 051	437 661	32 000	37 390	
印刷业和记录媒介的复制	176 333		176 333	176 333			
文教体育用品制造业	69 168		69 168	49 489		19 679	
石油加工、炼焦及核燃料加工业	2 668 832	1 127 125	1 541 707	2 652 065	5 120	11 647	
化学原料及化学制品制造业	3 488 369	79 400	3 408 969	3 325 696	1 700	160 973	
医药制造业	1 366 023	91 400	1 274 623	1 299 606	52 978	13 439	
化学纤维制造业	165 550		165 550	85 023		80 527	
橡胶制品业	634 954		634 954	443 797	160 869	30 288	
塑料制品业	1 586 553	770	1 585 783	1 526 987	21 770	37 796	
非金属矿物制品业	5 057 233	11 000	5 046 233	4 687 093	145 591	206 545	18 004
黑色金属冶炼及压延加工业	3 573 890	1 262 736	2 311 154	3 481 050	5 700	87 140	
有色金属冶炼及压延加工业	1 448 878	28 466	1 420 412	1 075 278	351 842	21 758	
金属制品业	2 813 401	32 175	2 781 226	2 569 666	4 850	215 927	22 958

6—14 续表1　　(2010年)　　单位:万元

行　　业	投资额	中　央	地　方	内　资	港澳台商投　资	外商投资	个体经营
通用设备制造业	7 670 397	57 944	7 612 453	7 314 136	34 884	321 377	
专用设备制造业	4 403 058	64 575	4 338 483	4 040 775	83 430	278 853	
交通运输设备制造业	6 059 690	266 977	5 792 713	4 532 686	98 635	1 428 369	
电气机械及器材制造业	3 127 360	39 950	3 087 410	2 640 500	305 655	177 064	4 141
通信设备、计算机及其他电子设备制造业	2 291 909	15 800	2 276 109	1 069 111	314 523	908 275	
仪器仪表及文化、办公用机械制造业	615 796		615 796	569 350	26 779	19 667	
工艺品及其他制造业	355 047	363	354 684	346 547	8 500		
废弃资源和废旧材料回收加工业	156 640		156 640	148 450		8 190	
电力、燃气及水的生产和供应业	7 870 743	2 684 550	5 186 193	7 559 681	182 999	128 063	
电力、热力的生产和供应业	6 372 244	2 480 018	3 892 226	6 099 834	161 480	110 930	
燃气生产和供应业	716 306	204 532	511 774	687 974	12 019	16 313	
水的生产和供应业	782 193		782 193	771 873	9 500	820	
建筑业	1 717 387	17 400	1 699 987	1 709 187			8 200
房屋和土木工程建筑业	1 443 878	14 400	1 429 478	1 435 678			8 200
建筑安装业	68 064		68 064	68 064			
建筑装饰业	27 383		27 383	27 383			
其他建筑业	178 062	3 000	175 062	178 062			
交通运输、仓储和邮政业	10 482 028	914 611	9 567 417	9 835 643	380 355	258 027	8 003
铁路运输业	950 970	371 961	579 009	637 100	313 870		
道路运输业	2 434 795	28 185	2 406 610	2 421 774		13 021	
城市公共交通业	1 578 289		1 578 289	1 573 402		4 887	
水上运输业	3 374 623		3 374 623	3 165 406	4 500	204 717	
航空运输业	412 833		412 833	412 833			
管道运输业	26 295	5 626	20 669	21 495	4 800		
装卸搬运和其他运输服务业	100 973		100 973	97 970			3 003
仓储业	1 599 330	508 839	1 090 491	1 501 743	57 185	35 402	5 000
邮政业	3 920		3 920	3 920			
信息传输、计算机服务和软件业	1 464 595	576 166	888 429	1 046 511	110 453	307 631	
电信和其他信息传输服务业	903 940	576 166	327 774	593 585	67 224	243 131	
计算机服务业	98 155		98 155	88 426	9 729		
软件业	462 500		462 500	364 500	33 500	64 500	
批发和零售业	3 098 954	7 682	3 091 272	2 702 559	123 884	256 005	16 506
批发业	1 177 291	7 682	1 169 609	1 114 297	8 000	47 755	7 239
零售业	1 921 663		1 921 663	1 588 262	115 884	208 250	9 267
住宿和餐饮业	1 965 858	41 569	1 924 289	1 798 694	68 339	66 907	31 918
住宿业	1 198 821	41 569	1 157 252	1 108 914	53 000	36 907	
餐饮业	767 037		767 037	689 780	15 339	30 000	31 918

6—14 续表 2　　(2010 年)　　单位:万元

行　　业	投资额	中　央	地　方	内　资	港澳台商投　资	外商投资	个体经营
金融业	325 279	43 306	281 973	322 179			3 100
银行业	126 691	43 306	83 385	126 691			
证券业	129 800		129 800	126 700			3 100
保险业							
其他金融活动	68 788		68 788	68 788			
房地产业	35 995 812	639 847	35 355 965	27 939 443	4 746 742	3 309 627	
租赁和商务服务业	3 336 478	49 600	3 286 878	2 828 578	280 233	227 667	
租赁业	47 035		47 035	43 985		3 050	
商务服务业	3 289 443	49 600	3 239 843	2 784 593	280 233	224 617	
科学研究、技术服务和地质勘查业	1 219 997	120 868	1 099 129	1 065 606	146 369	8 022	
研究与试验发展	496 565	91 074	405 491	488 543		8 022	
专业技术服务业	364 290	29 794	334 496	344 575	19 715		
科技交流和推广服务业	271 522		271 522	144 868	126 654		
地质勘查业	87 620		87 620	87 620			
水利、环境和公共设施管理业	13 134 381	80 199	13 054 182	13 045 538	17 900	63 543	7 400
水利管理业	1 027 085	1 416	1 025 669	1 027 085			
环境管理业	531 410		531 410	521 867		9 543	
公共设施管理业	11 575 886	78 783	11 497 103	11 496 586	17 900	54 000	7 400
居民服务和其他服务业	827 292		827 292	817 342			9 950
居民服务业	185 312		185 312	175 362			9 950
其他服务业	641 980		641 980	641 980			
教育	1 319 221	93 054	1 226 167	1 289 238	9 852	20 131	
卫生、社会保障和社会福利业	848 511	156 200	692 311	833 235		12 000	3 276
卫生	719 246	156 200	563 046	703 970		12 000	3 276
社会保障业	12 350		12 350	12 350			
社会福利业	116 915		116 915	116 915			
文化、体育和娱乐业	1 812 590	14 534	1 798 056	1 701 790	71 015	27 215	12 570
新闻出版业	29 047		29 047	29 047			
广播、电视、电影和音像业	16 800		16 800	16 800			
文化艺术业	238 953		238 953	238 953			
体育	772 048	14 534	757 514	772 048			
娱乐业	755 742		755 742	644 942	71 015	27 215	12 570
公共管理和社会组织	2 804 384	48 741	2 755 643	2 799 893	4 491		
中国共产党机关							
国家机构	2 309 069	48 741	2 260 328	2 309 069			
人民政协和民主党派							
群众社团、社会团体、宗教组织	89 715		89 715	85 224	4 491		
基层群众自治组织	405 600		405 600	405 600			

6—15 各地区城镇固定资产投资施工、竣工房屋面积

单位:万平方米

年份、地区	施工房屋建筑面积	#住宅	竣工房屋建筑面积	#住宅
2000	5 693.4	3 553.2	3 017.0	2 092.1
2001	6 120.1	3 869.7	2 991.0	2 116.3
2002	7 237.3	4 429.0	3 209.8	2 116.1
2003	8 254.7	4 809.1	3 667.4	2 214.0
2004	10 437.4	5 653.5	4 711.0	2 646.9
2005	12 381.8	6 329.8	5 032.3	2 539.0
2006	15 104.0	7 805.5	6 164.4	2 950.1
2007	20 932.3	10 350.5	6 847.7	3 130.4
2008	23 875.53	12 389.59	7 988.79	3 568.30
2009	29 221.21	14 886.90	8 397.77	3 638.41
2010	44 138.54	21 221.99	9 245.70	3 865.87
沈阳	12 601.59	6 639.14	2 496.88	1 112.65
大连	10 118..99	4 211.09	1 328.84	524.82
鞍山	4 201.91	2 202.28	773.75	275.85
抚顺	1 241.63	537.40	380.22	126.37
本溪	1 317.26	545.61	313.50	137.29
丹东	1 811.02	1 024.08	383.86	211.31
锦州	2 239.47	794.31	559.86	170.13
营口	3 357.55	1 696.19	1 283.67	483.30
阜新	794.62	316.02	209.54	47.96
辽阳	931.74	497.86	183.53	115.09
盘锦	906.44	341.42	297.55	184.72
铁岭	2 436.76	1 275.33	632.22	251.21
朝阳	1 114.25	645.36	231.07	97.25
葫芦岛	1 065.31	495.90	171.20	127.92

6—16 各地区按主要行业

(2010

年份、地区	合计	农林牧渔业	采矿业	制造业	电力、燃气及水的生产和供应业	建筑业	交通运输仓储和邮政业	信息传输、计算机服务和软件业	批发和零售业
2003	17 775 685	234 325	915 589	4 699 166	943 523	111 335	1 929 401		796 023
2004	26 007 969	253 367	1 288 067	7 734 975	1 087 657	250 849	2 194 541	503 526	970 188
2005	36 728 695	341 531	1 829 455	13 593 118	1 386 721	246 171	2 805 633	411 454	1 190 215
2006	49 778 419	383 657	2 120 810	17 907 431	2 077 061	578 028	5 264 691	963 092	1 276 364
2007	65 760 474	548 289	2 815 200	24 505 157	3 363 528	386 305	5 478 029	657 518	1 876 047
2008	88 819 463	867 756	3 106 769	34 622 302	4 321 872	464 902	7 483 593	1 149 446	2 245 410
2009	116 051 706	1 485 099	3 417 380	44 368 986	6 524 871	1 126 099	7 214 713	1 321 260	3 887 762
2010	151 063 279	2 163 769	5 643 295	55 032 705	7 870 743	1 717 387	10 482 028	1 464 595	3 098 954
沈阳	32 713 029	291 541	79 433	8 915 463	1 201 818	147 328	1 258 927	544 590	917 584
大连	39 854 838	1 114 010	50 700	11 597 341	2 245 762	135 607	4 065 088	592 406	644 979
鞍山	11 092 917	176 494	360 158	6 001 098	299 517	26 079	271 393	8 630	358 326
抚顺	6 746 191	122 640	247 167	3 836 620	131 224	110 024	353 084	30 307	58 280
本溪	4 615 442	55 260	502 996	2 028 335	165 728	64 560	607 332	22 289	82 386
丹东	6 294 256	104 195	640 943	2 049 665	301 229	186 677	558 344	13 500	243 514
锦州	6 588 205	103 060	218 515	2 132 131	518 548	232 980	614 859	58 119	90 374
营口	10 219 302	18 931	40 019	3 924 417	257 217	175 176	1 080 688		247 579
阜新	2 588 312	23 085	67 736	862 560	828 664	1 365	135 134	6 450	26 794
辽阳	4 643 179	3 100	496 058	2 215 614	350 504	275 631	85 653	66 550	51 639
盘锦	7 837 208	24 550	1 182 258	3 052 420	233 201	140 401	558 584	111 298	84 986
铁岭	9 046 971	59 381	434 097	5 227 521	422 825	174 493	255 948		134 939
朝阳	4 917 174	27 139	1 195 243	1 782 481	523 740	10 174	68 183		78 713
葫芦岛	3 568 650	40 383	127 972	1 407 039	390 766	36 892	231 206	10 456	78 861

分城镇固定资产投资

年）

单位:万元

住宿和餐饮业	金融业	房地产业	租赁和商务服务业	科学研究、技术服务和地质勘查业	水利、环境和公共设施管理业	居民服务和其他服务业	教育	卫生、社会保障和社会福利业	文化、体育和娱乐业	公共管理和社会组织
	43 986	5 014 438	53 077	143 409	105 645	960 830		108 821	637 396	1 078 721
416 317	41 271	7 424 980	241 364	252 248	1 654 275	101 378	610 905	188 193	324 261	468 059
379 739	173 555	9 232 250	370 072	268 299	2 591 290	110 551	851 655	214 137	330 560	402 289
561 116	101 482	12 236 920	571 007	345 972	3 016 699	187 220	888 807	284 697	532 540	480 825
850 319	208 014	15 938 297	861 383	458 820	4 992 339	354 511	964 571	390 367	536 500	575 280
1 108 692	471 310	21 885 701	1 239 833	608 542	6 180 492	327 680	1 048 700	510 951	580 516	594 996
1 726 569	410 232	27 246 609	1 574 604	945 500	8 834 138	547 760	1 258 501	833 296	1 288 585	2 039 742
1 965 858	325 279	35 995 812	3 336 478	1 219 997	13 134 381	827 292	1 319 221	848 511	1 812 590	2 804 384
412 689	32 330	14 811 928	475 939	515 510	1 470 631	519 543	392 869	313 850	223 757	187 299
684 140	209 727	7 804 785	2 265 185	303 323	5 709 796	87 422	336 820	131 467	685 364	1 190 916
89 236	7 232	#VALUE!	18 290	116 580	231 680	67 115	80 750	38 292	81 543	501 917
87 648	9 500	914 835	85 460	17 956	329 488	11 000	44 402	31 036	252 885	72 635
40 609	32 580	606 959	28 889	31 794	112 457	24 547	73 111	21 726	11 291	102 593
102 415	3 479	#VALUE!	50 250	10 900	627 322	61 180	32 900	25 851	51 008	80 785
132 108		1 171 151	101 076	9 900	915 267	12 578	84 808	70 388	52 545	69 798
241 968	18 000	1 979 418	225 352	117 883	1 477 343	9 500	53 669	16 100	216 007	120 035
5 450		358 895	13 716	1 480	183 675		33 002	16 729	15 300	8 277
22 688	12 431	654 068	12 782		270 051	11 760	26 984	32 700	29 857	25 109
73 887		1 003 412	34 800	9 000	1 036 899	4 639	34 000	88 523	164 350	
42 350		1 866 432	10 000	38 919	175 207		75 156	22 512	8 000	99 191
30 324		755 638	3 000		198 053	18 008	50 750	30 437	17 021	128 270
346		559 605	11 739	46 752	396 512			8 900	3 662	217 559

6—17 城镇固定资产投资各行业

(2010

行　　业	本年资金来源合计	国家预算内资金	国 内 贷 款
全 省 合 计	**176 532 473**	**5 926 955**	**26 791 635**
农、林、牧、渔业	2 291 369	28 217	412 485
农业	451 934	5 650	9 882
林业	164 832	1 120	71 495
畜牧业	604 361	7 059	121 669
渔业	660 563		168 977
农、林、牧、渔服务业	409 679	14 388	40 462
采矿业	5 609 014	20 368	151 391
煤炭开采和洗选业	684 103	15 468	8 810
石油和天然气开采业	1 473 723		
黑色金属矿采选业	2 114 863	4 900	55 426
有色金属矿采选业	425 440		27 350
非金属矿采选业	882 195		59 805
其他采矿业	28 690		
制造业	60 244 616	532 165	7 118 718
农副食品加工业	2 699 153	6 448	178 457
食品制造业	1 331 928		172 875
饮料制造业	671 043		16 420
烟草制品业	120 825		
纺织业	614 740	5 500	31 400
纺织服装、鞋、帽制造业	663 352		62 120
皮革、毛皮、羽毛(绒)及其制品业	291 541		16 600
木材加工及木、竹、藤、棕、草制品业	768 869	10 000	62 640
家具制造业	317 738		36 680
造纸及纸制品业	537 755		56 730
印刷业和记录媒介的复制	185 418		17 100
文教体育用品制造业	70 048		10 450
石油加工、炼焦及核燃料加工业	2 972 039		781 164
化学原料及化学制品制造业	3 923 972	13 000	477 444
医药制造业	1 408 719	7 085	86 151
化学纤维制造业	993 803		613 200
橡胶制品业	618 095		16 495
塑料制品业	1 689 752		152 012
非金属矿物制品业	5 402 675	26 500	694 798
黑色金属冶炼及压延加工业	3 615 165	48 496	292 984
有色金属冶炼及压延加工业	1 489 757		100 881
金属制品业	3 284 982		380 640

资金来源和新增固定资产

年）

单位：万元

			投资额	新增固定资产	固定资产交付使用率（%）
利用外资	自筹资金	其他资金			
4 379 087	**121 495 128**	**17 939 668**	**151 063 279**	**94 292 140**	**62.4**
2 028	1 753 345	95 294	2 163 769	1 384 973	64.0
1 550	410 072	24 780	445 310	254 419	57.1
478	91 739		164 989	150 834	91.4
	442 813	32 820	500 846	396 495	79.2
	485 586	6 000	667 633	311 172	46.6
	323 135	31 694	384 991	272 053	70.7
63 965	5 323 069	50 221	5 643 295	4 126 137	73.1
16 360	634 269	9 196	688 868	540 057	78.4
39 205	1 434 518		1 458 037	896 505	61.5
	2 025 672	28 865	2 123 932	1 529 798	72.0
6 400	385 510	6 180	471 238	375 706	79.7
2 000	814 410	5 980	872 530	754 881	86.5
	28 690		28 690	29 190	101.7
2 196 064	48 932 475	1 465 194	55 032 705	35 728 460	64.9
18 623	2 463 580	32 045	2 354 496	1 896 379	80.5
3 650	1 136 376	19 027	1 164 235	739 514	63.5
50 000	599 793	4 830	660 259	592 936	89.8
	120 825		35 013	14 839	42.4
5 872	555 936	16 032	587 403	487 071	82.9
3 500	576 327	21 405	643 536	535 758	83.3
	150 731	124 210	290 420	253 180	87.2
30 845	661 544	3 840	737 153	502 167	68.1
	276 058	5 000	324 058	221 696	68.4
21 960	453 795	5 270	507 051	305 526	60.3
	167 168	1 150	176 333	125 693	71.3
1 950	57 278	370	69 168	59 908	86.6
18 522	1 895 622	276 731	2 668 832	1 483 051	55.6
134 014	3 186 048	113 466	3 488 369	2 014 587	57.8
18 460	1 261 941	35 082	1 366 023	502 380	36.8
	376 503	4 100	165 550	51 914	31.4
96 226	495 974	9 400	634 954	285 029	44.9
43 655	1 472 445	21 640	1 586 553	1 346 755	84.9
44 295	4 570 991	66 091	5 057 233	3 920 511	77.5
41 483	3 088 002	144 200	3 573 890	2 757 628	77.2
	1 387 066	1 810	1 448 878	648 922	44.8
128 410	2 669 466	106 466	2 813 401	2 336 148	83.0

6—17 续表 1 (2010

行　　　业	本年资金来源合计	国家预算内资金	国 内 贷 款
通用设备制造业	8 418 223	9 047	901 248
专用设备制造业	4 793 967	364 580	307 925
交通运输设备制造业	6 157 285	29 154	1 003 675
电气机械及器材制造业	3 445 948	3 500	287 365
通信设备、计算机及其他电子设备制造业	2 519 614	1 355	151 671
仪器仪表及文化、办公用机械制造业	693 734		184 148
工艺品及其他制造业	385 944	200	20 900
废弃资源和废旧材料回收加工业	158 532	7 300	4 545
电力、燃气及水的生产和供应业	8 274 426	487 212	2 758 709
电力、热力的生产和供应业	6 658 044	330 812	2 588 050
燃气生产和供应业	766 869	6 580	49 000
水的生产和供应业	849 513	149 820	121 659
建筑业	1 713 972	170 137	403 149
房屋和土木工程建筑业	1 419 372	131 137	398 549
建筑安装业	61 065		3 000
建筑装饰业	27 383		
其他建筑业	206 152	39 000	1 600
交通运输、仓储和邮政业	10 197 516	1 161 464	2 973 199
铁路运输业	961 471	134 923	430 445
道路运输业	2 341 711	578 482	422 398
城市公共交通业	1 375 178	145 118	344 637
水上运输业	3 455 956	225 882	1 566 480
航空运输业	433 353	72 009	127 000
管道运输业	19 405		6 000
装卸搬运和其他运输服务业	101 223		1 000
仓储业	1 505 289	5 050	75 239
邮政业	3 930		
信息传输、计算机服务和软件业	1 504 732	103 689	5 000
电信和其他信息传输服务业	941 105	102 139	3 000
计算机服务业	98 155		
软件业	465 472	1 550	2 000
批发和零售业	3 744 771	8 000	447 986
批发业	1 583 759		272 303
零售业	2 161 012	8 000	175 683
住宿和餐饮业	2 172 607		279 763
住宿业	1 375 364		229 939
餐饮业	797 243		49 824

年）

单位:万元

			投　资　额	新增固定资产	固定资产交付使用率（%）
利用外资	自筹资金	其他资金			
168 341	7 228 559	111 028	7 670 397	5 126 863	66.8
31 392	3 991 901	98 169	4 403 058	2 379 578	54.0
324 908	4 738 741	60 807	6 059 690	3 184 715	52.6
140 302	2 938 659	76 122	3 127 360	2 099 072	67.1
840 939	1 464 862	60 787	2 291 909	826 602	36.1
28 717	437 363	43 506	615 796	395 971	64.3
	364 844		355 047	491 340	138.4
	144 077	2 610	156 640	142 727	91.1
38 764	4 547 249	442 492	7 870 743	3 762 066	47.8
17 841	3 518 166	203 175	6 372 244	2 878 090	45.2
17 620	494 489	199 180	716 306	255 067	35.6
3 303	534 594	40 137	782 193	628 909	80.4
	1 030 647	110 039	1 717 387	1 134 045	66.0
	783 297	106 389	1 443 878	906 553	62.8
	58 065		68 064	55 204	81.1
	27 383		27 383	22 363	81.7
	161 902	3 650	178 062	149 925	84.2
19 544	5 805 957	237 352	10 482 028	4 108 876	39.2
	315 918	80 185	950 970	106 713	11.2
	1 284 921	55 910	2 434 795	1 257 173	51.6
	865 503	19 920	1 578 289	589 760	37.4
	1 591 833	71 761	3 374 623	1 003 945	29.7
	234 344		412 833	192 163	46.5
	12 569	836	26 295	19 395	73.8
	100 223		100 973	81 050	80.3
19 544	1 396 716	8 740	1 599 330	854 957	53.5
	3 930		3 920	3 720	94.9
9 729	1 383 414	2 900	1 464 595	958 593	65.5
	833 566	2 400	903 940	501 289	55.5
9 729	88 426		98 155	114 085	116.2
	461 422	500	462 500	343 219	74.2
194 708	3 038 226	55 851	3 098 954	1 883 003	60.8
37 413	1 246 443	27 600	1 177 291	622 839	52.9
157 295	1 791 783	28 251	1 921 663	1 260 164	65.6
24 808	1 855 221	12 815	1 965 858	1 080 068	54.9
22 008	1 113 517	9 900	1 198 821	585 271	48.8
2 800	741 704	2 915	767 037	494 797	64.5

6—17 续表 2　　(2010

行　　业	本年资金来源合计	国家预算内资金	国 内 贷 款
金融业	356 501		80 000
银行业	154 613		
证券业	133 100		80 000
保险业			
其他金融活动	68 788		
房地产业	52 284 142	45 012	6 859 174
租赁和商务服务业	3 878 705	83 212	588 575
租赁业	47 085		12 000
商务服务业	3 831 620	83 212	576 575
科学研究、技术服务和地质勘查业	1 476 823	143 480	171 562
研究与试验发展	714 104	130 000	46 262
专业技术服务业	399 265	3 570	109 000
科技交流和推广服务业	265 454	9 910	16 300
地质勘查业	98 000		
水利、环境和公共设施管理业	14 490 032	2 103 411	3 076 579
水利管理业	1 175 523	170 746	225 500
环境管理业	555 203	116 043	44 725
公共设施管理业	12 759 306	1 816 622	2 806 354
居民服务和其他服务业	941 111	7 000	418 150
居民服务业	193 330	7 000	4 639
其他服务业	747 781		413 511
教育	1 349 996	150 984	161 767
卫生、社会保障和社会福利业	1 074 873	157 950	79 944
卫生	945 545	149 120	53 326
社会保障业	12 350		2 000
社会福利业	116 978	8 830	24 618
文化、体育和娱乐	2 000 330	124 451	528 186
新闻出版业	28 912		5 500
广播、电视、电影和音像业	16 800		
文化艺术业	272 308	85 451	61 696
体育	854 300	39 000	400 990
娱乐业	828 010		60 000
公共管理和社会组织	2 926 937	600 203	277 298
中国共产党机关			
国家机构	2 422 545	595 803	270 278
人民政协和民主党派			
群众团体、社会团体和宗教组织	96 237		1 000
基层群众自治组织	408 155	4 400	6 020

年）

单位:万元

利用外资	自筹资金	其他资金	投资额	新增固定资产	固定资产交付使用率（%）
	273 401	3 100	325 279	125 389	38.5
	154 613		126 691	71 501	56.4
	50 000	3 100	129 800	3 100	2.4
	68 788		68 788	50 788	73.8
1 749 581	28 874 933	14 755 442	35 995 812	13 411 205	37.3
9 600	3 153 356	43 962	3 336 478	1 640 555	49.2
	35 085		47 035	43 985	93.5
9 600	3 118 271	43 962	3 289 443	1 596 570	48.5
	1 155 599	6 182	1 219 997	322 560	26.4
	533 110	4 732	496 565	179 558	36.2
	285 545	1 150	364 290	100 802	27.7
	238 944	300	271 522	37 300	13.7
	98 000		87 620	4 900	5.6
49 544	8 998 558	261 940	13 134 381	6 987 561	53.2
8 000	766 623	4 654	1 027 085	482 304	47.0
9 543	371 730	13 162	531 410	304 856	57.4
32 001	7 860 205	244 124	11 575 886	6 200 401	53.6
	512 361	3 600	827 292	276 354	33.4
	181 691		185 312	146 852	79.2
	330 670	3 600	641 980	129 502	20.2
12 752	937 773	86 720	1 319 221	14 752 804	1 118.3
4 900	799 797	32 282	848 511	620 434	73.1
	711 667	31 432	719 246	517 024	71.9
4 900	4 600	850	12 350	10 610	85.9
	83 530		116 915	92 800	79.4
3 100	1 318 167	26 426	1 812 590	779 497	43.0
	21 086	2 326	29 047	15 531	53.5
	13 800	3 000	16 800	16 800	100.0
	123 061	2 100	238 953	164 999	69.1
	399 310	15 000	772 048	301 466	39.0
3 100	760 910	4 000	755 742	280 701	37.1
	1 801 580	247 856	2 804 384	1 209 560	43.1
	1 336 608	219 856	2 309 069	749 858	32.5
	67 237	28 000	89 715	76 347	85.1
	397 735		405 600	383 355	94.5

6—18 各地区按行业分城镇

年份、地区	合计	农林牧渔业	采矿业	制造业	电力、燃气及水的生产和供应业	建筑业	交通运输仓储和邮政业	信息传输、计算机服务和软件业	批发和零售业
2005	23 785 868	278 332	1 466 943	9 828 630	956 830	188 933	1 416 108	359 388	923 303
2006	27 641 611	354 483	1 944 056	11 027 672	948 659	324 995	1 756 914	394 289	1 059 344
2007	36 316 002	477 202	2 100 599	14 261 494	2 353 587	285 779	2 493 073	319 701	1 445 176
2008	50 566 948	770 661	2 355 216	21 893 841	2 192 069	406 054	2 328 227	618 041	1 799 541
2009	68 569 660	1 151 381	2 295 717	29 092 046	3 411 559	938 757	4 058 862	864 654	3 229 421
2010	94 292 140	1 384 973	4 126 137	35 728 460	3 762 066	1 134 045	4 108 876	958 593	1 883 003
沈阳	28 223 580	285 002	46 509	5 228 783	599 821	114 548	556 345	268 366	496 594
大连	17 583 527	670 222	46 720	5 761 134	710 139	102 940	1 377 174	393 703	395 697
鞍山	6 694 579	88 246	285 565	4 471 144	120 308	24 699	126 722	9 980	158 319
抚顺	3 192 260	27 000	88 089	1 789 976	83 452	79 907	173 390	29 897	14 153
本溪	3 042 686	31 670	498 915	1 527 894	75 454	56 880	134 690	22 289	64 177
丹东	3 662 290	74 050	565 992	1 395 200	68 525	175 147	169 752	13 500	153 720
锦州	3 581 256	81 444	209 610	1 496 989	276 858	145 435	95 716	40 451	65 555
营口	6 934 181	9 810	14 580	2 807 227	177 733	171 176	639 644		256 440
阜新	1 713 907	11 600	70 946	595 866	668 308	2 965	13 501		24 161
辽阳	2 181 030	3 100	310 515	913 995	304 194	90 853	69 139	72 126	15 187
盘锦	6 389 795	24 550	763 396	2 784 352	176 071	137 610	558 584	108 281	44 410
铁岭	6 940 085	53 426	222 218	5 306 061	260 240	13 505	95 617		128 073
朝阳	3 270 132	18 470	889 746	1 229 987	188 508	3 000	66 634		63 017
葫芦岛	882 832	6 383	113 336	419 852	52 455	15 380	31 968		3 500

固定资产投资新增固定资产

单位:万元

住宿和餐饮业	金融业	房地产业	租赁和商务服务业	科学研究、技术服务和地质勘查业	水利、环境和公共设施管理业	居民服务和其他服务业	教育	卫生、社会保障和社会福利业	文化、体育和娱乐业	公共管理和社会组织
401 408	98 925	4 623 591	297 858	206 698	1 313 070	106 320	608 380	180 826	213 179	317 146
421 746	53 810	5 801 680	348 341	166 703	1 450 509	134 351	588 452	177 265	336 290	352 052
584 539	93 356	6 552 689	392 885	330 772	2 710 649	250 160	708 908	282 776	290 804	381 853
973 428	219 398	9 863 600	747 145	477 847	3 731 698	317 367	669 226	334 031	390 321	479 237
1 261 212	215 985	11 230 393	848 711	581 705	5 841 711	485 911	726 414	594 542	511 926	1 228 753
1 080 068	125 389	13 411 205	1 640 555	322 560	6 987 561	276 354	14 752 804	620 434	779 497	1 209 560
255 434	32 330	3 929 404	249 880	175 976	1 058 727	47 405	14 328 142	294 452	191 336	64 526
289 269	31 316	2 939 699	1 131 379	53 728	2 725 903	74 222	163 348	76 775	142 550	497 609
54 340	7 232	952 152	15 300	13 900	139 289	47 270	28 300	23 760	71 093	56 960
65 258	9 500	551 420		7 996	180 554	6 000	13 683	11 800	4 850	55 335
37 659	32 580	392 680	21 500	5 960	38 819	16 547	17 539	4 600	6 500	56 333
72 475		601 583	44 550	4 900	121 912	53 180	16 550	29 951	26 670	74 633
63 387		644 250	99 614		158 158	3 600	44 857	61 012	23 173	71 147
144 124		1 014 219	50 447	7 500	1 260 191		27 698	19 100	220 864	113 428
21 310		142 433	3 103		104 486		33 002	7 726	10 280	4 220
4 488	12 431	243 473	12 782		35 480	9 000	20 057	48 150	7 060	9 000
25 660		765 078		9 000	908 564	4 639	34 000		45 600	
33 749		567 817	9 000	43 600	75 873		9 758	20 208	7 500	93 440
12 915		479 291	3 000		147 812	14 491	15 870	22 900	17 021	97 470
		187 706			31 793				5 000	15 459

6—19 按构成和建设性质分的建设项目投资

单位:亿元

年份、地区	投资额	按构成分			按建设性质分	
		建筑安装工程	设备、工器具购置	其他费用	#新建	#改、扩建
2000	784.42	462.30	239.86	82.25	249.66	489.24
2001	873.10	529.57	252.15	91.38	278.91	545.87
2002	969.01	560.24	268.07	140.70	307.31	600.27
2003	1 279.14	733.57	368.64	176.92	511.82	687.51
2004	1 875.04	1 082.72	584.61	207.70	807.55	941.98
2005	2 792.27	1 570.08	868.22	353.97	1 388.41	1 224.34
2006	3 835.65	2 250.14	1 153.40	432.10	1 976.40	1 577.74
2007	5 078.47	3 009.83	1 442.12	626.52	3 073.58	1 657.19
2008	6 821.15	3 956.06	2 193.86	671.23	4 144.82	2 203.95
2009	8 964.61	5 388.60	2 777.61	798.39	5 399.68	2 946.08
2010	11 640.57	7 100.08	3 422.75	1 117.75	7 724.28	3 236.78
沈阳	1 821.22	1 100.96	520.34	199.92	1 287.70	420.94
大连	3 217.46	2 105.02	789.67	322.78	2 096.19	818.78
鞍山	873.43	513.67	262.29	97.47	540.87	299.74
抚顺	589.79	293.11	258.08	38.60	446.60	117.51
本溪	404.26	210.45	136.04	57.76	174.91	205.85
丹东	514.42	404.07	90.33	20.02	330.34	173.01
锦州	566.28	258.60	186.15	121.53	389.92	131.68
营口	842.85	647.61	168.84	26.40	679.25	136.94
阜新	225.97	102.54	92.67	30.76	205.72	17.74
辽阳	402.28	166.84	194.44	41.00	273.78	102.00
盘锦	697.58	492.83	149.06	55.69	439.42	254.07
铁岭	729.87	351.92	340.84	37.11	437.09	253.41
朝阳	417.48	198.58	188.54	30.36	155.15	234.77
葫芦岛	303.90	233.14	39.99	30.77	233.56	70.34

6—20 按资金来源和隶属关系分的建设项目投资

单位:亿元

年份、地区	按资金来源分					按隶属关系分	
	国家预算内资金	国内贷款	利用外资	自筹资金	其他投资	中央项目	地方项目
2000	65.13	184.98	64.15	420.69	67.25	277.40	524.80
2001	107.51	192.97	46.36	479.35	54.48	300.40	580.27
2002	99.49	190.62	59.92	572.13	53.56	266.19	709.54
2003	82.59	229.86	44.51	853.85	80.37	245.37	1 045.80
2004	104.88	251.74	71.32	1 372.45	74.65	358.04	1 516.99
2005	164.74	374.16	108.90	2 016.02	128.44	474.18	2 318.09
2006	252.39	480.22	102.80	2 852.19	148.06	603.41	3 232.23
2007	355.49	761.77	121.88	3 656.50	182.82	856.53	4 221.94
2008	422.62	858.00	260.66	5 125.31	154.56	1 059.69	5 761.46
2009	510.98	1 255.05	268.94	6 813.10	116.54	787.41	8 177.20
2010	465.62	1 862.49	209.53	8 916.68	186.25	930.91	10 709.66
沈阳	93.38	355.97	36.01	1 519.05	21.65	145.02	1 676.20
大连	319.21	560.26	170.30	2 301.78	56.67	245.69	2 971.77
鞍山	37.92	62.59	6.98	850.37	45.82	81.88	791.55
抚顺	15.59	133.93	10.14	541.99	0.97	72.46	517.32
本溪	12.15	49.35	3.10	335.65	5.74	11.12	393.14
丹东	19.05	129.88	5.18	477.21	18.54	9.72	504.69
锦州	32.25	261.82	3.58	389.14	29.26	22.85	543.44
营口	11.08	120.76	15.24	670.76	9.95	49.24	793.61
阜新	4.22	73.45	0.36	126.46	18.91	35.92	190.05
辽阳	4.40	61.87		318.98	47.22	37.58	364.70
盘锦	8.23	76.75	8.63	584.14	9.42	139.06	558.52
铁岭	7.20	25.23	3.79	696.44	10.54	12.55	717.32
朝阳	17.08	58.13	0.31	326.05	14.54	41.19	376.29
葫芦岛	5.93	42.32		215.33	42.31	7.57	296.33

注:本表资金来源分市数据为本年到位资金。

6—21 按行业分的建设项目投资额

（2010 年）

单位：万元

行　　业	投资额	#新　建	#扩　建	#改　建	建筑安装工程投资	设备工器具购置	其他费用
全省合计	**116 405 717**	**77 242 840**	**20 647 869**	**11 719 957**	**71 000 782**	**34 227 469**	**11 177 466**
农、林、牧、渔业	2 163 769	1 483 364	323 623	234 472	1 534 547	408 907	220 315
农业	445 310	309 376	98 138	24 040	302 654	68 670	73 986
林业	164 989	140 469	15 560		142 106	19 248	3 635
畜牧业	500 846	338 487	138 989	18 370	332 180	115 631	53 035
渔业	667 633	529 017	41 134	32 600	527 957	76 007	63 669
农、林、牧、渔服务业	384 991	166 015	29 802	159 462	229 650	129 351	25 990
采矿业	5 643 295	1 499 151	2 531 745	1 182 281	3 008 458	2 223 851	410 986
煤炭开采和洗选业	688 868	64 434	91 980	510 120	291 994	363 610	33 264
石油和天然气开采业	1 458 037	208 543	1 201 294	48 200	1 013 689	314 680	129 668
黑色金属矿采选业	2 123 932	704 364	730 050	388 877	915 901	1 046 370	161 661
有色金属矿采选业	471 238	188 587	132 427	132 844	316 512	128 835	25 891
非金属矿采选业	872 530	333 223	362 900	98 740	461 425	351 208	59 897
其他采矿业	28 690		13 094	3 500	8 937	19 148	605
制造业	55 032 705	35 569 221	10 777 304	5 284 789	28 444 545	22 330 225	4 257 935
农副食品加工业	2 354 496	1 385 055	680 701	192 579	1 288 106	896 145	170 245
食品制造业	1 164 235	845 746	143 384	112 085	677 764	393 831	92 640
饮料制造业	660 259	311 692	190 294	105 226	319 524	303 900	36 835
烟草制品业	35 013	9 772		20 741	18 356	5 817	10 840
纺织业	587 403	269 091	174 928	103 121	295 941	254 925	36 537
纺织服装、鞋、帽制造业	643 536	277 112	188 882	128 271	324 960	255 381	63 195
皮革、毛皮、羽毛(绒)及其制品业	290 420	261 241	19 979	9 200	115 768	126 899	47 753
木材加工及木、竹、藤、棕、草制品业	737 153	406 068	183 123	99 918	405 583	275 265	56 305
家具制造业	324 058	209 908	89 148	13 002	205 095	90 927	28 036
造纸及纸制品业	507 051	318 672	90 441	65 473	239 191	225 857	42 003
印刷业和记录媒介的复制	176 333	85 557	28 070	23 850	74 004	90 962	11 367
文教体育用品制造业	69 168	38 629		25 749	31 763	32 387	5 018
石油加工、炼焦及核燃料加工业	2 668 832	1 850 281	565 084	185 369	1 357 001	1 109 908	201 923
化学原料及化学制品制造业	3 488 369	2 408 373	557 754	343 708	1 764 167	1 504 494	219 708
医药制造业	1 366 023	997 157	248 881	51 522	828 479	389 135	148 409
化学纤维制造业	165 550	138 588	18 595	4 613	39 946	43 113	82 491
橡胶制品业	634 954	398 162	62 829	85 553	246 957	331 725	56 272
塑料制品业	1 586 553	765 282	570 585	124 460	754 535	697 343	134 675
非金属矿物制品业	5 057 233	2 984 343	1 497 887	384 788	2 476 009	2 224 318	356 906
黑色金属冶炼及压延加工业	3 573 890	1 426 194	737 964	1 225 360	1 657 978	1 555 073	360 839
有色金属冶炼及压延加工业	1 448 878	965 790	275 210	179 748	643 353	740 915	64 610
金属制品业	2 813 401	1 780 664	569 247	232 090	1 459 517	1 134 417	219 467

6—21 续表 1　　　　（2010 年）　　　　单位:万元

行　　业	投资额	#新　建	#扩　建	#改　建	建筑安装工程投资	设备工器具购置	其他费用
通用设备制造业	7 670 397	5 102 126	1 444 714	506 562	4 090 058	3 063 346	516 993
专用设备制造业	4 403 058	3 275 170	380 860	477 739	2 404 320	1 620 778	377 960
交通运输设备制造业	6 059 690	4 116 491	1 318 281	302 254	3 485 942	2 145 497	428 251
电气机械及器材制造业	3 127 360	2 335 602	389 386	193 332	1 551 639	1 332 007	243 714
通信设备、计算机及其他电子设备制造业	2 291 909	1 849 625	133 950	26 883	935 086	1 175 218	181 605
仪器仪表及文化、办公用机械制造业	615 796	437 986	75 610	25 990	417 674	157 728	40 394
工艺品及其他制造业	355 047	215 514	97 243	31 728	240 158	102 517	12 372
废弃资源和废旧材料回收加工业	156 640	103 330	44 274	3 875	95 671	50 397	10 572
电力、燃气及水的生产和供应业	7 870 743	5 594 409	1 249 153	734 797	3 402 781	3 565 104	902 858
电力、热力的生产和供应业	6 372 244	4 548 919	1 017 711	535 241	2 455 112	3 295 387	621 745
燃气生产和供应业	716 306	581 599	75 549	47 800	337 316	131 154	247 836
水的生产和供应业	782 193	463 891	155 893	151 756	610 353	138 563	33 277
建筑业	1 717 387	1 261 031	125 611	81 470	1 228 794	346 522	142 071
房屋和土木工程建筑业	1 443 878	1 177 772	76 058	67 070	1 120 210	202 011	121 657
建筑安装业	68 064	28 773	8 300	9 400	33 085	32 215	2 764
建筑装饰业	27 383	9 730	3 423	5 000	9 606	16 677	1 100
其他建筑业	178 062	44 756	37 830		65 893	95 619	16 550
交通运输、仓储和邮政业	10 482 028	6 649 840	1 957 076	856 365	7 342 969	1 829 558	1 309 501
铁路运输业	950 970	852 053		95 000	727 471	70 969	152 530
道路运输业	2 434 795	1 521 482	215 181	410 881	1 867 654	362 383	204 758
城市公共交通业	1 578 289	1 017 059	1 550	281 902	884 616	398 958	294 715
水上运输业	3 374 623	1 806 356	1 134 366	9 108	2 378 439	691 889	304 295
航空运输业	412 833	47 190	354 824	10 819	148 023	25 930	238 880
管道运输业	26 295	26 295			24 048		2 247
装卸搬运和其他运输服务业	100 973	88 473	10 000	2 500	74 249	10 451	16 273
仓储业	1 599 330	1 290 432	240 955	46 155	1 237 769	265 758	95 803
邮政业	3 920	500	200		700	3 220	
信息传输、计算机服务和软件业	1 464 595	948 281	319 150	174 753	829 017	590 056	45 522
电信和其他信息传输服务业	903 940	408 019	314 424	165 024	301 079	569 982	32 879
计算机服务业	98 155	83 700	4 726	9 729	77 041	9 723	11 391
软件业	462 500	456 562			450 897	10 351	1 252
批发和零售业	3 098 954	2 212 646	329 179	370 781	2 163 763	474 218	460 973
批发业	1 177 291	866 153	167 156	90 785	789 176	219 506	168 609
零售业	1 921 663	1 346 493	162 023	279 996	1 374 587	254 712	292 364
住宿和餐饮业	1 965 858	1 327 364	336 767	240 684	1 476 251	270 245	219 362
住宿业	1 198 821	911 624	178 790	79 346	879 560	156 619	162 642
餐饮业	767 037	415 740	157 977	161 338	596 691	113 626	56 720

6—21 续表 2　　(2010 年)　　单位:万元

行　　业	投资额	#新　建	#扩　建	#改　建	建筑安装工程投资	设备工器具购置	其他费用
金融业	325 279	143 075	45 457	77 621	148 497	83 560	93 222
银行业	126 691	12 479	27 985	51 921	58 406	50 483	17 802
证券业	129 800	126 700		3 100	59 450		70 350
保险业							
其他金融活动	68 788	3 896	17 472	22 600	30 641	33 077	5 070
房地产业	1 338 250	1 128 774	74 603	108 538	1 054 927	53 088	230 235
租赁和商务服务业	3 336 478	3 107 918	105 184	43 530	2 825 410	184 740	326 328
租赁业	47 035	3 050			2 484	44 535	16
商务服务业	3 289 443	3 104 868	105 184	43 530	2 822 926	140 205	326 312
科学研究、技术服务和地质勘查业	1 219 997	875 084	45 354	65 380	795 546	242 269	182 182
研究与试验发展	496 565	274 047	33 754	58 860	308 412	123 279	64 874
专业技术服务业	364 290	338 055		6 520	289 831	28 818	45 641
科技交流和推广服务业	271 522	253 282	11 600		140 944	61 372	69 206
地质勘查业	87 620	9 700			56 359	28 800	2 461
水利、环境和公共设施管理业	13 134 381	10 046 485	1 634 985	1 293 104	10 859 177	717 325	1 557 879
水利管理业	1 027 085	747 678	136 250	138 157	831 208	54 131	141 746
环境管理业	531 410	370 889	13 630	133 216	412 405	79 393	39 612
公共设施管理业	11 575 886	8 927 918	1 485 105	1 021 731	9 615 564	583 801	1 376 521
居民服务和其他服务业	827 292	698 236	86 917	32 039	650 876	52 510	123 906
居民服务业	185 312	133 342	31 390	20 580	140 099	21 020	24 193
其他服务业	641 980	564 894	55 527	11 459	510 777	31 490	99 713
教育	1 319 221	933 848	205 859	81 608	1 031 959	154 095	133 167
卫生、社会保障和社会福利业	848 511	530 361	128 947	61 299	593 579	202 836	52 096
卫生	719 246	422 146	120 247	48 949	496 212	187 394	35 640
社会保障业	12 350	8 400		3 950	9 410	1 840	1 100
社会福利业	116 915	99 815	8 700	8 400	87 957	13 602	15 356
文化、体育和娱乐业	1 812 590	1 595 248	87 334	89 360	1 162 964	349 089	300 537
新闻出版业	29 047	26 721	2 326		24 600	4 147	300
广播、电视、电影和音像业	16 800		3 000	3 500	3 979	12 040	781
文化艺术业	238 953	181 072	34 931	22 950	200 478	16 941	21 534
体育	772 048	767 048	5 000		463 294	90 340	218 414
娱乐业	755 742	620 407	42 077	62 910	470 613	225 621	59 508
公共管理和社会组织	2 804 384	1 638 504	283 621	707 086	2 446 722	149 271	208 391
中国共产党机关							
国家机构	2 309 069	1 266 517	178 410	688 969	1 976 860	143 241	188 968
人民政协和民主党派							
群众社团、社会团体、宗教组织	89 715	20 507	55 191	14 017	79 734	3 780	6 201
基层群众自治组织	405 600	351 480	50 020	4 100	390 128	2 250	13 222

6—22 按行业、隶属关系和注册类型分建设项目投资

（2010 年）

单位：万元

行业	投资额	中央	地方	内资	港澳台商投资	外商投资	个体经营
全省合计	**116 405 717**	**9 309 138**	**107 096 579**	**107 093 153**	**3 305 225**	**5 782 413**	**224 926**
农、林、牧、渔业	2 163 769		2 163 769	2 058 099	36 420	32 900	36 350
农业	445 310		445 310	415 310	6 900	23 100	
林业	164 989		164 989	164 989			
畜牧业	500 846		500 846	447 376	29 520		23 950
渔业	667 633		667 633	648 333		9 800	9 500
农、林、牧、渔服务业	384 991		384 991	382 091			2 900
采矿业	5 643 295	1 347 383	4 295 912	5 577 945	48 300		17 050
煤炭开采和洗选业	688 868		688 868	687 818			1 050
石油和天然气开采业	1 458 037	1 247 762	210 275	1 448 237	9 800		
黑色金属矿采选业	2 123 932	80 121	2 043 811	2 088 932	27 000		8 000
有色金属矿采选业	471 238	19 500	451 738	468 238	3 000		
非金属矿采选业	872 530		872 530	856 030	8 500		8 000
其他采矿业	28 690		28 690	28 690			
制造业	55 032 705	3 113 275	51 919 430	48 889 904	1 703 034	4 369 164	70 603
农副食品加工业	2 354 496	9 831	2 344 665	2 276 952	12 931	43 003	21 610
食品制造业	1 164 235		1 164 235	1 104 757	1 200	58 278	
饮料制造业	660 259		660 259	545 083	14 180	100 996	
烟草制品业	35 013	24 763	10 250	35 013			
纺织业	587 403		587 403	554 740	2 931	29 732	
纺织服装、鞋、帽制造业	643 536		643 536	614 214	5 016	20 416	3 890
皮革、毛皮、羽毛（绒）及其制品业	290 420		290 420	290 420			
木材加工及木、竹、藤、棕、草制品业	737 153		737 153	694 018	11 950	31 185	
家具制造业	324 058		324 058	303 408		20 650	
造纸及纸制品业	507 051		507 051	437 661	32 000	37 390	
印刷业和记录媒介的复制	176 333		176 333	176 333			
文教体育用品制造业	69 168		69 168	49 489		19 679	
石油加工、炼焦及核燃料加工业	2 668 832	1 127 125	1 541 707	2 652 065	5 120	11 647	
化学原料及化学制品制造业	3 488 369	79 400	3 408 969	3 325 696	1 700	160 973	
医药制造业	1 366 023	91 400	1 274 623	1 299 606	52 978	13 439	
化学纤维制造业	165 550		165 550	85 023		80 527	
橡胶制品业	634 954		634 954	443 797	160 869	30 288	
塑料制品业	1 586 553	770	1 585 783	1 526 987	21 770	37 796	
非金属矿物制品业	5 057 233	11 000	5 046 233	4 687 093	145 591	206 545	18 004
黑色金属冶炼及压延加工业	3 573 890	1 262 736	2 311 154	3 481 050	5 700	87 140	
有色金属冶炼及压延加工业	1 448 878	28 466	1 420 412	1 075 278	351 842	21 758	
金属制品业	2 813 401	32 175	2 781 226	2 569 666	4 850	215 927	22 958

6—22 续表 1　　　　（2010 年）　　　　单位:万元

行　　业	投资额	中　央	地　方	内　资	港澳台商投资	外商投资	个体经营
通用设备制造业	7 670 397	57 944	7 612 453	7 314 136	34 884	321 377	
专用设备制造业	4 403 058	64 575	4 338 483	4 040 775	83 430	278 853	
交通运输设备制造业	6 059 690	266 977	5 792 713	4 532 686	98 635	1 428 369	
电气机械及器材制造业	3 127 360	39 950	3 087 410	2 640 500	305 655	177 064	4 141
通信设备、计算机及其他电子设备制造业	2 291 909	15 800	2 276 109	1 069 111	314 523	908 275	
仪器仪表及文化、办公用机械制造业	615 796		615 796	569 350	26 779	19 667	
工艺品及其他制造业	355 047	363	354 684	346 547	8 500		
废弃资源和废旧材料回收加工业	156 640		156 640	148 450		8 190	
电力、燃气及水的生产和供应业	7 870 743	2 684 550	5 186 193	7 559 681	182 999	128 063	
电力、热力的生产和供应业	6 372 244	2 480 018	3 892 226	6 099 834	161 480	110 930	
燃气生产和供应业	716 306	204 532	511 774	687 974	12 019	16 313	
水的生产和供应业	782 193		782 193	771 873	9 500	820	
建筑业	1 717 387	17 400	1 699 987	1 709 187			8 200
房屋和土木工程建筑业	1 443 878	14 400	1 429 478	1 435 678			8 200
建筑安装业	68 064		68 064	68 064			
建筑装饰业	27 383		27 383	27 383			
其他建筑业	178 062	3 000	175 062	178 062			
交通运输、仓储和邮政业	10 482 028	914 611	9 567 417	9 835 643	380 355	258 027	8 003
铁路运输业	950 970	371 961	579 009	637 100	313 870		
道路运输业	2 434 795	28 185	2 406 610	2 421 774		13 021	
城市公共交通业	1 578 289		1 578 289	1 573 402		4 887	
水上运输业	3 374 623		3 374 623	3 165 406	4 500	204 717	
航空运输业	412 833		412 833	412 833			
管道运输业	26 295	5 626	20 669	21 495	4 800		
装卸搬运和其他运输服务业	100 973		100 973	97 970			3 003
仓储业	1 599 330	508 839	1 090 491	1 501 743	57 185	35 402	5 000
邮政业	3 920		3 920	3 920			
信息传输、计算机服务和软件业	1 464 595	576 166	888 429	1 046 511	110 453	307 631	
电信和其他信息传输服务业	903 940	576 166	327 774	593 585	67 224	243 131	
计算机服务业	98 155		98 155	88 426	9 729		
软件业	462 500		462 500	364 500	33 500	64 500	
批发和零售业	3 098 954	7 682	3 091 272	2 702 559	123 884	256 005	16 506
批发业	1 177 291	7 682	1 169 609	1 114 297	8 000	47 755	7 239
零售业	1 921 663		1 921 663	1 588 262	115 884	208 250	9 267
住宿和餐饮业	1 965 858	41 569	1 924 289	1 798 694	68 339	66 907	31 918
住宿业	1 198 821	41 569	1 157 252	1 108 914	53 000	36 907	
餐饮业	767 037		767 037	689 780	15 339	30 000	31 918

6—22 续表 2　　（2010 年）　　单位：万元

行　业	投资额	中　央	地　方	内　资	港澳台商投资	外商投资	个体经营
金融业	325 279	43 306	281 973	322 179			3 100
银行业	126 691	43 306	83 385	126 691			
证券业	129 800		129 800	126 700			3 100
保险业							
其他金融活动	68 788		68 788	68 788			
房地产业	1 338 250		1 338 250	1 211 531	121 581	5 138	
租赁和商务服务业	3 336 478	49 600	3 286 878	2 828 578	280 233	227 667	
租赁业	47 035		47 035	43 985		3 050	
商务服务业	3 289 443	49 600	3 239 843	2 784 593	280 233	224 617	
科学研究、技术服务和地质勘查业	1 219 997	120 868	1 099 129	1 065 606	146 369	8 022	
研究与试验发展	496 565	91 074	405 491	488 543		8 022	
专业技术服务业	364 290	29 794	334 496	344 575	19 715		
科技交流和推广服务业	271 522		271 522	144 868	126 654		
地质勘查业	87 620		87 620	87 620			
水利、环境和公共设施管理业	13 134 381	80 199	13 054 182	13 045 538	17 900	63 543	7 400
水利管理业	1 027 085	1 416	1 025 669	1 027 085			
环境管理业	531 410		531 410	521 867		9 543	
公共设施管理业	11 575 886	78 783	11 497 103	11 496 586	17 900	54 000	7 400
居民服务和其他服务业	827 292		827 292	817 342			9 950
居民服务业	185 312		185 312	175 362			9 950
其他服务业	641 980		641 980	641 980			
教育	1 319 221	93 054	1 226 167	1 289 238	9 852	20 131	
卫生、社会保障和社会福利业	848 511	156 200	692 311	833 235		12 000	3 276
卫生	719 246	156 200	563 046	703 970		12 000	3 276
社会保障业	12 350		12 350	12 350			
社会福利业	116 915		116 915	116 915			
文化、体育和娱乐业	1 812 590	14 534	1 798 056	1 701 790	71 015	27 215	12 570
新闻出版业	29 047		29 047	29 047			
广播、电视、电影和音像业	16 800		16 800	16 800			
文化艺术业	238 953		238 953	238 953			
体育	772 048	14 534	757 514	772 048			
娱乐业	755 742		755 742	644 942	71 015	27 215	12 570
公共管理和社会组织	2 804 384	48 741	2 755 643	2 799 893	4 491		
中国共产党机关							
国家机构	2 309 069	48 741	2 260 328	2 309 069			
人民政协和民主党派							
群众社团、社会团体、宗教组织	89 715		89 715	85 224	4 491		
基层群众自治组织	405 600		405 600	405 600			

6—23 各地区按主要

（2010

年份、地区	合计	农林牧渔业	采矿业	制造业	电力、燃气及水的生产和供应业	建筑业	交通运输仓储和邮政业	信息传输、计算机服务和软件业	批发和零售业
2003	1 291.17	23.43	91.56	469.92	94.35	11.13	192.94		79.60
2004	1 880.05	25.34	128.81	773.50	108.77	25.08	219.45	50.35	97.02
2005	2 798.62	34.15	182.95	1 359.31	138.67	24.62	280.56	41.15	119.02
2006	3 835.65	38.37	212.08	1 790.74	207.71	57.80	526.47	96.31	127.64
2007	5 078.47	54.83	281.52	2 450.52	336.35	38.63	547.80	65.75	187.60
2008	6 821.15	86.78	310.68	3 462.23	432.19	46.49	748.36	114.94	224.54
2009	8 964.61	148.51	341.74	4 436.90	652.49	112.61	721.47	132.13	388.78
2010	11 640.57	216.38	564.33	5 503.27	787.07	171.74	1 048.20	146.46	309.90
沈阳	1 821.22	29.15	7.94	891.55	120.18	14.73	125.89	54.46	91.76
大连	3 217.46	111.40	5.07	1 159.73	224.58	13.56	406.51	59.24	64.50
鞍山	873.43	17.65	36.02	600.11	29.95	2.61	27.14	0.86	35.83
抚顺	589.79	12.26	24.72	383.66	13.12	11.00	35.31	3.03	5.83
本溪	404.26	5.53	50.30	202.83	16.57	6.46	60.73	2.23	8.24
丹东	514.42	10.42	64.09	204.97	30.12	18.67	55.83	1.35	24.35
锦州	566.28	10.31	21.85	213.21	51.85	23.30	61.49	5.81	9.04
营口	842.85	1.89	4.00	392.44	25.72	17.52	108.07		24.76
阜新	225.97	2.31	6.77	86.26	82.87	0.14	13.51	0.65	2.68
辽阳	402.28	0.31	49.61	221.56	35.05	27.56	8.57	6.66	5.16
盘锦	697.58	2.46	118.23	305.24	23.32	14.04	55.86	11.13	8.50
铁岭	729.87	5.94	43.41	522.75	42.28	17.45	25.59		13.49
朝阳	417.48	2.71	119.52	178.25	52.37	1.02	6.82		7.87
葫芦岛	303.90	4.04	12.80	140.70	39.08	3.69	23.12	1.05	7.89

行 业 分 建 设 项 目 投 资

年）

单位:亿元

住宿和餐饮业	金融业	房地产业	租赁和商务服务业	科学研究、技术服务和地质勘查业	水利、环境和公共设施管理业	居民服务和其他服务业	教育	卫生、社会保障和社会福利业	文化、体育和娱乐业	公共管理和社会组织
	4.40	15.05	5.31	14.34	10.56	96.08		10.88	63.74	107.87
41.63	4.13	21.75	24.14	25.22	165.43	10.14	61.09	18.82	32.43	46.81
37.97	17.36	48.97	37.01	26.83	259.13	11.06	85.17	21.41	33.06	40.23
56.11	10.15	81.50	57.10	34.60	301.67	18.72	88.88	28.47	53.25	48.08
85.03	20.80	96.25	86.14	45.88	499.23	35.45	96.46	39.04	53.65	57.53
110.87	47.13	127.77	123.98	60.85	618.05	32.77	104.87	51.10	58.05	59.50
172.66	41.02	84.10	157.46	94.55	883.41	54.78	125.85	83.33	128.86	203.97
196.59	32.53	133.83	333.65	122.00	1 313.44	82.73	131.92	84.85	181.26	280.44
41.27	3.23	31.11	47.59	51.55	147.06	51.95	39.29	31.39	22.38	18.73
68.41	20.97	12.46	226.52	30.33	570.98	8.74	33.68	13.15	68.54	119.09
8.92	0.72		1.83	11.66	23.17	6.71	8.08	3.83	8.15	50.19
8.76	0.95	6.65	8.55	1.80	32.95	1.10	4.44	3.10	25.29	7.26
4.06	3.26	3.41	2.89	3.18	11.25	2.45	7.31	2.17	1.13	10.26
10.24	0.35		5.03	1.09	62.73	6.12	3.29	2.59	5.10	8.08
13.21		24.58	10.11	0.99	91.53	1.26	8.48	7.04	5.25	6.98
24.20	1.80	18.87	22.54	11.79	147.73	0.95	5.37	1.61	21.60	12.00
0.55		3.03	1.37	0.15	18.37		3.30	1.67	1.53	0.83
2.27	1.24	3.37	1.28		27.01	1.18	2.70	3.27	2.99	2.51
7.39		14.20	3.48	0.90	103.69	0.46	3.40	8.85	16.44	
4.24		11.82	1.00	3.89	17.52		7.52	2.25	0.80	9.92
3.03		1.33	0.30		19.81	1.80	5.08	3.04	1.70	12.83
0.03		3.00	1.17	4.68	39.65			0.89	0.37	21.76

6—24 建设项目投资各行业

（2010

行业	本年资金来源合计	国家预算内资金	国内贷款
全省合计	**125 824 370**	**5 926 955**	**20 308 178**
农、林、牧、渔业	2 291 369	28 217	412 485
农业	451 934	5 650	9 882
林业	164 832	1 120	71 495
畜牧业	604 361	7 059	121 669
渔业	660 563		168 977
农、林、牧、渔服务业	409 679	14 388	40 462
采矿业	5 609 014	20 368	151 391
煤炭开采和洗选业	684 103	15 468	8 810
石油和天然气开采业	1 473 723		
黑色金属矿采选业	2 114 863	4 900	55 426
有色金属矿采选业	425 440		27 350
非金属矿采选业	882 195		59 805
其他采矿业	28 690		
制造业	60 244 616	532 165	7 118 718
农副食品加工业	2 699 153	6 448	178 457
食品制造业	1 331 928		172 875
饮料制造业	671 043		16 420
烟草制品业	120 825		
纺织业	614 740	5 500	31 400
纺织服装、鞋、帽制造业	663 352		62 120
皮革、毛皮、羽毛(绒)及其制品业	291 541		16 600
木材加工及木、竹、藤、棕、草制品业	768 869	10 000	62 640
家具制造业	317 738		36 680
造纸及纸制品业	537 755		56 730
印刷业和记录媒介的复制	185 418		17 100
文教体育用品制造业	70 048		10 450
石油加工、炼焦及核燃料加工业	2 972 039		781 164
化学原料及化学制品制造业	3 923 972	13 000	477 444
医药制造业	1 408 719	7 085	86 151
化学纤维制造业	993 803		613 200
橡胶制品业	618 095		16 495
塑料制品业	1 689 752		152 012
非金属矿物制品业	5 402 675	26 500	694 798
黑色金属冶炼及压延加工业	3 615 165	48 496	292 984
有色金属冶炼及压延加工业	1 489 757		100 881
金属制品业	3 284 982		380 640

资金来源和新增固定资产

年）

单位:万元

利用外资	自筹资金	其他资金	投资额	新增固定资产	固定资产交付使用率（%）
2 636 256	**93 637 592**	**3 315 389**	**116 405 717**	**81 599 523**	**70.1**
2 028	1 753 345	95 294	2 163 769	1 384 973	64.0
1 550	410 072	24 780	445 310	254 419	57.1
478	91 739		164 989	150 834	91.4
	442 813	32 820	500 846	396 495	79.2
	485 586	6 000	667 633	311 172	46.6
	323 135	31 694	384 991	272 053	70.7
63 965	5 323 069	50 221	5 643 295	4 126 137	73.1
16 360	634 269	9 196	688 868	540 057	78.4
39 205	1 434 518		1 458 037	896 505	61.5
	2 025 672	28 865	2 123 932	1 529 798	72.0
6 400	385 510	6 180	471 238	375 706	79.7
2 000	814 410	5 980	872 530	754 881	86.5
	28 690		28 690	29 190	101.7
2 196 064	48 932 475	1 465 194	55 032 705	35 728 460	64.9
18 623	2 463 580	32 045	2 354 496	1 896 379	80.5
3 650	1 136 376	19 027	1 164 235	739 514	63.5
50 000	599 793	4 830	660 259	592 936	89.8
	120 825		35 013	14 839	42.4
5 872	555 936	16 032	587 403	487 071	82.9
3 500	576 327	21 405	643 536	535 758	83.3
	150 731	124 210	290 420	253 180	87.2
30 845	661 544	3 840	737 153	502 167	68.1
	276 058	5 000	324 058	221 696	68.4
21 960	453 795	5 270	507 051	305 526	60.3
	167 168	1 150	176 333	125 693	71.3
1 950	57 278	370	69 168	59 908	86.6
18 522	1 895 622	276 731	2 668 832	1 483 051	55.6
134 014	3 186 048	113 466	3 488 369	2 014 587	57.8
18 460	1 261 941	35 082	1 366 023	502 380	36.8
	376 503	4 100	165 550	51 914	31.4
96 226	495 974	9 400	634 954	285 029	44.9
43 655	1 472 445	21 640	1 586 553	1 346 755	84.9
44 295	4 570 991	66 091	5 057 233	3 920 511	77.5
41 483	3 088 002	144 200	3 573 890	2 757 628	77.2
	1 387 066	1 810	1 448 878	648 922	44.8
128 410	2 669 466	106 466	2 813 401	2 336 148	83.0

6—24 续表 1 (2010

行　　业	本年资金来源合计	国家预算内资金	国 内 贷 款
通用设备制造业	8 418 223	9 047	901 248
专用设备制造业	4 793 967	364 580	307 925
交通运输设备制造业	6 157 285	29 154	1 003 675
电气机械及器材制造业	3 445 948	3 500	287 365
通信设备、计算机及其他电子设备制造业	2 519 614	1 355	151 671
仪器仪表及文化、办公用机械制造业	693 734		184 148
工艺品及其他制造业	385 944	200	20 900
废弃资源和废旧材料回收加工业	158 532	7 300	4 545
电力、燃气及水的生产和供应业	8 274 426	487 212	2 758 709
电力、热力的生产和供应业	6 658 044	330 812	2 588 050
燃气生产和供应业	766 869	6 580	49 000
水的生产和供应业	849 513	149 820	121 659
建筑业	1 713 972	170 137	403 149
房屋和土木工程建筑业	1 419 372	131 137	398 549
建筑安装业	61 065		3 000
建筑装饰业	27 383		
其他建筑业	206 152	39 000	1 600
交通运输、仓储和邮政业	10 197 516	1 161 464	2 973 199
铁路运输业	961 471	134 923	430 445
道路运输业	2 341 711	578 482	422 398
城市公共交通业	1 375 178	145 118	344 637
水上运输业	3 455 956	225 882	1 566 480
航空运输业	433 353	72 009	127 000
管道运输业	19 405		6 000
装卸搬运和其他运输服务业	101 223		1 000
仓储业	1 505 289	5 050	75 239
邮政业	3 930		
信息传输、计算机服务和软件业	1 504 732	103 689	5 000
电信和其他信息传输服务业	941 105	102 139	3 000
计算机服务业	98 155		
软件业	465 472	1 550	2 000
批发和零售业	3 744 771	8 000	447 986
批发业	1 583 759		272 303
零售业	2 161 012	8 000	175 683
住宿和餐饮业	2 172 607		279 763
住宿业	1 375 364		229 939
餐饮业	797 243		49 824

年）

单位:万元

利用外资	自筹资金	其他资金	投资额	新增固定资产	固定资产交付使用率(%)
168 341	7 228 559	111 028	7 670 397	5 126 863	66.8
31 392	3 991 901	98 169	4 403 058	2 379 578	54.0
324 908	4 738 741	60 807	6 059 690	3 184 715	52.6
140 302	2 938 659	76 122	3 127 360	2 099 072	67.1
840 939	1 464 862	60 787	2 291 909	826 602	36.1
28 717	437 363	43 506	615 796	395 971	64.3
	364 844		355 047	491 340	138.4
	144 077	2 610	156 640	142 727	91.1
38 764	4 547 249	442 492	7 870 743	3 762 066	47.8
17 841	3 518 166	203 175	6 372 244	2 878 090	45.2
17 620	494 489	199 180	716 306	255 067	35.6
3 303	534 594	40 137	782 193	628 909	80.4
	1 030 647	110 039	1 717 387	1 134 045	66.0
	783 297	106 389	1 443 878	906 553	62.8
	58 065		68 064	55 204	81.1
	27 383		27 383	22 363	81.7
	161 902	3 650	178 062	149 925	84.2
19 544	5 805 957	237 352	10 482 028	4 108 876	39.2
	315 918	80 185	950 970	106 713	11.2
	1 284 921	55 910	2 434 795	1 257 173	51.6
	865 503	19 920	1 578 289	589 760	37.4
	1 591 833	71 761	3 374 623	1 003 945	29.7
	234 344		412 833	192 163	46.5
	12 569	836	26 295	19 395	73.8
	100 223		100 973	81 050	80.3
19 544	1 396 716	8 740	1 599 330	854 957	53.5
	3 930		3 920	3 720	94.9
9 729	1 383 414	2 900	1 464 595	958 593	65.5
	833 566	2 400	903 940	501 289	55.5
9 729	88 426		98 155	114 085	116.2
	461 422	500	462 500	343 219	74.2
194 708	3 038 226	55 851	3 098 954	1 883 003	60.8
37 413	1 246 443	27 600	1 177 291	622 839	52.9
157 295	1 791 783	28 251	1 921 663	1 260 164	65.6
24 808	1 855 221	12 815	1 965 858	1 080 068	54.9
22 008	1 113 517	9 900	1 198 821	585 271	48.8
2 800	741 704	2 915	767 037	494 797	64.5

6—24 续表 2 （2010

行　　业	本年资金来源合计	国家预算内资金	国 内 贷 款
金融业	356 501		80 000
银行业	154 613		
证券业	133 100		80 000
保险业			
其他金融活动	68 788		
房地产业	1 576 039	45 012	375 717
租赁和商务服务业	3 878 705	83 212	588 575
租赁业	47 085		12 000
商务服务业	3 831 620	83 212	576 575
科学研究、技术服务和地质勘查业	1 476 823	143 480	171 562
研究与试验发展	714 104	130 000	46 262
专业技术服务业	399 265	3 570	109 000
科技交流和推广服务业	265 454	9 910	16 300
地质勘查业	98 000		
水利、环境和公共设施管理业	14 490 032	2 103 411	3 076 579
水利管理业	1 175 523	170 746	225 500
环境管理业	555 203	116 043	44 725
公共设施管理业	12 759 306	1 816 622	2 806 354
居民服务和其他服务业	941 111	7 000	418 150
居民服务业	193 330	7 000	4 639
其他服务业	747 781		413 511
教育	1 349 996	150 984	161 767
卫生、社会保障和社会福利业	1 074 873	157 950	79 944
卫生	945 545	149 120	53 326
社会保障业	12 350		2 000
社会福利业	116 978	8 830	24 618
文化、体育和娱乐业	2 000 330	124 451	528 186
新闻出版业	28 912		5 500
广播、电视、电影和音像业	16 800		
文化艺术业	272 308	85 451	61 696
体育	854 300	39 000	400 990
娱乐业	828 010		60 000
公共管理和社会组织	2 926 937	600 203	277 298
中国共产党机关			
国家机构	2 422 545	595 803	270 278
人民政协和民主党派			
群众社团、社会团体、宗教组织	96 237		1 000
基层群众自治组织	408 155	4 400	6 020

年）

单位：万元

利用外资	自筹资金	其他资金	投资额	新增固定资产	固定资产交付使用率（%）
	273 401	3 100	325 279	125 389	38.5
	154 613		126 691	71 501	56.4
	50 000	3 100	129 800	3 100	2.4
	68 788		68 788	50 788	73.8
6 750	1 017 397	131 163	1 338 250	718 588	53.7
9 600	3 153 356	43 962	3 336 478	1 640 555	49.2
	35 085		47 035	43 985	93.5
9 600	3 118 271	43 962	3 289 443	1 596 570	48.5
	1 155 599	6 182	1 219 997	322 560	26.4
	533 110	4 732	496 565	179 558	36.2
	285 545	1 150	364 290	100 802	27.7
	238 944	300	271 522	37 300	13.7
	98 000		87 620	4 900	5.6
49 544	8 998 558	261 940	13 134 381	6 987 561	53.2
8 000	766 623	4 654	1 027 085	482 304	47.0
9 543	371 730	13 162	531 410	304 856	57.4
32 001	7 860 205	244 124	11 575 886	6 200 401	53.6
	512 361	3 600	827 292	276 354	33.4
	181 691		185 312	146 852	79.2
	330 670	3 600	641 980	129 502	20.2
12 752	937 773	86 720	1 319 221	14 752 804	1 118.3
4 900	799 797	32 282	848 511	620 434	73.1
	711 667	31 432	719 246	517 024	71.9
4 900	4 600	850	12 350	10 610	85.9
	83 530		116 915	92 800	79.4
3 100	1 318 167	26 426	1 812 590	779 497	43.0
	21 086	2 326	29 047	15 531	53.5
	13 800	3 000	16 800	16 800	100.0
	123 061	2 100	238 953	164 999	69.1
	399 310	15 000	772 048	301 466	39.0
3 100	760 910	4 000	755 742	280 701	37.1
	1 801 580	247 856	2 804 384	1 209 560	43.1
	1 336 608	219 856	2 309 069	749 858	32.5
	67 237	28 000	89 715	76 347	85.1
	397 735		405 600	383 355	94.5

6—25 各地区按行业分

(2010

年份、地区	合计	农林牧渔业	采矿业	制造业	电力、燃气及水的生产和供应业	建筑业	交通运输仓储和邮政业	信息传输、计算机服务和软件业	批发和零售业
2005	19 464 179	278 332	1 466 943	9 828 630	956 830	188 933	1 416 108	359 388	923 303
2006	22 422 137	354 483	1 944 056	11 027 672	948 659	324 995	1 756 914	394 289	1 059 344
2007	30 472 909	477 202	2 100 599	14 261 494	2 353 587	285 779	2 493 073	319 701	1 445 176
2008	41 978 223	770 661	2 355 216	21 893 841	2 192 069	406 054	2 328 227	618 041	1 799 541
2009	58 021 883	1 151 381	2 295 717	29 092 046	3 411 559	938 757	4 058 862	864 654	3 229 421
2010	81 599 523	1 384 973	4 126 137	35 728 460	3 762 066	1 134 045	4 108 876	958 593	1 883 003
沈阳	24 495 769	285 002	46 509	5 228 783	599 821	114 548	556 345	268 366	496 594
大连	14 655 840	670 222	46 720	5 761 134	710 139	102 940	1 377 174	393 703	395 697
鞍山	5 742 427	88 246	285 565	4 471 144	120 308	24 699	126 722	9 980	158 319
抚顺	2 703 890	27 000	88 089	1 789 976	83 452	79 907	173 390	29 897	14 153
本溪	2 685 716	31 670	498 915	1 527 894	75 454	56 880	134 690	22 289	64 177
丹东	3 060 707	74 050	565 992	1 395 200	68 525	175 147	169 752	13 500	153 720
锦州	3 016 115	81 444	209 610	1 496 989	276 858	145 435	95 716	40 451	65 555
营口	5 993 768	9 810	14 580	2 807 227	177 733	171 176	639 644		256 440
阜新	1 585 569	11 600	70 946	595 866	668 308	2 965	13 501		24 161
辽阳	1 971 250	3 100	310 515	913 995	304 194	90 853	69 139	72 126	15 187
盘锦	5 790 517	24 550	763 396	2 784 352	176 071	137 610	558 584	108 281	44 410
铁岭	6 398 688	53 426	222 218	5 306 061	260 240	13 505	95 617		128 073
朝阳	2 804 141	18 470	889 746	1 229 987	188 508	3 000	66 634		63 017
葫芦岛	695 126	6 383	113 336	419 852	52 455	15 380	31 968		3 500

建设项目新增固定资产

年）

单位:万元

住宿和餐饮业	金融业	房地产业	租赁和商务服务业	科学研究、技术服务和地质勘查业	水利、环境和公共设施管理业	居民服务和其他服务业	教育	卫生、社会保障和社会福利业	文化、体育和娱乐业	公共管理和社会组织
401 408	98 925	301 902	297 858	206 698	1 313 070	106 320	608 380	180 826	213 179	317 146
421 746	53 810	582 206	348 341	166 703	1 450 509	134 351	588 452	177 265	336 290	352 052
584 539	93 356	709 596	392 885	330 772	2 710 649	250 160	708 908	282 776	290 804	381 853
973 428	219 398	1 274 875	747 145	477 847	3 731 698	317 367	669 226	334 031	390 321	479 237
1 261 212	215 985	682 616	848 711	581 705	5 841 711	485 911	726 414	594 542	511 926	1 228 753
1 080 068	125 389	718 588	1 640 555	322 560	6 987 561	276 354	14 752 804	620 434	779 497	1 209 560
255 434	32 330	201 593	249 880	175 976	1 058 727	47 405	14 328 142	294 452	191 336	64 526
289 269	31 316	12 012	1 131 379	53 728	2 725 903	74 222	163 348	76 775	142 550	497 609
54 340	7 232		15 300	13 900	139 289	47 270	28 300	23 760	71 093	56 960
65 258	9 500	63 050		7 996	180 554	6 000	13 683	11 800	4 850	55 335
37 659	32 580	35 710	21 500	5 960	38 819	16 547	17 539	4 600	6 500	56 333
72 475			44 550	4 900	121 912	53 180	16 550	29 951	26 670	74 633
63 387		79 109	99 614		158 158	3 600	44 857	61 012	23 173	71 147
144 124		73 806	50 447	7 500	1 260 191		27 698	19 100	220 864	113 428
21 310		14 095	3 103		104 486		33 002	7 726	10 280	4 220
4 488	12 431	33 693	12 782		35 480	9 000	20 057	48 150	7 060	9 000
25 660		165 800		9 000	908 564	4 639	34 000		45 600	
33 749		26 420	9 000	43 600	75 873		9 758	20 208	7 500	93 440
12 915		13 300	3 000		147 812	14 491	15 870	22 900	17 021	97 470
					31 793				5 000	15 459

6—26 各地区建设项目施工、竣工房屋面积

单位:万平方米

年份、地区	施工房屋建筑面积	#住宅	竣工房屋建筑面积	#住宅
2000	2 125.8	822.5	1 132.2	568.5
2001	2 019.3	717.1	1 018.7	493.5
2002	2 368.0	625.4	1 110.4	363.9
2003	2 830.7	564.5	1 417.8	378.2
2004	3 633.9	424.8	1 898.5	256.6
2005	5 250.7	725.6	2 516.2	343.4
2006	6 525.2	1 110.6	3 275.6	503.7
2007	9 317.2	995.4	3 717.7	445.3
2008	8 970.97	653.96	4 162.71	303.62
2009	10 642.16	360.00	4 366.03	243.64
2010	17 307.47	544.66	4 748.32	174.51
沈阳	3 750.15	4.95	1 103.66	4.95
大连	5 058.45	200.85	757.86	63.53
鞍山	1 054.96	1.10	428.65	
抚顺	530.99	7.85	212.16	2.10
本溪	520.55		136.09	
丹东	615.40	12.61	140.03	6.75
锦州	1 388.44	63.66	372.21	4.95
营口	1 474.68	124.02	754.03	16.74
阜新	413.41	18.28	141.99	2.94
辽阳	323.92	37.76	60.70	8.00
盘锦	493.66	0.08	90.12	
铁岭	832.51	6.95	336.79	3.12
朝阳	319.92	22.45	141.23	22.33
葫芦岛	530.42	44.10	72.79	39.09

6—27 各地区城镇50万元以上施工、投产项目个数

年份、地区	施工项目（个）	新开工项目（个）	全部建成投产项目（个）	项目建成投产率（%）
2003	8 200	6 809	5 420	66.1
2004	10 485	8 632	6 244	59.6
2005	14 339	10 535	10 068	70.2
2006	13 477	10 904	9 670	71.8
2007	13 193	10 413	9 157	69.4
2008	14 749	12 544	11 710	79.4
2009	19 388	16 998	14 519	74.9
2010	10 263	8 053	6 684	65.1
沈阳	1 497	1 196	1 106	73.9
大连	2 090	1 697	1 276	61.1
鞍山	1 069	863	732	68.5
抚顺	444	390	199	44.8
本溪	457	345	272	59.5
丹东	770	675	508	66.0
锦州	508	434	355	69.9
营口	630	477	427	67.8
阜新	341	143	144	42.2
辽阳	325	258	203	62.5
盘锦	432	307	337	78.0
铁岭	847	588	590	69.7
朝阳	620	546	474	76.5
葫芦岛	231	134	61	26.4

6—28 按行业分城镇50万元以上施工、投产项目个数

(2010年)

行业	施工项目(个)	#新开工	全部建成投产项目(个)	项目建成投产率(%)
全省合计	**10 263**	**8 053**	**6 684**	**65.1**
农、林、牧、渔业	300	260	214	71.3
农业	65	55	49	75.4
林业	18	17	14	77.8
畜牧业	81	60	59	72.8
渔业	88	84	70	79.5
农、林、牧、渔服务业	48	44	22	45.8
采矿业	615	537	491	79.8
煤炭开采和洗选业	69	55	60	87.0
石油和天然气开采业	37	29	28	75.7
黑色金属矿采选业	271	248	208	76.8
有色金属矿采选业	84	71	64	76.2
非金属矿采选业	150	131	127	84.7
其他采矿业	4	3	4	100.0
制造业	6 019	4 767	4 061	67.5
农副食品加工业	393	311	305	77.6
食品制造业	149	118	113	75.8
饮料制造业	96	78	84	87.5
烟草制品业	4	2	2	50.0
纺织业	109	95	86	78.9
纺织服装、鞋、帽制造业	133	119	109	82.0
皮革、毛皮、羽毛(绒)及其制品业	59	53	48	81.4
木材加工及木、竹、藤、棕、草制品业	119	100	87	73.1
家具制造业	63	56	43	68.3
造纸及纸制品业	66	53	46	69.7
印刷业和记录媒介的复制	29	27	19	65.5
文教体育用品制造业	12	12	10	83.3

6—28 续表 1 （2010 年）

行业	施工项目（个）	#新开工	全部建成投产项目（个）	项目建成投产率（%）
石油加工、炼焦及核燃料加工业	152	104	102	67.1
化学原料及化学制品制造业	367	302	223	60.8
医药制造业	152	107	70	46.1
化学纤维制造业	12	8	8	66.7
橡胶制品业	62	43	44	71.0
塑料制品业	235	182	184	78.3
非金属矿物制品业	695	584	536	77.1
黑色金属冶炼及压延加工业	216	172	154	71.3
有色金属冶炼及压延加工业	124	98	62	50.0
金属制品业	373	298	268	71.8
通用设备制造业	1 064	826	639	60.1
专用设备制造业	420	340	266	63.3
交通运输设备制造业	331	222	178	53.8
电气机械及器材制造业	369	300	248	67.2
通信设备、计算机及其他电子设备制造业	95	66	49	51.6
仪器仪表及文化、办公用机械制造业	58	42	32	55.2
工艺品及其他制造业	37	31	29	78.4
废弃资源和废旧材料回收加工业	25	18	17	68.0
电力、燃气及水的生产和供应业	435	294	239	54.9
电力、热力的生产和供应业	290	205	150	51.7
燃气生产和供应业	55	47	35	63.6
水的生产和供应业	90	42	54	60.0
建筑业	127	111	84	66.1
房屋和土木工程建筑业	99	87	62	62.6
建筑安装业	10	9	9	90.0
建筑装饰业	4	3	3	75.0
其他建筑业	14	12	10	71.4

6—28 续表 2 (2010 年)

行业	施工项目（个）	#新开工	全部建成投产项目（个）	项目建成投产率（%）
交通运输、仓储和邮政业	405	275	218	53.8
铁路运输业	12	6	4	33.3
道路运输业	191	129	105	55.0
城市公共交通业	27	12	7	25.9
水上运输业	63	43	25	39.7
航空运输业	7	5	4	57.1
管道运输业	4	2	2	50.0
装卸搬运和其他运输服务业	13	9	8	61.5
仓储业	86	68	62	72.1
邮政业	2	1	1	50.0
信息传输、计算机服务和软件业	49	27	28	57.1
电信和其他信息传输服务业	28	19	17	60.7
计算机服务业	6	3	4	66.7
软件业	15	5	7	46.7
批发和零售	345	280	223	64.6
批发业	130	107	79	60.8
零售业	215	173	144	67.0
住宿和餐饮业	181	140	116	64.1
住宿业	85	63	46	54.1
餐饮业	96	77	70	72.9
金融业	27	22	21	77.8
银行业	14	10	9	64.3
证券业	2	1	1	50.0
保险业				
其他金融活动	11	11	11	100.0
房地产业	90	73	57	63.3
租赁和商务服务业	148	87	81	54.7
租赁业	1	1		

6—28 续表 3 (2010 年)

行业	施工项目（个）	#新开工	全部建成投产项目（个）	项目建成投产率（%）
商务服务业	147	86	81	55.1
科学研究、技术服务和地质勘查业	79	52	29	36.7
研究与试验发展	41	27	12	29.3
专业技术服务业	18	10	9	50.0
科技交流和推广服务业	17	13	7	41.2
地质勘查业	3	2	1	33.3
水利、环境和公共设施管理业	829	673	462	55.7
水利管理业	72	54	36	50.0
环境管理业	56	42	25	44.6
公共设施管理业	701	577	401	57.2
居民服务和其他服务业	64	57	47	73.4
居民服务业	29	25	22	75.9
其他服务业	35	32	25	71.4
教育	135	88	66	48.9
卫生、社会保障和社会福利业	99	66	57	57.6
卫生	77	47	42	54.5
社会保障业	3	3	3	100.0
社会福利业	19	16	12	63.2
文化、体育和娱乐业	90	63	55	61.1
新闻出版业	4	2	1	25.0
广播、电视、电影和音像业	2	2	2	100.0
文化艺术业	27	16	13	48.1
体育	14	7	7	50.0
娱乐业	43	36	32	74.4
公共管理和社会组织	226	181	135	59.7
中国共产党机关				
国家机构	165	132	82	49.7
人民政协和民主党派				
群众社团、社会团体、宗教组织	14	11	12	85.7
基层群众自治组织	47	38	41	87.2

6—29 农村集体固定资产投资主要指标

指 标	2005年	2006年	2007年	2008年	2009年	2010年
一、投资总额（万元）	**4 282 949**	**5 644 176**	**6 921 060**	**9 354 679**	**4 592 962**	**6 873 125**
1.按资金来源分						
国家资金	89 942	63 915	76 132	254 329	73 487	68 731
国内贷款	201 299	181 178	456 790	328 961	275 578	687 313
引进外资	68 527	54 327	41 523	50 977	22 965	20 619
自筹资金	3 657 638	5 146 360	6 116 220	8 415 699	4 156 631	5 979 619
其他资金	265 543	198 396	230 395	304 713	64 301	116 843
2.按构成分						
建筑安装工程	2 386 314	3 204 560	4 136 428	5 471 020	2 572 513	3 918 798
设备、工具、器具购置	1 454 585	1 838 183	2 231 993	3 175 411	1 638 066	2 474 399
其他费用	442 050	601 433	552 639	708 248	382 383	479 928
3.按建设性质分						
#新建	2 671 519	3 437 972	4 148 397	5 468 596	2 669 488	4 505 528
扩建	793 710	1 262 945	1 572 141	2 118 639	1 142 780	1 417 344
改建	475 781	520 480	549 736	1 002 467	487 367	449 864
二、新增固定资产（万元）	**3 620 628**	**4 871 711**	**6 077 704**	**8 292 248**	**4 235 129**	**4 718 290**
三、房屋建设面积（万平方米）						
施工面积	1 202.6	1 703.1	1 597.6	1 948.7	706.0	843.7
#住宅	104.4	177.3	172.2	69.1	14.5	7.5
竣工面积	868.3	1 035.3	1 155.6	1 324.6	429.3	289.9
#住宅	70.3	131.2	78.2	29.0	5.6	0.3

6—30 农村个人固定资产投资和建房

年份、地区	投资总额（万元）	#住宅	竣工房屋建筑面积（万平方米）	#住宅
2000	820 527	531 850	1 750.0	1 711.0
2001	829 920	435 463	2 061.5	1 841.1
2002	927 219	450 638	2 273.0	2 013.0
2003	1 044 548	433 702	2 273.0	2 013.0
2004	1 188 251	534 916	2 207.8	2 083.4
2005	1 328 935	574 375	2 276.9	2 153.2
2006	1 473 789	925 869	3 042.0	2 878.7
2007	1 670 728	1 012 628	3 276.0	2 981.0
2008	2 016 553	1 211 542	3 595.8	3 282.6
2009	2 281 262	1 423 481	3 904.0	3 508.5
2010	2 493 851	1 587 274	4 068.1	3 638.1
沈阳	134 000	66 774	80.0	80.0
大连	192 473	104 544	17.6	17.6
鞍山	515 874	61 504	78.8	51.5
抚顺				
本溪	40 000	37 399	21.1	21.1
丹东	150 254	30 000	30.0	30.0
锦州	142 262	47 966	39.6	19.8
营口	534 345	95 000	135.0	135.0
阜新	60 078	60 078	99.7	99.7
辽阳	198 257	103 209	227.9	96.9
盘锦	108 000	76 824	5.3	5.3
铁岭	158 342	63 977	162.3	130.7
朝阳	155 600	20 000	47.0	47.0
葫芦岛	104 366	62 619	80.1	75.1

注:本表为抽样调查推算数,分市数据由各市统计局提供。

6—31 房地产开发主要指标

指　　标	单　位	2005 年	2006 年	2007 年	2008 年	2009 年	2010 年
土地开发及购置							
本年土地开发面积	万平方米	1 697.6	1 569.6	1 813.9	1 796.5	1 692.5	
本年土地购置面积	万平方米	2 432.8	2 316.9	3 323.6	2 953.8	2 086.8	3 134.6
本年完成投资额	**万元**	**8 742 525**	**11 421 948**	**14 975 793**	**20 607 952**	**26 405 639**	**34 657 562**
#商品房建设投资额	万元	6 426 636	7 823 034				
土地开发投资额	万元	901 134	1 393 514	1 231 708	1 254 806	1 316 844	
配套工程投资	万元	204 961	619 007	859 573	1 019 087	709 545	738 642
#住　　宅	万元	6 145 405	8 388 987	11 658 892	15 792 147	19 339 201	24 813 478
#经济适用房屋	万元	154 200	574 098	509 414	495 296	637 407	503 756
本年资金来源小计	**万元**	**9 372 018**	**13 002 851**	**18 703 917**	**22 029 829**	**32 684 449**	**50 708 103**
#国内贷款	万元	1 267 527	1 728 346	2 598 871	2 769 112	4 737 260	6 483 457
利用外资	万元	89 308	242 602	924 053	1 140 114	1 149 245	1 742 831
自筹资金	万元	4 586 225	5 924 162	8 429 379	11 475 416	15 800 648	27 857 536
房屋建筑面积							
施工面积	万平方米	7 058.9	8 615.5	11 615.1	14 904.6	18 579.1	26 831.1
竣工面积	万平方米	2 443.9	2 907.8	3 129.9	3 826.1	4 031.7	4 497.4
本年新开工面积	万平方米	3 638.4	4 531.4	6 536.4	6 761.9	8 305.4	12 647.9
#住　　宅	万平方米	3 040.0	3 797.7	5 540.2	5 563.3	6 639.9	9 870.4
#经济适用房屋	万平方米	79.9	390.0	320.5	214.0	281.6	252.8
商品房屋销售额	**万元**	**7 174 340**	**9 278 590**	**13 368 797**	**15 376 463**	**21 685 950**	**30 633 172**
#住　　宅	万元	6 205 959	7 909 896	11 893 975	13 338 922	18 834 702	25 876 571
#经济适用房屋	万元	150 932	340 400	278 991	288 019	300 723	205 561
商品房屋销售面积	**万平方米**	**2 564.5**	**3 026.5**	**3 830.4**	**4 091.2**	**5 375.5**	**6 800.5**
#住　　宅	万平方米	2 340.4	2 749.9	3 545.6	3 731.2	4 864.2	6 013.5
#经济适用房屋	万平方米	71.5	151.7	114.4	137.5	138.3	67.1

6—32 房地产开发企业(单位)的土地开发及购置

单位:万平方米

年份、地区	本年完成开发土地面积	本年购置土地面积	本年土地成交价款（万元）
2000	770.0	1 019.3	
2001	923.9	1 107.1	
2002	1 043.2	1 384.7	
2003	1 062.9	1 668.7	1 395 759
2004	1 018.8	2 256.9	1 779 227
2005	1 697.6	2 432.8	2 034 432
2006	1 569.6	2 316.9	2 065 722
2007	1 813.9	3 323.6	2 899 565
2008	1 796.5	2 953.8	3 080 834
2009	1 692.5	2 086.9	2 936 827
2010		3 134.6	4 878 841
沈阳		1 071.7	2 184 500
大连		600.2	1 356 567
鞍山		150.2	140 450
抚顺		93.8	97 045
本溪		79.4	58 817
丹东		42.3	132 968
锦州		172.4	222 080
营口		384.4	325 695
阜新		87.1	72 165
辽阳		99.7	94 168
盘锦		52.4	28 685
铁岭		119.6	33 173
朝阳		51.1	40 265
葫芦岛		130.3	92 263

6—33 按用途分的房地产开发建设投资

单位:万元

年份、地区	本年完成投资额	住宅	#经济适用房屋	办公楼	商业营业用房	其他
2000	2 649 062	1 812 920	250 726	155 384	445 326	235 432
2001	3 230 692	2 275 667	289 402	155 329	511 287	288 409
2002	3 883 147	2 758 906	317 602	182 161	632 742	309 338
2003	4 863 947	3 434 716	234 820	131 670	866 730	430 831
2004	7 207 433	4 942 767	170 802	221 662	1 253 815	789 189
2005	8 742 525	6 145 405	154 200	258 764	1 502 775	835 581
2006	11 421 948	8 388 987	574 098	376 442	1 539 711	1 116 808
2007	14 975 793	11 658 892	509 414	391 338	1 946 253	979 310
2008	20 607 952	15 792 147	495 296	668 581	3 006 798	1 140 426
2009	26 405 639	19 339 201	637 407	867 569	4 321 470	1 877 399
2010	34 657 562	24 813 478	503 756	1 029 344	5 886 469	2 928 271
沈阳	14 500 794	10 043 386	278 498	638 972	2 905 312	913 124
大连	7 680 202	5 756 548	94 446	184 125	943 475	796 054
鞍山	2 358 587	1 534 415	3 108	45 123	602 959	176 090
抚顺	848 293	544 773	1 242	6 729	190 037	106 754
本溪	572 849	305 666	37 386	66 003	82 088	119 092
丹东	1 150 099	964 924	2 565	17 844	127 188	40 143
锦州	925 383	693 675		12 315	97 411	121 982
营口	1 790 755	1 366 230	68 659	6 747	209 836	207 942
阜新	328 608	242 985		1 867	64 080	19 676
辽阳	620 375	409 975	17 378	11 601	122 683	76 116
盘锦	861 412	667 100		6 944	61 403	125 965
铁岭	1 748 262	1 290 898	150	12 092	300 942	144 330
朝阳	742 338	554 083	324	14 877	131 313	42 065
葫芦岛	529 605	438 820		4 105	47 742	38 938

6—34 按构成分房地产开发建设投资

单位:万元

年份、地区	建筑安装工程	设备、工具器具购置	其他费用	#土地购置费
2000	1 966 063	65 137	617 862	347 314
2001	2 351 326	52 831	826 535	516 854
2002	2 724 912	79 696	1 078 539	581 343
2003	3 198 149	68 635	1 597 163	1 024 229
2004	4 918 594	89 875	2 198 964	1 267 595
2005	5 912 043	139 201	2 691 281	1 682 273
2006	7 657 084	113 123	3 651 741	2 021 204
2007	11 662 016	170 600	3 143 177	1 971 841
2008	15 705 901	351 522	4 550 529	3 002 435
2009	20 848 847	358 489	5 198 303	3 606 763
2010	26 754 213	543 356	7 359 993	5 080 384
沈阳	11 172 305	340 094	2 988 395	2 372 862
大连	5 628 444	88 807	1 962 951	1 212 809
鞍山	1 859 468	14 259	484 860	250 185
抚顺	614 581	2 735	230 977	193 654
本溪	422 845	7 802	142 202	51 826
丹东	1 065 086	6 088	78 925	46 830
锦州	665 225	7 166	252 992	156 213
营口	1 445 671	2 046	343 038	315 154
阜新	290 939		37 669	37 319
辽阳	477 402	1 342	141 631	113 313
盘锦	644 836	28 520	188 056	28 938
铁岭	1 466 482	18 991	262 789	129 121
朝阳	586 507	20 622	135 209	94 617
葫芦岛	414 422	4 884	110 299	77 543

6—35 房地产开发企业(单位)的资金来源

单位:万元

年份、地区	本年资金来源小计	国家预算内资金	国内贷款	利用外资	自筹资金	其他资金	#定金及预收款
2000	2 837 089	5 380	645 522	55 167	971 842	1 159 178	910 460
2001	3 532 286	1 925	689 515	54 351	124 710	1 545 785	1 179 279
2002	4 180 547	12 800	800 959	63 316	1 658 685	1 644 787	1 234 539
2003	5 582 992	3 388	1 332 891	55 561	2 273 464	1 917 688	1 578 904
2004	8 490 919	1 500	1 366 702	82 619	3 496 051	3 544 047	2 740 905
2005	9 372 018		1 267 527	89 308	4 586 225	3 428 958	2 531 636
2006	13 002 851		1 728 346	242 602	5 924 162	5 107 741	3 266 026
2007	18 703 917		2 598 871	924 053	8 429 379	6 751 614	4 520 319
2008	22 029 829		2 769 112	1 140 114	11 475 416	6 645 187	4 543 873
2009	32 684 449		4 737 260	1 149 245	15 800 648	10 997 296	7 506 860
2010	50 708 103		6 483 457	1 742 831	27 857 536	14 624 279	9 666 914
沈阳	19 797 832		2 563 449	1 015 031	10 913 103	5 306 249	3 684 883
大连	12 831 862		2 100 344	324 559	5 052 181	5 354 778	3 290 222
鞍山	3 950 049		395 352	294 397	2 804 119	456 181	338 394
抚顺	1 327 901		224 098	13 336	621 802	468 665	293 240
本溪	690 904		85 990		289 913	315 001	140 899
丹东	1 396 190		138 530	31 245	1 102 736	123 679	103 705
锦州	1 486 008		307 558		775 933	402 517	275 018
营口	3 268 068		165 904	3 400	2 424 299	674 465	541 023
阜新	347 608		24 930	1 760	271 739	49 179	46 517
辽阳	928 351		98 185	7 350	639 226	183 590	156 045
盘锦	1 092 550		101 490	51 753	630 641	308 666	223 057
铁岭	2 184 624		197 701		1 569 162	417 761	160 103
朝阳	807 157		33 451		542 141	231 565	156 666
葫芦岛	598 999		46 475		220 541	331 983	257 142

6—36 房地产开发建设房屋建筑面积和竣工率

年份、地区	施工房屋面积（万平方米）	竣工房屋面积（万平方米）	房屋建筑面积竣工率（%）	竣工房屋价值（万元）
2000	3 301.8	1 618.9	49.0	1 507 495
2001	3 971.2	1 842.7	46.4	1 818 229
2002	4 754.1	1 984.3	41.7	2 061 219
2003	5 314.1	2 139.7	40.3	2 301 203
2004	6 294.6	2 303.6	36.6	2 805 817
2005	7 058.9	2 443.9	34.6	2 931 979
2006	8 615.5	2 907.8	33.8	3 885 888
2007	11 615.1	3 129.9	26.9	4 453 006
2008	14 904.6	3 826.1	25.7	6 399 392
2009	18 579.1	4 031.7	21.7	7 524 878
2010	26 831.1	4 497.4	16.8	9 711 392
沈阳	8 851.4	1 393.2	15.7	2 966 605
大连	5 060.5	571.0	11.3	1 820 349
鞍山	3 147.0	345.1	11.0	747 602
抚顺	710.6	168.1	23.7	439 981
本溪	796.7	177.4	22.3	321 250
丹东	1 195.6	243.8	20.4	591 078
锦州	851.0	187.6	22.0	386 827
营口	1 882.9	529.6	28.1	675 821
阜新	381.2	67.5	17.7	125 423
辽阳	607.8	122.8	20.2	204 760
盘锦	412.8	207.4	50.2	589 313
铁岭	1 604.2	295.4	18.4	525 202
朝阳	794.3	89.8	11.3	152 070
葫芦岛	534.9	98.4	18.4	165 111

6—37 各地区房地产开发企业基本情况

年份、地区	开发公司个数（个）	#国有经济	#集体经济	#外商投资经济	#港澳台投资经济	年末从业人员人数（人）
2000	1 417	293	161	73	109	42 098
2001	1 545	209	106	79	103	44 612
2002	1 635	158	81	70	94	47 284
2003	1 800	127	61	78	93	49 497
2004	2 303	121	65	105	126	53 579
2005	2 744	134	77	136	157	51 692
2006	2 771	113	56	150	165	56 411
2007	2 981	104	50	163	184	57 032
2008	4 841	142	96	261	254	70 435
2009	3 920	130	59	203	226	73 829
2010	4 181	126	57	211	245	79 346
沈阳	1 384	41	13	134	147	24 614
大连	981	24	13	33	49	21 784
鞍山	382	18	5	19	27	6 184
抚顺	114	5	2	1	4	2 063
本溪	146	9	3	1		3 432
丹东	194	3	10	13	4	3 067
锦州	93		1		2	1 583
营口	193	6	2	2	3	3 049
阜新	131	2		5	2	2 089
辽阳	115	5		1	2	1 617
盘锦	77	2	2		1	1 880
铁岭	100	7	1		1	1 980
朝阳	147	1	1	2	2	2 982
葫芦岛	124	3	4		1	3 022

6—38 各地区房地产开发经营情况

单位:万元

年份、地区	主营业务收入	土地转让收入	商品房屋销售收入	房屋出租收入	其他收入	主营业务税金及附加	利润总额
2000	2 339 911	33 981	2 156 412	10 251	139 267	129 169	3 473
2001	2 573 462	15 737	2 408 399	13 501	135 825	141 554	-10 552
2002	2 882 505	27 624	2 763 036	13 909	77 936	173 135	-22 649
2003	3 675 534	43 475	3 518 507	15 173	98 379	217 110	-32 804
2004	5 347 879	91 369	5 075 229	76 381	104 900	339 651	88 536
2005	6 144 218	20 145	6 025 782	31 680	66 611	376 911	198 983
2006	7 223 740	41 758	7 036 720	42 193	103 069	486 136	282 916
2007	8 761 740	68 877	8 575 020	20 793	97 050	636 021	488 180
2008	11 731 198	102 669	11 439 215	52 501	136 813	792 186	1 087 841
2009	15 404 024	25 404	15 193 794	44 263	140 563	1 064 018	1 269 888
2010	20 597 959	73 968	20 159 693	135 406	228 891	1 421 464	1 865 672
沈阳	6 057 710	1 264	5 975 707	22 208	58 531	399 498	643 847
大连	6 020 790	1 144	5 902 529	71 786	45 331	495 958	933 266
鞍山	1 477 080	1 072	1 395 894	15 705	64 408	111 286	-32 076
抚顺	680 607	3 004	675 571	1 250	783	19 294	5 412
本溪	791 105		764 956	348	25 802	30 048	23 045
丹东	579 509	34 106	545 054		349	48 447	22 560
锦州	1 004 555	7 450	993 092	1	4 012	58 342	22 358
营口	1 168 123	1 820	1 136 977	6 762	22 565	77 540	87 216
阜新	267 731		267 206	56	469	15 989	7 836
辽阳	317 693	15 942	300 879	692	180	22 475	3 564
盘锦	855 647		852 643		3 004	39 938	109 686
铁岭	573 471		565 459	7 541	471	43 970	18 670
朝阳	397 492	3 087	393 540	641	224	31 220	5 458
葫芦岛	406 447	5 079	390 188	8 418	2 763	27 459	14 833

6—39 按用途分的商品房屋实际销售面积

单位:万平方米

年份、地区	商品房销售面积	住宅	#经济适用房	办公楼	商业营业用房	其他
2000	948.7	804.4	146.8	20.3	114.3	9.7
2001	1 165.7	994.7	179.2	27.1	128.4	15.5
2002	1 277.5	1 120.4	133.3	20.7	127.7	8.7
2003	1 499.1	1 320.3	110.4	25.9	133.6	19.3
2004	2 013.5	1 798.4	72.3	17.2	164.0	33.9
2005	2 564.5	2 340.4	71.4	16.1	182.6	25.3
2006	3 026.4	2 749.9	151.7	24.1	201.6	50.8
2007	3 830.4	3 545.6	114.4	19.1	220.4	45.3
2008	4 091.2	3 731.2	137.5	35.9	268.0	56.1
2009	5 375.5	4 864.2	138.3	30.1	394.0	87.2
2010	6 800.5	6 013.5	67.1	64.7	510.0	212.2
沈阳	1 746.5	1 516.1	11.1	25.1	167.3	38.1
大连	1 215.3	1 126.7	26.0	20.0	50.6	18.0
鞍山	553.1	512.2		1.6	24.2	15.2
抚顺	212.3	197.6	1.6	0.8	13.7	0.3
本溪	227.6	128.4	18.3	2.4	20.9	75.9
丹东	332.3	293.0	2.7	5.5	29.4	4.4
锦州	353.0	316.7		2.9	26.7	6.8
营口	532.6	491.1		0.8	31.8	8.9
阜新	121.6	101.2		0.7	18.8	0.9
辽阳	177.6	159.5	5.3		13.5	4.5
盘锦	261.3	239.5			17.0	4.8
铁岭	485.6	414.5	2.1		53.9	17.2
朝阳	298.8	266.3		5.1	21.2	6.2
葫芦岛	282.8	250.7			21.1	11.0

6—40 按用途分的商品房屋实际销售额

单位:万元

年份、地区	商品房销售额	住宅	#经济适用房	办公楼	商业营业用房	其他
2000	1 969 468	1 514 151	213 338	81 327	350 835	23 155
2001	2 478 449	1 988 320	261 222	78 822	387 466	23 841
2002	2 732 993	2 231 000	199 616	83 089	398 162	20 742
2003	3 434 521	2 813 999	185 315	87 307	488 483	44 732
2004	4 866 124	4 165 674	138 291	50 524	564 718	85 208
2005	7 174 340	6 205 959	150 932	61 993	829 475	76 913
2006	9 278 590	7 909 896	340 400	131 269	1 073 899	163 526
2007	13 368 797	11 893 975	278 991	90 342	1 208 087	176 393
2008	15 376 463	13 338 922	288 019	171 558	1 647 920	218 063
2009	21 685 950	18 834 702	300 723	187 058	2 356 123	308 067
2010	30 633 172	25 876 571	205 561	524 527	3 328 874	903 200
沈阳	9 450 487	7 745 478	30 524	173 940	1 303 007	228 062
大连	8 560 369	7 615 516	109 688	284 213	504 471	156 169
鞍山	2 024 241	1 828 626		7 099	140 774	47 742
抚顺	775 350	690 088	1 755	3 019	81 824	419
本溪	761 568	374 819	43 045	7 790	129 482	249 477
丹东	1 090 151	865 861	5 473	22 015	185 993	16 282
锦州	1 222 021	1 051 109		12 938	141 107	16 867
营口	1 842 756	1 643 406		2 578	165 359	31 413
阜新	335 673	240 633		2 063	89 716	3 261
辽阳	602 876	498 460	11 086	90	94 184	10 142
盘锦	918 372	812 409			83 060	22 903
铁岭	1 360 897	1 105 008	3 990		198 793	57 096
朝阳	693 393	565 124		8 782	104 109	15 378
葫芦岛	995 018	840 034			106 995	47 989

6—41 房地产开发企业(单位)施工、销售情况

(2010 年)

指　　标	单　位	合　计	住　宅	#90平方米以下住房	经　济适用房	别墅、高档公寓	办公楼	商业营业用　房	其　他
房屋施工面积	万平方米	26 831	20 677	10 200	688	780	583	3 954	1 617
#新开工面积		12 648	9 870	4 684	253	311	215	1 835	727
房屋竣工面积	万平方米	4 497	3 691	2 190	198	127	75	539	192
#不可销售面积	万平方米	322	232	212	87	3	8	37	45
商品住宅竣工套数	套		428 648	301 130	28 148	6 650			
竣工房屋价值	亿元	971	761	407	33	53	22	151	38
出租房屋面积	万平方米	91	10	5		3	7	74	
商品房销售面积	万平方米	6 800	6 014	3 190	67	93	65	510	212
#现房销售面积	万平方米	2 241	1 911	1 104	45	21	23	255	53
期房销售面积	万平方米	4 559	4 103	2 085	22	72	42	255	159
商品房销售额	亿元	3 063	2 588	1 242	21	99	52	333	90
#现房销售额	亿元	888	705	360	16	27	13	144	26
期房销售额	亿元	2 175	1 883	882	5	72	39	189	64

6—42 房地产开发企业(单位)投资、资金和土地情况

单位:万元

指　　标	2005年	2006年	2007年	2008年	2009年	2010年
计划总投资	26 772 808	36 503 869	53 412 776	75 407 081	91 859 648	144 692 113
自开始建设累计完成投资	13 817 096	22 272 502	28 396 940	42 097 592	55 564 174	83 464 409
本年计划投资	10 668 277					
本年完成投资	8 742 525	11 421 948	14 975 793	20 607 952	26 405 639	34 657 562
#商品房建设投资额	6 426 636	7 823 034				
土地开发投资额	901 134	1 393 514	1 231 708	1 254 806	1 316 844	
配套工程投资额	204 961	619 007	859 573	1 019 087	709 545	738 642
按构成分:						
建筑工程	5 570 254	7 130 483	10 947 971	14 396 878	18 662 694	24 417 347
安装工程	341 789	526 601	714 045	1 309 023	2 186 153	2 336 866
设备工器具购置	139 201	113 123	170 600	351 522	358 489	543 356
其他费用	2 691 281	3 651 741	3 143 177	4 550 529	5 198 303	7 359 993
#旧建筑物购置费	18 890	217 520	119 063	202 965	173 395	296 701
土地购置费	1 682 273	2 021 204	1 971 841	3 002 435	3 606 763	5 080 384
按工程用途分:						
住　　宅	6 145 405	8 388 987	11 658 892	15 792 147	19 339 201	24 813 478
#普通住房	625 305	3 824 576				
经济适用房	154 200	574 098	509 414	495 296	637 407	503 756
别墅、高档公寓	306 288	488 660	892 683	1 232 710	1 528 912	1 915 220
办 公 楼	258 764	376 442	391 338	668 581	867 569	1 029 344
商业营业用房	1 502 775	1 539 711	1 946 253	3 006 798	4 321 470	5 886 469
其　　他	835 581	1 116 808	979 310	1 140 426	1 877 399	2 928 271
本年新增固定资产	4 321 689	5 219 474	5 843 093	8 588 725	10 547 777	12 692 617
本年购置土地面积(万平米)	2 432.8	2 316.9	3 323.6	2 953.8	2 086.9	3 134.6
本年土地成交价款	2 034 432	2 065 722	2 899 565	3 080 834	2 936 827	4 878 841

主要统计指标解释

全社会固定资产投资 固定资产投资是社会固定资产再生产的主要手段。通过建造和购置固定资产的活动,国民经济不断采用先进技术装备,建立新兴部门,进一步调整经济结构和生产力的地区分布,增强经济实力,为改善人民物质文化生活创造物质条件。这对我国的社会主义现代化建设具有重要意义。

固定资产投资额是以货币表现的建造和购置固定资产活动的工作量,它是反映固定资产投资规模、速度、比例关系和使用方向的综合性指标。全社会固定资产投资包括国有经济单位投资、城乡集体经济单位投资、各种经济类型的单位投资和城乡居民个人投资。按照我国现行计划管理体制,国有经济单位固定资产投资总额分为基本建设、更新改造、商品房屋建设投资和其他固定资产投资四个部分;城乡集体经济单位投资包括城镇集体所有制单位投资和农村集体所有制单位投资;各种经济类型的单位投资包括联营经济、股份制经济、中外合资经营、中外合作经营、外资、与大陆合资经营、与大陆合作经营、港澳台独资及其他经济类型的单位投资。城镇居民个人投资包括城市、县城、镇、工矿区所辖范围内的个人建房和农村个人建房及购买生产性固定资产的投资。

基本建设投资 基本建设是国有企业、事业单位以扩大生产能力或工程效益为主要目的的新建、扩建工程及有关工作。包括工厂、矿山、铁路、桥梁、港口、农田水利、商店、住宅、学校、医院等工程的建造和机器设备、车辆、船舶、飞机等的购置。

基本建设投资额是以货币表现的基本建设完成的工作量,是反映一定时期内基本建设规模和建设进度的综合性指标。它是根据工程的实际进度按预算价格(预算价格是编制施工图预算时所用的价格)计算的工作量,没有形成工程实体的建筑材料和没有开始安装的设备,都不计算投资完成额。

更新改造投资 更新改造是指国有企业、事业单位对原有设施进行固定资产更新和技术改造,以及相应配套的工程和有关工作(不包括大修理和维护工程)。更新改造投资是以货币表现的更新改造完成的工作量。根据我国现行统计制度,基本建设和更新改造的划分是:(1)列入基本建设计划的项目作为基本建设投资,列入更新改造计划的项目作为更新改造投资;(2)更新改造计划与基本建设计划结合安排的项目及未列入计划的项目,根据工程性质分别作为基本建设投资或更新改造投资。属于对企业、事业单位原有设施进行技术改造或更新的项目和增建主要生产车间、分厂等,其新增生产能力或效益尚未达到大中型标准的项目,以及由于城市环境保护和安全生产的需要而进行的迁建工程,作为更新改造投资。

其他固定资产投资 是指按照国家规定不纳入基本建设和更新改造计划管理,其总投资在五万元以上的固定资产投资。具体包括:国有经济单位用油田维护费和石油开发基金进行的油田维护和开发工程;煤炭、铁矿、森林工业等采掘采伐业用维检费进行的开拓延伸工程;交通部门用公路养路费对原有公路、桥梁进行改建的工程;商业部门用简易建筑费建造的仓库工程。

固定资产投资的资金来源 根据固定资产投资的资金来源不同,分为上年末结余资金、本年资金来源小计和各项应付款。其中本年资金来源小计又分为国家预算内资金、国内贷款、股票、债券、利用外资、自筹资金和其他资金来源七种:

(1)国家预算内资金 指国家预算、地方财政、主管部门和国家专业投资公司拨给或委托银行贷给建设单位的基本建设拨款和中央基本建设基金,拨给企业单位的更新改造拨款,以及中央财政安排的专项拨款中用于基本建设的资金。

(2)国内贷款 指报告期企、事业单位向银行及非银行金融机构借入的用于固定资产投资的各种国内借款。国内贷款包括:银行利用自有资金及吸收的存款发放的贷款、上级主管部门拨入的国内贷款、国家专项贷款(包括煤代油贷款、劳改煤矿专项贷款等),地方财政专项资金安排的贷款、国内储备贷款、周转贷款等。

(3)股票 是股份制企业通过发行股票筹集到的,用于固定资产投资的资金。

(4)债券 是企业(公司)或金融机构通过发行各种债券筹集到的用于固定资产投资的资金,包括由银行代理国家专业投资公司发行的重点企业债券和重点建设债券。

(5)利用外资 指报告期收到的用于固定资产投资的国外资金,包括统借统还、自借自还的国外贷款,中外合资项目中的外资,以及无偿捐赠等。其中,国家统借统还的外资,是指由我国政府出面同外国政府、团体或金融组织签订贷款协议、并负责偿还本息的国外贷款。

(6)自筹资金 指建设单位报告期收到的,用于进行固定资产投资的上级主管部门、地方和本单位自筹资金。

(7)其他资金来源 指报告期收到的除以上各种拨款、借款、自筹资金之外,其他用于固定资产投资的资金。

固定资产投资按国民经济行业分 建设项目归哪个行业,按其建成投产后的主要产品或主要用途及社会经济活动性质来确定。基本建设按建设项目划分国民经济行业,更新改造、国有经济单位其他固定资产投资及城镇集体投资根据整个企业、事业单位所属的行业来划分。一般情况下,一个建设项目或一个企业、事业单位只能属于一种国民经济行业。为了更准确地反映国民经济各行业之间的比例关系,联合企业(总厂)所属分厂属于不同行业的,原则上按分厂划分行业。

固定资产投资按建设性质分 建设项目的性质一般分为新建、扩建、改建、迁建、恢复。基本建设按建设项目划分建设性质,更新改造、国有经济单位其他固定资产投资及城镇集体投资按整个企业、事业单位的建设情况确定建设性质。目前基本建设和更新改造是根据我国现行的计划管理体制区分的,所以基本建设和更新改造都可以分别按新建、扩建等划分。

(1)新建 一般是指从无到有、“平地起家”新开始建设单位。有的单位原有的基础很小,经过建设后其新增加的固定资产价值超过原有固定资产价值(原值)三倍以上的也算新建。

(2)扩建　一般是指为扩大原有产品的生产能力,在厂内或其他地点增建主要生产车间(或主要工程)、独立的生产线或总厂之下的分厂的企业;事业单位和行政单位在原单位增建业务用房(如学校增建教学用房、医院增建门诊部或病床用房、行政机关增建办公楼等)也作为扩建。

(3)改建　一般是指现有企业、事业单位为了技术进步,提高产品质量,增加花色品种,促进产品升级换代、降低消耗和成本,加强资源综合利用和三废治理、劳保安全等,采用新技术、新工艺、新设备、新材料等对现有设施、工艺条件进行技术改造或更新(包括相应配套的辅助性生产、生活福利设施)。有的企业为充分发挥现有生产能力,进行填平补齐而增建不增加本单位主要产品生产能力的车间等,也属于改建。

固定资产投资按用途分　固定资产投资按工程的经济用途分为用于第一产业、第二产业、第三产业和住宅四部分的建设,是研究不同用途的固定资产投资之间比例关系的重要指标。基本建设投资、国有经济单位其他固定资产投资及城镇集体投资的用途按单项工程确定,现有企业、事业单位更新改造投资的用途按更新改造项目确定。

固定资产投资按构成分　固定资产投资活动按其工作内容和实现方式分为建筑安装工程,设备、工具、器具购置,其他费用三个部分。

(1)建筑安装工程(建筑工作量)　指各种房屋、建筑物的建造工程和各种设备、装置的安装工程。包括各种房屋建造工程,各种用途设备基础和各种工业窑炉的砌筑工程;为施工而进行的各种准备工作和临时工程以及完工后的清理工作等;铁路、道路的铺设,矿井的开凿及石油管道的架设等;水利工程;防空地下建筑等特殊工程;以及各种机械设备的安装工程;为测定安装工程质量,对设备进行的试行工作。在安装工程中,不包括被安装设备本身的价值。

(2)设备、工具、器具购置　指购置或自制达到固定资产标准的设备、工具、器具的价值,固定资产的标准按财务部门规定。新建单位、扩建单位的新建车间按照设计和计划要求购置或自制的全部设备、工具、器具,不论是否达到固定资产标准均计入"设备、工具、器具购置中"。

(3)其他费用　指除建筑安装工程和设备、工具、器具购置以外的投资完成额。它包括两种性质的费用,一种是属于增加固定资产的费用,主要有:建设单位管理费,土地、青苗等补偿费和安置补助费、勘察设计费,研究实验费、农林单位牲畜购置费、各种经济林木的营造费、办公和生活家具、器具购置费、引进技术和进口设备项目的其他费用、联合试运转费等;一种是属于不增加固定资产的费用,主要有:施工机械转移费、生产职工培训费、农业开荒费用及报废工程损失费等。

基本建设项目按大中小型划分　基本建设划分大中小型项目原则上应按照上级批准的设计任务书或初步设计所确定的总规模或总投资划分,没有正式批准设计任务书或初步设计的,按国家或省、自治区、直辖市年度基本建设投资计划中所列的总规模或总投资划分。上述两条均不具备的,按本年计划施工工程的建设总规模或总投资划分。生产单一产品的工业项目,按产品的设计能力划分的;生产多种产品的工业项目,按其主要产品的设计能力划分。品种繁多,难以按生产能力划分的,按全部计划投资额划分。划分标准以国家颁发的《大中小型建设项目划分标准》依据。国家曾在1958年、1962年、1977年和1979年先后五次修订《大中小型建设项目划分标准》,因此各历史时期的大中型项目数不完全可比。

施工项目　指报告期内曾进行建筑或安装工程施工活动的建设项目。包括报告期内新开工项目、报告期以前开工跨入报告期继续施工的项目以及报告期施过工并在报告期内全部建设投产或停缓建的项目。

全部建成投产项目　工业项目是指设计文件规定形成生产能力的主体工程及其相应配套的辅助设施全部建成,经负荷试运转,证明具备生产设计规定合格产品的条件,并经过验收鉴定合格或达到竣工验收标准,与生产性工程配套的生产福利设施可以满足近期正常生产的需要,正式移交生产的建设项目。非工业项目是指设计文件规定的主体工程和相应的配套工程全部建成,能够发挥设计规定的全部效益,经验收鉴定合格或达到竣工验收标准,正式移交使用的建设项目。

新增生产能力　指通过固定资产投资活动而增加的设计能力或工程效益,它是用实物形态表示的固定资产投资的成果。新增生产能力的计算,是以能独立发挥生产能力或效益的单项工程(或项目)为对象,当单项工程(或项目)建成,经有关部门鉴定合格,正式移交投入生产,即可计算新增生产能力。

新增生产能力或工程效益有以下几种表现形式:

(1)以建设项目或单项工程建成后的年产能力表示。如煤炭开采、石油开采等。

(2)以建设项目或单项工程建成后处理原料的能力表示。如选矿工程的年处理矿石能力,洗煤厂年洗原煤能力等。

(3)以新增的主要设备数量或容量表示。如棉纺绽枚数、发电机组容量等。

(4)以建筑物容积、容量、面积或长度表示。如水库容量、铁路公路里程等。

新增生产能力的数量一般按设计能力计算。设计能力是指设计文件中规定的在正常情况下能够达到的生产能力,而不论投产后的实际产量如何。以设备数量、建筑物容积、面积、长度等表示的新增生产能力(或效益),则按建成的实际数量计算。

施工和竣工房屋建筑面积　房屋建筑面积是从房屋外墙线算起的各层平面面积的总和,包括房屋结构(如柱、墙)占用的面积和地下室面积。多层建筑按各自然层面积总和计算,包括房屋内的楼隔层,突出墙面的眺望间、门斗、有柱雨罩的面积。不包括突出墙面结构的构件、艺术装饰等所占的面积,如台阶等。凹阳台、挑阳台按其水平投影面积一半计算建筑面积。

竣工面积　指在报告期内房屋建筑按照设计要求已全部完工,达到住人和使用条件,经验收鉴定合格,正式移交使用单位的建筑面积。

房屋建筑面积竣工率　指一定时间内房屋竣工面积占同期房屋施工面积的比率。它是从房屋建筑施工速度的角度反映投资效果和建筑业经济效益的指标。

新增固定资产 指通过投资活动所形成的新的固定资产价值。包括已经建成投入生产或交付使用的工程价值和达到固定资产标准的设备、工具、器具的价值及有关应摊入的费用。它是以价值形式表示的固定资产投资成果的综合性指标,可以综合反映不同时期、不同部门、不同地区的固定资产投资成果。

建设项目投资率 指一定时期内全部建成投入生产项目个数占同期正式施工项目个数的比率。它是从项目建设速度的角度反映投资效果的指标。

固定资产交付使用率 指一定时期新增固定资产与同期完成投资额的比率。它是反映各个时期固定资产动用速度,衡量建设过程中投资效果的一个综合性指标。

未完工程占用率 指年末未完工程累计完成投资额占全年实际完成投资额的比率。它反映未完工程的相对规模,并可从资金占用的角度反映固定资产投资效果。由于未完工程是指已经开工,但尚未建成交付使用的工程,有个跨年度问题,因此未完工程占用率会出现大于1的情况。

第七篇

能源

7

NENGYUAN

7—1 能源生产总量及构成

年 份	能源生产总量（万吨标准煤）	占能源生产总量的%			
		原 煤	原 油	天 然 气	水 电
1978	3 890.7	78.9	14.0	5.6	1.5
1980	3 765.8	70.8	20.2	6.3	2.7
1985	4 953.2	66.2	26.6	4.1	3.1
1986	5 011.4	63.4	29.1	4.0	3.5
1987	5 094.9	60.5	32.1	4.1	3.3
1988	5 410.9	60.6	33.5	4.0	2.0
1989	5 766.6	61.7	33.3	4.0	2.0
1990	5 958.9	61.1	32.8	3.9	2.2
1991	6 082.4	61.4	32.3	3.9	2.4
1992	6 233.4	61.8	31.8	4.5	1.9
1993	6 327.2	62.8	32.1	4.6	0.5
1994	6 384.8	61.6	33.6	4.4	0.4
1995	6 239.3	59.5	35.6	4.1	0.8
1996	6 610.8	63.0	32.5	3.6	0.9
1997	6 638.7	63.3	32.4	3.8	0.5
1998	6 422.5	64.3	32.3	2.9	0.5
1999	5 649.5	60.4	36.2	3.0	0.4
2000	5 380.5	59.1	37.2	3.3	0.3
2001	5 376.8	59.4	36.8	3.3	0.5
2002	5 809.8	63.6	33.2	2.8	0.4
2003	6 288.3	66.7	30.3	2.6	0.4
2004	6 749.9	70.3	27.1	1.9	0.7
2005	6 219.8	67.4	29.0	2.5	1.1
2006	6 513.4	69.8	26.9	2.4	0.9
2007	6 311.2	69.2	28.0	1.9	0.9
2008	6 257.5	69.7	27.4	1.8	1.1
2009	6 037.8	73.3	23.7	1.8	1.2
2010	6 242.6	73.2	23.0	1.7	2.1

7—2 能源消费总量及构成

年份	能源消费总量（万吨标准煤）	占能源消费总量的%			
		煤炭	石油	天然气	水电
1978	5 261.5	64.6	30.2	4.2	1.0
1980	5 272.1	67.8	25.8	4.5	1.9
1985	6 325.1	78.7	15.2	3.7	2.4
1986	6 360.3	79.4	14.6	3.2	2.8
1987	6 475.8	81.5	12.7	3.2	2.6
1988	6 824.6	83.0	12.3	3.1	1.6
1989	7 000.1	83.1	12.8	3.3	0.8
1990	7 170.8	82.2	12.8	3.3	1.7
1991	7 218.0	83.0	11.7	3.3	2.0
1992	7 191.6	83.7	10.7	3.9	1.7
1993	8 695.5	74.6	21.8	3.3	0.3
1994	9 204.6	76.0	20.9	2.9	0.2
1995	9 381.7	77.1	19.6	2.7	0.6
1996	9 417.6	79.6	17.3	2.5	0.6
1997	9 191.6	82.0	14.9	2.7	0.4
1998	8 873.7	82.5	14.6	2.6	0.3
1999	8 869.9	80.5	16.7	2.6	0.2
2000	9 877.2	77.5	19.8	2.5	0.2
2001	10 356.9	73.8	23.7	2.2	0.3
2002	10 333.5	77.8	19.8	2.2	0.2
2003	11 430.7	78.6	18.8	2.3	0.3
2004	12 454.0	79.2	19.0	1.5	0.3
2005	12 883.3	71.3	24.1	1.5	0.6
2006	14 228.0	71.4	24.3	1.2	0.4
2007	15 757.9	73.2	22.6	1.2	0.4
2008	16 925.7	73.1	22.7	1.3	0.4
2009	18 172.5	73.0	22.5	1.2	0.4
2010	19 856.4	67.9	27.3	1.3	0.6

7—3 能源生产弹性系数

年份	能源生产比上年增长%	电力生产比上年增长%	生产总值比上年增长%	能源生产弹性系数	电力生产弹性系数
1985	10.3	8.8	13.3	0.84	0.72
1990	3.3	3.6	1.1	3.30	3.60
1991	2.1	3.0	6.1	0.50	0.70
1992	0.5	9.5	12.1	0.40	0.80
1993	11.0	5.2	14.9	0.75	0.35
1994	0.9	-2.2	11.2	0.08	
1995	-2.1	1.3	7.1		0.18
1996	6.0	8.4	8.6	0.70	0.98
1997	0.4	8.9	8.9	0.45	1.00
1998	-3.3	-8.5	8.3		
1999	-12.0	-3.5	8.2		
2000	-4.8	5.3	8.9		0.59
2001	-0.1	2.5	9.0		0.27
2002	8.1	14.5	10.2	0.79	1.42
2003	8.2	10.7	11.5	0.71	0.93
2004	7.3	4.2	12.8	0.57	0.33
2005	0.3	4.0	12.3	0.02	0.33
2006	1.9	10.8	13.8	0.14	0.78
2007	-5.6	10.2	14.5		0.70
2008	-0.9	2.4	13.1		0.18
2009	-3.5	4.9	13.1		0.37
2010	3.4	12.2	14.2	0.24	0.86

7—4 能源消费弹性系数

年份	能源消费比上年增长%	电力消费比上年增长%	生产总值比上年增长%	能源消费弹性系数	电力消费弹性系数
1985	6.8	7.6	13.3	0.55	0.62
1990	1.4	2.6	1.1	1.40	2.60
1991	0.6	6.0	6.1	0.10	1.30
1992	1.0	10.0	12.1	0.10	0.90
1993	11.0	10.6	14.9	0.75	0.72
1994	8.2	-1.8	11.2	0.73	
1995	2.5	4.8	7.1	0.35	0.68
1996	0.4	8.4	8.6	0.04	0.98
1997	-2.5	7.6	8.9		0.85
1998	-3.5	-5.2	8.3		
1999	0.1	12.1	8.2	0.14	1.47
2000	14.1	4.8	8.9	1.58	0.54
2001	1.3	2.0	9.0	0.14	0.22
2002	-0.2	6.0	10.2		0.59
2003	7.2	5.5	11.5	0.63	0.48
2004	12.4	16.5	12.8	0.96	1.28
2005	12.0	5.0	12.3	0.97	0.40
2006	10.8	10.6	13.8	0.78	0.77
2007	9.9	10.7	14.5	0.68	0.74
2008	7.6	3.9	13.1	0.58	0.30
2009	7.4	5.4	13.1	0.56	0.41
2010	9.6	15.3	14.2	0.68	1.08

7—5 分行业主要

(2010

行业	煤炭消费量（万吨）	焦炭消费量（万吨）	原油消费量（万吨）
消费总量	**16 908.43**	**3 162.88**	**6 558.91**
农、林、牧、渔业	70.16		
采矿业	1 699.93	15.85	78.12
煤炭开采和洗选业	1 472.16	0.05	
石油和天然气开采业	105.14		78.12
黑色金属矿采选业	22.43	4.71	
有色金属矿采选业	65.32	10.46	
非金属矿采选业	34.88	0.63	
其他采矿业			
制造业	6 902.31	3 144.48	6 450.79
农副食品加工业	125.74	2.01	
食品制造业	30.75	5.58	
饮料制造业	46.58	0.14	
烟草制品业	0.03		
纺织业	27.29	4.85	
纺织服装、鞋、帽制造业	25.85	1.07	
皮革、毛皮、羽毛(绒)及其制品业	2.09		
木材加工及木、竹、藤、棕、草制品业	21.09	0.01	
家具制造业	13.69	0.20	
造纸及纸制品业	74.31	1.37	
印刷业和记录媒介的复制	3.27		
文教体育用品制造业	1.60	0.02	
石油加工、炼焦及核燃料加工业	474.26	1.26	5 490.84
化学原料及化学制品制造业	603.23	14.53	959.91
医药制造业	69.31		
化学纤维制造业	50.53	1.40	
橡胶制品业	52.61	5.19	
塑料制品业	39.36	1.04	0.01
非金属矿物制品业	1 030.98	230.05	
黑色金属冶炼及压延加工业	3 767.05	2 629.97	
有色金属冶炼及压延加工业	116.21	37.94	

注:能源消费总量中电、热按当量值计算。

能 源 品 种 消 费 量

年)

汽油消费量（万吨）	煤油消费量（万吨）	柴油消费量（万吨）	燃料油消费量（万吨）	天然气消费量（亿立方米）	电力消费量（亿千瓦小时）
593.17	**23.34**	**963.90**	**356.43**	**19.02**	**1 715.27**
53.40		68.63			22.89
6.50	0.83	56.61	51.39	3.88	166.91
0.75	0.81	6.34			27.83
1.51		5.94	51.37	3.88	23.62
2.45		26.00			74.46
0.52	0.02	1.68	0.02		30.61
1.27		16.47			10.35
		0.18			0.03
94.38	6.29	138.95	153.95	12.95	909.31
5.19	0.22	12.67	0.97		27.97
1.51	0.03	1.73	0.01		7.31
1.28		1.48			6.20
0.01		0.41			0.28
1.16	0.02	0.90	0.01		11.25
3.22	0.16	2.44	0.02	0.01	13.97
0.31		0.24	0.03		0.65
3.45	0.13	2.43		0.02	4.87
1.00	0.06	0.81			5.51
1.49	0.38	1.46	0.05	0.07	8.04
0.90	0.01	0.41	0.08		1.15
0.14	0.01	0.08			0.27
1.03	0.03	1.06	90.15	0.34	57.00
5.73	0.52	9.56	28.15	6.24	67.78
1.74		0.86	0.40	0.03	5.78
0.05		0.19	0.18		17.15
1.92	0.05	2.34	0.07		12.75
4.96	0.08	2.73	0.73		14.80
8.48	0.27	20.61	23.09	4.39	132.61
3.73	0.18	20.94	1.24	0.32	298.33
1.69		3.47	1.41	0.01	68.89

7—5 续表 (2010

行　　业	煤炭消费量（万吨）	焦炭消费量（万吨）	原油消费量（万吨）
金属制品业	34.56	8.34	
通用设备制造业	113.03	170.29	0.02
专用设备制造业	36.36	21.51	0.01
交通运输设备制造业	77.16	5.19	
电气机械及器材制造业	44.27	2.14	
通信设备、计算机及其他电子设备制造业	4.55	0.17	
仪器仪表及文化、办公用机械制造业	3.28	0.01	
工艺品及其他制造业	12.17	0.20	
废弃资源和废旧材料回收加工业	1.10		
电力、燃气及水的生产和供应业	7 660.38	2.54	
电力、热力的生产和供应业	7 655.70	0.51	
燃气生产和供应业	0.92	2.03	
水的生产和供应业	3.76		
建筑业	22.69		
房屋和土木工程建筑业	13.62		
建筑安装业	4.59		
建筑装饰业	1.71		
其他建筑业	2.77		
交通运输、仓储和邮政业	67.03	0.01	30.00
铁路运输业	66.71	0.01	
道路运输业	0.32		
城市公共交通业			
水上运输业			
航空运输业			
管道运输业			30.00
装卸搬运和其他运输服务业			
仓储业			
邮政业			
批发、零售业和住宿、餐饮业	57.83		
其他行业	50.00		
城乡居民生活	378.10		

年）

汽油消费量（万吨）	煤油消费量（万吨）	柴油消费量（万吨）	燃料油消费量（万吨）	天然气消费量（亿立方米）	电力消费量（亿千瓦小时）
9.71	0.14	6.84	0.12	0.25	27.98
10.83	0.82	20.49	1.69	0.23	44.81
7.16	0.06	7.42	1.17	0.11	19.64
6.53	2.96	13.30	4.02	0.48	25.64
6.82	0.13	2.53	0.06	0.45	12.10
1.36		0.32			9.05
2.27		0.17			4.37
0.61	0.02	0.63			2.72
0.10	0.01	0.43	0.30		0.46
2.83	0.01	2.03	1.84	0.10	236.66
1.96		1.77	1.84		214.97
0.36	0.01	0.08		0.10	2.80
0.51		0.18			18.89
11.08	0.56	57.32	1.39		20.27
8.09	0.51	51.59	1.00		18.80
1.59	0.05	2.99	0.39		0.27
0.85		0.98			1.00
0.55		1.76			0.20
282.50	15.03	529.10	146.86	0.05	33.00
0.52		18.93			25.77
118.29		265.47			
161.76		226.00		0.05	0.96
0.19		13.40	119.06		
	15.00		25.80		
					1.80
1.00	0.03	4.00	2.00		0.76
0.29		0.90			3.09
0.45		0.40			0.62
14.52	0.10	5.60	0.32	0.98	57.18
42.45	0.52	71.88	0.68	0.21	88.75
85.51		33.78		0.85	180.30

7—6 能源加工转换效率

单位:%

年份	总效率	发电及电站供热	炼焦	炼油
1985	79.1	37.2	94.5	98.6
1990	82.7	48.1	97.1	98.0
1991	82.2	49.1	98.5	98.9
1992	81.0	48.3	97.5	86.3
1993	80.6	48.1	83.0	99.0
1994	75.2	46.0	72.6	97.0
1995	80.2	50.3	98.6	97.4
1996	77.6	46.0	90.6	98.0
1997	75.9	43.8	91.7	97.8
1998	76.9	44.9	96.0	99.6
1999	76.0	44.8	97.1	95.6
2000	75.3	41.9	93.2	96.7
2001	73.5	43.8	92.8	89.9
2002	76.8	42.8	98.1	98.0
2003	73.3	39.9	98.1	96.2
2004	72.4	38.2	92.3	96.6
2005	74.7	42.1	98.9	92.4
2006	74.1	43.0	96.7	93.6
2007	75.4	43.3	97.3	95.5
2008	75.9	43.5	97.8	95.0
2009	75.6	43.4	98.1	94.4
2010	77.4	46.2	97.3	95.2

7—7 平均每天能源消费量

能源品种	单位	2000年	2005年	2006年	2007年	2008年	2009年	2010年
煤炭	万吨	28.99	35.80	38.93	41.71	42.05	43.92	46.32
焦炭	万吨	2.41	4.66	5.36	6.30	6.69	7.66	8.67
原油	万吨	10.71	14.82	15.22	16.15	16.29	16.09	17.97
燃料油	万吨	0.82	0.52	0.63	0.61	1.04	0.82	0.98
汽油	万吨	0.41	0.97	1.07	1.21	1.12	1.27	1.63
煤油	万吨	0.05	0.07	0.09	0.10	0.07	0.06	0.06
柴油	万吨	0.53	1.46	1.61	1.90	2.13	2.22	2.64
天然气	亿立方米	0.06	0.04	0.03	0.04	0.04	0.05	0.05
电力	亿千瓦小时	2.05	3.04	3.36	3.72	3.87	4.08	4.70

注:能源消费量包括加工转换量。

7—8 综合能源平衡表

单位:万吨标准煤

指 标	2005年	2006年	2007年	2008年	2009年	2010年
一、可供本地区消费的能源量	12 883.32	14 228.02	15 757.85	16 925.68	18 172.45	19 856.39
1.年初库存量	1 066.82	1 298.89	1 193.52	1 456.92	1 572.40	1 474.50
2.一次能源生产量	6 219.88	6 513.36	6 311.19	6 257.47	6 037.79	6 769.52
3.回收能	80.92	89.40	599.32	1 014.33	1 362.78	1 015.19
4.外省(区、市)调入量	11 124.33	11 401.45	13 474.61	13 665.53	12 946.55	14 076.39
5.进口量	1 188.15	1 450.23	1 803.19	2 187.54	2 947.55	3 099.70
6.我轮、机在外国加油量	24.78	30.92	42.91	51.80	47.80	59.43
7.本省(区、市)调出量(-)	-5 018.42	-4 895.41	-5 559.67	-5 749.84	-4 336.85	-3 933.12
8.出口量(-)	-353.65	-415.45	-465.88	-381.40	-795.18	-974.54
9.外轮、机在我国加油量(-)	-108.77	-32.35	-79.76	-95.19	-93.91	-92.16
10.年末库存量(-)	-1 340.71	-1 213.01	-1 561.55	-1 481.48	-1 516.50	-1 638.51
二、加工转换投入(-)产出(+)量	-4 060.09	-4 432.55	-4 408.52	-4 537.95	-4 661.20	-4 496.71
1.火力发电	-2 389.89	-2 689.79	-2 843.37	-2 886.08	-2 916.90	-2 813.32
2.供热	-372.14	-438.60	-511.59	-516.80	-521.81	-475.59
3.洗选煤	-673.11	-731.23	-629.00	-672.78	-698.50	-700.73
4.炼焦	-18.28	-63.31	-56.11	-47.39	-43.22	-61.70
5.炼油	-577.62	-488.98	-360.16	-407.06	-447.83	-233.92
6.制气	-28.99	-20.32	-7.75	513.73	363.66	-2.01
三、损失量	118.82	126.46	84.76	87.25	103.73	203.89
#运输和输配损失	118.82	126.46	84.76	87.25	103.73	203.89
四、终端消费量	8 704.41	9 669.01	11 264.58	12 300.47	13 407.52	15 155.78
(一)第一产业	215.59	235.33	240.95	244.14	249.85	266.73
(二)第二产业	6 176.60	6 845.28	8 105.39	8 885.83	9 833.29	11 112.25
工业	6 093.39	6 751.67	8 002.47	8 775.85	9 708.30	10 966.99
建筑业	83.21	93.61	102.92	109.98	124.99	145.26
(三)第三产业	1 323.69	1 517.86	1 784.96	1 960.00	2 088.74	2 348.51
交通运输、仓储及邮电通讯业	1 031.92	1 147.07	1 290.01	1 374.72	1 445.64	1 597.03
批发和零售贸易业、餐饮业	85.04	90.55	119.74	135.16	154.11	170.34
其他	206.73	280.23	375.21	450.12	488.99	581.15
(四)生活消费	988.53	1 070.54	1 133.28	1 210.50	1 235.64	1 428.30
城镇	772.71	867.12	929.51	993.67	1 023.37	1 175.58
乡村	215.81	203.42	203.77	216.84	212.27	252.72
五、平衡差额						

注:电、热按当量值计算。

主要统计指标解释

能源生产总量 指一定时期内全省一次能源生产量的总和,是观察全省能源生产水平、规模、构成和发展速度的总量指标。一次能源生产量包括原煤、原油、天然气、水电及其他动力能(如风能、地热能等)发电量。不包括低热值燃料生产量、生物质能、太阳能等的利用和由一次能源加工转换而成的二次能源产量。

能源消费总量 指一定时期内全省物质生产部门、非物质生产部门和生活消费的各种能源的总和,是观察能源消费水平、构成和增长速度的总量指标,能源消费总量包括原煤和原油及其制品、天然气、电力。不包括低热值燃料、生物质能和太阳能等的利用。能源消费总量分为三部分,即终端能源消费量、能源加工转换损失量和损失量。

(1)终端能源消费量 指一定时期内全省物质生产部门、非物质生产部门和生活消费的各种能源在扣除了用于加工转换二次能源消费量和损失量以后的数量。

(2)能源加工转换损失量 指一定时期内全省投入加工转换的各种能源数量之和与产出各种能源产品之和的差额。它是观察能源在加工转换过程中损失量变化的指标。

(3)能源损失量 指一定时期内能源在输送、分配、储存过程中发生的损失和由客观原因造成的各种损失量。不包括各种气体能源放空、放散量。

能源生产弹性系数 是研究能源生产量的增长与国民经济增长之间关系的指标。计算公式:

$$能源生产弹性系数=\frac{能源生产总量年平均增长速度}{国民经济年平均增长速度}$$

国民经济年平均增长速度,可根据不同的目的或需要,用国内生产总值等指标来计算,本资料是采用国内生产总值指标计算的。

电力生产弹性系数 是研究电力生产量的增长与国民经济增长之间关系的指标。一般来说,电力的发展应当快于国民经济的发展,也就是说电力应超前发展。计算公式:

$$电力生产弹性系数=\frac{电力生产量年平均增长速度}{国民经济年平均增长速度}$$

能源消费弹性系数 是反映能源消费增长速度与国民经济增长速度之间的比例关系的指标。计算公式:

$$能源消费弹性系数=\frac{能源消费量年平均增长速度}{国民经济年平均增长速度}$$

电力消费弹性系数 是反映电力消费增长速度与国民经济增长速度之间比例关系的指标。计算公式:

$$电力消费弹性系数=\frac{电力消费量年平均增长速度}{国民经济年平均增长速度}$$

能源加工转换效率 指一定时期内能源经过加工转换后,产出的各种能源产品的数量与同期内投入加工转换的各种能源数量的比率。它是观察能源加工转换装置和生产工艺先进与落后、管理水平高低等的重要指标。计算公式:

$$能源加工转换效率=\frac{加工转换产出量}{加工转换投入量}\times 100\%$$

第八篇

财政

8

CAIZHENG

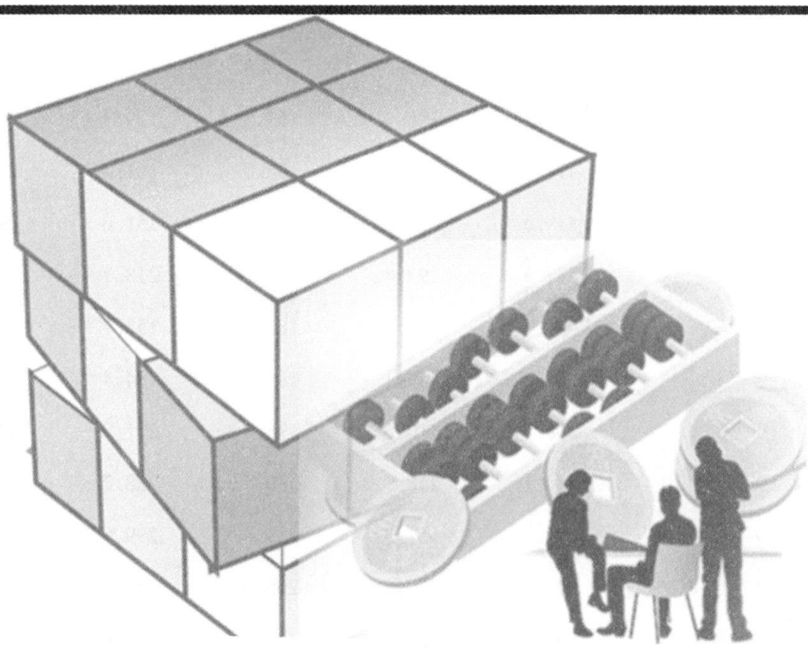

8—1 地区财政收入

单位:亿元

年份	地区财政收入合计	预算内收入	中央	地方	预算外收入	中央	地方
1981	146.8	97.5	18.0	79.5	49.3	9.6	39.7
1982	155.1	96.9	17.0	79.9	58.2	15.7	42.5
1983	185.3	114.6	46.7	67.9	70.7	20.7	50.0
1984	215.3	127.7	50.6	77.1	87.6	27.0	60.6
1985	288.4	162.2	77.0	85.2	126.2	37.3	88.9
1986	309.2	172.9	74.0	98.9	136.3	34.6	101.7
1987	338.4	185.6	77.6	108.0	152.8	45.8	107.0
1988	366.0	192.8	76.9	115.9	173.2	53.3	119.9
1989	400.5	212.2	78.3	133.9	188.3	62.2	126.1
1990	399.2	196.8	67.5	129.3	202.4	65.1	137.3
1991	491.5	256.8	95.3	161.5	234.7	90.2	144.5
1992	519.5	229.3	77.7	151.6	290.2	136.8	153.4
1993	387.3	292.8	79.1	213.7	94.5	6.8	87.7
1994	443.8	336.8	183.1	153.7	107.0	8.3	98.7
1995	500.6	369.1	184.7	184.4	131.5	11.5	120.0
1996	558.7	410.6	198.9	211.7	148.1	7.6	140.5
1997	584.1	458.9	230.7	228.2	125.2	8.6	116.6
1998	682.9	551.3	251.4	299.9	131.6	13.1	118.5
1999	727.3	579.2	265.0	314.2	148.1	18.5	129.6
2000	830.4	659.1	323.5	335.6	171.3	15.6	155.7
2001	1 010.1	816.4	386.9	429.5	193.7	22.6	171.1
2002	1 119.1	914.4	423.3	491.1	204.7	20.5	184.2
2003	1 283.0	1 063.2	491.2	572.0	219.8	25.1	194.7
2004	1 572.9	1 335.4	631.6	703.8	237.5	26.2	211.3
2005	1 888.8	1 639.5	723.9	915.6	249.3	10.5	238.8
2006	2 332.8	2 068.4	898.3	1 170.1	264.4	11.9	252.5
2007	3 153.8	2 824.8	1 137.2	1 687.6	329.0	12.2	316.8
2008	3 716.3	3 452.6	1 262.6	2 190.0	263.7	19.8	243.9
2009	4 615.2	4 363.9	1 460.5	2 903.3	251.4	37.9	213.5
2010	6 728.2	6 546.0	1 991.3	4 554.7	182.2	33.4	148.8

注:1. 本表中地区财政收入、预算内收入及中央预算内收入均不含债务类收入。

2. 2003 年以前中央预算内收入为国地税上缴中央收入合计,2003 年后为人民银行国库收入。

8—2 历年地方财政一般预算收入

单位:亿元

年 份	地方财政收入合计	各项税收	国有资本经营收入	国有企业计划亏补	其他各项收入
1980	86.9	41.6	43.3		2.0
1985	85.2	102.3	1.4	-20.2	1.7
1986	98.9	107.1	1.4	-13.3	3.7
1987	108.0	115.5	1.4	-14.8	5.9
1988	115.9	128.4	1.7	-24.9	10.7
1989	133.9	145.6	1.6	-29.7	16.4
1990	129.3	140.3	2.0	-31.0	18.0
1991	161.5	155.7	1.6	-30.2	34.4
1992	151.6	158.6	1.5	-24.5	16.0
1993	213.7	220.0	1.9	-24.8	16.6
1994	153.7	147.5	0.8	-17.3	22.7
1995	184.4	174.0	0.6	-18.0	27.8
1996	211.7	195.8	0.7	-17.1	32.3
1997	228.2	215.1	1.0	-16.6	28.7
1998	264.6	233.5	2.6	-13.1	41.6
1999	279.6	247.5	2.5	-11.2	40.8
2000	295.6	266.4	3.7	-9.7	35.2
2001	370.4	320.0	3.5	-4.7	51.6
2002	399.7	333.0	6.7	-3.5	63.5
2003	447.0	361.4	9.1	-3.3	79.8
2004	529.6	411.5	13.0	-2.9	108.0
2005	675.3	528.4	24.5	-3.0	125.4
2006	817.7	626.2	40.9	-3.0	153.6
2007	1 082.7	815.7	57.8	-	209.2
2008	1 356.1	1 017.1	92.9	-	246.1
2009	1 591.2	1 184.0	145.7	-	261.5
2010	2 004.8	1 516.7	131.2	-	356.9

注:1. 本表财政收入为当年财政决算数据。

2. 各项税收 1983 年利改税以后含企业所得税,1994 年以后为新税制收入。

3. 国有资产经营收益 1998 年以前指国企上缴利润,1983 年前含企业上缴的基本折旧。

4. 其他各项收入指行政性收费、罚没收入、海域场地矿区使用费收入、专项收入和其他各项收入。

5. 国有资本经营收入 2007 年以前为“国有资产经营收益”。

8—3 地方财政一般预算收入

单位:亿元

项　　目	2006年	2007年	2008年	2009年	2010年
合　　计	**817.67**	**1 082.69**	**1 356.08**	**1 591.22**	**2 004.84**
一、各项税收小计	**626.21**	**815.67**	**1 017.10**	**1 183.98**	**1 516.65**
增值税	124.40	149.11	172.76	163.56	188.84
营业税	205.37	252.01	304.00	363.94	453.75
企业所得税	74.00	108.06	142.44	125.09	174.06
个人所得税	35.63	45.78	51.73	48.94	64.2
资源税	18.74	24.26	28.25	32.65	46.45
城市维护建设税	43.87	51.58	58.71	57.69	71.62
房产税	29.80	29.86	35.38	41.09	45.91
印花税	9.62	12.66	16.38	16.67	22.81
城镇土地使用税	16.83	49.42	66.03	85.18	108.05
土地增值税	11.54	18.24	24.78	47.99	77.59
车船税	2.23	3.02	11.11	9.80	12.28
耕地占用税	5.29	5.97	24.33	69.56	96.43
契　税	48.32	64.74	78.15	116.89	152.94
烟叶税	0.23	0.46	0.53	0.83	0.53
其他税收收入	0.44	0.51	2.07	4.10	1.2
二、非税收入小计	**191.46**	**267.03**	**338.98**	**407.24**	**488.18**
专项收入	34.50	50.85	50.67	45.67	55.02
行政事业性收费收入	81.14	96.54	117.17	93.76	131.92
罚没收入	29.82	32.91	35.91	41.89	60.1
国有资本经营收入	35.95	57.79	92.93	145.66	131.19
国有资源有偿使用收入	6.81	25.63	39.03	69.46	97.84
其他收入	3.25	3.32	3.27	10.80	12.1

8—4 地区各项税收及附加收入

单位:亿元

税种分类	2005年	2006年	2007年	2008年	2009年	2010年
收入合计	**1 270.34**	**1 456.21**	**1 799.87**	**2 295.04**	**2 651.89**	**3 504.61**
一、税收合计	**1 244.35**	**1 428.10**	**1 766.66**	**2 256.94**	**2 605.57**	**3 445.44**
1.增值税	517.03	572.17	682.33	861.83	816.22	1 091.61
#国内增值税	455.11	499.23	598.96	694.15	677.09	821.27
2.消费税	67.39	92.17	102.13	112.76	392.64	495.03
#国内消费税	62.80	84.46	93.80	99.56	366.23	443.31
3.营业税	164.69	205.37	252.01	303.99	363.94	453.83
4.个人所得税	82.02	89.09	114.45	129.32	122.36	160.51
5.外商外国企业所得税	31.46	38.43			82.30	128.22
6.企业所得税	160.64	162.29	277.68	373.50	222.42	303.72
7.资源税	12.05	18.65	24.14	28.33	32.73	46.43
8.投资方向调节税	0.20	0.35	0.51	0.45	0.05	
9.城市维护建设税	39.92	43.86	51.58	58.71	74.35	95.09
10.房产税	24.83	29.80	29.85	35.38	41.08	45.92
11.印花税	7.51	9.62	12.66	16.38	16.67	22.81
12.城镇土地使用税	9.76	16.84	49.42	66.03	85.18	108.05
13.土地增值税	5.95	11.54	18.24	24.78	47.99	77.59
14.车船使用税	1.68	2.23	3.03	11.11	9.80	12.28
15.屠宰税						
16.筵席税						
17.农业税	0.53					
18.农业特产税	0.63	0.33				
19.耕地占用税	3.69	5.29	4.95	24.33	69.56	96.43
20.契　税	38.93	48.36	36.36	78.12	116.89	152.94
21.车辆购置税	22.64	26.68	33.13	39.19	44.72	66.46
22.烟叶税			0.46	0.53	0.83	0.53
23.关　税	52.80	55.03	73.73	90.02	61.89	86.80
24.其他税收				2.18	3.95	1.20
二、其他收入	**25.99**	**28.11**	**33.21**	**38.10**	**46.32**	**59.17**
1.教育费附加	17.35	19.49	23.46	27.13	33.52	42.95
2.文化事业建设费	0.91	1.05	1.10	1.27	1.27	1.53
3.地方教育费收入	5.41	5.90	7.52	8.72	10.74	13.15
4.矿区使用费	0.33	0.31				
5.罚没收入	1.43	0.72	0.25	0.30	0.20	0.85
6.其他收入	0.56	0.64	0.88	0.68	0.58	0.69

注:1.本表按1994年新税制改革以来的地区实际税收收入整理。

2.增值税和消费税含海关代征,不含出口退税绝对值;国内增值税和国内消费税不含海关代征,含出口退税绝对值。

8—5 各 地 区 地 方

(2010

项　　目	沈阳市	大连市	鞍山市	抚顺市	本溪市	丹东市
合　　计	**4 653 540**	**5 008 322**	**1 800 334**	**812 507**	**745 960**	**802 359**
一、各项税收小计	**3 680 711**	**3 985 638**	**1 246 169**	**628 631**	**557 230**	**590 139**
增值税	399 458	461 391	195 444	88 268	95 898	52 421
营业税	1 295 086	1 357 601	300 375	155 664	100 588	165 210
企业所得税	503 294	560 250	129 323	51 465	18 301	45 474
个人所得税	173 245	212 417	33 107	26 876	22 266	15 102
资源税	10 193	25 938	47 296	23 792	42 631	30 174
城市维护建设税	146 749	162 863	67 474	44 287	30 301	23 200
耕地占用税	134 010	104 044	32 998	75 416	104 981	109 983
契税	402 571	459 840	154 407	47 400	25 793	47 140
烟叶税			7			1 572
其他税收收入	616 105	641 294	285 738	115 463	116 471	99 863
二、非税收入小计	**972 829**	**1 022 684**	**554 165**	**183 876**	**188 730**	**212 220**
专项收入	82 893	93 205	45 683	29 923	22 860	17 144
行政事业性收费收入	252 808	286 658	61 743	80 026	42 064	55 764
罚没收入	123 514	71 772	21 759	18 699	22 507	30 125
国有资本经营收入	332 312	296 532	370 272	44 929	65 947	56 415
国有资源有偿使用收入	179 076	221 949	31 984	9 292	34 767	47 578
其他收入	2 226	52 568	22 724	1 007	585	5 194

财 政 一 般 预 算 收 入

年)

单位:万元

锦州市	营口市	阜新市	辽阳市	盘锦市	铁岭市	朝阳市	葫芦岛市
810 703	**1 001 063**	**300 700**	**764 808**	**805 869**	**800 829**	**662 504**	**559 423**
668 800	**811 722**	**250 446**	**569 872**	**631 982**	**567 258**	**514 222**	**389 125**
74 677	72 083	45 523	89 522	134 448	53 888	77 330	48 064
209 514	253 152	67 834	110 287	169 641	113 938	113 397	125 196
49 468	65 171	21 691	89 416	32 498	42 671	42 786	24 440
23 674	16 644	9 412	21 059	36 470	13 843	25 488	12 395
28 778	8 171	16 277	107 068	9 798	29 375	79 253	5 794
36 812	42 001	15 081	29 294	48 040	27 726	21 771	20 637
81 054	58 697	30 607	32 882	14 912	95 517	65 591	23 621
53 523	128 479	18 330	31 675	41 526	49 640	30 897	38 182
		694			1 726	1 267	
111 300	167 324	24 997	58 669	144 649	138 934	56 442	90 796
141 903	**189 341**	**50 254**	**194 936**	**173 887**	**233 571**	**148 282**	**170 298**
24 388	27 672	11 877	32 412	26 024	18 897	27 127	15 355
28 272	54 991	13 910	61 641	50 992	92 066	39 910	49 225
25 370	30 823	15 637	16 089	16 848	56 674	32 204	37 415
2 929	29 097	2 422	29 016		27 187	2 853	51 919
51 516	40 606	3 188	52 237	76 497	37 680	42 604	16 380
9 428	6 152	3 220	3 541	3 526	1 067	3 584	4

8—6 各 地 区 地 方

(2010

行　　业	沈阳市	大连市	鞍山市	抚顺市	本溪市	丹东市
合　　计	**5 166 242**	**6 114 743**	**2 019 010**	**1 502 536**	**1 164 764**	**1 346 622**
一般公共服务	670 130	632 517	203 061	143 409	158 084	121 677
国　　防	12 806	12 467	5 118	3 054	891	2 004
公共安全	381 297	276 618	96 352	73 584	82 657	72 009
教　　育	770 606	753 455	214 243	133 276	156 824	182 424
科学技术	153 492	266 033	19 615	11 574	11 413	8 668
文化体育与传媒	87 100	87 975	24 787	9 043	26 234	16 837
社会保障和就业	947 962	923 147	420 292	468 732	216 793	244 514
医疗卫生	267 592	268 487	119 425	65 310	48 462	60 464
环境保护	106 038	111 680	40 843	80 774	33 240	23 147
城乡社区事务	614 587	781 190	466 564	167 541	177 936	203 934
农林水事务	264 102	349 591	116 571	110 934	91 306	193 375
交通运输	84 510	187 054	20 347	15 459	12 844	25 169
工业商业金融等事务	775 581	1 288 771	240 303	200 144	142 635	164 275
其他支出	30 439	175 758	31 489	19 702	5 445	

财政一般预算支出

年)

单位:万元

锦州市	营口市	阜新市	辽阳市	盘锦市	铁岭市	朝阳市	葫芦岛市
1 384 452	**1 372 882**	**882 722**	**1 000 685**	**1 098 203**	**1 415 835**	**1 467 537**	**1 094 920**
140 789	147 518	79 436	120 087	156 285	237 464	151 847	134 449
806	1 866	1 269	2 513	2 491	1 126	1 995	7 449
79 377	81 987	52 174	73 736	51 716	82 604	80 864	90 791
173 732	173 687	102 131	116 105	124 789	186 241	206 142	141 042
12 317	20 125	2 136	14 625	9 665	18 663	9 807	9 411
15 225	16 545	20 922	15 461	12 640	13 955	32 008	13 746
300 370	262 666	221 960	226 704	157 894	154 187	284 380	224 376
78 137	72 504	48 550	62 056	45 965	74 831	91 589	71 041
42 808	39 148	35 470	11 239	24 577	48 364	49 541	20 684
144 734	278 556	65 889	131 818	147 711	210 882	139 390	68 223
200 720	99 239	88 252	65 976	141 552	174 674	201 573	163 741
54 258	19 415	11 261	14 722	11 092	19 447	28 140	16 329
96 017	146 780	128 136	101 117	143 103	175 714	183 389	103 894
45 162	12 846	25 136	44 526	68 723	17 683	6 872	29 744

8—7 地方财政一般预算支出

单位:亿元

行　　业	2006年	2007年	2008年	2009年	2010年
合　　计	**1 422.75**	**1 764.28**	**2 153.43**	**2 682.39**	**3 195.82**
一般公共服务	233.81	271.16	307.65	329.16	352.40
国　　防	3.42	5.89	5.38	7.49	7.58
公共安全	99.26	126.77	147.58	154.16	191.29
教　　育	193.14	252.13	306.36	346.73	405.39
科学技术	27.72	38.69	49.02	57.49	68.90
文化体育与传媒	23.58	24.80	29.94	76.25	56.76
社会保障和就业	322.99	402.98	469.97	518.07	579.84
医疗卫生	46.30	66.60	83.90	163.32	151.36
环境保护	21.16	28.07	48.18	55.71	77.44
城乡社区事务	143.47	171.78	217.22	289.66	360.31
农林水事务	101.81	121.80	149.29	240.71	289.00
交通运输	17.76	26.92	37.25	106.60	140.29
工业商业金融等事务	112.78	150.22	221.28	211.64	441.88
其他支出	75.57	76.48	80.40	125.40	73.38

主要统计指标解释

财政总收入 指国家财政参与社会产品分配所取得的收入，是实现国家职能的财力保证。财政收入所包括的内容几经变化，目前主要包括：

税收收入 包括增值税、营业税、企业所得税、个人所得税、资源税、固定资产投资方向调节税、城市维护建设税、房产税、印花税、城镇土地使用税、土地增值税、车船税、耕地占用税、契税、烟叶税、其他税收收入。

非税收入 包括专项收入、行政事业性收费收入、罚没收入、国有资本经营收入、国有资源有偿使用收入、其他收入。

财政总支出 国家财政将筹集起来的资金进行分配使用，以满足经济建设和各项事业的需要，主要包括以下各项支出：

一般公共服务 反映政府提供一般公共服务的支出。

公共安全 反映政府维护社会公共安全方面的支出，有关事务包括武装警察、公安、国家安全、检察、法院、司法行政、监狱、劳教、国家保密、缉私警察等。

教育支出 反映政府教育事务支出。有关具体教育事务包括教育行政管理、学前教育、小学教育、初中教育、普通高中教育、普通高等教育、初等职业教育、中专教育、技校教育、职业高中教育、高等职业教育、广播电视教育、留学生教育、特殊教育、干部继续教育、教育机关服务等。

科学技术 反映政府用于科学技术方面的支出。

文化体育与传媒 反映政府在文化、文物、体育、广播电视、新闻出版等方面的支出。

社会保障和就业 反映政府在社会保障与就业方面的支出。有关事项包括社会保障与就业管理事务、民政管理事务、财政对社会保险基金的补助、补充全国社会保障基金、行政事业单位离退休、企业改革补助、就业补助、抚恤、退役安置、社会福利、残疾人事业、城市居民最低生活保障、其他城镇社会救济、农村社会救济、自然灾害生活补助、红十字事务等。

医疗卫生 反映政府医疗卫生方面的支出。具体包括医疗卫生管理事务支出、医疗服务支出、医疗保障支出、疾病预防控制支出、卫生监督支出、妇幼保健支出、农村卫生支出等。

环境保护 反映政府环境保护支出。具体包括：环境保护管理事务支出、环境监测与监察支出、污染治理支出、自然生态保护支出、天然林保护工程支出、退耕还林支出、风沙荒漠治理支出、退牧还草支出、已垦草原退耕还草支出。

城乡社区事务 反映政府城乡社区事务支出。具体包括：城乡社区管理事务支出、城乡社区规划与管理支出、城乡社区公共设施支出、城乡社区住宅支出、城乡社区环境卫生支出、建设市场管理与监督支出等。

农林水事务 反映政府农林水事务方面的支出。具体包括农业、林业、水利、扶贫支出、农业综合开发支出等。

交通运输 反映政府交通运输方面的支出。包括公路运输支出、水路运输支出、铁路运输支出、民用航空运输支出等。

工业商业金融等事务 反映政府工业、商业、金融等事务支出。具体包括：采掘业支出、制造业支出、电力支出、信息产业支出、旅游业支出、涉外发展支出、粮油事务支出、商业流通事务支出、物资储备支出、金融保险支出、烟草事务支出、安全生产支出、国有资产监督支出、中小企业发展支出、清洁生产支出等。

其他支出 反映不能划分到上述功能科目的其他政府支出。包括预备费、年初预留、住房改革支出以及其他支出。

中央财政和地方财政 财政是国家为了实现其职能，凭借政治权力，对一部分社会产品进行分配和再分配的经济活动。中央财政和地方财政，是指财政体制上划分中央政府和地方政府以及地方各级政府之间财政管理权限的一项根本制度，它是经济管理体制的重要组成部分，它在财政管理体制中居于主导地位。它具体规定了各级政府筹集资金、支配使用资金的权力、范围和责任，使各级政府在财政管理上有责有权。这对于正确处理中央和地方之间，以及地方各级之间的分配关系，充分发挥各级政府的积极性，更好地完成国家财政收支任务，促进社会主义建设的发展有着极其重要的意义。中央财政收入和地方财政收入，是指中央和地方各级负责组织征收的收入，不是按财政体制计算的收入分成数。其收入中还包括了国外借款。

预算外资金 是指不纳入国家财政预算，由各地方、各部门、各企业、事业、行政单位，按国家规定范围自行筹集和使用的资金。它是国家财政预算内资金的补充财力。

第九篇

物价

9

WUJIA

9—1 各种价格指数

单位:%

年份	居民消费价格指数	城市居民消费价格指数	农村居民消费价格指数	商品零售价格指数	工业品出厂价格指数	原材料、燃料、动力购进价格指数	固定资产投资指数
1980		104.4		105.9			
1985	110.7	111.4	106.7	110.0			
1986	106.7	107.0	105.0	106.0			
1987	108.6	109.8	105.6	109.0			
1988	119.3	119.6	115.9	119.3	122.4	133.9	
1989	118.2	117.2	120.1	118.4	121.2	133.3	
1990	103.3	103.1	104.1	102.7	103.8	117.6	105.9
1991	105.6	106.0	104.2	104.1	119.2	108.1	108.2
1992	106.7	108.1	102.3	106.0	112.1	116.6	120.9
1993	115.2	116.7	110.9	113.5	138.4	149.9	136.4
1994	124.3	126.1	120.9	120.6	119.9	118.2	117.4
1995	116.1	116.1	116.0	114.0	109.9	114.2	104.9
1996	107.9	108.2	106.8	105.4	102.8	103.7	102.2
1997	103.1	103.8	102.1	101.0	100.1	103.1	102.3
1998	99.3	99.8	98.7	97.6	95.8	99.3	99.8
1999	98.6	98.7	98.3	96.1	102.0	99.0	100.0
2000	99.9	100.0	99.7	98.4	108.8	103.9	101.1
2001	100.0	99.9	100.2	99.4	98.6	100.0	100.4
2002	98.9	98.9	98.7	97.4	97.8	98.3	100.7
2003	101.7	101.2	103.7	98.9	103.6	105.1	102.5
2004	103.5	102.8	106.3	101.9	107.1	112.1	104.8
2005	101.4	100.8	104.0	100.1	105.1	108.1	102.8
2006	101.2	101.1	101.6	101.3	104.1	104.2	102.1
2007	105.1	104.6	107.0	104.4	104.4	104.8	104.3
2008	104.6	104.4	105.5	105.3	110.9	111.5	109.1
2009	100.0	100.0	100.3	99.8	94.0	93.3	97.0
2010	103.0	102.8	104.0	103.2	107.4	108.6	103.3

9—2 各种价格定基指数

单位:%

年份	居民消费价格指数(1984=100)	城市居民消费价格指数(1978=100)	农村居民消费价格指数(1984=100)	商品零售价格总指数(1978=100)	工业品出厂价格指数(1988=100)	原材料、燃料、动力购进价格指数(1988=100)	固定资产投资指数(1990=100)
1979		101.7		101.4			
1980		106.2		105.4			
1981		112.3		108.8			
1982		113.9		110.1			
1983		115.8		111.8			
1984		120.0		116.2			
1985	110.7	133.7	106.7	127.8			
1986	118.1	143.1	112.0	135.5			
1987	128.3	157.1	118.3	147.7			
1988	153.0	187.9	137.1	176.2			
1989	180.9	220.2	164.7	208.6	121.2	133.3	
1990	186.8	227.0	171.4	214.3	125.8	156.8	
1991	197.3	240.6	178.6	223.0	150.0	169.5	108.2
1992	210.5	260.1	182.7	236.4	168.1	197.6	130.9
1993	242.5	303.6	202.7	268.3	232.7	296.2	178.6
1994	301.4	382.8	245.0	323.6	279.0	350.1	209.6
1995	350.0	444.4	284.2	368.9	306.6	399.8	219.9
1996	377.6	480.8	303.5	388.8	315.2	414.6	224.7
1997	389.3	499.1	309.9	392.7	315.5	427.4	229.9
1998	386.6	498.1	305.9	383.3	302.2	424.5	229.4
1999	381.2	491.6	305.0	368.4	308.3	420.2	229.4
2000	380.8	491.6	304.1	362.5	335.4	436.6	231.9
2001	380.8	491.1	304.7	360.3	330.7	436.6	232.9
2002	376.6	485.7	300.7	350.9	323.4	429.2	234.5
2003	383.0	494.0	311.9	347.0	335.1	451.1	240.6
2004	396.4	507.8	331.5	353.6	358.9	505.7	252.1
2005	401.9	511.9	344.8	354.0	377.2	546.7	259.2
2006	406.7	517.5	350.3	358.6	392.7	569.7	264.6
2007	427.4	541.3	374.8	374.4	409.9	596.9	275.9
2008	447.2	565.0	395.5	394.4	454.6	665.5	301.0
2009	447.2	565.0	396.7	393.6	427.3	621.0	291.9
2010	460.6	580.8	412.6	406.2	458.9	674.4	301.6

9—3 居民消费价格分类指数

（2010年，上年=100）　　单位：%

项目	全省	城市	农村	项目	全省	城市	农村
总指数	**103.0**	**102.8**	**104.0**	2.衣着材料	103.6	103.5	103.6
一、食品	107.9	107.3	110.2	3.鞋袜帽	95.1	94.2	99.2
1.粮食	112.6	112.0	113.8	4.衣着加工服务费	104.3	105.8	100.7
2.淀粉及薯类	105.0	105.6	102.7	四、家庭设备及用品及维修费	99.8	99.9	99.6
3.干豆类及豆制品	109.5	108.7	112.5	1.耐用消费品	98.8	99.0	98.2
4.油脂类	101.7	101.4	102.6	2.室内装饰品	99.9	99.8	100.1
5.肉禽及其制品	101.8	101.2	104.1	3.床上用品	101.7	101.9	100.5
6.蛋类	111.1	112.0	108.0	4.家庭日用杂品	99.4	99.3	99.6
7.水产品类	107.6	107.2	110.7	5.家庭服务及维修费	105.2	104.6	108.8
8.菜类	122.7	120.9	131.8	五、医疗保健和个人用品	102.4	102.3	103.0
#鲜菜	123.6	121.4	136.6	1.医疗保健	102.4	102.3	102.6
9.调味品	105.2	105.7	103.7	2.个人用品及服务费	102.6	102.2	104.3
10.糖类	105.5	105.5	105.4	六、交通和通讯	99.9	99.7	100.5
11.茶及饮料	101.6	101.8	100.6	1.交通	102.3	102.3	102.0
12.干鲜瓜果类	109.1	109.0	109.8	2.通信	97.7	97.5	98.8
13.糕点饼干类	102.4	102.5	101.5	七、娱乐教育文化用品及服务	99.9	99.9	100.0
14.奶及奶制品	103.0	103.1	101.9	1.文娱用耐用消费品及服务	93.2	92.9	94.5
15.在外用膳食品	102.4	102.3	102.5	2.教育	100.7	100.6	101.1
16.其他食品及加工服务费	100.2	99.5	103.4	3.文化娱乐用品	100.4	100.4	100.7
二、烟酒及用品	100.7	100.6	100.8	4.旅游	105.8	106.3	100.1
1.烟草	100.2	99.9	101.0	八、居住	103.4	103.8	101.9
2.酒	101.6	101.9	100.7	1.建房及装修材料	101.7	101.9	101.3
3.吸烟、饮酒用品	99.5	99.2	100.3	2.租房	109.1	109.5	104.3
三、衣着类	96.2	95.5	99.1	3.自有住房	102.0	102.2	100.3
1.服装	96.3	95.8	98.8	4.水、电、燃料	104.0	104.3	102.8

9—4 居民消费价格分类指数

（2010 年，2000 年平均价格 = 100）　　单位：%

项　　目	全省	城市	农村	项　　目	全省	城市	农村
总 指 数	**110.9**	**108.6**	**120.7**	2. 衣着材料	110.5	110.5	115.2
一、食　　品	130.0	129.1	134.5	3. 鞋 袜 帽	85.5	83.3	95.3
1. 粮　　食	149.7	148.6	152.8	4. 衣着加工服务费	113.3	121.1	93.5
2. 淀粉及薯类	128.8	137.6	97.7	四、家庭设备用品及维修服务	88.8	87.3	96.8
3. 干豆类及豆制品	138.8	138.0	142.2	1. 耐用消费品	78.8	77.8	88.6
4. 油 脂 类	126.7	121.6	140.7	2. 室内装饰品	88.5	82.9	105.0
5. 肉禽及其制品	131.8	131.1	135.8	3. 床上用品	101.3	100.1	108.2
6. 蛋　　类	147.8	149.3	142.7	4. 家庭日用杂品	95.0	93.9	98.6
7. 水产品类	117.6	114.8	141.3	5. 家庭服务及维修费	113.2	115.0	99.0
8. 菜　　类	136.2	134.5	137.6	五、医疗保健和个人用品	97.8	90.8	121.5
#鲜　　菜	135.4	132.6	140.4	1. 医疗保健	95.5	86.9	127.3
9. 调 味 品	115.8	117.2	112.7	2. 个人用品及服务费	101.7	101.2	103.9
10. 糖　　类	121.2	122.4	110.4	六、交通和通讯	92.6	90.1	102.4
11. 茶及饮料	98.6	99.0	95.7	1. 交　　通	108.6	108.8	108.3
12. 干鲜瓜果类	151.1	152.2	144.8	2. 通　　信	83.2	80.8	97.2
13. 糕点饼干类	107.5	108.5	100.8	七、娱乐教育文化用品及服务	110.7	107.0	124.5
14. 奶及奶制品	99.4	98.9	106.2	1. 文娱用耐用消费品及服务	52.7	50.2	63.6
15. 在外用膳食品	108.9	109.4	107.0	2. 教　　育	137.2	134.5	143.6
16. 其他食品及加工服务费	0.0	0.0	0.0	3. 文化娱乐用品	105.3	106.9	97.1
二、烟酒及用品	98.9	99.0	97.7	4. 旅　　游	85.2	85.1	96.6
1. 烟　　草	93.8	92.7	97.4	八、居　　住	121.0	119.1	125.4
2. 酒	106.3	109.1	98.0	1. 建房及装修材料	103.0	97.5	109.9
3. 吸烟、饮酒用品	93.6	94.8	93.3	2. 租　　房	133.6	130.7	194.2
三、衣 着 类	87.4	85.7	96.3	3. 自有住房	105.5	105.2	106.7
1. 服　　装	86.9	85.5	95.9	4. 水、电、燃料	138.0	133.0	160.5

9—5 各市居民消费价格分类指数

(2010年,上年=100) 单位:%

市名称	居民消费价格指数	食品	#粮食	#油脂	#肉禽及其制品	#蛋类	#水产品	#菜类	#茶和饮料
全省	**103.0**	**107.9**	**112.6**	**101.7**	**101.8**	**111.1**	**107.6**	**122.7**	**101.6**
沈阳	102.9	108.3	110.1	105.8	100.8	114.1	107.9	127.3	102.4
大连	102.7	107.4	109.3	102.0	102.0	105.1	109.5	120.5	101.0
鞍山	103.1	108.1	116.0	96.9	100.8	115.4	108.7	135.6	102.9
抚顺	102.9	108.2	109.3	100.9	100.2	110.5	106.1	122.2	103.3
本溪	102.8	107.8	114.2	100.3	103.7	110.3	115.7	108.5	100.4
丹东	103.1	109.0	112.4	99.2	102.9	102.2	106.1	127.2	99.8
锦州	102.7	106.1	114.9	97.8	100.7	115.8	102.7	110.3	101.9
营口	102.9	107.0	113.4	105.5	100.2	114.2	104.2	122.9	99.5
阜新	102.5	107.7	112.5	96.2	102.2	112.8	109.2	126.0	101.2
辽阳	102.0	105.1	117.9	100.9	102.0	112.6	109.3	100.1	103.5
盘锦	103.0	109.7	116.5	107.4	102.8	115.4	114.6	111.7	103.7
铁岭	104.3	110.8	111.0	98.7	102.7	113.9	106.2	135.1	99.4
朝阳	102.9	108.2	107.7	96.6	100.1	118.1	105.9	141.9	105.6
葫芦岛	102.7	105.5	114.4	100.4	99.0	110.3	106.5	104.4	97.7

9—5 续表 (2010年,上年=100) 单位:%

市名称	#干鲜瓜果	#奶及奶制品	烟酒及用品	衣着	家庭设备及服务	医疗保健个人用品	交通和通讯	娱乐教育文化用品	居住
全省	**109.1**	**103.0**	**100.7**	**96.2**	**99.8**	**102.4**	**99.9**	**99.9**	**103.4**
沈阳	112.2	104.1	100.9	96.2	100.4	101.8	100.1	99.3	102.8
大连	105.5	103.3	100.7	92.9	101.0	102.2	99.9	99.8	104.3
鞍山	94.1	99.2	100.1	99.6	102.0	101.2	99.6	100.4	101.0
抚顺	110.4	107.9	100.2	94.2	98.6	101.8	99.7	101.0	103.6
本溪	118.3	104.2	101.0	95.8	97.3	101.3	101.2	100.5	101.4
丹东	119.0	101.1	100.5	93.6	98.1	102.3	99.0	103.0	101.0
锦州	110.0	112.0	99.9	89.1	102.0	107.7	99.2	100.7	106.6
营口	107.9	101.8	100.7	95.3	98.2	102.4	102.4	101.6	101.2
阜新	106.9	100.2	99.7	89.3	99.6	103.8	99.2	98.6	105.2
辽阳	111.8	100.7	100.4	96.6	99.0	101.4	100.3	98.9	104.1
盘锦	117.5	104.2	101.3	92.1	99.7	101.3	98.6	100.5	104.3
铁岭	120.0	112.5	98.7	98.6	97.4	105.4	99.2	101.0	102.8
朝阳	89.5	101.4	101.6	97.1	99.2	102.3	98.7	99.3	101.7
葫芦岛	116.0	101.4	101.7	97.0	100.8	102.1	100.9	99.9	105.6

9—6 各市居民消费价格分类指数

（2010年，2000年平均价格＝100） 单位：%

市名称	居民消费价格指数	食品	#粮食	#油脂	#肉禽及其制品	#蛋类	#水产品	#菜类	#茶和饮料
全省	**110.9**	**130.0**	**149.7**	**126.7**	**131.8**	**147.8**	**117.6**	**136.2**	**98.6**
沈阳	123.2	176.9	190.1	158.2	223.4	207.7	131.8	227.5	112.8
大连	116.7	158.9	168.2	152.9	198.5	197.9	140.0	173.3	103.5
鞍山	119.6	165.9	197.3	146.9	196.1	221.8	146.7	210.1	152.3
抚顺	117.8	172.1	159.4	185.2	196.7	245.6	144.9	185.5	106.0
本溪	121.3	175.4	202.5	165.9	210.7	175.2	158.1	223.0	109.1
丹东	124.3	176.7	220.6	142.3	199.2	160.3	135.2	203.8	100.5
锦州	114.7	184.5	241.0	145.3	231.2	208.5	136.4	185.2	111.8
营口	125.8	188.1	210.7	162.9	219.4	205.5	135.7	231.7	103.4
阜新	117.4	188.3	200.8	136.0	247.8	225.9	135.0	215.0	99.9
辽阳	122.9	179.6	191.4	180.0	192.6	219.7	123.6	227.2	104.7
盘锦	123.8	193.3	214.0	142.6	241.5	209.8	126.5	232.6	109.5
铁岭	119.4	166.2	182.5	128.7	205.3	190.6	106.6	212.5	96.1
朝阳	121.2	175.0	197.4	151.4	213.4	205.5	114.5	219.9	105.3
葫芦岛	114.7	165.5	212.4	142.7	195.4	205.2	118.7	146.2	82.6

9—6续表

（2010年，2000年平均价格＝100） 单位：%

市名称	#干鲜瓜果	#奶及奶制品	烟酒及用品	衣着	家庭设备及服务	医疗保健个人用品	交通和通讯	娱乐教育文化用品	居住
全省	**151.1**	**99.4**	**98.9**	**87.4**	**88.8**	**97.8**	**92.6**	**110.7**	**121.0**
沈阳	174.0	127.3	105.7	83.3	95.7	94.9	77.3	112.2	133.4
大连	150.1	129.4	105.0	80.1	99.5	106.0	84.8	92.9	122.1
鞍山	136.5	117.2	104.9	69.6	96.9	103.6	85.6	104.1	127.6
抚顺	158.2	135.2	110.3	78.9	76.1	97.8	82.2	86.7	132.1
本溪	200.5	140.8	97.0	66.0	90.3	107.2	88.2	101.0	132.4
丹东	147.9	125.5	107.1	71.0	84.1	91.8	97.6	108.4	135.4
锦州	174.1	148.4	109.6	34.2	84.9	102.0	84.6	97.7	136.5
营口	195.8	135.7	121.9	45.5	85.4	119.7	96.5	99.9	140.5
阜新	254.5	131.2	103.3	46.4	79.0	89.8	82.6	95.7	136.6
辽阳	240.1	132.8	98.7	67.6	93.4	101.5	83.5	112.5	130.1
盘锦	198.4	117.0	111.0	53.1	95.5	105.4	85.7	109.5	155.1
铁岭	197.6	123.7	102.0	73.9	84.7	102.9	89.2	106.0	125.2
朝阳	129.3	121.5	112.9	79.3	83.0	94.5	76.3	97.1	133.3
葫芦岛	198.1	116.5	94.6	53.5	94.5	85.6	85.3	105.5	146.7

9—7 农业生产资料价格指数

单位:%

项目	2005年	2006年	2007年	2008年	2009年	2010年
农业生产资料价格指数	**110.0**	**100.5**	**114.2**	**128.1**	**96.7**	**103.7**
1.农用手工工具		104.6	105.6	112.0	102.5	104.9
2.饲料	106.4	101.8	109.6	120.9	104.7	112.8
3.产品畜		76.6	196.6	157.9	71.3	99.6
4.半机械化农具	101.6	100.2	102.1	107.2	100.4	102.9
5.机械化农具	98.6	100.0	102.0	106.5	101.4	103.4
6.化学肥料	117.0	100.6	100.9	134.3	94.1	95.3
7.农药及农药械	102.5	101.6	102.0	108.7	103.1	99
8.农机用油	115.6	114.3	105.5	114.8	87.3	112.5
9.其他农业生产资料	108.6	103.4	105.4	115.1	101.9	103.6
10.农业生产服务		109.1	118.1	121.1	112.6	108.4

9—8 各地区农村消费价格分类指数

(2010年,上年=100)

单位:%

项目	昌图	绥中	瓦房店	辽中	海城	新宾	凤城	建平	北票
总指数	**104.8**	**104.9**	**103.3**	**105.2**	**104.3**	**104.7**	**105.0**	**104.5**	**104.1**
一、食品	112.1	110.6	109.2	112.0	111.0	113.5	111.3	111.7	110.3
二、烟酒及用品	100.0	100.4	100.0	101.8	100.7	100.0	103.4	101.4	102.7
三、衣着类	100.0	101.2	97.8	98.6	99.7	97.3	100.4	97.7	101.3
四、家庭设备及服务	100.8	99.5	100.5	100.2	97.7	100.1	101.0	100.1	100.0
五、医疗保健及个人用品	103.7	104.7	101.5	102.2	104.7	101.5	102.1	102.9	101.8
六、交通和通讯	100.4	101.4	99.2	101.4	100.5	99.1	100.7	99.7	100.6
七、娱乐教育文化	99.6	99.4	99.4	100.6	100.5	99.8	101.5	99.4	99.9
八、居住	101.7	104.1	102.7	104.8	100.6	103.1	102.8	103.5	101.3

9—9 工业品出厂价格分类指数

（上年＝100）

单位：%

类　　别	2005年	2006年	2007年	2008年	2009年	2010年
全部工业产品出厂价格总指数	**105.1**	**104.1**	**104.4**	**110.9**	**94.0**	**107.4**
一、按轻重工业分						
1.轻 工 业	101.7	100.4	102.9	106.3	98.8	102.9
以农产品为原料	100.0	100.3	104.9	108.9	98.5	103.8
以非农产品为原料	102.7	100.6	100.8	103.6	99.2	102.0
2.重 工 业	107.3	105.1	104.9	112.1	92.2	109.2
采掘工业	119.0	108.3	100.4	114.7	85.8	120.3
原料工业	107.5	107.7	106.2	114.0	91.9	115.2
加工工业	103.6	100.8	103.8	108.9	93.8	103.5
二、按两大部类分						
1.生产资料	106.5	104.7	104.5	111.3	93.2	108.2
采掘工业	119.1	108.0	100.8	115.8	87.6	119.1
原料工业	107.2	107.8	106.2	113.7	91.6	115.8
加工工业	103.7	100.9	103.3	108.1	95.0	103.2
2.生活资料	99.7	99.6	104.0	107.3	98.9	103.0
食　　品	99.8	100.3	107.1	110.9	97.6	104.3
衣　　着	99.6	101.7	100.8	102.6	101.8	100.8
一般日用品	100.0	100.5	100.2	103.2	97.9	101.5
耐用消费品	99.6	93.8	97.5	100.1	101.0	102.4
三、按工业部门分						
1.冶金工业	105.3	100.0	108.3	117.4	84.9	109.4
2.电力工业	103.3	102.9	103.6	101.8	102.4	102.2
3.煤炭及炼焦工业	122.8	106.7	102.4	120.1	109.0	112.8
4.石油工业	117.4	117.6	104.3	117.1	87.0	125.1
5.化学工业	109.6	100.5	103.4	108.9	94.3	108.4
6.机械工业	101.5	100.9	100.6	102.6	99.9	99.3
7.建筑材料工业	102.6	101.8	101.4	105.0	100.3	102.8
8.森林工业	101.3	101.0	102.0	102.9	99.6	104.1
9.食品工业	99.5	99.7	107.6	112.6	97.3	103.9
10.纺织工业	101.7	101.3	101.0	101.1	97.7	111.2
11.缝纫工业	100.8	101.0	100.2	101.4	101.2	100.5
12.皮革工业	95.6	102.8	102.5	107.3	104.7	103.3
13.造纸工业	102.2	99.4	100.9	107.3	98.0	103.5
14.文教艺术用品工业	99.5	98.8	99.7	100.3	98.5	102.1
15.其他工业	102.2	102.0	100.7	105.2	98.6	103.0

9—10 原材料、燃料、动力购进价格分类指数

（上年＝100）　　单位:%

类　　别	2005年	2006年	2007年	2008年	2009年	2010年
全部原材料、燃料、动力购进总指数	**108.1**	**104.2**	**104.8**	**111.5**	**93.3**	**108.6**
1.燃料、动力类	112.5	110.2	103.9	111.7	97.1	112.4
2.黑色金属材料类	108.2	97.3	105.5	120.6	85.5	106.8
3.有色金属材料和电线类	112.8	122.1	111.3	99.1	84.3	111.1
4.化工原料类	110.4	102.4	103.7	107.1	90.6	108.1
5.木材及纸浆类	101.1	100.4	104.0	106.9	99.0	101.2
6.建筑材料类	105.5	101.1	103.7	117.1	98.5	105.3
7.非金属矿类	103.2	101.3	105.3	108.1	97.5	104.4
8.农副产品类	103.9	103.2	105.9	115.0	95.6	110.8
9.纺织原料类	102.9	102.7	101.8	103.5	99.9	105.2

主要统计指标解释

商品零售价格指数:商品零售价格,是指工业、商业、餐饮业和其他零售企业向城乡居民、机关团体出售生活消费品和办公用品的价格。商品零售价格指数,是反映一定时期内商品零售价格变动趋势和变动程度的相对数,利用商品零售价格指数,可以全面掌握市场商品零售价格的变动状况,为国家制定经济政策提供参考依据,同时还可在此基础上编制出其他各种派生价格指数,为研究市场流通、进行国民经济核算提供科学依据。

商品零售价格指数的汇总计算公式为加权算术平均公式,权数资料来源于社会消费品销售额统计和重点调查资料。所选商品为十四个大类,必报商品为304种。

居民消费价格指数:居民消费价格,是指城乡居民支付生活消费品和服务项目消费的价格,是社会产品和服务项目的最终价格。居民消费价格指数,是反映一定时期内居民消费价格变动趋势和变动程度的相对数,利用居民消费价格指数,可以全面观察居民消费价格变动对居民生活的影响,为党政领导和决策部门掌握消费价格状况,研究和制定居民消费政策、价格政策、工资政策、货币政策以及进行国民经济核算提供科学依据。居民消费价格指数还是反映通货膨胀程度的重要指标。

农产品收购价格指数:农产品收购价格,是指各种经济类型的工商企业和其他单位以及个人直接从农民个人和国有农业生产单位收购农产品的价格。农产品收购价格指数,是反映一定时期内农产品收购价格变动趋势和变动程度的相对数,利用这一指数,可以反映农产品收购价格的变动情况及其对农产品生产者、收购者货币收支的影响,为国家制定、检查农产品收购政策,研究收购价格水平,差价政策和比价政策提供科学依据。

农产品收购价格指数的计算公式为加权倒数平均公式,权数资料来源于农村住户主要农村产品出售量、农村住户出售畜禽及渔业产品情况、国家和社会其他农产品收购部门的收购金额或收购量资料、历年农产品收购金额资料等。所选商品为十一个大类,250种商品。

农业生产资料价格指数:农业生产资料价格,是指工商企业、供销合作社和其他单位及个人向农民出售农业生产资料的价格,也是农业生产资料在流通领域中最后一个环节的价格。农业生产资料价格指数,是反映一定时期内农业生产资料价格变动趋势和变动程度的相对数。利用这一指数可以掌握农业生产资料价格的变动情况,为国家制定有关政策,保障农民利益,促进农业发展提供决策参考依据;同时,也为研究市场流通和新国民经济核算体系提供科学依据。1994年以前,农业生产资料价格指数仅仅是商品零售价格指数的一个类别,此后,从商品零售价格指数中单列出来,独立编制。

农业生产资料价格指数的计算公式为加权算术平均公式。权数资料来源于供销合作社等部门的销售统计资料和农村住户调查资料中的农业生产资料购买数量和金额资料。所选商品为十个大类,49种主要商品。

工业品出厂价格指数:是反映工业产品出厂价格水平变动趋势及变动程度的相对数,一般用百分数(%)表示。

原材料、燃料和动力购进价格指数:是反映工业企业作为生产投入,而从物资交易市场和能源、原材料生产企业购买原材料、燃料和动力产品时,所支付的价格水平变动趋势和程度的统计指标,是扣除工业企业物质消耗成本中的价格变动影响的重要依据。

第十篇

人民生活

10

RENMIN SHENGHUO

10—1 人民物质文化生活提高情况

项　　目	单位	2005年	2006年	2007年	2008年	2009年	2010年
就　　业							
每一农村劳动力负担人数	人	1.34	1.34	1.32	1.31	1.30	1.30
每一城镇就业者负担人数	人	2.03	2.01	1.94	1.97	1.95	1.95
收　　入							
农民家庭人均纯收入	元	3 690.2	4 090.4	4 773.4	5 576.5	5 958	6 908
城镇居民家庭人均可支配收入	元	9 107.6	10 369.6	12 300.4	14 392.7	15 761.4	17 712.6
在岗职工平均工资	元	17 331	19 624	23 202	27 729	31 104	35 057
消费水平							
全省居民消费水平	元	6 447	6 926	7 909	9 650	10 848	12 934
农村居民	元	3 175	3 508	3 725	4 312	4 909	5 739
城镇居民	元	8 749	9 317	10 792	13 265	14 774	17 489
储　　蓄							
城乡居民年底储蓄存款余额	亿元	6 950.2	7 701.2	8 063.0	10 127.3	12 030.9	13 690.3
平均每人储蓄存款余额	元	16 591	18 291	18 760	23 891.4	28 300.8	32 183.6
住　　房							
农村平均每人住房面积	平方米	25.1	25.2	25.7	26.4	27.0	27.3
城市平均每人建筑面积	平方米	22.0	23.0	23.7	25.7	26.6	26.9
交通、邮电							
城市每万人拥有公共汽车	辆	8.9	9.7	10.0	10.6		
每人每年函件交寄	件	3.0	2.3	1.5	1.95	1.76	1.99
城市公用事业							
自来水普及率	%	93.8	96.7	96.9	96.9	97.2	97.4
燃气普及率	%	88.1	92.3	92.0	92.4	93.7	94.2
文　　化							
每百户拥有彩色电视机							
城镇	台	122.1	123.5	121.7	119.3	121.8	123.1
农村	台	102.3	106.7	106.0	109.8	110.9	111.69
教　　育							
学龄儿童入学率	%	99.7	99.8	99.9	99.9	99.9	99.9
每万人口有大学生	人	157.7	171.6	184.3	193.5	200.8	206.9
卫　　生							
每万人拥有医院病床	张	42.5	42.9	42.6	43.1	45.1	48.0
每万人拥有医生	人	21.8	22.4	21.5	21.4	21.6	22.0

10—2 城乡居民家庭人均收入及恩格尔系数

年份	城镇居民家庭人均可支配收入(元)	指数(1978=100)	农村居民家庭人均纯收入(元)	指数(1978=100)	城镇居民家庭恩格尔系数(%)	农村居民家庭恩格尔系数(%)
1978	363.3	100.00	185.2	100.00		63.8
1979			235.0	126.89		60.5
1980	493.9	135.95	273.0	147.41		56.3
1981	508.1	139.86	306.6	165.55		53.8
1982	529.4	145.72	334.3	180.51		54.7
1983	548.7	151.03	452.5	244.33		53.0
1984	636.1	175.09	477.4	257.78		54.9
1985	704.3	193.86	485.7	262.26	54.7	51.6
1986	881.9	242.75	533.2	287.90	53.6	51.0
1987	992.4	273.16	599.3	323.60	53.6	50.7
1988	1 204.0	331.41	699.6	377.75	50.7	48.5
1989	1 417.3	390.12	740.2	399.68	54.3	49.5
1990	1 551.0	426.92	836.2	419.22	55.3	54.1
1991	1 705.6	469.47	896.7	484.18	55.9	52.6
1992	1 936.0	532.89	995.1	537.31	54.4	51.7
1993	2 299.5	632.95	1 161.0	626.89	50.5	55.1
1994	3 047.0	838.70	1 423.5	768.57	51.5	58.0
1995	3 691.4	1 016.07	1 756.5	948.43	51.9	60.3
1996	4 207.2	1 158.05	2 150.0	1 160.91	50.1	56.5
1997	4 518.1	1 243.62	2 301.5	1 242.71	48.1	55.4
1998	4 617.2	1 270.91	2 579.8	1 392.98	44.6	52.8
1999	4 898.6	1 348.36	2 501.0	1 350.43	43.4	50.6
2000	5 357.8	1 474.76	2 355.6	1 271.92	40.7	46.5
2001	5 797.0	1 595.65	2 557.9	1 381.15	39.7	45.6
2002	6 524.6	1 795.93	2 751.3	1 485.58	38.8	45.0
2003	7 240.6	1 993.01	2 934.2	1 584.34	39.4	43.2
2004	8 007.6	2 204.12	3 307.1	1 785.69	40.4	46.4
2005	9 107.6	2 506.90	3 690.2	1 992.55	38.8	41.6
2006	10 369.6	2 854.27	4 090.4	2 208.64	38.8	41.2
2007	12 300.4	3 385.74	4 773.4	2 577.43	37.8	39.6
2008	14 392.7	3 961.66	5 576.5	3 011.03	39.0	40.6
2009	15 761.4	4 338.4	5 958.0	3 217.06	38.0	36.7
2010	17 712.6	4 875.5	6 908.0	3 730.02	35.1	38.2

注:1. 1978 年可支配收入为推算数。2. 1978—1984 年为全省城市数。

10—3 城镇居民家庭基本情况

指标	单位	2005年	2006年	2007年	2008年	2009年	2010年
一、调查户数	户	**3 650**	**3 650**	**3 650**	**4 300**	**4 300**	**4 300**
二、平均每户家庭人口	人	**2.85**	**2.8**	**2.78**	**2.75**	**2.73**	**2.71**
三、平均每户就业人口	人	**1.40**	**1.39**	**1.43**	**1.39**	**1.40**	**1.38**
四、平均每户就业面	%	**49.12**	**49.6**	**51.44**	**50.5**	**51.28**	**50.92**
五、负担系数	人	**2.03**	**2.01**	**1.94**	**1.98**	**1.95**	**1.96**
六、平均每人全部年收入	元	**9 837.20**	**11 230.03**	**13 438.43**	**15 836.25**	**17 757.70**	**20 014.57**
#可支配收入	元	9 107.55	10 369.61	12 300.39	14 392.69	15 761.38	17 712.58
(一)工资性收入	元	6 103.41	6 611.44	8 213.06	9 494.59	10 420.60	11 712.68
1.工资及补贴收入	元	6 003.75	6 446.40	7 937.66	9 283.71	10 233.65	11 563.68
2.其它劳动收入	元	99.66	165.04	275.39	210.88	186.95	149.01
(二)经营净收入	元	486.03	688.16	765.33	1 483.3	1 553.18	1 797.82
(三)财产性收入	元	95.60	146.49	263.73	248.04	239.81	249.59
1.利息收入	元	13.12	15.41	31.79	42.94	42.01	49.71
2.股息与红利收入	元	9.45	13.82	79.36	58.23	41.41	34.23
3.保险收益	元	3.57	5.50	6.06	9.1	7.50	3.02
4.其它投资收入	元	13.14	40.82	39.92	64.46	62.40	65.71
5.出租房屋收入	元	55.29	65.78	84.32	69.11	75.05	79.84
6.知识产权收入	元	0.09	2.64	13.7	0.02	1.78	10.73
7.其它财产性收入	元	0.93	2.52	8.58	4.17	9.66	6.36
(四)转移性收入	元	3 152.17	3 783.94	4 196.3	4 610.32	5 544.11	6 254.48
1.养老金或离退休金	元	2 573.62	3 089.75	3 508.51	3 865.03	4 638.72	5 379.14
2.社会救济收入	元	35.68	32.80	34.91	53.02	50.57	45.48
3.辞退金	元	44.24	32.22	8.68	7.69	6.31	20.68
4.赔偿收入	元	5.32	22.48	8.93	15.92	12.11	3.63
5.保险收入	元	46.31	31.12	27.63	20.46	17.04	17.06
#失业保险金	元	42.51	26.08	16.25	9.92	9.18	11.32
6.赡养收入	元	82.20	118.99	134.69	196.29	224.46	172.73
7.捐赠收入	元	250.35	302.51	332.23	306.19	385.53	379.87
8.亲友搭伙费	元	13.07	13.72				
9.提取住房公积金	元	43.82	67.12	57.07	33.35	77.89	55.53
10.记帐补贴	元	42.51	51.69	49.81	79.3	102.67	142.68
11.其它转移性收入	元	15.05	21.53	33.86	33.06	28.81	37.68
七、平均每人出售财物收入	元	164.41	244.47	92.62	267.81	222.36	349.45
1.出售住房收入	元	161.11	231.88	71.54	257.75	217.88	306.42
2.出售其它物品收入	元	3.29	12.59	21.07	10.06	4.47	43.03
八、平均每人消费性支出	元	7 369.27	7 987.49	9 429.73	11 231.48	12 324.58	13 280.04
1.食品支出	元	2 860.98	3 102.13	3 560.21	4 378.14	4 680.85	4 658
2.衣着支出	元	740.83	846.91	1 017.65	1 187.41	1 338.84	1 586.81
3.家庭设备用品及服务	元	304.80	362.10	439.28	507.4	607.51	785.67
4.医疗保健支出	元	751.16	767.13	879.08	913.13	1 018.44	1 079.81
5.交通和通信支出	元	744.02	797.64	1 033.36	1 295.7	1 493.17	1 773.26
6.教育文化娱乐服务支出	元	849.53	853.92	1 052.94	1 145.46	1 283.68	1 495.9
7.居住支出	元	792.75	909.42	1 047.04	1 270.95	1 293.00	1 314.79
8.其它商品和服务支出	元	325.18	348.23	400.16	533.29	609.09	585.78

10—4 城镇居民家庭平均每人总收入

(2010 年,按相对收入不等距九组分)

单位:元

指　　标	合　计	最低10%	#更低5%	低10%	较低20%	中间20%	较高20%	高10%	最高10%	#更高5%
家庭总收入	**20 014.57**	**6 936.91**	**5 914.5**	**9 718.4**	**12 987.24**	**16 897.04**	**22 675.73**	**30 355.65**	**49 425.98**	**60 082.97**
#可支配收入	17 712.58	5 738.62	4 651.98	8 379.48	11 300.91	14 941.69	19 965.67	26 620.98	45 254.23	55 805.77
(一)工资性收入	11 712.68	4 707.42	3 981.45	6 657.23	8 069.93	10 540.48	13 676.87	19 455.24	22 399.93	23 881.13
1. 工资及补贴收入	11 563.68	4 541.67	3 837.23	6 495.88	7 963.24	10 469.2	13 534.82	19 223.59	22 096.53	23 480.26
2. 其它劳动收入	149.01	165.74	144.22	161.34	106.69	71.28	142.05	231.65	303.4	400.87
(二)经营净收入	1 797.82	568.15	582.55	562.87	719.82	786.72	1 282.61	2 081.3	9 491.15	15 720.37
(三)财产性收入	249.59	26.92	14.69	28.74	38.79	95.22	174.28	381.1	1 495.89	2 319.4
1. 利息收入	49.71	6.6	2.48	16.05	12.24	31.36	54.02	104.22	182.32	244.87
2. 股息与红利收入	34.23	14.7	0.11	2.05	1.36	3.19	6.66	57.75	255.57	292.18
3. 保险收益	3.02	1.5	3.24			1.53	4.53	3.79	13.19	24.19
4. 其它投资收入	65.71	0.25	0.54	0.7	0.91	0.43	11.93	40.1	608.93	1 155.4
5. 出租房屋收入	79.84	3.39	7.3	9.94	20.21	49.94	96.47	171.05	292.61	328.7
6. 知识产权收入	10.73								110.58	212.52
7. 其它财产性收入	6.36	0.47	1.01		4.07	8.77	0.67	4.2	32.68	61.54
(四)转移性收入	6 254.48	1 634.43	1 335.8	2 469.57	4 158.7	5 474.61	7 541.96	8 438.01	16 039.02	18 162.07
1. 养老金或离退休金	5 379.14	1 098.24	776.98	2 046.37	3 634.1	4 916.02	6 793.9	7 523.65	12 726.5	13 271.18
2. 社会救济收入	45.48	192.13	254.45	86.25	37.95	24.81	15.95	5.84	14.81	22.23
3. 辞退金	20.68			0.31	3.99	0.1	23.83	24.98	129.89	119.24
4. 赔偿收入	3.63	0.16	0.34		0.22	7.73	6.65	6.88	0.02	0.04
5. 保险收入	17.06	24.08	13.14	7.21	18.45	8.32	11.64	16.27	47.81	65.63
#失业保险金	11.32	22.76	11.42	5.73	12.7	8.32	10.76	12.51	9.08	11.86
3. 赡养收入	172.73	44.73	42.52	39.1	66.17	88.24	118.4	145.29	981.1	1 671.11
7. 捐赠收入	379.87	138.32	121.21	150.23	239.11	259.9	364.42	441.56	1 379.95	2 014.16
8. 提取住房公积金	55.53			3.96	16.25	5.01	13.95	49.27	446.06	669.91
9. 记帐补贴	142.68	115.9	121.76	112.53	130.22	139.18	157.55	165.11	181.49	182.74
10. 其它转移性收入	37.68	20.86	5.4	23.6	12.25	25.3	35.67	59.16	131.4	145.81
出售财物收入	**349.45**	**1.61**	**2.7**	**7.1**	**373.45**	**217.2**	**236.28**	**328.72**	**1 542.34**	**1 607.13**
1. 出售住房收入	306.42				372.01	216.04	234.94	327.46	1 117.58	803.62
2. 出售其它物品收入	43.03	1.61	2.7	7.1	1.45	1.16	1.34	1.27	424.75	803.51

10—5 各地区城镇居民平均每人全年可支配收入

单位:元

地　　区	2005年	2006年	2007年	2008年	2009年	2010年
全　　省	**9 107.55**	**10 369.61**	**12 300.39**	**14 392.69**	**15 761.38**	**17 712.58**
沈　　阳	10 098.08	11 651.43	14 606.54	17 013.06	18 474.61	20 541.23
大　　连	11 994.38	13 350.10	15 108.63	17 500.48	19 014.37	21 292.56
鞍　　山	9 462.93	10 760.94	12 856.64	15 074.42	16 530.15	18 423.08
抚　　顺	8 005.17	9 304.98	10 809.4	12 434.22	13 557.01	15 302.92
本　　溪	8 105.36	9 477.74	11 100.52	13 310.59	14 705.47	16 774.92
丹　　东	6 880.58	7 859.65	9 814.91	11 640.78	12 827.31	14 535.99
锦　　州	8 862.22	9 980.96	12 010.05	13 962.5	15 386.09	17 375.1
营　　口	9 008.65	10 135.11	12 143.1	14 352.26	15 858.03	18 054.61
阜　　新	6 656.32	7 598.21	8 702.29	10 113.77	11 116.52	12 710.83
辽　　阳	8 407.53	9 649.12	11 240.68	13 262.4	14 567.58	16 570.34
盘　　锦	11 025.32	12 205.45	14 907.25	17 046	18 563.20	21 035.41
铁　　岭	6 526.33	7 437.05	8 978.94	10 907.22	12 054.67	13 730.03
朝　　阳	6 599.46	7 440.18	9 009.59	10 517.08	11 553.65	12 960.55
葫 芦 岛	8 579.37	9 794.71	12 009.12	13 941.53	15 305.32	17 371.22

10—6 各地区城市居民平均

(2010

指　　标	全　省	沈　阳	大　连	鞍　山	抚　顺	本　溪
家庭总收入	**20 014.57**	**23 960.48**	**25 222.88**	**20 086.72**	**16 766.49**	**18 637.97**
#可支配收入	17 712.58	20 541.23	21 292.56	18 423.08	15 302.92	16 774.92
(一)工资性收入	11 712.68	14 339.48	15 820.25	10 546.79	9 121.28	10 789.11
1. 工资及补贴收入	11 563.68	14 259.83	15 698.53	10 387.35	9 050.92	10 674.67
2. 其它劳动收入	149.01	79.65	121.72	159.44	70.36	114.45
(二)经营净收入	1 797.82	2 735.7	1 630.34	1 214.08	820.74	1 267.38
(三)财产性收入	249.59	166.04	625.15	482	113.55	342.49
1. 利息收入	49.71	22.03	52.11	55.01	75.31	22.55
2. 股息与红利收入	34.23	40.84	88.81	50.86	8.46	16.2
3. 保险收益	3.02	0.24	7.43	4.51		9.28
4. 其它投资收入	65.71		325.1	117.22		148.97
5. 出租房屋收入	79.84	102.25	138.37	90.45	29.79	136.78
6. 知识产权收入	10.73			157.61		
7. 其它财产性收入	6.36	0.7	13.33	6.34		8.71
(四)转移性收入	6 254.48	6 719.26	7 147.13	7 843.85	6 710.91	6 238.98
1. 养老金或离退休金	5 379.14	6 367.79	5 697.17	6 259.67	5 343.92	5 117.46
2. 社会救济收入	45.48	5.33	19.9	79.94	70.41	62.19
3. 辞退金	20.68	0.02	42.06		69.31	
4. 赔偿收入	3.63	0.14	10.43			4.63
5. 保险收入	17.06	6.48	32.3	23.65	19.93	8.39
#失业保险金	11.32	6.48	26.79	2.89	19.93	
6. 赡养收入	172.73	39.94	516.76	205.93	289.13	117.35
7. 捐赠收入	379.87	160.05	355.2	902.82	679.14	679.29
8. 提取住房公积金	55.53	7.71	180.46	17.94	89.51	112.5
9. 记帐补贴	142.68	127.05	260.82	167.71	138.06	128.3
10. 其它转移性收入	37.68	4.76	32.03	186.21	11.51	8.88
出售财物收入	**349.45**	**231.86**	**1 427.61**	**493.05**	**329.22**	**500.77**
1. 出售住房收入	306.42	134.21	1 425.08	249.54	328.54	491.74
2. 出售其它物品收入	43.03	97.65	2.52	243.51	0.68	9.02

每人全年家庭总收入

年）

单位:元

丹东	锦州	营口	阜新	辽阳	盘锦	铁岭	朝阳	葫芦岛
16 127.23	**18 884.11**	**19 661.81**	**13 703.76**	**18 635.69**	**24 510.14**	**14 506.35**	**13 920.21**	**18 828.09**
14 535.99	17 375.1	18 054.61	12 710.83	16 570.34	21 035.41	13 730.03	12 960.55	17 371.22
8 601.79	10 081.26	10 287.9	8 386.25	10 570.93	18 229.93	7 763.13	8 091.2	9 212.97
8 583.15	9 992.4	10 164.69	7 523.13	10 487.3	18 098.41	7 737.02	7 783.72	9 166.64
18.64	88.86	123.2	863.12	83.64	131.52	26.11	307.48	46.33
932.49	3 246.06	2 661.35	805.93	1 763.32	875.51	1 008.03	701.54	2 997.52
69.7	161.27	228.62	163.25	128.88	223.57	97.58	92.95	331.71
34.34	110.34	94.85	38.8	92.54	67.95	54.94	25.75	98.13
0.9	4.28	3.68	57.3	0.53	7.57	11.19	1.49	43.27
		19.78			6.23		6.1	
5.91		4.55	46.21	3			7.66	22.98
24.97	46.4	70.34	20.94	29.09	140.61	31.44	39.64	141.11
					0.19			
3.57	0.24	35.42		3.72	1.02		12.3	26.23
6 523.26	5 395.53	6 483.93	4 348.32	6 172.55	5 181.13	5 637.61	5 034.53	6 285.89
5 951.53	4 721.02	5 877.84	3 686.59	5 561.45	3 882.18	4 819.69	3 948.84	4 842.12
53.13	32.66	6	261.32	86.8	172.24	81.13	140.03	13.68
14.74		32.58		0.94	1.47		338.75	
		21.09	20.33	5.67			1.91	
0.92	4.1	38.63		9.31	56.34	7.07	14.18	7.51
0.92		20.82		7.01	0.13	7.07		7.51
109.86	220.36	102.62	28.99	93.61	192.8	193.69	124.63	130.2
243.72	165.54	242.87	143.46	235.52	738.92	380.77	236.01	1 028.56
1.22	109.45	0.51		81.99		52.79	52.62	93.98
131.35	140.54	87.9	88.06	89.51	132.49	94.23	125.73	138.24
16.78	1.86	73.89	119.58	7.75	4.69	8.24	51.83	31.61
7.24	**0.41**	**0.11**	**5.62**	**16.13**	**1.74**	**373.6**	**1.1**	**1.87**
						372.98		
7.24	0.41	0.11	5.62	16.13	1.74	0.62	1.1	1.87

10—7 城镇居民家庭

(2010年,按相对

指　　标	合　　计	最低10%	#更低5%	低10%
家庭总支出	**18 397.47**	**7 232.21**	**6 701.47**	**9 611.40**
(一)消费性支出	13 280.04	5 587.44	5 047.01	7 187.68
#服务性消费支出	3 447.05	1 321.78	1 115.45	1 758.79
1.食　　品	4 658.00	2 553.19	2 346.22	3 075.23
2.衣　　着	1 586.81	580.01	473.79	785.84
3.居　　住	1 314.79	648.48	603.57	820.53
4.家庭设备用品及服务	785.67	239.49	228.00	353.85
5.医疗保健	1 079.81	361.21	336.55	546.39
6.交通和通信	1 773.26	409.99	365.48	629.79
7.教育文化娱乐服务	1 495.90	610.64	497.16	750.03
8.其它商品和服务	585.78	184.44	196.23	226.01
(二)财产性支出	96.03	6.54	3.14	14.90
1.非生产性贷款利息支出	64.30	1.46	3.14	14.70
2.其它财产性支出	31.73	5.08		0.20
(三)转移性支出	2 063.33	545.28	486.92	853.60
1.交纳所得税	172.18	6.56	13.25	9.04
2.捐赠支出	1 318.18	403.03	362.91	545.21
3.购买彩票	11.23	0.93	0.32	2.76
4.赡养支出	448.57	122.97	103.92	257.05
#在外就学子女费用	307.31	84.21	64.64	220.10
5.各种非储蓄性保险支出	87.17	9.72	4.47	28.81
#车辆保险支出	36.29			
6.其它转移性支出	26.00	2.06	2.04	10.73
(四)社会保障支出	1 987.13	1 075.83	1 127.51	1 217.35
1.个人交纳的养老基金	940.97	721.65	820.81	747.85
2.个人交纳的住房公积金	658.52	82.88	61.81	177.55
3.个人交纳的医疗基金	332.37	254.52	238.97	266.85
4.个人交纳的失业基金	47.15	12.43	5.67	22.74
5.其它社会保障支出	8.12	4.36	0.25	2.35
(五)购房与建房支出	970.94	17.12	36.89	337.87
1.购　　房	970.78	17.12	36.89	337.87
2.建　　房	0.16			

平 均 每 人 总 支 出

收入不等距九组分）

单位:元

较低20%	中间20%	较高20%	高10%	最高10%	#更高5%
12 353.59	**15 418.05**	**19 669.94**	**27 265.57**	**46 310.03**	**55 156.76**
9 089.48	11 120.88	13 832.27	19 176.03	33 717.84	42 919.63
2 359.49	2 815.86	3 521.73	5 159.99	9 105.35	10 973.73
3 747.66	4 296.06	5 140.41	6 236.24	8 532.73	9 989.58
1 061.68	1 348.06	1 727.80	2 568.87	3 774.98	4 626.40
952.51	1 191.99	1 334.30	1 804.40	2 993.95	3 704.45
493.89	644.22	894.78	1 242.84	2 015.30	2 386.53
745.40	950.61	1 198.32	1 471.50	2 697.35	2 587.99
791.13	1 108.93	1 400.18	2 758.34	7 593.33	11 648.46
981.49	1 174.67	1 519.95	2 287.09	4 086.10	5 283.38
315.71	406.34	616.53	806.75	2 024.10	2 692.84
22.29	83.78	146.18	162.23	280.75	213.95
15.66	52.41	90.50	124.37	192.10	157.28
6.63	31.37	55.68	37.86	88.66	56.67
1 170.05	1 590.88	2 347.79	3 303.91	5 897.21	6 679.09
20.58	64.55	190.52	452.71	737.31	878.51
860.87	1 132.36	1 522.46	1 955.74	3 338.81	3 543.17
6.11	11.90	15.20	12.41	30.28	46.36
241.53	311.82	511.91	640.22	1 374.03	1 750.36
174.01	239.65	346.46	383.27	886.01	1 126.14
27.56	49.82	77.37	201.19	337.14	369.92
	2.25	31.48	84.50	220.46	263.10
13.40	20.43	30.33	41.64	79.63	90.75
1 535.54	1 751.61	2 361.99	3 116.85	3 252.96	3 215.94
903.49	889.79	1 041.38	1 158.58	1 126.02	1 106.40
295.01	519.43	872.04	1 384.36	1 631.91	1 625.36
301.96	294.50	376.13	473.40	392.15	381.01
31.56	41.00	63.05	79.42	88.18	87.70
3.52	6.90	9.38	21.09	14.71	15.48
536.22	870.90	981.71	1 506.55	3 161.27	2 128.14
536.22	870.72	981.66	1 506.55	3 160.05	2 128.14
	0.17	0.05		1.22	

10—8 各地区城市居民平均

(2010

指　　标	全　省	沈　阳	大　连	鞍　山	抚　顺	本　溪
家庭总支出	**18 397.47**	**22 678.42**	**24 870.08**	**17 842.85**	**15 419.68**	**18 346.75**
(一)消费性支出	13 280.04	16 961.44	16 579.70	13 709.68	10 006.53	12 119.39
#服务性消费支出	3 447.05	4 959.14	4 106.16	3 393.89	2 543.10	3 407.73
1. 食　　品	4 658.00	5 384.84	6 145.16	4 671.37	4 041.09	4 779.83
2. 衣　　着	1 586.81	2 139.66	1 676.02	1 490.84	975.74	1 583.47
3. 居　　住	1 314.79	1 364.94	1 741.57	1 572.19	900.56	907.69
4. 家庭设备用品及服务	785.67	1 031.96	994.76	719.78	473.12	712.85
5. 医疗保健	1 079.81	1 447.89	1 128.17	1 080.94	895.41	976.64
6. 交通和通信	1 773.26	2 428.25	2 519.59	2 095.52	1 196.69	1 321.39
7. 教育文化娱乐服务	1 495.90	2 359.29	1 741.83	1 374.66	1 090.15	1 291.63
8. 其它商品和服务	585.78	804.61	632.60	704.38	433.77	545.89
(二)财产性支出	96.03	140.46	192.30	128.12	50.35	106.89
1. 非生产性贷款利息支出	64.30	103.58	126.25	60.77	29.90	86.88
2. 其它财产性支出	31.73	36.89	66.05	67.35	20.45	20.01
(三)转移性支出	2 063.33	1 971.10	1 870.77	1 854.51	2 511.19	3 061.13
1. 交纳所得税	172.18	317.79	288.47	103.73	34.02	72.04
2. 捐赠支出	1 318.18	1 084.51	829.73	1 330.11	1 942.22	2 280.31
3. 购买彩票	11.23	10.44	12.55	13.07	7.96	9.72
4. 赡养支出	448.57	383.83	629.41	319.71	459.29	593.26
#在外就学子女费用	307.31	266.58	381.33	171.55	394.92	475.73
5. 各种非储蓄性保险支出	87.17	147.41	91.48	37.64	52.50	71.76
#车辆保险支出	36.29	71.65	35.23	14.14	11.04	9.85
6. 其它转移性支出	26.00	27.13	19.13	50.26	15.21	34.04
(四)社会保障支出	1 987.13	2 974.42	3 381.02	1 392.20	1 291.48	1 662.71
1. 个人交纳的养老基金	940.97	1 376.49	1 707.21	582.46	573.78	711.31
2. 个人交纳的住房公积金	658.52	904.21	1 092.52	542.94	526.94	665.43
3. 个人交纳的医疗基金	332.37	619.12	493.96	224.90	155.95	228.11
4. 个人交纳的失业基金	47.15	62.86	79.33	41.90	34.65	52.26
5. 其它社会保障支出	8.12	11.75	8.01		0.16	5.59
(五)购房与建房支出	970.94	630.99	2 846.29	758.33	1 560.12	1 396.64
1. 购　　房	970.78	630.99	2 846.29	758.33	1 560.12	1 396.64
2. 建　　房	0.16					

每人全年家庭总支出

年）

单位:元

丹　东	锦　州	营　口	阜　新	辽　阳	盘　锦	铁　岭	朝　阳	葫芦岛
14 419.25	**16 239.52**	**15 901.25**	**11 671.90**	**14 767.42**	**21 495.36**	**13 614.75**	**12 542.56**	**16 040.49**
11 322.67	11 801.50	12 223.26	9 047.36	11 070.63	13 923.00	10 322.56	9 318.12	10 969.40
2 857.44	3 143.19	2 819.27	2 267.55	2 464.22	3 773.39	2 446.34	2 061.58	2 551.00
4 470.28	4 190.91	4 511.31	3 462.71	4 202.15	4 358.14	3 566.73	3 478.87	3 771.72
1 118.55	1 457.63	1 528.39	1 274.15	1 284.45	2 034.89	1 321.45	1 121.30	1 131.73
1 402.41	1 460.61	1 409.16	820.77	1 056.24	995.77	1 815.12	1 006.27	1 065.14
675.85	560.65	819.48	594.92	718.88	878.50	805.00	487.73	619.71
1 129.93	1 061.29	953.63	759.04	766.79	1 450.51	717.75	892.56	671.03
1 110.79	1 356.56	1 074.38	795.41	1 623.99	1 963.21	939.89	1 238.56	2 071.31
1 032.78	1 305.38	1 159.72	1 046.84	959.92	1 661.43	850.19	745.35	1 136.06
382.08	408.48	767.20	293.51	458.22	580.54	306.43	347.48	502.69
48.30	18.57	45.28	42.95	4.38	84.26	78.14	87.55	77.13
30.41	10.76	37.27	42.95	3.78	55.92	65.60	66.75	5.85
17.89	7.82	8.02		0.60	28.34	12.54	20.80	71.28
1 620.16	2 199.74	2 222.32	1 611.36	1 861.24	3 871.78	1 907.34	1 466.60	2 092.85
31.78	95.86	111.89	40.37	163.18	468.88	19.25	52.02	112.93
1 004.86	1 555.06	1 518.31	1 098.49	1 424.65	2 261.50	1 326.56	918.31	1 336.63
4.48	13.29	14.16	3.99	5.30	11.43	3.57	8.89	42.25
459.27	424.21	458.34	411.40	231.86	881.71	541.58	423.83	517.57
373.14	291.44	305.31	371.51	117.79	337.92	466.36	324.05	343.77
92.12	70.24	77.52	22.54	26.30	214.69	6.82	45.42	68.12
10.11	18.57	20.94	5.43	18.47	129.14		20.78	57.12
27.65	41.09	42.10	34.56	9.95	33.58	9.56	18.14	15.34
1 428.11	1 272.61	1 407.40	864.50	1 812.66	2 873.36	662.83	781.92	1 205.69
854.47	499.42	683.54	493.51	715.25	1 270.73	416.10	463.25	538.94
325.16	555.41	455.14	215.55	784.27	1 095.93	145.66	203.92	462.56
225.72	176.49	200.70	136.80	255.93	366.96	94.62	89.41	160.29
17.93	40.02	32.10	13.94	54.37	106.42	6.27	19.40	41.60
4.83	1.27	35.93	4.70	2.83	33.32	0.18	5.93	2.31
	947.10	2.98	105.73	18.51	742.95	643.87	888.38	1 695.41
	947.10	0.15	104.81	18.51	742.58	643.87	888.38	1 695.41
		2.83	0.92		0.37			

10—9 各地区城市居民平均每人全年消费支出

单位:元

地区	2005年	2006年	2007年	2008年	2009年	2010年
全省	**7 369.27**	**7 987.49**	**9 429.73**	**11 231.48**	**12 324.58**	**13 280.04**
沈阳	7 862.83	8 670.32	11 255.78	14 667.9	16 110.85	16 961.44
大连	9 996.41	10 533.92	12 134.97	14 101.38	15 329.83	16 579.70
鞍山	7 631.91	8 286.84	9 580.93	11 136.03	12 065.20	13 709.68
抚顺	6 747.38	6 852.56	8 031.18	8 747.72	9 265.29	10 006.53
本溪	6 730.90	7 693.69	8 439.25	10 166.97	11 218.02	12 119.39
丹东	5 909.87	6 087.77	8 169.85	9 210.15	10 380.10	11 322.67
锦州	7 203.15	8 059.65	8 872.32	9 904.18	10 795.09	11 801.50
营口	7 254.28	7 910.71	9 002.39	10 448.16	11 301.20	12 223.26
阜新	5 413.73	5 999.48	7 081.25	7 509.61	8 384.05	9 047.36
辽阳	6 527.26	7 253.89	8 206.97	9 234.49	10 459.60	11 070.63
盘锦	8 858.99	9 155.55	11 707.81	12 631.38	13 486.39	13 923.00
铁岭	5 503.11	6 211.93	6 849.05	8 404.29	9 366.00	10 322.56
朝阳	5 329.45	5 899.66	6 820.62	8 111.4	8 634.90	9 318.12
葫芦岛	6 694.50	7 549.15	8 329.33	9 012.12	10 051.28	10 969.40

10—10 城镇居民家庭平均每人消费支出

（2010 年，按相对收入不等距九组分）　　单位：元

指　　标	合　计	最低10%	#更低5%	低10%	较低20%	中间20%	较高20%	高10%	最高10%	#更高5%
消费支出	**13 280.04**	**5 587.44**	**5 047.01**	**7 187.68**	**9 089.48**	**11 120.88**	**13 832.27**	**19 176.03**	**33 717.84**	**42 919.63**
#服务性消费支出	3 447.05	1 321.78	1 115.45	1 758.79	2 359.49	2 815.86	3 521.73	5 159.99	9 105.35	10 973.73
一、食　　品	**4 658.00**	**2 553.19**	**2 346.22**	**3 075.23**	**3 747.66**	**4 296.06**	**5 140.41**	**6 236.24**	**8 532.73**	**9 989.58**
（一）粮油类	618.20	537.95	532.04	545.01	593.49	604.70	650.46	681.77	725.67	709.91
#粮　食	387.35	342.54	337.28	344.80	376.32	379.42	408.15	422.61	438.62	419.17
油脂类	113.27	95.88	93.24	99.36	106.93	106.27	118.36	126.42	149.67	165.80
（二）肉禽蛋水产品类	1 207.91	668.95	604.20	849.07	1 063.01	1 160.85	1 339.93	1 529.08	1 935.81	2 094.22
1. 肉　类	633.56	380.07	337.57	480.75	593.39	643.49	708.76	766.63	823.97	800.96
2. 禽　类	105.39	62.75	55.15	89.77	100.22	105.36	114.18	123.51	139.27	142.91
3. 蛋　类	104.74	80.33	82.88	86.80	96.42	99.43	110.48	124.99	144.68	151.71
4. 水产品类	364.23	145.79	128.60	191.74	272.98	312.57	406.51	513.95	827.88	998.64
（三）蔬菜类	499.40	359.84	353.24	399.91	449.47	490.56	556.92	601.74	646.01	635.45
#鲜　菜	452.86	332.06	327.33	364.03	411.31	446.30	503.35	545.84	571.06	554.87
（四）调味品	75.88	50.53	46.87	54.33	67.22	73.17	83.55	93.02	114.82	121.79
（五）糖烟酒饮料类	496.99	215.98	178.88	294.07	348.18	413.48	549.80	624.93	1 241.48	1 722.83
#烟草类	231.66	103.97	92.84	151.49	163.87	192.21	260.03	259.55	581.36	833.67
酒　类	136.63	54.48	40.43	72.43	98.61	112.11	144.21	187.94	350.92	496.93
饮　料	98.17	41.65	30.43	51.25	62.23	81.48	111.84	136.81	247.56	314.34
（六）干鲜瓜果类	455.52	219.96	202.88	285.80	354.66	432.70	518.08	634.53	821.97	913.48
（七）糕点、奶及奶制品	276.80	128.58	130.61	183.29	216.50	268.45	304.05	426.82	462.82	490.13
#奶及奶制品	188.03	83.62	84.07	123.68	147.39	179.70	203.11	304.45	316.86	326.42
#鲜乳品	95.63	49.76	52.93	64.17	79.68	90.06	104.98	128.63	167.74	179.65
奶　粉	36.42	4.71	4.63	22.98	25.05	34.75	41.07	91.93	45.29	27.07
酸　奶	37.29	17.52	17.31	21.39	28.51	38.70	38.64	56.86	67.21	73.37
（八）其它食品	64.70	36.90	34.10	38.86	56.73	59.93	68.25	74.00	129.80	173.21
（九）饮食服务	962.61	334.51	263.40	424.90	598.41	792.23	1 069.37	1 570.36	2 454.34	3 128.57
#在外饮食	961.85	334.19	263.03	424.54	597.94	791.64	1 068.84	1 569.53	2 451.32	3 124.58
二、衣　　着	**1 586.81**	**580.01**	**473.79**	**785.84**	**1 061.68**	**1 348.06**	**1 727.80**	**2 568.87**	**3 774.98**	**4 626.40**
#服　装	1 104.74	383.24	310.56	519.82	712.08	934.92	1 209.73	1 809.07	2 706.83	3 296.17
三、家庭设备用品及服务	**785.67**	**239.49**	**228.00**	**353.85**	**493.89**	**644.22**	**894.78**	**1 242.84**	**2 015.30**	**2 386.53**
#耐用消费品	291.11	56.59	59.44	113.28	164.56	219.65	358.93	457.65	821.61	1 047.77
室内装饰品	22.98	3.82	1.28	3.87	8.28	12.91	21.44	50.06	90.63	102.55
四、医疗保健	**1 079.81**	**361.21**	**336.55**	**546.39**	**745.40**	**950.61**	**1 198.32**	**1 471.50**	**2 697.35**	**2 587.99**
#药品费	460.57	204.77	185.39	289.92	369.51	443.86	532.80	539.48	893.18	746.42
医疗费	391.85	131.60	133.51	211.42	304.66	341.11	383.32	569.83	973.88	667.17
五、交通和通信	**1 773.26**	**409.99**	**365.48**	**629.79**	**791.13**	**1 108.93**	**1 400.18**	**2 758.34**	**7 593.33**	**11 648.46**
交　通	1 079.86	123.74	113.45	192.09	244.02	482.79	676.88	1 810.43	6 088.92	9 819.71
通　信	693.40	286.25	252.03	437.70	547.11	626.14	723.30	947.91	1 504.40	1 828.75
六、教育文化娱乐服务	**1 495.90**	**610.64**	**497.16**	**750.03**	**981.49**	**1 174.67**	**1 519.95**	**2 287.09**	**4 086.10**	**5 283.38**
#文化娱乐用品	350.12	93.78	64.37	138.18	173.59	288.09	364.62	577.42	1 074.55	1 353.05
教　育	732.35	445.16	374.62	501.16	656.47	675.53	728.15	1 017.17	1 269.97	1 910.26
七、居　　住	**1 314.79**	**648.48**	**603.57**	**820.53**	**952.51**	**1 191.99**	**1 334.30**	**1 804.40**	**2 993.95**	**3 704.45**
#住　房	310.55	86.83	61.24	119.26	135.67	260.50	240.00	543.45	1 124.17	1 643.10
水电燃料及其它	909.00	548.58	529.46	674.16	770.30	864.54	998.16	1 134.67	1 492.04	1 548.98
八、其它商品和服务	**585.78**	**184.44**	**196.23**	**226.01**	**315.71**	**406.34**	**616.53**	**806.75**	**2 024.10**	**2 692.84**
#服　务	241.69	96.24	98.63	115.25	161.69	180.70	246.89	353.62	694.22	871.57

10—11 城镇居民家庭平均每人消费支出构成

（2010年，按相对收入不等距九组分）

指标	合计	最低10%	#更低5%	低10%	较低20%	中间20%	较高20%	高10%	最高10%	#更高5%
消费支出	**100.0**	**100.0**	**100.0**	**100.0**	**100.0**	**100.0**	**100.0**	**100.0**	**100.0**	**100.0**
一、食品	35.1	45.7	46.5	42.8	41.2	38.6	37.2	32.5	25.3	23.3
（一）粮油类	4.7	9.6	10.5	7.6	6.5	5.4	4.7	3.6	2.2	1.7
（二）肉禽蛋水产品类	9.1	12.0	12.0	11.8	11.7	10.4	9.7	8.0	5.7	4.9
（三）蔬菜类	3.8	6.4	7.0	5.6	4.9	4.4	4.0	3.1	1.9	1.5
（四）调味品	0.6	0.9	0.9	0.8	0.7	0.7	0.6	0.5	0.3	0.3
（五）糖烟酒饮料类	3.7	3.9	3.5	4.1	3.8	3.7	4.0	3.3	3.7	4.0
（六）干鲜瓜果类	3.4	3.9	4.0	4.0	3.9	3.9	3.7	3.3	2.4	2.1
（七）糕点、奶及奶制品	2.1	2.3	2.6	2.6	2.4	2.4	2.2	2.2	1.4	1.1
（八）其它食品	0.5	0.7	0.7	0.5	0.6	0.5	0.5	0.4	0.4	0.4
（九）饮食服务	7.2	6.0	5.2	5.9	6.6	7.1	7.7	8.2	7.3	7.3
二、衣着	11.9	10.4	9.4	10.9	11.7	12.1	12.5	13.4	11.2	10.8
#服装	8.3	6.9	6.2	7.2	7.8	8.4	8.7	9.4	8.0	7.7
三、家庭设备用品及服务	5.9	4.3	4.5	4.9	5.4	5.8	6.5	6.5	6.0	5.6
#耐用消费品	2.2	1.0	1.2	1.6	1.8	2.0	2.6	2.4	2.4	2.4
室内装饰品	0.2	0.1	0.0	0.1	0.1	0.1	0.2	0.3	0.3	0.2
四、医疗保健	8.1	6.5	6.7	7.6	8.2	8.5	8.7	7.7	8.0	6.0
#药品费	3.5	3.7	3.7	4.0	4.1	4.0	3.9	2.8	2.6	1.7
医疗费	3.0	2.4	2.6	2.9	3.4	3.1	2.8	3.0	2.9	1.6
五、交通和通信	13.4	7.3	7.2	8.8	8.7	10.0	10.1	14.4	22.5	27.1
交通	8.1	2.2	2.2	2.7	2.7	4.3	4.9	9.4	18.1	22.9
通信	5.2	5.1	5.0	6.1	6.0	5.6	5.2	4.9	4.5	4.3
六、教育文化娱乐服务	11.3	10.9	9.9	10.4	10.8	10.6	11.0	11.9	12.1	12.3
#文化娱乐用品	2.6	1.7	1.3	1.9	1.9	2.6	2.6	3.0	3.2	3.2
教育	5.5	8.0	7.4	7.0	7.2	6.1	5.3	5.3	3.8	4.5
七、居住	9.9	11.6	12.0	11.4	10.5	10.7	9.6	9.4	8.9	8.6
#住房	2.3	1.6	1.2	1.7	1.5	2.3	1.7	2.8	3.3	3.8
水电燃料及其它	6.8	9.8	10.5	9.4	8.5	7.8	7.2	5.9	4.4	3.6
八、其它商品和服务	4.4	3.3	3.9	3.1	3.5	3.7	4.5	4.2	6.0	6.3
#服务	1.8	1.7	2.0	1.6	1.8	1.6	1.8	1.8	2.1	2.0

10—12 城镇居民家庭平均每人购买的主要商品数量

（2010 年）

品 名	单 位	合 计	最低10%	#更低5%	低10%	较低20%	中间20%	较高20%	高10%	最高10%	#更高5%
大 米	千克	38.45	43.62	43.18	40.04	39.82	38.35	37.77	35.97	32.76	30.73
面 粉	千克	19.27	19.57	19.93	19.80	19.46	19.05	19.67	18.62	18.28	17.21
猪 肉	千克	16.68	12.19	11.51	14.05	16.44	16.95	18.01	18.57	19.20	17.74
牛 肉	千克	3.72	1.77	1.32	2.63	3.44	3.83	4.38	4.71	4.87	4.82
羊 肉	千克	1.86	0.95	0.70	1.42	1.72	2.05	1.99	2.14	2.53	2.37
鸡	千克	4.34	3.11	2.76	3.96	4.38	4.41	4.65	4.67	4.78	4.66
鲜 蛋	千克	12.13	10.10	10.57	10.72	11.68	11.78	12.64	13.69	14.69	14.68
鱼	千克	10.24	7.17	6.91	8.25	9.73	10.14	11.50	12.11	12.22	12.36
虾	千克	1.94	0.83	0.70	1.05	1.56	1.84	2.42	2.83	3.08	3.25
鲜 菜	千克	126.87	101.60	100.77	110.55	120.94	129.12	138.62	136.37	143.21	132.54
白 酒	千克	2.79	2.69	2.07	2.81	2.94	2.82	3.00	2.73	2.11	2.25
果 酒	千克	0.36	0.16	0.17	0.20	0.34	0.29	0.38	0.50	0.70	0.84
啤 酒	千克	10.99	6.32	4.52	8.60	10.54	11.22	13.13	12.78	12.40	12.24
碳酸饮料	千克	3.33	2.08	1.61	2.84	3.09	3.31	3.68	4.21	4.10	4.10
瓶装饮用水	千克	9.54	2.90	1.98	4.52	6.36	10.31	10.47	16.17	18.05	14.83
茶 叶	千克	0.18	0.11	0.07	0.13	0.13	0.15	0.24	0.20	0.39	0.42
鲜 果	千克	46.64	29.34	27.37	36.28	40.60	46.21	51.78	58.67	65.79	66.59
鲜 瓜	千克	13.37	8.31	8.26	9.73	12.14	13.47	14.76	16.71	18.50	17.18
糕 点	千克	5.50	3.45	3.54	4.32	4.74	5.61	6.25	6.65	7.48	7.70
鲜乳品	千克	14.52	8.57	9.65	10.42	12.78	14.06	15.43	19.14	22.93	23.09
奶 粉	千克	0.30	0.06	0.08	0.28	0.20	0.29	0.28	0.63	0.50	0.22
酸 奶	千克	4.80	2.59	2.73	3.13	3.77	4.88	5.02	6.72	8.40	9.40
服 装	件	7.35	4.55	3.76	5.30	6.06	7.49	8.11	9.90	10.63	10.86
鞋 类	双	2.72	2.03	1.92	2.15	2.44	2.65	2.88	3.40	3.77	4.10

10—13 城镇居民家庭平均每百户年末耐用品拥有量

（2010 年）

品　　名	单位	合计	最低10%	#更低5%	低10%	较低20%	中间20%	较高20%	高10%	最高10%	#更高5%
摩托车	辆	6.56	6.36	6.12	11.41	6.79	6.24	5.48	6.50	5.10	4.05
助力车	辆	9.28	6.40	4.49	11.63	8.95	10.93	8.70	9.60	8.06	9.27
家用汽车	辆	9.00	0.84	1.78	1.67	1.65	6.01	9.23	14.10	34.45	46.34
洗衣机	台	94.51	87.18	84.51	90.16	92.53	95.21	95.68	98.15	100.42	103.34
电冰箱(柜)	台	97.96	82.32	78.65	92.71	93.45	97.74	100.92	103.73	111.85	114.61
彩色电视机	台	123.14	104.39	102.86	114.39	117.74	119.12	125.68	131.86	148.89	161.97
家用电脑	台	67.72	32.80	25.58	43.11	58.68	65.57	74.63	83.86	106.81	116.50
组合音响	套	28.64	17.43	12.64	21.03	21.38	28.12	33.39	32.51	44.60	46.11
摄像机	架	13.32	2.50	0.87	4.02	7.03	8.27	16.66	23.68	33.48	41.59
照相机	架	47.37	12.37	7.29	23.62	35.12	42.13	57.82	67.10	86.83	92.91
钢琴	架	3.49			0.96	1.68	2.23	4.11	4.40	11.76	16.69
其它中高档乐器	件	5.15	1.03	0.92	2.13	4.10	4.72	5.52	7.11	10.98	11.91
微波炉	台	60.58	25.58	21.50	41.27	53.11	61.26	70.79	76.17	81.72	87.34
空调器	台	30.72	3.97	3.35	8.71	16.32	24.30	32.43	48.24	86.98	105.47
淋浴热水器	台	71.22	34.07	31.85	51.70	61.71	75.67	79.33	85.21	96.44	102.09
消毒碗柜	台	8.46	1.70	1.14	3.08	3.84	7.07	9.37	11.72	24.00	31.72
洗碗机	台	1.14	0.36		1.37	0.69	0.10	1.07	0.98	4.57	6.80
健身器材	套	4.86	0.59	0.48	0.85	1.55	2.35	6.16	8.36	16.03	21.16
固定电话	部	84.28	71.94	72.09	74.00	83.57	84.87	85.86	91.89	92.49	92.66
移动电话	部	174.53	120.41	104.46	158.15	163.36	176.15	182.55	198.04	209.97	215.66

10—14　城市居民家庭住房情况

指　　标	单位	2009 年	2010 年	指　　标	单　位	2009 年	2010 年
1. 房屋产权(合计)	%	100.00	100	井、河水	%	0.10	0.1
租赁公房	%	9.27	8.67	其　它	%		
租赁私房	%	2.13	2.01	11. 用水情况(合计)	%	100.00	100
原有私房	%	1.26	1.3	独用自来水	%	99.74	99.74
房改私房	%	42.41	43.19	公用自来水	%	0.16	0.16
商品房	%	43.88	43.4	井、河水	%	0.10	0.1
其　它	%	1.06	1.43	其　它	%		
2. 住宅建筑式样(合计)	%	100.00	100	12. 卫生设备(合计)	%	100.00	100
单栋住宅	%	0.12	0.14	无卫生设备	%	0.90	0.94
四居室	%	1.48	1.43	有厕所浴室	%	70.75	71.17
三居室	%	18.81	19	有厕所无浴室	%	27.48	26.99
二居室	%	62.78	62.63	公　用	%	0.87	0.9
一居室	%	13.26	13.24	13. 取暖设备(合计)	%	100.00	100
普通楼房	%	1.53	1.45	无取暖设备	%	0.29	0.31
平房及其它	%	2.02	2.09	空调设备	%	0.13	0.11
3. 建筑年份	年	15.39	16.2	暖　气	%	97.63	97.56
4. 装修状况(合计)	%	100.00	100	其　它	%	1.96	2.01
有装修	%	67.00	66.83	14. 炊用燃料使用情况(合计)	%	100.00	100
未装修	%	33.00	33.17	管道煤气	%	68.49	68.52
5. 现有住房按市场价估计值	元	230 868.14	236 906.48	液化石油气	%	27.64	27.43
6. 租赁房房租	元	201.14	201.86	煤	%	1.11	1.16
7. 现住房房租折算	元	8 279.75	8 404.81	其　它	%	2.76	2.88
8. 购房时间	年	8.09	9	15. 除了现住房,还有几处其它住房	套	0.10	0.11
9. 购房总金额	元	98 277.70	100 836.52	(1)出租房	套	0.05	0.06
购房实际支出金额	元	94 421.54	96 794.46	#建筑面积	平方米	3.59	3.75
10. 饮水情况(合计)	%	100.00	100	(2)偶尔居住房	套	0.03	0.03
自来水	%	89.08	89.68	#建筑面积	平方米	2.16	1.98
矿泉水	%	6.89	6.63	(3)其它用途房	套	0.02	0.02
纯净水	%	3.93	3.6	#建筑面积	平方米	1.61	1.66

10—15 各地区城市居民家庭

（2010

品名	单位	全省	沈阳	大连	鞍山	抚顺	本溪
摩托车	辆	6.56	2.20	2.59	8.49	2.45	3.19
助力车	辆	9.28	12.77	0.60	10.96	2.15	2.39
家用汽车	辆	9.00	18.76	11.55	7.67	2.76	4.38
洗衣机	台	94.51	99.80	94.82	87.95	83.13	87.25
电冰箱（柜）	台	97.96	103.39	104.38	96.99	86.20	95.62
彩色电视机	台	123.14	134.33	122.11	118.90	110.43	125.50
家用电脑	台	67.72	88.22	88.05	58.90	56.44	63.35
组合音响	套	28.64	39.32	37.25	27.12	20.55	27.89
摄像机	架	13.32	31.74	13.55	8.22	7.67	8.76
照相机	架	47.37	79.24	68.13	35.34	27.91	41.04
钢琴	架	3.49	7.58	3.19	2.47	2.45	1.20
其它中高档乐器	件	5.15	4.59	8.96	4.11	3.68	5.58
微波炉	台	60.58	84.43	79.08	47.95	44.79	68.53
空调器	台	30.72	55.09	33.86	31.51	12.27	11.55
淋浴热水器	台	71.22	94.61	89.64	60.00	56.75	55.38
消毒碗柜	台	8.46	17.37	11.55	5.75	2.15	3.59
洗碗机	台	1.14	2.79	1.20	0.55	0.31	
健身器材	套	4.86	8.98	6.77	2.74	2.76	1.99
固定电话	部	84.28	87.43	88.25	86.58	81.90	60.16
移动电话	部	174.53	205.99	203.19	147.12	158.28	199.60

平均每百户耐用品拥有量

年末）

丹东	锦州	营口	阜新	辽阳	盘锦	铁岭	朝阳	葫芦岛
5.28	13.53	6.40	16.50	8.00	7.18	8.50	10.95	6.90
9.24	27.05	22.17	24.50	7.00	11.48	8.50	18.41	6.40
2.97	3.86	3.45	5.00	7.50	13.88	1.50	3.98	8.87
96.37	95.17	92.61	97.50	93.50	96.17	90.00	99.50	92.61
99.67	97.58	98.03	86.00	97.00	100.96	88.00	97.01	96.06
123.43	132.85	121.18	116.50	121.00	116.27	112.50	110.45	115.76
60.07	68.60	61.58	49.50	50.00	68.42	44.50	42.29	60.10
27.72	22.22	20.20	14.00	29.00	23.92	11.50	14.43	20.20
8.91	9.18	5.91	5.00	7.50	10.53	3.50	0.50	5.91
29.70	39.61	32.02	29.00	38.50	45.45	15.50	15.92	29.56
1.98	0.48	5.42	2.50	2.00	4.78	0.50	0.50	1.97
4.29	3.86	6.40	5.50	5.50	4.31	2.50	5.97	3.94
61.06	59.90	53.69	38.00	44.50	41.63	29.50	33.33	45.32
13.53	41.06	28.57	16.50	29.50	34.45	8.50	14.43	22.66
79.54	68.60	72.91	56.00	56.50	84.21	45.50	40.30	47.29
2.97	8.21	7.39	2.00	9.00	11.48	4.00	1.99	3.45
		1.48		2.50	0.48		0.50	0.99
1.98	4.35	2.96	2.50	2.00	4.78	3.50	1.00	3.94
83.50	85.99	77.34	75.50	78.50	83.25	81.00	96.52	79.80
171.95	166.18	157.14	180.50	153.00	164.11	120.50	159.20	146.31

10—16 农民家庭基本情况

指　　标	单位	2005年	2006年	2007年	2008年	2009年	2010年
调查户数	**户**	**1 890**	**1 890**	**1 890**	**1 890**	**1 890**	**1 890**
调查户人口							
1.常住人口	人	6 368	6 315	6 226	6 168	6 057	6 010
2.平均每户常住人口	人	3.37	3.34	3.29	3.26	3.20	3.18
3.平均每户整、半劳动力	人	2.52	2.5	2.49	2.49	2.46	2.45
4.平均每个劳动力负担人口(含本人)	人	1.34	1.34	1.32	1.31	1.30	1.30
平均每人全年收入							
1.总收入	元	6 028.3	6 521.4	7 680.4	9 346.41	9 912.58	10 902.52
2.纯收入	元	3 690.2	4 090.4	4 773.4	5 576.48	5 958.00	6 907.93
3.现金收入	元	5 491.4	5 783.5	6 854.0	8 449.53	9 219.59	9 907.70
按人均纯收入分组的户数占调查户数比重							
200元以下	%	1.69	1.32	2.65	1.69	1.75	2.01
200 — 500	%	1.06	0.85	0.69	0.63	0.69	0.63
500 — 800	%	1.43	1.75	1.59	0.79	0.90	0.85
800 — 1000	%	1.38	1.22	0.48	1.06	0.74	0.42
1000 — 1200	%	2.38	2.17	1.22	1.38	0.79	0.85
1200 — 1500	%	4.87	3.44	2.96	2.06	2.22	1.06
1500 — 1700	%	4.18	3.81	2.49	1.75	1.69	1.01
1700 — 2000	%	6.35	4.92	3.70	2.75	3.02	1.96
2000 — 2500	%	10.21	10.42	6.98	5.50	4.92	4.18
2500 — 3000	%	11.22	10.47	8.68	7.25	5.66	4.39
3000 — 3500	%	8.84	9.37	8.20	6.77	6.19	4.76
3500 — 4000	%	9.26	7.46	6.83	6.19	6.14	4.81
4000 — 4500	%	8.31	7.04	7.30	5.50	6.19	5.93
4500 — 5000	%	5.03	6.3	5.82	7.09	7.09	5.45
5000元以上	%8	23.81	29.46	40.42	49.58	52.01	61.69
平均每人全年支出	**元**	**5 566.3**	**5 959.4**	**6 922.2**	**8 289.7**	**9 147.74**	**9 604.74**
家庭经营费用支出	元	2 061.2	2 126.6	2 609.2	3 386.63	3 551.88	3 618.78
购置生产性固定资产支出	元	238.5	146.9	212.3	240.5	316.35	403.47
税费支出	元	6.3	5.1	6.2	4.6	9.72	1.76
生活消费支出	元	2 699.7	3 066.9	3 368.2	3 814.03	4 255.61	4 489.50
财产性支出	元	37.1	47.8	38.2	31.36	61.36	79.80
转移性支出	元	521.8	565.1	673.5	808.18	949.15	1 003.41

10—17 农民家庭人均总收入与人均纯收入

单位:元

指标	2006年	2007年	2008年	2009年	2010年	构成(%) 2006年	2007年	2008年	2009年	2010年
一、人均总收入	**6 521.4**	**7 680.4**	**9 346.41**	**9 912.58**	**10 902.52**	**100**	**100**	**100.0**	**100.0**	**100.0**
(一)工资性收入	1 499.5	1 719.7	2 035.53	2 239.75	2 649.97	23	22.4	21.8	22.6	24.4
在非企业组织中得到收入	376.2	398.5	452.60	518.94	543.43	5.8	5.2	4.8	5.2	5.0
在本乡地域内劳动得到收入	720.8	831.3	977.33	1 037.98	1 195.07	11	10.8	10.5	10.5	11.0
外出从业得到收入	402.5	489.9	605.60	682.84	911.47	6.2	6.4	6.5	6.9	8.4
(二)家庭经营收入	4 515.5	5 394.8	6 529.30	6 830.14	7 383.57	69.2	70.2	69.9	68.9	67.7
(三)财产性收入	141.8	179.4	201.29	205.51	234.15	2.2	2.3	2.2	2.1	2.1
(四)转移性收入	364.7	386.5	580.29	637.18	634.83	5.6	5.0	6.2	6.4	5.8
二、人均纯收入	**4 090.4**	**4 773.4**	**5 576.48**	**5 958.00**	**6 907.93**	**100**	**100.0**	**100.0**	**100.0**	**100.0**
(一)工资性收入	1 499.5	1 719.7	2 035.53	2 239.75	2 649.97	36.7	36.0	36.5	37.6	38.4
在非企业组织中得到收入	376.2	398.5	452.60	518.94	543.43	9.2	8.3	8.1	8.7	7.9
在本乡地域内劳动得到收入	720.8	831.3	977.33	1 037.98	1 195.07	17.6	17.4	17.5	17.4	17.3
外出从业得到收入	402.5	489.9	605.60	682.84	911.47	9.9	10.3	10.9	11.5	13.2
(二)家庭经营净收入	2 210.8	2 592.2	2 931.26	3 017.31	3 486.14	54	54.3	52.6	50.6	50.5
1.农业	1 432.9	1 603.4	1 802.48	1 822.98	2 188.89	35	33.6	32.3	30.6	31.7
2.林业	18	22.1	11.05	16.87	18.16	0.4	0.5	0.2	0.3	0.3
3.牧业	431.6	587.9	652.32	629.75	665.03	10.6	12.3	11.7	10.6	9.6
4.渔业	3.1	33.1	44.74	46.65	52.19	0.1	0.7	0.8	0.8	0.8
5.工业	44	55.6	61.73	68.90	77.57	1.1	1.2	1.1	1.2	1.1
6.建筑业	13.3	23.7	46.86	55.82	48.84	0.3	0.5	0.8	0.9	0.7
7.交通运输、邮电业	82	62.6	69.10	77.36	91.68	2	1.3	1.2	1.3	1.3
8.批零贸易、餐饮业	116.1	130.2	148.10	189.67	223.12	2.8	2.7	2.7	3.2	3.2
9.社会服务业	29.8	32.5	37.19	46.39	53.23	0.7	0.7	0.7	0.8	0.8
10.文教卫生业	23.2	17.0	22.30	20.94	23.99	0.6	0.4	0.4	0.4	0.4
11.其他家庭经营	16.9	24.3	35.40	41.98	43.45	0.4	0.5	0.6	0.7	0.6
(三)财产性净收入	141.8	179.4	201.29	205.51	234.15	3.5	3.8	3.6	3.4	3.3
(四)转移性净收入	238.3	282.1	408.40	495.43	537.67	5.8	5.9	7.3	8.3	7.8

10—18 各地区农民家庭人均纯收入

单位:元

地 区	2005年	2006年	2007年	2008年	2009年	2010年
全 省	**3 690**	**4 090**	**4 773**	**5 576**	**5 958**	**6 908**
沈 阳	5 050	5 712	6 806	8 029	8 753	10 022
大 连	5 903	6 984	8 369	9 818	10 725	12 317
鞍 山	4 750	5 282	6 125	7 291	8 094	9 250
抚 顺	3 743	4 160	4 850	5 560	6 146	7 203
本 溪	4 022	4 455	5 198	6 164	6 750	7 845
丹 东	4 178	4 650	5 543	6 630	7 295	8 340
锦 州	3 730	4 165	5 048	6 089	6 627	7 756
营 口	4 503	5 001	5 791	6 944	7 687	8 863
阜 新	3 090	2 852	4 128	5 030	5 382	6 372
辽 阳	4 133	4 600	5 425	6 423	7 076	8 095
盘 锦	5 067	5 711	6 391	7 701	8 479	9 750
铁 岭	3 756	4 222	5 048	6 050	6 585	7 739
朝 阳	3 002	3 365	4 130	4 900	5 170	6 142
葫 芦 岛	3 428	3 650	4 313	5 152	5 595	6 597

10—19　各地区农民家庭纯收入来源

（2010 年）　　单位:元

地区	人均纯收入	工资性收入	家庭经营纯收入	财产性收入	转移性收入
全　省	**6 907.93**	**2 649.97**	**3 486.14**	**234.15**	**537.67**
沈　阳	10 022.04	3 489.20	5 280.34	664.49	588.01
大　连	12 316.71	5 223.02	5 847.04	452.72	793.93
鞍　山	9 250.25	4 196.27	4 229.88	246.55	577.56
抚　顺	7 202.57	2 600.84	3 808.97	439.23	353.53
本　溪	7 845.16	3 905.77	3 296.26	275.38	367.74
丹　东	8 340.27	4 006.06	3 307.38	285.40	741.42
锦　州	7 755.54	2 222.64	4 872.51	131.46	528.92
营　口	8 862.62	3 651.66	4 368.74	276.26	565.96
阜　新	6 372.02	1 823.00	3 876.50	254.60	417.91
辽　阳	8 095.37	3 967.04	3 836.92	140.21	151.20
盘　锦	9 750.02	2 466.87	6 283.42	246.53	753.19
铁　岭	7 738.71	2 778.23	4 293.83	187.79	478.86
朝　阳	6 142.00	2 686.81	3 039.03	64.11	352.04
葫芦岛	6 596.93	2 581.24	3 680.30	178.02	157.37

10—20 农民家庭人均总支出

单位:元

指　　标	2006年	2007年	2008年	2009年	2010年	构　　成(%)				
						2006年	2007年	2008年	2009年	2010年
总　支　出	**5 959.4**	**6 922.2**	**8 289.68**	**9 147.74**	**9 604.74**	**100**	**100**	**100**	**100**	**100.0**
(一)家庭经营费用支出	2 126.6	2 609.2	3 386.63	3 551.88	3 618.78	35.7	37.7	40.9	38.8	37.7
(二)购置生产性固定资产支出	146.9	212.3	240.54	316.35	403.47	2.5	3.1	2.9	3.5	4.2
(三)税 费 支 出	5.1	6.2	4.58	9.72	1.76	0.1	0.1	0.1	0.1	0.0
(四)生活消费支出	3 066.9	3 368.2	3 814.03	4 255.61	4 489.50	51.5	48.7	46.0	46.5	46.7
1.食　　品	1 162.5	1 334.2	1 549.00	1 563.33	1 714.15	19.5	19.3	18.7	17.1	17.8
2.衣　　着	243	281.2	298.82	335.93	369.15	4.1	4.1	3.6	3.7	3.8
3.居　　住	509.7	513.1	601.71	795.48	745.03	8.6	7.4	7.3	8.7	7.8
4.家庭设备、用品及服	112.2	142.1	158.91	185.50	185.23	1.9	2.1	1.9	2.0	1.9
5.医 疗 保 健	267.9	265.0	283.37	409.64	413.83	4.5	3.8	3.4	4.5	4.3
6.交 通 和 通 讯	337.1	361.8	426.47	416.41	448.97	5.7	5.2	5.1	4.6	4.7
7.文教娱乐用品及服务	354.6	362.8	387.97	437.79	500.28	6	5.2	4.7	4.8	5.2
8.其他商品和服务	79.9	108.1	107.78	111.53	112.87	1.3	1.6	1.3	1.2	1.2
(五)财产性支出	47.8	38.2	31.36	61.36	79.80	0.8	0.6	0.4	0.7	0.8
(六)转移性支出	565.1	673.5	808.18	949.15	1 003.41	9.5	9.7	9.7	10.4	10.4

10—21　各地区农民家庭人均生活消费支出

（2010 年）　　单位:元

地　区	生活消费支出合计	1. 食品	2. 衣着	3. 居住	4. 家庭设备用品	5. 交通和通讯	6. 文教娱乐用品及服务	7. 医疗保健	8. 其他商品和服务
全　省	**4 489.50**	**1 714.15**	**369.15**	**745.03**	**185.23**	**448.97**	**500.28**	**413.83**	**112.87**
沈　阳	5 388.13	1 991.35	527.83	964.33	245.08	538.68	557.01	411.79	152.06
大　连	6 940.24	2 745.75	579.13	1 433.62	250.51	559.54	636.22	494.52	240.94
鞍　山	5 188.14	2 022.99	449.45	934.48	250.07	526.92	550.81	289.79	163.63
抚　顺	4 630.40	1 953.63	373.62	681.85	181.07	490.68	364.60	450.74	134.21
本　溪	5 774.52	2 274.38	422.74	1 382.37	269.56	453.78	431.32	428.67	111.71
丹　东	5 028.84	2 313.61	438.34	650.11	228.67	456.23	371.19	435.46	135.23
锦　州	3 860.69	1 411.51	357.68	607.42	170.85	496.98	410.05	337.75	68.46
营　口	5 591.46	2 124.04	524.52	952.58	223.55	446.07	678.14	484.78	157.77
阜　新	4 119.09	1 473.87	368.55	518.12	159.99	536.71	638.93	360.86	62.04
辽　阳	3 980.15	1 867.03	331.45	415.58	165.11	402.83	422.41	307.55	68.21
盘　锦	5 011.91	1 963.83	456.70	1 029.76	249.14	398.55	479.26	309.77	124.90
铁　岭	4 981.84	2 004.13	419.51	921.78	191.27	412.93	568.57	341.21	122.44
朝　阳	5 177.53	1 931.03	269.16	1 240.02	203.40	449.38	559.53	444.56	80.44
葫芦岛	3 905.72	1 542.37	363.22	587.03	177.03	425.95	412.36	299.77	97.99

10—22 农村居民人均食品消费情况

单位:公斤

指　　标	2006 年	2007 年	2008 年	2009 年	2010 年	指　　标	2006 年	2007 年	2008 年	2009 年	2010 年
一、谷物和薯类	189.12	186.71	192.83	176.14	171.47	肉禽制品	1.57	1.55	1.88	1.74	2.01
#小　麦	36.35	35.89	34.24	35.92	36.94	六、蛋类及蛋制品	9.35	8.87	10.96	10.23	8.72
稻　谷	93.69	97.05	98.46	92.44	92.58	七、奶及奶制品	3.08	3.11	3.05	3.19	2.82
玉　米	39.69	36.51	42.45	31.30	26.72	八、水　产　品	6.18	5.80	5.50	5.20	4.85
薯　类	2.06	2.26	3.06	2.19	1.74	鱼　类	3.8	4.24	4.08	3.82	3.52
二、豆类及豆制品	8.32	8.24	9.04	7.66	11.07	虾、贝、蟹类	1.9	1.02	0.94	0.94	0.86
大　豆	3.91	3.60	4.04	3.22	6.21	藻　类	0.18	0.17	0.15	0.16	0.16
三、蔬菜及菜制品	171.78	168.25	162.79	167.92	150.33	其　他	0.3	0.36	0.32	0.27	0.30
四、油 脂 类	6.86	7.49	7.87	7.57	7.58	九、食　糖	0.79	0.70	0.81	0.77	0.87
植 物 油	5.88	6.87	7.11	6.89	7.00	十、酒	13.6	14.21	13.29	13.96	12.78
动 物 油	0.98	0.62	0.76	0.68	0.58	#白　酒	4.18	4.32	3.93	3.83	3.57
五、肉禽及其制品	22.54	20.14	21.22	22.61	20.46	啤　酒	9.3	9.79	9.28	10.07	9.15
#猪　肉	18.46	15.22	15.86	17.80	15.77	果　酒	0.08	0.06	0.06	0.05	0.04
牛　肉	0.4	0.49	0.49	0.38	0.40	十一、糖　果					
羊　肉	0.35	0.31	0.30	0.34	0.26	十二、水果及水果制品	19.2	23.10	23.27	24.46	21.58
家　禽	1.77	2.58	2.68	2.36	2.01	十三、坚果及果仁制品	0.59	0.64	0.56	0.58	0.54

10—23　农民家庭平均每百户年末耐用消费品拥有量

品　　名	单　位	2005年	2006年	2007年	2008年	2009年	2010年
大型家具	台	141.69	149.31				
洗衣机	台	63.71	68.04	67.72	72.28	74.23	76.24
电风扇	台	58.73	60.95				
电冰箱	台	28.04	32.22	38.84	44.44	53.97	58.73
空调机	台	0.79	0.53	0.58	0.79	1.01	1.01
抽油烟机	台	7.35	7.62	7.83	8.36	9.79	10.74
吸尘器	台	1.48	1.64	1.11	1.27	1.38	1.59
微波炉	台	2.70	4.34	5.45	5.98	6.77	7.25
热水器	台	5.19	6.08	5.61	7.35	8.73	10.26
自行车	辆	104.29	105.66	103.12	102.54	103.12	101.61
摩托车	辆	45.40	50.05	54.60	56.46	57.83	59.21
汽车(生活用)	台	0.26	0.37	0.48	1.11	1.11	1.43
电话机	部	87.25	90.98	92.41	91.11	92.35	92.51
移动电话	部	53.49	66.61	77.94	91.06	107.35	117.72
寻呼机	台	0.53	0.26				
彩色电视机	台	102.28	106.67	106.03	109.79	110.90	111.69
黑白电视机	台	9.05	5.29	4.50	2.65	2.28	2.01
录放像机	台	4.44	5.19				
摄像机	台	0.58	0.74	0.74	1.11	1.27	1.22
影碟机	台	43.54	45.71	41.53	41.96	42.28	41.22
组合音响	台	13.49	15.03				
收录机	台	8.94	10.21				
照相机	架	6.14	6.3	6.72	7.09	7.30	7.30
家用计算机	台	2.59	3.17	2.43	4.02	5.93	9.95
中高档乐器	件	0.69	0.53	0.69	0.48	0.74	0.74

10—24 各地区农村居民

(2010

地区	粮食	油脂类	烟叶	豆制品	蔬菜及菜制品	瓜类
全省	**178.41**	**7.58**	**0.22**	**4.13**	**150.33**	**3.47**
沈阳	188.3	9.9	0.4	3.5	126.7	3.1
大连	145.2	5.9	0.1	3.1	133.7	3.4
鞍山	179.9	10.2	0.2	3.3	152.5	3.7
抚顺	189.2	6.5	0.1	1.7	123.8	2.0
本溪	174.5	8.7	0.2	3.8	135.8	2.6
丹东	156.8	6.5	0.1	4.1	168.1	4.2
锦州	135.6	7.9	0.1	5.6	110.2	3.1
营口	224.1	6.3	0.1	3.8	141.0	2.8
阜新	145.6	7.5	0.2	2.9	94.5	4.5
辽阳	202.2	9.2	0.1	2.5	181.9	2.0
盘锦	176.1	7.4		5.2	154.2	4.0
铁岭	203.7	11.5	0.4	3.7	112.0	2.3
朝阳	245.4	5.5	1.3	3.8	143.6	4.6
葫芦岛	133.5	9.4	0.1	6.1	82.8	1.2

人均主要食品消费量

年）

单位：公斤

水果类	茶叶	坚果	肉禽及制品	蛋类及其制品	奶及奶制品	水产品	食糖	酒
21.58	**0.18**	**0.54**	**20.46**	**8.72**	**2.82**	**4.85**	**0.87**	**12.78**
15.5	0.4	1.2	17.3	7.7	5.9	3.7	0.8	15.3
31.9		1.1	36.8	13.2	5.9	18.1	1.1	13.3
24.6	0.1	0.7	22.0	8.5	3.3	5.0	0.8	13.8
15.5	0.1	0.5	18.7	5.2	1.6	3.6	0.8	13.4
19.9	0.2	2.3	37.8	8.3	3.0	4.4	2.1	15.0
25.3		2.6	31.2	11.1	3.4	10.2	1.1	11.6
14.2		0.2	12.1	4.6	2.8	2.7	0.5	10.9
24.9		0.9	16.1	7.7	3.4	7.4	0.5	7.0
10.8	0.8	0.4	25.1	6.5	2.0	2.4	0.6	19.3
17.9	0.1	0.8	13.8	6.4	2.7	4.3	0.7	12.5
22.3	0.1	0.4	22.3	8.4	3.4	8.3	0.6	9.3
26.0	0.2	1.2	17.4	6.3	3.5	2.7	0.7	13.9
23.7	0.2	0.4	21.8	7.8	2.9	3.1	0.8	15.7
10.4	0.1	0.6	14.3	4.3	2.8	3.8	1.8	12.7

10—25 各地区农村居民平均每百户主要耐用消费品拥有量

（2010 年末）

地区	洗衣机（台）	电冰箱（台）	空调机（台）	抽油烟机（台）	吸尘器（台）	微波炉（台）	热水器（台）	自行车（辆）	摩托车（辆）
全省	**76.24**	**58.73**	**1.01**	**10.74**	**1.59**	**7.25**	**10.26**	**101.61**	**59.21**
沈阳	83.10	53.10	3.50	28.30	7.60	16.90	20.40	111.15	43.80
大连	76.60	94.20	4.40	17.70	6.50	16.80	27.80	86.40	59.50
鞍山	82.25	62.75	1.50	12.50	3.75	6.25	8.75	128.75	54.75
抚顺	66.67	45.33	1.33	8.67	3.00	10.67	3.33	86.67	43.00
本溪	71.90	76.67	0.00	12.86	0.95	7.62	6.19	90.00	45.71
丹东	85.90	67.95	1.03	14.62	1.54	11.28	16.67	118.46	56.41
锦州	82.97	56.22	2.43	13.51	0.27	4.32	9.19	107.03	48.92
营口	80.86	52.57	6.29	8.86	2.00	8.00	5.43	108.86	47.71
阜新	88.75	60.50	0.50	1.50	0.00	2.75	8.75	62.00	78.00
辽阳	88.57	64.29	2.00	33.71	0.57	5.14	6.29	102.29	31.43
盘锦	90.00	69.00	4.50	21.00	3.50	8.75	14.50	139.50	53.00
铁岭	80.17	41.67	0.50	8.50	0.83	7.83	6.50	97.33	50.33
朝阳	78.20	59.18	1.97	5.25	0.82	6.07	5.41	95.90	69.34
葫芦岛	89.52	60.71	4.76	20.71	1.19	5.71	10.95	87.14	56.19

10—25 续表（2010 年末）

地区	汽车（生活用）（辆）	电话机（部）	移动电话（部）	彩色电视机（台）	黑白电视机（台）	影碟机（台）	照相机（架）	家用计算机（台）
全省	**1.43**	**92.51**	**117.72**	**111.69**	**2.01**	**41.22**	**7.30**	**9.95**
沈阳	3.20	95.40	115.50	108.30	1.40	47.40	13.60	15.80
大连	3.30	96.40	148.30	114.60	0.30	56.00	21.70	18.20
鞍山	0.50	92.50	122.00	119.50	0.25	35.50	8.75	13.50
抚顺	2.33	92.67	120.00	116.33	0.33	25.67	6.33	7.67
本溪	3.33	90.48	143.33	111.90	0.00	42.86	10.00	9.52
丹东	1.03	91.03	154.10	119.74	1.79	44.87	8.46	10.77
锦州	1.62	97.84	105.41	109.46	1.35	48.65	6.49	12.97
营口	0.86	94.57	129.43	117.43	0.29	34.00	5.43	8.86
阜新	3.75	87.25	125.50	110.25	1.50	22.00	2.75	6.75
辽阳	0.29	89.14	114.00	102.86		22.86	9.43	5.43
盘锦	2.00	97.75	122.75	117.25	2.50	60.00	13.50	18.00
铁岭	1.67	77.67	126.17	108.00	1.83	33.50	5.17	11.33
朝阳	0.98	89.51	120.16	111.15	5.25	20.66	2.13	7.21
葫芦岛	1.67	92.02	93.57	105.71	1.43	39.29	3.81	9.76

10—26　农民家庭住房情况

指　　标	单　位	2005年	2006年	2007年	2008年	2009年	2010年
期末住房情况							
(一)住　房　面　积	平方米/人	25.1	25.2	25.7	26.4	27.0	27.3
#租用住房面积	平方米/人	0.1	0.1				
(二)住　房　价　值	元/平方米	343.5	356.1	403.3	431.0	455.2	515.6
(三)住　房　类　型							
1.楼　　房	平方米/人	1.3	0.9	1.0	1.1	1.4	1.8
2.砖　瓦　平房	平方米/人	23.0	23.2	24.0	24.3	24.4	24.6
3.其　　他	平方米/人	0.8	1.0	0.7	1.0	1.2	0.8
(四)住　房　结　构							
1.钢筋混凝土结构	平方米/人	4.3	4.4	3.6	4.6	4.9	4.4
2.砖　木　结　构	平方米/人	20.5	20.4	21.7	21.2	21.8	22.5
3.其　　他	平方米/人	0.3	0.4	0.4	0.6	0.3	0.3
期内新建(购)住房情况							
(一)新建(购)住房面积	平方米/人	0.4	0.3	0.4	0.4	0.5	0.3
(二)新建(购)住房价值	元/平方米	522.1	620.7	586.3	684.8	875.5	980.0
(三)新建(购)住房类型							
1.楼　　房	平方米/人		0.1			0.1	0.1
2.砖　瓦　平　房	平方米/人	0.4	0.3	0.4	0.4	0.3	0.2
3.其　　他	平方米/人					0.1	
(四)新建住(购)房结构							
1.钢筋混凝土结构	平方米/人	0.1	0.1	0.2	0.2	0.2	0.1
2.砖　木　结　构	平方米/人	0.3	0.2	0.2	0.3	0.3	0.1
3.其　　他	平方米/人						0.0
期内新建(购)住房资金来源							
1.自　　筹	元/人	158.1	178.3	226.6	277.8	299.2	268.7
2.银行、信用社贷款	元/人	8.6	3.9	3.7	7.8	9.2	9.8
3.其　　他	元/人	21.2	10.2	20.7	15.1	16.6	16.6
居　住　条　件	**(百户均)**						
住房有卫生设备的户数	户	99.1	99.8	100.0	100.0	100.0	100.0
使用安全饮用水的户数	户	100.0	99.5	99.5	99.5	99.5	99.5
有取暖设备的户数	户	100.0	100.0	100.0	100.0	100.0	100.0
#1.空　　调	户	0.1	0.1		0.1	0.1	0.0
2.暖　　气	户	19.8	23.1	23.3	22.4	25.6	24.5
3.火　　炕	户	80.1	76.8	76.3	77.2	74.0	75.4
燃料使用情况	**(百户均)**						
#1.液　化　气	户	10.8	7.4				
2.煤　　炭	户	4.3	5.3	2.9	4.1	4.2	4.0
3.柴　　草	户	83.9	86.1	75.9	75.3	75.1	76.3

主要统计指标解释

城镇居民家庭就业人口 指城镇居民从事社会劳动并取得劳动报酬或经营收入的人口。就业人口包括通过国家统筹规划和指导由劳动部门介绍就业，自愿组织起来就业和自谋职业等方式，在国有制、集体所有制、中外合资、中外合作、外资在华独资的企事业单位和私营企业单位工作或从事个体劳动的有固定性职业或临时性职业的人口。被聘用和留用的离退休人员也计入就业人口。本指标可以反映城镇居民的就业情况，是计算就业面、负担系数的重要资料。

城镇居民家庭总收入 指调查户中生活在一起的所有家庭成员在调查期得到的工薪收入、经营净收入、财产性收入、转移性收入的总和，不包括出售财物和借贷收入。

城镇居民可支配收入 指调查户可用于最终消费支出和其它非义务性支出以及储蓄的总和，即居民家庭可以用来自由支配的收入。它是家庭总收入扣除交纳的所得税、个人交纳的社会保障费以及调查户的记账补贴后的收入。

城镇居民工薪收入 指就业人员通过各种途径得到的全部劳动报酬，包括所从事的主要职业的工资以及从事第二职业、其他兼职和零星劳动得到的其它劳动收入。

城镇居家家庭总支出 指家庭除借贷支出外的全部实际支出。包括消费性支出、购房建房支出、转移性支出、财产性支出、社会保障支出。

城镇居民消费支出 指调查户用于本家庭日常生活的全部支出，包括食品、衣着、家庭设备用品及服务、医疗保健、交通和通讯、娱乐教育文化服务、居住、杂项商品和服务八大类等。不包括用于赠送的商品或服务。消费支出按商品(服务)的用途分类。

城镇居民服务性消费支出 指调查户用于本家庭支付社会提供的各种文化和生活方面的非商品性服务费用。不包括为别人付款的服务。服务消费与商品消费不同，其特点在于其劳动过程和消费过程在时间与空间上的统一。

农村居民家庭纯收入 指农村常住居民家庭总收入中，扣除从事经营费用支出、税费支出、赠送农村内部亲友和生产性固定资产折旧以后剩余的，可直接用于进行生产性、非生产性建设投资、生活消费和积蓄的那一部分收入。它是反映农民家庭实际收入水平的综合性的主要指标。农民家庭纯收入，既包括从事生产性和非生产性的经营收入，又包括取自在外人口寄回带回和国家财政救济、各种补贴等非经营性收入，既包括货币收入，又包括自产自用的实物收入。但不包括向银行、信用社和向亲友借款等属于借贷性的收入。

农村居民家庭整半劳动力 指农村常住居民家庭成员中有劳动能力并经常参加实际劳动的人员。是生产的基本要素指标之一，是发展生产增加农民家庭收入的重要源泉。按规定，农村男 18 周岁至 50 周岁、女 18 周岁至 45 周岁为整劳动力；男 16 周岁至 17 周岁、51 周岁至 60 周岁、女 16 周岁至 17 周岁、46 周岁至 55 周岁为半劳动力。农民家庭整半劳动力，既包括在上述规定劳动年龄内和在劳动年龄以外有劳动能力并经常参加实际劳动的男女整半劳动力；也包括农民家庭常住人员中属于职工的劳动力。但不包括在劳动年龄内已丧失劳动能力的人员。

农村居民家庭生活消费支出 指农村常住居民家庭年内用于日常生产的全部开支。它是用来反映和研究农民家庭实际生活消费水平高低的重要指标。农民家庭生活消费支出，包括用于吃、穿、住、烧、用等生活消费品开支和文化、生活服务费用开支两大部分。

农村居民家庭商品性生活消费支出 指农村常住居民家庭用其货币收入，在市场上购买食品、衣着、家庭用家具器皿、日用杂品、燃料、耐用消费品，以及文教卫生用品等生活消费总量。包括向国有商店、集体商店和集市贸易市场以及其他流通渠道购买的全部生活消费品。农民家庭商品性生活消费支出，是农民家庭生活消费支出的一个重要组成部分，是用来反映和分析农民家庭生活消费水平的商品化程度，及其由自给性经济向商品经济发展趋势的重要指标，也是研究和预测农民家庭对市场消费品需求，制定商品供应计划的重要依据。

城乡储蓄存款余额 城乡储蓄存款，包括城镇居民储蓄存款和农民个人储蓄存款两部分。不包括居民的手存现金和工矿企业、部队、机关团体等集团存款。储蓄存款余额，是指城乡居民存入银行及农村信用社储蓄的时点数(存入数扣除取出数的余额)，如月末、季末或年末数额。

第十一篇

城市建设

11

CHENGSHI
JIANSHE

11—1 城市公用事业基本情况

指　　标	单 位	2005年	2006年	2007年	2008年	2009年	2010年
自来水全年供水总量	亿 吨	28.3	28.1	28.3	18.4	28.9	26.2
#生活用水量	亿 吨	10.4	9.3	9.2	7.1	9.2	9.1
人均日生活用水量	升	147.3	134.1	127.9	125.8	124.2	121.0
用水普及率	%	93.8	96.7	96.9	96.9	97.2	97.4
公共车辆(汽、电车)数	辆	17 548	17 907	18 748	19 490	19 457	20 146
道路长度	公 里	10 556	11 096	11 530	12 111	12 866	14 238
道路面积	万平米	16 337	17 623	19 452	20 546	21 857	23 658
排水管道长度	公 里	10 519	10 860	11 655	12 192	13 350	14 070
公用煤气、液化气							
人工煤气全年供气总量	亿立米	6.4	5.4	5.6	6.2	5.4	5.5
#家庭用量	亿立米	4.3	3.6	3.6	3.7	3.7	3.8
煤气管道长度	公 里	4 897	4 702	4 828	5 033	5 081	5 476
天然气全年供气总量	亿立米	3.7	5.3	5.4	5.6	6.0	6.6
液化气家庭用量	亿立米	25.1	28.1	31.4	24.3	24.1	23.6
燃气普及率	%	88.1	92.3	92.0	92.4	93.7	94.2
城市绿化							
园林绿地面积	公 顷	74 583	63 535	76 888	78 841	84 145	92 751
公园个数	个	259	260	270	283	294	316
公园面积	公 顷	8 300	9 814	10 287	9 959	10 263	11 005
清洁卫生							
生活垃圾清运量	万 吨	769	756	771.4	796.7	813.3	837.3
粪便清运量	万 吨	148	132	152.4	176.3	129.2	124.3

注:人均指标按全部城镇人口计算,2000年以前是按城镇人口中的非农人口计算。

11—2 各地区城市设施水平

年份、城市	城市用水普及率(%)	城市燃气普及率(%)	每万人拥有公共交通车辆(标台)	人均城市道路面积(平方米)	人均公园绿地面积(平方米)
2000	98.20	89.30	8.45	6.47	5.72
2001	86.92	76.79	7.35	6.91	5.01
2002	87.08	81.96	7.84	7.08	5.68
2003	87.88	85.55	8.18	7.35	6.25
2004	92.99	87.16	8.64	7.67	7.12
2005	93.83	88.11	8.94	7.95	7.49
2006	96.74	92.34	9.74	8.93	8.32
2007	96.94	91.99	10.02	9.61	9.03
2008	96.90	92.40	10.60	10.00	9.40
2009	97.23	93.74		10.41	9.76
2010	97.44	94.19		11.19	10.21
沈阳	100.00	100.00		11.92	12.72
大连	100.00	99.98		14.14	12.00
鞍山	97.73	97.57		8.23	10.38
抚顺	98.59	95.78		9.01	8.99
本溪	97.56	85.27		10.06	9.01
丹东	94.59	94.59		14.28	8.35
锦州	100.00	98.63		9.73	9.16
营口	86.19	95.38		7.47	10.05
阜新	99.64	71.90		5.92	10.47
辽阳	100.00	89.49		12.60	8.51
盘锦	100.00	100.00		15.04	7.46
铁岭	97.50	97.39		17.99	9.66
朝阳	91.18	92.67		7.03	8.80
葫芦岛	100.00	90.40		11.44	12.91

11—3 各地区城市建设情况

年份、城市	建成区面积（平方公里）	征用土地面积（平方公里）	城市人口密度（人/平方公里）
2000	1 558.6	22.6	1 174
2001	1 612.4	11.2	1 236
2002	1 660.4	21.2	1 246
2003	1 694.6	36.6	1 244
2004	1 737.3	38.7	1 256
2005	1 779.9	71.9	1 243
2006	1 859.6	77.2	2 163
2007	1 917.6	72.0	1 945
2008	1 955.50	226.70	1 916
2009	2 030.71	83.78	1 922
2010	2 220.53	128.20	1 814
沈阳	412.00	38.90	3 177
大连	390.00	28.12	2 450
鞍山	158.00	9.11	2 495
抚顺	130.38	4.05	2 418
本溪	106.50	5.11	898
丹东	53.40	4.50	2 967
锦州	71.45	1.56	2 244
营口	99.24	1.59	5 193
阜新	76.50	14.00	1 741
辽阳	97.85	9.79	1 253
盘锦	60.83	1.80	2 460
铁岭	43.96	0.42	2 221
朝阳	40.00		998
葫芦岛	75.15		803

11—4 各地区城市市政设施情况

年份、城市	年末实有道路长度（公里）	年末实有道路面积（万平方米）	城市桥梁（座）	城市排水管道长度（公里）	城市污水日处理能力（万立方米）	道路照明灯（千盏）
2000	9 249	10 152	1 253	8 354	110.7	298
2001	9 462	13 793	1 260	8 394	122.9	372
2002	9 875	14 270	1 247	8 880	200.4	482
2003	10 204	14 885	1 326	9 120	249.0	635
2004	10 407	15 635	1 300	9 308	306.1	664
2005	10 556	16 337	1 232	10 519	347.1	786
2006	11 096	17 623	1 314	10 860	365.6	804
2007	11 530	19 452	1 395	11 655	385.6	947
2008	12 111	20 546	1 406	12 192	416.8	1 270
2009	12 866	21 857	1 462	13 350	444.8	1 337
2010	14 238	23 658	1 514	14 070	503.1	1 380
沈阳	2 895	5 706	296	3 738	117.0	213
大连	2 899	4 135	200	2 459	80.5	195
鞍山	552	1 282	24	860	42.0	67
抚顺	746	1 189	120	842	25.0	33
本溪	794	925	157	336	50.0	25
丹东	462	958	122	684	10.0	27
锦州	513	952	44	476	20.0	24
营口	536	713	36	526	10.0	313
阜新	339	461	37	259	10.0	13
辽阳	858	998	111	742	33.0	74
盘锦	483	984	60	555	10.0	92
铁岭	320	814	25	461	10.0	48
朝阳	253	374	13	251	10.0	15
葫芦岛	321	528	43	176	15.8	15

11—5 各地区城市供水情况

年份、城市	年末供水综合生产能力（万立方米/日）	年末供水管道长度（公里）	全年供水总量（万立方米）	#生活用水	#生产用水	用水人口（万人）	人均日生活用水量（升）
2000	1 393	20 627	308 500	103 812	163 667	1 751	162.4
2001	1 351	21 708	297 247	101 406	164 091	1 734	160.2
2002	1 338	21 602	279 644	95 501	136 908	1 755	149.1
2003	1 347	21 999	280 510	94 322	131 973	1 780	145.2
2004	1 357	23 636	281 080	101 877	126 676	1 896	147.2
2005	1 339	23 211	282 618	103 683	130 232	1 929	147.3
2006	889	22 093	193 825	73 794	45 301	1 736	134.1
2007	1 333	25 422	283 174	91 560	121 342	1 963	127.9
2008	1 384	26 850	294 792	91 717	121 806	2 001	125.8
2009	1 386	27 735	288 732	92 470	120 376	2 042	124.2
2010	1 391	29 123	261 879	90 763	92 543	2 060	121.0
沈阳	175	2 815	52 461	26 626	8 612	478	152.5
大连	164	4 752	40 730	11 343	5 086	292	106.3
鞍山	158	2 606	31 129	9 068	16 601	152	163.2
抚顺	130	2 162	16 102	3 490	8 229	130	73.6
本溪	155	856	22 778	3 099	17 090	90	94.7
丹东	94	1 117	5 157	2 169	2 000	63	93.7
锦州	83	1 048	15 052	4 891	6 968	98	137.0
营口	50	1 831	5 930	2 744	990	82	91.4
阜新	38	1 844	7 805	3 092	3 335	78	109.0
辽阳	93	1 259	15 846	4 797	7 641	79	165.9
盘锦	31	832	7 244	2 771	3 125	65	116.0
铁岭	21	839	4 006	1 860	541	44	115.6
朝阳	25	528	4 321	2 025	964	49	114.4
葫芦岛	38	845	5 620	1 463	3 250	46	86.9

11—6　各地区城市燃气情况

年份、城市	人工煤气生产能力(万立米/日)	管道长度(公里)			全年供气总量			用气人口(万人)		
		人工煤气	液化石油气	天然气	人工煤气(万立米)	液化石油气(吨)	天然气(万立米)	人工煤气	液化石油气	天然气
2000	163.1	4 470	195	2 950	81 957	379 194	24 923	422.1	568.8	409.9
2001	201.5	4 595	217	3 169	58 642	387 530	30 764	458.5	645.8	427.6
2002	218.7	4 718	254	3 355	61 430	377 990	30 701	511.6	698.5	441.5
2003	230.5	4 871	290	4 286	69 121	432 358	30 338	541.6	734.4	456.5
2004	214.4	4 535	198	5 214	61 112	456 355	37 698	474.7	726.8	575.9
2005	190.8	4 897	437	4 979	63 614	402 659	36 817	531.5	713.1	566.6
2006	168.9	4 702	478	5 610	54 347	487 296	53 495	474.1	718.5	629.5
2007	273.9	4 828	550	5 940	55 785	456 504	54 085	486.6	718.7	657.3
2008	293.9	5 033	589	6 364	61 958	396 282	57 736	503.3	693.7	710.5
2009	293.9	5 081	626	6 941	54 441	398 309	60 035	523.7	693.6	751.1
2010	321.2	5 476	644	7 405	55 177	395 058	66 173	542.4	652.1	797.0
沈阳				2 625		31 800	31 889		37.5	441.0
大连	140.0	2 175	383		22 357	155 588		205.4	87.0	
鞍山	20.0	1 380		189	13 107	5 321	1 459	104.1	9.1	38.8
抚顺				713		38 100	7 567		60.0	66.3
本溪	0.6	312	58	31	4 738	4 080	28	59.4	19.0	
丹东	61.0	444		13	4 024	5 430	171	50.0	13.3	0.2
锦州	60.0	807	14	102	8 276	6 350	121	84.7	9.7	2.2
营口			8	382		20 000	1 404		45.0	46.0
阜新				280		4 910	3 080		16.2	39.9
辽阳			3	502		11 606	1 180		41.6	29.3
盘锦			10	401		13 504	1 263		35.4	30.0
铁岭				526		2 926	3 723		10.1	34.0
朝阳	1.6	321			2 004	5 980		37.0	12.3	
葫芦岛				815		1 000	3 129		10.0	31.7

11—7 各地区城市集中供热情况

年份、城市	供热能力		供热总量		管道长度(公里)		供热面积
	蒸汽(吨/小时)	热水(兆瓦)	蒸汽(万吉焦)	热水(万吉焦)	蒸汽	热水	(万平方米)
2000	11 569	19 154	2 201	11 388	1 303	7 211	20 030
2001	11 435	20 564	2 747	12 888	1 659	8 617	22 048
2002	10 911	29 269	3 437	19 616	1 722	9 679	24 963
2003	10 975	30 874	3 999	19 719	1 707	10 927	29 669
2004	11 844	30 488	5 269	18 729	1 711	12 376	38 150
2005	12 583	36 051	6 435	22 508	2 312	14 093	47 621
2006	10 967	43 765	5 936	26 157	2 143	14 770	46 773
2007	11 718	39 717	5 886	28 036	2 023	15 387	54 118
2008	11 612	46 395	6 253	31 218	2 228	17 057	60 990
2009	12 013	51 183	6 479	35 643	2 294	18 129	68 464
2010	13 186	55 770	6 521	39 613	2 302	20 599	74 526
沈阳	774	11 604	179	9 164	974	3 907	22 500
大连	5 672	10 233	3 007	5 076	252	2 893	15 496
鞍山	180	3 756	165	3 270	12	1 656	4 500
抚顺	1 008	4 851	296	1 721	82	1 049	3 380
本溪	305	1 319	263	981	116	444	2 053
丹东	860	1 443	875	1 870	123	386	2 104
锦州	660	2 326	136	1 836	64	1 485	2 904
营口	1 612	1 774	153	1 138	140	1 673	1 875
阜新		1 525		1 254		848	2 314
辽阳	375	1 443	193	1 021	42	726	2 261
盘锦		2 650		2 385		769	2 419
铁岭		1 546		896		590	1 489
朝阳	400	1 769	434	2 730	44	711	2 060
葫芦岛		3 037		1 382		485	1 772

11—8　各地区城市公共交通情况

年份、城市	年末公共汽(电)车运营数（辆）	公共汽车	无轨电车	客运总量（万人次）	出租汽车（辆）
2000	13 136	12 919	217	297 305	75 389
2001	14 363	14 300	63	321 362	75 415
2002	15 601	15 538	63	321 107	79 086
2003	16 224	16 161	63	333 104	83 730
2004	16 969	16 920	49	335 576	84 578
2005	17 548	17 503	45	314 394	81 020
2006	17 907	17 846	61	329 906	78 510
2007	18 748	18 687	61	353 721	79 365
2008	19 490	19 429	61	371 659	80 376
2009	19 457	19 396	61	379 368	86 118
2010	20 146	20 085	61	409 478	88 199
沈阳	5 327	5 327		119 273	20 937
大连	5 244	5 183	61	115 582	12 939
鞍山	1 848	1 848		28 624	9 116
抚顺	1 175	1 175		32 820	4 963
本溪	854	854		32 691	4 495
丹东	725	725		13 068	3 335
锦州	795	795		12 677	4 915
营口	911	911		9 553	4 835
阜新	377	377		5 624	3 044
辽阳	538	538		8 277	3 579
盘锦	511	511		7 798	3 665
铁岭	676	676		7 755	4 928
朝阳	579	579		7 605	3 315
葫芦岛	586	586		8 131	4 133

11—9 各地区城市园林绿化情况

年份、城市	城市园林绿地面积（公顷）	#公园绿地	公园（个）	公园面积（公顷）
2000	61 432	8 977	197	4 751
2001	65 394	10 002	206	5 852
2002	61 519	11 451	212	6 083
2003	65 211	12 654	225	6 946
2004	71 797	14 513	247	7 862
2005	74 583	15 387	259	8 300
2006	63 535	16 426	260	9 814
2007	76 888	18 291	270	10 287
2008	78 841	19 351	283	9 959
2009	84 145	20 501	294	10 263
2010	92 751	21 593	316	11 005
沈阳	25 994	6 085	62	3 256
大连	18 153	3 510	68	1 543
鞍山	5 997	1 617	11	501
抚顺	4 607	1 185	15	742
本溪	4 847	828	12	367
丹东	2 002	560	11	512
锦州	2 647	896	17	379
营口	3 810	959	13	654
阜新	2 634	817	14	596
辽阳	3 535	674	11	144
盘锦	2 087	488	8	330
铁岭	1 542	437	8	76
朝阳	1 113	468	5	166
葫芦岛	2 807	596	10	366

11—10 各地区城市环境卫生情况

年份、城市	清扫保洁面积（万平方米）	生活垃圾清运量（万吨）	粪便清运量（万吨）	市容环卫专用车辆总数（台）	公共厕所（座）	#三类以上
2000	16 588	838	160	3 009	10 523	
2001	16 574	768	148	2 997	9 211	
2002	17 772	774	152	3 017	10 352	
2003	18 590	791	144	2 920	9 529	
2004	18 931	779	159	2 883	10 077	
2005	19 588	769	148	3 313	9 661	
2006	21 864	756	132	3 381	8 321	753
2007	24 282	771	152	4 058	7 889	851
2008	25 620	797	176	4 134	7 868	1 041
2009	27 546	813	129	4 457	6 948	1 337
2010	28 122	837	124	4 998	6 322	1 493
沈阳	11 155	215	19	1 869	927	448
大连	4 126	80	6	637	521	213
鞍山	1 336	53	2	153	158	158
抚顺	1 330	50	5	193	250	47
本溪	598	34	4	179	374	34
丹东	752	23	13	322	222	28
锦州	925	32	5	174	215	58
营口	675	40	4	142	242	22
阜新	480	44	5	122	307	22
辽阳	902	17	11	175	380	35
盘锦	681	16	4	131	130	26
铁岭	762	16	1	73	182	23
朝阳	562	32	3	85	220	57
葫芦岛	638	21	3	45	140	30

主要统计指标解释

统计范围 地级以上城市的统计范围为城市行政区,不含市辖市、市辖县,含所有市辖建制区内的街道办、建制镇、乡;县级市的统计范围为城市规划区,含市政府所在地和规划区范围内的建制镇。规划区外的建制镇不予统计。建制镇按行政区范围统计,即包含所有设居民组建制和村民组建制的地区。县城的统计范围为县政府所在地的建制镇(即城关镇),按居民组建制的地区范围统计。

年底自来水生产能力 指年底城建部门管理的自来水厂和自备水源的社会单位取水、净化、送水、出厂输水干管等环节的实际生产能力。

年底供水管道长度 指从送水泵到用户水表之间所有管道的长度。

全年供水总量 指公用自来水厂和自备水源的社会单位全年的供水总量,包括有效供水量及损失水量。

生活用水量 指居民日常生活与公共福利设施的用水量。包括居民、饮食店、旅馆、医院、理发店、浴池、洗衣店、游泳池、商店、学校、机关、部队等单位的用水量。

城市人口用水普及率 指城市用水的非农业人口数(不包括临时人口和流动人口)与城市非农业人口总数之比。计算公式:

$$\text{用水普及率}=\frac{\text{城市用水的非农业人口数}}{\text{城市非农业人口数}}\times 100\%$$

人工煤气生产能力 指城市煤气厂制气、净化、输送等环节的综合实际生产能力。

全年供气总量 指全年售给各类用户的全部煤气量。包括工业用量、家庭用量和其他用量。

城市用气普及率 指使用煤气(包括人工煤气、液化石油气、天然气)的城市非农业人口数(不包括临时人口和流动人口)与城市非农业人口总数之比。计算公式:

$$\text{城市煤气普及率}=\frac{\text{城市用气的非农业人口数}}{\text{城市非农业人口总数}}\times 100\%$$

城市供热能力 指热电厂、热力公司和达到标准的集中采暖锅炉房向城市输送的供热源的设计能力。每小时向城市输送的蒸汽、热水能力。

城市供热总量 指热电厂、热力公司和达到标准的集中采暖锅炉房全年向城市输送的全部蒸汽、热水量。

城市供热管道长度 指热电厂、热力公司 和达到标准的集中采暖锅炉房管理的集中供热热源到用户之间的全部供气、供热水的管道长度。

年底实有铺装道路长度 指除土路外,路面经过铺装宽度在3.5米以上的道路,包括高级、次高级道路和普通道路。

城市桥梁 指城市范围内,修建在河道上的桥梁和道路与道路立交、道路跨越铁路的立交桥,以及人行天桥,包括永久性桥和半永久性桥,不包括临时性桥、铁路桥、涵洞。

城市下水道总长度 指所有排水总管、干管、支管及暗渠、检查井、连接井进出口等长度之和。

城市污水日处理能力 指污水处理厂每昼夜处理污水量的设计能力。

年末实有公共汽(电)车 指年底可参加营运的全部车辆数,包括年底营运车辆数和库存查封未参加营运的车辆,不包括非营运车辆,如架线车、油罐车、工程车、货车及其他专用车辆和借人的客运车辆。

营运线路长度 指设置的固定营运线路长度,包括郊区营运线路长度。不包括临时行驶的线路长度。

城市园林绿地面积 指城市公共绿地、专用绿地、生产绿地、防护绿地、郊区风景名胜区的全部面积。

公共绿地 指供游览休息的各种公园、动物园、植物园、陵园以及花园、游园和供游览休息用的林荫道绿地、广场绿地。不包括一般载植的行道树及林荫道的面积。

第十二篇

环境保护

12

HUANJING
BAOHU

12—1 环境保护基本情况

指　　标	单　位	2006年	2007年	2008年	2009年	2010年
废水排放总量	万吨	212 952.93	220 996.73	212 021.33	217 154.68	215 868.5
#工业废水排放量	万吨	94 724.21	95 196.71	83 072.94	75 158.59	71 284.39
生活污水排放量	万吨	118 228.72	125 800.02	128 948.39	141 996.09	144 584.11
工业废水排放达标量	万吨	88 004.41	95 197	73 430.36	64 592.96	64 966.49
工业废水排放达标率	%	92.91	92.41	88.39	85.94	91.14
工业废气排放量	万标立方米	271 950 422	239 459 177	402 189 043	252 111 855	270 887 017
#燃料燃烧	万标立方米	100 339 014	103 625 800	298 340 941	112 835 173	131 855 404
生产工艺	万标立方米	171 611 408	135 833 377	103 848 102	139 276 682	139 031 613
二氧化硫排放量	万吨	125.91	123.38	113.07	105.14	91.40
#工　业	万吨	103.69	106.72	100.08	91.88	78.48
生　活	万吨	22.21	16.67	12.99	13.26	12.92
烟尘排放量	万吨	71.45	71.64	69.20	61.27	61.90
#工　业	万吨	45.64	48.72	46.90	40.15	39.79
生　活	万吨	25.81	22.92	22.30	21.12	22.11
工业粉尘排放量	万吨	42.05	41.26	26.70	22.69	17.1
工业二氧化硫去除量	万吨	90.37	86.68	89.14	102.25	133.72
工业烟尘去除量	万吨	1 209.37	1 251.51	1 520.36	1 865.50	2 122.65
工业粉尘去除量	万吨	470.88	423.87	675.33	636.48	555.16
工业固体废物产生量	万吨	13 012.62	14 341.81	15 841.42	17 221.41	17 419.57
#危险废物	万吨	44.50	61.96	91.24	90.98	105.98
工业固体废物综合利用量	万吨	4 958.01	5 710.82	7 581.81	8 240.68	8 417.48
工业固体废物综合利用率	%	38.10	39.01	46.83	47.19	47.68
工业固体废物排放量	万吨	24.69	4.48	1.16	2.75	2.88
“三废”综合利用产品产值	万元	305 735.70	517 482.6	423 803	443 699	328 445
污染治理项目本年完成投资额	万元	520 470	237 002	201 645	195 027	147 708

12—2 各地区废水排放及处理情况

(2010 年)

地区	汇总工业企业数（个）	废水治理设施数（套）	工业废水排放总量（万吨）	工业废水排放达标量（万吨）	生活污水排放量（万吨）
全省	**4 623**	**2 772**	**71 284.4**	**64 966.5**	**144 584**
沈阳	1 472	341	6 140.8	5 913.0	44 325
大连	445	294	27 421.4	26 124.6	25 417
鞍山	260	144	5 548.2	5 319.4	9 118
抚顺	308	127	3 030.8	2 932.0	8 841
本溪	235	119	2 591.0	2 159.1	5 888
丹东	280	124	4 363.7	2 872.0	3 889
锦州	178	98	3 858.7	3 648.4	7 746
营口	301	61	4 014.1	4 012.6	7 627
阜新	244	77	468.3	274.8	3 312
辽阳	74	1 065	2 941.6	2 935.7	7 179
盘锦	197	47	2 446.0	2 303.2	5 457
铁岭	256	99	1 682.6	1 531.0	5 803
朝阳	218	66	3 547.4	2 420.1	4 847
葫芦岛	155	110	3 229.8	2 520.5	5 135

12—3 各地区工业废气

(2010

地区	废气治理设施数（套）	工业废气排放总量（万标立方米）	燃料燃烧过程中废气排放量	生产工艺过程中废气排放量	工业二氧化硫排放量（吨）
全省	**9 624**	**270 887 017**	**131 855 404**	**139 031 613**	**784 821**
沈阳	2 150	13 013 428	11 165 014	1 848 414	77 385
大连	953	26 177 288	15 726 265	10 451 023	78 866
鞍山	2 106	48 423 090	14 921 632	33 501 458	77 532
抚顺	678	17 756 705	10 372 861	7 383 844	50 553
本溪	657	37 400 575	9 336 581	28 063 994	87 528
丹东	284	7 084 004	5 253 873	1 830 131	27 955
锦州	417	9 211 791	7 353 383	1 858 408	61 739
营口	751	27 011 210	13 583 561	13 427 649	77 072
阜新	183	37 895 991	13 268 992	24 626 999	50 890
辽阳	320	6 539 935	4 456 332	2 083 603	30 513
盘锦	193	4 588 005	4 404 971	183 034	17 561
铁岭	310	9 401 306	7 963 423	1 437 883	52 802
朝阳	389	14 117 954	6 225 911	7 892 043	41 414
葫芦岛	233	12 265 735	7 822 605	4 443 130	53 011

排 放 及 处 理 情 况

年）

工业二氧化硫去除量（吨）	工业烟尘排放量（吨）	工业烟尘去除量（吨）	工业粉尘排放量（吨）	工业粉尘去除量（吨）
1 337 195	**397 861**	**21 226 483**	**171 016**	**5 551 644**
87 775	60 364	2 343 065	4 542	6 008
275 718	24 171	2 166 019	3 842	288 202
26 724	30 205	2 580 049	25 782	1 856 474
93 590	17 938	3 994 381	12 906	328 888
46 572	26 543	323 802	34 369	1 677 328
28 716	14 506	424 029	14 509	15 430
68 406	41 158	707 539	4 357	100 093
55 692	45 221	1 596 373	27 621	799 326
60 011	31 403	1 507 189	857	11 036
67 943	13 599	171 719	978	127 603
12 765	5 316	267 218	394	4 802
49 926	31 722	2 999 867	13 703	52 299
17 939	45 030	467 571	22 134	256 437
445 418	10 684	1 677 661	5 024	27 720

12—4 各地区工业固体废物产生及处理利用情况

(2010 年)

地　　区	工业固体废物产生量（万吨）	# 危险废物	工业固体废物综合利用量（万吨）	工业固体废物贮存量（万吨）	工业固体废物处置量（万吨）	工业固体废物排放量（万吨）	"三废"综合利用产品产值（万元）
全　　省	**17 419.6**	**1 059 816**	**8 417.5**	**2 446.90**	**6 801.86**	**2.88**	**1.5**
沈　　阳	895.4	79 718	856.7	19.91	18.71	0.02	1.5
大　　连	378.9	70 584	363.4		14.75	0.77	
鞍　　山	5 176.2	12 921	988.6	302.77	3 884.85		
抚　　顺	2 569.3	36 940	1 127.1	847.37	594.81		
本　　溪	2 702.3	183 102	1 022.8	256.10	1 423.36	0.11	
丹　　东	356.2	288 994	229.3	7.90	119.31		
锦　　州	335.1	302 742	210.0	0.83	125.04		
营　　口	661.9	4 245	655.3	6.23	0.42		
阜　　新	1 466.9	86	1 646.4		0.00	0.10	
辽　　阳	938.6	163	97.4	793.45	48.01		
盘　　锦	84.6	44 651	80.1	0.01	4.44		
铁　　岭	701.4	7	472.7	158.18	138.18		
朝　　阳	750.4	802	405.7	12.32	332.41		
葫 芦 岛	402.2	34 860	262.0	41.81	97.59	1.88	

12—5 环境污染治理投资

单位:万元

指　　标	2005年	2006年	2007年	2008年	2009年	2010年
城市环境基础设施建设投资	1 031 429	1 176 094	789 406	1 155 044	1 620 537	6 746 292
#燃　气	37 292	68 220	54 670	51 139	28 763	123 984
集中供热	299 041	394 297	165 051	291 393	95 676	717 638
排　水	154 939	108 161	228 437	177 170	93 184	135 585
园林绿化	220 361	237 144	321 929	399 474	182 835	288 607
市容环境卫生	18 493	34 463	19 319	235 868	208 174	150 367
工业污染源治理投资	369 499	520 470	237 002	201 645	195 027	147 708

12—6　工业污染治理投资完成情况

年份、地区	污染治理项目本年完成投资（万元）	治理废水	治理废气	治理固体废物	治理噪声	治理其他	本年竣工项目数（个）
2000	120 195	61 765	42 489	8 857	372	6 711	662
2001	114 664	46 077	58 467	6 707	68	3 345	346
2002	102 427	42 208	18 951	10 504	201	30 562	319
2003	154 298	45 716	29 450	6 141	103	72 888	274
2004	226 576	36 905	52 987	798	138	135 748	235
2005	369 499	31 277	88 477	4 166	763	244 816	277
2006	520 470	79 661	78 076	3 026	675	359 033	289
2007	237 002	72 093	110 239	11 201	969	42 501	230
2008	201 645	81 907	283 552	3 834	812	23 643	185
2009	195 027	35 281	157 282	1 519	99	845	129
2010	147 707.9	47 213.5	94 551.4	803.8		5 139.2	84
沈阳	6 409.7	1 253.9	4 487.4			668.4	11
大连	9 803.4	3 330.3	3 088.1			3 385	16
鞍山	12 236.4	440.0	11 660	84.5		51.9	7
抚顺	35 508.5	17 400.0	18 108.5				7
本溪	17 042		16 677			365	3
丹东							
锦州	22 046	14 833.6	6 824	151.4		237	11
营口	800		800				1
阜新							
辽阳	16 880		16 880				3
盘锦	2 905.2		2 255.4	567.9		81.9	11
铁岭	11 538.5	292.5	11 246				2
朝阳	1 930.2	1 930.2					2
葫芦岛	10 608	7 733	2 525			350	10

主要统计指标解释

工业废水排放量 指经过企业厂区所有排放口排到企业外部的工业废水量。包括生产废水、外排的直接冷却水、超标排放的矿井地下水和与工业废水混排的厂区生活污水,不包括外排的间接冷却水(清污不分流的间接冷却水应计算在内)。

工业废水排放达标量 指报告期内废水中各项污染物指标都达到国家或地方排放标准的外排工业废水量,包括未经处理外排达标的,经废水处理设施处理后达标排放的,以及经污水处理厂处理后达标排放的。

工业废水排放达标率 指工业废水排放达标量占工业废水排放量的百分率,计算公式为:

工业废水排放达标率 = 工业废水排放达标量/工业废水排放量 ×100%

城镇生活污水排放量 指城镇居民每年排放的生活污水。用人均系数法测算。测算公式为:

城镇生活污水排放量 = 城镇生活污水排放系数 × 市镇非农业人口 ×365

城镇生活污水中化学需氧量(COD)产生量 指城镇居民每年排放的生活污水中的 COD 的产生量。用人均系数法测算。测算公式为:

城镇生活污水中 COD 产生量 = 城镇生活污水中 COD 产生系数 × 市镇非农业人口 ×365

化学需氧量(COD) 测量有机和无机物质化学所消耗氧的质量浓度的水污染指数。

工业废气排放量 指报告期内企业厂区内燃料燃烧和生产工艺过程中产生的各种排入大气的含有污染物的气体的总量,以标准状态(273K,101325Pa)计算。测算公式为:

工业废气排放量 = 燃料燃烧过程中废气排放量 + 生产工艺过程中废气排放量

生活及其他 SO_2 排放量 以生活及其他煤炭消费量和其含硫量为基础,根据以下公式计算:

生活及其他 SO_2 排放量 = 生活及其他煤炭消费量 × 含硫量 ×0.8 ×2

工业 SO_2 排放量 指报告期内企业在燃料燃烧和生产工艺过程中排入大气的 SO_2 总量,计算公式为:

工业 SO_2 排放量 = 燃料燃烧过程中 SO_2 排放量 + 生产工艺过程中 SO_2 排放量

工业烟尘排放量 指企业厂区内燃料燃烧过程中产生的烟气中夹带的颗粒物排放量。

生活及其他烟尘排放量 指除工业生产活动以外的所有社会、经济活动及公共设施的经营活动中燃烧所排放的烟尘纯重量。以生活及其他煤炭消费量为基础进行测算。

工业粉尘排放量 指企业在生产工艺过程中排放的能在空气中悬浮一定时间的固体颗粒物排放量。如钢铁企业的耐火材料粉尘、焦化企业的筛焦系统粉尘、烧结机的粉尘、石灰窑的粉尘、建材企业的水泥粉尘等。不包括电厂排入大气的烟尘。

工业固体废物产生量 指报告期内企业在生产过程中产生的固体状、半固体状和高浓度液体状废弃物的总量,包括危险废物、冶炼废渣、粉煤灰、炉渣、煤矸石、尾矿、放射性废物和其他废物等;不包括矿山开采的剥离废石和掘进废石(煤矸石和呈酸性或碱性的废石除外)。酸性或碱性废石指采掘的废石其流经水、雨淋水的 pH 值小于 4 或 pH 值大于 10.5 者。

危险废物 指列入国家危险废物名录或根据国家规定的危险废物鉴别标准和鉴别方法认定的,具有爆炸性、易燃性、易氧化性、毒性、腐蚀性、易传染疾病等危险特性之一的废物。

工业固体废物综合利用量 指报告期内企业通过回收、加工、循环、交换等方式,从固体废物中提取或者使其转化为可以利用的资源、能源和其他原材料的固体废物量(包括当年利用往年的工业固体废物贮存量),如用作农业肥料、生产建筑材料、筑路等。综合利用量由原产生固体废物的单位统计。

工业固体废物综合利用率 指工业固体废物综合利用量占工业固体废物产生量(包括综合利用往年贮存量)的百分率。计算公式为:

工业固体废物综合利用率 = 工业固体废物综合利用量/(工业固体废物产生量 + 综合利用往年贮存量) ×100%

工业固体废物贮存量 指报告期内企业以综合利用或处置为目的,将固体废物暂时贮存或堆存在专设的贮存设施或专设的集中堆存场所内的数量。专设的固体废物贮存场所或贮存设施必须有防扩散、防流失、防渗漏、防止污染大气、水体的措施。

工业固体废物处置量 指报告期内企业将固体废物焚烧或者最终置于符合环境保护规定要求的场所,并不再回取的工业固体废物量(包括当年处置往年的工业固体废物贮存量)。处置方式有填埋(其中危险废物应安全填埋)、焚烧、专业贮存场(库)封场处理、深层灌注、回填矿井及海洋处置(经海洋管理部门同意投海处置)等。

工业固体废物排放量 指报告期内企业将所产生的固体废物排到固体废物污染防治设施、场所以外的数量,不包括矿山开采的剥离废石和掘进废石(煤矸石和呈酸性或碱性的废石除外)。

“三废”综合利用产品产值 指报告期内利用“三废”作为主要原料生产的产品价值(现行价);已经销售或准备销售的应计算产品价值,留作生产自用的不应计算产品价值。

第十三篇

农业

13

NONGYE

13—1 农村基层组织和农业基本情况

指　　标	单　位	2005年	2006年	2007年	2008年	2009年	2010年
乡 镇 数	个	993	976	945	944	940	924
#镇 数	个	611	598	575	574	576	590
村民委员会	个	11 920	11 902	11 896	11 822	11 770	11 764
乡村户数	万 户	695.6	689.2	701.1	703.8	710.7	722.9
乡村从业人员	万 人	1 113.5	1 132.9	1 153.6	1 164.7	1 180.5	1 208.5
按行业分的乡村从业人员							
农林牧渔业	万 人	686.4	680.9	669.1	662.3	661.4	663.6
工 业	万 人	106.1	112.9	121.8	124.0	129.7	138.6
建 筑 业	万 人	77.1	81.9	89.8	91.6	94.9	101.7
交通运输业、仓储及邮电通信业	万 人	44.5	43.7	45.9	47.2	48.8	51.0
批发零售贸易业、餐饮业	万 人	70.0	71.3	74.4	78.8	83.4	87.1
其他非农行业	万 人	129.4	142.2	152.5	160.7	162.4	166.5
年末常用耕地面积	千公顷	3 655.2	4 085.1	4 085.2	4 085.3		
水 田	千公顷	581.7	646.9		643.1		
旱 田	千公顷	3 073.5	3 438.2		3 442.1		
年内减少耕地面积	千公顷	33.1			5		
#国家基建占地	千公顷	4.0					
退耕还林还草占地	千公顷	8.7					
耕地改为园地	千公顷	2.8					
农业机械总动力	万千瓦	1 922.7	1 995.3	2 087.4	2 192.9	2 299.4	2 408.3
农用大中型拖拉机	台	42 777	45 035	67 556	117 651	135 725	151 708
农用大中型拖拉机	万千瓦	158.55	176.60	219.06	306.59	354.00	388.20
小型拖拉机	台	235 585	244 337	240 121	236 861	244 596	263 303
小型拖拉机	万千瓦	267.78	275.14	272.60	253.00	258.00	276.88

13—1 续表

指　　标	单　位	2005年	2006年	2007年	2008年	2009年	2010年
大中型拖拉机配套农具	部	56 923	60 879	76 588	155 061	170 234	187 426
小型拖拉机配套农具	部	281 395	311 894	334 337	323 030	355 201	410 555
渔用机动船	艘	37 590	43 912	47 312	47 264	44 302	48 238
渔用机动船	万千瓦	121.7	131.9	145.7	154.0	156.5	159.6
灌溉面积	千公顷	1 715.4	1 732.9	1 722.3	1 693.3	1 707.6	1 722.8
化肥施用量(折纯)	万吨	119.9	121.1	127.5	128.8	133.6	140.1
乡村办水电站个数	个	146	152	153	162	165	169
装机容量	千瓦	384 200	358 000	385 300	379 000	391 333	395 488
农村售电量	亿千瓦小时	153.3	219.0	265.4	270.8	283.9	359.5
农作物总播种面积	千公顷	3 801	3 627.2	3 703.9	3 946.4	4 064.7	4 184.9
粮食	千公顷	3 179.7	3 089.7	3 127.2	3 035.9	3 124.1	3 179.3
谷物	千公顷	2 871.8	2 836.4	2 879.4	2 739.2	2 848.6	2 948.3
#稻谷	千公顷	538.1	624.9	660.6	658.7	656.7	677.5
小麦	千公顷	21.4	8.0	12.4	10.3	8.8	7.5
玉米	千公顷	2 076.7	1 983.1	1 998.6	1 884.9	1 964.1	2 093.0
豆类	千公顷	214.8	149.9	151.5	203.9	183.6	151.0
薯类	千公顷	93.2	103.5	96.3	92.8	91.9	80.0
油料	千公顷	164.3	106.6	106.8	282.4	277.3	347.4
棉花	千公顷	2.3	1.5	1.1	1.4	0.9	0.4
糖料	千公顷	1.8	0.8	0.7	2.0	1.8	1.1
烟叶	千公顷	16.1	8.3	8.0	11.5	12.5	10.9
蔬菜	千公顷	353.1	354.0	376.0	388.7	402.7	430.2
果园面积	千公顷	317.0	313.6	330.8	323.6	349.7	354.2

13—2 主要农牧渔业生产情况

指标	单位	2005年	2006年	2007年	2008年	2009年	2010年
农产品产量							
粮食	万吨	1 745.8	1 797.0	1 835.0	1 860.3	1 591.0	1 765.4
谷物	万吨	1 877	1 708.7	1 748.1	1 760	1 517.2	1 677.1
#稻谷	万吨	414.5	426.6	505.0	505.6	506.0	457.6
小麦	万吨	8.9	3.1	5.3	4.9	4.5	3.7
玉米	万吨	1 340.3	1 211.5	1 167.8	1 189	963.1	1 150.5
豆类	万吨	49.3	40.1	36.2	52.9	32.1	37
薯类	万吨	50.0	48.2	50.8	47.5	41.7	51.3
油料	吨	368 411	257 100	263 800	835 027	553 499	995 980
#花生	吨	330 103	245 000	250 000	800 740	534 697	961 477
油菜籽	吨	1 071	1 000	1 100	1 188	798	546
芝麻	吨	6 036	2 036	2 159	2 997	815	2 176
棉花	吨	2 685	2 000	2 100	2 401	956	655
麻类	吨	114	12	9	21	9	
甜菜	吨	62 379	30 000	50 300	74 952	61 941	48 728
烟叶	吨	34 234	26 900	29 100	32 255	31 531	28 560
#烤烟	吨	31 742	24 200	23 300	29 655	29 155	24 505
柞蚕茧	吨	43 200	44 075	48 025	53 516	50 142	49 847
水果	万吨	329.3	343.7	396.1	422.5	477.2	521.6
农产品单位面积产量							
谷物	公斤/公顷	6 536.0	6 024.2	6 071.1	6 425.2	5 326.1	6 375.6
棉花	公斤/公顷	1 167.0	1 333.3	1 909.1	1 696.0	1 098.9	1 523.3
花生	公斤/公顷	2 347.0	2 549.4	2 532.9	3 041.0	2 052.0	2 892.9
油菜籽	公斤/公顷	1 471.0	2 000.0	3 666.7	1 977.0	1 995.0	1 950.0
芝麻	公斤/公顷	1 161.0	783.1	1 079.5	1 281.0	465.7	1 490.4
甜菜	公斤/公顷	41 865.0	37 500.0	71 857.1	37 608.0	34 033.5	45 969.8
烤烟	公斤/公顷	2 109.0	3 226.7	3 191.8	2 778.0	2 559.7	2 500.5
大牲畜年末头数	万头	495.9	427.1	475.9	524.1	515.6	525.9
#牛	万头	344.7	281.5	332.2	356.4	354.0	366.7
马	万头	28.2	26.7	25.9	27.7	26.5	26.9
驴	万头	98.9	95.9	96.2	116.2	113.9	112.1
骡	万头	24.1	23.0	21.6	23.7	21.2	20.1
肉猪出栏头数	万头	2 063.2	2 245.4	2 265.8	2 435.5	2 597.0	2 682.7
猪年底头数	万头	1 642.4	1 416.1	1 429.4	1 548.5	1 606.2	1 567.6
羊年底只数	万只	830.2	673.9	675.9	733.4	717.0	733.5
山羊	万只	426.3	410.9	412.6	428.0	447.8	414.1
绵羊	万只	404	263.0	263.3	305.4	269.2	319.4
肉类产量	万吨	346.1	329.7	348.0	376.0	389.2	406.7
#猪牛羊肉	万吨	238.8	231.0	236.2	252.4	266.8	277.9
猪肉	万吨	184.7	189.3	191.0	204.2	218.8	228.4
牛肉	万吨	42.2	35.3	38.2	40.5	40.2	41.6
羊肉	万吨	11.9	6.4	7.0	7.8	7.8	7.9
奶类	万吨	78.8	95.8	108.5	120.1	115.6	126.7
#牛奶	万吨	74.9	91.7	104.8	114.1	110.0	121.2
绵羊毛	吨	10 412	8 580	8 888	11 468	10 136	12 154
山羊毛	吨	1 680	1 877	2 156	2 401	2 736	2 565
羊绒	吨	1 053	1 182	1 330	1 372	1 216	1 293
禽蛋	万吨	224.0	195.2	204.1	230.0	263.1	275.7
水产品总产量	万吨	425.3	351.3	361.3	494.9	534.7	429.1
海水产品	万吨	364.2	296.0	302.1	411.6	437.9	348.4
淡水产品	万吨	61.1	55.3	59.2	83.3	96.8	80.6

注:1. 粮食作物产量为抽样调查定产数,其他品种产量为全面调查报表数。

2. 2006年、2007水产品产量为农业普查衔接数据,2010年为国家核定数据,下同。

3. 全省畜牧业数据为国家核定数据,下同。

13—3 农村基层组织情况

年份、地区	乡镇数（个）	#镇数	村民委员会（个）	乡村户数（万户）	乡村人口数（万人）	乡村从业人员（万人）
1980	1 145		16 584	538.1	2 295.8	712.3
1985	1 212	369	16 427	564.2	2 290.2	858.4
1987	1 220	416	15 672	558.9	2 204.2	867.4
1988	1 223	427	15 709	572.9	2 217.7	865.2
1989	1 222	436	16 472	611.3	2 321.6	866.5
1990	1 216	436	16 498	631.4	2 337.5	869.4
1991	1 208	453	16 512	641.4	2 345.5	888.1
1992	1 221	466	16 535	645.0	2 342.9	891.3
1993	1 265	483	16 529	646.9	2 320.0	892.9
1994	1 225	505	16 509	651.6	2 311.7	894.2
1995	1 235	538	16 483	655.5	2 311.1	903.0
1996	1 217	580	16 444	656.1	2 302.9	907.5
1997	1 198	592	16 372	660.4	2 298.8	921.4
1998	1 217	634	16 310	663.8	2 289.9	933.2
1999	1 156	652	16 287	674.6	2 315.5	938.8
2000	1 134	639	16 192	680.1	2 311.5	966.0
2001	1 143	658	16 033	685.3	2 318.6	977.5
2002	1 033	622	15 950	685.9	2 314.5	993.5
2003	1 011	617	13 720	692.1	2 325.6	1 016.3
2004	1 007	620	12 024	696.2	2 338.9	1 083.8
2005	993	611	11 920	695.6	2 331.4	1 113.5
2006	976	598	11 902	689.2	2 289.3	1 132.9
2007	945	575	11 896	701.1	2 323.5	1 153.6
2008	944	574	11 822	703.8	2 320.4	1 164.7
2009	940	576	11 770	710.7	2 327.6	1 180.5
2010	924	590	11 764	722.9	2 328.2	1 208.5
沈阳	90	55	1 574	91.1	284.5	143.2
大连	64	44	912	94.1	281.7	144.4
鞍山	71	68	835	54.5	185.7	94.6
抚顺	47	24	614	27.0	85.1	50.5
本溪	27	20	291	15.2	52.7	28.8
丹东	63	58	672	44.0	145.6	79.6
锦州	79	47	1 125	61.5	199.3	103.0
营口	38	35	644	44.4	140.3	74.7
阜新	65	34	625	34.1	118.2	65.6
辽阳	37	30	535	35.4	107.1	55.0
盘锦	30	26	322	22.2	68.3	38.3
铁岭	90	57	1 175	62.7	210.2	93.7
朝阳	131	59	1 363	77.6	254.4	140.5
葫芦岛	92	33	1 077	59.1	195.0	96.5

13—4 乡村从业人员

（年末数）

单位：万人

年份、地区	农林牧渔业	工业	建筑业	交通运输业、仓储及邮电通信业	批发零售贸易业、餐饮业	其他非农行业
1980	582.6	89.5				40.2
1985	614.0	104.7	34.8	59.9		45.0
1986	619.3	112.9	41.3	44.1		49.0
1987	609.5	109.8	39.7	20.7	22.5	65.2
1988	603.8	109.3	41.0	21.2	24.2	59.7
1989	618.9	103.2	37.8	20.4	23.2	63.0
1990	631.2	99.1	34.6	20.0	23.1	61.4
1991	650.6	97.0	33.5	20.2	24.8	62.1
1992	637.0	100.0	36.0	22.3	29.2	67.1
1993	621.2	94.4	43.6	25.6	31.5	76.4
1994	611.3	91.8	47.6	30.3	37.6	75.5
1995	617.5	89.1	48.9	31.7	39.7	76.1
1996	629.4	89.7	51.9	32.3	40.7	63.5
1997	624.3	83.9	49.5	33.1	42.7	87.9
1998	633.3	78.1	49.2	33.4	43.8	95.3
1999	643.2	76.8	51.3	35.7	47.3	84.5
2000	651.2	77.6	56.3	37.5	49.8	93.7
2001	649.0	77.2	57.9	37.5	50.7	105.3
2002	659.2	80.5	60.2	38.2	51.5	103.9
2003	667.3	85.8	65.7	39.8	55.0	102.7
2004	685.8	94.9	71.1	43.2	68.9	119.9
2005	686.4	106.1	77.1	44.5	70.0	129.4
2006	680.9	112.9	81.9	43.6	71.3	142.2
2007	669.1	121.8	89.8	45.9	74.4	152.5
2008	662.3	124.0	91.6	47.2	78.8	160.7
2009	661.0	130.0	94.9	48.7	83.4	162.4
2010	663.6	138.6	101.7	51.0	87.1	166.5
沈阳	77.1	17.9	9.9	6.8	13.6	17.9
大连	65.5	23.4	14.3	6.4	9.3	25.5
鞍山	48.0	15.6	7.9	5.9	9.0	8.3
抚顺	30.2	4.5	3.0	2.1	3.2	7.5
本溪	14.3	3.8	2.3	1.5	2.5	4.5
丹东	45.2	10.3	5.4	3.1	5.7	9.8
锦州	65.8	8.0	8.4	4.6	6.6	9.7
营口	34.9	13.6	6.4	4.3	6.9	8.5
阜新	37.5	4.4	3.8	1.8	3.2	14.9
辽阳	30.5	9.7	3.0	2.9	4.0	4.9
盘锦	23.7	4.1	1.6	1.7	3.9	3.3
铁岭	56.3	6.2	9.4	2.6	5.6	13.7
朝阳	78.0	10.9	17.3	3.9	7.3	23.0
葫芦岛	56.7	5.9	8.9	3.6	6.4	15.1

注：1. 本表分行业劳动力是按从事的主行业划分的，如以农业为主、兼营商业的，仍作为农林牧渔业劳动力。
2. 工业劳动力中包括村及村以下办的工业劳动力。

13—5 农林牧渔业总产值

单位:亿元

年份	农林牧渔业总产值	农业	林业	牧业	渔业	农林牧渔服务业
1978	49.2	38.9	1.1	7.1	2.1	
1979	59.9	45.8	1.4	10.6	2.1	
1980	73.5	55.6	2.5	13.2	2.2	
1985	118.1	74.6	4.2	31.3	8.0	
1986	142.0	95.0	4.2	32.3	10.5	
1987	169.2	108.3	4.9	39.6	16.4	
1988	227.4	131.8	5.0	67.7	22.9	
1989	222.8	125.4	4.8	69.8	22.8	
1990	273.8	163.5	6.6	75.5	28.2	
1991	295.9	175.3	6.9	80.6	33.1	
1992	330.1	193.8	7.5	88.6	40.2	
1993	425.7	245.7	9.4	117.4	53.3	
1994	546.8	294.2	11.0	171.9	69.7	
1995	691.8	382.7	12.9	206.0	90.2	
1996	804.7	449.5	13.9	224.7	116.6	
1997	834.7	433.8	15.1	247.1	138.6	
1998	969.8	534.7	17.4	269.6	148.1	
1999	977.1	510.9	18.5	282.4	165.2	
2000	967.4	463.5	19.7	304.2	180.0	
2001	1 045.7	503.1	21.8	332.3	188.5	
2002	1 132.5	540.1	27.9	361.3	203.2	
2003	1 215.0	497.3	38.4	422.0	224.0	33.3
2004	1 510.5	611.3	40.7	548.3	272.2	38.0
2005	1 671.6	640.1	44.5	636.5	306.7	43.8
2006	1 738.1	713.0	52.3	615.3	292.6	64.9
2007	2 128.0	837.5	60.3	830.8	326.1	73.3
2008	2 476.9	896.9	69.4	1 052.4	374.5	83.7
2009	2 704.6	913.5	70.0	1 171.4	441.9	107.8
2010	3 106.5	1 140.3	82.5	1 270.6	491.0	122.1

注:本表按当年价格计算。2003 年以后数据按新的国民经济行业分类标准和新的产值计算方法计算。

2006—2007 年农林牧渔业总产值为与农业普查衔接后国家核定数据。

13—6 农林牧渔业总产值指数

(1952年=100)　　　单位:%

年份	农林牧渔业合计	农业	林业	牧业	渔业
1952	100.0	100.0	100.0	100.0	100.0
1978	200.0	197.4	489.6	189.7	298.3
1979	206.7	204.0	536.2	199.3	283.2
1980	222.2	206.9	564.9	209.1	279.9
1985	270.0	223.4	734.9	465.3	463.3
1986	288.6	250.0	659.1	444.2	524.0
1987	303.6	263.0	700.2	441.5	664.2
1988	337.0	274.8	627.6	591.3	748.9
1989	322.6	249.9	613.2	606.5	837.7
1990	371.9	309.4	738.0	603.3	885.4
1991	388.5	319.7	737.8	636.8	947.0
1992	419.7	340.3	795.3	699.0	1 044.3
1993	474.4	386.3	866.4	827.1	1 091.3
1994	473.8	335.1	939.8	1 008.3	1 126.1
1995	530.7	373.1	1 001.3	1 111.7	1 327.5
1996	612.3	453.8	1 065.4	1 166.2	1 595.9
1997	629.7	426.7	1 137.1	1 282.3	1 802.0
1998	730.9	529.5	1 263.6	1 407.3	1 979.1
1999	755.4	512.8	1 319.5	1 514.1	2 212.7
2000	749.2	470.2	1 349.4	1 603.6	2 302.3
2001	799.0	510.1	1 474.7	1 710.3	2 373.3
2002	865.1	547.2	1 856.1	1 861.5	2 547.0
2003	926.3	570.2	2 120.4	2 028.8	2 726.9
2004	999.5	607.2	2 250.0	2 225.9	2 933.0
2005	1 074.5	630.3	2 493.0	2 473.0	3 164.7
2006	1 149.7	653.0	2 744.8	2 683.2	3 436.9
2007	1 195.7	682.4	2 882.0	2 777.1	3 591.6
2008	1 273.6	708.8	3 041.1	2 999.6	3 931.8
2009	1 315.6	691.1	3 238.8	3 167.6	4 277.8
2010	1 392.4	729.8	3 452.6	3 310.1	4 662.3

注:本表按不变价格计算,2007年以后农林牧渔业产值指数为调整后的口径。

13—7 农林牧渔业总产值指数

（上年=100）

单位:%

年份	农林牧渔业合计	农业	林业	牧业	渔业	农林牧渔服务业
1978	106.4	110.1	84.3	94.0	103.5	
1979	103.4	103.3	109.5	105.0	94.9	
1980	101.9	101.4	105.4	104.9	98.8	
1985	90.8	80.3	92.2	124.8	118.0	
1986	106.9	111.9	89.7	95.5	113.1	
1987	105.2	105.2	106.2	99.4	126.7	
1988	111.0	104.5	89.6	133.9	112.7	
1989	95.7	90.9	97.7	102.6	111.9	
1990	115.3	123.8	120.4	99.5	105.7	
1991	104.5	103.3	100.0	105.6	106.9	
1992	108.0	106.4	107.8	109.8	110.3	
1993	113.0	113.5	108.9	118.3	104.5	
1994	99.9	86.7	108.5	121.9	103.2	
1995	112.0	111.3	106.5	110.3	117.9	
1996	115.4	121.6	106.4	104.9	120.2	
1997	102.8	94.0	106.7	110.0	112.9	
1998	116.1	124.1	111.1	109.7	109.8	
1999	103.3	96.9	104.4	107.6	111.8	
2000	99.2	91.7	102.3	105.9	104.0	
2001	106.6	108.5	109.3	106.7	103.1	
2002	108.3	107.3	125.9	108.8	107.3	
2003	107.1	104.2	114.2	109.0	107.1	110.8
2004	107.9	106.5	106.1	109.7	107.6	110.3
2005	107.5	103.8	110.8	111.1	107.9	109.2
2006	107.0	103.6	110.1	108.5	108.6	119.7
2007	104.0	104.5	105.0	103.5	104.5	104.0
2008	106.5	103.9	105.5	108.0	109.5	107.6
2009	103.3	97.5	106.5	105.6	108.8	103.2
2010	105.8	105.6	106.6	104.5	109.0	109.0

13—8 各地区农林牧渔业总产值及指数

（2010年）

地区	农林牧渔业总产值	农业	林业	牧业	渔业
一、绝对数（万元）					
全省	**31 065 305**	**11 402 970**	**824 817**	**12 706 406**	**4 910 026**
沈阳	4 448 908	1 743 153	77 320	2 251 603	199 284
大连	6 290 488	1 658 685	54 067	1 675 468	2 446 164
鞍山	1 699 067	714 683	3 703	901 666	59 115
抚顺	1 075 429	413 854	130 696	388 326	130 208
本溪	825 664	288 476	179 519	284 056	61 288
丹东	1 675 524	549 073	65 401	472 977	534 050
锦州	2 911 063	1 108 701	12 427	1 461 470	295 016
营口	1 333 103	470 077	25 771	427 211	394 624
阜新	1 774 324	858 159	78 403	797 442	5 319
辽阳	917 846	341 475	13 160	442 449	106 175
盘锦	1 404 272	619 980	6 704	279 788	470 111
铁岭	3 171 668	1 227 383	107 057	1 795 243	29 332
朝阳	2 725 870	1 250 487	196 536	1 228 071	3 503
葫芦岛	1 376 035	474 072	17 431	584 310	265 393
二、指数（以上年为100）					
全省	**105.8**	**105.6**	**106.6**	**104.5**	**109.0**
沈阳	106.5	105.2	104.8	107.5	107.2
大连	106.2	100.4	108.1	106.5	109.1
鞍山	105.9	99.7	111.1	110.3	111.8
抚顺	105.9	103.2	107.1	108.3	102.6
本溪	106.1	102.0	110.0	107.0	107.9
丹东	106.1	98.0	111.0	109.3	111.5
锦州	106.1	103.6	107.2	108.3	103.0
营口	106.1	101.1	123.3	107.3	109.1
阜新	119.0	146.0	90.5	106.0	100.5
辽阳	106.0	86.8	106.5	119.2	116.5
盘锦	106.1	97.9	129.0	110.9	114.3
铁岭	106.3	105.8	106.0	106.5	114.0
朝阳	119.3	135.5	113.2	108.0	122.4
葫芦岛	106.4	107.6	102.9	105.1	106.8

注：绝对数按当年价格计算。指数按可比价计算。

13—9 农林牧渔业增加值

（2010年）　　单位:万元

指标	农林牧渔业合计	农业	林业	牧业	渔业	农林牧渔服务业
一、当年现价产值	**31 065 305**	**11 402 970**	**824 817**	**12 706 406**	**4 910 026**	**1 221 086**
二、农林牧渔业中间消耗	**14 754 451**	**4 647 960**	**343 390**	**7 571 968**	**1 707 202**	**483 932**
1.物质消耗	12 194 573	3 586 805	235 403	6 827 805	1 256 242	288 319
(1)用种量	707 067	460 781	121 314	124 972		
(2)饲料、饲草	6 936 980	287 538		6 016 064	633 378	
(3)肥料	1 292 107	1 274 504	17 604			
(4)燃料	789 776	468 922	25 067	34 774	261 013	
(5)农药或兽药	494 777	154 371	9 328	331 078		
(6)用电量	307 937	227 667	7 108	48 698	24 463	
(7)农用塑料薄膜	220 176	220 176				
(8)其它物质消耗	1 445 753	492 846	54 981	272 220	337 388	288 319
2.生产服务支出	2 559 878	1 061 155	107 987	744 163	450 960	195 613
三、农林牧渔业增加值	**16 310 854**	**6 755 010**	**481 427**	**5 134 438**	**3 202 824**	**737 155**
中间消耗占总产值(%)	47.5	40.8	41.6	59.6	34.8	39.6
增加值占总产值(%)	52.5	59.2	58.4	40.4	65.2	60.4

13—10 农业机械和农产品加工机械拥有量

机械名称	单位	2006年	2007年	2008年	2009年	2010年
农业机械总动力	万千瓦	1 995.3	2 087.4	2 192.9	2 299.4	2 408.3
农用大中型拖拉机	台	45 035	67 556	117 651	135 725	151 629
小型拖拉机	台	244 337	240 121	236 861	244 596	263 306
大中型拖拉机配套农具	万部	6.09	7.66	15.51	17.02	18.74
小型拖拉机机引农具	万部	31.19	33.43	32.30	35.52	41.06
机引犁	万部	7.19	7.25	8.75	9.12	11.37
机引耙	万部	2.81	2.92	3.31	3.22	3.70
机引播种机	万部	10.31	11.62	13.22	15.12	16.70
机动水稻插秧机	台	2 506	4 274	7 296	12 098	16 124
农用排灌动力机械	万台/万千瓦	100.02/313.53	103.56/328.87	98.81/345.00	103.96/350.59	103.83/353.26
#柴油机	万台/万千瓦	15.42/133.82	17.64/143.04	19.41/159.00	21.42/166.48	22.87/173.64
电动机	万台/万千瓦	84.16/178.93	85.46/181.32	78.85/180.00	82.05/179.27	79.49/175.77
农用水泵	万台	124.22	118.60	121.81	128.99	127.67
节水灌溉机械	套	41 019	53 061	104 370	105 316	110 531
联合收割机	台	1 209	1 456	2 374	3 924	5 432
机动脱粒机	万台	11.40	11.92	11.70	11.71	12.66
谷物烘干机	台	297	368	327	266	412
粮食加工机械	万台	15.12	12.12	14.40	14.61	14.57
棉花加工机械	万台	0.02	0.02	0.01	0.02	0.02
油料加工机械	万台	0.32	0.53	0.47	0.61	0.67
机动喷雾(粉)机	万部	4.94	5.59	7.04		9.66
饲草料加工机械	万台	8.68	8.93	15.91	16.42	17.17
渔用机动船	艘	43 912	47 312	47 264	44 302	48 238
推土机	台	1 905	2 347	2 481	2 676	2 852
贮油设备总容量	万吨	14.40	14.21	15.39	14.21	13.99

13—11 机耕、灌溉面积、化肥施用量、农村小水电站和农村用电量

年份	机耕面积（万公顷）	有效灌溉面积（万公顷）	#机电提灌	机电提灌面积占有效灌溉面积比重（%）	化肥施用量（万吨）		农村小型水电站		农村售电量（亿千瓦小时）
					实物量	折纯量	个数（个）	装机容量（千瓦）	
1978	204.5	85.3	68.5	80.2	205.8		111	33 837	17.8
1980	208.4	76.0	59.6	78.4	298.4		57	10 469	23.8
1985	187.7	72.4	59.7	82.5	273.4	70.9	75		29.3
1986	194.5	73.1	60.1	82.2	264.0	70.1	73		33.8
1987	207.8	76.9	62.8	81.7	265.2	67.3	66		38.7
1988	219.8	76.3	63.4	83.1	273.6	70.1	111	74 617	50.6
1989	219.2	76.0	62.8	82.6	281.8	74.6	113	92 522	46.0
1990	236.3	105.9	51.6	48.7	301.1	81.4	116	94 123	51.3
1991	251.8	108.9	87.7	80.5	313.4	85.1	114	95 638	54.8
1992	258.1	114.0	91.3	80.1	320.6	90.5	115	98 363	63.5
1993	256.7	117.0	92.7	79.2	320.7	95.1	115	99 218	73.7
1994	250.4	118.4	92.3	78.0	325.7	100.2	116	105 440	72.7
1995	246.3	120.4	94.0	78.1	334.9	103.1	120	134 721	81.6
1996	249.8	123.4	96.6	78.3	346.5	110.7	124	181 531	91.3
1997	260.9	127.7	99.0	77.5	344.2	113.0	121	183 000	96.0
1998	265.0	133.5	100.8	75.5	349.1	114.1			89.1
1999	278.8	138.9	105.0	75.6	353.8	116.7	97	100 360	93.7
2000	290.9	144.1	106.9	74.0	334.6	109.4	119	148 000	103.5
2001	277.2	148.2	106.3	71.7	329.2	109.8	133	208 800	105.4
2002	275.4	150.0	109.9	73.3	330.8	111.4	134	218 800	119.2
2003	272.1	151.3	105.6	69.8	329.3	112.6	134	208 800	145.8
2004	277.8	152.0	105.7	69.5	341.2	117.9	140	346 700	149.6
2005	297.9	152.7	104.1	68.2	354.2	119.9	146	384 200	153.3
2006	301.0	150.0	97.4	64.9	358.5	121.2	152	358 000	219.0
2007	301.2	149.1	115.8	77.7	370.1	127.5	153	385 300	265.4
2008	321.0	149.3	110.2	73.8	385.5	128.8	162	379 000	270.8
2009	328.9	151.0	108.2	71.7	392.8	133.6	165	391 333	283.9
2010	342.0	153.8	108.7	70.7	403.4	140.1	169	395 488	359.5

13—12 各地区化肥施用量

(2010 年)　　单位:万吨

地区	合计		氮肥	
	实物量	折纯量	实物量	折纯量
全省	**403.4**	**140.1**	**196.0**	**68.3**
沈阳	63.0	19.5	28.6	8.8
大连	49.6	16.1	23.3	5.8
鞍山	24.6	9.3	15.0	5.3
抚顺	9.5	3.3	5.1	1.8
本溪	4.4	1.3	2.5	0.9
丹东	21.1	7.1	13.9	4.1
锦州	38.7	16.4	18.1	7.9
营口	16.7	6.1	7.8	3.2
阜新	33.5	12.9	15.2	6.3
辽阳	15.6	5.4	8.4	3.0
盘锦	14.1	5.0	7.1	3.0
铁岭	53.6	19.7	20.6	7.2
朝阳	35.9	9.4	19.2	6.5
葫芦岛	23.2	8.5	11.3	4.4

13—12 续表　　(2010 年)　　单位:万吨

地区	磷肥		钾肥		复合肥	
	实物量	折纯量	实物量	折纯量	实物量	折纯量
全省	**50.2**	**11.4**	**29.5**	**12.2**	**127.8**	**48.1**
沈阳	7.8	1.6	5.7	2.5	20.9	6.6
大连	5.3	1.1	3.6	1.7	17.5	7.5
鞍山	2.1	0.6	1.2	0.6	6.3	2.8
抚顺	1.2	0.4	0.8	0.4	2.4	0.8
本溪	0.6	0.1	0.4	0.1	0.9	0.2
丹东	1.9	0.3	1.1	0.5	4.1	2.1
锦州	3.3	0.7	2.8	1.3	14.5	6.5
营口	2.4	0.6	1.9	0.7	4.6	1.5
阜新	3.3	0.6	2.1	0.9	13.0	5.1
辽阳	2.5	0.8	1.3	0.5	3.5	1.2
盘锦	3.2	0.9	1.2	0.4	2.5	0.7
铁岭	6.4	1.6	2.7	1.1	24.0	9.8
朝阳	6.7	1.2	2.1	0.4	7.9	1.3
葫芦岛	3.6	1.0	2.6	1.1	5.7	2.1

13—13 灌溉、水库和除涝、治水、治碱情况

指标	单位	2005年	2006年	2007年	2008年	2009年	2010年
年底灌区数	处	79	73	73	73	72	70
#50万亩以上	处	4	4	4	4	4	4
30－50万亩	处	5	4	4	4	5	5
灌区有效灌溉面积	万公顷	52.6	48.5	48.6	48.4	48.4	48.2
#50万亩以上	万公顷	17.4	17.4	17.4	17.4	17.4	17.4
30－50万亩	万公顷	12.6	10.6	10.6	10.6	12.9	12.9
水库座数	座	963	918	954	952	952	951
大型水库	座	29	33	32	33	33	33
中型水库	座	71	74	74	74	74	74
小型水库	座	863	811	848	845	845	844
水库总容量	亿立方米	335.5	359.3	356.7	357.5	359.9	359.3
大型水库	亿立方米	303.1	325.5	324.4	325.6	328.0	327.7
中型水库	亿立方米	21.2	22.9	21.5	21.3	21.3	21.1
小型水库	亿立方米	11.2	10.9	10.7	10.6	10.6	10.5
除涝面积	千公顷	996.3	996.1	994.8	995.0	983.2	985.3
本年新增除涝面积	千公顷	0.3		0.1	0.2	1.4	6.2
治理水土流失面积	万平方公里	5.7	5.9	6.0	6.1	6.2	6.3
本年水土流失治理面积	千公顷	192.6	149.2	164.0	128.2	140.4	144.0
堤防长度	万公里	1.9	1.9	1.9	2.0	2.2	2.1
堤防保护面积	千公顷	1 806.6	1 897.7	1 910.5	1 885.2	1 934.7	1 935.8

注:大型水库为库容1亿立方米以上;中型水库为库容1千万至1亿立方米;小型水库为库容10万至1千万立方米。

13—14 各地区农田水利情况

(2010 年)

地区	农田水利情况			
	有效灌溉面积（千公顷）	#机电提灌溉	机电提灌溉面积占灌溉面积(%)	机电井数(眼)
全省	**1 537.54**	**1 087.01**	**63.1**	**139 113**
沈阳	240.60	217.96	87.6	45 068
大连	110.34	48.55	31.4	5 262
鞍山	88.69	75.02	82.0	5 435
抚顺	43.50	5.49	12.6	907
本溪	20.22	5.38	23.2	446
丹东	70.83	16.29	22.7	476
锦州	197.44	128.89	61.5	18 485
营口	87.03	76.79	81.0	2 411
阜新	81.02	76.11	77.0	9 524
辽阳	94.18	40.02	41.8	2 927
盘锦	108.95	110.27	80.7	400
铁岭	153.94	127.11	74.4	15 695
朝阳	169.88	123.75	66.2	20 516
葫芦岛	70.92	35.38	36.7	11 561

13—15 各地区水利设施和除涝治碱面积

(2010 年)

地区	水库数（座）	水库总库容量（亿立方米）	除涝面积（千公顷）
全省	**951**	**359.27**	**985.25**
省直	16	285.67	
沈阳	35	5.41	314.14
大连	254	25.28	53.89
鞍山	25	0.98	120.55
抚顺	122	3.08	3.55
本溪	32	2.66	2.77
丹东	54	6.89	38.78
锦州	30	2.20	108.49
营口	39	2.67	47.10
阜新	63	3.05	28.49
辽阳	5	0.02	74.70
盘锦	7	1.82	96.44
铁岭	109	6.16	87.90
朝阳	86	4.57	0.41
葫芦岛	74	8.81	8.04

13—16 农作物播种面积

单位:千公顷

年份	农作物总播种面积	粮食作物	经济作物	其他作物	占总播种面积比重(%) 粮食作物	经济作物	其他作物
1980	3 914.8	3 221.1	392.1	301.5	82.3	10.0	7.7
1985	3 705.8	2 889.5	532.3	283.9	78.0	14.4	7.6
1986	3 663.7	3 036.9	338.3	288.4	82.9	9.2	7.9
1987	3 620.6	3 130.8	199.3	290.5	86.5	5.5	8.0
1988	3 603.2	3 101.3	203.7	298.1	86.1	5.6	8.3
1989	3 594.5	3 083.5	211.8	299.2	85.8	5.9	8.3
1990	3 618.9	3 121.6	204.9	292.4	86.3	5.7	8.1
1991	3 638.1	3 089.9	257.5	290.7	84.9	7.1	8.0
1992	3 633.1	3 051.5	281.7	299.9	84.0	7.7	8.3
1993	3 630.0	3 049.2	224.6	356.2	84.0	6.1	9.9
1994	3 623.5	3 026.4	226.8	370.3	83.5	6.3	10.2
1995	3 623.7	3 030.9	210.4	382.4	83.6	5.8	10.6
1996	3 627.8	3 073.1	165.8	388.9	84.7	4.6	10.7
1997	3 627.0	3 037.1	181.1	408.8	83.7	5.0	11.3
1998	3 630.2	3 039.2	178.4	412.6	83.7	4.9	11.4
1999	3 643.1	3 055.3	163.3	424.5	83.9	4.5	11.7
2000	3 622.0	2 858.6	248.0	515.4	78.9	6.8	14.2
2001	3 559.9	2 758.1	279.9	522.0	77.5	7.9	14.7
2002	3 577.0	2 658.6	327.8	590.6	74.3	9.2	16.5
2003	3 476.6	2 563.6	344.6	568.4	73.7	9.9	16.3
2004	3 666.5	2 965.8	242.2	458.5	80.9	6.6	12.5
2005	3 801.0	3 179.7	199.4	421.9	83.7	5.2	11.1
2006	3 627.2	3 089.7	118.6	418.9	85.2	3.3	11.5
2007	3 703.9	3 127.2	118.1	458.6	84.4	3.2	12.4
2008	3 946.4	3 035.9	320.7	589.8	76.9	8.1	15.0
2009	4 064.7	3 124.1	313.6	627.0	76.9	7.7	15.4
2010	4 184.9	3 179.3	380.8	624.8	76.0	9.1	14.9

13—16 续表1

单位:千公顷

年份	粮食作物	水稻	小麦	玉米	高粱	谷子	薯类
1980	3 221.1	385.7	40.9	1 416.2	558.3	190.1	42.5
1985	2 889.5	480.2	11.8	1 198.0	416.7	210.1	72.3
1986	3 036.9	510.1	20.5	1 258.5	441.3	205.9	65.7
1987	3 130.8	548.4	27.2	1 341.1	448.4	188.7	64.0
1988	3 101.3	553.7	34.4	1 318.0	450.5	179.4	70.6
1989	3 083.5	553.4	55.0	1 313.2	420.3	177.3	73.6
1990	3 121.6	543.3	112.8	1 365.7	395.0	169.3	73.7
1991	3 089.9	542.2	147.2	1 372.4	367.5	147.2	78.8
1992	3 051.5	556.6	165.7	1 384.0	342.0	120.4	88.0
1993	3 049.2	484.1	183.1	1 416.2	326.0	120.1	99.9
1994	3 026.4	458.7	162.4	1 464.6	321.7	109.0	95.9
1995	3 030.9	472.6	171.3	1 517.5	308.3	102.8	102.5
1996	3 073.1	478.1	177.9	1 576.7	300.2	104.9	110.0
1997	3 037.1	491.7	167.9	1 573.4	257.6	106.1	105.6
1998	3 039.2	496.0	150.2	1 638.0	222.8	100.8	109.6
1999	3 055.3	501.5	152.9	1 677.8	202.5	89.6	130.5
2000	2 858.6	489.7	117.5	1 422.5	188.6	86.9	167.1
2001	2 758.1	449.5	86.1	1 366.3	163.0	130.5	151.1
2002	2 658.6	457.1	47.2	1 395.1	168.8	101.6	145.1
2003	2 563.6	392.0	19.8	1 401.4	125.3	111.2	138.8
2004	2 965.8	492.1	19.9	1 835.9	106.4	94.2	103.4
2005	3 179.7	538.1	21.4	2 076.7	107.8	86.6	93.2
2006	3 089.7	624.9	8.0	1 983.1	95.7	82.8	103.5
2007	3 127.2	660.6	12.4	1 998.6	85.1	82.2	96.3
2008	3 035.9	658.7	10.3	1 884.9	72.7	76.1	92.8
2009	3 124.1	656.7	8.8	1 964.1	95.2	87.4	91.9
2010	3 179.3	677.5	7.5	2 093.0	70.6	76.8	80.0

13—16 续表 2

单位:千公顷

年份	粮食作物		经济作物	棉花	油料			
	大豆	其他杂粮				#花生	芝麻	向日葵
1980	472.9	114.7	392.1	38.5	303.2	97.5	12.3	169.6
1985	393.0	107.5	532.3	39.1	447.5	251.7	92.7	77.7
1986	410.3	124.6	338.3	17.9	280.6	161.6	22.9	81.5
1987	395.2	117.8	199.3	4.6	151.3	86.6	7.1	50.1
1988	381.5	113.3	203.7	10.3	135.4	83.8	3.3	42.9
1989	370.3	120.5	211.8	16.2	132.0	83.2	5.1	37.4
1990	349.0	112.8	204.9	19.1	125.1	78.0	4.7	37.7
1991	326.2	81.6	257.5	55.4	142.6	92.6	15.0	31.8
1992	302.3	74.8	281.7	74.9	142.7	90.4	24.5	25.5
1993	325.1	94.5	224.6	24.6	141.3	91.6	24.4	21.5
1994	318.6	95.4	226.8	25.7	144.4	102.9	18.1	22.2
1995	273.0	82.9	210.4	31.0	131.8	94.1	14.1	22.0
1996	239.2	86.1	162.4	12.4	95.1	67.1	6.5	20.4
1997	249.2	85.5	181.1	19.5	98.2	69.1	6.1	22.5
1998	249.6	72.2	178.4	20.5	122.4	91.0	9.0	21.9
1999	235.1	65.2	163.4	6.9	122.1	89.0	6.7	25.0
2000	301.9	84.5	248.0	7.3	199.5	142.8	1.4	28.2
2001	290.4	121.2	279.9	7.3	235.4	184.1	13.1	32.1
2002	266.6	77.1	327.8	2.9	286.1	227.9	16.2	37.5
2003	285.2	89.9	344.6	3.9	312.0	253.3	12.3	40.7
2004	244.4	69.6	242.2	4.4	205.2	173.3	8.2	19.8
2005	184.9	71.0	199.4	2.3	164.3	140.6	5.2	15.8
2006	128.9	41.8	118.6	1.5	106.6	96.1	2.6	7.4
2007	130.4	40.4	118.1	1.1	106.8	98.7	2.0	5.8
2008	181.0	59.4	320.7	1.4	282.5	263.3	2.3	14.5
2009	164.1	55.9	313.6	0.9	277.3	260.6	1.8	12.3
2010	123.4	50.5	380.8	0.4	347.4	332.4	1.5	12.0

13—16 续表 3

单位:千公顷

年份	经济作物				其他作物		
	麻类	甜菜	烟叶	#烤烟		#蔬菜	绿肥
1980	25.5	11.1	9.6	8.7	301.5	202.1	67.6
1985	2.7	13.7	18.6	10.1	283.9	217.3	23.0
1986	2.7	12.9	15.7	7.2	288.4	230.6	19.9
1987	2.5	16.1	14.3	8.4	290.5	234.2	17.6
1988	2.5	25.9	18.6	12.4	298.1	241.5	13.3
1989	1.7	17.0	31.7	24.1	299.2	248.3	11.6
1990	1.8	22.5	26.0	20.3	292.4	253.3	11.9
1991	1.6	25.1	23.0	18.0	290.7	255.0	6.6
1992	1.5	20.8	24.3	19.6	299.9	267.8	6.7
1993	0.9	23.2	24.1	17.5	356.2	294.6	43.4
1994	0.7	28.8	18.7	13.5	370.3	318.3	
1995	0.8	30.2	16.6	13.4	382.4	330.6	33.4
1996	0.4	27.2	27.3	24.8	388.9	342.2	
1997	0.3	23.8	33.2	29.0	408.8	354.2	
1998	0.2	17.1	15.2	13.0	412.6	353.2	
1999	0.4	13.7	17.0	15.3	424.5	369.9	
2000	0.7	16.5	18.4	16.7	515.4	413.2	
2001	0.2	18.0	11.5	10.1	522.0	412.9	
2002	0.1	13.1	13.0	11.8	590.6	467.3	
2003	0.5	1.1	12.8	11.0	568.4	450.1	
2004	0.2	0.9	11.6	10.4	458.5	378.4	
2005	0.05	1.5	16.1	15.1	421.9	353.1	
2006		0.8	8.3	7.5	418.9	354.0	
2007		0.7	8.0	7.3	458.6	376.0	
2008	0.01	2.0	11.5	10.7	589.8	388.7	
2009	0.01	1.8	12.5	11.4	627.0	402.7	
2010		1.1	10.9	9.8	624.8	430.2	

13—17 各地区农作物播种面积

(2010 年) 单位:千公顷

地区	农作物总播种面积	粮食作物	水稻	小麦	玉米	高粱	谷子	薯类
全省	**4 184.9**	**3 179.3**	**677.5**	**7.5**	**2 093.0**	**70.6**	**76.8**	**80.0**
沈阳	654.8	506.8	126.8	2.4	344.8	2.0	0.8	12.0
大连	332.8	282.9	28.6	0.1	189.3	0.7	1.9	21.4
鞍山	251.8	210.5	36.2	0.3	165.2	0.9	0.3	1.5
抚顺	115.9	98.4	20.3		69.8	0.1	0.1	2.4
本溪	59.9	50.1	9.2		35.0	0.2	0.9	1.6
丹东	206.8	166.5	51.9	0.2	101.0	0.4	0.2	4.6
锦州	445.9	351.4	30.2	0.6	294.7	10.8	1.8	3.4
营口	112.1	96.6	44.0		47.4	0.8	0.7	0.7
阜新	464.4	288.6	5.3	0.2	223.4	14.7	15.7	1.3
辽阳	164.0	142.3	52.4		85.3	0.2		2.5
盘锦	145.3	129.0	109.0		14.5	0.2		0.0
铁岭	569.0	435.5	62.7	0.2	346.5	0.4	0.2	12.3
朝阳	423.0	343.4	0.3	3.6	253.7	18.5	38.1	6.3
葫芦岛	239.2	188.3	9.2	0.1	147.8	3.3	4.4	13.3

13—17 续表 1 （2010 年） 单位：千公顷

地区	粮食作物		经济作物				
	大豆	其他杂粮	棉花	油料	花生	芝麻	向日葵
全省	**123.4**	**50.5**	**0.4**	**347.4**	**332.4**	**1.5**	**12.0**
沈阳	16.3	1.7		43.8	40.1		3.7
大连	38.6	2.2		5.9	5.7		
鞍山	5.6	0.3		5.2	5.2		
抚顺	5.2	0.4		0.6	0.6		
本溪	2.8	0.4		0.4	0.4		
丹东	7.2	1.0		2.9	2.9		
锦州	9.1	0.8		39.1	37.9	0.1	0.4
营口	2.2	0.8		0.3	0.3		
阜新	16.1	12.0		146.3	144.6	0.3	1.2
辽阳	1.7	0.2		1.0	1.0		
盘锦	5.3			0.1	0.1		
铁岭	12.7	0.6		68.5	68.4		
朝阳	11.3	11.5	0.3	9.0	1.3	1.0	6.6
葫芦岛	8.4	1.8	0.1	24.3	23.7	0.1	

13—17 续表 2 （2010 年） 单位：千公顷

地区	经济作物			其他作物
	甜菜	烟叶	烤烟	蔬菜
全省	**1.1**	**10.9**	**9.8**	**430.2**
沈阳				67.4
大连				38.1
鞍山				33.3
抚顺		0.5		7.9
本溪				4.9
丹东		3.7	3.6	20.1
锦州	0.1			48.4
营口				12.4
阜新		1.8	1.8	23.6
辽阳				17.7
盘锦				14.9
铁岭		2.4	2.4	54.0
朝阳	1.0	2.4	1.9	61.8
葫芦岛				25.7

13—18 主要农产品产量

年份	粮食（万吨）	水稻	小麦	玉米	高粱	谷子	薯类	大豆	其他杂粮	棉花（吨）
1978	1 117.2	206.8	9.4	560.0	225.2	30.0	18.5	53.5	13.8	23 372
1980	1 221.6	235.3	5.5	653.6	226.8	23.3	10.5	53.6	13.0	21 348
1985	976.0	263.0	2.8	448.1	150.7	29.9	15.8	54.6	11.2	24 166
1986	1 222.2	323.8	4.0	607.3	168.4	27.9	15.3	63.5	12.0	11 647
1987	1 276.2	340.7	5.6	671.5	159.0	25.7	13.5	49.2	11.1	3 337
1988	1 307.2	340.2	8.2	680.6	161.6	20.0	18.8	44.4	13.6	6 381
1989	1 018.2	283.8	15.3	496.7	106.9	16.2	12.1	24.1	13.1	7 808
1990	1 494.7	375.7	44.3	812.3	180.8	30.5	19.4	43.5	14.5	13 595
1991	1 532.4	403.4	49.8	848.6	181.2	23.3	24.6	37.5	13.1	41 987
1992	1 568.4	417.7	65.5	864.5	152.7	18.5	26.2	32.4	11.1	27 949
1993	1 696.0	389.6	66.5	989.1	178.1	24.4	34.5	52.2	14.0	19 439
1994	1 337.1	297.7	49.5	613.9	181.5	25.5	28.3	48.3	14.4	16 727
1995	1 423.5	255.3	63.3	804.5	156.6	22.2	35.9	40.3	12.4	23 666
1996	1 660.1	366.1	59.4	1 047.3	183.0	29.1	42.5	43.6	15.8	10 813
1997	1 313.5	389.4	56.5	674.7	100.3	18.7	39.5	35.1	11.3	15 067
1998	1 828.9	407.5	61.4	1 205.3	141.6	28.6	47.8	52.8	15.0	17 876
1999	1 648.8	415.8	59.2	988.3	77.1	13.2	51.0	39.3	9.5	4 574
2000	1 140.0	375.5	35.4	547.9	51.6	9.3	61.5	47.9	8.7	5 604
2001	1 394.4	341.2	15.7	833.7	74.5	25.7	54.7	55.2	19.2	7 508
2002	1 510.4	359.2	11.51	889.42	83.11	23.31	60.27	52.6	30.98	2 983
2003	1 498.3	310.6	6.1	930.5	58.9	24.4	66.2	63.7	16.4	3 481
2004	1 720.0	382.4	6.9	1 352.1	62.0	26.9	50.6	59.2	15.6	4 742
2005	1 745.8	414.5	8.9	1 340.3	70.8	30.8	48.0	43.5	11.6	2 685
2006	1 797.0	426.6	3.1	1 211.5	41.0	17.9	48.2	38.0	8.6	2 000
2007	1 835.0	505.0	5.3	1 167.8	38.7	23.2	50.8	32.0	8.2	2 100
2008	1 860.3	505.6	4.9	1 189	31.9	20.4	47.5	48.8	12.2	2 401
2009	1 591.0	506.0	4.5	963.1	22.9	15.1	41.7	30.0	7.7	956
2010	1 765.4	457.6	3.7	1 150.5	35.2	24.7	51.3	34.1	8.3	655

13—18 续表

年份	油料（吨）	#花生	芝麻	向日葵	麻类（吨）	甜菜（吨）	烟叶（吨）	#烤烟	蔬菜（万吨）
1978	105 271	44 811	1 471	41 080	14 994	63 376	31 280	29 483	652.0
1980	282 529	137 440	4 059	13 142	9 487	127 239	23 617	22 361	548.7
1985	540 147	402 737	43 717	76 731	2 446	226 775	34 143	18 424	589.5
1986	316 211	221 858	8 899	76 336	2 054	218 267	27 137	10 370	700.9
1987	192 045	130 062	3 070	54 351	1 660	283 685	28 869	15 692	756.1
1988	167 916	133 437	1 362	29 448	2 875	481 603	36 383	22 094	784.8
1989	70 809	46 084	1 365	20 354	2 334	233 945	45 378	31 376	790.0
1990	174 537	133 427	2 879	33 939	2 586	497 538	44 005	31 575	861.3
1991	202 878	153 230	8 895	38 066	2 011	585 929	39 022	28 525	893.5
1992	176 256	129 402	15 415	29 663	2 494	523 226	44 297	32 283	1 003.2
1993	218 478	168 448	18 427	27 973	1 234	538 234	49 878	31 591	1 162.7
1994	244 305	200 079	14 022	29 192	1 050	392 366	35 721	23 534	1 130.6
1995	197 717	162 764	10 040	22 518	1 039	504 147	31 959	21 913	1 268.1
1996	170 003	134 450	5 618	28 367	396	585 516	56 091	50 344	1 438.6
1997	160 745	134 136	3 901	21 826	294	400 727	60 890	51 527	1 492.2
1998	233 611	198 115	5 798	28 422	210	416 120	31 319	26 182	1 588.1
1999	197 797	166 326	4 320	24 736	355	263 581	32 487	29 938	1 650.8
2000	295 527	256 249	8 298	12 685	883	286 894	31 507	28 589	1 757.0
2001	462 553	420 504	10 367	22 994	245	355 910	23 548	19 787	1 826.6
2002	564 529	507 904	14 139	34 245	155	397 226	28 679	25 987	2 098.6
2003	614 049	548 406	10 099	40 844	611	33 964	26 487	22 945	2 148.2
2004	459 299	419 110	7 293	24 153	606	27 427	26 932	24 243	2 034.6
2005	368 411	330 103	6 036	27 337	114	62 379	34 234	31 742	1 954.8
2006	257 100	245 000	2 036	9 064	12	30 000	26 900	24 200	2 129.8
2007	263 800	250 000	2 159	10 541	9	50 300	29 100	23 300	2 232.0
2008	835 027	800 740	2 997	25 225	21	74 952	32 255	29 655	2 438.3
2009	553 499	534 697	815	11 004	9	61 941	31 531	29 155	2 604.4
2010	995 980	961 477	2 176	20 507		48 728	28 560	24 505	2 668.2

13—19　各地区主要农产品产量

（2010 年）

地　　区	粮食（万吨）	水稻	小麦	玉米	高粱	谷子	薯类	大豆	其他杂粮	棉花（吨）
全　　省	**1 765.4**	**457.6**	**3.7**	**1 150.5**	**35.2**	**24.7**	**51.3**	**34.1**	**8.3**	**655**
沈　　阳	325.1	100.1	0.9	210.8	1.5	0.3	6.3	4.8	0.3	21
大　　连	149.3	18.7	0.1	107.3	0.2	0.6	11.8	9.5	0.5	27
鞍　　山	103.6	25.0	0.1	76.2	0.4	0.1	0.6	1.2		
抚　　顺	52.3	10.9		38.7		0.0	1.6	1.0		
本　　溪	21.7	4.9		14.9	0.1	0.2	0.9	0.5	0.1	
丹　　东	71.7	32.2		35.5	0.1		2.4	1.3	0.1	
锦　　州	190.2	22.1	0.3	156.6	6.0	0.7	2.3	2.2	0.1	4
营　　口	67.5	44.6		21.4	0.4	0.2	0.3	0.5	0.1	5
阜　　新	230.6	4.7	0.1	196.8	12.9	7.6	1.2	4.3	1.0	3
辽　　阳	70.4	36.9		31.5	0.1		1.5	0.4		
盘　　锦	105.1	96.7		6.7	0.1			1.7		
铁　　岭	325.3	46.1	0.1	265.0	0.3	0.1	9.8	3.7	0.2	
朝　　阳	214.9	0.2	2.1	177.9	12.1	13.6	3.6	2.3	2.7	525
葫　芦　岛	106.7	5.5		87.1	1.6	1.3	8.9	1.9	0.3	70

13—19 续表

（2010 年）

地　　区	油料（吨）	# 花生	# 芝麻	# 向日葵	麻类（吨）	甜菜（吨）	烟叶（吨）	# 烤烟	蔬菜（万吨）
全　　省	**995 980**	**961 477**	**2 176**	**20 507**		**48 728**	**28 560**	**24 505**	**2 668.2**
沈　　阳	128 346	116 784	16	3 605					421.8
大　　连	16 693	15 598		14					249.3
鞍　　山	12 216	12 216					23		223.9
抚　　顺	1 685	1 663		22			1 425	4	37.1
本　　溪	608	595		13			10		20.4
丹　　东	9 147	9 102					5 343	5 222	95.7
锦　　州	99 321	97 478	147	745		2 617	15		340.8
营　　口	570	568	2						85.2
阜　　新	426 043	422 354	479	2 941			6 158	5 682	105.7
辽　　阳	2 610	2 600		10			92	92	75.1
盘　　锦	275	275				48			121.2
铁　　岭	228 545	228 487	13	45			8 222	8 211	346.6
朝　　阳	19 216	4 077	1 443	13 094		45 913	7 269	5 294	350.6
葫　芦　岛	50 705	49 680	76	18		150	3		194.9

13—20 主要农产品单位面积产量

（按播种面积计算） 单位：公斤/亩

年份	粮食	水稻	小麦	玉米	高粱	谷子	薯类	大豆	其他杂粮	棉花
1978	224	367	93	279	238	95	161	69	86	16
1980	253	407	89	308	271	82	165	76	76	37
1985	225	365	158	249	241	95	146	93	69	41
1986	268	427	129	322	254	90	155	103	64	43
1987	272	421	136	334	236	91	141	83	63	48
1988	281	419	159	344	239	74	178	78	80	41
1989	220	348	185	252	170	61	110	44	59	32
1990	319(325)	461	262	397	305	120	176	83	86	48
1991	331(341)	491	226	412	329	105	208	77	85	51
1992	343(347)	500	264	416	298	103	199	71	80	25
1993	371(382)	536	242	466	364	135	231	107	99	53
1994	295(277)	433	204	279	376	156	197	101	100	43
1995	313(306)	360	246	353	339	144	233	98	100	51
1996	360(388)	511	222	443	406	185	257	122	122	58
1997	288(291)	528	224	286	259	118	249	94	88	52
1998	401(430)	548	273	491	424	189	291	141	139	58
1999	360(361)	553	258	393	254	98	261	111	97	44
2000	266(265)	511	201	257	182	71	245	106	69	51
2001	337(343)	506	122	407	305	131	241	127	106	69
2002	379(375)	524	163	425	328	153	277	132	268	69
2003	390(384)	528	206	443	313	146	318	149	122	59
2004	395(440)	518	232	491	389	190	326	162	149	72
2005	381(414)	514	278	430	438	237	343	157	187	78
2006	357(397)	455	258	407	286	144	310	197	137	89
2007	391	510	285	390	303	188	352	164	135	127
2008	409	512	319	421	293	179	341	180	149	113
2009	340	514	341	327	160	115	303	122	92	73
2010	370	450	329	366	332	214	428	184	110	103

13—20 续表　　（按播种面积计算）　　单位:公斤/亩

年　份	油　料	# 花　生	# 芝　麻	# 向日葵	麻　类（吨）	甜　菜（吨）	烟　叶（吨）	# 烤　烟	蔬　菜
1978	33	69	20	37	28	428	147	160	1 956
1980	62	94	22	52	25	767	164	171	1 811
1985	81	107	31	61	59	1 101	122	122	1 808
1986	75	92	26	62	51	1 131	122	96	2 026
1987	85	100	28	72	44	1 178	135	125	2 152
1988	83	106	28	46	76	1 240	130	119	2 167
1989	36	37	18	36	88	917	96	87	2 121
1990	93	114	40	60	97	1 473	113	104	2 267
1991	95	110	39	80	83	1 554	113	106	2 336
1992	82	95	42	78	113	1 674	122	109	2 498
1993	103	123	50	87	93	1 547	138	120	2 631
1994	113	130	52	88	80	908	128	116	2 368
1995	100	115	47	68	91	1 115	128	109	2 557
1996	119	134	58	92	71	1 437	137	135	2 803
1997	109	129	43	65	77	1 121	122	119	2 809
1998	127	145	43	87	88	1 618	137	134	2 998
1999	108	125	43	66	60	1 278	127	130	2 975
2000	99	120	40	30	88	1 157	114	114	2 835
2001	152	53	48	74	1 319	137	130	2 949	
2002	132	149	58	61	110	2 015	147	147	2 994
2003	131	144	55	67	75	2 132	138	139	3 088
2004	149	161	60	81	210	2 078	155	155	3 585
2005	149	156	77	115	158	2 791	141	141	3 691
2006	161	170	52	82	73	2 500	216	215	4 011
2007	165	169	72	121	100	2 630	243	213	3 957
2008	197	203	85	116	117	2 507	187	185	4 182
2009	133	137	31	60	60	2 269	168	171	4 311
2010	191	193	99	114		3 053	175	167	4 135

13—21　各地区主要农产品单位面积产量

（按播种面积计算，2010 年）　　单位：公斤/公顷

地　　区	粮　食	水　稻	小　麦	玉　米	高　粱	谷　子	薯　类	大　豆	其他杂粮	棉　花
全　　省	**5 553**	**6 754**	**4 933**	**5 497**	**4 986**	**3 216**	**6 413**	**2 763**	**1 644**	**1 538**
沈　　阳	6 414	7 890	3 667	6 113	7 314	4 013	5 261	2 942	1 765	840
大　　连	5 277	6 524	6 885	5 671	3 619	3 132	5 512	2 459	2 273	1 588
鞍　　山	4 922	6 901	3 615	4 610	4 112	2 543	4 086	2 065		
抚　　顺	5 318	5 336		5 546	4 593	3 686	6 509	1 906		
本　　溪	4 320	5 372		4 269	3 378	2 703	5 629	1 755	2 500	
丹　　东	4 310	6 210	9	3 518	2 892	1 177	5 324	1 786	1 000	
锦　　州	5 413	7 312	4 286	5 312	5 558	3 807	6 632	2 380	1 250	1 000
营　　口	6 987	10 151		4 520	4 646	2 564	3 793	2 134	1 250	1 000
阜　　新	7 991	8 877	2 828	8 811	8 808	4 812	9 151	2 682	833	1 000
辽　　阳	4 946	7 045		3 688	3 987	1 806	6 127	2 201		
盘　　锦	8 150	8 875		4 580	5 873			3 108		
铁　　岭	7 468	7 349	4 459	7 650	7 300	4 687	7 945	2 886	3 333	
朝　　阳	6 259	7 178	5 886	7 011	6 530	3 577	5 639	2 033	2 348	1 651
葫 芦 岛	5 666	5 998	5 110	5 892	4 821	2 909	6 693	2 272	1 667	1 296

13—21 续表　　（按播种面积计算，2010 年）　　单位：公斤/公顷

地　　区	油　料	# 花　生	# 芝　麻	# 向日葵	麻　类	甜　菜	烟　叶	# 烤　烟	蔬　菜
全　　省	**2 867**	**2 893**	**1 490**	**1 714**		**45 797**	**2 619**	**2 501**	**62 024**
沈　　阳	2 933	2 913	941	987					62 597
大　　连	2 853	2 727		1 750					65 453
鞍　　山	2 328	2 328					1 150		67 188
抚　　顺	2 785	2 781		3 143			2 778	1 333	46 867
本　　溪	1 483	1 473		2 167			3 333		41 716
丹　　东	3 154	3 167					1 441	1 440	47 553
锦　　州	2 538	2 570	2 100	1 955		35 365	5 000		70 443
营　　口	2 218	2 219	2 000						68 901
阜　　新	2 911	2 920	1 474	2 395			3 415	3 185	44 757
辽　　阳	2 493	2 493		2 500			4 000	4 000	42 350
盘　　锦	2 254	2 254				12 000			81 443
铁　　岭	3 338	3 339	1 000	2 500			3 384	3 386	64 141
朝　　阳	2 147	3 107	1 502	1 971		46 802	3 025	2 735	56 780
葫 芦 岛	2 084	2 096	1 041	947		30 000	1 500		75 797

13—22 水果、蚕茧、园参、芦苇生产情况

指　标	单　位	2005年	2006年	2007年	2008年	2009年	2010年
一、水　果							
果园面积	千公顷	317.0	313.6	330.80	323.6	349.7	354.1
#苹果园	千公顷	110.3	109.1	114.70	114.0	121.9	125.9
梨　园	千公顷	91.6	87.7	92.30	83.2	97.9	98.6
葡萄园	千公顷	28.1	26.8	28.6	26.6	26.8	26.6
山楂园	千公顷	14.0	12.0	12.2	10.6	12.8	12.7
果树株数	万株	32 435	33 236.7	35 944	37 020.1	47 340.6	46 704.8
#苹　果	万株	5 838.5	6 172.4	6 839	6 961.3	8 036.5	8 799.7
梨	万株	5 600.2	5 386.7	5 610	5 308.9	6 469.2	6 580.2
葡　萄	万株	11 679	11 238.1	12 764	11 928.3	17 060.5	16 722.8
山　楂	万株	1 337.5	1 270.5	1 296	1 035.9	1 166.9	1 286.4
结果株数	万株	22 553	22 640.6	24 635	26 275.9	30 634.2	31 517.8
#苹　果	万株	3 562.3	3 813.6	4 607	4 803.7	5 340.5	5 830.2
梨	万株	3 196.4	3 225.4	3 475	3 563.9	4 443.6	4 691.4
葡　萄	万株	9 785.8	9 086.7	9 638	9 685.6	10 856.5	10 735.0
山　楂	万株	1 123.2	1 082.7	1 021	808.7	932.2	960.1
水果产量	吨	3 292 674	3 437 027	3 961 160	4 225 182	4 772 144	5 215 623
#苹　果	吨	1 299 595	1 301 399	1 551 508	1 709 138	1 948 100	2 094 719
梨	吨	690 345	705 232	874 282	937 944	1 103 509	1 261 402
葡　萄	吨	581 711	587 191	625 421	614 422	642 124	634 296
山　楂	吨	64 756	62 783	66 256	64 934	86 032	84 087
二、蚕　业							
柞蚕茧产量	吨	43 200	44 075	48 025	53 516	50 142	49 847
桑蚕茧产量	吨	159	191	260	194	224	102
三、园　参							
园参产量	吨	2 461.5	2 390.5	1 891.9	1 817.3	2 928.7	3 788.0
四、芦　苇							
芦苇产量	万吨	50.9	54.3	54.2	56.7	53.8	46.9

13—23 水果、蚕茧、园参产量

单位:吨

年份	水果总产量	#苹果	#梨	#葡萄	#山楂	蚕茧总产量	柞蚕茧	桑蚕茧	园参总产量
1978	937 915	656 750	227 700	7 130		40 587	40 521	66	
1980	782 677	610 133	109 907	6 244		56 757	56 634	123	775
1985	806 799	547 791	173 077	20 902	14 342	26 996	26 945	51	985
1986	803 832	546 862	171 840	23 521	14 717	24 790	24 760	30	1 302
1987	933 062	637 092	177 808	35 017	21 571	39 137	39 086	51	1 813
1988	958 557	621 544	195 066	53 092	24 643	34 825	34 768	57	2 639
1989	1 003 137	655 737	174 370	72 170	33 395	39 415	39 348	67	2 437
1990	1 112 886	759 244	166 806	73 567	36 562	40 772	40 641	131	2 766
1991	1 011 230	570 542	204 839	89 895	50 659	23 982	23 812	170	2 704
1992	1 527 272	979 434	222 916	121 829	73 918	26 124	25 926	198	2 719
1993	1 888 380	1 196 127	300 099	146 162	97 312	36 486	36 349	137	3 720
1994	1 845 580	1 069 137	323 985	158 210	99 411	27 808	27 720	178	2 073
1995	2 199 889	1 277 295	402 963	153 317	98 566	32 988	32 805	183	1 431
1996	2 480 339	1 505 993	477 330	185 421	80 719	29 411	29 158	253	1 226
1997	2 641 058	1 611 487	471 870	193 380	79 456	39 685	39 532	153	2 141
1998	2 985 505	1 674 628	610 898	275 557	85 093	44 563	44 455	108	1 304
1999	2 566 685	1 469 839	424 605	307 453	71 638	28 760	28 720	40	1 297
2000	2 499 660	1 231 479	455 404	430 282	67 148	39 051	38 959	92	1 218
2001	2 416 697	1 134 657	509 942	396 991	61 151	43 870	43 790	80	1 492
2002	2 344 015	1 005 142	412 724	522 061	59 314	41 998	41 652	34	2 132
2003	2 678 104	1 089 937	515 892	586 124	54 253	44 402	44 362	40	3 001
2004	3 076 521	1 222 119	605 679	613 683	61 482	39 152	38 867	285	2 316
2005	3 292 674	1 299 595	690 345	581 711	64 756	43 359	43 200	159	2 462
2006	3 437 027	1 301 399	705 232	587 191	62 783	44 266	44 075	191	2 390
2007	3 961 160	1 551 508	874 282	625 421	66 256	48 285	48 025	260	1 892
2008	4 225 182	1 709 138	937 944	614 422	64 934	53 710	53 516	194	1 817
2009	4 772 144	1 948 100	1 103 509	642 124	86 032	50 366	50 142	224	2 929
2010	5 215 623	2 094 719	1 261 402	634 296	84 087	49 949	49 847	102	3 788

13—24 林业生产情况

指标	单位	2005年	2006年	2007年	2008年	2009年	2010年
造林面积	千公顷	126.49	70.77	87.06	81.53	129.97	190.67
按造林用途分:							
用材林	千公顷	20.93	2.93	11.28	6.15	2.85	26.33
经济林	千公顷	6.18	4.19	3.25	3.64	4.26	7.50
防护林	千公顷	98.21	63.65	72.47	71.74	122.62	156.80
薪炭林	千公顷	1.17		0.05		0.24	
特种用材林	千公顷			0.01			0.03
封山育林面积	千公顷			1 061.78	866.98	989.55	1 562.33
#本年新封面积	千公顷	68.48	4.54	3.83	26.66		
零星植树	万株		7 097	9 760	9 982		14 169
育苗面积	千公顷	17.11	18.19	16.89	19.34	16.92	17.94
#当年新育	千公顷	6.16	6.42	6.33	7.33	6.31	7.93
当年苗木产量	万株	175 414	303 478	202 215	233 273	261 320	489 432
幼林抚育作业面积	千公顷			286.59	186.82	366.12	202.00
成林抚育面积	千公顷			134.35	76.04	95.46	60.38
木材采运量	万立方米	147.07	229.00	194.00	181.00	187.00	194.00

13—25 各地区造林面积

单位:千公顷

地区	造林面积											
	合计			#用材林			#经济林			#防护林		
	2008年	2009年	2010年	2008年	2009年	2010年	2008年	2009年	2010年	2008年	2009年	2010年
全省	**81.5**	**130.0**	**190.1**	**6.1**	**2.9**	**26.4**	**3.7**	**4.3**	**7.5**	**71.7**	**122.6**	**156.3**
沈阳	5.7	12.4	8.3	0.3				0.6		5.4	11.8	8.3
大连	7.7	15.1	10.0	0.1		0.3	1.1	1.4	0.3	6.5	13.6	9.4
鞍山	1.0	3.3	7.3	0.6						0.4	3.3	7.3
抚顺	2.0	3.7	9.5	1.0		6.1				1.0	3.7	3.4
本溪	0.7	6.6	19.4	0.3	0.7	10.1	0.1			0.3	5.9	9.3
丹东	0.8	2.7	8.8			3.8				0.8	2.7	5.2
锦州	5.5	6.6	12.1	0.8		0.4	0.4			4.3	6.6	11.7
营口	1.3	1.0	8.2			0.2			3.5	1.3	1.0	4.5
阜新	14.4	16.7	20.4	0.2		0.1	0.6		0.1	13.6	16.7	20.1
辽阳	0.7	3.0	7.5		0.2	2.8			0.6	0.7	2.5	4
盘锦	0.5	0.3	0.4							0.5	0.3	0.4
铁岭	4.7	13.3	11.2	1.1	1.6	2.6	0.3	0.9		3.3	10.8	8.5
朝阳	29.3	41.0	54.7		0.3		1.1	1.3	2.5	28.2	39.4	52.4
葫芦岛	7.2	4.4	12.3	1.7			0.1		0.5	5.4	4.4	11.8

13—26 大牲畜头数

单位:万头

年份	大牲畜年末头数	#役畜	牛	马	驴	骡
1978	287.3	193.7	136.0	61.4	52.7	37.2
1980	279.1	177.3	130.6	61.9	46.9	39.7
1985	303.3	216.4	134.9	56.9	70.3	41.2
1986	313.9	219.5	140.2	56.1	75.3	42.3
1987	315.2	254.6	140.7	53.7	77.9	42.9
1988	319.1	217.4	142.8	51.9	80.8	43.6
1989	323.8	217.3	147.7	49.4	83.1	43.6
1990	326.1	217.2	150.9	47.0	84.4	43.8
1991	326.0	220.1	149.4	46.1	86.6	43.9
1992	331.6	214.2	155.4	45.1	87.5	43.6
1993	368.3	219.3	192.0	44.7	89.0	42.6
1994	438.9	228.6	261.2	44.3	91.2	42.2
1995	476.4	232.3	301.6	42.2	92.6	40.0
1996	505.4	244.4	330.9	42.2	93.5	38.9
1997	366.7	182.2	193.5	39.5	96.2	37.5
1998	382.1	187.9	209.3	40.6	95.2	37.0
1999	399.8	198.9	228.1	39.9	95.8	35.9
2000	420.7	212.8	254.0	37.0	95.3	34.4
2001	411.7	208.0	251.1	35.7	93.5	31.5
2002	421.5	198.7	264.8	34.4	92.9	29.4
2003	455.0	196.6	301.9	33.3	91.9	28.0
2004	476.9	192.6	329.1	31.3	91.8	24.8
2005	495.9	193.8	344.7	28.2	98.9	24.1
2006	427.1	165.7	281.5	26.7	95.9	23.0
2007	475.9	165.5	332.2	25.9	96.2	21.6
2008	524.1	188.1	356.4	27.7	116.2	23.7
2009	515.6	223.5	354.0	26.5	113.9	21.2
2010	525.9	127.0	366.7	26.9	112.1	20.1

13—27 肉类产量和猪羊头数

年份	猪牛羊肉产量（万吨）	肉猪出栏头数（万头）	猪年末存栏头数（万头）	羊年末只数（万只）	山羊	绵羊
1978		554.3	1 184.6	138.2	28.1	110.1
1980	42.9	656.3	1 057.5	194.7	36.6	158.1
1985	57.0	647.4	1 035.6	193.6	35.5	158.1
1986	58.1	650.9	1 031.7	215.5	39.5	176.0
1987	57.3	626.4	930.4	233.7	47.0	186.7
1988	68.9	691.4	1 065.4	274.2	60.9	213.3
1989	71.9	733.4	1 089.6	294.9	74.3	220.6
1990	78.8	797.2	1 093.5	267.2	73.4	193.8
1991	88.8	865.0	1 137.7	239.5	75.7	163.8
1992	99.7	945.4	1 222.0	247.9	73.7	174.2
1993	115.4	1 020.9	1 228.6	264.4	88.8	175.6
1994	144.5	1 254.4	1 340.1	302.0	115.8	186.2
1995	173.9	1 461.6	1 468.4	373.2	146.5	226.7
1996	190.4	1 640.6	1 426.5	403.1	164.1	238.9
1997	126.9	1 131.0	953.3	292.6	133.7	158.9
1998	138.8	1 223.9	1 039.9	318.1	146.3	171.7
1999	148.4	1 320.3	1 123.4	347.8	159.3	188.5
2000	156.5	1 413.8	1 270.7	386.1	187.3	198.8
2001	169.0	1 525.2	1 291.8	449.4	212.6	236.8
2002	182.8	1 648.7	1 304.3	548.4	251.9	296.5
2003	198.6	1 754.3	1 365.8	730.8	319.7	411.1
2004	216.8	1 894.6	1 498.0	819.2	387.4	431.8
2005	238.8	2 063.2	1 642.4	830.2	426.3	404.0
2006	231.0	2 245.4	1 416.1	673.9	410.9	263.0
2007	236.2	2 265.8	1 429.4	675.9	412.6	263.3
2008	252.4	2 435.5	1 548.5	733.4	428.0	305.4
2009	266.8	2 597.0	1 606.2	717.0	447.8	269.2
2010	277.9	2 682.7	1 567.6	733.5	414.1	319.4

13—28 畜牧业生产情况

指 标	单 位	2005年	2006年	2007年	2008年	2009年	2010年
一、畜产品产量							
1.猪牛羊出栏头数							
肉猪出栏头数	万头	2 063.21	2 245.4	2 265.8	2 435.5	2 597.0	2 682.7
出售和自宰的牛	万头	278.81	236.5	257.3	277.8	270.0	278.9
出售和自宰的羊	万只	774.82	597.2	645.6	695.9	721.0	729.7
2.肉类总产量	万吨	346.1	329.7	348.0	376.0	389.2	406.7
#猪肉	万吨	184.7	189.3	191.0	204.2	218.8	228.4
牛肉	万吨	42.2	35.3	38.2	40.5	40.2	41.6
羊肉	万吨	11.9	6.4	7.0	7.8	7.8	7.9
禽肉	万吨	102.1	93.1	105.4	116.3	115.1	121.9
兔肉	万吨	0.4	0.4	0.5	0.4	0.4	0.4
3.其他畜产品产量							
奶类	万吨	78.8	95.8	108.5	120.1	115.6	126.7
#牛奶	万吨	74.9	91.7	104.8	114.1	110.0	121.2
山羊毛	吨	1 680.0	1 876.5	2 156.2	2 401.1	2 735.6	2 565.1
绵羊毛	吨	10 412.0	8 580.3	8 888.2	11 468.5	10 136.0	12 153.7
羊绒	吨	1 053.0	1 182.0	1 329.8	1 371.8	1 215.5	1 292.6
蜂蜜	吨	1 942.0	2 661.6	2 610.2	2 006.7	1 683.9	1 728.1
禽蛋	万吨	224.0	195.2	204.1	230.0	263.1	275.7
二、牲畜年末头数							
1.大牲畜	万头	495.9	427.1	475.9	524.1	515.6	525.9
#役畜	万头	193.8	165.7	165.5	188.1	223.5	127.0
牛	万头	344.7	281.5	332.2	356.4	354.0	366.7
马	万头	28.2	26.7	25.9	27.7	26.5	26.9
驴	万头	98.9	95.9	96.2	116.2	113.9	112.1
骡	万头	24.1	23.0	21.6	23.7	21.2	20.1
2.猪	万头	1 642.4	1 416.1	1 429.4	1 548.5	1 606.2	1 567.6
3.羊	万只	830.2	673.9	675.9	733.4	717.0	733.5
山羊	万只	426.3	410.9	412.6	428.0	447.8	414.1
绵羊	万只	404.0	263.0	263.3	305.4	269.2	319.4

13—29 各地区牲畜饲养情况

（2010 年）

地区	大牲畜年末头数（万头）	#役畜	#牛	#乳牛	马	驴	骡
全省	**525.9**	**127.0**	**366.7**	**32.1**	**26.9**	**112.1**	**20.1**
沈阳	93.3	6.4	82.8	10.7	3.7	4.9	1.8
大连	36.1	20.5	31.2	2.8	1.2	1.6	2.1
鞍山	30.8	7.0	25.6	1.1	2.1	2.0	1.1
抚顺	11.9	4.9	9.8	1.0	0.8	0.2	1.0
本溪	15.3	8.3	14.6	0.7	0.3	0.2	0.2
丹东	16.0	11.1	11.6	0.7	1.6	1.5	1.4
锦州	60.2	14.4	44.4	3.9	3.2	9.8	2.7
营口	6.8	1.4	5.3	0.5	0.3	1.0	0.3
阜新	61.3	21.6	26.1	7.0	4.5	29.6	1.1
辽阳	14.4	2.0	12.8	1.8	0.5	0.6	0.5
盘锦	3.4	0.3	3.2	0.6	0.1	0.1	0.0
铁岭	122.3	36.8	113.6	6.9	3.5	3.1	2.0
朝阳	109.2	37.4	53.7	3.8	3.8	47.8	3.9
葫芦岛	26.7	9.3	13.8	1.3	1.3	9.6	2.0

13—29 续表

（2010 年）

地区	肉猪出栏头数（万头）	猪年末头数（万头）	羊年末只数（万只）	山羊	绵羊
全省	**2 682.7**	**1 567.6**	**733.5**	**414.1**	**319.4**
沈阳	511.3	318.1	70.6	26.3	44.3
大连	393.7	246.3	70.6	69.3	1.4
鞍山	207.3	119.6	71.3	67.5	3.9
抚顺	67.4	33.2	26.8	25.4	1.3
本溪	61.5	35.7	42.6	40.9	1.6
丹东	115.7	73.2	56.4	56.2	0.2
锦州	489.1	294.8	82.2	4.0	78.2
营口	78.7	43.3	46.5	44.2	2.3
阜新	276.3	178.2	123.6	3.3	120.3
辽阳	110.2	78.6	28.8	26.8	2.0
盘锦	88.0	63.7	2.5	1.9	0.6
铁岭	414.4	233.7	56.2	37.0	19.2
朝阳	258.8	162.3	147.3	35.4	111.9
葫芦岛	264.9	144.0	76.4	37.9	38.5

13—30 各地区畜产品产量

(2010年)

地区	肉类总产量(万吨)	猪肉	牛肉	羊肉	奶类(万吨)	# 牛奶
全省	**406.7**	**228.4**	**41.6**	**7.9**	**126.7**	**121.2**
沈阳	86.6	40.1	15.7	1.2	39.6	39.2
大连	69.2	32.0	4.3	1.0	13.3	12.3
鞍山	40.0	17.2	3.4	0.9	2.5	2.5
抚顺	14.9	5.6	1.9	0.5	3.7	3.6
本溪	11.9	5.1	1.7	0.6	1.8	1.8
丹东	24.5	9.6	1.5	0.6	3.0	3.0
锦州	62.4	40.9	4.9	1.1	13.7	12.3
营口	20.2	6.6	1.1	0.7	1.4	1.4
阜新	38.2	22.9	3.1	2.7	24.9	23
辽阳	18.3	9.6	1.8	0.3	2.5	2.4
盘锦	14.9	7.3	0.4	—	2.5	2.5
铁岭	84.1	35.0	14.1	1.0	19.7	19.4
朝阳	50.6	22.0	6.6	2.4	15.3	15.3
葫芦岛	37.2	21.9	2.3	1.7	4.5	4.5

13—30续表

(2010年)

地区	绵羊毛(吨)	山羊毛(吨)	羊绒(吨)	禽蛋(万吨)	蜂蜜(吨)
全省	**12 154**	**2 565**	**1 293**	**275.7**	**1 728**
沈阳	1 048	85	15	60.6	9
大连	22	195	195	26.2	13
鞍山	55	531	320	40.7	6
抚顺	110	47	81	9.6	68
本溪	35	231	160	5.5	23
丹东	1.0	334	170	13.3	132
锦州	2 175	1		53.7	200
营口	56	182	115	14.4	14
阜新	4 662	6		15.1	116
辽阳	23	103	28	15.4	15
盘锦	7	1		7.1	
铁岭	518	440	24	24.1	
朝阳	2 625	179	37	47.8	886
葫芦岛	816	230	148	24.7	246

13—31 水产品生产情况

指标	2005年	2006年	2007年	2008年	2009年	2010年
水产品养殖面积(千公顷)	**616.5**	**387.9**	**407.9**	**735.0**	**832.9**	**961.2**
海水养殖面积	449.3	271.3	294.8	534.5	630.7	763.1
海上养殖	301.0	186.6	197.1	340.4	412.2	547.2
滩涂养殖	95.8	55.5	66.8	136.5	141.3	139.0
陆基养殖	52.5	29.2	30.9	57.7	77.2	76.9
内陆水域养殖面积	167.2	116.6	113.1	200.5	202.7	198.1
#池塘	46.7	36.7	35.5	53.2	59.6	52.4
水库	98.5	68.0	64.1	114.5	111.7	103.4
河沟	2.0	0.6	1.1	1.8	1.8	2.7
水产品产量(万吨)	**425.3**	**351.3**	**361.3**	**494.9**	**534.7**	**429.1**
海水产品产量	364.1	296.0	302.1	411.6	437.9	348.4
#海洋捕捞	152.0	118.4	116.6	147.8	148.3	117.0
人工养殖	212.1	177.6	185.5	263.8	289.6	231.5
#鱼类	91.3	69.4	71.5	76.1	80.3	59.6
甲壳类	35.0	28.0	28.0	30.2	29.7	22.4
贝类	173.5	152.6	158.6	220.2	241.0	190.5
藻类	39.5	27.4	25.4	33.3	33.6	26.5
其他	24.8	18.6	18.6	18.9	39.5	33.2
淡水产品产量	61.2	55.3	59.2	83.3	96.8	80.6
#天然生产	4.3	2.8	4.1	4.9	5.6	5.7
人工养殖	56.9	52.5	55.1	78.4	91.1	75.0
#鱼类	54.4	50.3	53.3	75.5	87.9	72.6
甲壳类	5.6	4.1	4.7	6.1	7.4	6.4

13—32 水产品产量

单位:万吨

年份	水产品合计	海水产品	#人工养殖	淡水产品	#人工养殖	比重(%) 海水	比重(%) 淡水
1978	46.9	46.2	10.7	0.7	0.7	98.5	1.5
1980	42.1	41.2	11.3	0.9	0.7	97.9	2.1
1985	58.3	55.2	16.7	3.1	2.5	94.7	5.3
1986	67.0	63.2	24.5	3.8	3.4	94.3	5.7
1987	80.6	75.9	32.1	4.7	4.5	94.2	5.8
1988	94.7	88.8	43.2	5.9	5.7	93.8	6.2
1989	101.2	94.8	48.1	6.4	6.0	93.7	6.3
1990	107.3	100.7	51.4	6.6	6.0	93.8	6.2
1991	114.1	106.4	54.9	7.7	6.9	93.3	6.7
1992	132.2	122.6	65.5	9.6	8.8	92.7	7.3
1993	151.7	139.7	73.8	12.0	11.3	92.1	7.9
1994	167.8	151.3	76.5	16.5	15.8	90.2	9.8
1995	197.9	178.4	87.3	19.5	15.8	90.1	9.9
1996	258.0	235.3	111.2	22.7	21.6	91.2	8.8
1997	285.1	258.0	112.3	27.1	24.6	90.5	9.5
1998	312.7	281.4	120.8	31.3	28.5	90.0	10.0
1999	333.8	296.8	139.2	37.0	31.3	88.9	11.1
2000	338.5	302.3	152.1	36.1	29.1	89.3	10.7
2001	350.8	310.5	160.9	40.3	36.8	88.5	11.5
2002	374.8	327.0	178.2	47.8	44.6	87.2	12.8
2003	382.0	330.8	182.8	51.1	48.0	86.6	13.4
2004	402.5	346.1	197.0	56.4	52.2	86.0	14.0
2005	425.3	364.1	212.1	61.2	56.9	85.6	14.4
2006	351.3	296.0	177.6	55.3	52.5	84.3	15.7
2007	361.3	302.1	185.5	59.2	55.1	83.6	16.4
2008	494.9	411.6	263.8	83.3	78.4	83.2	16.8
2009	534.7	437.9	289.6	96.8	91.1	81.9	18.1
2010	429.1	348.4	231.5	80.6	75.0	81.2	18.8

13—33 按人口平均的主要农产品产量

单位:公斤/人

产品名称	2005年	2006年	2007年	2008年	2009年	2010年
粮食	416.7	435.8	424.7	438.1	368.4	403.6
棉花	0.1			0.1		
油料	8.8	6.3	6.1	19.7	13.4	22.8
猪牛羊肉	57.0	54.9	55.8	59.5	61.8	63.5
#猪肉	44.1	44.9	45.1	48.1	50.7	52.2
水产品	101.5	83.4	85.4	116.6	123.8	98.1

13—34 农业事业机构和人员数

单位:个、人

年份	农业技术推广站		家畜繁育改良站		乡镇畜牧兽医站		种畜禽场总数		种子站、种子公司	
	机构	人数	机构	人数	机构	人数	机构	人数	机构	人数
1979	1 289	8 514					70	2 629		
1980					1 210	9 204	69	2 946	48	3 751
1985	1 268	8 390	309	764	1 224	8 479	70	3 959	46	3 346
1986			89	290	1 321	8 738	71	4 025	46	3 300
1987	1 268	8 514	72	226	1 280	8 709	74	4 660	46	3 258
1988	1 276	8 602	63	218	1 323	8 902	76	4 567	46	3 150
1989	1 329	8 552	72	212	1 232	8 327	77	5 072	46	3 070
1990	1 332	8 323	122	418	1 246	8 480	77	4 734	49	3 041
1991	1 337	8 323	122	381	1 234	8 988	78	5 160	49	2 976
1992	1 337	8 268	99	377	1 240	9 975	78	5 370	49	2 898
1993	1 105	6 074	64	207	1 230	10 244	49	2 917	77	4 848
1994	1 122	6 779	58	419	1 233	10 374	49	2 876	82	5 499
1995	1 209	13 065	7	25	1 254	10 597	49	2 897	82	5 499
1996	1 292	7 738	3	18	1 234	10 422	49	2 342	83	5 560
1997	1 337	8 018	3	18	1 240	10 674	49	2 658	88	5 930
1998	1 337	8 018	93	1 301	1 242	9 838				
1999	1 337	8 400	55	1 196	1 217	9 800				
2000					1 190	9 681	49			
2001					1 200	9 551	49			
2002			70	1 325	1 038	9 399	336			
2003			61		1 141	8 862	379			
2004			65	1 212	1 116	8 491	441			
2005			67	1 195	1 081	7 529	423			
2006			110	1 067	660	4 781	639			
2007			33	420	473	2 746	796			
2008			32	318	105	1 440	944			
2009			32	475	26	186	1 268			
2010			37	500	3	39	1 333			

注:2002 年以后种畜场总数为全社会口径。

13—35　农作物受灾及成灾面积

单位:千公倾

年份	粮豆成灾面积	粮豆成灾面积中		
		减产三至五成的	减产五至八成的	减产八成以上的
1981	893.9	348.6	276.7	268.6
1982	1 599.7	781.8	544.9	272.9
1983	672.3	432.0	177.2	63.1
1984	1 343.3	776.7	391.1	175.5
1985	1 983.9	918.8	675.8	389.2
1986	1 068.1	502.9	293.1	272.2
1987	1 353.1	867.4	371.3	114.4
1988	1 676.1	952.6	538.8	184.8
1989	2 448.1	1 050.0	868.4	529.7
1990	1 156.3	776.3	279.5	100.5
1991	1 207.2	773.7	272.8	160.8
1992	1 431.8	609.0	399.9	203.0
1993	914.9	632.8	161.8	64.0
1994	1 995.8	907.6	605.4	442.7
1995	1 500.9	799.5	363.5	337.9
1996	996.1	702.8	191.0	102.3
1997	2 249.9	1 148.0	844.5	257.4
1998	590.4	345.3	141.5	102.9
1999	1 321.0	598.4	399.0	323.2
2000	2 101.0	690.0	678.0	731.0
2001	1 454.6	654.1	480.7	315.7
2002	1 437.4	874.5	423.8	139.1
2003	1 143.3	665.1	352.7	125.0
2004	500.7	370.4	93.2	37.0
2005	1 316.5	888.5	254.2	129.9
2006	1 299.2	685.3	412.3	198.5
2007	885.0	637.9	189.9	53.1
2008	1 013.7	327.8	386.6	64.2
2009	2 042.0	573.1	511.6	465.8
2010	1 204.9	683.5	317.0	190.4

13—36 国营农场基本情况

指 标	单 位	2005年	2006年	2007年	2008年	2009年	2010年
一、农场数	个	120	115	115	109	109	108
职工人数	万 人	26.7	26.7	28.7	28.3	29.3	29.6
二、耕地面积	万公顷	13.42	13.79	13.95	14.52	14.73	14.67
三、农业机械总动力	万千瓦	67.9	68.20	80.56	84.53	97.10	98.8
四、农业机械拥有量							
大中型农用拖拉机	台	1 653	1 465	1 882	1 789	2 843	3 815
小型及手扶拖拉机	台	8 538	8 986	9 562	10 825	10 757	10 383
农用排灌动力机械	台	16 131	13 847	16 409	19 230	23 020	18 488
联合收割机	台	20	20	33	39	35	120
农用载重汽车	辆	756	789	850	935	958	961
五、农用化肥施用量(折纯)	吨	53 294	68 025	71 450	81 110	95 435	97 923
六、农业总产值	亿 元	63.64	69.45	78.28	92.09	103.55	125.03
七、盈亏总额	亿 元	1.18	1.78	2.18		2.98	3.30
八、农作物总播种面积	万公顷	14.61	18.56	15.74	15.66	15.88	15.96
#粮食作物	万公顷	13.08	16.87	14.10	13.74	13.98	14.05
棉花	公 顷				2		
油料	公 顷	1 470	2 038	2 595	5 104	4 540	4 575
糖料	公 顷	51	121	25	139	27	4
年末实有果园面积	公 顷	11 521	12 165	12 636	12 797	13 062	13 091
九、主要农产品产量							
#粮食作物	万 吨	99.47	108.41	109.33	117.45	116.83	120.08
棉花	吨				2		
油料	吨	3 236	3 079	3 176	11 121	10 027	19 078
糖料	万 吨	0.2	0.33	0.13	0.57	0.13	0.02
水果	万 吨	7.21	8.05	8.48	9.24	11.26	11.88
十、畜牧业、渔业生产							
1.大牲畜年末头数	万 头	9.91	9.43	10.45	11.10	12.59	11.55
2.猪年末头数	万 头	50.68	49.50	53.13	65.85	84.75	80.94
3.羊年末只数	万 只	9.19	9.10	10.65	13.52	15.06	9.68
#绵羊	万 只	4.24	4.20	5.67	6.43	8.90	4.93
4.畜产品产量							
猪牛羊肉产量	万 吨	10.22	11.63	13.70	15.60	18.50	22.39
#猪肉产量	万 吨	5.97	6.76	7.10	8.50	9.15	10.74
牛奶产量	万 吨	8.79	8.98	9.60	11.00	12.10	13.41
禽蛋产量	万 吨	3.18	3.29	4.06	4.56	5.63	5.95
羊毛产量	吨	111	94	93	109	193	195
5.水产品总产量	万 吨	18.16	20.10	21.92	23.82	28.23	33.41

主要统计指标解释

农业总产值 是以货币表现的农、林、牧、渔业全部产品的总量,它反映一定时期内农业生产的总规模和总成果。

农、林、牧、渔业的统计范围是:

(1)农业 包括农作物种植业和其他农业。

农作物种植业 包括谷物、豆类、薯类、棉、油料、糖料、麻类、烟叶、蔬菜、药材、瓜类和其他农作物的种植,以及茶园、桑园、果园的生产经营。

其他农业 包括采集野生植物的果实、纤维、树胶、树脂、油料以及柴草、野生药材、菌类等及农民家庭兼营的商品性工业。

(2)林业 包括林木的栽培(不包括茶园、桑园和果园的栽培、管理和收获等活动)、林产品的采集和村及村以下合作经济组织和农户的竹木采伐。

(3)牧业 包括除渔业养殖以外的一切动物饲养和放牧以及野生动物的捕猎和饲养。

(4)渔业 包括水生动物和海藻类植物的养殖和捕捞。

从所有制看,包括国有经济的各种专业农(农、林、牧、渔)场以及国家各级机关团体学校、科研机构、部队经营的农业;集体所有制的乡镇村各级办农场;农村各种经济组织经营的农、林、牧、渔业以及工矿企业家属集体经营的农业;农民家庭自营的农林牧渔业及兼营商品性工业等。

农业总产值的计算方法通常是按农林牧渔业产品及其副产品的产量分别乘以各自单位产品价格求得,少数生产周期较长,当年没有产品或产品产量不易统计的,则采用间接方法匡算其产值,然后将四业产品产值相加即为农业总产值。

1957 年以前的农业总产值中包括了厩肥和农民自给性手工业(如农民自制衣服、鞋、袜,自己从事粮食初步加工等)。1958 年及以后的农业总产值,林业中增加了村及村以下竹木采伐产值;牧业中取消费厩肥产值;副业中取消了农民自给性手工业产值,增加了村及村以下办的工业产值;渔业中增加了海洋捕捞水产品产值。1980 年及以后的农业总产值,在副业中增加了农民家庭兼营业商品部分的产值。从 1984 年起村及村以下办工业产值划归工业。从 1993 年起,取消副业。将野生动物的捕猎划入牧业,野生植物采集和农民家庭兼营商品性工业划归农业。

粮食产量 指全社会的产量。包括国有经济经营的、集体统一经营的和农民家庭经营的粮食产量,还包括工矿企业家属办的农场和其他生产单位的产量。粮食除包括稻谷、小麦、玉米、高粱、谷子及其他杂粮外,还包括薯类和大豆。其产量计算方法,豆类按去豆荚后的干豆计算;薯类(包括甘薯和马铃薯,不包括芋头和木薯)1963 年以前按每 4 公斤鲜薯折 1 公斤粮食计算,从 1964 年开始及以后改为按 5 公斤鲜薯折 1 公斤粮食计算。城市郊区作为蔬菜的薯类(如:马铃薯等)按鲜品计算,并且不做为粮食统计。其他粮食一律按脱粒后的原粮计算。

油料产量 指全部油料作物的生产量。包括花生、油菜籽、芝麻、向日葵籽、胡麻籽(亚麻籽)和其他油料。不包括大豆,也不包括木本油料和野生油料。花生以带壳干花生计算。

水产品产量 指人工养殖的水产品和天然生长的水产品的捕捞量。包括海水的鱼类、虾蟹类、贝类和藻类以及内陆水域的鱼类、虾蟹类和贝类,不包括淡水生植物。

猪、牛、羊肉产量 指当年出栏并已屠宰后除去头蹄下水后带骨肉(即胴体重)的重量。

耕地面积 指年初可以用来种植农作物、经常进行耕锄的田地,除包括熟地、当年新开荒地、连续撂荒未满三年的耕地和当年的休闲地(轮歇地)外,还包括以种植农作物为主并附带种植桑树、茶树、果树和其他林木的土地,以及沿海、沿湖地区已围垦利用的"海涂"、"湖田"等面积。但不包括属于专业性的桑园、茶园、果园、果木苗圃、林地、芦苇地、天然或人工草地面积。

农作物播种面积 指实际播种或移植有农作物的面积。凡是实际种植有农作物的面积,不论种植在耕地上还是种植在非耕地上,均包括在农作物播种面积中,同时还包括因遭灾而重新改种和补种的农作物面积,种一公顷算一公顷。

有效灌溉面积 指具有一定水源,地块比较平整,灌溉工程或设备已经配套,在一般年景下当年能够进行正常灌溉的耕地面积。

农用化肥施用量 指本年内实际用于农业生产的化肥数量。包括氮肥、磷肥、钾肥和复合肥。化肥施用量要求按折纯量计算数量。折纯法化肥施用量是把氮肥、磷肥和钾肥分别按含氮、含五氧化二磷、含氧化钾含量的百分比折算。复合肥按其所含主要成分折算。

农业机械总动力 指主要用于农、林、牧、渔业的各种动力机械的动力总和。包括耕作机械、排灌机械、收获机械、农产品加工机械、运输机械、植物保护机械、牧业机械、林业机械、渔业机械和其他农业机械〔内燃机按引擎马力折成瓦(特)计算,电动机按功率折成瓦(特)计算〕。不包括专门用于乡、镇、村、组办工业、基本建设、非农业运输、科学试验和教学等非农业生产方面用的动力机械与作业机械。

农林牧渔业劳动力 指直接参加农林牧渔业生产劳动的劳动力。

谷物 指籽实主要供作粮食的作物。这类作物包括稻谷、小麦、玉米、谷子、高粱和其他谷物,不包括豆类和薯类作物。

第十四篇

工业

14

GONGYE

14—1 规模以上工业

分类	企业单位数(个)			
	2006年	2007年	2008年	2009年
总计	**14 754**	**16 556**	**17 269**	**23 364**
在总计中:				
国有经济	898	476	472	424
中央企业	135	91	92	81
地方企业	763	385	380	343
集体企业	1 193	1 166	1 195	1 254
股份合作企业	279	253	302	288
联营经济	30	25	25	34
有限责任公司	1 783	2 090	2 217	2 565
股份有限公司	323	372	375	429
私营企业	7 713	9 352	9 818	15 157
港澳台投资企业	564	594	592	619
合资经营企业(港或澳台)	345	360	364	369
合作经营企业(港或澳台)	33	33	33	29
港澳台商独资经营企业	177	191	184	210
港澳台商投资股份有限公司	9	10	11	11
外商投资经济	1 968	2 228	2 221	2 470
中外合资经营企业	1 017	1 130	1 142	1 231
中外合作经营企业	110	115	121	129
外资企业	824	953	924	1 082
外商投资股份有限公司	17	30	34	28
其他工业	3		52	124
在总计中:				
国有及国有控股企业	1 254	839	851	883
在总计中:				
轻工业	4 514	4 945	5 122	6 420
重工业	10 240	11 611	12 147	16 944
在总计中:				
大型企业	118	123	127	134
中型企业	967	1 041	1 008	1 249
小型企业	13 669	15 392	16 134	21 981

注:本部分统计范围是全部国有及年主营业务收入500万元及以上非国有工业企业。

企业单位数和总产值

2010年	工业总产值(亿元) 2006年	2007年	2008年	2009年	2010年
23 832	**14 167.95**	**18 249.53**	**22 720.54**	**28 152.73**	**36 219.42**
387	1 641.23	2 092.66	3 372.05	2 705.00	3 082.92
75	996.58	1 191.21	2 669.90	2 073.36	2 362.33
312	644.65	901.45	702.15	631.63	720.59
1 166	419.10	505.28	540.98	729.60	893.45
261	137.61	134.42	160.25	183.05	204.42
33	13.85	21.99	33.53	43.05	56.74
2 601	3 545.65	4 370.48	4 226.60	5 576.92	7 040.69
432	2 426.71	2 658.42	2 977.91	2 916.58	3 775.10
15 898	2 880.85	4 354.76	6 518.94	10 184.97	14 166.35
601	564.95	752.24	863.65	1 281.08	1 571.38
356	330.93	431.85	510.84	728.36	938.82
28	31.74	35.22	27.63	39.52	45.17
204	193.18	274.36	310.16	496.91	571.66
13	9.10	10.81	15.02	16.28	15.73
2 310	2 536.64	3 359.29	3 895.62	4 391.55	5 336.91
1 142	1 599.28	2 164.49	2 469.27	2 867.13	3 385.01
128	55.13	71.70	104.07	122.65	146.98
1 010	833.16	1 053.28	1 247.38	1 331.49	1 707.53
30	49.07	69.82	74.90	70.28	97.38
143	1.34		131.04	140.94	91.48
852	6 449.76	8 058.78	9 262.58	9 289.74	11 219.96
6 523	2 421.28	3 277.80	4 098.01	5 440.96	7 053.13
17 309	11 746.67	14 971.73	18 622.54	22 711.77	29 166.29
147	6 529.85	7 675.48	8 643.24	8 841.97	11 181.88
1 358	3 172.77	3 994.13	5 223.97	6 136.48	7 155.00
22 327	4 465.33	6 579.92	8 853.33	13 174.29	17 882.54

14—2 规模以上工业企业职工人数

单位:万人

分　　类	2005年	2006年	2007年	2008年	2009年	2010年
总　　计	**276.55**	**302.02**	**328.02**	**319.88**	**386.62**	**401.74**
在总计中:						
国有经济	52.06	49.12	46.35	55.33	53.80	49.58
中央企业	26.42	25.15	24.89	35.31	35.38	32.39
地方企业	25.64	23.97	21.45	20.02	18.42	17.19
集体企业	18.92	17.33	18.21	15.03	17.03	16.79
股份合作企业	2.93	2.97	2.69	2.23	2.48	2.06
联营经济	0.34	0.36	1.02	1.11	1.24	1.37
有限责任公司	74.20	78.53	81.36	61.64	80.68	81.91
股份有限公司	15.88	16.07	16.84	18.91	17.53	19.50
私营企业	59.28	78.15	93.29	100.57	140.70	153.86
港澳台投资企业	10.97	12.73	14.17	12.85	15.05	16.27
合资经营企业(港或澳台)	6.77	7.31	8.12	7.87	9.27	9.83
合作经营企业(港或澳台)	0.72	0.84	1.20	0.73	0.73	0.95
港澳台商独资经营企业	3.36	4.47	4.73	4.07	4.88	5.30
港澳台商投资股份有限公司	0.11	0.11	0.13	0.19	0.16	0.19
外商投资经济	41.96	46.72	54.09	50.88	56.33	59.37
中外合资经营企业	17.37	20.32	24.35	22.05	25.79	26.88
中外合作经营企业	2.06	2.35	2.71	2.35	2.44	2.58
外资企业	21.95	23.62	26.41	25.43	26.75	28.59
外商投资股份有限公司	0.58	0.44	0.63	1.05	1.34	1.32
其他工业		0.03		1.32	1.79	1.02
在总计中:						
国有及国有控股企业	116.99	112.96	111.79	109.48	116.84	111.85
在总计中:						
轻工业	68.94	77.31	86.38	78.71	96.62	100.47
重工业	207.61	224.71	241.64	241.16	290.00	301.27
在总计中:						
大型企业	100.69	105.90	107.04	104.40	115.91	119.70
中型企业	70.07	71.99	78.13	78.95	87.11	91.83
小型企业	105.79	124.13	142.85	136.53	183.61	190.21

14—3 工 业 总 产 值

（按经济类型分） 单位:亿元

年 份	工业总产值	#国有企业	#集体企业	#其他经济类型工业	总计中:国有及国有控股工业
1978	370.40	313.80	63.00		313.80
1980	443.99	362.00	74.80	7.19	362.00
1985	715.07	530.95	163.00	21.12	530.95
1986	786.79	578.69	183.15	24.95	578.69
1987	913.72	668.19	213.22	32.25	668.19
1988	1 112.44	798.37	267.13	46.94	798.37
1989	1 316.09	951.87	305.04	59.18	951.87
1990	1 348.17	983.92	305.42	58.83	983.92
1991	1 544.39	1 121.03	341.09	82.26	1 121.03
1992	1 876.95	1 326.63	426.56	123.76	1 326.63
1993	2 609.99	1 813.61	551.94	244.44	1 813.61
1994	3 117.82	1 966.44	692.66	458.72	1 966.44
1995	3 055.54	1 876.53	716.28	462.73	1 876.53
1996	3 354.61	1 947.05	804.87	602.69	2 106.14
1997	3 644.88	2 040.10	783.34	821.45	2 292.03
1998	3 147.86	1 687.23	364.46	1 096.17	2 109.37
1999	3 390.27	1 600.68	337.14	1 452.45	2 208.77
2000	4 249.46	1 326.14	315.12	2 608.20	2 827.94
2001	4 480.32	999.33	265.07	3 215.92	2 928.95
2002	4 888.02	971.82	258.34	3 657.86	3 051.61
2003	6 112.96	973.99	285.24	4 853.73	3 552.3
2004	8 603.90	1 303.10	292.76	7 008.04	4 881.66
2005	10 814.51	1 375.59	368.45	9 070.47	5 771.15
2006	14 167.95	1 641.23	419.10	12 107.62	6 449.76
2007	18 249.53	2 092.66	505.28	15 651.59	8 058.78
2008	22 720.54	3 372.05	540.98	18 807.51	9 262.58
2009	28 152.73	2 705.00	729.60	24 718.13	9 289.74
2010	36 219.42	3 082.92	893.45	32 243.05	11 219.96

注:本表1997年以前为乡及乡以上工业,1998年以后为全部国有及规模以上非国有工业产值。

14—4 各地区全部国有及规模

年份、地区	企业单位数（个）	实收资本	流动资产合计	固定资产小计	固定资产原价合计	流动负债合计	长期负债合计
1998	6 249	1 484.05	2 668.69	3 497.46	4 537.00	2 912.85	1 399.70
1999	5 816	1 746.30	2 983.00	3 859.10	5 141.10	3 165.20	1 300.90
2000	6 017	2 056.60	3 155.90	3 912.00	5 372.80	3 220.90	1 454.40
2001	5 847	2 288.31	3 354.48	4 354.16	6 112.04	3 475.59	1 414.73
2002	6 017	2 419.70	3 540.88	4 514.29	6 543.85	3 695.87	1 508.87
2003	6 842	2 417.98	3 843.47	4 367.12	6 814.11	4 003.90	1 369.75
2004	10 635	3 316.46	4 770.35	5 026.97	7 543.08	5 036.77	1 372.94
2005	11 510	3 225.57	5 330.42	5 493.10	8 202.52	5 323.14	1 549.11
2006	14 754	3 546.87	6 476.86	6 453.31	9 191.33	6 237.06	1 707.39
2007	16 556	3 911.88	7 895.35	7 141.43	10 922.97	7 817.31	1 950.54
2008	17 269	4 790.97	8 851.42	8 857.95	12 731.65	8 957.66	2 292.33
2009	23 364	5 778.87	11 357.33	11 022.98	15 419.80	10 906.67	3 114.68
2010	23 832	6 072.07	13 283.41	12 230.66	18 742.09	12 600.82	3 631.24
沈阳	5 252	1 292.62	2 954.58	2 389.58	4 586.88	2 638.98	608.25
大连	4 684	1 464.47	4 192.64	2 542.71	3 259.92	3 941.96	744.03
鞍山	2 455	368.75	1 143.64	975.58	1 627.22	947.94	387.28
抚顺	1 410	248.86	421.43	509.31	698.54	409.81	121.87
本溪	624	248.51	752.09	929.97	1 538.93	898.58	329.41
丹东	1 054	114.75	287.13	186.69	320.20	235.96	72.80
锦州	1 005	183.34	355.34	364.20	478.44	291.91	98.44
营口	1 651	439.66	595.83	720.60	845.88	660.31	123.36
阜新	461	92.13	205.52	285.29	354.57	232.93	126.56
辽阳	891	343.83	576.74	404.92	638.41	398.21	148.90
盘锦	708	587.55	605.18	937.72	1 601.87	449.77	431.70
铁岭	1 848	268.28	417.87	686.55	888.84	313.89	147.39
朝阳	1 222	109.77	271.10	280.34	337.31	310.64	64.43
葫芦岛	566	209.55	443.65	376.56	599.98	577.60	136.38

以上非国有工业企业主要指标

单位:亿元

所有者权益合计	主营业务收入	主营业务成本	主营业务税金及附加	营业费用	利润总额	本年应交增值税	利税总额
2 283.44	3 090.51	2 608.76	54.75	78.92	-16.50	145.47	183.72
2 947.60	3 429.70	2 875.10	55.10	92.26	58.20	154.90	268.20
3 066.30	4 311.90	3 623.50	65.40	109.24	176.20	190.40	432.10
3 460.95	4 580.34	3 892.85	62.88	114.44	144.46	194.59	401.93
3 598.88	5 013.91	4 221.40	71.17	135.99	156.16	210.46	437.79
3 776.27	6 340.92	5 321.37	84.67	163.18	235.95	245.58	566.20
4 519.86	8 540.71	7 264.61	99.44	199.85	430.78	294.39	824.61
4 852.41	10 747.31	9 409.07	120.57	236.69	355.98	336.47	813.02
5 845.19	13 997.96	12 223.93	160.37	282.29	449.75	418.24	1 028.36
7 001.69	17 965.81	15 213.19	234.95	380.86	852.67	565.52	1 653.14
8 314.19	22 355.49	19 640.09	249.38	428.73	658.19	611.30	1 518.86
10 478.28	27 870.09	23 760.52	578.11	539.37	1 381.95	765.19	2 725.25
12 082.43	36 049.59	30 578.87	702.10	703.63	2 371.35	968.69	4 042.14
2 790.04	9 399.62	7 867.81	99.29	239.20	673.25	224.31	996.85
2 609.91	7 468.41	6 293.79	201.32	172.00	532.62	164.31	898.24
1 501.82	2 716.91	2 261.50	24.61	44.30	186.85	85.81	297.27
467.94	1 653.15	1 422.76	83.49	18.40	83.82	42.06	209.36
490.42	1 597.82	1 427.78	7.39	19.32	55.58	30.90	93.87
251.30	909.57	783.66	6.06	15.27	75.67	29.17	110.90
361.73	1 625.38	1 362.55	53.71	26.50	138.17	47.83	239.70
697.02	2 276.77	1 911.26	28.19	45.01	194.82	113.97	336.99
198.45	409.64	347.91	3.10	8.25	28.47	17.19	48.76
551.77	1 599.96	1 350.10	43.61	20.80	171.60	26.25	241.46
693.53	1 624.39	1 385.81	83.58	13.71	12.25	54.85	150.68
650.99	2 322.04	2 018.29	15.15	59.64	99.60	58.34	173.09
285.28	938.38	778.12	7.59	11.82	91.02	27.11	125.72
223.07	785.14	666.01	42.69	9.42	19.39	20.57	82.64

14—5 全部国有及规模以上

(2010

项目	企业单位数(个)	工业总产值	实收资本	资产合计	流动资产合计	固定资产合计	固定资产原价	负债合计
总计	**23 832**	**36 219.42**	**6 072.07**	**29 076.78**	**13 283.41**	**12 230.66**	**18 742.09**	**16 896.14**
国有经济	387	3 082.92	1 317.66	5 363.79	1 565.22	2 892.35	4 636.94	3 046.64
中央企业	75	2 362.33	1 009.51	3 982.13	1 107.09	2 142.99	3 709.95	2 122.57
地方企业	312	720.59	308.15	1 381.66	458.12	749.36	926.98	924.08
集体企业	1 166	893.45	59.7	362.31	192.37	123.65	203.66	178.66
股份合作企业	261	204.42	25.51	110.62	54.21	40.79	62.68	54.76
联营企业	33	56.74	9.44	59.96	22.14	17.31	26.4	41.53
国有联营企业	2	0.85	0.6	1.27	0.72	0.39	0.78	1.01
集体联营企业	13	20.53	0.75	5.51	2.88	1.38	2.22	2.23
国有与集体联营企业	5	11.13	5.82	27.33	6.67	9.24	15.41	20.18
其他联营企业	13	24.22	2.28	25.84	11.87	6.31	7.99	18.11
有限责任公司	2 601	7 040.69	1 140.69	8 310.65	4 458.26	3 049.03	4 061.1	5 872.35
国有独资	70	1 198.80	197.18	1 865.21	886.98	848.64	1 284.67	1 257.03
其他有限责任公司	2 531	5 841.89	943.51	6 445.44	3 571.28	2 200.4	2 776.42	4 615.32
股份有限公司	432	3 775.10	702.9	2 535.98	1 061.82	1 305.11	2 051.77	1 476.35
私营企业	15 898	14 166.35	1 210.85	6 391.79	2 595.23	2 793.03	4 558.33	2 857.86
私营独资企业	6 113	4 350.22	338.89	1 630.87	597.41	740.64	1 157.52	653.37
私营合作企业	304	249.94	15.87	99.35	40.96	46.84	72.95	42.21
私营有限责任公司	8 852	8 986.27	801.78	4 329.27	1 809.93	1 871.08	3 064.36	1 986.72
私营股份责任	629	579.92	54.31	332.3	146.93	134.47	263.5	175.56
其他企业	143	91.48	13.38	57.52	26.73	23.08	27.44	33.45
港、澳、台投资企业	601	1 571.38	389.79	1 487.31	853.23	467.3	764.97	799.56
合资经营企业(港或澳、台资)	356	938.82	201.34	794.06	456.52	265.9	438.7	459.27
合作经营企业(港或澳、台资)	28	45.17	10.13	27.25	13.65	11.73	23.46	12.8
港澳台商独资经营企业	204	571.66	174.5	649.13	377.1	181.46	291.9	315.19
港澳台商投资股份有限企业	13	15.73	3.82	16.87	5.95	8.21	10.91	12.3
外商投资企业	2 310	5 336.91	1 202.15	4 396.87	2 454.21	1 519	2 348.81	2 534.99
中外合资经营企业	1 142	3 385.01	526.4	2 565.03	1 532.21	821.86	1 227.07	1 602.49
中外合作经营企业	128	146.98	21.99	75.62	42.66	27.16	36.92	38.06
外资企业	1 010	1 707.53	599.92	1 613.27	829.8	601.67	954.19	834.07
外商投资股份有限公司	30	97.38	53.84	142.94	49.55	68.3	130.63	60.37
在总计中:轻工业	6 523	7 053.13	938.49	3 780.14	1 724.69	1 562.68	2 577.67	1 697.62
重工业	17 309	29 166.29	5 133.58	25 296.65	11 558.72	10 667.99	16 164.42	15 198.52
在总计中:大型企业	147	11 181.88	2 623.68	13 746.01	6 382.23	5 783.97	8 825.86	8 714.62
中型企业	1 358	7 155.00	1 378.29	6 372.92	3 016.23	2 697.99	4 113.75	3 840.18
小型企业	22 327	17 882.54	2 070.1	8 957.86	3 884.94	3 748.7	5 802.48	4 341.34

非国有工业企业主要指标

年)

单位:亿元

流动负债合计	长期负债合计	所有者权益	主营业务收入	主营业务成本	主营业务税金及附加	利润总额	本年应交增值税	利税总额
12 600.82	**3 631.24**	**12 082.43**	**36 049.59**	**30 578.87**	**702.1**	**2 371.35**	**968.69**	**4 042.14**
1 846.22	1 129.44	2 305.11	3 445.72	2 935.69	84.04	97.88	141.59	323.51
1 300.59	783.52	1 857.82	2 724.98	2 328	79.31	62.9	107.3	249.52
545.63	345.92	447.29	720.73	607.7	4.73	34.98	34.28	73.99
149.52	15.75	181.52	892.67	765.93	7.9	63.65	26.8	98.36
39.67	10.43	55.62	199.8	164.01	1.21	16.59	4.67	22.47
26.87	13.53	18.33	51.52	38.08	0.23	4.6	1.15	5.98
0.52	0.48	0.26	0.92	0.84		-0.06	0.02	-0.04
2.11	0.12	3.18	19.94	10.33	0.09	1.56	0.47	2.12
7.28	12.91	7.15	7.87	6.75	0.02	-0.25	0.21	-0.02
16.96	0.02	7.73	22.79	20.16	0.11	3.35	0.45	3.91
4 454.88	1 304.65	2 427.47	6 905.34	5 948.68	64.46	401.78	182.7	648.95
910.45	341.01	608.15	1 217.72	1 037.14	9.6	39.51	42.68	91.79
3 544.43	963.64	1 819.33	5 687.62	4 911.54	54.86	362.28	140.02	557.16
1 185.47	281.73	1 052.44	3 857.24	3 208.97	357.6	123.36	109.97	590.93
2 157.39	345.3	3 493.03	13 757.69	11 728.93	93.76	1 040.91	308.78	1 443.46
455.52	90	960.48	4 233.53	3 646.19	34.6	311.64	87.31	433.55
35.58	3.14	56.56	242.99	206.07	2.07	20.68	6.61	29.36
1 516.57	235.89	2 320.35	8 729.93	7 407.23	53.37	660.91	200.9	915.18
149.72	16.26	155.64	551.24	469.44	3.72	47.67	13.97	65.37
21.62	8.69	23.82	90.95	76.13	0.55	6.85	1.56	8.96
595.98	165.6	672.27	1 526.42	1 297.24	5.34	144.77	46.31	196.42
381	45.17	320.45	911.21	804.62	3.15	60.57	23.39	87.12
11.37	1.32	14.46	42.72	36.77	0.19	1.36	0.95	2.5
192.66	117.89	332.8	558.67	443.55	1.96	82.22	21.42	105.59
10.96	1.23	4.56	13.82	12.3	0.05	0.62	0.55	1.22
2 123.2	356.11	1 852.82	5 322.25	4 415.22	87	470.95	145.15	703.1
1 416.75	150.4	957.94	3 402.09	2 814.41	81.22	303.13	106.71	491.06
30.53	6.55	37.44	147.83	128.45	0.88	16.15	2.96	19.99
643.5	172.61	774.88	1 676.49	1 392.01	4.26	144.67	33.41	182.34
32.42	26.55	82.56	95.85	80.35	0.64	7	2.08	9.71
1 326.67	253.38	2 061.48	6 901.26	5 831.72	67.87	578.43	141.84	788.15
11 274.15	3 377.86	10 020.95	29 148.33	24 747.14	634.23	1 792.92	826.84	3 253.99
6 401.11	2 220.35	5 017.71	11 620.77	9 779.19	483.3	523.12	359.48	1 365.9
2 930.69	735.41	2 511.63	7 042.25	5 955.22	104.79	590.74	215.14	910.67
3 269.02	675.47	4 553.09	17 386.56	14 844.45	114	1 257.5	394.06	1 765.56

14—6 按行业分的全部国有及规模

(2010

行业	企业单位数(个)	实收资本	资产合计	流动资产合计	固定资产合计	固定资产原价	负债合计
煤炭开采和洗选业	248	96.45	695.70	282.17	300.67	470.01	358.33
石油和天然气开采业	17	460.88	807.10	232.53	568.79	1 182.05	412.16
黑色金属矿采选业	1 011	65.18	394.91	177.96	154.24	186.10	181.82
有色金属矿采选业	248	28.62	135.30	60.80	64.69	82.45	62.82
非金属矿采选业	488	27.78	105.26	42.82	50.37	68.70	40.64
其他采矿业	3	0.02	0.31	0.16	0.10	0.13	0.17
农副食品加工业	1 872	232.50	1 106.10	501.97	483.72	880.08	509.36
食品制造业	478	57.49	239.01	96.90	111.18	178.04	86.69
饮料制造业	283	57.62	209.73	79.70	101.52	176.06	92.63
烟草制品业	4	1.02	32.95	19.90	12.02	19.95	30.71
纺织业	598	52.97	215.07	100.16	83.22	130.54	108.69
纺织服装、鞋、帽制造业	800	49.95	247.32	100.48	86.71	132.54	82.83
皮革、毛皮、羽毛(绒)及其制品业	97	8.35	34.91	14.36	12.67	28.85	14.94
木材加工及木、竹、藤、棕、草制品业	593	48.77	175.16	69.92	88.85	134.37	74.00
家具制造业	264	32.50	136.83	57.34	56.17	104.35	49.54
造纸及纸制品业	372	34.03	154.69	53.72	82.17	102.39	74.29
印刷业和记录媒介的复制	177	19.35	64.97	29.23	29.14	51.29	29.35
文教体育用品制造业	64	5.59	21.39	9.11	8.28	14.99	9.18
石油加工、炼焦及核燃料加工业	336	329.96	1 194.33	515.15	578.52	924.50	675.77
化学原料及化学制品制造业	1 345	425.80	1 705.61	690.74	884.43	1 083.27	991.61
医药制造业	299	78.14	341.49	179.70	103.58	157.50	169.82
化学纤维制造业	30	29.81	49.71	22.74	21.50	32.70	26.44
橡胶制品业	309	61.56	237.23	105.71	90.15	140.26	126.74
塑料制品业	901	119.54	535.21	309.36	175.44	281.80	281.14
非金属矿物制品业	2 214	319.12	1 340.74	547.91	597.36	878.38	657.62
黑色金属冶炼及压延加工业	608	757.33	4 924.88	1 874.53	2 185.46	3 361.07	3 016.67
有色金属冶炼及压延加工业	410	144.42	733.46	419.07	213.74	390.70	470.92
金属制品业	1 285	149.40	793.11	402.45	299.24	454.48	403.72
通用设备制造业	3 696	455.46	2 426.40	1 283.25	841.71	1 342.52	1 288.92
专用设备制造业	1 414	253.82	1 363.42	824.98	359.24	522.90	822.28
交通运输设备制造业	890	527.59	3 805.34	2 564.14	879.08	1 160.98	2 937.98
电气机械及器材制造业	1 157	259.34	1 160.13	649.47	342.56	659.71	582.64
通信设备、计算机及其他电子设备制造业	311	179.34	566.23	340.75	130.10	242.56	306.97
仪器仪表及文化、办公用机械制造业	332	34.94	149.44	84.93	42.60	65.28	62.77
工艺品及其他制造业	214	25.28	78.62	38.89	31.75	56.22	32.49
废弃资源和废旧材料回收加工业	47	3.29	27.05	10.37	5.72	6.10	9.02
电力、热力的生产和供应业	301	514.26	2 544.95	402.55	1 950.40	2 776.09	1 684.77
燃气生产和供应业	46	35.37	94.55	24.87	51.85	63.31	45.42
水的生产和供应业	70	89.25	228.18	62.64	151.72	198.87	84.28

以上非国有工业企业主要指标

年）

单位:亿元

流动负债合计	长期负债合计	所有者权益	主营业务收入	主营业务成本	主营业务税金及附加	利润总额	本年应交增值税	利税总额
251.64	94.11	336.50	454.29	337.54	6.68	52.89	38.03	97.60
180.92	231.23	394.89	339.83	247.87	35.57	-22.52	27.50	40.55
144.43	17.21	209.72	974.84	787.57	12.35	137.73	36.57	186.64
50.62	8.82	72.17	236.05	189.54	2.23	24.65	12.70	39.57
30.79	6.01	64.08	274.44	226.64	2.86	25.30	9.62	37.77
0.17		0.15	0.95	0.86	0.01	0.03		0.04
382.16	81.58	586.74	2 744.94	2 405.88	13.08	215.29	38.43	266.80
68.34	12.18	150.70	478.29	411.07	2.38	44.78	9.95	57.11
78.82	10.21	116.38	329.35	263.48	6.47	32.13	10.15	48.75
30.71		2.23	50.91	18.16	23.04	3.44	5.66	32.14
87.78	15.32	105.33	364.11	316.52	3.36	25.49	9.55	38.40
62.10	9.16	162.31	529.89	447.16	6.64	64.69	10.68	82.01
13.11	1.55	19.67	86.70	74.22	0.45	10.61	1.10	12.16
59.21	9.56	99.65	415.51	352.47	2.50	24.86	7.54	34.90
41.52	3.78	86.96	298.06	243.48	3.32	16.61	4.47	24.40
62.08	10.12	80.03	287.19	248.50	1.53	23.94	6.24	31.72
23.37	5.58	35.30	105.23	87.93	0.39	6.12	2.84	9.35
7.86	0.85	12.16	33.79	28.56	0.20	1.83	0.64	2.66
525.58	125.94	515.68	3 153.72	2 603.75	369.30	79.08	100.53	548.91
581.38	381.68	709.49	2 046.49	1 770.92	58.88	94.49	37.67	191.04
120.21	32.83	170.57	428.15	314.81	1.82	36.73	15.94	54.48
22.23	3.50	23.27	49.62	45.24	0.13	1.80	1.71	3.65
87.23	36.88	109.80	331.00	268.03	2.31	22.18	9.13	33.62
221.21	53.28	250.93	805.04	688.22	6.26	61.42	16.71	84.39
485.92	112.08	674.79	2 260.90	1 903.55	15.24	193.68	92.69	301.61
2 159.20	811.29	1 904.86	4 506.83	3 941.23	23.36	191.33	111.86	326.55
338.31	121.15	261.70	929.35	780.78	3.95	89.25	23.84	117.04
308.51	62.13	386.76	1 156.33	980.03	6.66	93.03	26.39	126.08
1 007.02	161.30	1 129.08	3 527.61	2 967.86	19.04	249.22	78.46	346.72
705.73	96.63	539.69	1 500.31	1 257.54	7.73	117.28	40.93	165.95
2 590.68	312.12	864.55	2 859.77	2 426.32	46.06	207.20	63.26	316.53
473.33	42.01	559.74	1 713.20	1 453.70	6.76	115.38	37.73	159.87
271.58	25.29	257.37	861.93	730.85	2.81	71.49	12.96	87.26
49.97	10.87	86.13	184.16	148.41	1.06	19.08	5.54	25.68
22.43	4.19	46.05	140.27	120.52	1.33	8.81	2.85	13.00
7.90	0.67	18.01	51.90	42.08	0.28	8.17	1.53	9.98
960.85	677.96	847.03	1 445.19	1 362.62	5.56	25.66	53.91	85.12
31.94	12.63	48.10	44.69	40.49	0.21	0.51	1.07	1.79
53.98	29.53	143.82	48.70	44.41	0.28	-2.29	2.29	0.27

14—7 按行业分的全部国有及规模以上非国有工业企业主要经济效益指标

(2010年)

行　　　业	总资产贡献率 (%)	资产负债率 (%)	工业成本费用利润率 (%)	产品销售率 (%)
全 省 总 计	**14.84**	**58.11**	**7.15**	**97.85**
煤炭开采和洗选业	14.71	51.51	13.12	96.84
石油和天然气开采业	5.42	51.07	-7.93	95.22
黑色金属矿采选业	47.75	46.04	16.74	97.31
有色金属矿采选业	30.09	46.43	11.98	97.90
非金属矿采选业	36.76	38.61	10.18	97.32
其他采矿业	15.43	52.71	3.76	96.88
农副食品加工业	25.07	46.05	8.47	97.46
食品制造业	24.46	36.27	10.07	97.09
饮料制造业	23.78	44.17	10.83	95.74
烟草制品业	97.53	93.22	14.05	100.38
纺织业	18.97	50.54	7.46	95.88
纺织服装、鞋、帽制造业	33.94	33.49	13.52	94.76
皮革、毛皮、羽毛(绒)及其制品业	35.47	42.79	13.61	95.30
木材加工及木、竹、藤、棕、草制品业	20.77	42.25	6.42	97.84
家具制造业	18.36	36.20	6.13	98.02
造纸及纸制品业	21.43	48.02	8.94	98.94
印刷业和记录媒介的复制	14.82	45.18	6.27	97.84
文教体育用品制造业	12.98	42.91	5.73	98.44
石油加工、炼焦及核燃料加工业	46.63	56.58	2.91	99.16

14—7 续表　　　　　　　　　　　　(2010 年)

行　　业	总资产贡献率 (%)	资产负债率 (%)	工业成本费用利润率 (%)	产品销售率 (%)
化学原料及化学制品制造业	12.48	58.14	4.92	97.06
医药制造业	16.79	49.73	9.53	94.92
化学纤维制造业	8.47	53.20	3.72	97.56
橡胶制品业	15.01	53.42	7.27	97.46
塑料制品业	17.11	52.53	8.24	98.57
非金属矿物制品业	23.60	49.05	9.47	96.93
黑色金属冶炼及压延加工业	7.84	61.25	4.48	99.24
有色金属冶炼及压延加工业	17.89	64.21	10.65	98.11
金属制品业	16.79	50.90	8.68	98.40
通用设备制造业	15.25	53.12	7.67	97.04
专用设备制造业	12.84	60.31	8.40	97.52
交通运输设备制造业	8.65	77.21	7.84	98.21
电气机械及器材制造业	14.45	50.22	7.21	97.19
通信设备、计算机及其他电子设备制造业	16.01	54.21	8.96	99.38
仪器仪表及文化、办公用机械制造业	17.74	42.00	11.19	96.06
工艺品及其他制造业	17.28	41.32	6.74	99.41
废弃资源和废旧材料回收加工业	37.26	33.35	18.81	96.62
电力、热力的生产和供应业	5.00	66.20	1.79	99.89
燃气生产和供应业	2.59	48.04	1.03	99.00
水的生产和供应业	0.45	36.93	-4.07	97.24

14—8 国有及国有控股

(2010

行业	企业单位数（个）	实收资本	资产合计	流动资产合计	固定资产合计	固定资产原价	负债合计
总计	**852**	**2 903.62**	**14 588.59**	**6 307.01**	**6 695.62**	**10 062.8**	**9 628.08**
总计中:亏损企业	233	1 381.48	3 488.93	1 132.29	2 084.19	3 120.47	2 256.51
总计中:中央企业	171	1 873.74	8 507.58	3 505.67	3 928.53	6 168.92	5 427.14
地方企业	681	1 029.88	6 081	2 801.34	2 767.1	3 893.88	4 200.95
总计中:轻工业	197	194.18	669.23	333.29	262.41	386.31	351.62
重工业	655	2 709.44	13 919.36	5 973.72	6 433.21	9 676.5	9 276.46
总计中:大型企业	67	2 117.98	11 393.73	4 995.48	5 093.33	7 766.3	7 404.69
中型企业	237	585.99	2 288.25	981.43	1 174.02	1 776.98	1 565.79
小型企业	548	199.66	906.6	330.1	428.27	519.53	657.61
煤炭开采和洗选业	10	78.46	593.35	249.95	261.39	423.2	308.7
石油和天然气开采业	2	460.34	801.97	228.95	567.29	1 179.22	408.55
黑色金属矿采选业	5	1.3	5.45	2.28	1.59	1.91	2.63
有色金属矿采选业	3	1.28	13.01	7.17	5.84	7.88	6.68
非金属矿采选业	6	2.11	10.39	4.68	5.2	4.99	4.54
其他采矿业							
农副食品加工业	30	5.58	70.04	48.31	17.03	20.65	53.01
食品制造业	21	3.8	25.95	10.23	13.65	27.02	9.44
饮料制造业	4	1.34	4.7	1.83	2.82	4.37	2.55
烟草制品业	3	0.98	32.7	19.66	12.01	19.93	30.69
纺织业	6	2.79	3.9	2.04	1.75	3.51	1.3
纺织服装、鞋、帽制造业	10	0.69	1.71	0.93	0.63	0.9	0.95
皮革、毛皮、羽毛(绒)及其制品业	1	0.05	0.13	0.1	0.03	0.05	0.16
木材加工及木、竹、藤、棕、草制品业	7	1.19	3.15	1.47	1.21	2.14	2.6
家具制造业	1	0.45	1.13	0.61	0.45	0.59	0.46
造纸及纸制品业	6	0.25	4.25	1.77	2.19	2.63	3.57
印刷业和记录媒介的复制	26	7.13	25.14	12.32	9.36	20.32	12.67
文教体育用品制造业	1	0.07	0.12	0.08		0.01	0.03
石油加工、炼焦及核燃料加工业	24	287.72	915.58	369.55	482.64	808.68	510.65
化学原料及化学制品制造业	44	246.45	797.5	217.7	547.01	600.15	527.28
医药制造业	10	24.94	104.82	58.72	21.59	37.44	58.59
化学纤维制造业	2	23.34	22.42	8.14	10.81	16.92	10.68
橡胶制品业	7	1.73	13.04	8.2	4.12	6.81	7.25
塑料制品业	10	2.14	6.97	3.98	2.16	4.76	3.34
非金属矿物制品业	39	23.18	103.27	30.79	63.38	83.66	55.62
黑色金属冶炼及压延加工业	38	636.4	4 176.26	1 517.98	1 914.08	2 911.21	2 574.72
有色金属冶炼及压延加工业	14	28.21	190.99	89.12	61.96	97.15	197.95
金属制品业	25	12.14	46.89	28.81	10.88	21.94	22.97
通用设备制造业	82	59.9	488.76	327	119.37	179.73	345.14
专用设备制造业	62	104.23	723.9	490.94	162.34	206.64	532.57
交通运输设备制造业	97	275.4	2 737.7	1 994.92	528.5	691.04	2 240.89
电气机械及器材制造业	39	19.21	69.66	37.2	25.93	43.53	56.49
通信设备、计算机及其他电子设备制造业	22	73.04	252.88	170.38	30.09	60.77	152.72
仪器仪表及文化、办公用机械制造业	14	4.78	24.04	15.23	5.83	6.66	8.71
工艺品及其他制造业	6	4.55	19.5	8.97	7.57	10.79	12.62
废弃资源和废旧材料回收加工业	1		0.29	0.09	0.2	0.2	0.29
电力、热力的生产和供应业	121	411.83	2 052.92	273.35	1 630.75	2 337.24	1 369.11
燃气生产和供应业	9	12.28	33.97	8.76	21.18	30.8	17.21
水的生产和供应业	44	84.35	210.14	54.8	142.76	187.33	74.74

工业企业主要指标

年)

单位:亿元

流动负债合计	长期负债合计	所有者权益	主营业务收入	主营业务成本	主营业务税金及附加	利润总额	本年应交增值税	利税总额
7 027.41	**2 496.56**	**4 944.06**	**11 738.7**	**9 979.77**	**550.04**	**360.01**	**375.28**	**1 285.33**
1 470.66	769.23	1 231.53	2 358.54	2 043.62	180.22	-102.76	84.62	162.08
3 940.69	1 435.87	3 074.58	7 273.57	6 151.94	495.53	147.04	236.19	878.76
3 086.72	1 060.69	1 869.48	4 465.13	3 827.83	54.51	212.96	139.1	406.57
265.85	70.24	317.23	535.23	434.85	24.77	37.06	14.76	76.58
6 761.56	2 426.33	4 626.83	11 203.47	9 544.92	525.27	322.95	360.52	1 208.74
5 405.7	1 940.11	3 987.45	9 189.07	7 799.92	468.52	225.39	287.38	981.3
1 166.13	361.61	717.63	2 003.48	1 710.47	78.32	105.52	74.19	258.04
455.58	194.85	238.98	546.15	469.38	3.2	29.09	13.71	45.99
209.4	89.98	284.65	304.6	210.09	5.04	33.32	32.18	70.53
177.31	231.23	393.43	334.04	242.81	35.47	-22.66	27.39	40.21
1.48	1.15	2.83	8.81	7.41	0.02	1.21	0.21	1.45
6.68		6.33	12.63	9.9	0.09	1.53	0.6	2.22
2.62	1.92	5.79	4.6	3.13	0.17	0.34	0.27	0.78
49.59	1.81	16.74	85.25	78.4	0.15	3.09	0.33	3.58
6.5	2.88	16.51	64	59.18	0.2	8.26	0.45	8.91
2.18	0.36	2.15	13.7	11.76	0.06	2.74	0.28	3.08
30.69		2.01	50.71	18.14	23.03	3.43	5.65	32.11
1.29		2.53	9.91	9.59	0.01	0.43	0.25	0.69
0.7	0.25	0.75	2.44	1.91	0.02	-0.02	0.1	0.1
0.16		-0.03	0.14	0.12		-0.01		-0.01
2.25	0.22	0.54	4.11	3.74	0.01	0.4	0.1	0.51
0.46		0.66	0.79	0.67		0.18		0.18
2.06	1.51	0.68	3.52	3.36	0.02	0.02	0.12	0.16
10.34	2.23	12.47	14.85	12.55	0.03	0.19	0.43	0.65
0.03		0.09	0.21	0.18				
402.37	106.46	403.96	2 593.88	2 107.66	365.44	44.31	90.67	500.42
225.97	293.68	269.58	667.17	577.12	53.08	-12.86	9.57	49.78
35.03	18.05	46.23	118.4	91.3	0.5	9.25	2.48	12.22
10.51	0.17	11.74	14.44	14.85	0.01	-0.41	0.02	-0.38
6.93	0.1	5.74	16.12	13	0.04	1.95	0.24	2.23
2.84	0.38	3.63	7.47	6.36	0.02	0.53	0.15	0.7
40.42	14.85	47.38	51.95	45.44	0.25	0.74	1.97	2.96
1 805.08	769.53	1 601.49	2 906.76	2 545.09	18.23	71.25	73.37	162.86
163.14	33.9	-6.97	126.57	116.09	0.16	-3.51	1.17	-2.18
22.37	0.31	23.92	47.28	36.91	0.19	6.42	2.09	8.7
282.16	49.67	143.09	401.87	331.54	1.96	23.74	16.03	41.73
461.69	68.14	191.2	470.23	392.86	1.94	33.13	18.17	53.24
2 014.24	213.02	496.66	1 742.64	1 486.2	37.45	118.08	36.4	191.93
48.94	7.25	13.11	62.84	54.5	0.27	3.64	1.72	5.63
135.09	13.1	100.17	262.39	222.39	1.07	20.18	3.14	24.39
6.4	2.26	15.33	12.98	10.73	0.08	1.58	0.5	2.16
8.11	0.92	6.88	8.9	7.68	0.03	-0.04	0.14	0.14
0.13	0.11		0.52	0.41	0.06		0.01	0.07
793.1	539.09	670.68	1 261.69	1 197.69	4.67	14.89	46.87	66.43
11.89	5.04	16.75	11.85	12.82	0.03	-2.29	0.24	-2.02
47.22	26.98	135.37	38.45	36.2	0.24	-3.03	1.97	-0.82

14—9 各地区国有及国有

（2010

指　　标	沈　阳	大　连	鞍　山	抚　顺	本　溪	丹　东
企业单位数(个)	289	198	58	50	44	21
实收资本	482.31	544.9	145.83	163.66	202.21	23.04
资产总计	2 793.08	3 561.32	1 734.44	616.18	1 417.98	47.05
流动资产合计	1 460.28	2 139.19	595.86	213.31	597.72	10.19
固定资产合计	957.29	1 174.55	530.76	369.34	818.8	31.29
固定资产原价合计	1 311.87	1 415.89	1 045.82	508.84	1 391.33	84.55
流动负债合计	1 474.24	2 244.9	538.28	234.77	745.86	21.83
长期负债合计	421.24	442.29	310.79	98.15	300.22	1.47
主营业务收入	2 221.24	2 867.24	1 081.97	745.67	1 159.19	32.99
主营业务成本	1 865.07	2 417.7	886.06	606.75	1 046.32	32.06
主营业务税金及附加	56.06	175.79	9.57	78.91	4.51	0.06
利润总额	134.72	133.95	53.16	12.37	18.84	-0.77
本年应交增值税	69.4	78.27	34.24	22.56	20.49	0.84
利税总额	260.18	388.01	96.97	113.84	43.85	0.13

控股工业企业主要指标

年)

单位:亿元

锦州	营口	阜新	辽阳	盘锦	铁岭	朝阳	葫芦岛
29	24	13	23	18	26	28	30
24.55	271.01	27	165.88	501.15	59.86	48.72	143.51
188.28	598.95	228.03	247.31	1 166.1	313.12	287.46	666.46
64.72	150.92	63.3	77.15	349.9	112.94	96.57	314.3
118.47	384.57	129.59	142.78	805.82	199.65	126.72	265.37
173.83	388.57	167.23	280.67	1 438.53	277.17	164.36	449.05
77.21	257.1	89.34	134.21	242.54	114.87	134.91	424.99
41.21	71.02	71.11	30.72	396.31	60.32	39.85	121.44
339.63	386.47	90.61	392.82	849.3	151.26	216.78	481.11
277.89	338.52	69.53	347.78	673.39	117.09	186.26	413.86
45.82	17.21	1.24	37.26	77.55	2.36	0.62	40.75
-0.59	1.49	6.06	-13.61	-7.52	8.89	9.65	-4.89
15.56	19.79	9.05	1.2	45.88	10.62	5.48	15.86
60.79	38.49	16.34	24.85	115.91	21.88	15.75	51.72

14—10 各地区全部国有及规模以上非国有工业企业主要经济效益指标

年份、地区	工业增加值率（%）	资产负债率（%）	工业成本费用利润率（%）	产品销售率（%）
1998	4.90	65.55	-0.53	98.18
1999	5.20	60.35	1.73	97.88
2000	7.08	60.46	4.27	97.79
2001	6.13	58.69	3.26	97.33
2002	6.25	59.18	3.24	98.24
2003	7.31	58.76	3.92	98.09
2004	8.48	58.30	5.34	98.13
2005	7.84	58.22	3.46	98.47
2006	8.22	57.50	3.38	98.31
2007	10.67	58.64	5.13	98.06
2008	8.65	58.56	7.15	97.37
2009	11.66	58.36	5.37	97.84
2010	14.84	58.11	7.15	97.85
沈阳	16.72	54.48	7.77	98.61
大连	12.76	65.14	7.80	96.71
鞍山	11.13	48.13	7.59	97.09
抚顺	21.54	53.72	5.52	98.98
本溪	6.75	71.20	3.57	98.03
丹东	20.10	56.31	9.07	97.17
锦州	31.86	52.80	9.48	96.11
营口	23.85	53.09	9.50	99.50
阜新	10.22	64.78	7.32	95.99
辽阳	21.34	52.89	11.96	97.86
盘锦	10.51	56.32	0.82	98.18
铁岭	16.03	43.00	4.53	97.91
朝阳	19.85	56.92	11.01	97.06
葫芦岛	10.10	76.51	2.66	98.31

14—11 各地区国有及国有控股工业企业主要经济效益指标

年 份、地 区	总资产贡献率 (%)	资产负债率 (%)	工业成本费用利润率 (%)	产品销售率 (%)
1998	**4.60**	**65.99**	**-1.41**	**97.90**
1999	4.64	59.96	0.76	98.47
2000	6.64	60.85	3.98	98.95
2001	5.59	59.63	2.60	98.38
2002	5.57	61.00	2.16	98.93
2003	6.76	59.51	3.14	98.76
2004	8.42	58.06	5.84	98.69
2005	7.45	59.33	2.78	99.86
2006	7.28	57.75	2.62	99.31
2007	8.86	60.88	4.14	99.21
2008	4.16	63.05	3.66	98.63
2009	7.63	65.38	1.96	98.80
2010	9.77	66.00	3.31	98.78
沈阳	10.25	69.00	6.47	97.00
大连	11.52	76.36	5.20	98.87
鞍山	6.59	49.00	5.24	99.98
抚顺	19.31	54.49	1.87	99.59
本溪	4.50	73.49	1.65	99.53
丹东	0.88	54.45	-2.18	98.38
锦州	33.28	64.95	-0.20	96.00
营口	7.67	54.79	0.41	103.79
阜新	9.04	71.26	7.21	99.68
辽阳	10.26	66.75	-3.67	98.56
盘锦	11.06	54.81	-1.02	98.54
铁岭	8.33	55.96	6.19	96.42
朝阳	6.21	60.92	4.72	97.88
葫芦岛	9.15	82.04	-1.08	99.88

14—12 按行业分的“三资”工业企业主要指标

（2010 年）　　单位:亿元

行业	企业单位数（个）	资产总计	负债合计	所有者权益	主营业务收入	利税总额	本年应交增值税
总计	**2 310**	**4 396.87**	**2 534.99**	**1 852.82**	**5 322.25**	**703.1**	**145.15**
总计中:轻工业	1 011	782.02	359.5	420.64	1 372.9	172.44	29.53
重工业	1 299	3 614.85	2 175.49	1 432.18	3 949.35	530.66	115.61
总计中:大型企业	38	1 399.89	933.24	466.58	1 397.27	185.72	26.37
中型企业	298	1 651.37	944.53	703.87	2 089.86	302.52	65.72
小型企业	1 974	1 345.61	657.22	682.37	1 835.12	214.86	53.06
煤炭开采和洗选业							
石油和天然气开采业	1	0.11	0.04	0.07	0.39		
黑色金属矿采选业	2	0.78	0.48	0.3	1.96	0.63	0.03
有色金属矿采选业	8	6.4	1.11	5.29	15.53	2.28	0.85
非金属矿采选业	14	5.04	1.75	3.29	10.52	1.87	0.55
其他采矿业							
农副食品加工业	211	200.41	113.41	86.9	449.84	48.21	6.8
食品制造业	76	62.66	15.82	46.68	77.08	8.13	0.73
饮料制造业	36	70.16	33.69	36.24	77.07	15.05	2.75
烟草制品业							
纺织业	86	30.31	14.49	15.54	49.81	3.84	1.1
纺织服装、鞋、帽制造业	228	59.37	25.38	33.67	149.11	18.58	2.58
皮革、毛皮、羽毛(绒)及其制品业	16	12.9	7.02	5.88	24.44	2.44	0.54
木材加工及木、竹、藤、棕、草制品业	56	36.77	18.47	18.3	45.81	3.6	0.76
家具制造业	68	61.45	27.53	33.86	91.29	6.72	1.04
造纸及纸制品业	27	11.57	4.6	6.97	38.22	8.06	1.18
印刷业和记录媒介的复制	12	7.51	1.81	5.67	4	0.61	0.18
文教体育用品制造业	23	8.94	5.07	3.87	11.12	0.31	0.15
石油加工、炼焦及核燃料加工业	17	137.22	134.49	2.42	407.79	71.96	20.59
化学原料及化学制品制造业	112	126.06	62.8	63.15	104.66	12.21	3.2
医药制造业	30	59.17	17.92	40.97	86.11	17.42	6.08
化学纤维制造业	2	0.35	0.1	0.25	0.3	0.05	0.01
橡胶制品业	29	110.89	54.66	56.13	72.93	7.31	2.43
塑料制品业	97	208.78	100.93	106.67	196.86	25.87	3.44
非金属矿物制品业	124	136.73	66.35	68.72	228.38	37.61	11.6
黑色金属冶炼及压延加工业	33	185.02	121.58	63.44	216.15	21.1	7.6
有色金属冶炼及压延加工业	31	34.26	16.96	17.24	78.15	7.85	1.46
金属制品业	125	174.43	99.59	73.76	209.32	25.19	4.92
通用设备制造业	281	549.29	290.34	258.18	518.23	65.28	12.72
专用设备制造业	111	132.69	69.06	63.56	121.07	12.35	2.53
交通运输设备制造业	139	1 265.77	932.85	332.41	1 247.54	187.02	34.13
电气机械及器材制造业	114	253.76	112.28	141.39	307.39	29.1	5.37
通信设备、计算机及其他电子设备制造业	89	213.94	94.42	117.98	332.69	43.14	4.33
仪器仪表及文化、办公用机械制造业	40	26.41	7.51	18.79	34.97	4.41	0.51
工艺品及其他制造业	50	21.57	5.74	15.84	28.41	3.14	0.58
废弃资源和废旧材料回收加工业							
电力、热力的生产和供应业	16	168.48	68.21	100.27	80.23	9.55	4.13
燃气生产和供应业	2	13.57	6.29	7.29	3.92	1.89	0.25
水的生产和供应业	4	4.09	2.25	1.84	0.98	0.34	0.04

14—13 按行业分的大中型工业企业主要经济效益指标

（2010 年）

行 业	总资产贡献率 (%)	资产负债率 (%)	工业成本费用利润率 (%)	产品销售率 (%)
全 省 总 计	**12.33**	**62.4**	**6.48**	**98.44**
煤炭开采和洗选业	12.72	51.87	12.97	96.67
石油和天然气开采业	5.41	50.94	-8.14	95.13
黑色金属矿采选业	46.84	48.15	31.05	97.17
有色金属矿采选业	32.47	45.17	18.71	96.94
非金属矿采选业	14.16	49.8	7.46	97.84
其他采矿业				
农副食品加工业	24.89	53.66	9.52	98.44
食品制造业	26.24	27.99	13.86	99.11
饮料制造业	23.08	47.92	14.16	94.68
烟草制品业	98.22	93.87	14.14	100.38
纺织业	9.75	57.81	5.39	94.66
纺织服装、鞋、帽制造业	46.63	29.23	30.51	89.96
皮革、毛皮、羽毛(绒)及其制品业	8.99	70.1	5.13	99
木材加工及木、竹、藤、棕、草制品业	24.31	40.12	8.33	102.14
家具制造业	16.16	40.55	8.26	98.81
造纸及纸制品业	9.05	65.45	6.43	99.93
印刷业和记录媒介的复制	3.71	50.11	-0.35	98.7
文教体育用品制造业	0.7	74.49	-1.68	101.6
石油加工、炼焦及核燃料加工业	51.14	57.49	2.25	99.49
化学原料及化学制品制造业	9.78	63.87	2.51	96.64
医药制造业	12.66	56.23	10.32	96.93
化学纤维制造业	7.33	54.98	3.18	96.51
橡胶制品业	9.59	58.96	7.43	95.94
塑料制品业	14.72	42.8	9.7	99.85
非金属矿物制品业	22.85	52.72	13.27	96.65
黑色金属冶炼及压延加工业	6.4	61.08	3.5	99.63
有色金属冶炼及压延加工业	15.18	64.71	13.87	98.38
金属制品业	16.35	56.21	12.94	99.55
通用设备制造业	12.06	61.83	7.91	97.39
专用设备制造业	9.88	67.25	9.3	98.41
交通运输设备制造业	8.19	79.96	8.28	98.56
电气机械及器材制造业	12.92	51.86	9.34	97.03
通信设备、计算机及其他电子设备制造业	14.93	57.68	10.36	100.01
仪器仪表及文化、办公用机械制造业	13.81	35.38	15.68	93.9
工艺品及其他制造业	6.55	47.51	5.35	105.25
废弃资源和废旧材料回收加工业	6.58	39.26	6.26	96.22
电力、热力的生产和供应业	5.16	65.28	0.93	100
燃气生产和供应业	-4.01	55.24	-14.36	100.75
水的生产和供应业	-0.94	34.35	-11.22	97.56

14—14 按行业分的大中

（2010

行业	企业单位数（个）	实收资本	资产合计	流动资产合计	固定资产合计	固定资产原价	负债合计
全省总计	**1 505**	**4 001.97**	**20 118.92**	**9 398.47**	**8 481.96**	**12 939.61**	**12 554.8**
煤炭开采和洗选业	20	84.16	645.98	263.88	282.04	446.78	335.09
石油和天然气开采业	2	460.34	801.97	228.95	567.29	1 179.22	408.55
黑色金属矿采选业	44	13.15	116.06	62.13	39.5	45.75	55.89
有色金属矿采选业	18	8.37	52.53	26.42	21.6	31.18	23.73
非金属矿采选业	6	3.4	15.67	7.44	7.29	15.31	7.8
其他采矿业							
农副食品加工业	132	83.79	414.83	220.05	160.89	272.32	222.6
食品制造业	27	19.03	86.73	39.31	40.38	80.68	24.28
饮料制造业	31	32.24	114.07	46.92	52.39	109	54.66
烟草制品业	3	0.98	32.7	19.66	12.01	19.93	30.69
纺织业	43	21.6	87.59	46.34	31.97	49.33	50.63
纺织服装、鞋、帽制造业	44	13.48	86.05	39.73	15.49	27.4	25.15
皮革、毛皮、羽毛(绒)及其制品业	4	1.32	6.39	5.18	0.78	1.75	4.48
木材加工及木、竹、藤、棕、草制品业	24	7.71	33.83	14.87	15.29	25.33	13.57
家具制造业	20	4.96	61.74	34.6	18.82	29.19	25.04
造纸及纸制品业	14	10.24	54.05	12.24	35.66	32.09	35.37
印刷业和记录媒介的复制	8	2.84	14.67	7	7.05	14.89	7.35
文教体育用品制造业	5	2.21	4.9	2.71	1.54	2.58	3.65
石油加工、炼焦及核燃料加工业	22	293.65	1 000.52	411.54	506.88	834.6	575.18
化学原料及化学制品制造业	51	299.47	1 159.06	417	673.47	771.51	740.33
医药制造业	28	34.72	173.14	96.12	45.54	69.21	97.36
化学纤维制造业	5	28.07	41.23	18.78	17.55	27.35	22.67
橡胶制品业	20	46.09	169.33	75.51	59.18	82.77	99.85
塑料制品业	29	20.24	149.57	87.72	44.83	69.05	64.01
非金属矿物制品业	116	125.27	613.37	227.7	286.54	399.26	323.36
黑色金属冶炼及压延加工业	62	643.21	4 338.95	1 619.69	1 968.99	3 007.31	2 650.43
有色金属冶炼及压延加工业	30	97.02	524.34	311.74	139.17	278.58	339.29
金属制品业	62	50.99	389.39	218.21	136.19	214.55	218.88
通用设备制造业	183	220.12	1 260.9	779.06	368.33	560.64	779.68
专用设备制造业	71	137.04	834.7	564.85	175.7	239.53	561.3
交通运输设备制造业	135	437.82	3 430.18	2 373.77	743.4	962.64	2 742.63
电气机械及器材制造业	77	142.5	665.03	434.96	171.33	259.37	344.88
通信设备、计算机及其他电子设备制造业	44	127.34	434.19	274.34	86.7	169	250.44
仪器仪表及文化、办公用机械制造业	18	14.43	57.26	32.44	17.63	25.1	20.26
工艺品及其他制造业	12	14.46	38.97	19.9	14.52	23.21	18.51
废弃资源和废旧材料回收加工业	3	0.24	4.09	0.99	1.94	2.08	1.61
电力、热力的生产和供应业	64	401.91	1 960.28	293.15	1 551.38	2 348.64	1 279.58
燃气生产和供应业	11	18.8	57.33	14.24	34.78	43.7	31.67
水的生产和供应业	17	78.78	187.33	49.32	127.92	168.8	64.35

型工业企业主要指标

年)

单位:亿元

流动负债合计	长期负债合计	所有者权益	主营业务收入	主营业务成本	主营业务税金及附加	利润总额	本年应交增值税	利税总额
9 331.8	**2 955.76**	**7 529.34**	**18 663.03**	**15 734.42**	**588.1**	**1 113.86**	**574.62**	**2 276.57**
233.05	92.1	310.75	331.57	230.35	5.37	37.6	34.74	77.7
177.31	231.23	393.43	334.04	242.81	35.47	-22.66	27.39	40.21
50.03	3.45	60.03	177.59	128.57	1.49	42.83	9.21	53.54
22.44	1.23	28.8	67.76	49.36	0.67	10.46	5.35	16.48
5.76	1.99	7.82	17.47	15.06	0.25	1.21	0.69	2.14
187.3	24.24	189.24	913.66	816.2	4.7	81.62	11.56	97.88
20.24	2.78	61.8	151.54	133.05	0.42	19.86	2.24	22.52
51.21	3.14	59.19	131.84	93.74	3.94	16.27	5.77	25.98
30.69		2.01	50.71	18.14	23.03	3.43	5.65	32.11
40.48	10.07	36.71	85.93	75.99	0.3	4.52	2.5	7.32
21.94	2.32	60.74	129.2	110.27	1.32	35.23	2.99	39.54
4.29		1.91	8.58	8.3	0.01	0.46	0.07	0.54
9.72	3.31	20.26	78.84	65.18	0.3	6.15	1.63	8.08
23.71	1.04	36.7	105.35	82.85	0.53	8.22	0.98	9.73
27.79	7.57	18.68	43.45	37.16	0.3	2.82	0.91	4.03
4.92	2.43	7.32	11.08	9.61	0.04	-0.04	0.45	0.45
3.53	0.03	1.25	4.23	3.55	0.01	-0.07	0.05	-0.01
445.41	110.46	423.34	2 669.88	2 179.48	364.65	51.22	89.62	505.49
388.48	343.57	417.93	1 050.87	913.55	54.16	24.82	16.74	95.72
62.99	24.79	75.69	163.26	118.56	0.66	14.9	4.97	20.53
19.74	2.72	18.56	38.73	35.71	0.09	1.21	1.24	2.54
64.66	33.33	69.46	135.81	108.15	1.24	9.37	4.43	15.04
40.69	23.32	85.52	165.41	138.84	2.3	14.62	2.91	19.83
226.3	67.18	286.38	731.93	594.1	3.92	85.81	42.59	132.33
1 880.53	764.26	1 688.07	3 388.87	2 956.25	20.09	113.59	88.26	221.94
234.01	104.63	185.04	427.23	345.58	1.36	52.58	13.24	67.18
161.41	43.61	169.3	380.18	309.27	2.29	45.69	11.81	59.79
623.04	115.27	478.35	1 270.87	1 052.65	5.27	94.36	35.61	135.23
490.89	66.4	273.39	600.89	492.06	2.61	52.93	20.42	75.97
2 427.03	297.35	687.54	2 307.03	1 948.66	42.75	175.51	52.17	270.43
277.69	25.14	306.37	693.6	585.57	1.74	61.76	17.98	81.48
225.07	20.64	183.75	568.1	479.04	1.41	54.39	6.49	62.29
15.94	4.28	36.9	42.92	33.61	0.15	6.35	1.15	7.65
13.09	1.84	20.45	33.02	28.1	0.16	1.71	0.49	2.36
1.6		2.48	3.38	3.01	0.04	0.2	0.03	0.26
755.29	487.83	676.55	1 305.53	1 249.25	4.82	12.17	50.31	67.29
21.05	10.28	24.65	14.64	15.58	0.05	-3.17	0.3	-2.81
42.46	21.89	122.98	28.03	27.22	0.19	-4.05	1.68	-2.18

14—15 各地区大中型

年份、地区	企业单位数（个）	实收资本	资产合计	流动资产合计	固定资产合计	固定资产原价	固定资产净值年平均余额	负债合计
1998	1 331	1 210.42	5 699.55	2 189.07	3 118.29	4 065.90	2 641.39	3 705.71
1999	847	1 334.40	5 933.87	2 259.48	3 238.46	4 362.61	2 626.00	3 409.07
2000	857	1 458.65	5 908.55	2 312.97	3 088.51	4 351.57	2 733.46	3 515.17
2001	869	1 635.55	6 398.33	2 471.46	3 463.49	4 947.97	3 032.42	3 645.86
2002	883	1 703.09	6 718.00	2 605.10	3 573.53	5 269.20	3 242.04	3 879.93
2003	810	1 763.21	6 879.72	2 771.05	3 309.07	5 432.53	3 279.89	3 870.74
2004	964	2 451.48	8 343.69	3 372.61	4 090.47	6 285.24	3 671.47	4 668.19
2005	1 013	2 408.23	9 209.77	3 981.22	4 486.60	6 910.54	3 915.82	5 374.15
2006	1 085	2 551.74	10 721.56	4 726.19	5 175.40	7 592.23	4 365.99	6 162.70
2007	1 164	2 735.46	12 761.68	5 744.25	5 537.97	8 709.02	4 755.01	7 591.30
2008	1 135	3 536.14	14 960.78	6 547.99	6 725.85	9 983.83	5 403.41	9 206.41
2009	1 383	3 987.07	17 995.86	8 089.60	7 874.67	11 128.84	6 447.18	11 147.83
2010	1 505	4 001.97	20 118.92	9 398.47	8 481.96	12 939.61	7 390.59	12 554.8
沈阳	269	698.44	3 792.96	2 086.24	1 230.97	2 049.01	1 140.71	2 405.2
大连	518	1 023.39	5 608.66	3 245.31	1 869.21	2 370.16	1 519.8	3 883.65
鞍山	93	205.49	2 152.47	786.09	702.48	1 281.2	677.4	1 037.97
抚顺	58	195.96	780.81	298.04	430.07	601.58	294.52	419.52
本溪	58	208.92	1 460.19	608.71	835.29	1 406.1	766.67	1 053.74
丹东	45	47.33	227.49	112.02	70.61	152.63	64.93	142.25
锦州	53	88.69	412.12	200.62	183.85	272.44	155.09	246.04
营口	83	326.76	977.13	346.5	527.52	597.28	461.64	523.48
阜新	43	50.33	319.8	126.81	163.57	221.3	147.59	209.42
辽阳	41	260.01	780.1	422.1	263.86	450.55	242.4	428.86
盘锦	28	512.57	1 248.56	398.42	830.48	1 463.44	759.3	706.83
铁岭	94	88.81	524.25	198.45	297.66	414.59	238.6	285.29
朝阳	74	36.56	342.82	152.6	129.01	175.86	112.19	187.16
葫芦岛	47	158.71	768.74	355.87	306.75	518.39	302.31	611.75

工业企业主要指标

单位:亿元

流动负债合计	长期负债合计	所有者权益	主营业务收入	主营业务成本	主营业务税金及附加	利润总额	本年应交增值税	利税总额
2 378.86	1 303.62	1 993.84	2 378.74	2 005.48	49.13	-25.30	122.79	146.61
2 296.96	1 106.82	2 524.79	2 568.69	2 146.07	47.74	50.13	126.41	224.28
2 338.83	1 171.62	2 386.85	3 196.35	2 681.87	56.32	142.54	150.46	349.32
2 527.98	1 106.09	1 635.55	3 398.32	2 874.07	55.32	118.89	150.07	324.27
2 706.67	1 168.43	2 837.12	3 671.30	3 072.43	61.50	121.10	160.23	342.80
2 924.72	937.82	2 999.36	4 751.49	3 937.53	76.37	194.97	189.26	460.60
3 528.31	1 133.17	3 587.59	6 349.30	5 352.85	88.45	367.20	230.66	686.31
4 002.55	1 349.24	3 715.13	8 000.32	6 990.98	105.92	268.27	262.38	636.57
4 610.99	1 480.57	4 394.64	9 733.03	8 502.61	134.49	307.39	317.32	759.19
5 842.09	1 674.76	5 126.57	11 597.55	9 788.64	194.05	547.28	398.19	1 139.52
6 971.63	1 988.99	5 754.37	13 787.29	12 304.22	173.37	217.7	399.19	790.26
8 221.30	2 649.68	6 815.16	15 120.81	12 831.03	477.81	655.13	447.61	1 580.55
9 331.8	2 955.76	7 529.34	18 663.03	15 734.42	588.1	1 113.86	574.62	2 276.57
1 875.47	457.39	1 368.45	3 682.5	3 077.16	66.07	277.8	116.35	460.22
3 153.33	648.2	1 723.74	5 228.39	4 400	186.83	382.21	117.03	686.08
703.01	327.64	1 111.81	1 637.34	1 329.31	13.33	117.7	56.46	187.5
309.04	105.21	361.28	949.39	779.16	79.85	33.67	30.32	143.84
741.64	315.64	401.25	1 261.21	1 128.68	5.4	31.96	24.91	62.27
120.56	18.23	85.24	215.45	185.16	1.43	21.06	5.99	28.48
180.14	61.32	163.93	592.98	492.72	46.8	22.38	23.13	92.31
427.82	88.48	452.04	906.73	759.24	19.4	69.32	52.82	141.54
145.73	62.62	110.31	245.96	211.49	1.89	17.47	13.04	32.39
270.48	136.42	349.4	714	587.29	38.09	46.2	12.16	96.45
288.38	407.71	541.52	920.36	744.19	78.06	-11.5	44.63	111.19
180.47	82.84	238.76	608.85	514.29	5.93	27.01	23.1	56.03
162.48	23.78	155.66	404.31	330.7	2.01	56.04	11.33	69.38
480.92	129.85	156.77	573.13	493.54	40.66	14.28	17.34	72.28

14—16 历年主要

年份、地区	化学纤维（万吨）	纱（万吨）	布（亿米）	毛线（吨）	呢绒（万米）	丝（吨）	机制纸及纸板（万吨）
1990	15.6	109.8	6.5	5 087	1 840.0	2 905	77.5
1991	15.8	110.1	6.4	4 099	1 781.1	2 667	75.1
1992	17.1	112.0	6.0	4 981	1 672.7	1 917	79.1
1993	15.7	99.3	5.6	3 524	1 431.4	2 280	75.4
1994	17.9	18.2	5.4	2 785	1 548.6	3 292	82.3
1995	19.8	18.0	5.8	2 725	1 185.0	3 484	97.5
1996	20.7	16.9	4.7	4 449	745.4	4 550	95.7
1997	28.1	17.2	5.4	1 902	648.5	3 588	84.2
1998	30.5	14.3	4.7	1 970	373.2	1 996	72.0
1999	29.2	15.2	5.3	1 655	606.1	1 328	58.8
2000	34.2	18.3	5.0	1 633	479.0	2 414	55.2
2001	36.0	16.0	4.3	1 179	230.3	1 675	62.9
2002	33.5	16.4	5.0	1 491	168.1	2 110	52.0
2003	26.3	15.6	3.4	1 447	109.2	1 640	59.1
2004	30.7	17.2	4.3	1 840	379.8	3 297	72.6
2005	24.1	18.7	5.7	1 541	106.0	2 191	83.4
2006	22.5	18.2	5.4	1 811	118.4	2 592	67.5
2007	21.1	18.0	7.7	1 015	60.3	2 955	87.5
2008	17.0	16.8	4.7		54.1	3 045	56.9
2009	21.4	16.0	5.0	1 737	88.6	4 812	77.2
2010	19.9	15.4	7.2	2 191	74	7 182	88.5
沈阳		2.8	0.1	2 120			1.8
大连	2.4	2.3	0.1		74	2 343	21.6
鞍山	2.6	1.1	3.5			3 840	5.0
抚顺	4.0	0.5	0.1				
本溪		1.3	0.4				0.1
丹东	9.1	0.4	0.2			589	27.7
锦州		1.3	0.1				11.7
营口	1.0	2.1	1.7			283	0.2
阜新		1.1	0.3				1.1
辽阳	0.8	0.6	0.2				3.5
盘锦							5.9
铁岭						128	7.7
朝阳		1.2	0.4	71			2.0
葫芦岛		0.9	0.1				

注:1993 年以前纱产量的计量单位为万件。2007 年及以前卷烟产量的计量单位为万箱、啤酒产量的计量单位为万吨。

工 业 产 品 产 量

缝纫机（万架）	自行车（万辆）	手表（万只）	灯泡（亿只）	合成洗涤剂（万吨）	原盐（万吨）	糖（万吨）
0.5	97.2	430.4	1.2	5.3	129.9	3.2
0.4	85.5	467.7	1.5	4.2	240.4	3.6
0.3	125.9	359.9	1.5	4.3	293.2	5.4
0.4	195.4	554.5	1.1	2.9	282.9	5.2
0.3	190.7	397.7	3.3	3.5	275.9	3.8
0.2	112.1	409.9	3.7	2.9	230.9	3.8
0.2	87.9	316.4	4.3	6.9	232.5	4.0
0.2	55.1	212.4	1.4	5.7	286.1	5.3
0.1	53.1	98.0	1.3	6.8	190.9	5.1
0.1	16.3	97.0	1.1	6.3	282.2	4.5
0.2	46.2	69.0	0.5	7.0	275.9	2.1
0.3	15.2	69.2	1.3	9.1	284.6	4.0
0.3	2.2	86.0	1.5	10.4	280.6	4.2
0.3			1.4	9.7	166.6	5.1
0.7	1.4	152.8	1.8	9.8	200.6	3.8
0.6	0.4	169.6	1.8	8.9	180.6	4.2
0.6		145.1	5.1	14.0	191.3	1.3
0.5		133.4	6.2	14.7	216.2	1.4
0.1		139.3	8.1	12.4	184.2	2.0
		9.1	1.1	10.5	152.5	5.6
0.1	1.2	5.7	1.4	12.2	161.6	6.1
			1.4	4.7		
0.1				2.6	75.2	
				1.1		
				2.5		
		5.7				
	0.5				2.1	
				1.2	52.9	5.3
					31.3	
	0.8					0.8
					0.1	

14—16 续表 1

年份、地区	卷烟（亿支）	罐头（万吨）	啤酒（亿升）	家用电冰箱（万台）	电视机（万台）
1990	50.6	5.8	55.0	16.4	115.1
1991	42.8	7.6	64.3	11.8	59.62
1992	45.3	8.8	78.5	10.3	73.2
1993	40.3	4.0	62.8	12.0	49.9
1994	40.3	7.6	108.0	12.2	54.3
1995	43.2	8.2	113.4	14.2	47.7
1996	40.3	8.1	118.8	9.4	56.7
1997	40.5	6.0	128.7	6.9	73.2
1998	41.8	4.1	129.1	8.5	173.2
1999	33.2	2.7	144.3	13.2	229.3
2000	23.0	2.9	149.7	23.1	374.7
2001	31.0	2.8	144.2	14.7	378.0
2002	38.0	3.4	137.1	51.6	404.9
2003	41.3	5.2	149.4	106.8	446.0
2004	45.9	10.7	155.4	116.3	346.2
2005	45.9	5.6	184.6	120.4	550.2
2006	47.8	7.3	200.4	133.5	333.9
2007	51.1	7.6	231.0	134.3	423.2
2008	260.4	7.5	23.5	139.3	500.2
2009	260.3	16.4	24.7	96.2	441.4
2010	265.3	20.0	24.8	87.8	576.9
沈阳	120.0	0.7	9.0		329.9
大连		13.2	5.1	44.6	247.0
鞍山		2.5	2.1		
抚顺			1.2		
本溪			0.8		
丹东		1.5	0.9		
锦州		1.4	1.7		
营口	145.3	0.7		43.2	
阜新			0.1		
辽阳			0.4		
盘锦			0.9		
铁岭			0.6		
朝阳			1.0		
葫芦岛			1.0		

原 煤 （万吨）	原 油 （万吨）	天然气 （亿立方米）	发电量 （亿千瓦小时）	#水 电	生 铁 （万吨）	钢 （万吨）	成品钢材 （万吨）
5 101.0	1 368.7	20.4	435.8	35.5	1 145.5	1 216.3	939.9
5 234.7	1 374.2	20.6	448.3	40.3	1 227.8	1 262.5	978.8
5 394.6	1 387.8	21.1	489.1	32.4	1 262.7	1 349.9	1 082.9
5 566.8	1 420.1	23.8	505.3	27.4	1 314.0	1 413.3	1 270.3
5 509.3	1 502.5	21.2	504.0	18.5	1 274.1	1 340.6	1 186.9
5 626.4	1 552.7	21.1	540.1	41.7	1 337.1	1 335.9	1 074.2
6 040.6	1 504.3	19.6	583.9	45.2	1 358.5	1 369.3	1 210.3
5 883.8	1 504.1	19.1	615.2	28.8	1 358.1	1 354.9	1 223.5
5 785.7	1 452.1	15.6	608.1	21.6	1 419.0	1 406.5	1 149.2
4 779.3	1 430.3	14.3	610.5	25.5	1 448.9	1 492.2	1 235.6
4 454.9	1 401.1	14.7	645.6	14.9	1 555.4	1 553.8	1 443.2
4 468.2	1 385.0	14.7	662.1	22.7	1 593.7	1 660.7	1 655.2
5 180.8	1 351.2	13.3	725.3	14.5	1 886.4	1 942.5	2 086.7
5 871.0	1 332.0	13.3	837.0	22.9	2 061.0	2 169.0	2 334.0
6 641.9	1 283.2	10.3	874.9	38.6	2 547.8	2 612.8	2 657.9
6 395.0	1 261.0	11.7	904.2	56.7	3 113.9	3 059.0	3 235.9
7 367.3	1 226.5	11.9	1 013.4	47.0	3 759.5	3 702.3	3 848.9
6 349.1	1 207.2	8.7	1 115.0	43.8	4 057.6	4 140.3	4 364.3
6 415.5	1 199.3	8.7	1 139.0	41.8	4 101.5	4 068.6	4 285.3
6 624.2	1 000.0	8.1	1 162.5	28.8	5 062.2	4 783.2	4 943.4
6 641.6	950.0	8.0	1 295.1	44.0	5 508.1	5 389.8	5 669.4
881.0			111.4			21.5	57.2
			194.2	0.2		105.5	183.8
			55.0	0.1	1 882.8	1 751.7	1 805.5
485.9			130.4	0.4	377.7	375.6	356.9
61.0			46.3	21.0	1 898.3	1 755.4	1 735.9
166.0			61.9	20.4	33.5	39.5	19.9
184.6			82.2				7.6
			150.6		855.1	827.4	685.9
1 872.5			117.7		85.8		5.0
349.8			22.7	1.9	5.4	154.9	411.4
	950.0	8.0	7.2				
2 183.9			134.9		21.1	6.9	24.3
181.9			10.6		348.2	351.2	342.6
274.8			170.0			0.1	33.5

14—16 续表2

年份、地区	铁合金（万吨）	水泥（万吨）	平板玻璃（万重量箱）	硫酸（万吨）	纯碱（万吨）	烧碱（万吨）	农用氮、磷、钾化肥（万吨）
1990	16.0	1 092.0	995.3	74.1	76.2	28.3	63.4
1991	15.9	1 312.2	1 022.4	81.2	71.2	29.4	60.3
1992	20.3	1 644.4	1 188.5	86.2	72.4	29.7	62.8
1993	21.4	1 947.9	1 350.2	78.6	74.8	27.8	54.8
1994	24.1	1 891.2	1 299.0	95.8	73.9	30.5	79.1
1995	30.4	1 911.0	1 233.3	106.9	69.1	26.3	78.2
1996	30.2	1 743.1	1 591.6	108.7	71.9	37.5	82.0
1997	23.9	1 829.0	1 494.2	108.7	71.2	33.4	84.7
1998	19.5	1 663.7	1 546.9	100.0	69.2	32.5	76.8
1999	14.3	1 711.1	1 536.8	105.5	72.1	30.9	87.2
2000	13.3	1 954.9	1 475.3	119.9	74.1	33.4	97.6
2001	13.6	2 090.5	1 537.7	118.8	76.5	37.2	97.9
2002	12.9	2 145.8	1 470.9	113.1	82.5	45.0	88.8
2003	17.2	2 332.0	1 362.0	110.6	80.0	48.3	91.7
2004	48.6	2 495.7	1 785.2	121.7	80.7	48.1	88.1
2005	36.4	2 680.7	1 854.0	120.7	74.9	53.6	89.6
2006	52.3	3 341.4	1 650.9	107.6	47.4	62.6	87.7
2007	61.6	3 893.2	1 941.2	105.6	32.8	63.4	89.4
2008	60.2	4 074.4	2 275.2	90.5	24.7	55.1	89.1
2009	77.0	4 704.8	1 674.2	81.1		45.8	85.8
2010	83.2	4 790.9	1 635.3	84.4	13.2	56.4	75.1
沈阳		363.7	373.3			18.4	1.5
大连		1 152.7	652.2		13.2	1.0	
鞍山	3.0	249.8					6.5
抚顺	5.5	229.3		6.5			
本溪		169.6		2.1		3.9	8.8
丹东		141.7		4.5			0.7
锦州	48.4	188.7		8.7			7.0
营口	3.8	326.4				6.0	4.1
阜新		138.9	89.1				
辽阳	7.8	887.9		5.0			0.1
盘锦		71.2					19.6
铁岭		268.2					
朝阳	2.0	340.9	520.8	2.1			
葫芦岛	12.8	263.4		55.5		27.1	26.7

		化学农药（万吨）	乙　烯（万吨）	电　石（万吨）	塑　料（万吨）	轮胎外胎（万条）	金属切削机　床（万台）	汽　车（万辆）	铁路机车（台）
#氮　肥	#磷　肥								
55.0	8.3	1.5	8.4	6.4	14.0	191.8	1.6	2.4	
51.4	8.9	1.5	14.9	6.8	24.3	223.5	1.8	4.2	
50.9	11.9	1.5	20.4	5.2	30.0	311.1	2.1	6.1	
49.6	5.2	1.2	25.1	6.1	39.1	426.7	2.4	5.1	
67.0	10.3	1.2	28.8	6.8	42.0	292.4	1.7	3.0	238
70.1	7.8	2.3	32.1	8.9	51.3	303.7	1.4	2.5	257
73.9	6.9	1.7	35.3		58.5	309.5	1.3	2.8	300
74.3	8.9	2.1	35.7	3.2	65.7	361.2	1.1	3.9	274
70.7	4.2	1.9	38.7	2.6	71.5	472.9	0.9	4.3	
78.5	5.2	2.3	39.7	1.4	80.9	499.6	0.9	5.8	
82.4	8.4	2.2	41.7	2.6	94.1	576.0	1.6	8.2	63
86.6	8.7	2.2	40.2	2.2	99.7	621.2	2.1	7.9	58
80.9	6.1	2.6	44.2	4.3	104.6	643.5	3.1	9.0	71
82.6	6.9	2.1	47.9	5.3	117.4	787.1	5.6	13.0	
85.4	2.8	1.8	48.2	11.6	129.5	935.7	9.4	14.3	242
84.9	4.7	2.7	47.1	1.9	121.6	1 095.6	11.3	15.0	202
79.7	7.9	3.6	49.3	6.9	122.6	1 141.8	13.1	29.0	256
84.7	4.7	4.0	42.3	18.4	126.9	1 263.3	15.0	37.7	310
85.1	3.9	4.0	46.2	11.8	117.3	1 275.8	14.6	34.1	406
70.4	5.4	4.5	48.0	8.9	108.6	1 281.9	14.1	50.9	435
67.1	5.1	3.0	91.8	8.7	150.7	1 507.9	13.6	70.8	589
0.6	0.9	0.3	5.1		11.9	402.4	7.5	66.6	
		1.0			37.7	622.0	5.2		589
6.5					0.1	202.0			
			16.7		19.2		0.1		
8.8				4.8					
0.7				3.9		0.1	0.3	4.2	
3.5	3.5				0.8	12.7			
0.7	0.6	1.0			0.3		0.4		
	0.1	0.2	18.2		7.2				
19.6		0.4	51.7		69.3				
							0.1		
						268.7			
26.7					4.2				

14—17 工业产品产量

产品名称	单位	2005年	2006年	2007年	2008年	2009年	2010年
化学纤维	万吨	24.1	22.5	21.1	17.0	21.4	19.9
#合成纤维	万吨	18.1	16.6	13.0	11.6	14.0	11.5
纱	万吨	18.7	18.3	18.0	16.8	16.0	15.4
布	亿米	5.7	5.4	7.7	4.7	5.0	7.2
#纯棉布	亿米	1.5	2.8	5.1	1.8	1.8	4.7
混纺交织布	亿米	1.4	1.3	1.4	1.1	1.7	1.1
毛线	吨	1 541.0	1 811.0	1 015.0		1 736.0	2 191
呢绒	万米	106.0	118.4	60.3	54.1	88.6	74
丝	吨	2 190.9	2 592.0	2 954.5	3 045.0	4 812.0	7 182
丝织品	万米	465.2	1 186.1	939.9	2 560.8		
机制纸及纸板	万吨	83.4	67.5	87.5	56.9	77.2	88.5
缝纫机	万架	0.6	0.6	0.5	0.1		0.1
自行车	万辆	0.4					1.2
表	万只	169.6	145.1	133.4	139.3	9.1	5.7
日用玻璃制品	万吨	8.4	10.4	12.8	33.3	31.9	24.7
灯泡	万只	18 491.7	51 401.7	62 419.5	81 217.6	10 797.0	14 101.0
合成洗涤剂	吨	89 198.5	140 546.0	147 051.0	123 528.0	104 685.4	122 031.4
牙膏	万支	3 379.1	11 158.3	12 988.3	10 342.0	11 496.8	14 413
原盐	万吨	180.6	191.3	216.2	184.2	152.5	161.6
糖	万吨	1.1	1.3	1.4	2.0	5.6	6.1
卷烟	亿支	45.9	47.8	51.1	260.4	260.3	265.3
白酒	亿升	27.3	28.9	37.6	4.3	4.7	6.4
啤酒	亿升	184.6	200.4	231.0	23.5	24.7	24.8
味精	万吨	4.7	5.2	4.7	3.8	4.0	3.5
食用植物油	万吨	89.6	136.9	144.8	171.7	177.8	193.7
化学原料药	万吨	3.8	4.0	3.6	3.8	14.4	13.2
家用电冰箱	万台	120.4	133.5	134.3	139.3	96.2	87.8
电视机	万部	550.2	333.9	423.2	500.2	441.4	576.9
#彩电	万部	550.2	333.9	423.2	500.2	441.4	576.9
农用化肥	万吨	89.6	87.7	89.4	89.1	85.8	75.1
#氮肥	万吨	84.9	79.7	84.7	85.1	70.4	67.1
磷肥	万吨	4.8	7.9	4.7	3.9	5.4	5.1
化学农药	万吨	2.7	3.6	4.0	4.0	4.5	3.0

注:2007年及以前卷烟产量的计量单位为万箱、啤酒及白酒产量的计量单位为万吨。

14—17 续表 1

产品名称	单位	2005年	2006年	2007年	2008年	2009年	2010年
乙烯	万吨	47.1	49.3	42.3	46.2	48.0	91.8
合成橡胶	吨	11 119.0	26 826.0	42 080.0	22 190.6	28 270.7	36 628.7
轮胎外胎	万条	1 095.7	1 141.8	1 263.3	1 275.8	1 281.9	1 507.9
交流电动机	万千瓦	773.4	720.8	659.1	585.7	671.6	830.5
金属切削机床	台	112 727	130 967	149 933	145 771	140 988	135 872
数控机床	台	14 887	22 213	31 182	34 332	37 212	39 426
汽车	辆	150 488	290 085	377 145	340 778	508 452	707 690
#载货汽车	辆	43 438	67 925	88 016	96 262	95 480	100 015
摩托车	辆	1 952	26 837	16 230	22 125	30 195	33 045
轴承	万套	10 312	10 265	7 590	10 249	7 492	19 798
拖拉机	台	10	10			16	11
#小型拖拉机	台	6	13			16	11
原煤	万吨	6 395.0	7 367.3	6 349.1	6 415.5	6 624.2	6 641.6
原油	万吨	1 261.0	1 226.5	1 207.2	1 199.3	1 000.0	950.0
汽油	万吨	965.6	1 032.3	1 005.4	1 017.1	1 043.6	1 057.7
柴油	万吨	1 899.6	1 911.2	2 048.9	2 045.9	2 101.4	2 379.9
天然气	亿立方米	11.7	11.9	8.7	8.7	8.1	8.0
发电量	亿千瓦小时	904.2	1 014.5	1 115.0	1 139.0	1 162.5	1 295.1
#水电	亿千瓦小时	56.7	47.0	43.8	41.8	28.8	44.0
生铁	万吨	3 114.0	3 759.5	4 057.6	4 101.5	5 062.2	5 508.1
钢	万吨	3 059.1	3 702.3	4 140.3	4 068.6	4 783.2	5 389.8
成品钢材	万吨	3 235.9	3 848.9	4 364.3	4 285.3	4 943.4	5 669.4
#铁道用钢材	万吨	75.1	75.2	55.9	88.1	112.5	91.2
线材	万吨	261.8	307.5	453.9	394.9	506.9	572.1
铁合金	万吨	36.4	52.3	61.6	60.2	77.0	83.2
焦炭	万吨	1 237.9	1 503.4	1 625.3	1 738.1	1 876.5	1 875.8
水泥	万吨	2 680.7	3 341.4	3 893.2	4 074.4	4 704.8	4 790.9
平板玻璃	万重量箱	1 854.0	1 650.9	1 941.2	2 275.2	1 674.2	1 635.3
硫酸	万吨	120.7	107.6	105.6	90.5	81.2	84.4
纯碱	万吨	74.9	47.4	32.8	24.7		13.2
烧碱	万吨	53.6	62.6	63.4	55.1	45.8	56.4
合成氨	万吨	99.1	78.4	77.0	77.0	80.0	79.1

14—18 规模以上农产品

(2010

行　　业	企业单位数（个）	资产合计（亿元）	流动资产合计（亿元）	负债合计（亿元）	主营业收入（亿元）
农产品加工业合计	**5 372**	**2 618.68**	**1 135.69**	**1 160.6**	**5 575.83**
其中:农副食品加工业	1 872	1 106.1	501.97	509.36	2 744.94
饮料制造业	283	209.73	79.7	92.63	329.35
烟草制品业	4	32.95	19.9	30.71	50.91
纺　织　业	598	215.07	100.16	108.69	364.11
纺织服装、鞋、帽制造业	800	247.32	100.48	82.83	529.89
皮革、毛皮、羽毛(绒)及其制品业	97	34.91	14.36	14.94	86.7
造纸及纸制品业	372	154.69	53.72	74.29	287.19

加工业主要经济指标

年)

主营业务成本（亿元）	主营业务税金及附加（亿元）	利润总额（亿元）	利税总额（亿元）	应交增值税（亿元）	全部从业人员平均人数（万人）
4 766.01	**62.28**	**462.71**	**630.19**	**105.2**	**78.91**
2 405.88	13.08	215.29	266.8	38.43	27.75
263.48	6.47	32.13	48.75	10.15	4.34
18.16	23.04	3.44	32.14	5.66	0.31
316.52	3.36	25.49	38.4	9.55	8.77
447.16	6.64	64.69	82.01	10.68	15.45
74.22	0.45	10.61	12.16	1.1	1.26
248.5	1.53	23.94	31.72	6.24	4.04

14—19 规模以上原材料

（2010

行业	企业单位数（个）	资产合计（亿元）	流动资产合计（亿元）	负债合计（亿元）
原材料工业合计	**7 917**	**12 163.74**	**4 999.32**	**6 944.35**
石化工业	2 938	4 529.18	1 876.24	2 513.86
石油和天然气开采业	17	807.1	232.53	412.16
石油化工、炼焦及核燃料加工业	336	1 194.33	515.15	675.77
化学原料及化学制品制造业	1 345	1 705.61	690.74	991.61
橡胶制品业	309	237.23	105.71	126.74
化纤制品业	30	49.71	22.74	26.44
塑料制品业	901	535.21	309.36	281.14
冶金工业	2 277	6 188.56	2 532.36	3 732.23
黑色金属矿采选业	1 011	394.91	177.96	181.82
有色金属矿采选业	248	135.3	60.8	62.82
黑色金属冶炼及压延加工业	608	4 924.88	1 874.53	3 016.67
有色金属冶炼及压延加工业	410	733.46	419.07	470.92
建材工业	2 702	1 446	590.73	698.26
非金属矿采选业	488	105.26	42.82	40.64
非金属矿物制品业	2 214	1 340.74	547.91	657.62

14—20 规模以上装备

（2010

行业	企业单位数（个）	资产合计（亿元）	流动资产合计（亿元）	负债合计（亿元）
装备制造行业合计	**9 085**	**10 264.07**	**6 149.96**	**6 405.28**
金属制品业	1 285	793.11	402.45	403.72
通用设备制造业	3 696	2 426.4	1 283.25	1 288.92
专用设备制造业	1 414	1 363.42	824.98	822.28
交通运输设备制造业	890	3 805.34	2 564.14	2 937.98
电气机械及器材制造业	1 157	1 160.13	649.47	582.64
通信设备、计算机及其他电子设备制造业	311	566.23	340.75	306.97
仪器仪表及文化、办公用机械制造业	332	149.44	84.93	62.77

工 业 主 要 经 济 指 标

年）

主营业收入（亿元）	主营业务成本（亿元）	主营业务税金及附加（亿元）	利润总额（亿元）	利税总额（亿元）	应交增值税（亿元）	全部从业人员平均人数（万人）
15 908.12	**13 453.36**	**532.44**	**898.38**	**1 911.35**	**480.53**	**137.05**
6 725.72	5 624.04	472.45	236.45	902.16	193.26	52.82
339.83	247.87	35.57	-22.52	40.55	27.5	10.29
3 153.72	2 603.75	369.3	79.08	548.91	100.53	8.39
2 046.49	1 770.92	58.88	94.49	191.04	37.67	17.38
331	268.03	2.31	22.18	33.62	9.13	4.83
49.62	45.24	0.13	1.8	3.65	1.71	1.52
805.04	688.22	6.26	61.42	84.39	16.71	10.41
6 647.06	5 699.12	41.89	442.95	669.81	184.97	53.86
974.84	787.57	12.35	137.73	186.64	36.57	9.12
236.05	189.54	2.23	24.65	39.57	12.7	4.36
4 506.83	3 941.23	23.36	191.33	326.55	111.86	33.35
929.35	780.78	3.95	89.25	117.04	23.84	7.04
2 535.34	2 130.2	18.1	218.98	339.39	102.3	30.37
274.44	226.64	2.86	25.3	37.77	9.62	4.17
2 260.9	1 903.55	15.24	193.68	301.61	92.69	26.2

制 造 业 主 要 经 济 指 标

年）

主营业收入（亿元）	主营业务成本（亿元）	主营业务税金及附加（亿元）	利润总额（亿元）	利税总额（亿元）	应交增值税（亿元）	全部从业人员平均人数（万人）
11 803.32	**9 964.72**	**90.12**	**872.68**	**1 228.09**	**265.29**	**139.6**
1 156.33	980.03	6.66	93.03	126.08	26.39	16.22
3 527.61	2 967.86	19.04	249.22	346.72	78.46	45.6
1 500.31	1 257.54	7.73	117.28	165.95	40.93	17.3
2 859.77	2 426.32	46.06	207.2	316.53	63.26	28.31
1 713.2	1 453.7	6.76	115.38	159.87	37.73	18.69
861.93	730.85	2.81	71.49	87.26	12.96	10.13
184.16	148.41	1.06	19.08	25.68	5.54	3.35

主要统计指标解释

工业　指从事自然资源的开采，对采掘品和农产品进行加工和再加工的物质生产部门。具体包括：(1)对自然资源的开采，如采矿、晒盐、森林采伐等(但不包括禽兽捕猎和水产捕捞)；(2)对农副产品的加工、再加工，如粮油加工、食品加工、轧花、缫丝、纺织、制革等；(3)对采掘品的加工、再加工，如炼铁、炼钢、化工生产、石油加工、机器制造、木材加工等，以及电力、自来水、煤气的生产和供应等；(4)对工业品的修理、翻新，如机器设备的修理、交通运输工具(包括小卧车)的修理等。

1984年以前农村的村及村以下办工业归属农业，1984年以后的划归工业。

工业统计调查单位　工业统计调查单位分为两类：独立核算法人工业企业和工业活动单位。

(1)独立核算法人工业企业　是指从事工业生产经营活动的单位。独立核算法人工业企业应同时具备以下条件：①依法成立，有自己的名称、组织机构和场所，能够承担民事责任；②独立拥有和使用资产，承担负债，有权与其他单位签订合同；③独立核算盈亏，并能够编制资产负债表。

(2)工业活动单位　是指在一个场所从事一种或主要从事一种工业生产活动的经济单位。它包括独立核算工业企业按主营业务活动(即工业生产活动)划分的主营业务活动单位和非工业企业所属的工业生产活动单位(即原非独立核算工业生产单位)。工业活动单位，一般应同时具备以下三个条件：①具有一个场所，从事一种或主要从事一种工业活动；②单独组织工业生产、经营或业务活动；③单独核算收入和支出。

国有经济工业(即过去的全民所有制工业或国营工业)　指生产资料归国家所有的一种经济类型。包括中央和地方各级国家机关、部队、科研机构、学校、人民团体和国有经济企事业单位等举办的国有经济工业。1957年以前的公私合营和私营工业，后均改造为国营工业，1992年改为国有工业，这部分工业的资料不单独分列时，均包括在国有工业内。

集体经济工业　指生产资料归公民集体所有的一种经济类型，是社会主义公有制经济的组成部分。包括城乡所有使用集体投资举办的企业，以及部分个人通过集资自愿放弃所有权并依法经工商行政管理机关认定为集体所有制的企业。

其他经济类型工业　指除国有经济工业、集体经济工业以外的其他经济类型工业企业(单位)。包括私营经济、个体经济、联营经济、股份制经济(股份有限公司，有限责任公司)；外商投资经济(中外合资经营、中外合作经营、外资企业)；港、澳、台投资经济(与大陆合资经营、与大陆合作经营、港、澳、台独资企业)及其他经济类型的工业。

轻工业　指主要提供生活消费品和制作手工工具的工业。按其所使用的原料不同，可分为两大类：(1)以农产品为原料的轻工业，是指直接或间接以农产品为基本原料的轻工业。主要包括食品制造、饮料制造、烟草加工、纺织、缝纫、皮革和毛皮制作、造纸以及印刷等工业；(2)以非农产品为原料的轻工业，是指以工业品为原料的轻工业。主要包括文教体育用品、化学药品制造、合成纤维制造、日用化学制品、日用玻璃制品、日用金属制品、手工工具制造、医疗器械制造、文化和办公用机械制造等工业。

重工业　是指为国民经济各部门提供物质技术基础的主要生产资料的工业。按其生产性质和产品用途，可以分为下列三类：(1)采掘(伐)工业，是指对自然资源的开采，包括石油开采、煤炭开采、金属矿开采、非金属矿开采和木材采伐等工业；(2)原材料工业，指向国民经济各部门提供基本材料、动力和燃料的工业。包括金属冶炼及加工、炼焦及焦炭化学、化工原料、水泥、人造板以及电力、石油和煤炭加工等工业；(3)加工工业，是指对工业原材料进行再加工制造的工业。包括装备国民经济各部门的机械设备制造工业、金属结构、水泥制品等工业，以及为农业提供的生产资料如化肥、农药等工业。

根据上述划分原则，修理业中以重工业产品为修理作业对象的划为重工业，反之划为轻工业。

工业总产值　是以货币表现的工业企业在一定时期内生产的已出售或可供出售工业产品总量，它反映一定时间内工业生产的总规模和总水平。它包括：在本企业内不再进行加工，经检验、包装入库(规定了需包装的产品除外)的成品价值，工业性作业价值，自制半成品、在产品期末初差额价值(生产周期较长的企业计算)。工业总产值采用“工厂法”计算，即以工业企业作为一个整体，按企业工业生产活动的最终成果来计算，企业内部不允许重复计算，不能把企业内部各个车间(分厂)生产的成果相加。但在企业之间、行业之间、地区之间存在着重复计算。

轻重工业总产值的划分也是按“工厂法”计算的，即一个工业企业在正常情况下生产的主要产品的性质属于轻工业，则该企业的全部总产值作为轻工业总产值；一个工业企业生产的主要产品的性质属于重工业，则该企业的全部总产值作为重工业总产值。

工业销售产值　是以货币表现的工业企业在一定时期内销售的本企业生产的工业产品产量。包括已销售的成品、半成品价值，对外提供的工业性作业价值和对本单位基本建设部门、生活福利部门等提供的产品和工业性作业及自制设备的价值。已销售的成品、半成品不论是本期生产的、还是上期生产的，只要是本期销售出去的均包括在内。对外提供的工业性作业是指企业按合同对外提供的工业性劳务。企业为本单位基本建设部门、生活福利部门等提供的产品和工业性作业及自制设备也应视同销售，这部分也作为销售统计。

工业销售产值的计算范围、计算价格和计算方法与工业总产值一致，但两者计算的基础不同：工业销售产值计算的基础是产品销售总量，工业总产值计算的基础是工业产品生产总量。

工业增加值　是指工业企业在报告期内以货币表现的工业生产活动的最终成果。是企业生产产品或提供劳务过程中新增加的价值，是总产出与中间投入之间的差额。

固定资产原价 指企业在建造、购置、安装、改建、扩建、技术改造某项固定资产时所支出的全部货币总额。它一般包括买价、包装费、运杂费和安装费等。

固定资产净值 是指固定资产原价减去历年已提折旧额后的净额。**流动资产** 流动资产是指可以在一年或者超过一年的一个营业周期内变现或者耗用的资产,包括现金及各种存款、短期投资、应收及预付货款、存货等。

总资产贡献率 反映企业全部资产的获利能力,是企业经营业绩和管理水平的集中体现,是评价和考核企业盈利能力的核心指标。计算公式为:

$$\text{总资产贡献率}(\%)=\frac{(\text{利润总额}+\text{税金总额}+\text{利息支出})}{\text{平均资产总额}}\times 100\%$$

资产负债率 该指标既反映企业经营风险的大小,也反映企业利用债权人提供的资金从事经营活动的能力。计算公式为:

$$\text{资产负债率}(\%)=\frac{\text{负债总额}}{\text{资产总额}}\times 100\%$$

利税总额 指企业产品销售税金及附加加本年应交增值税加利润总额之和。

资金利税率 指在一定时期内已实现的利润、税金总额与同期的资产(固定资产净值和流动资产)之比。计算公式:

$$\text{资金利税率}(\%)=\frac{\text{报告期累计实现利税总额}}{\text{固定资产净值平均余额}+\text{流动资产平均余额}}\times 100\%$$

资金利税率反映每单位(通常是每万元)资金所提供的利税金额。它是考察和评价部门或企业资金运用的经济效益,分析资金投入效果的主要分析指标。

工业成本利润率 指在一定时期的利润与成本费用之比,是反映工业生产成本及费用投入的经济效益指标,同时也是反映降低成本的经济效益的指标。计算公式:

$$\text{工业成本费用利润率}(\%)=\frac{\text{利润总额}}{\text{成本费用总额}}\times 100\%$$

工业增加值率 指在一定时期内工业增加值占同期工业总产值的比重,反映降低中间消耗的经济效益。计算公式:

$$\text{工业增加值率}(\%)=\frac{\text{工业增加值(现价)}}{\text{工业总产值(现价)}+\text{本年应交销项税额}}\times 100\%$$

流动资产周转次数 指在一定时期内流动资产完成的周转次数,反映流动资产的周转速度。计算公式:

$$\text{流动资金周转次数}=\frac{\text{产品销售收入}}{\text{全部流动资产平均余额}}$$

产品销售率 指一定时期内销售产值与同期全部工业总产值之比,反映工业产品生产已实现销售的程度。计算公式:

$$\text{工业产品销售率}(\%)=\frac{\text{报告期现价工业销售产值}}{\text{报告期现价工业总产值}}\times 100\%$$

主营业务收入 指企业销售产品的销售收入和提供劳务等主要经营业务取得的业务收入总额。

主营业务成本 指企业销售产品和提供劳务等主要经营业务的实际成本。

主营业务税金及附加 指企业销售产品和提供工业性劳务等主要经营业务应负担的城市维护建设税、消费税、资源税和教育费附加。

主营业务利润 指企业销售产品和提供工业性劳务等主要经营业务收入扣除其成本、费用、税金后的利润。

利润总额 指企业实现的利润。

应交增值税 指企业在报告期内应交纳的增值税额。

全员劳动生产率 指根据产品的价值量指标计算的平均每一个职工在单位时间内的产品生产量。是考核企业经济活动的重要指标,是企业生产技术水平、经营管理水平、职工技术熟练程度和劳动积极性的综合表现。目前我国的全员劳动生产率是将工业企业的工业增加值除以同一时期全部职工的平均人数来计算的。计算公式:

$$\text{全员劳动生产率}=\frac{\text{工业增加值}}{\text{全部职工平均人数}}$$

为了使各年度的全员劳动生产率数字可以比较,各年的全员劳动生产率均按指数换算成1990年不变价格。

实物劳动生产率 指根据某种产品实物量计算的平均每个职工(或工人)在单位时间内生产的产品数量。这是通过产品实物来反映劳动者在生产中的劳动效率指标。我国目前有全员实物劳动生产率(通常简称全员效率)和工人实物劳动生产率两个指标。计算公式:

$$\text{全员实物劳动生产率(全员效率)}=\frac{\text{产品产量}}{\text{全部职工平均人数}}$$

$$\text{工人实物劳动生产率}=\frac{\text{产品产量}}{\text{生产工人(包括学徒)平均人数}}$$

计算实物劳动生产率的产品产量,是指报告期生产的,并经检验符合质量标准或合同规定的技术要求的合格产品产量。不包括不合格品和废品的数量。

资本金 指企业在工商行政管理部门登记的注册资金合计。企业资本金按投资主体可分为国家资本金、法人资本金、个人资本金和外商资本金等。资本金合计包括企业各种投资主体注册的全部资本金。

总资产 指企业拥有或控制的全部资产。包括流动资产、长期投资、固定资产、无形及递延资产、其他长期资产等,即为企业资产负债表的资产总计项。

(1)流动资产　指企业可以在一年内或者超过一年的一个生产周期内变现或耗用的资产合计。包括现金及各种存款、短期投资、应收及预付款项、存货等。

(2)固定资产　指企业固定资产净值、固定资产清理、在建工程、待处理固定资产损失所占用的资金合计。

(3)无形资产　指企业长期使用而没有实物形态的资产。包括专利权、非专利技术、商标权、著作权、土地使用权、商誉等。

总负债　指企业承担并需要偿还的全部债务。包括流动负债和长期负债等,即为企业资产负债表的负债合计项。

(1)流动负债　指企业在一年内或者超过一年的一个营业周期内需要偿还的债务合计,其中包括短期借款、应付及预收款项、应付工资、应交税金和应交利润等。

(2)长期负债　指企业在一年以上或者超过一年的一个生活周期内需要偿还的债务合计,其中包括长期借款、应付债务、长期应付款项等。

所有者权益　指企业投资人对企业净资产的所有权。企业净资产等于企业全部资产减去全部负债后的余额,其中包括投资者对企业的最初投入,以及资本公积金、盈余公积金和未分配利润,对股份制企业即为股东权益。

第十五篇

建筑业

15

JIANZHUYE

15—1 建筑业企业概况

年　　份	施工企业	内资企业	国有企业	集体企业	港澳台商投资企业	外商投资企业
企业单位数(个)						
1980	558	558	149	409		
1985	892	892	192	700		
1990	1 537	1 537	294	1 243		
1991	1 509	1 509	302	1 207		
1992	1 652	1 652	340	1 312		
1993	2 425	2 396	464	1 908	8	21
1994	2 757	2 715	554	2 130	9	33
1995	2 648	2 607	568	1 999	13	28
1996	2 410	2 368	562	1 747	23	19
1997	2 387	2 329	554	1 712	26	32
1998	2 366	2 299	557	1 447	38	29
1999	2 626	2 547	580	1 465	39	40
2000	2 738	2 667	556	1 463	38	33
2001	2 662	2 585	555	1 027	47	30
2002	2 505	2 426	448	657	42	37
2003	2 716	2 633	397	526	35	48
2004	3 124	3 044	373	409	30	50
2005	3 299	3 215	348	370	33	51
2006	3 435	3 357	319	350	28	50
2007	3 493	3 417	298	324	28	48
2008	4 265	4 189	293	318	24	52
2009	4 785	4 704	282	299	24	57
2010	5 417	5 345	277	335	21	51
年末从业人员(万人)						
1980	39.99	39.99	30.47	9.52		
1985	69.26	69.26	36.63	32.63		
1990	97.07	97.07	44.81	52.26		
1991	97.34	97.34	45.27	52.07		
1992	108.55	108.55	47.86	60.69		
1993	159.70	159.7	46.80	63.90		
1994	135.2	135.2	40.08	45.07		
1995	89.66	89.66	37.48	49.49		
1996	102.69	102.69	48.63	52.43		
1997	107.35	107.35	50.39	54.87		
1998	98.51	97.66	43.88	44.89	0.44	0.41

注:①施工企业总产值即是施工产值。

②1996 年建筑业统计范围为资质等级四级以上。

③从 1996 年以后,农村建筑队改为建筑业企业资质等级四级以下即非等级企业。

④2004 年以后数据,建筑业部分的所有指标口径均为总承包与专业承包企业。

15—1 续表

年　　份	施工企业	内资企业	国有企业	集体企业	港澳台商投资企业	外商投资企业
1999	103.22	102.26	43.08	43.78	0.39	0.57
2000	95.99	95.06	35.96	40.55	0.42	0.51
2001	98.62	97.4	31.26	31.48	0.83	0.39
2002	95.14	94.07	25.97	23.72	0.58	0.49
2003	96.68	95.04	22.41	19.8	0.34	1.3
2004	100.35	98.79	19.85	15.58	0.32	1.24
2005	91.72	89.92	19.27	13.07	0.36	1.44
2006	99.65	97.65	16.79	12.37	0.80	1.20
2007	99.35	97.08	15.67	10.90	0.42	1.85
2008	109.31	107.61	16.26	11.24	0.42	1.28
2009	132.61	130.66	16.21	12.82	0.46	1.49
2010	165.8	163.8	16.71	14.00	0.33	1.72
建筑业总产值(亿元)						
1980	18.4	18.4	14.5	3.9		
1985	49.6	49.6	30.4	19.2		
1990	126.6	126.6	74.5	52.1		
1991	144.1	144.1	82.6	61.5		
1992	217.3	217.3	120.5	96.8		
1993	318.7	317.3	162.5	144.7	0.4	1.0
1994	385.2	383.0	209.0	168.5	0.4	1.8
1995	407.3	405.0	222.3	176.8	0.4	1.9
1996	400.5	396.9	174.3	130.9	1.7	1.9
1997	429.1	425.1	245.7	169.5	1.7	2.3
1998	419.0	412.7	216.9	143.8	4.1	2.2
1999	489.3	476.7	224.9	160.0	7.2	5.4
2000	598.1	584.9	252.1	176.3	7.7	5.5
2001	761.2	581.5	262.8	162.9	114.8	64.9
2002	839.3	819.9	265.3	140.7	10.1	9.3
2003	1 017.1	981.7	285.5	131.6	6.6	28.8
2004	1 245.1	1 209.8	323.7	104.3	4.6	30.7
2005	1 481.7	1 447.0	386.6	114.0	6.2	28.5
2006	1 775.0	1 716.7	387.9	130.2	16.8	41.5
2007	2 100.0	2 038.7	413.7	133.2	10.7	50.6
2008	2 505.2	2 467.4	492.0	139.4	9.8	37.8
2009	3 384.6	3 333.2	565.0	172.0	8.8	42.6
2010	4 690.3	4 637.5	601.9	219.4	7.1	45.7

15—2 建　筑　施　工

（2010

地　区	企业个数	按登记注册类型					
		国有企业	集体企业	股份合作企业	联营企业	有限责任公司	股份有限公司
全　省	**5 417**	**277**	**335**	**51**	**8**	**1 409**	**131**
沈　阳	1 651	83	65	13	1	344	40
大　连	1 434	37	46	14	1	251	12
鞍　山	342	21	46		1	140	20
抚　顺	181	14	27	1		74	12
本　溪	228	21	40	2	2	91	1
丹　东	212	15	16	5		56	15
锦　州	194	15	19	2		86	1
营　口	168	8	5	1	1	34	1
阜　新	173	10	6			60	
辽　阳	229	10	24	6	1	50	3
盘　锦	177	13	6	5	1	78	14
铁　岭	95	15	9	1		17	9
朝　阳	165	2	9			59	
葫芦岛	168	13	17	1		69	3

企　　业　　个　　数

年)　　　　　　　　　　　　　　　　　　　　　　单位:个

分　组				按经济组织类型分组			
私营企业	其他企业	港澳台商投资企业	外商投资企业	独资企业	合作伙伴企业	股份有限公司	有限责任公司
3 112	**22**	**21**	**51**	**740**	**109**	**309**	**4 259**
1 082		8	15	187	21	82	1 361
1 034	7	9	23	115	32	68	1 219
111			3	74	1	38	229
50	1		2	46	3	20	112
68		1	2	69	5	9	145
100	4	1		41	11	32	128
68		1	2	37	2	6	149
117			1	17	5	4	142
96		1		18			155
133			2	40	7	10	172
50	10			21	18	20	118
44				27	3	10	55
95				15			150
64			1	33	1	10	124

15—3 建筑施工企业

(2010

指　　标	单　位	合　计	按登记注册				
			国有企业	集体企业	股份合作企　业	联营企业	有限责任公　司
施工企业单位个数	个	5 417.0	277.0	335.0	51.0	8.0	1 409.0
年平均人数	万人	284.4	31.2	18.2	2.5	0.3	110.3
自有固定资产原价	亿元	728.4	116.4	36.8	2.6	0.2	277.1
自有固定资产净值	亿元	534.5	69.3	25.1	2.0	0.2	209.2
自有机械设备台数	万台	37.2	4.7	3.0	0.3		13.9
自有机械设备净值	亿元	192.7	26.9	8.3	0.9		75.8
自有机械设备总功率	万千瓦	950.0	142.6	48.2	6.2	0.1	397.9
建筑业总产值	亿元	4 690.3	601.9	219.4	30.1	5.5	1 875.5
建筑业增加值	亿元	980.8	113.9	47.8	6.4	1.0	370.1
#固定资产本年折旧	亿元	50.7	6.1	1.7	0.2		21.7
#本年主营业务应付工资总额	亿元	515.7	62.6	30.0	3.8	0.3	195.0
#本年主营业务应付福利费总额	亿元	38.6	4.8	2.0	0.2		13.9
#工程结算税金及附加	亿元	155.5	19.9	7.3	1.2	0.1	61.0
#管理费用中的税金	亿元	11.8	1.4	0.5	0.1		5.0
#工会经费	亿元	2.0	0.3	0.1			0.9
#劳动待业保险费	亿元	10.8	3.8	0.4			3.8
#住房公积金及住房补贴	亿元	9.2	2.9	0.6			4.2
#养老保险和医疗保险费	亿元	25.3	5.1	1.8	0.1		11.5
#营业利润	亿元	186.4	12.0	5.2	0.8	0.5	65.2
房屋施工面积	万平方米	26 807.0	1 643.2	1 630.7	203.3	21.4	10 584.2
房屋竣工面积	万平方米	13 003.3	580.9	862.1	149.4	18.0	4 648.0
利润总额	亿元	174.0	11.8	5.1	0.9	0.5	55.0
利税总额	亿元	341.4	33.1	12.9	2.2	0.7	121.0
全员劳动生产率							
按总产值计算	元/人	173 666.5	195 552.8	123 861.8	118 825.9	185 439.4	188 084.8
按增加值计算	元/人	36 316.5	36 987.5	26 984.9	25 319.0	33 891.6	37 188.5
技术装备率	元/人	7 133.6	8 740.0	4 667.4	3 696.9	745.4	7 606.2
动力装备率	千瓦/人	3.5	4.6	2.7	2.5	0.5	4.0
房屋建筑面积竣工率	%	48.5	35.4	52.9	73.5	83.9	43.9
产值利润率	%	3.7	2.0	2.3	3.0	9.4	2.9
产值利税率	%	7.3	5.5	5.9	7.3	12.1	6.5

主 要 经 济 指 标

年）

类 型 分 组					按经济组织类型分组			
股份有限公司	私营企业	其他企业	港澳台商投资企业	外商投资企业	独资企业	合作伙伴企业	股份有限公司	有限责任公司
131.0	3 112.0	22.0	21.0	51.0	740.0	109.0	309.0	4 259.0
18.6	99.8	0.7	0.4	2.4	55.3	3.9	23.0	202.2
24.2	251.1	1.9	1.4	16.6	168.6	6.9	43.7	509.2
17.7	197.1	1.4	0.8	11.6	107.1	5.1	31.9	390.3
1.3	13.1	0.3	0.3	0.3	8.1	0.8	2.0	26.3
9.6	68.9	0.2	0.2	1.8	38.5	1.5	14.5	138.1
41.7	302.5	3.8	1.3	5.7	196.0	11.7	58.2	684.1
302.7	1 588.1	14.4	7.1	45.7	914.5	60.8	366.8	3 348.2
61.0	367.7	1.9	1.7	8.6	183.9	11.2	75.4	710.3
3.1	16.7	0.2	0.1	0.9	8.6	0.6	4.1	37.4
35.5	183.1	0.8	0.9	3.9	106.8	5.5	42.5	361.0
2.8	14.5		0.1	0.3	7.8	0.3	3.3	27.1
9.5	54.3	0.5	0.2	1.4	30.7	2.2	11.7	110.9
0.2	4.5			0.2	2.0	0.2	0.4	9.2
	0.6				0.4		0.1	1.4
0.8	1.8				4.4	0.1	0.9	5.5
0.2	1.0			0.1	3.6	0.1	0.3	5.2
0.8	5.6			0.2	7.1	0.2	1.1	16.9
8.9	91.3	0.3	0.3	1.9	19.5	2.2	12.1	152.6
2 048.4	10 276.2	222.6	9.6	167.5	4 176.9	454.7	2 459.0	19 716.4
782.1	5 700.2	172.3		90.3	1 810.2	341.2	979.2	9 872.6
8.8	89.2	0.3	0.3	2.2	19.7	2.2	11.7	140.4
18.5	147.9	0.8	0.5	3.8	52.5	4.6	23.8	260.6
167 172.0	162 876.7	202 755.5	166 026.8	199 122.2	168 124.0	157 021.8	164 175.8	176 717.1
33 712.8	37 708.4	27 296.2	38 985.7	37 597.0	33 801.6	28 839.0	33 763.9	37 492.3
5 280.0	7 062.4	3 274.9	4 514.7	8 036.8	7 076.9	3 934.5	6 511.5	7 288.6
2.3	3.1	5.3	3.1	2.5	3.6	3.0	2.6	3.6
38.2	55.5	77.4		53.9	43.3	75.0	39.8	50.1
2.9	5.6	2.0	3.6	4.8	2.2	3.6	3.2	4.2
6.1	9.3	5.5	7.3	8.2	5.7	7.5	6.5	7.8

15—4 建　筑　业

（2010

地　　区	建筑业总产值	按登记注册类型分					
		国有企业	集体企业	股份合作企业	联营企业	有限责任公司	股份有限公司
全　　省	**469 031 305**	**60 192 900**	**21 938 905**	**3 010 455**	**549 086**	**187 550 963**	**30 268 670**
沈　　阳	105 520 863	14 898 464	4 202 743	1 110 743	11 445	39 787 720	15 510 312
大　　连	132 179 597	10 821 267	2 103 417	351 374		40 950 710	4 114 203
鞍　　山	37 315 132	2 977 505	2 987 851		90 300	21 711 112	2 600 698
抚　　顺	22 822 294	2 126 582	1 938 410	103 720		12 163 681	1 549 089
本　　溪	15 938 678	713 493	363 179		27 760	12 137 614	66 743
丹　　东	19 325 894	3 429 791	1 128 793	645 330		9 129 014	1 633 187
锦　　州	20 947 584	4 046 453	1 414 965	83 720		10 801 238	1 548 580
营　　口	15 589 991	1 500 363	68 352	13 682	414 201	3 917 831	5 260
阜　　新	8 568 764	681 523	182 610			4 544 430	
辽　　阳	16 209 339	2 100 623	1 698 173	165 562	4 380	7 895 056	152 262
盘　　锦	21 072 434	9 487 977	216 145	120 880	1 000	4 999 211	425 186
铁　　岭	20 682 706	5 701 032	1 887 915	246 590		6 374 013	1 557 990
朝　　阳	16 567 744	180 720	1 286 240			6 839 748	
葫　芦　岛	16 290 285	1 527 107	2 460 112	168 854		6 299 585	1 105 160

15—5 建　筑　业

（2010

地　　区	资产合计	按登记注册类型分					
		国有企业	集体企业	股份合作企业	联营企业	有限责任公司	股份有限公司
全　　省	**321 841 455**	**42 373 818**	**14 468 304**	**1 077 598**	**126 623**	**136 984 043**	**21 238 887**
沈　　阳	86 816 299	11 250 436	4 149 423	393 656	59 197	27 330 865	16 106 186
大　　连	98 790 072	8 320 913	1 909 555	253 395		38 804 330	1 306 195
鞍　　山	25 537 762	1 874 935	2 084 604		24 630	16 489 637	702 054
抚　　顺	8 734 440	1 019 346	593 617	20 040		3 747 715	473 112
本　　溪	9 308 183	358 183	439 918		28 875	6 823 666	68 018
丹　　东	15 311 399	2 885 291	551 415	171 293		8 924 761	511 189
锦　　州	11 303 418	1 751 687	1 020 099	44 927		5 778 470	1 081 875
营　　口	9 445 295	980 467	90 414	8 542	3 953	3 750 656	10 238
阜　　新	6 026 307	590 804	33 285			3 876 624	
辽　　阳	11 639 859	1 993 034	1 132 079	98 055	8 900	5 808 211	127 367
盘　　锦	16 305 226	8 301 331	160 992	49 538	1 068	4 727 058	389 229
铁　　岭	8 199 698	1 978 366	486 124	26 510		4 199 009	255 120
朝　　阳	6 353 801	217 926	679 877			3 318 974	
葫　芦　岛	8 069 696	851 099	1 136 902	11 642		3 404 067	208 304

总 产 值

年）

单位：千元

组				按经济组织类型分组			
私营企业	其他企业	港澳台商投资企业	外商投资企业	独资企业	合作伙伴企业	股份有限公司	有限责任公司
158 805 565	**1 437 334**	**706 776**	**4 570 651**	**91 451 894**	**6 080 826**	**36 681 626**	**334 816 959**
29 004 669		330 340	664 427	22 982 731	1 230 763	16 136 512	65 170 857
70 363 293	113 214	343 839	3 018 280	16 207 343	583 360	7 248 767	108 140 127
6 632 795			314 871	6 453 461	90 300	2 952 083	27 819 288
4 209 997	701 435		29 380	4 093 042	824 235	1 796 138	16 108 879
2 627 477			2 412	1 335 976	32 680	382 085	14 187 937
3 312 202	31 127	16 450		4 748 697	1 432 357	1 838 328	11 306 512
2 963 861		5 647	83 120	5 470 128	83 720	1 557 767	13 835 969
9 290 241			380 061	1 788 308	461 945	741 551	12 598 187
3 149 701		10 500		995 358			7 573 406
4 167 241			26 042	3 889 403	169 942	270 035	11 879 959
5 230 477	591 558			10 319 131	719 027	601 980	9 432 296
4 915 166				7 645 137	283 643	1 585 630	11 168 296
8 261 036				1 466 960			15 100 784
4 677 409			52 058	4 056 219	168 854	1 570 750	10 494 462

企 业 资 产

年）

单位：千元

组				按经济组织类型分组			
私营企业	其他企业	港澳台商投资企业	外商投资企业	独资企业	合作伙伴企业	股份有限公司	有限责任公司
97 759 320	**995 994**	**1 181 611**	**5 635 257**	**62 795 817**	**2 777 665**	**27 934 040**	**228 333 933**
25 230 405		540 995	1 755 136	17 290 775	551 949	16 975 290	51 998 285
44 680 545	73 720	605 059	2 836 360	12 885 274	397 775	4 698 320	80 808 703
4 155 797			206 105	4 339 544	24 630	904 054	20 269 534
2 440 026	223 170		217 414	1 626 863	384 900	544 956	6 177 721
1 574 587			14 936	997 645	36 445	296 141	7 977 952
2 193 422	59 388	14 640		3 478 981	430 848	1 160 447	10 241 123
1 568 131		2 264	55 965	2 783 255	44 927	1 097 224	7 378 012
4 217 531			383 494	1 212 674	29 988	768 026	7 434 607
1 506 941		18 653		682 916			5 343 391
2 449 097			23 116	3 187 522	106 955	313 415	8 031 967
2 036 294	639 716			8 913 613	712 790	580 057	6 098 766
1 254 569				2 500 971	44 816	277 410	5 376 501
2 137 024				897 803			5 455 998
2 314 951			142 731	1 997 981	11 642	318 700	5 741 373

15—6 各地区建筑

（2010

地区	负债合计	按登记注册类型分 国有企业	集体企业	股份合作企业	联营企业	有限责任公司	股份有限公司
全省	**207 643 202**	**30 142 826**	**9 690 763**	**554 824**	**100 699**	**95 178 139**	**15 313 647**
沈阳	58 350 856	8 303 456	2 813 460	292 785	52 961	19 139 100	12 406 931
大连	58 950 977	6 729 555	1 218 927	57 121		25 666 647	438 078
鞍山	17 740 328	1 111 858	1 316 751		20 070	11 886 052	370 407
抚顺	5 328 611	650 653	379 215	11 840		2 293 443	341 155
本溪	5 650 202	179 456	377 394		18 428	4 171 266	18 642
丹东	10 018 571	2 062 604	282 392	69 886		6 657 854	230 278
锦州	7 881 642	1 271 111	480 374	16 784		4 309 691	989 999
营口	6 051 471	597 103	71 735	1 571	2 060	2 839 295	1 114
阜新	3 842 772	394 245	9 504			2 574 470	
辽阳	8 293 123	1 534 196	796 306	63 654	7 180	4 656 377	88 650
盘锦	11 053 473	5 295 883	105 764	19 169		3 608 035	274 641
铁岭	5 447 068	1 448 005	346 910	20 290		3 165 286	69 219
朝阳	3 750 173	105 507	604 363			1 833 453	
葫芦岛	5 283 935	459 194	887 668	1 724		2 377 170	84 533

15—7 各地区建筑业

（2010

地区	实收资本合计	按登记注册类型分 国有企业	集体企业	股份合作企业	联营企业	有限责任公司	股份有限公司
全省	**68 834 985**	**6 937 591**	**3 342 150**	**334 813**	**25 584**	**24 423 834**	**4 037 792**
沈阳	17 930 714	1 768 478	684 875	78 339	6 236	5 051 999	2 586 939
大连	20 927 925	898 825	350 169	96 868		6 417 342	441 090
鞍山	5 013 760	589 778	534 840		4 560	2 790 782	197 526
抚顺	2 357 161	272 847	173 440	8 097		959 009	107 138
本溪	2 316 363	103 643	146 551		9 988	1 536 793	40 000
丹东	2 757 816	564 794	198 250	68 444		912 427	188 529
锦州	2 727 979	401 024	574 030	13 000		1 116 883	80 000
营口	2 106 795	261 457	17 398	5 100	1 800	504 135	8 043
阜新	1 638 576	161 922	22 055			911 018	
辽阳	2 617 583	315 595	270 667	23 405	2 000	983 367	29 000
盘锦	2 957 309	871 800	52 618	29 460	1 000	1 031 616	110 129
铁岭	1 948 743	414 025	104 776	6 100		713 703	145 398
朝阳	1 680 224	61 194	63 923			860 110	
葫芦岛	1 854 037	252 209	148 558	6 000		634 650	104 000

业　　企　　业　　负　　债

年）　　　　　　　　　　　　　　　　　　　　　　　　　　　　　　单位：千元

组				按经济组织类型分组			
私营企业	其他企业	港澳台商投资企业	外商投资企业	独资企业	合作伙伴企业	股份有限公司	有限责任公司
51 631 758	**617 656**	**816 488**	**3 596 402**	**43 851 757**	**1 542 145**	**18 924 307**	**143 324 993**
13 620 241		394 953	1 326 969	12 670 395	391 166	12 922 249	32 367 046
22 788 161	20 973	406 921	1 624 594	9 395 142	100 451	2 426 842	47 028 542
2 881 524			153 666	2 756 801	20 070	484 308	14 479 149
1 343 633	161 510		147 162	1 039 718	264 788	367 798	3 656 307
811 040			73 976	700 247	20 978	181 672	4 747 305
676 626	36 791	2 140		2 362 379	202 710	393 032	7 060 450
793 770		474	19 439	1 754 989	16 784	991 240	5 118 629
2 397 863			140 730	730 542	6 898	420 115	4 893 916
852 553		12 000		429 276			3 413 496
1 132 068			14 692	2 369 750	70 834	171 321	5 681 218
1 351 599	398 382			5 767 457	423 741	386 173	4 476 102
397 358				1 814 999	22 001	75 219	3 534 849
1 206 850				709 870			3 040 303
1 378 472			95 174	1 350 192	1 724	104 338	3 827 681

企　　业　　实　　收　　资　　本

年）　　　　　　　　　　　　　　　　　　　　　　　　　　　　　　单位：千元

组				按经济组织类型分组			
私营企业	其他企业	港澳台商投资企业	外商投资企业	独资企业	合作伙伴企业	股份有限公司	有限责任公司
28 067 693	**356 403**	**253 161**	**1 055 964**	**11 426 133**	**936 039**	**5 606 766**	**50 866 047**
7 262 356		105 564	385 928	2 720 078	133 992	2 839 944	12 236 700
12 171 078	48 000	127 444	377 109	1 806 546	188 155	989 357	17 943 867
857 739			38 535	1 159 984	4 560	289 196	3 560 020
726 630	50 000		60 000	449 947	98 097	148 672	1 660 445
475 894			3 494	291 694	14 988	118 514	1 891 167
793 872	19 000	12 500		783 081	122 944	292 310	1 559 481
528 042		1 000	14 000	981 234	13 000	94 108	1 639 637
1 151 072			157 790	349 228	20 640	232 213	1 504 714
536 928		6 653		210 730			1 427 846
984 373			9 176	599 368	25 405	85 171	1 907 639
621 283	239 403			1 009 898	286 141	186 653	1 474 617
564 741				531 811	22 117	161 028	1 233 787
694 997				125 117			1 555 107
698 688			9 932	407 417	6 000	169 600	1 271 020

15—8 各地区建筑业企业工程结算

（2010

地区	税金合计	按登记注册类型分					
		国有企业	集体企业	股份合作企业	联营企业	有限责任公司	股份有限公司
全省	**16 734 126**	**2 128 220**	**784 063**	**128 178**	**14 643**	**6 602 491**	**971 021**
沈阳	3 701 664	610 098	155 384	37 870	990	1 269 877	478 217
大连	4 855 844	350 604	94 884	13 673		1 492 101	137 130
鞍山	1 204 057	94 246	90 181		3 026	738 385	75 212
抚顺	743 248	38 321	80 686	4 869		422 254	39 556
本溪	756 522	35 366	13 197		1 038	558 585	1 784
丹东	718 011	129 150	38 954	22 846		334 407	56 978
锦州	570 180	110 007	38 825	2 591		283 254	46 170
营口	610 178	84 656	3 432	1 046	9 498	156 422	163
阜新	297 604	31 005	2 779			164 148	
辽阳	585 808	74 627	57 630	7 943	34	301 028	4 929
盘锦	681 163	259 456	7 433	4 084	57	173 862	28 966
铁岭	813 480	252 194	76 245	27 630		172 585	68 850
朝阳	673 252	7 346	47 303			316 689	
葫芦岛	523 115	51 144	77 130	5 626		218 894	33 066

15—9 各地区建筑业

（2010

地区	利润总额	按登记注册类型分					
		国有企业	集体企业	股份合作企业	联营企业	有限责任公司	股份有限公司
全省	**17 402 244**	**1 184 769**	**506 464**	**90 306**	**51 861**	**5 500 600**	**876 356**
沈阳	3 508 905	238 985	208 685	53 888	861	973 081	353 844
大连	7 945 693	363 691	110 772	15 376		2 157 236	322 796
鞍山	956 732	62 406	26 702		-810	628 869	53 178
抚顺	413 460	-11 887	-10 900	7 450		181 757	27 592
本溪	321 328	29 351	-13 942		-126	215 957	393
丹东	765 992	134 423	123 360	8 204		272 822	22 989
锦州	339 337	11 917	574	104		92 671	73 803
营口	1 294 529	102 451	181	4	51 636	318 275	500
阜新	47 955	251	250			26 939	
辽阳	324 565	35 164	18 953	1 461	203	134 447	1 674
盘锦	197 019	128 720	779	525	97	23 609	6 866
铁岭	534 203	74 935	19 660	170		139 559	10 512
朝阳	477 010	13 138	4 433			222 726	
葫芦岛	275 516	1 224	16 957	3 124		112 652	2 209

税金及附加与管理费用中的税金

年）

单位：千元

组				按经济组织类型分组			
私营企业	其他企业	港澳台商投资企业	外商投资企业	独资企业	合作伙伴企业	股份有限公司	有限责任公司
5 871 822	**51 481**	**25 981**	**156 226**	**3 277 006**	**237 399**	**1 207 903**	**12 011 818**
1 099 433		14 133	35 662	898 657	41 350	508 307	2 253 350
2 658 341	2 945	10 421	95 745	556 079	19 316	252 013	4 028 436
198 334			4 673	195 451	3 026	85 748	919 832
127 587	27 668		2 307	119 862	33 533	47 581	542 272
146 323			229	102 236	1 414	12 149	640 723
134 013	1 088	575		173 154	57 241	70 184	417 432
86 277		172	2 884	148 896	2 591	46 264	372 429
341 757			13 204	98 018	11 926	20 786	479 448
98 992		680		38 901			258 703
139 606			11	137 711	7 977	9 444	430 676
187 525	19 780			289 838	24 067	37 402	329 856
215 976				332 932	29 332	69 740	381 476
301 914				54 649			618 603
135 744			1 511	130 622	5 626	48 285	338 582

企业利润总额

年）

单位：千元

组				按经济组织类型分组			
私营企业	其他企业	港澳台商投资企业	外商投资企业	独资企业	合作伙伴企业	股份有限公司	有限责任公司
8 918 970	**28 162**	**25 692**	**219 064**	**1 969 888**	**220 051**	**1 169 077**	**14 043 228**
1 675 249		9 997	-5 685	532 915	65 960	373 529	2 536 501
4 794 368	2 071	15 154	164 229	609 652	20 475	495 389	6 820 177
182 039			4 348	102 207	-810	62 413	792 922
200 728	19 555		-835	-22 043	26 170	29 781	379 552
90 030			-335	30 548	-117	4 012	286 885
202 936	1 085	173		260 760	42 250	37 070	425 912
140 949		1 044	18 275	12 738	104	73 403	253 092
803 619			17 863	111 080	55 061	52 989	1 075 399
21 191		-676		-83			48 038
132 823			-160	60 017	1 664	3 514	259 370
30 972	5 451			132 187	6 413	18 993	39 426
289 367				103 658	-243	12 562	418 226
236 713				17 571			459 439
117 986			21 364	18 681	3 124	5 422	248 289

15—10 各 地 区 建 筑

（2010

地区	增加值	按登记注册类型分					
		国有企业	集体企业	股份合作企业	联营企业	有限责任公司	股份有限公司
全省	**98 082 030**	**11 385 094**	**4 779 677**	**641 456**	**100 353**	**37 082 953**	**6 104 135**
沈阳	26 094 559	3 989 727	1 249 376	243 552	4 962	9 182 333	3 297 074
大连	29 349 509	1 663 677	706 326	71 703		8 555 677	1 090 266
鞍山	5 133 590	411 928	429 691		4 876	3 059 143	317 060
抚顺	2 758 338	121 130	233 840	32 457		1 475 262	153 100
本溪	4 634 982	160 288	70 890		4 962	3 647 319	7 977
丹东	4 318 926	720 522	299 607	89 318		2 025 817	403 159
锦州	3 218 850	660 928	346 005	5 482		1 176 654	435 852
营口	4 126 929	401 408	14 877	5 089	84 209	1 076 768	1 004
阜新	1 269 033	127 443	18 170			662 681	
辽阳	3 389 725	449 602	320 361	33 953	1 059	1 852 612	29 539
盘锦	2 832 309	1 263 620	35 137	24 803	285	512 907	102 868
铁岭	3 681 487	1 079 515	258 690	109 060		839 054	176 695
朝阳	4 376 700	66 827	307 528			1 894 928	
葫芦岛	2 897 093	268 479	489 179	26 039		1 121 798	89 541

15—11 各 地 区 建 筑 业

（2010

地区	利税总额	按登记注册类型分					
		国有企业	集体企业	股份合作企业	联营企业	有限责任公司	股份有限公司
全省	**34 136 370**	**3 312 989**	**1 290 527**	**218 484**	**66 504**	**12 103 091**	**1 847 377**
沈阳	7 210 569	849 083	364 069	91 758	1 851	2 242 958	832 061
大连	12 801 537	714 295	205 656	29 049		3 649 337	459 926
鞍山	2 160 789	156 652	116 883		2 216	1 367 254	128 390
抚顺	1 156 708	26 434	69 786	12 319		604 011	67 148
本溪	1 077 850	64 717	-745		912	774 542	2 177
丹东	1 484 003	263 573	162 314	31 050		607 229	79 967
锦州	909 517	121 924	39 399	2 695		375 925	119 973
营口	1 904 707	187 107	3 613	1 050	61 134	474 697	663
阜新	345 559	31 256	3 029			191 087	
辽阳	910 373	109 791	76 583	9 404	237	435 475	6 603
盘锦	878 182	388 176	8 212	4 609	154	197 471	35 832
铁岭	1 347 683	327 129	95 905	27 800		312 144	79 362
朝阳	1 150 262	20 484	51 736			539 415	
葫芦岛	798 631	52 368	94 087	8 750		331 546	35 275

业　增　加　值

年）

单位：千元

组				按经济组织类型分组			
私营企业	其他企业	港澳台商投资企业	外商投资企业	独资企业	合作伙伴企业	股份有限公司	有限责任公司
36 765 895	**193 503**	**165 962**	**863 002**	**18 386 559**	**1 116 819**	**7 543 841**	**71 034 811**
7 907 561		85 209	134 765	6 275 267	280 620	3 458 904	16 079 768
16 636 733	11 211	71 063	542 853	3 084 901	96 734	1 800 513	24 367 361
890 664			20 228	888 670	4 876	377 299	3 862 745
616 690	114 039		11 820	359 073	153 317	186 819	2 059 129
742 343			1 203	366 909	5 913	69 128	4 193 032
768 002	8 706	3 795		1 035 558	211 654	487 136	2 584 578
558 693		2 149	33 087	1 008 316	5 482	436 891	1 768 161
2 460 025			83 549	452 454	99 017	161 906	3 413 552
456 993		3 746		176 933			1 092 100
701 564			1 035	792 362	35 012	60 799	2 501 552
833 142	59 547			1 436 799	85 997	130 803	1 178 710
1 218 473				1 355 094	112 158	180 805	2 033 430
2 107 417				374 355			4 002 345
867 595			34 462	779 868	26 039	192 838	1 898 348

企　业　利　税　总　额

年）

单位：千元

组				按经济组织类型分组			
私营企业	其他企业	港澳台商投资企业	外商投资企业	独资企业	合作伙伴企业	股份有限公司	有限责任公司
14 790 792	**79 643**	**51 673**	**375 290**	**5 246 894**	**457 450**	**2 376 980**	**26 055 046**
2 774 682		24 130	29 977	1 431 572	107 310	881 836	4 789 851
7 452 709	5 016	25 575	259 974	1 165 731	39 791	747 402	10 848 613
380 373			9 021	297 658	2 216	148 161	1 712 754
328 315	47 223		1 472	97 819	59 703	77 362	921 824
236 353			-106	132 784	1 297	16 161	927 608
336 949	2 173	748		433 914	99 491	107 254	843 344
227 226		1 216	21 159	161 634	2 695	119 667	625 521
1 145 376			31 067	209 098	66 987	73 775	1 554 847
120 183		4		38 818			306 741
272 429			-149	197 728	9 641	12 958	690 046
218 497	25 231			422 025	30 480	56 395	369 282
505 343				436 590	29 089	82 302	799 702
538 627				72 220			1 078 042
253 730			22 875	149 303	8 750	53 707	586 871

15—12　各地区总承包与专业承包建筑企业个数、设备及人数

(2010 年)

地　　区	建筑业企业个数（个）	年末自有机械设备总功率（万千瓦）	年末自有机械设备净值（万元）	计算建筑业劳动生产率的平均人数（万人）	劳动生产率（元/人）
全　省	**5 102**	**950**	**1 926 616**	**270.1**	**173 666**
沈　阳	1 542	170.5	283 057	67.5	156 295
大　连	1 378	273.6	701 223	77.8	169 924
鞍　山	319	64.6	102 723	17.7	210 328
抚　顺	164	32.6	59 954	11.3	202 768
本　溪	186	107.3	133 230	7	226 608
丹　东	201	22.6	62 343	10.8	179 309
锦　州	190	34.2	65 789	8.2	256 833
营　口	157	25.8	77 556	9.3	167 002
阜　新	159	13.3	29 048	4.6	184 672
辽　阳	217	48.4	115 281	10.9	148 386
盘　锦	176	50.8	110 713	8.7	243 449
铁　岭	93	42.9	56 147	11.2	184 441
朝　阳	159	34.2	66 017	13.9	119 504
葫芦岛	161	29.3	63 535	11.2	145 742

15—13　各地区国有总承包与专业承包建筑企业个数、设备及人数

(2010 年)

地　　区	建筑业企业个数（个）	年末自有机械设备总功率（万千瓦）	年末自有机械设备净值（万元）	计算建筑业劳动生产率的平均人数（万人）	劳动生产率（元/人）
全　省	**295**	**185.1**	**350 511**	**36.4**	**212 979**
沈　阳	89	36.5	51 808	11	143 043
大　连	41	16.3	52 243	8.8	192 048
鞍　山	24	4.7	11 920	1.7	190 606
抚　顺	12	2.9	4 500	0.9	226 860
本　溪	18	23	31 805	1.1	359 281
丹　东	13	1.8	7 995	1.4	248 158
锦　州	16	11.5	19 871	2.2	386 049
营　口	7	6.6	17 886	0.9	173 955
阜　新	15	3.3	8 411	0.7	161 838
辽　阳	10	10.1	19 648	0.9	224 810
盘　锦	13	31.3	60 371	2.3	420 529
铁　岭	15	16.1	22 105	2.6	215 336
朝　阳	9	15.5	31 173	1	221 222
葫芦岛	13	5.4	10 776	0.9	167 962

15—14 各地区集体总承包与专业承包建筑企业个数、设备及人数

(2010 年)

地　　区	建筑业企业个数(个)	年末自有机械设备总功率(万千瓦)	年末自有机械设备净值(万元)	计算建筑业劳动生产率的平均人数(万人)	劳动生产率(元/人)
全　　省	**340**	**54.5**	**92 107**	**20.3**	**123 225**
沈　　阳	76	8.3	12 697	4	134 560
大　　连	57	8.3	21 482	2.3	105 846
鞍　　山	45	6.9	8 226	2.3	129 653
抚　　顺	21	4.2	4 753	1.6	130 113
本　　溪	18	2.7	2 677	0.5	75 617
丹　　东	20	1.5	5 698	1	169 270
锦　　州	21	2.9	9 434	1	143 773
营　　口	4	0.5	989	0.1	83 283
阜　　新	3	0.3	351	0.3	70 506
辽　　阳	30	3.3	6 778	2.2	83 314
盘　　锦	11	2.3	2 189	0.4	82 443
铁　　岭	10	4.4	4 099	1.4	148 374
朝　　阳	7	1.6	1 537	1	126 412
葫 芦 岛	17	7.2	11 197	2.1	127 533

15—15 各地区总承包与专业承包建筑企业施工及竣工产值

(2010 年)

单位:千元

地　　区	建筑业总产值	建筑工程产值	安装工程产值	其他产值	竣工产值
全　　省	**469 031 305**	**396 011 734**	**59 793 967**	**13 225 604**	**300 773 300**
沈　　阳	105 520 863	90 825 489	14 624 429	70 945	51 010 257
大　　连	132 179 597	116 101 317	12 962 144	3 116 136	92 167 983
鞍　　山	37 315 132	29 712 478	5 011 056	2 591 598	22 971 075
抚　　顺	22 822 294	18 742 567	3 049 247	1 030 480	16 909 509
本　　溪	15 938 678	13 465 178	2 138 019	335 481	11 693 512
丹　　东	19 325 894	16 765 817	1 770 844	789 233	8 540 858
锦　　州	20 947 584	17 891 836	2 913 233	142 515	12 734 459
营　　口	15 589 991	14 913 309	637 802	38 880	10 873 472
阜　　新	8 568 764	7 293 374	1 131 623	143 767	5 515 926
辽　　阳	16 209 339	13 349 210	2 356 007	504 122	9 333 955
盘　　锦	21 072 434	11 337 118	7 939 902	1 795 414	19 035 537
铁　　岭	20 682 706	17 108 486	2 281 607	1 292 613	16 365 180
朝　　阳	16 567 744	15 005 911	1 495 971	65 862	12 042 817
葫 芦 岛	16 290 285	13 499 644	1 482 083	1 308 558	11 578 760

15—16 各地区国有总承包与专业承包建筑企业施工及竣工产值

(2010 年)　　单位:千元

地　区	建筑业总产值	建筑工程产值	安装工程产值	其他产值	竣工产值
全　省	**77 530 364**	**61 316 280**	**13 425 484**	**2 788 600**	**44 687 208**
沈　阳	15 664 504	14 617 144	978 190	69 170	7 985 647
大　连	16 959 178	15 182 286	1 737 892	39 000	7 965 420
鞍　山	3 186 361	2 282 071	537 691	366 599	2 599 420
抚　顺	2 126 582	1 345 142	768 431	13 009	629 159
本　溪	3 936 637	3 488 595	448 042		2 928 286
丹　东	3 429 791	2 906 362	101 716	421 713	469 893
锦　州	8 503 879	7 479 080	1 019 259	5 540	4 137 426
营　口	1 500 363	1 500 363			1 457 994
阜　新	1 096 773	949 798	143 596	3 379	501 518
辽　阳	2 100 623	1 390 195	588 971	121 457	435 410
盘　锦	9 487 977	3 353 048	5 699 866	435 063	9 133 226
铁　岭	5 701 032	3 628 449	1 010 087	1 062 496	3 828 731
朝　阳	2 309 557	2 297 974	11 583		1 621 977
葫芦岛	1 527 107	895 773	380 160	251 174	993 101

15—17 各地区集体总承包与专业承包建筑企业施工及竣工产值

(2010 年)　　单位:千元

地　区	建筑业总产值	建筑工程产值	安装工程产值	其他产值	竣工产值
全　省	**24 988 565**	**18 694 554**	**5 606 791**	**687 220**	**19 517 562**
沈　阳	5 324 931	2 586 194	2 738 737		4 161 095
大　连	2 454 791	1 935 973	465 007	53 811	2 165 928
鞍　山	2 987 851	1 889 166	651 835	446 850	2 317 563
抚　顺	2 042 130	1 596 248	406 792	39 090	1 326 810
本　溪	390 939	249 987	129 059	11 893	351 812
丹　东	1 774 123	1 718 249	9 294	46 580	1 060 874
锦　州	1 498 685	1 113 820	383 785	1 080	932 100
营　口	82 034	81 042	992		71 034
阜　新	182 610	182 610			170 310
辽　阳	1 863 735	1 749 429	80 706	33 600	1 530 894
盘　锦	337 025	229 862	107 163		298 018
铁　岭	2 134 505	1 991 465	101 804	41 236	2 070 816
朝　阳	1 286 240	1 286 240			993 850
葫芦岛	2 628 966	2 084 269	531 617	13 080	2 066 458

15—18 各地区总承包与专业承包建筑企业施工及竣工房屋面积

(2010 年)

单位:万平方米、千元

地　　区	房屋建筑施工面积	#本年新开工面积	#投标承包面积	房屋建筑竣工面积	房屋建筑竣工价值
全　　省	**26 806.96**	**18 586.58**	**22 448.15**	**13 003.26**	**149 648 094**
沈　　阳	5 732.96	3 642.30	4 907.74	1 839.55	19 298 770
大　　连	8 664.56	5 791.56	7 538.47	4 209.21	53 842 322
鞍　　山	2 381.83	1 304.72	1 905.60	937.67	12 888 726
抚　　顺	1 205.86	1 026.67	1 140.28	869.31	9 122 684
本　　溪	779.47	431.98	660.98	452.99	5 517 597
丹　　东	856.47	515.65	480.06	380.36	3 487 060
锦　　州	1 322.54	1 166.74	1 276.90	645.35	5 626 971
营　　口	1 115.65	821.93	667.68	626.06	6 261 579
阜　　新	608.30	435.68	540.52	235.40	1 962 790
辽　　阳	539.84	401.23	416.24	342.82	3 466 148
盘　　锦	525.89	447.26	273.60	369.72	4 363 250
铁　　岭	1 254.47	1 101.77	1 182.73	979.63	10 427 718
朝　　阳	1 010.43	794.44	792.36	654.09	7 206 001
葫　芦　岛	808.69	704.65	664.98	461.10	6 176 478

15—19 各地区国有总承包与专业承包建筑企业施工及竣工房屋面积

(2010年)　　单位:万平方米、千元

地　　区	房屋建筑施工面积	#本年新开工面积	#投标承包面积	房屋建筑竣工面积	房屋建筑竣工价值
全　　省	**1 878.04**	**1 055.15**	**1 658.85**	**651.19**	**7 568 933**
沈　　阳	851.36	486.79	693.38	242.12	2 422 187
大　　连	265.89	160.23	262.45	34.50	538 082
鞍　　山	261.24	115.88	248.30	95.72	1 250 634
抚　　顺	55.97	29.09	55.97		
本　　溪	96.88	43.62	77.12	65.94	1 146 602
丹　　东	65.79	5.70	64.69	7.06	35 750
锦　　州	144.51	115.39	144.51	117.28	1 208 335
营　　口	11.36	8.36	11.36	5.26	44 220
阜　　新	0.05	0.05			
辽　　阳	58.76	36.75	56.31	19.20	257 130
盘　　锦	10.74	10.74	6.07	10.74	142 553
铁　　岭	2.43	2.43	2.43	2.43	23 140
朝　　阳	27.31	16.50	16.50	27.31	215 300
葫　芦　岛	25.75	23.62	19.75	23.62	285 000

15—20 各地区集体总承包与专业承包建筑企业施工及竣工房屋面积

（2010 年）

单位：万平方米、千元

地区	房屋建筑施工面积	#本年新开工面积	#投标承包面积	房屋建筑竣工面积	房屋建筑竣工价值
全省	**1 833.94**	**1 530.17**	**1 520.60**	**1 011.44**	**10 459 104**
沈阳	224.81	166.69	216.74	180.05	1 507 533
大连	176.67	108.14	133.48	95.13	1 164 197
鞍山	143.54	107.20	69.26	66.29	877 640
抚顺	97.70	97.19	81.29	41.69	516 435
本溪	6.74	6.24	2.74	6.24	78 580
丹东	115.44	54.42	64.26	47.18	425 905
锦州	446.45	439.19	436.55	69.49	571 297
营口	11.09	4.91		8.54	56 360
阜新	10.82	10.82	10.82	4.31	43 500
辽阳	136.02	114.82	120.47	105.23	1 103 686
盘锦	17.68	17.18	14.38	5.20	51 000
铁岭	206.61	206.61	206.61	206.61	1 903 260
朝阳	111.17	93.27	98.44	90.44	943 570
葫芦岛	129.19	103.50	65.55	85.04	1 216 141

15—21 各地区总承包与专业承包建筑企业年末资产负债

(2010 年)　　单位:千元

地　区	流动资产合计	固定资产合计	固定资产原价	固定资产累计折旧	无形及递延资产合计
全　省	**250 578 744**	**53 446 105**	**72 841 090**	**26 419 918**	**6 251 839**
沈　阳	70 391 188	12 263 905	15 590 747	5 376 898	2 051 735
大　连	77 150 839	16 534 200	22 606 452	7 933 252	1 482 463
鞍　山	19 519 856	3 437 434	5 388 704	2 380 050	932 160
抚　顺	6 130 158	2 175 008	3 154 358	1 112 150	85 777
本　溪	6 795 345	1 974 503	2 608 893	994 851	62 765
丹　东	10 276 293	2 805 392	4 180 459	1 546 893	407 968
锦　州	8 771 891	1 921 869	2 615 893	904 471	243 483
营　口	7 122 874	1 901 980	2 495 395	789 556	227 324
阜　新	4 695 284	1 130 657	1 543 336	485 931	100 131
辽　阳	9 133 513	2 214 579	3 302 661	1 205 601	222 888
盘　锦	13 725 988	2 221 791	3 520 315	1 665 728	66 740
铁　岭	6 626 792	1 190 972	1 893 034	750 537	173 430
朝　阳	4 171 763	2 037 811	1 782 652	645 733	64 578
葫芦岛	6 066 960	1 636 004	2 158 191	628 267	130 397

15—21 续表　　(2010 年)　　单位:千元

地　区	资产总计	流动负债合计	长期负债合计	负债合计	所有者权益合计
全　省	**321 841 455**	**190 919 582**	**16 723 620**	**207 643 202**	**114 198 253**
沈　阳	86 816 299	55 859 675	2 491 181	58 350 856	28 465 443
大　连	98 790 072	51 270 918	7 680 059	58 950 977	39 839 095
鞍　山	25 537 762	17 061 839	678 489	17 740 328	7 797 434
抚　顺	8 734 440	4 653 335	675 276	5 328 611	3 405 829
本　溪	9 308 183	5 427 618	222 584	5 650 202	3 657 981
丹　东	15 311 399	7 403 891	2 614 680	10 018 571	5 292 828
锦　州	11 303 418	7 557 181	324 461	7 881 642	3 421 776
营　口	9 445 295	5 903 631	147 840	6 051 471	3 393 824
阜　新	6 026 307	3 663 904	178 868	3 842 772	2 183 535
辽　阳	11 639 859	8 053 827	239 296	8 293 123	3 346 736
盘　锦	16 305 226	9 997 613	1 055 860	11 053 473	5 251 753
铁　岭	8 199 698	5 269 506	177 562	5 447 068	2 752 630
朝　阳	6 353 801	3 624 787	125 386	3 750 173	2 603 628
葫芦岛	8 069 696	5 171 857	112 078	5 283 935	2 785 761

15—22　各地区国有总承包与专业承包建筑企业年末资产负债

（2010 年）　　单位:千元

地　　区	流动资产合计	固定资产合计	固定资产原价	固定资产累计折旧	无形及递延资产合计
全　　省	**41 594 074**	**8 882 797**	**13 790 839**	**6 481 335**	**913 625**
沈　　阳	9 688 569	1 944 413	2 492 405	978 135	60 410
大　　连	9 468 537	1 468 743	2 550 301	1 327 941	351 775
鞍　　山	1 436 278	447 632	690 985	279 411	31 118
抚　　顺	867 281	133 718	235 713	107 119	4 690
本　　溪	1 340 678	127 232	265 511	163 303	2 919
丹　　东	2 152 915	457 718	990 392	533 974	253 882
锦　　州	3 174 451	393 446	726 132	342 359	68 222
营　　口	624 198	321 583	440 973	139 390	34 686
阜　　新	1 349 344	308 909	495 079	190 689	25 119
辽　　阳	1 568 352	408 005	704 669	296 813	12 799
盘　　锦	7 343 483	938 457	2 089 474	1 184 344	1 859
铁　　岭	1 438 221	436 950	842 100	412 298	40 957
朝　　阳	595 041	1 207 093	836 423	381 401	19 314
葫 芦 岛	546 726	288 898	430 682	144 158	5 875

15—22 续表　　（2010 年）　　单位:千元

地　　区	资产总计	流动负债合计	长期负债合计	负债合计	所有者权益合计
全　　省	**52 876 083**	**35 979 775**	**2 231 011**	**38 210 786**	**14 665 297**
沈　　阳	12 030 061	8 447 252	374 990	8 822 242	3 207 819
大　　连	11 851 501	9 299 727	647 843	9 947 570	1 903 931
鞍　　山	2 032 427	1 205 955	2 830	1 208 785	823 642
抚　　顺	1 019 346	589 753	60 900	650 653	368 693
本　　溪	1 798 573	1 084 193	83	1 084 276	714 297
丹　　东	2 885 291	2 004 150	58 454	2 062 604	822 687
锦　　州	3 641 701	2 929 831	29 561	2 959 392	682 309
营　　口	980 467	596 903	200	597 103	383 364
阜　　新	1 687 242	1 119 181	115 634	1 234 815	452 427
辽　　阳	1 993 034	1 529 246	4 950	1 534 196	458 838
盘　　锦	8 301 331	4 411 941	883 942	5 295 883	3 005 448
铁　　岭	1 978 366	1 428 295	19 710	1 448 005	530 361
朝　　阳	1 825 644	874 154	31 914	906 068	919 576
葫 芦 岛	851 099	459 194		459 194	391 905

15—23 各地区集体总承包与专业承包建筑企业年末资产负债

(2010 年)　　单位:千元

地　区	流动资产合计	固定资产合计	固定资产原价	固定资产累计折旧	无形及递延资产合计
全　省	**12 245 035**	**2 720 785**	**3 951 492**	**1 586 348**	**268 808**
沈　阳	3 945 666	560 750	907 321	386 818	26 120
大　连	1 638 472	417 042	669 220	270 217	80 482
鞍　山	1 577 551	383 801	553 349	273 147	27 671
抚　顺	443 359	165 990	259 692	128 031	184
本　溪	391 521	65 316	110 819	51 030	113
丹　东	468 177	224 753	227 041	56 927	27 920
锦　州	778 408	213 362	310 386	120 632	38 631
营　口	78 433	20 319	26 939	6 620	204
阜　新	18 791	14 494	21 720	7 358	
辽　阳	978 056	216 560	268 783	88 898	32 959
盘　锦	152 834	57 696	76 815	23 378	
铁　岭	382 220	120 070	169 948	58 511	1 695
朝　阳	628 716	36 545	55 979	19 434	6 803
葫芦岛	762 831	224 087	293 480	95 347	26 026

15—23 续表　　(2010 年)　　单位:千元

地　区	资产总计	流动负债合计	长期负债合计	负债合计	所有者权益合计
全　省	**15 633 974**	**10 162 040**	**154 936**	**10 316 976**	**5 316 998**
沈　阳	4 602 276	3 130 670	28 536	3 159 206	1 443 070
大　连	2 162 950	1 252 307	23 741	1 276 048	886 902
鞍　山	2 084 604	1 296 407	20 344	1 316 751	767 853
抚　顺	613 657	373 667	17 388	391 055	222 602
本　溪	468 793	395 822		395 822	72 971
丹　东	722 708	342 280	9 998	352 278	370 430
锦　州	1 065 026	464 654	32 504	497 158	567 868
营　口	98 956	73 306		73 306	25 650
阜　新	33 285	9 504		9 504	23 781
辽　阳	1 230 134	848 560	11 400	859 960	370 174
盘　锦	210 530	124 933		124 933	85 597
铁　岭	512 634	357 798	9 402	367 200	145 434
朝　阳	679 877	604 363		604 363	75 514
葫芦岛	1 148 544	887 769	1 623	889 392	259 152

15—24 各地区总承包与专业承包建筑企业损益及分配

（2010年） 单位:千元

地区	工程结算收入	工程结算成本	工程结算税金及附加	工程结算利润	其他业务利润
全省	**442 485 314**	**385 033 421**	**15 553 004**	**37 090 073**	**713 553**
沈阳	96 982 054	84 622 314	3 558 343	8 634 188	172 584
大连	131 487 596	113 355 016	4 358 224	13 235 897	202 982
鞍山	33 089 800	29 450 345	1 125 268	2 361 971	158 785
抚顺	20 668 692	18 737 817	692 205	1 220 259	2 384
本溪	15 796 209	13 341 260	723 701	1 709 113	8 913
丹东	19 703 640	13 988 024	669 280	1 403 778	12 642
锦州	18 261 931	16 808 919	544 016	886 413	25 291
营口	15 416 437	13 050 364	542 172	1 815 694	6 099
阜新	7 551 515	6 899 822	284 653	356 649	-8 570
辽阳	15 861 450	14 395 552	552 413	893 201	82 699
盘锦	18 400 386	16 650 610	616 216	1 107 999	2 359
铁岭	19 085 424	16 631 535	763 625	1 463 635	13 961
朝阳	15 657 666	13 945 181	624 875	1 094 556	28 964
葫芦岛	14 522 514	13 156 662	498 013	906 720	4 460

15—24 续表 （2010年） 单位:千元

地区	管理费用	营业利润	利润总额	应收工程款	亏损企业个数（个）
全省	**17 653 554**	**18 642 881**	**17 402 244**	**69 903 952**	**771**
沈阳	5 049 012	3 446 780	3 508 905	16 655 168	353
大连	4 645 854	8 328 788	7 945 693	20 996 916	109
鞍山	1 379 126	973 403	956 732	7 727 895	50
抚顺	740 826	452 592	413 460	1 308 715	40
本溪	548 128	1 131 125	321 328	461 496	26
丹东	502 081	791 701	765 992	1 833 176	17
锦州	550 225	299 904	339 337	3 090 174	47
营口	402 888	1 353 193	1 294 529	905 247	8
阜新	270 603	50 139	47 955	709 508	33
辽阳	585 526	331 209	324 565	6 665 909	31
盘锦	932 354	199 575	197 019	4 556 843	26
铁岭	861 164	534 064	534 203	1 414 654	4
朝阳	592 844	478 122	477 010	1 127 007	7
葫芦岛	592 923	272 286	275 516	2 451 244	20

15—25 各地区国有总承包与专业承包建筑企业损益及分配

（2010 年） 单位:千元

地区	工程结算收入	工程结算成本	工程结算税金及附加	工程结算利润	其他业务利润
全省	**73 183 786**	**65 060 541**	**2 604 812**	**5 191 653**	**118 728**
沈阳	15 414 582	13 725 765	634 287	1 055 855	45 572
大连	15 951 404	14 420 092	506 663	1 019 405	8 302
鞍山	3 207 958	2 923 637	95 283	186 943	42 347
抚顺	1 255 851	1 166 351	34 466	55 034	－2 809
本溪	4 088 436	3 324 249	245 524	514 051	1 174
丹东	3 429 977	2 687 860	121 650	361 448	4 182
锦州	7 845 255	7 411 497	216 354	216 491	6 232
营口	1 698 940	1 443 012	60 541	184 807	15
阜新	1 010 408	893 768	43 219	73 186	－1 036
辽阳	2 240 792	2 037 446	71 140	129 665	12 270
盘锦	7 497 291	6 811 815	221 800	462 766	409
铁岭	5 761 244	4 872 668	233 389	509 422	1 385
朝阳	2 310 467	1 985 182	70 775	252 630	680
葫芦岛	1 471 181	1 357 199	49 721	169 950	5

15—25 续表 （2010 年） 单位:千元

地区	管理费用	营业利润	利润总额	应收工程款	亏损企业个数（个）
全省	**3 385 248**	**1 770 620**	**1 348 858**	**12 258 658**	**42**
沈阳	769 273	286 549	263 198	2 992 713	18
大连	533 640	408 420	394 001	3 230 802	1
鞍山	165 122	62 060	65 074	965 482	2
抚顺	63 953	－14 021	－11 887	313 842	5
本溪	83 251	430 535	33 628	84 280	
丹东	204 036	129 646	134 423	292 442	4
锦州	189 055	14 966	18 550	1 697 494	2
营口	76 478	102 501	102 451	900	
阜新	55 266	7 364	7 515	56 317	3
辽阳	99 787	34 892	35 164	544 248	1
盘锦	417 518	136 786	128 720	1 350 005	1
铁岭	431 859	68 706	74 935	498 155	1
朝阳	135 131	101 862	101 862	105 978	
葫芦岛	160 879	354	1 224	126 000	4

15—26 各地区集体总承包与专业承包建筑企业损益及分配

（2010 年） 单位：千元

地区	工程结算收入	工程结算成本	工程结算税金及附加	工程结算利润	其他业务利润
全省	**25 252 741**	**22 480 433**	**855 788**	**1 913 292**	**81 007**
沈阳	5 382 109	4 592 318	182 208	806 029	12 816
大连	3 076 778	2 687 674	101 872	283 527	8 221
鞍山	2 799 582	2 588 976	83 978	111 324	35 442
抚顺	2 264 908	2 121 854	75 733	48 921	616
本溪	372 632	338 804	13 221	20 126	-183
丹东	1 811 347	1 430 604	59 080	171 486	649
锦州	1 229 555	1 158 639	39 638	31 278	11 197
营口	90 596	84 751	3 871	2 005	
阜新	62 304	55 629	2 692	3 981	
辽阳	1 865 232	1 713 879	62 539	87 881	12 065
盘锦	333 465	309 402	11 139	12 290	
铁岭	2 396 711	2 115 909	100 721	179 506	100
朝阳	1 286 246	1 197 241	45 175	43 498	
葫芦岛	2 281 276	2 084 753	73 921	111 440	84

15—26 续表 （2010 年） 单位：千元

地区	管理费用	营业利润	利润总额	应收工程款	亏损企业个数（个）
全省	**1 323 258**	**603 042**	**597 505**	**2 939 714**	**65**
沈阳	552 700	256 469	263 434	734 691	13
大连	144 810	145 552	126 148	436 148	3
鞍山	121 888	22 052	26 702	619 512	11
抚顺	49 513	-924	-3 450	202 302	9
本溪	31 374	-11 833	-14 068	47 252	7
丹东	35 836	131 684	131 564	14 976	3
锦州	47 015	-6 330	678	239 860	7
营口	1 719	185	185		1
阜新	3 721	250	250		1
辽阳	78 522	19 512	20 414	46 724	5
盘锦	10 838	1 315	1 304	59 265	3
铁岭	119 840	20 366	19 830	203 860	
朝阳	35 236	4 812	4 433	7 761	
葫芦岛	90 246	19 932	20 081	327 363	2

主要统计指标解释

建筑业统计单位 指从事房屋、构筑物建造和设备安装活动的生产单位，根据不同的组织方式，建筑业统计的调查单位分为法人建筑业企业和附营建筑施工单位。法人建筑业企业是指专门组织的独立核算的法人建筑业企业，它应同时具备的条件是：①依法成立，有自己的名称、组织机构和场所，能够承担民事责任；②独立拥有和使用资产，承担负债，有权与其他单位签订合同；③独立核算盈亏，能够编制资产负债表。另一种调查单位是其他行业的企业、事业单位为完成本单位固定资产建造任务而自行组织的附营建筑施工单位，它应同时具备的条件是：①具有一个场所，从事或主要从事建筑安装活动；②单独组织生产经营活动；③在企业内部单独核算收支。

建筑业总产值(即自行完成施工产值) 指建筑业企业或附属施工单位自行完成的按工程进度计算的建筑安装生产总值。施工产值包括：

①建筑工程产值：指列入建筑工程预算内的各种工程价值。

②设备安装工程产值：指设备安装工程价值。

③房屋、构筑物修理产值：指房屋、构筑物修理所完成的价值，但不包括被修理房屋、构筑物本身的价值和生产设备的修理价值。

④非标准设备制造产值：指加工制造没有定型的、非标准的生产设备的加工费和原材料价值，不论是现场还是附属加工厂为本单位承建工程制造的非标准设备的价值，都应计算产值。

竣工产值 指在报告期内，按照设计所规定的工程内容全部完成，达到了设计规定的交工条件，经有关部门检查验收鉴定合格的单位工程价值之和。

房屋建筑施工面积 指在报告期内施工的全部房屋建筑面积。包括本期内新开工的、上期施工跨入本期继续施工、上期停建本期复工的房屋建筑面积；不包括上期开工后又停工，本期未施工的房屋建筑面积。

房屋建筑竣工面积 指在报告期内，按照设计所规定的工程内容全部完成，达到了设计规定的交工条件，经有关部门检查验收鉴定合格的房屋建筑面积。

住宅竣工面积 指房屋建筑竣工面积中供居住用的房屋建筑竣工面积。

自有机械设备年末总台数 指归本企业(或单位)所有，属于本企业固定资产的生产性机械设备年末总台数。包括施工机械、生产设备、运输设备以及其他设备。

自有机械设备年末总功率 指本企业(或单位)自有施工机械、生产设备、运输设备以及其他设备等列为在册固定资产的生产性机械设备年末总功率，按设定能力或查定能力计算。包括机械本身的动力和为该机械服务的单独动力设备，如电动机等。计量单位用千瓦，动力换算可按1马力=0.735千瓦折合成千瓦数。电焊机、变压器、锅炉不计算动力。

工程结算收入 指企业(或单位)按工程的分部分项自行完成的建筑产品价值并已与甲方在报告期内办理结算手续的工程价款收入，以及向甲方收取的除工程价款以外的按规定列作营业收入的各种款项，如临时设施费、劳动保险费、施工机械调迁费等以及向甲方收取的各种索赔款。

工程结算利润 指已结算工程实现的利润。如为亏损以"-"号表示。其计算公式为：

工程结算利润=工程结算收入-工程结算成本-工程结算税金及附加-经营费用

企业总收入 指与企业生产经营直接有关的各项收入，包括工程结算收入和其他业务收入，即：

企业总收入=工程结算收入+其他业务收入

第十六篇

运输和邮电

16

YUNSHU
HE
YOUDIAN

16—1 交通运输业基本情况

指 标	2005年	2006年	2007年	2008年	2009年	2010年
运输线路长度(公里)						
铁路营业里程	3 922	3 927	3 934	3 928	3 962	3 988
公 路	53 521	97 191	98 101	101 144	101 117	101 545
内 河	813	813	813	813	813	813
民 航	329 166	376 435	248 179	200 359	243 991	242 959
#国际航线	69 703	63 516	43 595	32 901	43 718	45 094
管 道	1 195	1 195	1 195	1 195	1 195	1 195
客运量总计(万人)	60 599	64 543	71 322	90 729	96 172	102 241
铁 路	9 503	9 883	10 417	11 958	13 336	13 298
公 路	49 917	53 317	59 562	77 510	81 585	87 699
水 运	650	714	651	597	543	490
民用航空	528.9	629	692	664	708	754
货运量总计(万吨)	97 748	109 140	120 615	126 938.7	139 541	163 303.2
铁 路	14 271	15 750	16 552	17 400	18 262	18 622
公 路	74 799	82 142	90 387	92 938	105 088	127 361
水 运	5 730	7 518	8 778	9 267	9 651	10 434
民用航空	9.4	11	11	10.4	9.5	10.2
管 道	2 939	3 719	4 887	7 323.3	6 530.8	6 876
民用汽车拥有量(万辆)	153.8	187.1	217.4	242.0	300.1	347.9
载客汽车辆数(万辆)	89.6	107.3	124.1	144.9	182.4	225.7
载货汽车辆数(万辆)	42.4	47.3	42.5	44	56.8	67.4
私人汽车拥有量(万辆)	71.8	98.2	134.8	155.8	200.7	242.3
民用运输船舶拥有量(艘)						
#机动船	735	771	821	862	736	553
驳 船	25	27	19	23	20	11
私人运输船舶拥有量(艘)						
#机动船	293	282	309	304	292	
沿海主要港口货物吞吐量(万吨)	30 208	35 666	41 613	48 768	55 513	67 952

16—2 运输线路长度

单位:公里

年份	铁路营业里程	# 辽宁省	公路通车里程	#有铺装路面简易铺装路面	# 高速公路	内河航道里程	民航通航里程	# 国内航线	输油里程	# 辽宁省
1990	8 798	3 702	40 109	10 172	375	508	99 545	89 199	2 238	1 419
1991	8 993	3 758	40 195	11 471	375	508	136 027	129 195	2 238	1 419
1992	8 993	3 758	41 548	13 644	391	508	204 870	200 822	2 238	1 419
1993	8 993	3 758	41 638	15 382	406	508	271 841	258 947	2 238	1 419
1994	8 807	3 758	42 763	17 155	420	508	305 884	242 445	2 238	1 419
1995	8 811	3 568	43 434	18 590	509	508	277 945	259 264	2 238	1 419
1996	8 811	3 568	43 753	19 365	509	508	321 207	246 776	2 235	1 415
1997	8 813	3 569	44 041	20 171	509	508	179 369	166 238	2 235	1 415
1998	8 796	3 558	44 483	21 419	707	508	124 089	110 587	2 235	1 415
1999	8 798	3 558	45 020	23 023	877	813	192 148	170 339	2 237	1 195
2000	8 800	3 556	45 547	24 264	1 068	813	219 198	201 702	2 237	1 195
2001	8 792	3 548	46 603	25 664	1 068	813	192 148	170 339	2 237	1 195
2002	8 809	3 565	48 051	27 557	1 637	813	239 243	211 331	2 237	1 195
2003	8 887	3 939	50 095	30 600	1 637	813	238 429	191 061	2 237	1 195
2004	9 299	3 939	52 415	34 838	1 637	813	335 729	276 409	2 237	1 195
2005	9 282	3 922	53 521	37 930	1 773	813	329 166	255 545	2 237	1 195
2006	9 309	3 927	97 191	43 333	1 849	813	376 435	312 239	2 237	1 195
2007	9 321	3 934	98 101	46 738	1 975	813	248 179	204 584	2 237	1 195
2008	9 431	3 928	101 144	52 762	2 747	813	200 359	167 458	2 237	1 195
2009	9 437	3 962	101 117	62 497	2 833	813	243 991	200 273	2 237	1 195
2010	9 460	3 988	101 545	63 324	3 056	813	242 959	197 865	2 237	1 195

16—3 旅 客 运 输 量

单位:万人

年份	总计	铁路	公路	水运	民航
1990	44 547	15 823	28 367	302	55
1991	46 643	14 733	31 480	355	75
1992	50 908	15 083	35 263	465	97
1993	49 756	15 072	34 050	521	113
1994	50 223	15 366	34 223	502	132
1995	52 228	13 928	37 591	533	176
1996	55 828	11 884	43 193	553	198
1997	53 430	10 403	42 276	540	211
1998	51 140	9 960	40 468	474	238
1999	49 239	9 937	38 382	595	325
2000	51 555	10 174	40 385	616	380
2001	52 259	10 038	41 207	602	412
2002	54 339	9 701	43 554	626	458
2003	50 813	8 706	41 076	542	489
2004	58 099	9 591	47 370	637	501
2005	60 599	9 503	49 917	650	529
2006	64 543	9 883	53 317	714	629
2007	71 322	10 417	59 562	651	692
2008	90 729	11 958	77 510	597	664
2009	96 172	13 336	81 585	543	708
2010	102 241	13 298	87 699	490	754

16—4 旅 客 周 转 量

单位:亿人公里

年 份	总 计	铁 路	公 路	水 运	民 航
1990	369.3	254.9	97.4	5.9	11.1
1991	392.8	259.1	111.5	6.9	15.3
1992	503.7	285.2	125.9	8.7	19.6
1993	465.9	306.0	121.3	8.7	29.9
1994	471.4	312.8	120.4	7.7	30.5
1995	451.5	292.5	109.9	8.6	40.5
1996	457.0	261.2	149.5	9.4	36.9
1997	460.9	271.5	145.5	9.2	34.7
1998	476.3	276.7	159.1	7.3	33.2
1999	496.4	291.9	149.6	11.9	43.0
2000	534.4	314.1	159.9	10.7	49.7
2001	562.4	326.5	167.1	8.4	60.4
2002	585.5	340.1	173.8	8.6	63.0
2003	545.3	306.9	164.1	7.2	67.0
2004	662.2	370.4	194.9	8.4	88.5
2005	673.1	381.4	210.1	8.4	73.2
2006	747.2	412.6	236.6	9.2	88.8
2007	806.1	436.6	263.5	8.4	97.6
2008	892.6	465.9	323	7.8	95.9
2009	940.0	483.5	350.1	7.0	99.4
2010	1 014.0	510.1	388.8	6.4	108.7

注:1. 铁路1978以前为沈阳、锦州两路局合计数,1979年以后扣除长春分局数,1983年以后为辽宁境内数,1988年以后还包括地方铁路。

2. 公路、水运口径同客运量。

16—5 货物运输量

单位:万吨

年份	总计	铁路	公路	水运	民航	管道
1990	76 326.3	14 306	56 105	1 521	1.3	4 393
1991	79 057.3	14 624	58 197	1 861	2.3	4 373
1992	81 084.0	14 852	59 739	2 145	2.0	4 346
1993	91 578.0	14 953	69 964	2 325	2.0	4 334
1994	89 876.0	14 096	68 953	2 396	3.0	4 428
1995	88 464.9	13 073	68 524	2 649	3.2	4 216
1996	84 823.0	13 053	65 174	2 472	4.0	4 120
1997	99 588.0	12 972	80 471	2 145	5.0	3 995
1998	83 478.0	12 100	65 481	1 977	5.4	3 915
1999	84 625.0	12 162	66 253	2 542	7.4	3 660
2000	83 603.9	12 523	64 515	3 091	8.9	3 466
2001	82 295.0	12 990	63 281	2 726	6.8	3 292
2002	83 573.1	13 126	64 101	3 071	8.1	3 264
2003	85 825.6	13 135	65 981	3 649	9.0	3 052
2004	91 401.6	13 844	70 164	4 447	8.6	2 938
2005	97 748.4	14 271	74 799	5 730	9.4	2 939
2006	109 140.0	15 750	82 142	7 518	11.0	3 719
2007	120 615.2	16 552	90 387	8 778	11.2	4 887
2008	126 938.7	17 400	92 938	9 267	10.4	7 323
2009	139 541.3	18 262	105 088	9 651	9.5	6 531
2010	163 303.2	18 622	127 361	10 434	10.2	6 876

16—6 货物周转量

单位:亿吨公里

年份	总计	铁路	公路	水运	民航	管道
1990	1 062.5	943.3	150.8	289.3	0.2	218.9
1991	1 791.1	980.1	174.2	419.6	0.3	216.9
1992	1 947.6	1 023.2	207.6	501.3	0.4	215.1
1993	2 078.8	1 044.1	227.8	593.7	0.6	212.7
1994	2 085.8	1 038.2	221.3	605.8	0.6	219.9
1995	2 090.2	1 011.4	198.5	671.1	0.7	208.5
1996	1 929.0	1 003.6	245.1	479.4	0.9	200.0
1997	1 846.7	1 047.8	297.6	316.1	0.7	191.5
1998	1 568.3	900.7	206.5	314.7	0.9	145.5
1999	1 794.3	926.2	207.7	531.2	1.2	127.9
2000	1 809.2	962.4	209.4	572.4	1.1	63.9
2001	1 861.8	976.7	215.8	607.9	1.1	60.3
2002	1 914.3	970.6	221.8	661.0	1.4	59.6
2003	2 426.5	1 012.8	226.5	1 130.6	1.6	55.0
2004	2 995.6	1 154.2	327.0	1 461.1	1.7	51.6
2005	3 400.6	1 194.8	415.6	1 738.2	1.6	50.5
2006	4 090.9	1 206.0	474.7	2 361.6	1.8	46.7
2007	5 865.1	1 293.3	568.1	3 956.6	1.8	45.2
2008	7 076.8	1 342.5	1 354.2	4 333.0	1.8	45.3
2009	7 793.8	1 302.1	1 550.5	4 896.8	1.6	42.8
2010	9 071.2	1 398.3	1 930.3	5 695.7	1.7	45.2

16—7 铁路机车车辆年末实有数

指　　标	单 位	2005年	2006年	2007年	2008年	2009年	2010年
中央铁路							
机车台数总计	台	1 600	1 543	1 528	1 560	1 232	1 705
内燃机车	台	1 372	1 321	1 317	1 282	891	1 282
客车辆数总计	辆	3 969	4 017	4 116	4 286	4 579	4 608
软座车	辆	75	85	173	277	331	333
硬座车	辆	1 969	1 965	1 874	1 464	1 562	1 887
软卧车	辆	258	263	267	237	275	348
硬卧车	辆	1 334	1 369	1 416	1 907	1 998	1 714
餐车	辆	205	205	208	209	214	212
其他	辆			178	192	199	114
辽宁省境内各分局							
机车台数总计	台	889	964	932	967	883	990
内燃机车	台	661	742	721	689	542	567
客车辆数总计	辆	2 058	2 208	2 240	2 269	2 897	3 006
软座车	辆	54	61	143	127	198	303
硬座车	辆	1 002	1 042	947	776	978	1 208
软卧车	辆	112	127	127	210	242	209
硬卧车	辆	708	783	790	946	1 233	1 090
餐车	辆	121	115	115	101	121	128
其他	辆			118	109	125	68

16—8 辽宁省辖区铁路主要站旅客发送量

单位:万人

车站名称	2005年	2006年	2007年	2008年	2009年	2010年
总计	**9 503.4**	**9 883.0**	**10 417**	**111 958**	**13 336**	**13 298.0**
开原	100.6	113.5	129.2	153.6	173.7	157.3
铁岭	178.8	189.2	196.3	230.4	288.2	297.3
沈阳	1 121.4	1 272.0	1 279.5	1 472.9	1 509.3	1 433.3
苏家屯	138.0	130.8	140.4	144.8	147.4	142.5
辽阳	217.4	217.9	229.5	257.3	280.1	284.0
黑山	2.2	2.3	0.4	0.4	0.7	0.3
鞍山	306.9	291.5	333.1	418.6	477.3	484.5
海城	145.6	151.7	180.4	200.8	220.6	236.9
大石桥	114.0	122.7	146.0	159.4	160.6	168.9
瓦房店	156.9	177.0	196.6	223.0	230.1	233.5
金州	137.3	144.8	160.8	179.2	200.7	247.9
南关岭	2.6	1.7	1.6	2.7	1.8	1.9
周水子	29.5	24.3	17.7	33.1	28.6	58.8
大连	897.5	948.5	1 086.5	1 207.6	1 261.9	1 247.9
皇姑屯	9.9	8.5	3.4	10.1	54.1	103.0
大成	5.5	3.7	1.1	5.7	3.7	12.2
抚顺北	96.3	102.1	55.5	59.1	86.2	84.0
大官屯	5.1	3.8	1.8	2.2	6.8	0.9
沈阳东	1.5	0.7	0.6	1.6	1.7	0.9
沈阳北	1 217.6	1 377.8	1 440.8	1 680.7	1 882.7	1 894.3
营口	35.1	37.3	40.8	52.6	66.2	65.5
旅顺	3.2	2.6	2.9	5.3	7.7	3.8
丹东	168.0	189.0	206.2	216.6	248.3	262.0
凤凰城	93.6	106.7	112.8	115.4	105.4	104.2
本溪	706.7	775.0	956.6	1 050.0	1 232.4	1 179.4
本溪湖	34.8	32.5	25.4	20.7	13.9	6.8
安平	10.0	11.8	9.5	9.8	13.3	157.0
沈阳西	3.6	3.2	1.5	1.8	1.3	1.0
锦州	406.4	406.6	395.3	465.3	482.2	464.6
葫芦岛	109.6	118.8	135.6	169.0	184.4	176.8
大虎山	53.4	58.5	67.4	79.4	85.7	85.8
渤海	1.8	0.4	0.9	0.8	1.7	0.5
盘锦	40.6	49.9	61.8	80.9	87.9	84.4
朝阳	75.3	79.9	81.9	89.9	91.9	86.9
阜新	114.7	127.5	122.7	133.3	142.9	140.6

16—9 辽宁省辖区铁路主要站货物发送量

单位:万吨

车站名称	2005年	2006年	2007年	2008年	2009年	2010年
总计	**14 270.9**	**15 750.0**	**16 552.0**	**17 400**	**18 262**	**18 622**
开原	69.3	53.0	66.5	66.9	54.3	33.1
铁岭	49.2	37.0	14.3	37.0	88.4	132.2
沈阳	53.1	42.8	34.5	31.7	1.5	0.1
苏家屯	46.4	37.4	55.5	44.9	62.2	135.2
辽阳	30.6	17.6	34.3	27.8	48.5	28.5
黑山	8.9	9.0	8.2	6.8	5.5	4
鞍山	9.2	7.3	6.3	7.0	1.5	
海城	72.4	79.5	84.1	80.7	89.7	62.2
大石桥	136.0	121.0	143.8	151.7	121.2	409.4
瓦房店	3.1	2.3	2.2	1.8	2.4	1.2
金州	35.7	50.7	40.4	63.2	63.8	47.6
南关岭	24.2	18.8	15.6	25.3	22.8	14.4
周水子	17.2	18.5	9.7	3.1	2.5	2.1
大成	105.7	103.2	114.2	202.8	113.3	101.4
抚顺北	6.7	11.2	15.1	23.2	2.4	10.3
大官屯	754.9	629.0	578.8	588.0	629.9	571.4
沈阳东	59.6	73.4	89.0	62.7	73.4	81.6
营口	78.5	67.2	88.0	118.2	125.1	101.3
甘井子	332.6	316.1	286.7	269.5	272.2	403.9
旅顺	4.8	3.7	3.1	2.9	2.9	2.3
丹东	194.2	250.2	183.0	241.5	379.1	303.9
凤凰城	15.5	9.3	11.8	7.9	4.5	5.2
本溪	589.4	736.1	893.4	1 188.1	984.6	1 075.7
本溪湖	168.9	173.0	169.9	142.9	167.0	143.6
安平	269.2	346.8	335.2	370.7	455.1	342.4
沈阳西	15.5	9.7	2.1			
锦州	300.9	323.9	327.4	336.7	294.2	303.3
葫芦岛	290.7	271.3	280.8	247.4	214.2	252.5
大虎山	11.9	8.7	23.8	11.4	5.6	1.8
渤海	174.3	153.1	152.5	160.3	124.5	110.3
盘锦	46.3	52.5	57.7	53.3	53.4	150.5
朝阳	45.3	43.9	52.9	30.9	32.1	32.3
阜新	577.8	673.6	646.9	741.1	772.1	818.7

16—10 民用车辆拥有量

（2010年末）　　单位:辆

指　　标	总　计	总计中:		总计中:			报　废
		营　运	非营运	进　口	个　人	新注册	
合　计	**5 442 228**	**933 989**	**4 508 239**	**195 154**	**4 314 599**	**782 456**	**77 465**
一、汽　车	3 479 333	840 639	2 638 694	186 229	2 423 257	552 038	62 063
1.载客汽车	2 256 728	141 331	2 115 397	175 470	1 707 493	423 135	16 023
#大　型	57 000	35 880	21 120	1 215	5 419	6 115	2 793
中　型	98 112	9 991	88 121	3 436	39 322	3 880	1 814
小　型	2 027 109	95 155	1 931 954	170 599	1 598 929	405 856	11 018
微　型	74 507	305	74 202	220	63 823	7 284	398
#轿　车	1 425 843	79 917	1 345 926	90 762	1 130 007	284 206	9 476
2.载货汽车	674 211	466 013	208 198	3 148	275 256	118 568	38 127
#重　型	188 294	159 846	28 448	1 618	32 399	35 690	8 521
中　型	70 290	56 744	13 546	35	24 844	6 977	4 052
轻　型	410 886	246 592	164 294	1 491	214 688	75 772	20 412
微　型	4 741	2 831	1 910	4	3 325	129	5 142
#普通载货	376 899	253 426	123 473	955	178 052	62 358	28 846
3.其它汽车	548 394	233 295	315 099	7 611	440 508	10 335	7 913
二、电　车	146	131	15				
无　轨	61	59	2				
有　轨	85	72	13				
三、摩托车	1 470 767	32 816	1 437 951	8 638	1 459 950	201 279	11 463
普　通	1 416 169	32 412	1 383 757	8 008	1 405 985	199 370	11 098
轻　便	54 598	404	54 194	630	53 965	1 909	365
四、拖拉机	423 843		423 843		423 843	14 542	2 435
大中型	185 188		185 188		185 188	8 635	260
小型方向盘式	231 410		231 410		231 410	5 373	2 105
五、挂　车	62 729	59 565	3 164	174	5 764	13 957	1 284
六、其它类型车	5 410	838	4 572	113	1 785	640	220

16—11 公路线路年底到达数

(2010年)　　单位:公里

指标	公里里程总计	等级公路					
		合计	专用公路		一般公路		
			高速	一级	二级	三级	四级
本年年底到达数	**101 545**	**83 983**	**3 056**	**2 459**	**16 908**	**31 254**	**30 305**
1.干线公路	14 800	14 800	3 056	1 759	9 418	567	
国道	6 267	6 267	2 806	691	2 691	78	
省道	8 533	8 533	250	1 068	6 727	488	
2.县道	12 434	12 434		656	6 650	4 958	171
3.乡道	30 865	30 865		21	646	22 773	7 424
4.专用公路	929	909		11	73	380	445

16—12 公路运输主要经济技术指标

（地方交通部门）

指　　标	单　位	2005年	2006年	2007年	2008年	2009年	2010年
载客汽车工作率	%	96.3	96.5	97.5	97.3	96.8	96.9
载客汽车实载率	%	67.2	74.1	75.2	78.7	76.7	79.4
百车公里耗汽油	升	21.1	23.9	25.4	22.4	16.1	19.1
百吨公里耗汽油	升	10.0	9.6	11.2	23.9	2.5	6.8
百车公里耗柴油	升	23.2	25.7	24.8	20.2	19.3	20.5
百吨公里耗柴油	升	10.4	10.0	9.4	18.4	5.8	9.4
载货汽车工作率	%	75.7	80.2	82.1	82.6	81.9	83.7
栽货汽车实载率	%	67.4	70.3	71.5	93.7	77.2	77.6
百车公里耗汽油	升	28.1	27.3	26.8	31.3	19.5	11.0
百吨公里耗汽油	升	8.5	8.4	8.3	4.1	6.1	6.9
百车公里耗柴油	升	28.1	27.9	27.1	29.1	21.4	22.0
百吨公里耗柴油	升	7.1	7.0	6.7	3	2.7	5.7

16—13 船舶拥有量

指　　标	单位	2005年	2006年	2007年	2008年	2009年	2010年
民用船舶拥有量							
水运船舶	艘	735	798	840	862	736	553
净载重吨	吨	2 981 843	4 027 037	4 391 865	5 096 348	6 222 736	7 202 719
#拖　轮	艘	18	17	19	12	11	4
驳　船	艘	25	27	19	23	20	11
净载重吨	吨	12 710	21 139	28 053	38 651	48 214	40 011

16—14　全社会水运客货运输量

年　份	货运量（万吨）	# 交通部门	货运周转量（万吨公里）	# 交通部门	客运量（万人）	# 交通部门	旅客周转量（万人公里）	# 交通部门
1990	1 521	1 433	2 892 885	2 891 254	302	290	59 396	58 990
1991	1 861	1 787	4 196 000	4 194 000	355	342	59 296	58 990
1992	2 145	1 894	5 013 673	4 829 714	465	418	86 880	83 157
1993	2 325	1 843	5 936 798	5 072 678	521	396	86 605	78 167
1994	2 426	1 969	6 152 164	5 314 440	501	379	78 201	70 172
1995	2 649	2 262	6 711 204	5 823 222	533	400	86 146	75 792
1996	2 472	2 136	4 794 110	3 721 911	553	415	94 208	80 454
1997	2 145	1 916	3 161 179	2 360 667	540	404	91 795	76 555
1998	1 977	1 679	3 147 000	2 231 000	474	340	73 000	59 000
1999	2 542	2 270	4 528 000	3 465 000	595	425	119 000	98 000
2000	3 091	2 733	5 724 000	4 723 000	616	421	107 000	87 469
2001	2 726	2 019	6 079 116	4 576 611	602	381	84 299	59 082
2002	3 071	2 567	6 609 993	4 908 246	626	356	86 095	59 785
2003	3 649	2 942	11 305 708	9 875 729	542	307	71 790	51 295
2004	4 447		14 611 161		637		84 187	
2005	5 730		17 381 637		650		83 902	
2006	7 518		23 616 152		714		91 583	
2007	8 778		39 565 875		651		84 116	
2008	9 267		43 330 070		597		77 776	
2009	9 651		48 968 411		543		70 385	
2010	10 434		56 957 104		490		63 899	

16—15 沿海港口码头长度和泊位数

港 名	2005年	2006年	2007年	2008年	2009年	2010年
港口码头长度(米)	**38 699**	**49 037**	**52 032**	**58 715**	**55 427**	**63 654**
#大 连 港	26 119	31 112	31 746	37 045	33 318	37 563
营 口 港	5 994	8 896	10 592	11 307	11 520	13 533
丹 东 港	2 605	3 610	3 610	3 352	3 677	4 814
锦 州 港	2 058	3 542	4 333	4 853	4 698	5 530
港口码头泊位(个)	**288**	**310**	**322**	**351**	**320**	**371**
#大 连 港	192	191	194	223	196	225
营 口 港	47	57	64	59	55	68
丹 东 港	26	31	31	26	27	33
锦 州 港	9	15	17	19	18	21

注:(1)码头泊位包括浮筒泊位。

(2)2005年均为生产用码头长度和泊位。

16—16 沿海港口吞吐量

指　　标	2005年	2006年	2007年	2008年	2009年	2010年
货物吞吐量(万吨)	**30 208**	**35 666**	**41 613**	**48 768**	**55 513**	**67 952**
#大　连　港	17 085	20 046	22 286	24 588	27 207	31 399
营　口　港	7 537	9 477	12 207	15 085	17 603	22 579
进　　口	13 106	16 106	18 764	22 434	26 842	32 998
#外　　贸	5 447	5 445	6 617	7 470	10 391	16 845
内　　贸	7 659	10 661	12 147	14 964	16 451	16 153
出　　口	17 102	19 560	22 849	26 334	28 671	34 954
#外　　贸	4 195	4 540	5 208	4 588	3 806	4 748
内　　贸	12 907	15 020	17 641	21 746	24 865	30 205
旅客进出港量(万人)	**659**	**664**	**699.7**	**648.8**	**669.5**	**630.7**
进　　港	329	329	346.3	328.5	338.8	320.4
出　　港	330	335	353.5	320.3	330.7	310.3

16—17 民用航空运输量

指标	单位	2005年	2006年	2007年	2008年	2009年	2010年
(一)客运量	**万人**	**531.9**	**628.9**	**691.6**	**664.1**	**707.9**	**753.7**
国际航线	万人	71.9	76	94.5	87.1	79.9	98.5
地区航线	万人	2.9	3.4	2.7	3.8	4.7	7.3
国内航线	万人	457.1	552.9	596.7	573.3	628.0	655.3
(二)旅客周转量	**万人公里**	**732 629**	**866 387.2**	**976 144.7**	**959 480.2**	**993 579.6**	**1 086 836**
国际航线	万人公里	96 213.4	99 478.9	134 894.3	128 426.9	110 980.8	132 347
地区航线	万人公里	7 991	9 468	7 510.9	10 649.0	12 022.3	17 751
国内航线	万人公里	635 654.9	766 908.3	841 026.5	820 718.3	882 598.8	954 490
(三)货(邮)运量	**吨**	**94 355**	**106 806**	**112 066.1**	**104 328.1**	**94 938.2**	**102 411**
国际航线	吨	17 888.3	17 635	15 731.6	14 101.7	9 412.5	8 976
地区航线	吨	365.1	400.0	359.5	317.5	312.0	438
国内航线	吨	76 406.1	89 191	96 329.0	89 909.4	85 525.7	93 436
(四)货邮周转量	**万吨公里**	**15 769.2**	**17 990.2**	**18 465.8**	**17 622.5**	**16 081.9**	**17 059**
国际航线	万吨公里	2 117.6	2 148.3	2 227.6	2 014.9	1 288.3	1 355
地区航线	万吨公里	98.7	108.7	98.1	87.6	86.0	118
国内航线	万吨公里	13 651.6	15 841.9	15 935.1	15 520.1	14 793.6	15 704
(五)总周转量	**万吨公里**	**81 122**	**95 289.9**	**105 390.8**	**103 181.2**	**104 626.0**	**108 442**
国际航线	万吨公里	10 693.6	11 009.7	14 248.0	13 460.4	11 347.3	12 723
地区航线	万吨公里	811.7	949.6	766.7	1 035.5	990.6	1 249
国内航线	万吨公里	80 028.4	84 280.2	91 122.1	88 712.8	93 278.7	95 719

注:此表数为北方航空公司提供。

16—18 邮电业务基本情况

指　　标	单 位	2005年	2006年	2007年	2008年	2009年	2010年
邮电业务总量	亿 元	450.7	564.9	706.1	819.7	948.5	1 159.9
电信业务总量	亿 元	427.1	537.2	676.7	786.5	908.9	1 122.72
邮政业务总量	亿 元	23.6	27.7	29.4	33.2	39.6	37.2
函　　件	亿 件	1.3	1.0	0.8	0.83	0.8	0.8
包　　件	万 件	309.2	297.1	285.1	243.6	223.6	223.6
特快专递	万 件	804.4	911.6	1 019.8	1 146.6	1 319.6	1 400.11
报刊期发数	万 份	338.9	379.7	330.1	375.1	356.1	383.7
固定电话年末用户	万 户	1 407.8	1 418.7	1 438.7	1 604.3	1 529.1	1 427.98
城市电话用户	万 户	979.6	970.0	993.4	1 142.1	1 075.7	985.77
农村电话用户	万 户	428.3	448.8	445.3	462.2	453.4	442.21
年末移动电话用户	万 户	1 394.9	1 677.8	2 097.2	2 421.5	2 882.1	3 341.8
年末国际互联网用户	万 户	331.8	327.1	395.5	455.6	535.4	595.6
邮电局、所	处	1 685	1 645	1 641	1 572	1 560.0	1 564
邮路总长度	万公里	29	27.2	27.9	30.6	32.6	8.6
汽车邮路	公 里	34 187	33 136	38 564	52 072.8	55 638.4	35 709
铁路邮路	公 里	4 158	4 158	4 022	4 021	7 296.0	7 016

注:邮电业务总量按2000年不变价计算。

16—19 各地区邮电业务量

(2010年)

地区	邮电业务总量（万元）		函件（万件）	报刊期发数（万份）	移动电话用户（万户）	互联网用户（万户）	固定电话年末用户（万户）		
		邮政业务总量	电信业务总量						城市电话用户	农村电话用户
全省	**11 599 439.8**	**372 194.0**	**11 227 246**	**8 462.9**	**383.7**	**3 341.8**	**595.6**	**1 427.98**	**985.77**	**442.21**
沈阳	2 904 385.0	63 749.3	2 840 636	2 774.5	89.8	744.0	137.5	320.23	256.59	63.64
大连	2 328 523.9	78 956.7	2 249 567	1 760.6	90.9	674.6	123.5	280.34	211.01	69.33
鞍山	920 840.2	29 093.1	891 747	447.1	26.6	279.2	53.9	112.77	78.52	34.25
抚顺	513 236.2	16 094.2	497 142	618.8	17.9	172.6	31.8	75.22	61.28	13.94
本溪	394 242.0	14 296.9	379 945	938.8	12.3	113.1	23.0	45.71	33.95	11.76
丹东	553 694.1	21 693.0	532 001	548.0	12.8	159.1	28.8	85.52	57.62	27.90
锦州	675 577.4	18 793.6	656 784	233.1	17.4	201.4	39.1	94.81	54.15	40.66
营口	586 231.7	15 634.5	570 597	151.8	12.8	172.0	27.9	61.68	37.06	24.63
阜新	387 674.9	6 872.5	380 802	129.3	9.2	120.9	21.5	53.16	33.65	19.51
辽阳	446 420.7	20 253.9	426 167	153.1	15.2	125.2	21.6	54.02	33.71	20.32
盘锦	404 456.4	23 084.4	381 372	175.5	14.8	109.7	16.7	63.25	35.57	27.69
铁岭	481 764.1	16 137.2	465 627	243.8	9.6	145.6	23.1	79.86	38.63	41.23
朝阳	481 130.2	19 552.2	461 578	105.9	22.6	171.2	23.8	36.26	22.00	14.26
葫芦岛	513 236.8	19 956.3	493 280	182.7	16.9	153.3	23.3	65.15	32.03	33.11

注：邮电业务总量按各个时期的不变价格计算。

16—20 邮 电

指 标	邮电业务总量（万元）	邮政业务总量	电信业务总量	函 件（万件）	报刊期发数（万份）
1978	9 580			14 725	720
1979	9 939			15 157	799
1980	10 576			14 908	953
1985	17 303			21 002	1 791
1986	18 962			22 048	1 610
1987	21 733			24 175	1 752
1988	26 878			24 464	1 325
1989	34 519			23 146	705
1990	83 986			21 964	1 176
1991	108 122			19 454	1 123
1992	154 881			21 281	903
1993	242 108			23 791	1 163
1994	322 406			25 001	816
1995	500 819			24 288	698
1996	625 297			22 317	630
1997	883 518			21 642	701
1998	1 322 580			23 450	745
1999	1 578 635			18 140	594
2000	2 426 099	87 084	2 339 015	17 309	415
2001	2 130 799	160 002	1 970 796	14 867	440
2002	2 492 992	172 483	2 320 509	13 094	379
2003	2 909 994	190 453	2 719 542	15 985	352
2004	3 651 650	204 598	3 447 052	13 858	352
2005	4 507 393	235 650	4 271 743	12 466	339
2006	5 649 857	277 553	5 372 304	9 938	380
2007	7 061 352	293 973	6 767 379	8 270	330
2008	8 197 008	331 618	7 865 390	8 330	375
2009	9 485 359	396 315	9 089 044	7 486	356
2010	11 599 440	372 194	11 227 246	8 463	384

注:邮电业务总量按各个时期的不变价格计算。

业　务　量

特快专递（万件）	集邮业务（万枚）	移动电话用户（万户）	互联网用户（万户）	固定电话年末用户（万户）	城市电话用户	农村电话用户
				15.4	10.3	5.1
				22.4	16.5	5.9
3				24.6	18.5	6.1
5				27.7	21.2	6.5
9	786			32.8	25.8	7.0
20	1 337			38.0	30.5	7.5
20.0	3 586			43.1	35.2	7.9
28.0	5 651	0.2		50.3	41.6	8.7
46.0	7 817	0.5		66.6	56.5	10.1
92.0	9 812	1.8		98.8	85.3	13.5
166.0	10 940	7.9		155.6	135.9	19.7
215.0	13 977	19.8		229.1	194.8	34.3
259.0	17 290	36.2	0.1	319.0	261.7	57.3
254.2	22 681	67.2	0.5	394.3	309.7	84.6
261.9	24 367	128.8	2.3	476.8	366.4	110.4
315.8	24 179	207.7	12.2	579.2	439.3	139.9
389.7	19 834	429.3	61.8	699.5	519.7	179.8
466.6	12 014	703.8	163.4	860.7	621.5	239.2
509.1	7 822	846.6	335.9	1 016.5	712.4	304.1
619.8	4 413	962.9	382.6	1 278.6	907.3	371.2
744.3	3 714	1 180.9	448.9	1 492.7	1 074.4	411.8
804.4	4 371	1 394.9	331.8	1 661.2	1 203.4	449.9
911.6	3 800	1 677.8	327.1	1 701.8	1 229.7	472.1
1 019.8	4 465	2 097.2	395.5	1 728.8	1 257.1	471.6
1 146.6	4 639	2 421.5	458.9	1 604.3	1 142.1	462.2
1 319.6	4 160	2 882.1	535.4	1 529.1	1 075.7	453.4
1 400.1	4 399	3 341.8	595.6	1 427.98	985.77	442.21

16—21 邮电通信水平

指标	单位	2005年	2006年	2007年	2008年	2009年	2010年
平均每一邮电局所服务面积	平方公里	87.5	89.7	89.9	93.8	94.6	95.0
平均每一邮电局所服务人口	万人	2.5	2.6	2.6	2.6	2.7	2.7
设有邮政局所的乡(镇)比重	%	91.3	90.9	90.6	91	87	87
已通邮的行政村比重	%	100	100	100	100	100	100
平均每人每年发函件数	件	2.96	2.34	1.45	1.97	1.76	1.99
平均每百人每年订报刊数	份	8.0	8.9	7.7	9	8.4	9.0
固定电话普及率	部/百人	39.4	39.9	40.9	37.7	35.4	33.6
移动电话普及率	部/百人	33.1	39.3	49.6	57	66.8	78.5
城市固定电话普及率	部/百人	28.5	28.8	29.7	31	42.2	46.0
进入长话自动网的县(市)比重	%	100	100	100	100	100	100
已通固定电话的乡(镇)比重	%	100	100	100	100	100	100
已通固定电话的行政村比重	%	100	100	100	100	100	100

主要统计指标解释

铁路营业里程 又称营业长度，指办理客货运输业务的铁路正线总长度。凡是全线或部分建成双线及以上的线路，以第一线的实际长度计算；复线、站线、段管线、岔线和特殊用途线以及不计算运费的联络线都不计算营业里程。铁路营业里程是反映铁路运输业基础设施发展水平的重要指标，也是计算客货周转量、运输密度和机车车辆运用效率等指标的基础资料。

铁路正线延展里程 是正线第一线、第二线、第三线和其他正线建筑里程之和，不包括站线、段管线、岔线及特殊用途线的延展里程。它是作为计算铁路线上钢轨、枕木及路基砂石需要量的主要依据。

铁路电气化里程 指在全部铁路营业里程中已安装了供电线路及设备，可以供电力机车牵引列车运行的区段的总里程。

铁路自动闭塞里程 为保证列车安全运行，在一个区间，同一时间内，一般只允许一列列车运行，这种保证列车在这个区间安全间隔运行的技术方法称为“闭塞”，自动闭塞里程是指装有列车自动完成闭塞作用设备的铁路里程。自动闭塞里程占铁路营业里程的比重也是反映铁路现代化的重要标志之一。

公路里程 指在一定时期内实际达到《公路工程技术标准 JTJ01 - 88》规定的等级公路，并经公路主管部门正式验收交付使用的公路里程数。其计算单位为：Km。它包括大中城市的郊区公路以及通过小城镇街道部分的公路里程，也包括桥梁、渡口的长度，但不包括大中城市的街道、厂矿、林区生产用道和农业生产用道的里程。两条或多条公路共同经由同一路段，只计算一次，不得重复计算里程长度。公路里程是反映公路建设发展规模的重要指标，也是计算运输网密度等指标的基础资料。

内河航道里程 也称“内河通航里程”，是反映内河水运网规模、水平和发展情况的主要指标；是指在一定时期内，能通航运输船舶及排筏的天然河流、湖泊水库、运河及通航渠道的长度。包括全年季节性通航累计三个月以上的航道，但不包括仅供零散流放竹、木排的河道。

民用航空航线里程 指民航运输定期班机飞行的航线长度的总和。航线长度按机场之间的距离计算，通常有两种计算方法：将每条航线长度相加称为重复计算航线里程；如将两线或两条以上航线经过同一区段里程，只计算一次航线长度称为不重复计算航线里程。一般常用的是后者，它能确切反映民航运输网的规模，表明民航事业为国民经济服务和方便人民生活程度的主要指标。

输油（气）管道长度 也称“输油（气）里程”，是反映管道运输发展规模和水平的主要指标；是指油品（或天然气）的实际输送距离，一般按输油（气）管道的单线长度计算。若包括复线和备用线长度则称为输油（气）管道延展长度，是指管道辅设的实际长度。我们通常使用的是不包括复线的“输油（气）管道里程”。

货（客）运量 指在一定时期内，各运输部门实际运送的货物（旅客）数量。是反映运输业为国民经济和人民生活服务的数量指标，也是制定和检查运输生产计划，研究运输发展规模和速度的重要指标。货运按吨计算，客运按人计算。货物不论运输距离长短，货物类别，均按实际重要统计；旅客不论行程远近或票价多少，均按一人一次作为客运量统计。半价票、小孩票也按一人统计。

货（客）运密度 指在一定时期内某种运输方式运输线路的某一区段平均每公里线路通过的货物（旅客）运输周转量。计算单位是吨（人）公里/公里。计算公式为：

$$\text{货（客）运密度}=\frac{\text{货物（旅客）周转量}}{\text{营业线路长度}}$$

货（客）运密度是反映交通运输线路上货物（旅客）运输量运输繁忙程度的主要指标。是平衡运输线路运输能力和通过能力，规划线路建设及改造、配备技术设备，研究运输网布局的重要依据。

货物（旅客）周转量 指在一定时期内，由各种运输工具运送的货物（旅客）数量与其相应运输距离的乘积之总和，是反映运输生产总成果的重要指标，也是编制和检查运输生产计划，计算运输效率、劳动生产率以及核算运输单位成本的主要基础资料。通常以吨公里和人公里为计算单位。计算货物周转量通常按发出站与到达站之间的最短距离，也就是计费距离计算。

铁路货车平均静载重 指铁路货车在始发站静止状态下平均每车装载的货物重量，用以分析货车完成装车时车辆载重力的利用情况。计算单位为“吨”，计算公式为：

$$\text{货车平均静载重（吨）}=\frac{\text{货物发送吨数}}{\text{装车数}}$$

静载重的多少取决于运送货物的性质、种类、车辆的类型和装载技术的高低。根据货车的平均标记载重与静载重进行对比，可以反映货车载重能力的利用程度。计算公式为：

$$\text{货车载重力利用率（\%）}=\frac{\text{货车平均静载重}}{\text{货车平均标记载重}}\times 100\%$$

铁路货运机车日产量 指平均每台货运机车在一昼夜内所完成的总重吨公里数。它既包括载运货物的重量，也包括车辆本身的自重，它从时间和牵引能力两方面反映了机车运用效率。计算单位为“吨公里”，计算公式为：

$$\text{货运机车平均日产量（吨公里）}=\frac{\text{货运总重吨公里数}}{\text{货运机车台日数}}$$

沿海主要港口货物吞吐量 指由水运进出沿海主要港区范围,并经过装卸的货物数量,包括邮件及办理托运手续的行李、包裹以及补给运输船舶的燃、物料和淡水。其计量单位为吨。货物吞吐量的货种分类及其主要流向流量,反映了港口在国内外物资交流和对外贸易运输中的地位和作用。吞吐量可以分为进口、出口,又可以分为国内贸易和对外贸易。

邮电业务总量 指以货币表现的邮电部门用于传递信息和提供其他邮电服务的总数量。它综合反映了一定时期邮电工作的总成果,是研究邮电业务量构成和发展趋势的重要指标。根据邮电管理体制不同,分为中央国营业务总量和地方国营业务总量。它用各种邮电分类业务量,如函件件数、电报份数、长话张数、市内电话和农村电话的年均户数、订销报刊累计份数等,分别乘以相应的平均单价(不变价),加总后再加上出租电路和设备的收入、代用户维护电话交换机和线路等设备的收入、其他业务收入求得。

市内电话 指接入县城(包括个别城镇)及县以上城市的市内电话网上,并按市内电话进行经营管理的电话。按计费办法分为包月制和计次制两种。

(1)住宅电话 指话机装在居民住宅里的电话。它包括私人付费、公费和免费三个部分。

(2)私人付费电话 指住宅居民自费安装并自己缴纳通话费的电话。

第十七篇

国内贸易

17

GUONEI
MAOYI

17—1 限额以上批发零售贸易业基本情况

登记注册类型、行业	2009年			2010年		
	法人企业（个）	产业活动单位（个）	从业人数（人）	法人企业（个）	产业活动单位（个）	从业人数（人）
总计	**3 964**		**263 202**	**4 785**		**300 555**
一、批发业	2 079		81 329	2 352		92 162
1. 按登记注册类型分组						
内资	2 006		78 170	2 264		88 248
国有	137		20 542	139		18 287
集体	28		1 491	34		1 397
股份合作	12		224	13		299
联营企业	1		23	1		15
国有联营	1		23	1		15
集体联营						
国有与集体联营						
其他联营						
有限责任公司	459		15 891	519		17 259
国有独资公司	12		1 061	14		1 499
其他有限责任公司	447		14 830	505		15 760
股份有限公司	68		16 609	60		19 220
私营企业	1 294		23 220	1 495		31 732
私营独资	115		1 679	146		3 579
私营合伙	12		345	19		292
私营有限责任公司	1 066		19 048	1 280		26 392
私营股份有限公司	101		2 148	50		1 469
其他	7		170	3		39
港澳台商投资企业	13		1 550	18		1 757
与港澳台商合资经营	4		225	5		507
与港澳台商合作经营						
港澳台商独资	9		1 325	13		1 250
港澳台商独资股份有限公司						
外商投资企业	60		1 609	70		2 157
中外合资经营	13		629	15		892
中外合作经营	1		10			
外资企业	45		952	54		1 240
外商投资股份有限公司	1		18	1		25
2. 按国民经济行业分组						
农畜产品批发业	102		3 089	123		3 867
食品、饮料及烟草制品批发业	147		14 756	189		18 109

注：除社会消费品零售总额以外，其他表2009年和2010年数据均为法人企业数据。

17—1 续表 1

登记注册类型、行业	2009年			2010年		
	法人企业（个）	产业活动单位（个）	从业人数（人）	法人企业（个）	产业活动单位（个）	从业人数（人）
米、面制品及食用油批发业	53		2 877	65		5 079
烟草制品批发业	15		8 376	15		8 484
纺织、服装及日用品批发业	112		3 700	124		4 644
服装批发业	53		1 880	59		2 214
文化、体育用品及器材批发业	30		1 020	34		1 065
医药及医疗器材批发业	118		7 475	149		8 096
矿产品、建材及化工产品批发业	1 067		35 160	1 158		39 404
煤炭及制品批发业	110		2 092	115		3 106
石油及制品批发业	167		20 725	209		20 716
金属及金属矿批发业	552		7 375	546		9 083
建材批发业	54		697	71		1 424
化肥批发业	25		1 247	31		1 219
机械设备、五金交电及电子产品批发业	457		13 492	518		14 392
汽车、摩托车及零配件批发业	113		3 619	115		3 545
家用电器批发业	30		1 982	29		1 689
计算机、软件及辅助设备批发业	46		1 262	40		1 003
贸易经纪与代理	4		1 078	4		1 023
其他批发业	42		1 559	53		1 562
二、零售业	1 885		181 873	2 433		208 393
1. 按登记注册类型分组						
内资	1 823		158 832	2 365		187 570
国有	107		9 438	121		13 319
集体	57		3 373	105		4 482
股份合作	20		428	15		270
联营企业	4		212	6		535
国有联营	3		82	3		78
集体联营	1		130	2		450
国有与集体联营						
其他联营				1		7
有限责任公司	479		63 662	566		63 350
国有独资公司	4		1 738	5		1 118
其他有限责任公司	475		61 924	561		62 232
股份有限公司	59		21 461	66		25 111
私营企业	1 084		59 689	1 483		80 478
私营独资	317		9 693	428		14 667

17—1 续表 2

登记注册类型、行业	2009年			2010年		
	法人企业（个）	产业活动单位（个）	从业人数（人）	法人企业（个）	产业活动单位（个）	从业人数（人）
私营合伙	19		601	17		306
私营有限责任公司	701		45 653	991		61 729
私营股份有限公司	47		3 742	47		3 776
其他	13		569	3		25
港澳台商投资企业	26		7 822	32		6 094
与港澳台商合资经营	11		6 137	12		2 974
与港澳台商合作经营	1		43	2		43
港澳台商独资	13		1 622	16		3 044
港澳台商独资股份有限公司	1		20	2		33
外商投资企业	36		15 219	36		14 729
中外合资经营	12		6 601	14		7 105
中外合作经营	1		74	1		65
外资企业	22		5 157	19		3 909
外商投资股份有限公司	1		3 387	2		3 650
2. 按国民经济行业分组						
综合零售业	269		106 672	314		112 605
百货零售业	146		81 244	182		83 675
超级市场零售业	99		22 560	98		25 899
食品、饮料及烟草制品专门零售业	61		2 841	87		3 509
纺织、服装及日用品专门零售业	126		9 790	161		9 334
服装零售业	68		4 989	84		5 678
文化、体育用品及器材专门零售业	117		7 749	139		8 456
体育用品零售业	6		266	7		418
图书零售业	53		4 937	59		5 311
医药及医疗器材专门零售业	121		16 517	160		19 888
药品零售业	110		15 901	146		19 213
汽车、摩托车、燃料及零配件专门零售业	737		25 511	945		34 327
汽车零售业	414		15 371	521		21 367
机动车燃料零售业	228		8 796	323		11 418
家用电器及电子产品专门零售业	268		9 277	320		12 217
家用电器零售业	96		5 722	130		7 740
计算机、软件及辅助设备零售业	132		2 412	139		2 996
通讯设备零售业	23		896	35		1 258
五金、家具及室内装修材料专门零售业	106		1 901	187		5 063
无店铺及其他零售业	80		1 615	120		2 994
邮购及电子销售业	3		487	4		646

17—2 限额以上住宿餐饮业基本情况

登记注册类型、行业	2009年			2010年		
	法人企业（个）	产业活动单位（个）	从业人数（人）	法人企业（个）	产业活动单位（个）	从业人数（人）
总计	1 173		111 717	1 189		113 081
一、住宿业	475		55 631	523		58 637
1. 按登记注册类型分组						
内资	401		39 262	451		44 393
国有	105		12 107	118		13 837
集体	28		1 938	41		2 115
股份合作	2		62	2		73
联营企业	1		44	2		77
国有联营	1		44	1		45
集体联营				1		32
国有与集体联营						
其他联营						
有限责任公司	95		11 683	94		11 603
国有独资公司	2		370	1		122
其他有限责任公司	93		11 313	93		11 481
股份有限公司	6		818	7		1 148
私营企业	161		12 565	187		15 540
私营独资	63		4 175	58		3 348
私营合伙	4		216	1		60
私营有限责任公司	83		7 144	119		10 338
私营股份有限公司	11		1 030	9		1 794
其他	3		45			
港澳台商投资企业	39		10 370	38		9 037
与港澳台商合资经营	25		6 255	22		5 191
与港澳台商合作经营	6		2 366	4		2 118
港澳台商独资	7		1 664	8		1 428
港澳台商独资股份有限公司	1		85	4		300
外商投资企业	35		5 999	34		5 207
中外合资经营	27		3 953	26		3 382
中外合作经营	1		274	1		235
外资企业	6		1 352	6		1 170
外商投资股份有限公司	1		420	1		420
2. 按国民经济行业分组						
旅游饭店	368		50 253	404		52 278
一般旅馆	102		4 893	107		5 525
其他住宿服务	5		485	12		834

17—2 续表

登记注册类型、行业	2009年			2010年		
	法人企业（个）	产业活动单位（个）	从业人数（人）	法人企业（个）	产业活动单位（个）	从业人数（人）
二、餐饮业	698		56 086	666		54 444
1. 按登记注册类型分组						
内资	610		34 153	573		33 692
国有	14		1 570	19		1 234
集体	17		590	21		531
股份合作	4		90	5		128
联营企业						
国有联营						
集体联营						
国有与集体联营						
其他联营						
有限责任公司	56		4 821	69		5 451
国有独资公司						
其他有限责任公司	56		4 821	69		5 451
股份有限公司	6		1 040	6		649
私营企业	507		25 844	449		25 411
私营独资	322		12 363	243		10 104
私营合伙	11		418	9		235
私营有限责任公司	152		11 964	185		14 331
私营股份有限公司	22		1 099	12		741
其他	6		198	4		288
港澳台商投资企业	35		3 699	34		3 443
与港澳台商合资经营	23		2 467	19		1 995
与港澳台商合作经营	2		173	2		165
港澳台商独资	10		1 059	13		1 283
港澳台商独资股份有限公司						
外商投资企业	53		18 234	59		17 309
中外合资经营	23		2 248	26		2 146
中外合作经营	3		1 120	4		1 450
外资企业	25		14 776	28		13 683
外商投资股份有限公司	2		90	1		30
2. 按国民经济行业分组						
正餐服务业	649		36 840	622		36 567
快餐服务业	28		16 913	24		16 126
饮料及冷饮服务业	7		312	10		468
其他餐饮服务业	14		2 021	10		1 283

17—3 社会消费品零售总额(一)

(按城乡分)

单位:亿元

年份、地区	社会消费品零售总额	按地区分			按城乡分	
		市	县	县以下	城镇	乡村
1978	71.2	42.6	19.1	9.5	52.8	18.4
1980	101.8	64.4	20.2	17.2	72.6	29.2
1985	195.5	119.8	34.4	41.3	137.5	58.0
1986	244.3	154.0	41.3	49.0	175.0	69.3
1987	285.9	185.8	46.3	53.8	205.7	80.2
1988	368.0	243.4	60.5	64.1	269.6	98.4
1989	411.7	282.4	60.0	69.3	307.7	104.0
1990	421.1	297.6	56.8	66.7	322.3	98.8
1991	467.3	332.5	66.5	68.3	363.6	103.7
1992	540.6	415.6	52.1	72.9	415.6	125.0
1993	682.1	534.8	54.5	92.8	589.3	92.8
1994	870.5	699.8	57.0	113.7	756.8	113.7
1995	1 122.0	911.5	72.9	137.6	984.4	137.6
1996	1 289.4	1 051.0	79.3	159.1	1 130.3	159.1
1997	1 450.6	1 184.2	86.0	180.4	1 270.2	180.4
1998	1 568.7	1 286.0	87.0	195.7	1 373.0	195.7
1999	1 696.1	1 401.5	92.3	202.3	1 493.8	202.3
2000	1 847.6	1 529.9	102.3	215.4	1 632.2	215.4
2001	2 034.9	1 683.6	114.2	237.1	1 797.8	237.1
2002	2 258.4	1 889.4	115.6	253.4	2 005.0	253.4
2003	2 330.8	1 963.7	111.9	255.2	2 075.6	255.2
2004	2 642.8	2 223.6	127.6	291.6	2 351.2	291.6
2005	2 999.0	2 523.7	145.5	329.7	2 669.3	329.7
2006	3 434.6	2 872.5	163.9	398.2	3 036.4	398.2
2007	4 030.1	3 372.0	194.5	463.6	3 566.5	463.6
2008	4 917.5	4 106.1	244.0	567.5	4 350.1	567.5
2009	5 812.6	4 811.0	313.1	688.5	5 124.1	688.5
2010	6 809.6	5 636.3	366.8	806.6	6 003.0	806.6
沈阳	2 065.9	1 926.2	69.4	70.3	1 995.6	70.3
大连	1 639.8	1 536.6	3.4	99.7	1 540.0	99.7
鞍山	514.2	340.5	67.6	106.2	408.0	106.2
抚顺	333.9	289.9	22.3	21.7	312.2	21.7
本溪	192.4	139.1	31.2	22.0	170.3	22.0
丹东	275.8	176.8	17.7	81.4	194.4	81.4
锦州	318.3	225.6	33.9	58.7	259.6	58.7
营口	249.8	179.4		70.4	179.4	70.4
阜新	149.0	121.3	10.5	17.3	131.8	17.3
辽阳	208.6	128.6	16.1	63.9	144.7	63.9
盘锦	185.1	141.9	8.0	35.3	149.8	35.3
铁岭	227.3	132.2	27.8	67.3	160.0	67.3
朝阳	216.6	104.3	35.4	76.9	139.7	76.9
葫芦岛	233.2	165.4	30.2	37.6	195.6	37.6

注:1. 2010 年社会消费品零售总额中,不含其他行业零售额。

2. 1993 年以后是将市和县视为城镇,县以下为乡村。2010 年按地区和城乡分组数据为了与历史数据可比,按 2009 年的比重推算。

17—4 社会消费品零售总额(二)

（按行业分）

单位:亿元

年份	批发零售贸易业	住宿和餐饮业	其他行业
1978	61.1	3.4	2.1
1980	79.9	5.4	7.3
1985	159.1	10.9	7.0
1986	184.3	14.2	25.2
1987	215.5	15.3	30.9
1988	278.6	20.4	39.3
1989	310.6	21.2	50.5
1990	318.9	20.6	51.9
1991	349.5	21.9	61.0
1992	397.8	25.6	80.8
1993	503.0	37.6	101.8
1994	607.5	60.1	157.4
1995	782.6	92.3	198.1
1996	906.2	117.4	213.3
1997	1 028.6	134.5	229.8
1998	1 123.9	159.5	232.6
1999	1 222.3	188.2	234.2
2000	1 355.1	219.7	220.4
2001	1 500.3	259.3	217.8
2002	1 667.1	305.2	225.0
2003	1 935.6	338.9	56.3
2004	2 184.6	396.9	61.3
2005	2 479.2	453.1	66.7
2006	2 870.3	513.0	51.4
2007	3 361.7	606.5	61.9
2008	4 033.7	819.0	64.9
2009	4 758.3	990.5	63.8
2010	6 054.3	755.3	

17—5 各 地 区 社 会

（2010

项　　目	沈阳市	大连市	鞍山市	抚顺市	本溪市
社会消费品零售总额	**20 658 671**	**16 397 554**	**5 141 982**	**3 339 047**	**1 923 504**
一、按销售单位所在地分					
1. 市	19 261 577	15 366 446	3 404 518	2 899 484	1 391 497
2. 县	694 206	33 978	675 730	222 630	311 747
3. 县以下	702 888	997 130	1 061 734	216 933	220 260
二、按行业分组					
1. 批发业	2 085 783	1 485 888	228 370	355 627	199 532
2. 零售业	16 240 428	13 188 472	4 327 041	2 457 703	1 517 966
3. 住宿和餐饮业	2 332 460	1 723 194	586 571	525 717	206 006
4. 其　他					

消费品零售总额

年)

单位:万元

丹东市	锦州市	营口市	阜新市	辽阳市	盘锦市	铁岭市	朝阳市	葫芦岛市
2 758 020	**3 182 876**	**2 497 516**	**1 490 310**	**2 086 090**	**1 851 055**	**2 272 605**	**2 165 580**	**2 331 624**
1 767 503	2 256 077	1 793 870	1 212 986	1 285 828	1 418 704	1 321 837	1 042 964	1 653 571
176 855	339 471		104 634	161 194	79 773	278 202	353 764	302 436
813 662	587 328	703 646	172 690	639 068	352 578	672 566	768 853	375 618
187 509	365 366	306 068	186 028	131 306	193 491	205 239	163 899	114 057
2 287 234	2 451 768	1 848 383	1 186 902	1 663 962	1 455 083	1 887 047	1 803 350	2 019 979
283 277	365 741	343 065	117 380	290 822	202 482	180 319	198 332	197 589

17—6 限额以上批发零售贸易业商品销售总额

(2010 年)

单位:万元

登记注册类型、行业	销售总额	#批发	#零售
总计	**106 300 381**	**82 217 248**	**24 083 134**
一、批发业	82 973 378	80 566 850	2 406 528
1. 按登记注册类型分组			
内资企业	81 395 514	78 996 933	2 398 581
国有企业	15 323 188	15 107 685	215 503
集体企业	270 119	260 452	9 667
股份合作企业	81 015	71 286	9 729
联营企业	2 340	2 340	
国有联营企业	2 340	2 340	
集体联营企业			
国有与集体联营企业			
其他联营企业			
有限责任公司	12 883 496	12 450 169	433 327
国有独资企业	726 395	704 427	21 969
其他有限责任公司	12 157 100	11 745 742	411 358
股份有限公司	35 382 987	34 080 663	1 302 323
私营企业	17 377 776	16 949 745	428 032
私营独资企业	920 008	902 346	17 662
私营合伙企业	84 047	84 047	
私营有限责任公司	15 761 787	15 358 197	403 590
私营股份有限公司	611 934	605 154	6 780
其他企业	74 593	74 593	
港、澳、台商投资企业	486 142	486 142	
合资经营企业	148 739	148 739	
合作经营企业			
独资经营企业	337 403	337 403	
投资股份有限公司			
外商投资企业	1 091 722	1 083 775	7 947
中外合资经营企业	178 498	171 142	7 357
中外合作经营企业			
外资企业	910 291	910 291	
外商投资股份有限公司	2 933	2 342	591
2. 按国民经济行业分组			
农畜产品批发业	1 822 797	1 798 347	24 451
食品、饮料及烟草制品批发业	3 954 448	3 893 502	60 946
米、面制品及食用油批发业	615 274	596 559	18 715
烟草制品批发业	2 589 309	2 589 309	
纺织、服装及日用品批发业	1 433 923	1 393 872	40 051
服装批发业	724 854	703 427	21 427
文化、体育用品及器材批发业	216 315	197 173	19 143
医药及医疗器材批发业	3 146 292	2 707 179	439 113
矿产品、建材及化工产品批发业	64 307 256	62 706 281	1 600 976
煤炭及制品批发业	1 635 523	1 623 507	12 016
石油及制品批发业	41 254 794	39 749 282	1 505 512
金属及金属矿批发业	17 383 614	17 317 049	66 565
建材批发业	820 868	811 452	9 416
化肥批发业	727 020	724 082	2 938
机械设备、五金交电及电子产品批发业	7 488 457	7 270 513	217 944
汽车、摩托车及零配件批发业	2 302 657	2 226 974	75 683
家用电器批发业	542 513	491 376	51 137
计算机、软件及辅助设备批发业	536 034	508 316	27 718
贸易经纪与代理	99 805	99 805	
其他批发业	504 084	500 178	3 906

17—6 续表　　(2010 年)　　单位:万元

登记注册类型、行业	销售总额	#批发	#零售
二、零售业	23 327 003	1 650 398	21 676 605
1. 按登记注册类型分组			
内资企业	20 781 577	1 598 877	19 182 700
国有企业	1 274 011	246 119	1 027 891
集体企业	190 879	8 159	182 720
股份合作企业	41 713	5 194	36 519
联营企业	48 308		48 308
国有联营企业	12 155		12 155
集体联营企业	35 494		35 494
国有与集体联营企业			
其他联营企业	660		660
有限责任公司	6 512 762	150 351	6 362 411
国有独资企业	34 344		34 344
其他有限责任公司	6 478 418	150 351	6 328 067
股份有限公司	3 912 493	887 531	3 024 963
私营企业	8 799 658	301 523	8 498 135
私营独资企业	1 137 835	53 945	1 083 890
私营合伙企业	34 466	943	33 524
私营有限责任公司	7 379 125	241 380	7 137 745
私营股份有限公司	248 231	5 256	242 975
其他企业	1 754		1 754
港、澳、台商投资企业	1 190 774	47 247	1 143 527
合资经营企业	783 502	12 192	771 310
合作经营企业	11 064		11 064
独资经营企业	394 762	35 055	359 707
投资股份有限公司	1 446		1 446
外商投资企业	1 354 653	4 274	1 350 379
中外合资经营企业	705 810		705 810
中外合作经营企业	3 568		3 568
外资企业	360 141	4 189	355 952
外商投资股份有限公司	285 135	85	285 049
2. 按国民经济行业分组			
综合零售业	7 348 157	247 732	7 100 425
百货零售业	5 675 912	242 672	5 433 241
超级市场零售业	1 573 165	2 543	1 570 623
食品、饮料及烟草制品专门零售业	193 528	6 462	187 065
纺织、服装及日用品专门零售业	725 823	29 941	695 882
服装零售业	397 733	10 364	387 369
文化、体育用品及器材专门零售业	459 423	51 591	407 832
体育用品零售业	31 707	2 867	28 840
图书零售业	123 359	12 509	110 850
医药及医疗器材专门零售业	827 756	29 401	798 355
药品零售业	796 909	29 401	767 508
汽车、摩托车、燃料及零配件零售业	11 482 285	1 223 674	10 258 611
汽车零售业	7 632 199	296 808	7 335 391
机动车燃料零售业	3 669 058	922 727	2 746 330
家用电器及电子产品专门零售业	1 533 444	50 509	1 482 935
家用电器零售业	988 826	16 135	972 691
计算机、软件及辅助设备零售业	363 061	29 029	334 032
通讯设备零售业	153 650	5 243	148 407
五金、家具及室内装修材料专门零售业	449 060	7 981	441 079
无店铺及其他零售业	307 528	3 107	304 421
邮购及电子销售业	81 201		81 201

17—7 各地区限额以上批发

(2010

登记注册类型、行业	沈阳市	大连市	鞍山市	抚顺市	本溪市
总　　计	**55 036 606**	**25 492 978**	**9 215 728**	**2 420 306**	**853 068**
一、批发业	44 874 992	20 042 016	7 850 482	1 507 054	349 691
1. 按登记注册类型分组					
内资	44 538 171	18 824 596	7 850 482	1 487 221	349 691
国有	6 223 087	1 312 712	5 656 033	194 090	141 720
集体	90 709	50 070	12 160	31 227	7 488
股份合作	36 802	16 187	5 340	9 826	
联营企业	2 340				
国有联营	2 340				
集体联营					
国有与集体联营					
其他联营					
有限责任公司	5 373 286	5 018 968	535 404	318 015	151 692
国有独资公司	270 670	216 908			
其他有限责任公司	5 102 617	4 802 060	535 404	318 015	151 692
股份有限公司	28 248 241	4 209 139	461 609	541 715	6 554
私营企业	4 563 707	8 217 520	1 177 557	392 348	42 237
私营独资	392 071	38 636	254 456	47 830	3 081
私营合伙	22 558	8 442	21 549		
私营有限责任公司	3 915 494	8 080 969	750 040	327 193	36 523
私营股份有限公司	233 584	89 473	151 511	17 325	2 633
其他			2 380		
港澳台商投资企业	322 663	159 689			
与港澳台商合资经营	115 378	29 571			
与港澳台商合作经营					
港澳台商独资	207 285	130 118			
港澳台商独资股份有限公司					
外商投资企业	14 158	1 057 731		19 833	
中外合资经营	6 746	151 919		19 833	
中外合作经营					
外资企业	4 478	905 812			
外商投资股份有限公司	2 933				
2. 按国民经济行业分组					
农畜产品批发业	219 162	1 048 723	91 875	85 136	6 285

零售贸易业商品销售总额

年)

单位:万元

丹东市	锦州市	营口市	阜新市	辽阳市	盘锦市	铁岭市	朝阳市	葫芦岛市
1 620 907	**2 173 826**	**1 619 862**	**1 156 961**	**1 151 790**	**1 724 981**	**1 361 080**	**1 365 214**	**1 107 074**
854 056	1 079 945	1 165 943	767 210	919 867	1 061 919	783 486	1 004 270	712 446
854 056	1 079 945	1 165 943	763 420	919 867	1 061 919	783 486	1 004 270	712 446
123 242	288 147	115 688	113 426	405 904	253 137	158 515	122 865	214 623
17 746	24 600	6 245	12 295				17 580	
6 701								6 159
142 953	387 639	251 301	86 355	11 682	113 239	145 286	274 338	73 337
	4 351	132 798	66 435				35 233	
142 953	383 288	118 503	19 919	11 682	113 239	145 286	239 105	73 337
31 578		498 119	240 695	332 662	275 413	15 639	258 658	262 966
531 837	379 559	294 591	310 649	169 619	420 130	391 833	330 829	155 360
6 876	22 481	22 895	53 039	15 883		26 640	17 113	19 006
	4 072			21 459			5 968	
478 147	349 424	267 689	234 567	132 278	386 798	365 193	301 119	136 354
46 813	3 583	4 007	23 042		33 332		6 630	
						72 213		
			3 790					
			3 790					
3 308	252 761		5 135	13 804	10 016	78 743	3 725	4 125

17—7 续表1 (2010

登记注册类型、行业	沈阳市	大连市	鞍山市	抚顺市	本溪市
食品、饮料及烟草制品批发业	974 442	1 104 385	257 911	93 092	161 393
米、面制品及食用油批发业	155 574	93 335	45 779	2 647	50 484
烟草制品批发业	587 225	613 780	186 374	69 356	83 945
纺织、服装及日用品批发业	343 390	937 481	14 260	25 243	5 493
服装批发业	145 645	571 908		3 067	
文化、体育用品及器材批发业	150 746	62 780			
医药及医疗器材批发业	2 377 258	455 894	86 529	3 064	25 462
矿产品、建材及化工产品批发业	37 572 491	13 018 389	7 193 887	1 225 997	63 408
煤炭及制品批发业	371 535	498 721	41 833	57 243	2 583
石油及制品批发业	28 582 731	8 175 270	558 780	968 973	
金属及金属矿批发业	7 332 238	2 834 167	6 394 606	91 344	21 471
建材批发业	168 331	455 488	44 888	16 449	22 294
化肥批发业	504 250	74 593	11 264		7 488
机械设备、五金交电及电子产品批发	3 130 885	3 329 111	139 119	61 797	42 572
汽车、摩托车及零配件批发业	900 646	752 850	69 370	22 885	2 616
家用电器批发业	240 779	252 357			
计算机、软件及辅助设备批发业	454 350	52 378		2 506	2 593
贸易经纪与代理	91 021				
其他批发业	15 597	85 253	66 901	12 726	45 078
二、零售业	10 161 615	5 450 962	1 365 246	913 252	503 377
1. 按登记注册类型分组					
内资	9 100 910	4 177 423	1 225 429	911 581	503 377
国有	1 024 113	32 348	34 642	75 251	8 718
集体	49 495	6 320	64 631	8 738	3 008
股份合作	11 443	4 973	882	1 608	
联营企业	23 158	5 849		12 336	
有限责任公司	2 806 069	1 231 496	459 741	376 961	117 256
国有独资公司				9 000	
其他有限责任公司	2 806 069	1 231 496	459 741	367 961	117 256
股份有限公司	1 429 238	906 188	7 628	299 167	256 148
私营企业	3 757 394	1 990 249	657 906	137 521	118 247
私营独资	260 312	133 563	296 721	23 697	5 650
私营合伙	5 088		21 175		
私营有限责任公司	3 419 771	1 856 686	321 420	97 154	109 975

年）　　　　单位:万元

丹东市	锦州市	营口市	阜新市	辽阳市	盘锦市	铁岭市	朝阳市	葫芦岛市
129 118	196 070	200 115	130 038	125 557	62 619	156 195	170 772	192 742
5 876	37 064	61 443	28 636	14 344		14 515	38 730	66 847
121 110	150 982	132 798	97 612	97 277	62 619	137 472	122 865	125 895
101 559		3 051			3 446			
4 234								
2 789								
5 354	103 822				32 508	7 447	45 444	3 511
125 390	404 407	927 945	613 279	748 342	913 486	288 642	716 663	494 929
64 235	43 718	69 561	361 485	18 924	39 159	31 507	12 083	22 934
	302 313	606 654	240 695	300 524	611 081	176 204	323 789	407 780
27 896	34 693	149 477	2 704	29 447		71 802	350 493	43 276
22 150		73 529	2 457	2 516	6 148		2 791	3 828
		7 069			88 582	5 599	13 806	14 370
467 379	122 885	12 988	18 758	32 164	27 685	57 351	31 643	14 120
395 811	99 376	6 714	6 978	8 367	7 801		29 244	
42 076	4 592							2 709
	5 104			19 104				
					8 784			
19 159		21 844			3 374	195 108	36 024	3 020
766 851	1 093 881	453 918	389 750	231 923	663 062	577 594	360 944	394 628
756 782	1 059 649	453 918	389 750	230 027	663 062	570 526	344 515	394 628
8 740	41 509	7 082	4 549	7 805	2 224	7 540	10 524	8 968
21 231	17 762	1 225	5 629	2 003	2 505	4 684	2 864	786
5 725		640			16 441			
4 760	1 546		660					
273 344	297 580	16 624	248 204	28 630	302 954	85 582	131 421	136 901
		763			6 572		18 009	
273 344	297 580	15 861	248 204	28 630	296 382	85 582	113 412	136 901
307 648	352 049	31 645	1 330	5 242	19 809	295 407		995
135 334	349 203	396 703	129 379	186 348	318 479	176 212	199 706	246 978
33 957	41 539	37 009	10 376	75 207	13 914	46 353	19 215	140 323
1 233		1 270	1 203	876	1 672	1 030	919	
95 845	305 254	355 022	117 800	100 678	197 707	122 988	179 572	99 253

17—7 续表2 （2010

登记注册类型、行业	沈阳市	大连市	鞍山市	抚顺市	本溪市
私营股份有限公司	72 223		18 590	16 669	2 622
其他					
港澳台商投资企业	222 369	798 508	139 817		
与港澳台商合资经营	19 375	658 659	105 468		
与港澳台商合作经营					
港澳台商独资	202 994	139 850	33 594		
港澳台商独资股份有限公司			755		
外商投资企业	838 336	475 030		1 671	
中外合资经营	423 493	282 317			
中外合作经营	3 568				
外资企业	126 141	192 713		1 671	
外商投资股份有限公司	285 135				
2. 按国民经济行业分组					
综合零售业	2 588 239	2 098 686	358 831	587 209	135 044
百货零售业	1 856 470	1 655 222	217 150	516 508	109 599
超级市场零售业	722 555	378 353	138 752	64 872	19 217
食品、饮料及烟草制品专门零售业	88 762	31 219	9 704	2 876	653
纺织、服装及日用品专门零售业	347 645	133 681	83 602	34 092	5 858
服装零售业	231 268	49 418	35 763	34 092	2 124
文化、体育用品及器材专门零售业	260 024	90 519	51 241		7 283
体育用品零售业	3 744	20 596	3 054		4 314
图书零售业	59 686	17 197	7 025		2 969
医药及医疗器材专门零售业	574 673	90 841	26 775	24 791	5 724
药品零售业	552 506	88 594	26 775	23 957	5 724
汽车、摩托车、燃料及零配件专门零售业	5 375 094	2 522 005	634 110	69 551	308 622
汽车零售业	3 346 857	2 412 489	459 477	62 460	41 685
机动车燃料零售业	1 988 478	84 737	137 823	4 681	262 075
家用电器及电子产品专门零售业	713 295	365 440	132 866	30 005	27 875
家用电器零售业	384 812	261 848	122 657	25 633	17 931
计算机、软件及辅助设备零售业	194 086	86 382	9 239	3 728	8 908
通讯设备零售业	112 663	13 101	970		1 036
五金、家具及室内装修材料专门零售业	108 246	29 015	47 509	148 245	10 572
无店铺及其他零售业	105 638	89 557	20 610	16 484	1 747
邮购及电子销售业	70 386	10 815			

年）

单位:万元

丹东市	锦州市	营口市	阜新市	辽阳市	盘锦市	铁岭市	朝阳市	葫芦岛市
4 298	2 410	3 402		9 588	105 186	5 841		7 402
					652	1 102		
10 070	690			1 896		995	16 429	
10 070						995		
				1 896			16 429	
	690							
	33 542					6 074		
	33 542					6 074		
92 633	292 996	211 161	233 394	32 644	255 353	167 441	146 957	147 568
49 253	255 081	129 164	221 940	2 720	247 725	159 814	108 519	146 748
35 743	36 615	81 997	11 454	29 925	6 797	7 627	38 439	820
8 375	19 066	8 385	3 147		5 370		2 205	13 766
35 198	50 193	9 554	4 908	4 585	5 362	1 578	2 375	7 192
27 587	887	4 044		3 095	4 660		2 375	2 422
11 682	3 720	3 650	4 549	2 449	5 739	6 966	8 032	3 570
2 860	3 720	2 246	4 549	2 449	3 859	6 370	7 445	2 984
11 294	25 412	6 398		5 349	22 956	2 141	13 841	17 563
11 294	20 475	6 398		5 349	22 295	2 141	13 841	17 563
555 550	625 169	111 167	108 064	158 369	288 937	389 859	162 474	173 316
191 643	209 305	97 070	90 331	141 496	219 063	111 080	119 732	129 513
359 466	413 617	13 505	16 388	12 798	33 439	276 072	27 525	38 454
39 424	40 059	66 927	14 721	21 623	34 851	3 014	21 643	21 703
23 357	29 351	59 313	8 482	19 139	6 310	3 014	17 619	9 360
14 210	9 940	2 579	4 594	2 484	15 881		4 024	7 006
1 857	767	4 447	1 645		11 827			5 337
6 010	32 462	9 977	8 709	6 903	30 893	2 670	2 802	5 049
6 685	4 805	26 699	12 258		13 604	3 925	615	4 901

17—8 限额以上批发、零售贸易业商品销售类值

（2010 年）

单位:万元

类　　别	销售合计	批　发	零　售
总　　计	**100 785 999**	**78 830 680**	**21 955 319**
1. 食品、饮料、烟酒类	7 120 946	4 859 335	2 261 611
(1)食品类	3 671 751	1 959 081	1 712 670
#粮油类	1 780 053	1 336 957	443 096
肉禽蛋类	373 828	77 343	296 486
(2)饮料类	296 500	86 630	209 870
(3)烟酒类	3 152 694	2 813 623	339 071
2. 服装、鞋帽、针纺织品类	3 980 009	829 308	3 150 702
(1)服装类	2 850 984	633 753	2 217 231
(2)鞋帽类	698 067	72 314	625 753
(3)针、纺织品类	430 959	123 241	307 718
3. 化妆品类	453 668	62 638	391 030
4. 金银珠宝类	706 950	85 335	621 615
5. 日用品类	1 017 149	266 653	750 496
#洗涤用品类	206 674	21 018	185 656
儿童玩具类	43 030	139	42 890
6. 五金、电料类	461 420	297 671	163 750
7. 体育、娱乐用品类	122 005	20 665	101 340
8. 书报杂志类	188 206	59 298	128 908
9. 电子出版物及音像制品类	22 891	6 397	16 494

17—8 续表 （2010 年） 单位：万元

类　　别	销售合计	批　　发	零　　售
10. 家用电器和音像器材类	2 264 714	636 689	1 628 025
11. 中西药品类	3 700 235	2 523 647	1 176 588
#西　药	2 204 723	1 446 792	757 932
中草药及中成药	484 229	328 620	155 610
12. 文化办公用品类	1 246 864	695 090	551 774
13. 家俱类	205 965	30 222	175 744
14. 通讯器材类	805 021	431 076	373 945
15. 煤炭及制品类	1 843 128	1 747 894	95 234
16. 木材及制品类	18 071	18 071	
17. 石油及制品类	40 821 617	37 445 863	3 375 755
18. 化工材料及制品类	7 004 934	7 004 934	
#化肥类	2 061 449	2 061 449	
19. 金属材料类	13 317 206	13 317 206	
20. 建筑及装潢材料类	592 498	443 301	149 197
21. 机电产品及设备类	3 186 670	3 103 878	82 791
#农机类	236 064	236 064	
22. 汽车类	8 461 814	1 897 098	6 564 716
23. 种子饲料类	271 562	271 562	
24. 棉麻类	17 559	17 548	10
25. 其他类	2 954 897	2 759 301	195 596

17—9 限额以上批发零售

(2010

登记注册类型、行业	流动资产合计	固定资产原价	累计折旧	资产合计	负债合计	实收资本
总计	**25 772 246**	**5 034 254**	**1 681 140**	**34 274 052**	**25 185 062**	**5 872 766**
一、批发业	19 053 804	2 085 379	796 620	23 290 035	17 325 335	3 670 300
1. 按登记注册类型分组						
内资	18 492 181	2 049 082	777 573	22 573 638	16 916 094	3 433 089
国有	4 122 074	605 788	223 655	4 795 485	3 252 357	440 644
集体	140 936	7 713	2 592	160 774	146 407	17 456
股份合作	9 586	8 774	2 279	17 240	8 575	3 768
联营企业	4 995	840	510	5 329	4 662	1 789
国有联营	4 995	840	510	5 329	4 662	1 789
集体联营						
国有与集体联营						
其他联营						
有限责任公司	6 318 744	376 999	112 983	7 408 279	6 295 694	798 348
国有独资公司	297 009	12 763	5 276	315 626	171 562	106 519
其他有限责任公司	6 021 735	364 236	107 708	7 092 654	6 124 131	691 829
股份有限公司	2 554 626	468 291	210 579	3 853 574	2 060 892	909 553
私营企业	5 326 890	580 175	224 921	6 318 027	5 129 355	1 260 918
私营独资	192 551	90 223	42 537	291 261	193 370	80 842
私营合伙	18 516	4 030	1 632	31 040	19 466	9 380
私营有限责任公司	4 866 076	455 543	167 963	5 678 052	4 676 217	1 151 074
私营股份有限公司	249 747	30 379	12 789	317 674	240 302	19 623
其他	14 329	502	53	14 931	18 154	613
港澳台商投资企业	134 398	23 174	12 369	153 540	102 450	44 234
与港澳台商合资经营	24 386	19 279	10 702	36 217	31 317	10 607
与港澳台商合作经营						
港澳台商独资	110 012	3 896	1 667	117 323	71 133	33 627
港澳台商独资股份有限公司						
外商投资企业	427 225	13 123	6 679	562 857	306 790	192 977
中外合资经营	59 816	4 759	2 754	69 957	50 606	20 303
中外合作经营						
外资企业	366 779	8 001	3 829	491 974	255 445	172 474
外商投资股份有限公司	629	363	95	926	739	200
2. 按国民经济行业分组						
农畜产品批发业	948 001	125 316	35 366	1 244 331	1 060 744	189 136

贸易业主要财务指标

年)

单位:万元

主营业务收入	主营业务成本	主营业务税金及附加	主营业务利润	管理费用	营业利润	利润总额	本年应付工资总额	本年应付福利费总额	本年应缴增值税总额
92 940 290	**86 966 364**	**361 946**	**4 882 667**	**1 494 016**	**1 491 619**	**1 490 939**	**764 132**	**58 444**	**986 850**
72 610 347	68 966 740	243 098	3 007 280	682 067	907 117	984 845	330 252	28 019	525 177
71 176 129	67 685 808	241 369	2 900 015	645 520	864 606	936 838	313 144	26 772	503 912
13 264 839	12 333 601	129 768	739 796	184 615	441 878	471 186	114 862	10 379	147 873
233 682	209 050	1 694	23 091	6 362	6 666	5 496	4 062	450	6 390
73 337	68 459	392	4 118	1 014	2 548	2 551	813	101	435
2 000	1 809	4	187	155	3	1	41	3	52
2 000	1 809	4	187	155	3	1	41	3	52
11 392 404	10 765 836	41 466	529 917	143 657	130 986	146 351	58 525	4 130	95 027
648 718	572 067	7 517	80 460	16 931	14 100	15 445	7 329	328	9 135
10 743 686	10 193 769	33 949	449 457	126 726	116 886	130 906	51 197	3 802	85 892
30 785 963	29 840 283	12 284	808 251	68 086	59 237	66 176	57 047	6 006	80 677
15 360 078	14 399 553	55 754	798 053	241 487	227 273	239 862	77 737	5 696	173 457
800 451	736 094	6 557	66 817	14 444	32 168	20 331	6 141	797	11 145
72 409	65 994	768	5 927	2 532	2 014	2 514	887	74	1 639
13 953 158	13 103 650	46 708	694 009	214 993	182 048	198 354	67 387	4 569	154 081
534 062	493 814	1 721	31 300	9 519	11 043	18 663	3 322	256	6 592
63 827	67 218	7	-3 397	146	-3 986	5 215	58	7	2
443 193	396 922	289	40 432	9 709	12 608	13 291	4 940	441	5 919
128 665	118 272	15	6 287	3 743	5 192	5 602	2 486	281	1 439
314 528	278 650	274	34 145	5 966	7 416	7 689	2 454	160	4 480
991 025	884 009	1 440	66 833	26 838	29 903	34 716	12 168	807	15 345
157 262	146 024	228	10 048	2 937	-3 043	156	2 284	277	1 634
831 256	735 729	1 207	56 540	23 850	32 826	34 440	9 539	454	13 699
2 507	2 256	6	245	50	120	120	345	75	13
1 627 524	1 538 443	4 899	82 849	29 204	-3 424	10 715	9 469	1 321	7 257

17—9 续表 1 （2010

登记注册类型、行业	流动资产合计	固定资产原价	累计折旧	资产合计	负债合计	实收资本
食品、饮料及烟草制品批发业	1 381 009	410 688	163 528	1 777 387	595 271	173 326
米、面制品及食用油批发业	256 934	170 695	46 974	453 548	318 793	64 627
烟草制品批发业	933 542	178 020	90 353	1 070 893	96 012	27 473
纺织、服装及日用品批发业	551 586	58 789	16 781	1 224 189	396 295	272 096
服装批发业	216 294	19 423	7 066	268 872	187 248	143 498
文化、体育用品及器材批发业	109 913	14 401	7 976	132 154	96 137	21 670
医药及医疗器材批发业	1 145 628	77 930	24 774	1 306 085	1 035 779	217 003
矿产品、建材及化工产品批发业	11 363 233	1 208 300	469 974	13 452 748	10 746 682	2 167 849
煤炭及制品批发业	662 214	77 738	20 634	792 536	637 782	116 633
石油及制品批发业	3 590 588	650 207	296 352	4 567 194	3 238 438	960 290
金属及金属矿批发业	5 251 864	300 287	92 046	5 984 428	5 125 410	730 189
建材批发业	353 187	10 926	3 135	376 936	307 890	50 443
化肥批发业	647 179	64 070	8 551	729 905	643 372	43 002
机械设备、五金交电及电子产品批发业	3 390 115	169 905	72 410	3 958 548	3 272 905	573 808
汽车、摩托车及零配件批发业	692 324	47 403	19 388	888 695	732 100	83 219
家用电器批发业	159 671	8 171	3 163	185 916	148 225	61 120
计算机、软件及辅助设备批发业	85 865	3 463	1 648	94 558	74 063	22 535
贸易经纪与代理	57 874	2 367	930	61 693	29 379	33 754
其他批发业	106 445	17 683	4 882	132 900	92 143	21 659
二、零售业	6 718 442	2 948 875	884 520	10 984 017	7 859 728	2 202 466
1. 按登记注册类型分组						
内资	5 828 541	2 258 911	692 564	8 999 962	6 749 278	1 452 162
国有	189 198	238 634	55 861	507 930	374 443	138 204
集体	52 773	24 920	7 922	92 305	68 277	28 207
股份合作	12 853	2 391	833	15 615	7 244	7 487
联营企业	8 212	2 074	1 086	9 471	6 289	764
有限责任公司	1 901 258	839 465	236 039	2 938 777	2 319 311	429 280
国有独资公司	5 670	1 457	246	7 316	10 853	2 277
其他有限责任公司	1 895 588	838 008	235 793	2 931 462	2 308 458	427 003
股份有限公司	743 249	399 389	160 587	1 444 867	876 370	188 319
私营企业	2 920 732	751 893	230 212	3 990 611	3 097 171	659 850
私营独资	274 492	115 935	30 726	447 449	241 289	124 926
私营合伙	3 804	3 361	870	8 014	2 894	4 705
私营有限责任公司	2 536 241	611 478	187 952	3 404 628	2 756 938	510 262

年）

单位:万元

主营业务收入	主营业务成本	主营业务税金及附加	主营业务利润	管理费用	营业利润	利润总额	本年应付工资总额	本年应付福利费总额	本年应缴增值税总额
3 452 774	2 780 725	132 202	558 186	142 599	316 796	327 113	89 811	6 315	112 790
552 487	519 605	3 508	28 850	14 706	-1 730	5 846	11 638	440	4 321
2 231 535	1 664 434	126 128	468 207	112 102	299 752	302 687	68 257	5 260	101 065
1 354 831	1 245 877	2 150	84 831	37 738	87 734	89 168	18 239	956	6 167
683 589	627 601	688	44 196	20 513	6 623	6 984	9 818	319	2 340
191 575	173 370	673	16 095	7 180	1 046	1 249	3 430	304	2 373
2 725 933	2 473 918	5 100	163 949	51 519	56 862	51 831	21 273	1 262	38 164
56 034 974	54 045 610	74 544	1 705 273	280 829	315 162	342 334	133 716	13 658	257 822
1 442 151	1 336 118	9 661	119 047	28 833	21 757	23 404	9 535	695	29 256
35 962 498	34 815 112	16 743	996 689	98 311	61 854	84 283	65 165	7 790	113 432
15 072 455	14 584 462	23 253	428 261	106 488	174 199	181 872	39 991	3 230	66 889
726 010	658 770	4 105	51 670	8 271	23 148	16 245	4 029	425	15 041
636 531	604 162	12 686	18 627	5 411	-24	2 970	2 413	183	9 823
6 686 985	6 215 743	15 131	368 335	120 757	132 801	142 338	50 983	4 005	62 413
2 061 110	1 925 592	2 996	91 136	25 201	69 223	73 778	11 560	1 056	14 786
499 337	466 782	396	24 506	5 502	-713	-1 154	5 000	298	2 612
460 147	441 576	618	17 140	6 195	7 486	7 516	3 521	471	2 026
85 304	80 639	114	4 550	3 280	-2 691	-1 432	651	44	940
450 448	412 415	8 286	23 212	8 962	2 832	21 529	2 682	154	37 251
20 329 943	17 999 624	118 849	1 875 388	811 949	584 502	506 095	433 880	30 425	461 673
18 010 382	16 024 156	111 615	1 627 640	685 134	533 959	444 561	375 798	26 514	410 623
1 091 926	965 565	4 572	121 488	40 404	20 424	6 576	28 862	1 537	28 873
165 574	134 875	1 768	28 380	6 900	17 514	10 459	8 257	758	2 665
36 627	33 230	523	2 921	1 253	834	822	614	76	658
42 467	36 279	579	5 583	774	2 892	2 892	1 052	67	456
5 500 749	4 857 264	32 293	550 456	223 686	134 027	100 660	124 500	8 081	104 128
29 356	26 335	493	2 530	2 754	-1 966	-1 944	1 758	206	1 074
5 471 393	4 830 929	31 800	547 926	220 932	135 993	102 604	122 742	7 875	103 055
3 458 351	3 100 362	13 639	222 902	102 714	134 564	117 887	63 294	5 625	105 521
7 713 031	6 895 131	58 240	695 889	309 388	223 702	205 263	149 186	10 364	168 271
1 004 797	866 074	12 659	125 546	29 508	69 890	62 713	22 268	2 460	23 096
29 732	25 191	577	3 964	1 036	1 633	1 992	479	48	1 766
6 465 638	5 819 455	44 176	538 934	271 722	142 286	131 387	120 575	7 426	140 338

17—9 续表 2 （2010

登记注册类型、行业	流动资产合计	固定资产原价	累计折旧	资产合计	负债合计	实收资本
私营股份有限公司	106 194	21 120	10 665	130 520	96 050	19 957
其他	265	145	24	387	174	51
港澳台商投资企业	494 242	234 167	77 595	1 129 109	542 225	493 085
与港澳台商合资经营	287 994	133 668	54 324	518 716	255 769	155 105
与港澳台商合作经营	4 084	5 523	1 807	8 975	7 334	3 030
港澳台商独资	201 644	94 921	21 446	600 853	278 787	334 796
港澳台商独资股份有限公司	519	55	18	566	335	154
外商投资企业	395 659	455 797	114 361	854 946	568 225	257 219
中外合资经营	190 025	122 402	60 034	280 638	200 225	76 013
中外合作经营	961	2 566	2 243	1 387	2 401	6 700
外资企业	169 409	185 380	20 377	393 525	293 667	140 778
外商投资股份有限公司	35 264	145 449	31 707	179 397	71 932	33 728
2. 按国民经济行业分组						
综合零售业	2 453 802	1 616 768	491 561	4 833 407	3 421 924	915 053
百货零售业	1 912 236	1 300 885	375 814	3 987 295	2 679 922	775 948
超级市场零售业	511 599	302 686	109 165	804 003	710 314	124 882
食品、饮料及烟草制品专门零售业	54 738	37 492	11 087	92 863	58 115	24 824
纺织、服装及日用品专门零售业	349 571	135 821	46 707	512 424	359 255	147 706
服装零售业	238 992	107 600	36 402	372 672	261 755	125 558
文化、体育用品及器材专门零售业	195 013	89 284	30 332	285 415	218 541	52 272
体育用品零售业	10 227	4 903	837	20 373	14 176	7 623
图书零售业	60 254	54 542	18 427	108 306	76 242	20 322
医药及医疗器材专门零售业	331 227	47 380	15 477	390 743	302 445	71 924
药品零售业	316 464	46 486	15 001	375 493	291 936	68 689
汽车、摩托车、燃料及零配件专门零售业	2 566 517	747 065	227 068	3 709 824	2 628 499	722 894
汽车零售业	2 252 599	400 262	123 600	2 880 765	2 132 178	444 090
机动车燃料零售业	262 610	329 925	96 427	758 517	446 711	261 446
家用电器及电子产品专门零售业	602 571	90 596	16 911	768 305	588 299	135 603
家用电器零售业	441 071	75 812	8 703	582 483	460 922	78 893
计算机、软件及辅助设备零售业	107 616	9 152	4 740	125 898	82 897	39 717
通讯设备零售业	42 008	2 656	1 117	47 344	33 937	14 772
五金、家具及室内装修材料专门零售业	83 822	143 375	31 952	248 986	199 375	79 284
无店铺及其他零售业	81 182	41 094	13 425	142 050	83 276	52 906
邮购及电子销售业	13 488	1 962	920	15 422	13 751	1 750

年）

单位：万元

主营业务收入	主营业务成本	主营业务税金及附加	主营业务利润	管理费用	营业利润	利润总额	本年应付工资总额	本年应付福利费总额	本年应缴增值税总额
212 864	184 411	828	27 445	7 121	9 894	9 170	5 864	430	3 071
1 659	1 449	1	20	16	1	2	33	6	51
1 116 056	956 634	5 031	103 500	52 490	36 826	48 428	22 275	997	21 658
761 686	658 632	2 122	49 222	34 676	33 627	31 368	14 600	649	15 956
10 920	9 148	827	1 764	219	70	123	56	6	216
342 197	287 938	2 075	52 184	17 580	2 934	16 741	7 569	340	5 440
1 254	916	7	331	15	196	196	51	3	46
1 203 505	1 018 834	2 203	144 247	74 325	13 716	13 106	35 807	2 914	29 392
610 112	523 246	496	65 335	21 061	21 133	19 433	14 591	539	14 399
3 049	2 901		149	505	-966	-1 066	118	24	8
346 072	289 081	475	39 331	23 374	-13 796	-13 569	11 067	1 091	5 462
244 272	203 607	1 232	39 433	29 384	7 345	8 308	10 031	1 260	9 524
6 267 013	5 287 629	62 449	656 423	440 359	183 871	178 844	207 976	13 089	157 978
4 814 323	4 046 100	54 148	496 327	376 940	157 184	152 690	153 127	9 643	118 629
1 357 960	1 162 092	7 767	145 396	60 056	24 252	23 689	51 026	3 164	38 337
169 682	141 380	2 604	24 244	10 713	8 168	6 672	7 131	482	4 540
635 603	528 960	4 277	98 913	34 165	14 308	14 590	20 473	1 304	15 472
348 668	286 567	2 596	56 588	21 727	2 576	2 138	11 986	760	10 935
398 123	328 547	5 297	62 405	25 873	21 666	11 564	20 052	1 362	7 448
28 024	23 691	200	4 133	2 260	87	-147	811	28	584
106 551	83 144	1 398	20 191	13 739	1 959	1 818	12 478	1 018	2 598
715 458	596 112	5 219	111 246	29 805	16 777	13 984	37 096	1 277	19 107
689 042	574 525	4 617	107 220	28 389	15 990	13 138	36 187	1 184	18 288
10 138 022	9 354 984	22 769	715 905	187 257	291 016	262 116	99 836	8 890	163 144
6 788 145	6 295 396	13 423	439 613	141 266	173 349	164 012	59 198	4 574	73 679
3 193 530	2 919 012	8 181	262 203	40 867	113 351	93 828	37 925	3 977	86 983
1 329 784	1 189 022	6 136	122 126	40 131	43 818	25 128	25 070	1 929	80 826
853 970	751 195	3 651	88 164	24 517	37 220	20 353	14 423	950	76 488
319 609	298 278	1 428	18 708	10 501	3 366	2 895	7 523	745	2 413
131 954	116 629	994	14 077	4 245	3 295	1 905	2 536	167	1 756
396 438	337 132	5 352	47 797	29 160	-4 367	-5 013	9 259	1 288	6 722
279 821	235 860	4 745	36 328	14 486	9 245	-1 792	6 988	805	6 437
69 569	53 669	401	12 643	4 731	-789	-9 838	1 983	332	3 063

17—10 限额以上住宿业和餐饮业经营情况

（2010年）

单位：万元

登记注册类型、行业	法人单位（个）	年末从业人数（人）	营业额	客房收入	餐费收入	商品销售收入	其他收入
总计	**1 189**	**113 081**	**1 892 088**	**433 999**	**1 345 531**	**26 464**	**86 094**
一、住宿业	523	58 637	854 150	402 030	367 288	14 978	69 854
1. 按登记注册类型分组							
内资	451	44 393	616 016	285 854	273 516	9 835	46 811
国有	118	13 837	183 807	76 588	93 923	2 327	10 968
集体	41	2 115	29 969	15 061	13 149	656	1 103
股份合作	2	73	927	405	518	4	
联营企业	2	77	700	316	287	36	61
国有联营	1	45	529	274	188	7	61
集体联营	1	32	170	42	100	29	
国有与集体联营							
其他联营							
有限责任公司	94	11 603	169 423	81 701	68 546	2 340	16 836
国有独资公司	1	122	9 823	3 397	2 687	149	3 590
其他有限责任公司	93	11 481	159 600	78 304	65 859	2 191	13 246
股份有限公司	7	1 148	17 387	9 484	5 692		2 210
私营企业	187	15 540	213 805	102 300	91 400	4 472	15 633
私营独资	58	3 348	52 372	23 665	23 970	998	3 740
私营合伙	1	60	685	281	404		
私营有限责任公司	119	10 338	144 742	72 019	59 729	2 719	10 276
私营股份有限公司	9	1 794	16 006	6 336	7 298	756	1 617
港澳台商投资企业							
与港澳台商合资经营	38	9 037	161 571	79 165	65 341	2 590	14 475
与港澳台商合作经营	22	5 191	81 868	36 618	37 219	1 813	6 219
港澳台商独资	4	2 118	37 887	19 980	14 605	9	3 292
港澳台商独资股份有限公司	8	1 428	38 461	20 712	12 191	754	4 805
外商投资企业	4	300	3 355	1 855	1 327	14	159
中外合资经营	34	5 207	76 562	37 011	28 430	2 553	8 568
中外合作经营	26	3 382	49 292	23 481	18 714	1 344	5 753
外资企业	1	235	3 885	1 283	2 549		53
外商投资股份有限公司	6	1 170	20 590	11 300	6 912	1 170	1 209
2. 按国民经济行业分组	1	420	2 795	947	256	39	1 553
旅游饭店	404	52 278	774 009	351 159	346 007	13 585	63 259
一般旅馆	107	5 525	70 429	44 255	18 234	1 349	6 591
其他住宿服务	12	834	9 712	6 616	3 047	44	5

17—10 续表　　(2010 年)　　单位:万元

登记注册类型、行业	法人单位(个)	年末从业人数(人)	营业额	客房收入	餐费收入	商品销售收入	其他收入
二、餐饮业	666	54 444	1 037 938	31 969	978 243	11 486	16 240
1. 按登记注册类型分组							
内资	573	33 692	580 841	30 199	529 657	9 739	11 246
国有	19	1 234	13 806	3 683	9 261	340	522
集体	21	531	14 078	935	13 000	79	65
股份合作	5	128	3 313	120	3 193		
联营企业							
国有联营							
集体联营							
国有与集体联营							
其他联营							
有限责任公司	69	5 451	75 642	5 695	64 651	433	4 864
国有独资公司							
其他有限责任公司	69	5 451	75 642	5 695	64 651	433	4 864
股份有限公司	6	649	20 653	410	20 243		
私营企业	449	25 411	447 582	19 356	413 542	8 888	5 796
私营独资	243	10 104	194 350	5 688	184 587	3 064	1 012
私营合伙	9	235	3 755	55	3 658	42	
私营有限责任公司	185	14 331	239 520	13 443	215 853	5 440	4 784
私营股份有限公司	12	741	9 957	170	9 445	342	
其他	4	288	5 766		5 766		
港澳台商投资企业	34	3 443	68 905	776	63 038	971	4 120
与港澳台商合资经营	19	1 995	28 288	103	23 783	489	3 913
与港澳台商合作经营	2	165	2 884		2 884		
港澳台商独资	13	1 283	37 734	673	36 371	482	207
港澳台商独资股份有限公司							
外商投资企业	59	17 309	388 192	995	385 548	776	874
中外合资经营	26	2 146	43 300	888	41 379	776	258
中外合作经营	4	1 450	24 297	1	24 295		
外资企业	28	13 683	320 076	106	319 354		616
外商投资股份有限公司	1	30	520		520		
2. 按国民经济行业分组							
正餐服务业	622	36 567	638 687	31 841	584 409	10 312	12 125
快餐服务业	24	16 126	378 666		378 489	177	
饮料及冷饮服务业	10	468	7 386		6 888	482	16
其他餐饮服务业	10	1 283	13 200	128	8 457	516	4 098

17—11 限额以上住宿业和

（2010

登记注册类型、行业	流动资产 小 计	固定资产 原 价	累计折旧	资产合计	负债合计	实收资本
总　　计	**988 376**	**2 744 212**	**1 027 814**	**3 267 149**	**2 285 310**	**1 123 507**
一、住宿业	665 795	2 135 589	843 665	2 353 139	1 714 674	879 107
1. 按登记注册类型分组						
内资	411 276	1 311 801	418 849	1 621 175	1 097 104	553 867
国有	81 118	346 405	129 899	423 609	255 088	152 433
集体	12 590	32 207	12 037	38 189	20 542	15 906
股份合作	405	281	134	581	442	75
联营企业	152	762	500	673	1 199	474
国有联营	101	277	238	143	875	300
集体联营	51	485	262	530	323	174
国有与集体联营						
其他联营						
有限责任公司	105 085	436 192	146 983	460 695	299 692	217 313
国有独资公司	6 192	39 985	9 712	43 608	8 827	37 323
其他有限责任公司	98 893	396 207	137 272	417 087	290 865	179 990
股份有限公司	10 082	30 609	7 993	34 521	12 422	2 250
私营企业	201 844	465 345	121 304	662 909	507 718	165 416
私营独资	45 386	73 454	17 838	141 321	89 283	44 910
私营合伙	196	156	76	411	1 120	50
私营有限责任公司	117 321	354 429	96 003	445 853	351 665	107 379
私营股份有限公司	38 942	37 306	7 388	75 323	65 651	13 077
其他						
港澳台商投资企业	186 831	492 336	228 160	491 032	301 240	178 264
与港澳台商合资经营	83 974	292 073	137 124	256 294	201 594	97 322
与港澳台商合作经营	70 058	24 451	12 036	87 733	18 808	15 415
港澳台商独资	30 259	164 477	75 301	135 569	75 074	58 938
港澳台商独资股份有限公司	2 539	11 335	3 700	11 437	5 765	6 590
外商投资企业	67 688	331 451	196 656	240 932	316 330	146 976
中外合资经营	54 529	190 528	119 839	141 806	157 240	99 047
中外合作经营	370	33 846	24 184	10 939	61 232	20 513
外资企业	8 710	90 647	41 198	60 836	54 869	24 588
外商投资股份有限公司	4 079	16 430	11 435	27 351	42 988	2 828
2. 按国民经济行业分组						
旅游饭店	606 922	2 014 028	807 695	2 134 202	1 583 360	833 265
一般旅馆	52 506	90 991	30 199	179 858	103 128	41 528
其他住宿服务	6 368	30 569	5 771	39 080	28 186	4 313

餐饮业主要财务指标

年)

单位:万元

主营业务收入	主营业务成本	主营业务税金及附加	主营业务利润	管理费用	营业利润	利润总额	本年应付工资总额	本年应付福利费总额
1 875 765	**850 530**	**95 273**	**837 620**	**358 096**	**86 867**	**75 479**	**229 537**	**33 833**
848 080	340 586	42 504	385 655	257 680	－15 023	－16 712	121 630	17 008
609 996	283 170	31 104	273 995	148 324	－13 425	－15 864	85 990	8 178
181 940	97 809	9 099	76 027	46 987	－10 962	－11 858	29 876	3 493
29 288	16 868	1 912	10 342	3 738	1 236	104	3 749	262
927	401	48	478	68	16	16	84	5
700	481	13	206	67	60	60	119	8
529	442	1	86	7	60	60	72	3
170	39	11	120	60			47	6
168 734	72 911	8 422	72 388	50 187	－8 599	－6 757	22 824	2 549
9 823	4 375	531	4 917	3 826	26	26	293	6
158 911	68 536	7 891	67 471	46 361	－8 625	－6 784	22 532	2 543
17 363	6 240	959	9 391	6 809	－204	3	1 771	133
211 044	88 461	10 652	105 163	40 468	5 028	2 570	27 567	1 729
51 116	29 230	2 615	19 526	4 863	4 153	2 668	5 969	555
685	233	38	414	245	－14	－14	92	
143 286	53 136	7 110	76 017	33 066	510	117	18 670	987
15 956	5 862	889	9 206	2 295	379	－202	2 835	186
161 737	34 445	7 888	67 403	71 951	11 593	11 707	23 807	7 161
82 111	20 047	3 985	37 333	33 923	－707	－581	13 859	3 112
37 809	8 588	1 897	18 750	11 591	9 676	9 674	4 735	535
38 461	5 083	1 825	8 874	24 974	2 960	2 900	4 559	3 482
3 355	727	181	2 446	1 463	－336	－286	654	32
76 347	22 971	3 513	44 257	37 405	－13 190	－12 555	11 833	1 670
49 076	15 266	2 230	28 227	21 175	－5 349	－5 010	8 123	1 160
3 885	1 436	196		3 815	－3 015	－3 001	555	
20 590	4 251	950	15 389	9 665	－1 050	－707	2 695	500
2 795	2 018	136	641	2 750	－3 777	－3 836	460	10
769 834	299 063	38 684	352 253	242 064	－17 239	－18 356	109 002	16 177
68 686	38 802	3 382	27 002	13 273	1 780	2 541	11 361	736
9 560	2 721	438	6 400	2 342	437	－897	1 267	95

17—11 续表 (2010

	流动资产小计	固定资产原价	累计折旧	资产合计	负债合计	实收资本
二、餐饮业	322 581	608 623	184 149	914 009	570 637	244 401
1. 按登记注册类型分组						
内资	221 119	457 145	109 028	691 108	390 989	172 742
国有	7 919	20 562	2 494	28 941	20 415	5 168
集体	2 126	2 526	1 039	4 139	2 045	2 191
股份合作	2 143	1 673	678	3 189	2 019	608
联营企业						
国有联营						
集体联营						
国有与集体联营						
其他联营						
有限责任公司	42 376	149 921	31 954	202 912	81 348	36 547
国有独资公司						
其他有限责任公司	42 376	149 921	31 954	202 912	81 348	36 547
股份有限公司	2 187	14 560	2 935	15 517	9 544	3 131
私营企业	163 187	267 367	69 702	434 083	273 857	124 963
私营独资	38 141	109 856	24 118	138 991	57 390	55 519
私营合伙	394	898	227	1 277	769	402
私营有限责任公司	123 034	150 561	42 150	284 423	209 493	67 474
私营股份有限公司	1 618	6 053	3 207	9 392	6 205	1 568
其他	1 181	536	226	2 328	1 761	135
港澳台商投资企业	30 731	67 900	33 440	69 787	49 159	31 225
与港澳台商合资经营	16 882	16 661	9 395	25 735	14 332	16 420
与港澳台商合作经营	490	269	203	612	931	3 500
港澳台商独资	13 359	50 971	23 842	43 441	33 897	11 305
港澳台商独资股份有限公司						
外商投资企业	70 731	83 578	41 681	153 114	130 489	40 434
中外合资经营	34 940	16 205	8 229	50 301	41 565	11 014
中外合作经营	3 156	10 521	4 916	15 303	12 878	5 011
外资企业	32 602	55 972	28 526	86 608	76 046	23 508
外商投资股份有限公司	32	880	10	902		902
2. 按国民经济行业分组						
正餐服务业	257 420	518 956	143 239	759 554	463 905	200 284
快餐服务业	51 301	70 526	35 329	122 655	96 922	28 189
饮料及冷饮服务业	2 945	2 934	1 503	5 466	2 095	5 883
其他餐饮服务业	10 914	16 207	4 078	26 335	7 714	10 044

年）

单位:万元

主营业务收入	主营业务成本	主营业务税金及附加	主营业务利润	管理费用	营业利润	利润总额	本年应付工资总额	本年应付福利费总额
1 027 685	509 944	52 769	451 964	100 417	101 890	92 191	107 907	16 825
571 344	331 555	29 044	193 578	55 701	50 028	40 521	63 474	4 705
13 015	7 141	549	5 335	2 808	2 387	1 241	1 959	185
13 965	9 271	704	3 526	1 725	1 352	959	832	197
2 137	200	652	374	119	127	280	26	
74 823	37 836	4 132	32 737	11 888	-749	-1 499	10 042	811
74 823	37 836	4 132	32 737	11 888	-749	-1 499	10 042	811
20 333	11 011	987	8 196	1 935	1 442	2 429	1 980	167
440 180	260 349	22 244	141 385	36 541	45 075	36 992	47 892	3 289
188 557	125 482	9 749	51 457	13 117	19 562	20 163	18 299	1 132
3 755	2 299	244	1 212	218	355	286	354	38
237 911	125 748	11 856	85 846	22 638	24 428	15 845	27 422	2 005
9 957	6 820	396	2 869	568	730	698	1 817	113
5 765	3 809	227	1 746	430	403	272	490	31
68 767	33 304	3 256	30 164	7 770	4 792	4 806	7 163	649
28 164	17 232	1 161	7 685	3 091	1 483	1 542	4 109	230
2 884	1 740	145	999	207	-135	-135	351	10
37 720	14 331	1 950	21 480	4 472	3 445	3 398	2 703	409
387 574	145 086	20 469	228 223	36 946	47 069	46 865	37 271	11 471
42 897	22 182	2 147	18 874	4 461	3 234	3 253	3 761	162
24 297	9 511	1 212	13 426	2 090	278	1 046	1 474	83
319 929	113 393	17 099	195 481	30 390	43 123	42 556	31 984	11 219
452		10	442	6	435	10	52	7
628 552	363 455	32 025	213 279	65 702	49 077	39 450	69 605	5 317
378 666	136 076	20 039	231 098	31 875	50 985	50 895	34 551	11 413
7 324	2 659	348	4 317	451	655	663	1 141	27
13 143	7 755	357	3 270	2 389	1 173	1 183	2 611	68

17—12 各地区限额以上批发零售贸易业企业资产、负债及所有者权益

(2010 年)

单位:万元

地区	资产合计	#流动资产	负债合计	所有者权益合计
全省	**34 274 052**	**25 772 246**	**25 185 062**	**8 945 287**
沈阳	12 812 620	9 791 306	9 673 985	3 138 634
大连	12 601 699	9 607 184	9 039 166	3 562 533
鞍山	2 940 015	2 201 695	2 126 363	813 652
抚顺	583 608	389 611	419 437	138 972
本溪	354 706	247 223	263 728	71 519
丹东	589 441	436 317	419 013	170 428
锦州	670 721	472 159	501 812	168 909
营口	544 448	360 692	300 890	180 687
阜新	475 183	351 624	410 922	64 260
辽阳	246 083	176 939	157 110	88 973
盘锦	734 204	573 704	553 228	144 804
铁岭	494 985	307 789	302 811	192 174
朝阳	848 357	626 240	777 824	70 533
葫芦岛	377 982	229 764	238 773	139 209

17—13 各地区限额以上批发零售贸易业企业主要财务指标

(2010 年)

单位:万元

地区	主营业务收入	主营业务成本	主营业务税金及附加	主营业务利润	管理费用中的税金
全省	**92 940 290**	**86 966 364**	**361 946**	**4 882 667**	**92 644**
沈阳	47 371 585	45 169 503	107 203	2 039 630	35 030
大连	23 380 035	21 588 597	61 385	1 120 596	18 468
鞍山	7 952 981	7 463 154	41 474	448 353	9 951
抚顺	2 068 636	1 868 751	23 869	166 592	5 410
本溪	729 120	644 677	9 071	74 489	1 608
丹东	1 528 223	1 398 932	11 888	117 070	2 934
锦州	1 823 841	1 595 542	17 116	211 183	3 633
营口	1 384 510	1 152 935	29 197	208 886	5 177
阜新	883 874	796 488	6 051	90 789	1 043
辽阳	986 969	917 075	5 919	55 477	914
盘锦	1 484 791	1 314 435	12 292	101 103	1 526
铁岭	1 191 507	1 098 342	16 438	85 313	3 050
朝阳	1 196 966	1 091 118	8 316	89 161	2 637
葫芦岛	957 255	866 814	11 727	74 027	1 262

17—14　各地区限额以上批发零售贸易业企业增加值

(2010 年)　　　　单位:万元

地　　区	增加值合计	本年提取的固定资产折旧	本年应付工资总额	本年应付福利费总额	劳动失业保险费	主营业务税金及附加	利润总额	管理费用中税金额
全　　省	**3 114 777**	**301 025**	**764 132**	**58 444**	**45 647**	**361 946**	**1 490 939**	**92 644**
沈　　阳	836 859	126 362	257 090	18 105	9 949	107 203	283 120	35 030
大　　连	849 608	79 850	215 251	12 583	6 546	61 385	455 525	18 468
鞍　　山	386 457	17 545	46 041	5 176	8 719	41 474	257 551	9 951
抚　　顺	133 486	11 477	34 011	2 963	12 191	23 869	43 565	5 410
本　　溪	62 531	2 842	17 083	1 306	766	9 071	29 855	1 608
丹　　东	88 025	6 466	19 829	1 892	866	11 888	44 150	2 934
锦　　州	162 642	7 889	28 685	2 451	1 087	17 116	101 781	3 633
营　　口	203 706	9 975	29 523	2 886	1 081	29 197	125 867	5 177
阜　　新	44 452	5 648	13 133	621	305	6 051	17 651	1 043
辽　　阳	50 386	3 136	10 837	934	1 326	5 919	27 320	914
盘　　锦	93 971	9 819	29 210	3 464	823	12 292	36 837	1 526
铁　　岭	89 051	9 767	21 501	1 874	909	16 438	35 512	3 050
朝　　阳	59 897	6 605	22 536	2 023	619	8 316	17 161	2 637
葫 芦 岛	53 711	3 645	19 402	2 168	462	11 727	15 045	1 262

17—15　各地区限额以上住宿餐饮业增加值

(2010 年)　　　　单位:万元

地　　区	增加值合计	本年提取的固定资产折旧	本年应付工资总额	本年应付福利费总额	劳动失业保险费	主营业务税金及附加	利润总额	管理费用中税金额
全　　省	**602 064**	**134 281**	**229 537**	**33 833**	**11 105**	**95 273**	**75 479**	**22 556**
沈　　阳	224 423	39 447	79 424	15 661	6 304	34 926	38 625	10 036
大　　连	173 465	48 447	75 923	10 478	3 045	29 098	1 132	5 342
鞍　　山	50 144	7 089	14 068	1 018	471	6 482	19 681	1 335
抚　　顺	9 466	1 928	4 374	300	80	2 378	129	277
本　　溪	5 339	1 627	3 740	360	117	1 433	-2 221	283
丹　　东	17 554	2 308	6 835	1 716	189	3 450	1 818	1 238
锦　　州	21 163	2 042	6 645	438	108	2 741	8 606	583
营　　口	51 736	20 263	14 547	1 926	361	3 669	9 545	1 425
阜　　新	3 160	273	2 266	137	41	658	-356	141
辽　　阳	9 789	2 327	4 706	142	49	1 807	310	448
盘　　锦	12 603	4 008	4 743	957	175	3 448	-1 338	610
铁　　岭	5 875	876	3 597	166	62	1 282	-300	192
朝　　阳	6 932	1 512	3 088	84	53	1 546	149	500
葫 芦 岛	10 418	2 132	5 582	450	53	2 355	-300	146

主要统计指标解释

社会消费品零售额 指各种经济类型的批发零售贸易业、住宿餐饮业、和其他行业对城乡居民和社会集团的消费品零售额的总和。这个指标反映通过各种商品流通渠道向居民和社会集团供应的生活消费品来满足他们生活需要，是研究人民生活、社会消费品购买力、货币流通等问题的重要指标。社会消费品零售额包括:(1)售给城乡居民作为生活用的商品及修建房屋用的建筑材料;(2)售给机关、团体、学校、部队、企业、事业单位的职工食堂和旅店(招待所)附设专门供本店旅客食用,不对外营业的食堂的各种食品、燃料;企业、单位和国营农场直接售给本单位职工和职工食堂的自己生产的产品;(3)售给部队干部、战士生活用的粮食、副食品、衣着品、日用品、燃料;(4)售给来华的外国人、华侨、港澳台同胞的消费品(包括友谊商店、在海关前后设立的免税商店、外轮供应公司等);(5)居民自费购买的中、西药品、中药材及医疗用品;(6)报社、出版社直接售给居民和社会集团的报纸、图书、杂志,集邮公司(包括邮局集邮专柜)出售的新旧纪念邮票、特种邮票、首日封、集邮册、集邮工具等;(7)旧货寄售商店自购、自销部分的商品零售额;(8)煤气公司、液化石油气站售给居民和社会集团的煤气灶具和罐装液化石油气;

批发零售贸易业商品购、销、存总额 指以各种经济类型的批发、零售贸易业为总体的商品购、销、存。

商品购进总额 指从本企业(单位)以外的单位和个人购进(包括从国外直接进口)作为转卖或加工后转卖的商品。这个指标反映批发零售贸易业从国内、国外市场上购进商品的总量。商品购进总额包括:(1)从工农业生产者购进的商品;(2)从出版社、报社的出版发行部门购进的图书、杂志和报纸;(3)从各种经济类型的批发零售贸易企业(单位)购进的商品;(4)从其他单位购进的商品,如从机关、团体、企业、单位购进的剩余物资,从餐饮业、服务业购进的商品,从海关、市场管理部门购进的缉私和没收的商品,从居民收购的废旧商品等;(5)从国(境)外直接进口的商品。

商品销售总额 指对本企业(单位)以外的单位和个人出售(包括对国(境)外直接出口)的商品。这个指标反映批发零售贸易业在国内市场上销售商品以及出口商品的总量。商品销售总额包括:(1)售给城乡居民和社会集团消费用的商品;(2)售给工业、农业、建筑业、运输邮电业、批发零售贸易业、餐饮业、服务业、公用事业等作为生产、经营使用的商品;(3)售给批发零售贸易业作为转卖或加工后转卖的商品;(4)对国(境)外直接出口的商品。

批发零售贸易业年末库存 指年末各种经济类型的批发零售贸易企业(单位)已取得所有权的商品。它反映各地区、各批发零售贸易企业(单位)的商品库存情况和对市场商品供应的保证程度。期末库存包括:(1)存放在批发零售贸易业经营单位(如门市部、批发站、经营处)仓库、货场、货柜和货架中的商品;(2)挑选、整理、包装中的商品;(3)已记入购进而尚未运到本单位的商品,即发货单或银行承兑凭证已到而货未到部分;(4)寄放他处的商品,如因购货方拒绝承付而暂时存放在购货方的商品和已办完加工成品收回手续而未提回的商品;(5)委托其他单位代销(未作销售或调出)尚未售出的商品;(6)代其他单位购进尚未交付的商品。

第十八篇

对外经济贸易

18

DUIWAI
JINGJI
MAOYI

18—1 对外经济贸易基本情况

单位:户、个、亿美元

指 标	2005年	2006年	2007年	2008年	2009年	2010年
进出口总额	**410.1**	**483.9**	**594.7**	**724.4**	**629.2**	**806.7**
出口总额	234.4	283.2	353.3	420.5	334.4	431.2
进口总额	175.7	200.7	241.5	303.8	294.8	375.5
进出口差额	+58.7	+82.5	+111.8	+116.7	+39.6	+55.7
外商直接投资合同项目	**2 686**	**2 336**	**1 844**	**1 319**	**1 629**	**1 480**
外商直接投资合同金额	**110.16**	**152.40**	**207.8**	**203.0**	**281.8**	**256.4**
实际外商直接投资额	**35.90**	**59.86**	**91.0**	**120.2**	**154.4**	**207.5**
外商投资企业基本情况						
年底登记户数	16 542	16 402	14 739	14 564	12 928	18 377
投资总额	815.07	944.85	1 087.7	1 247.6	1 317.8	1 476.2
注册资本	495.33	596.67	681.2	801.3	849.4	975.4
# 外 方	361.71	432.22	539.0	642.1	692.9	801.5
对外经济合作						
合同金额	7.12	8.50	9.75	26.17	29.13	19.65
#对外承包工程	5.46	6.61	6.55	23.18	25.58	17.24
对外劳务合作	1.66	1.89	3.20	2.98	2.61	2.42
完成营业额	6.52	7.15	7.82	11.07	18.20	15.06
#对外承包工程	4.27	4.94	5.45	8.46	15.79	13.23
对外劳务合作	2.25	2.21	2.37	2.61	2.41	2.17

18—2 外贸进出口总额

单位:亿美元、%

年份	进出口总额	出口额	进口额	差额	指数(上年=100)		出口额指数(1953年=100)
					出口额	进口额	
1978	15.9	15.2	0.7	14.5	130.1	190.6	1 614.9
1980	40.5	39.8	0.7	39.1	152.9	104.2	4 234.0
1985	53.9	50.4	3.5	46.9	101.0	280.6	5 363.8
1986	34.3	30.8	3.5	27.0	61.1	100.3	3 276.6
1987	42.2	37.9	4.3	33.6	123.0	132.1	4 029.8
1988	44.5	38.7	5.8	32.9	102.3	124.9	4 121.3
1989	53.4	44.5	8.9	35.6	114.8	154.2	4 729.8
1990	63.2	56.1	7.1	49.0	126.0	78.3	5 957.4
1991	67.3	57.7	9.6	48.1	103.0	138.3	6 138.3
1992	76.6	61.8	14.8	37.0	106.9	153.2	6 569.3
1993	84.6	62.1	22.5	39.6	100.7	151.7	6 901.1
1994	97.0	68.7	28.3	40.4	110.5	125.5	7 627.8
1995	109.9	82.6	27.3	55.2	120.3	96.7	9 175.6
1996	112.5	83.4	29.1	54.3	100.9	106.4	9 264.4
1997	129.6	88.9	40.7	48.2	106.6	139.9	9 877.8
1998	127.4	80.5	46.9	37.1	87.8	75.4	8 942.3
1999	137.3	82.0	55.3	26.7	101.9	117.9	9 111.1
2000	190.2	108.5	81.7	26.8	132.3	147.7	12 055.5
2001	199.1	111.1	88.0	23.1	102.4	107.7	12 344.4
2002	217.4	123.7	93.7	30.0	111.3	106.5	13 744.4
2003	265.6	146.3	119.3	27.0	118.3	127.3	16 255.5
2004	344.4	189.2	155.2	34.0	129.3	130.1	21 022.2
2005	410.1	234.4	175.7	58.7	123.9	113.2	26 044.4
2006	483.9	283.2	200.7	82.5	120.8	114.2	31 466.7
2007	594.7	353.3	241.5	111.8	124.7	120.3	39 239.0
2008	724.4	420.5	303.8	116.7	119.0	125.8	46 722.2
2009	629.2	334.4	294.8	39.6	79.5	97.0	37 155.6
2010	806.7	431.2	375.5	55.7	128.9	127.4	47 911.2

注:1998 年以后为海关统计数。

18—3 按贸易性质分进出口总额

单位:万美元

分类	2009 年	2010 年	2010年比上年增长%	比重(%) 2009 年	比重(%) 2010 年
进出口总额	**6 292 499**	**8 067 121**	**28.2**		
出口总额	**3 344 142**	**4 311 970**	**28.9**	**100.0**	**100.0**
一般贸易	1 393 544	1 800 131.5	29.2	41.7	41.7
国家间、国际组织无偿援助和赠送的物资	189	689.3	264.7		
来料加工装配贸易	487 415	551 159.4	13.1	14.6	12.8
进料加工贸易	1 142 679	1 510 317.1	32.2	34.2	35.0
寄售、代销贸易	332				
边境小额贸易	36 969	40 559.0	9.7	1.1	0.9
对外承包工程货物	16 014	5 094.9	-68.2		0.1
租赁贸易	265	441.3	66.5		
出料加工贸易	517	286.7	-44.5		
易货贸易	4	45.7	1 042.5		
保税仓库进出境货物	46 199	146 848.7	217.9	1.4	3.4
保税区仓储转口货物	165 121	187 500.0	13.6	4.9	4.3
其他	54 894	68 896.5	25.5	1.6	1.6
进口总额	**2 948 357**	**3 755 151**	**27.4**	**100.0**	**100.0**
一般贸易	1 403 050	1 931 520.4	37.7	47.6	51.4
国家间、国际组织无偿援助和赠送的物资					
华侨、港澳同胞、外籍华人捐赠物资	36	42.9	19.2		
来料加工装配贸易	443 645	520 143.7	17.2	15.5	13.9
进料加工贸易	562 963	712 366.4	26.5	19.1	19.0
寄售、代销贸易					
边境小额贸易	14 353	13 954.8	-2.8		
来料加工装配进口的设备		1 244.3			
租赁贸易	4	116.1	2 802.5		
外商投资企业作为投资进口的设备、物品	43 683	23 340.2	-46.6	1.5	0.6
出料加工贸易	66	33.4	-49.4		
易货贸易		48.4			
保税仓库进出境货物	320 611	300 553.1	-6.3	10.9	8.0
保税区仓储转口货物	134 088	210 836.6	57.2	4.5	5.6
其他	25 858	22 362.4	-13.5	0.9	0.6

18—4 各地区进出口总额

单位:万美元

地　　区	2005 年	2006 年	2007 年	2008 年	2009 年	2010 年
进口总额						
总　　计	**1 757 383**	**2 006 871**	**2 414 687**	**3 038 290**	**2 948 357**	**3 755 151**
沈　　阳	221 733	263 091	275 007	300 527	304 679	377 887
大　　连	1 181 098	1 453 765	1 729 200	2 168 111	2 006 491	2 472 262
鞍　　山	83 971	66 186	100 699	150 181	152 582	246 151
抚　　顺	18 221	14 749	23 236	34 001	42 957	50 144
本　　溪	67 404	40 254	54 510	126 198	150 165	189 236
丹　　东	43 347	33 428	41 600	49 888	56 234	105 408
锦　　州	30 922	26 783	33 646	46 990	94 046	113 938
营　　口	45 121	48 110	53 482	69 951	47 262	71 567
阜　　新	536	508	992	628	793	2 510
辽　　阳	6 094	17 475	48 971	46 423	22 616	28 788
盘　　锦	4 719	5 420	6 535	10 671	8 288	11 322
铁　　岭	1 254	1 438	2 103	1 485	1 078	8 408
朝　　阳	7 955	7 124	4 058	3 573	8 318	8 349
葫 芦 岛	45 008	28 540	40 648	29 663	52 848	69 181
出口总额						
总　　计	**2 343 870**	**2 832 250**	**3 532 507**	**4 205 447**	**3 344 142**	**4 311 970**
沈　　阳	232 347	265 822	331 933	412 336	352 349	407 717
大　　连	1 378 025	1 725 809	2 145 260	2 530 561	2 177 367	2 725 909
鞍　　山	131 866	213 853	240 689	317 427	103 906	144 221
抚　　顺	40 055	52 457	66 265	88 227	45 881	52 355
本　　溪	74 953	85 989	123 570	242 452	64 629	158 375
丹　　东	151 113	140 501	161 847	138 491	144 908	187 443
锦　　州	53 937	65 553	95 748	74 063	80 647	117 852
营　　口	100 997	117 326	135 281	168 578	120 037	220 593
阜　　新	3 492	4 038	9 063	10 534	10 608	12 036
辽　　阳	23 934	39 410	68 135	79 115	87 013	96 151
盘　　锦	13 532	10 182	20 597	25 908	29 230	36 662
铁　　岭	8 347	10 028	13 273	15 201	42 017	46 129
朝　　阳	22 092	26 074	30 965	35 026	37 028	41 277
葫 芦 岛	109 180	75 208	89 881	67 528	48 522	65 250

18—5 海关同主要国家(地区)进出口总额

单位:万美元

国家、地区	进出口总额			进口总额			出口总额		
	2008年	2009年	2010年	2008年	2009年	2010年	2008年	2009年	2010年
香港	148 081	147 719	292 175	8 788	9 479	10 939	139 293	138 240	281 236
澳门	2 302	469	120	7	9	9	2 295	460	111
朝鲜	99 569			37 049			62 520		
日本	1 417 512	1 214 005	1 533 814	491 449	442 606	560 624	926 063	771 399	973 190
菲律宾	49 145	37 676	45 906	14 671	12 482	13 752	34 474	25 194	32 154
韩国	841 408	592 922	707 507	281 098	259 597	309 059	560 310	333 325	398 448
泰国	73 141	55 567	97 126	29 918	28 280	55 724	43 223	27 287	41 402
马来西亚	51 803	55 992		17 042	29 956		34 761	26 036	
新加坡	305 965	330 939	302 379	13 882	15 961	17 513	292 083	314 978	284 866
印度尼西亚	133 401	160 507	218 267	27 733	47 111	58 981	105 668	113 396	159 286
匈牙利	16 595	25 380	23 742	9 017	16 155	14 950	7 578	9 225	8 792
德国	339 111	333 063	413 691	234 290	244 049	309 108	104 821	89 014	104 583
法国	73 860	61 623	71 127	46 052	39 639	48 471	27 808	21 984	22 656
意大利	134 184	56 975	87 712	28 636	20 051	22 877	105 548	36 924	64 835
比利时	74 935	29 720	41 052	9 901	8 247	8 123	65 034	21 473	32 929
英国	100 409	73 913	100 721	23 138	26 590	34 386	77 271	47 323	66 335
丹麦	19 203	16 284	18 563	9 488	7 396	8 853	9 715	8 888	9 710
瑞典	36 379	26 209	49 399	21 371	16 215	37 773	15 008	9 994	11 626
瑞士	14 743	14 547	13 932	10 339	11 199	10 625	4 404	3 348	3 307
奥地利	7 545	11 790	12 254	4 877	9 827	8 239	2 668	1 963	4 015
西班牙	52 646	38 075	45 907	10 776	6 761	5 905	41 870	31 314	40 002
加拿大	95 751	113 051	109 095	40 875	39 644	57 931	54 876	73 407	51 164
美国	639 362	582 034	703 666	167 817	187 384	229 767	471 545	394 650	473 899
澳大利亚	244 237	249 420	412 986	189 397	198 782	321 368	54 840	50 638	91 618
新西兰	15 064	15 426	15 304	8 955	11 018	9 094	6 109	4 408	6 209
土耳其	25 232	15 703	39 725	5 073	2 588	21 360	20 159	13 115	18 364
荷兰	140 875	98 618	140 521	8 686	9 147	7 810	132 189	89 471	132 712
巴基斯坦	15 062	9 593	18 609	3 536	1 611	3 120	11 526	7 982	15 488
埃及	12 037	16 449	8 858	69	5 962	105	11 968	10 487	8 753
利比亚	3 122	6 428	3 568	24	71	35	3 098	6 357	3 533
俄罗斯	160 312	1 217	160 125	67 486	288	85 243	92 826	929	74 882
波兰	14 348	13 799	16 434	1 562	2 334	3 656	12 786	11 465	12 779
捷克	5 577	6 610	7 880	3 387	5 136	5 042	2 190	1 474	2 838
罗马尼亚	5 317	3 621	4 245	584	709	1 378	4 733	2 912	2 867
保加利亚	1 604	1 802	1 450	170	240	237	1 434	1 562	1 214
孟加拉	5 610		8 865	88		155	5 522		8 710
巴西	179 640	165 749	284 012	142 368	122 458	222 931	37 272	43 291	61 081

18—6 海关主要商品出口数量

品名	单位	2005年	2006年	2007年	2008年	2009年	2010年
冻鸡	吨	14 923	13 253	24 519	23 513	17 925	32 393.8
水海产品	吨	312 342	405 784	440 725	423 595	395 516	441 945.7
玉米	万吨	83.5	53.3	86.4	2.0	1.6	2.3
鲜苹果	吨	26 571	25 220	55 776	57 371	59 390	61 846.9
大豆	吨	123 968	127 976	233 422	172 235	176 835	82 412.2
食用植物油	吨	54 876	68 184	44 460	55 430	46 443	25 521.0
天然蜂蜜	吨	3 053	2 914	3 270	3 896	4 323	5 831.5
蘑菇罐头	吨	8 250	9 987	13 769	16 913	9 956	17 171.6
烤烟	吨	1 935	541	2 328	3 327	3 784	1 818.1
滑石	吨	185 522	214 999	244 206	228 772	144 826	208 655.3
粗苯	吨	7 970	59 360	96 331	83 346	14 987	
原油	万吨	52.3	5.1	12.3	23.7	28.9	7.6
成品油	万吨	314.9	386.4	432.5	343.9	534.6	487.1
石蜡	吨	344 942	342 066	306 482	290 621	306 405	284 712.2
合成有机染料	吨	14 725	19 935	16 921	11 529	9 304	8 853.2
纸及纸板	吨	4 937	2 635	1 929	2 930	4 249	5 916.0
棉坯布	万米	623.8	486.5	314.7			
合成短纤与棉混纺机织物	万米	3 790.7	4 158.8	5 989.2	4 926.3	3 066.2	4 131.5
水泥	万吨	63.2	49.2	32.5	25.8	4.4	11.8
钢材	万吨	300.1	580.0	702.0	745.2	291.5	567.1
金属加工机床	个	9 914	21 576	21 126	31 597	22 267	29 339.0
轴承	万套	4 707.7	4 061.8	4 386.7	4 546	2 713	4 284.9
电动机及发电机	万个	36 095.7	34 949.6	34 849.8	30 528.9	21 684.8	32 271.6
变压器	万个	2 321.0	3 963.0	7 398.6	7 794.3	8 215.2	11 468.0
电视机	万个	258.3	300.2	371.7	481.6	450.4	561.9
汽车和汽车底盘	个	5 212	9 148	19 144	23 305	13 828	16 523.0
船舶	个	6 247	7 822	8 382	8 425	8 487	10 194.0
皮革服装	万个	202.3	176.4	156.0	105.5	85.4	61.6
鞋	万双	4 029.2	5 224.8	3 098.1	3 210.4	2 665.7	3 503.9

18—7 海关主要商品进口数量

品名	单位	2005年	2006年	2007年	2008年	2009年	2010年
大豆	万吨	161.5	95.0	84.9	75.1	113.0	214.5
食用植物油	吨	50 531	16 037	20 075	33 270	1 437	3 487.5
食糖	吨	8 695	9 831	10 672	7 175	22 507	28 143.1
天然橡胶	吨	49 816	61 869	52 237	54 594	33 988	40 253.3
纸浆	吨	27 097	20 028	15 871	12 859	23 902	19 226.7
棉花	吨	15 381	19 449	21 577	23 211	15 424	24 078.9
铁矿砂及其精矿	万吨	1 381.9	1 458.4	1 620.7	2 169	2 915	2 920.7
煤	万吨	90.2	66.6	175.3	143.6	610.5	643.7
原油	万吨	773.1	951.8	1 146.3	1 157.9	1 728.8	1 552.1
成品油	万吨	10.8	33.8	32.6	36.8	47.2	87.1
纸及纸板	吨	32 174	28 412	31 617	36 777	28 784	34 344.5
棉机织物	万米	2 809.4	2 883.2	2 500.4	1 698.1	1 075.8	1 180.4
合成纤维长丝机织物	万米	7 116.8	7 927.1	8 226.3	8 331.5	5 934.4	6 929.5
钢坯及粗锻件	吨	20 357	8 932	4 899	7 666	227 156	37 134.1
钢材	吨	590 661	488 538	616 577	703 322	649 117	756 953.4
金属加工机床	个	3 419	19 515	3 308	4 232	14 876	16 677
电动机及发电机	万个	3 997.5	5 169.8	8 514.8	7 277.9	5 099.1	4 778.9
印刷电路	万个	34 216.6	38 662.6	37 667.3	39 206.8	34 084.8	60 204.5
汽车和汽车底盘	个	22 531	26 570	22 683	7 134	7 734	10 788

18—8 利用外资概况

单位:个、万美元

年份	总计		对外借款		外商直接投资		外商其他投资	
	项目	金额	项目	金额	项目	金额	项目	金额
签订利用外资协议(合同)								
1990	550	85 298	70	34 403	365	46 703	115	4 192
1991	720	92 238	40	33 733	575	54 006	105	4 499
1992	2 264	269 694	39	68 353	2 148	197 922	77	3 419
1993	4 147	431 588	27	49 074	4 054	379 615	66	2 899
1994	2 810	499 888	63	50 495	2 677	448 846	70	547
1995	2 484	466 820	54	60 702	2 406	397 449	24	8 669
1996	1 901	502 673	27	24 728	1 853	445 601	21	32 344
1997	1 734	550 991	17	57 080	1 698	438 835	19	55 076
1998	1 740	506 974	26	46 747	1 708	438 957	6	21 270
1999	1 785	505 987	44	51 200	1 736	444 517	5	10 270
2000	1 908	555 807	17	26 983	1 883	517 775	8	11 049
2001	1 893	592 312	14	31 611	1 876	546 649	3	14 052
2002	2 132	742 914	5	11 194	2 125	718 520	2	13 200
2003	2 328	982 243	1	12 000	2 327	970 243		
2004	2 491	866 200			2 491	866 200		
2005	2 686	1 101 596			2 686	1 101 596		
2006	2 336	1 524 039			2 336	1 524 039		
2007	1 844	2 078 104			1 844	2 078 104		
2008	1 319	2 029 661			1 319	2 029 661		
2009	1 629	2 818 381			1 629	2 818 381		
2010	1 480	2 563 510			1 480	2 563 510		
实际利用外资额								
1990		78 725		51 749		24 831		2 145
1991		97 157		61 429		31 360		4 368
1992		85 931		39 512		43 916		2 503
1993		169 055		43 402		122 731		2 922
1994		198 135		55 230		142 388		517
1995		190 691		49 377		140 405		909
1996		237 915		44 637		167 142		26 136
1997		305 876		29 775		221 446		54 655
1998		314 104		71 742		220 471		21 891
1999		303 820		85 470		206 366		11 984
2000		301 620		35 472		255 219		10 929
2001		358 627		33 282		311 293		14 052
2002		425 538		20 777		391 561		13 200
2003		571 074		12 812		558 262		
2004		540 679				540 679		
2005		359 042				359 042		
2006		598 554				598 554		
2007		909 673				909 673		
2008		1 201 925				1 201 925		
2009		1 544 390				1 544 390		
2010		2 075 010				2 075 010		

18—9 各地区实际外商直接投资额

单位:万美元

地区	2000年	2005年	2006年	2007年	2008年	2009年	2010年
总计	**255 219**	**359 042**	**598 554**	**909 673**	**1 201 925**	**1 544 390**	**2 075 010**
沈阳	71 229	212 312	303 444	500 029	528 842	531 038	505 361
大连	130 597	100 153	224 475	300 196	441 180	600 199	1 003 025
鞍山	8 787	6 936	13 534	25 187	58 161	74 177	90 496
抚顺	2 216	4 207	5 279	6 850	12 866	31 284	44 182
本溪	864	3 856	5 035	8 530	11 305	20 108	30 100
丹东	3 696	6 432	11 449	14 689	30 606	50 003	70 454
锦州	5 939	6 647	9 557	14 517	31 090	36 805	50 045
营口	13 952	7 840	10 078	13 016	32 035	50 491	86 036
阜新	314	1 328	1 844	2 521	5 166	6 413	11 013
辽阳	2 695	3 299	5 121	6 178	20 038	81 718	33 352
盘锦	9 100	1 464	2 052	2 623	8 390	30 178	91 335
铁岭	3 600	1 564	3 172	8 656	12 021	17 197	26 288
朝阳	1 110	584	2 494	4 130	5 020	7 332	11 039
葫芦岛	1 120	2 420	1 020	2 551	5 205	7 447	22 284

18—10 按国别、地区分实际外商直接投资额

单位:万美元

国别、地区	2000年	2005年	2006年	2007年	2008年	2009年	2010年
香港	66 398	139 993	167 937	322 600	532 055	674 180	1 147 685
澳门	767	1 436	1 332	4 254	7 835	32 817	30 242
台湾	7 427	5 793	16 668	16 115	31 574	79 920	90 200
印度尼西亚	10	395	12	165		3	0
日本	44 910	41 003	73 991	51 079	98 480	115 592	126 158
马来西亚	2 252	4 675	3 440	4 128	6 821	13 910	8 064
菲律宾	52	373	450	416	924	987	660
新加坡	7 452	13 158	27 636	28 144	26 259	26 408	50 185
韩国	26 405	51 435	93 564	98 425	162 223	156 053	135 474
泰国	306	2 780	2 472	1 053	5 066	2 732	40
比利时	382	495	1 050	1 000	1 000	7	0
丹麦	60	215	596	70		8 976	2
英国	2 910	4 861	3 508	10 323	12 907	17 235	18 597
德国	6 447	3 693	7 238	16 707	2 048	14 030	7 198
法国	87	31	1 520	1 211	438	1 317	1 463
意大利	240	2 426	4 986	2 830	2 397	473	219
荷兰	4 051	2 921	4 255	1 932	2 875	3 539	5 799
新西兰	326	1 005	903	1 571	1 466	1 152	9 057
西班牙	23	84	1 036	963	492	1 242	5 324
芬兰	798		25		280		42
瑞士	3 531	503	101	1 369	2 856	1 194	234
加拿大	3 234	4 499	13 849	9 704	6 390	23 996	19 657
美国	47 045	28 262	55 693	42 342	67 548	82 296	67 450
澳大利亚	1 980	3 949	9 726	5 803	7 863	11 457	7 177

18—11 外 商 直 接 投 资

（按国别、地区分）　　　　单位：个、万美元

国别、地区	2006年		2007年		2008年		2009年		2010年	
	项　目	合　同 外资额	项　目	合　同 外资额	项　目	合　同 外资额	项　目	合　同 外资额	项　目	合　同 外资额
日　　本	458	169 000	305	85 584	233	198 502	231	204 429	221	112 441
香　　港	475	457 864	455	913 623	337	747 395	509	1 224 091	521	1 444 286
韩　　国	618	291 576	507	266 657	343	272 915	352	418 856	256	172 781
澳　　门	16	7 304	11	8 839	8	19 819	20	65 623	22	38 708
新 加 坡	33	35 050	42	44 165	34	62 084	23	43 892	25	34 943
泰　　国	3	2 090	1	-229	1	5 179	1	2 600		-876
马来西亚	14	9 430	14	10 022	6	6 534	6	11 277	8	10 005
美　　国	207	142 226	132	101 580	89	133 151	113	153 389	62	44 853
英　　国	23	5 593	25	46 789	18	29 353	16	6 448	5	18 198
法　　国	11	5 648	3	-647	5	-38	6	8 653	4	1 168
德　　国	18	8 016	20	17 137	17	8 173	14	30 050	18	7 611
澳大利亚	51	45 005	18	8 550	14	3 915	6	9 391	18	8 931
意 大 利	12	7 769	10	8 124	5	3 045	3	-3 156	2	632
加 拿 大	90	61 956	60	31 488	24	24 300	38	64 563	28	37 098
西 班 牙	5	1 798	6	3 946	3	2 663	3	3 025	5	4 421
瑞　　士	1	880	4	4 490	1	58	3	206	2	2 686
菲 律 宾	8	1 328	3	13 325	1	-969	2	1 235	1	315
荷　　兰	13	5 647	6	602	11	7 437	2	-1 014	1	1 596
丹　　麦	2	598	1	366	1	8 237	1	-189		-5
比 利 时	2	1 481	1	-3 628		990	2	-136	1	117
新 西 兰	10	331	4	6 984	3	4 130	5	724	4	9 924
芬　　兰		179				338	1	314		
台　　湾	93	64 731	77	67 182	90	169 541	137	264 515	145	260 442

18—12　按行业分对外签订外商直接投资合同情况

行　　业	2005年	2006年	2007年	2008年	2009年	2010年
一、合同项目(个)						
总　计	**2 686**	**2 336**	**1 844**	**1 319**	**1 629**	**1 480**
农、林、牧、渔业	69	55	29	37	38	26
采矿业	25	16	10	7	6	4
制造业	1 717	1 366	935	682	538	463
电力、燃气及水的生产和供应业	15	29	17	19	24	26
建筑业	42	38	35	14	30	28
交通运输、仓储及邮政业	12	24	31	18	15	17
信息传输、计算机服务和软件业	129	90	110	79	139	86
批发和零售业	151	158	146	127	137	185
住宿和餐饮业	125	101	69	49	24	40
金融业	4	2	3	3	2	3
房地产业	178	242	222	43	120	182
租赁和商务服务业	139	122	171	164	190	148
科学研究、技术服务和地质勘查业	31	46	28	48	291	211
水利、环境和公共设施管理业	3	9	8	7	12	14
居民服务和其他服务业	28	17	21	12	44	36
教　育	2	1				1
卫生、社会保障和社会福利业	1	2			2	
文化、体育和娱乐业	15	18	9	10	17	10
公共管理和社会组织						
国际组织						
二、合同外资额(万美元)						
总　计	**1 101 596**	**1 524 039**	**2 078 104**	**2 029 661**	**2 818 381**	**2 563 510**
农、林、牧、渔业	21 048	25 350	16 768	28 955	50 217	24 257
采矿业	6 938	8 470	8 804	13 548	17 037	5 373
制造业	716 719	898 064	927 659	1 193 627	1 006 115	690 925
电力、燃气及水的生产和供应业	10 534	20 512	22 163	48 938	34 665	34 899
建筑业	6 333	6 743	16 969	5 142	41 671	68 918
交通运输、仓储及邮政业	11 875	32 056	33 937	40 903	30 601	51 753
信息转输、计算机服务和软件业	41 606	21 198	70 699	117 275	198 482	109 805
批发和零售业	32 004	29 688	20 023	49 065	14 828	50 439
住宿和餐饮业	15 442	15 115	19 513	20 524	8 370	1 694
金融业	3 767	837	8 823	12 779	-6 778	9 500
房地产业	180 554	365 030	815 392	351 803	409 007	701 894
租赁和商务服务业	29 677	27 549	87 050	57 172	145 132	116 944
科学研究、技术服务和地质勘查业	11 235	46 610	12 779	72 689	593 208	441 232
水利、环境和公共设施管理业	2 006	3 995	2 874	8 452	27 588	61 070
居民服务和其他服务业	4 658	8 213	3 265	2 384	224 129	172 766
教　育	12	18		37		4
卫生、社会保障和社会福利业	2 084	3 008	6	30	4 000	
文化、体育和娱乐业	5 104	11 583	11 380	6 338	20 109	22 037
公共管理和社会组织						
国际组织						

18—13 按行业分实际外商直接投资额

单位:万美元

行业	2005年	2006年	2007年	2008年	2009年	2010年
总计	**359 042**	**598 554**	**909 673**	**1 201 925**	**1 544 390**	**2 075 010**
农、林、牧、渔业	2 353	5 367	8 636	15 759	14 150	18 622
采矿业	1 660	2 252	4 215	7 830	11 015	4 137
制造业	176 122	342 981	363 697	525 614	695 686	761 130
电力、燃气及水的生产和供应业	3 915	11 202	9 359	31 389	28 020	38 321
建筑业	5 575	1 698	12 049	2 636	5 826	33 075
交通运输、仓储及邮政业	9 059	9 211	11 970	31 017	22 499	31 424
信息传输、计算机服务和软件业	8 315	15 871	24 939	35 468	70 799	48 026
批发和零售业	4 647	19 912	9 364	19 339	28 767	35 741
住宿和餐饮业	3 789	5 750	10 837	10 426	2 701	8 011
金融业	559	334	391	6 149	869	40 344
房地产业	98 312	152 248	409 773	448 306	353 215	702 800
租赁和商务服务业	5 928	10 159	26 398	45 072	50 407	46 954
科学研究、技术服务和地质勘查业	1 639	7 734	5 967	13 051	132 051	115 323
水利、环境和公共设施管理业	1 132	871	1 697	2 995	4 504	39 741
居民服务和其他服务业	3 965	8 157	3 359	1 377	113 335	131 414
教育	98					1
卫生、社会保障和社会福利业	17	58	18		23	1 010
文化、体育和娱乐业	1 835	4 749	7 004	5 497	10 523	18 936
公共管理和社会组织						
国际组织						

18—14 年末登记外商投资企业行业分布情况

行业	企业数(户)			投资总额(百万美元)			注册资本(百万美元)					
	2008年	2009年	2010年	2008年	2009年	2010年	2008年	2009年	2010年	#外方		
										2008年	2009年	2010年
总计	**14 564**	**12 928**	**12 018**	**124 756**	**131 783**	**147 615**	**80 127**	**84 938**	**97 535**	**64 206**	**69 287**	**80 151**
农、林、牧、渔业	356	299	248	1 472	1 345	1 195	1 031	915	727	733	654	549
采矿业	51	50	44	332	438	415	199	298	303	127	231	213
制造业	9 086	7 801	6 929	70 176	65 722	65 912	43 047	39 578	38 599	33 651	30 843	29 837
电力、燃气及水的生产和供应业	96	109	126	3 592	4 790	5 780	1 475	2 009	2 515	1 017	1 423	1 734
建筑业	354	293	284	2 406	3 143	4 894	1 715	2 063	3 044	1 330	1 632	2 629
交通运输、仓储及邮政业	163	151	146	4 500	4 311	4 437	2 221	2 281	2 306	1 125	1 197	1 291
信息转输、计算机服务和软件业	587	543	530	4 442	4 491	4 941	2 854	2 880	3 294	2 501	2 582	2 930
批发和零售业	975	896	946	2 456	2 173	2 714	1 531	1 281	1 570	1 297	1 076	1 304
住宿和餐饮业	606	495	418	2 354	2 195	1 968	1 260	1 162	985	838	809	685
金融业	18	21	24	471	495	1 186	414	433	843	328	334	671
房地产业	1 000	887	896	24 892	28 903	35 158	18 940	20 800	27 316	16 597	17 988	23 039
租赁和商务服务业	607	634	615	2 875	5 355	7 327	2 196	4 526	6 260	2 020	4 419	6 165
科学研究、技术服务和地质勘查业	316	438	546	2 543	5 832	8 386	1 816	5 004	7 522	1 556	4 701	7 251
水利、环境和公共设施管理业	51	53	56	652	1 092	1 421	421	716	1 042	306	608	942
居民服务和其他服务业	163	128	114	327	265	527	238	198	369	191	172	204
教育	6	4	4	29	2	2	13	2	2	5	2	2
卫生、社会保障和社会福利业	7	8	6	54	84	99	45	74	59	36	56	44
文化、体育和娱乐业	120	95	86	1 110	1 083	1 256	655	665	778	543	541	660
公共管理和社会组织		23										
国际组织												

18—15 外商投资企业分国别、地区注册登记情况

(2010年)

国别、地区	企业个数(个)		投资总额(万美元)		注册资本(万美元)		#外方(万美元)	
	年末实有	本年新增	绝对数	比重	绝对数	比重	绝对数	比重
合计	**12 018**	**1 223**	**2 574 939**	**100.0**	**1 977 185**	**100.0**	**1 775 119**	**100.0**
香港	2 809	475	1 714 551	66.6	1 325 267	67.0	1 170 107	65.9
澳门	71	14	33 214	1.3	26 897	1.4	24 165	1.4
台湾	546	58	90464	3.5	87388	4.4	85 762	4.8
印度尼西亚	10	1	366		366		92	
日本	2 837	198	148 172	5.8	108 732	5.5	102 698	5.8
马来西亚	69	6	7 803	0.3	7 800	0.4	7 116	0.4
菲律宾	10	1	1 200		600		600	
新加坡	265	23	33 962	1.3	22 775	1.2	21 936	1.2
韩国	2 427	207	128 580	5.0	111 616	5.6	104 894	5.9
泰国	24							
比利时	10							
丹麦	9							
英国	153	9	13 855	0.5	10 658	0.5	9 847	0.6
德国	167	14	17 869	0.7	8 696	0.4	8 319	0.5
法国	43	3	3 645	0.1	1 823	0.1	1 823	0.1
奥地利	23	2	4 712	0.2	1 575	0.1	1 575	0.1
意大利	62	2	325		232		67	
卢森堡	7	2	7 050	0.3	7 050	0.4	2 845	0.2
荷兰	57	3	7 468	0.3	7 431	0.4	7 431	0.4
葡萄牙	3							
西班牙	26	5	8 748	0.3	3 522	0.2	1 991	0.1
芬兰	7							
瑞士	18	2	4 830	0.2	3 220	0.2	3 220	0.2
加拿大	307	22	31 767	1.2	16 455	0.8	15 716	0.9
美国	1 004	59	67 309	2.6	57 513	2.9	52 768	3.0
澳大利亚	168	17	11 310	0.4	7 373	0.4	6 815	0.4
新西兰	44	6	39 323	1.5	19 723	1.0	19 717	1.1

18—16 对外承包工程和劳务合作

年　　份	合同份数（份）	合同金额（万美元）	完成营业额（万美元）	营业利润（万美元）	外汇净收入（万美元）	派出人员（人）	年末在外人数（人）
总　　计							
1985	77	8 045	3 547	231	347	1 236	2 415
1990	223	23 984	8 445	478	830	10 354	8 459
1991	253	13 942	9 037	392	741	12 074	9 945
1992	354	27 501	14 170	985	948	18 197	13 167
1993	396	39 143	20 609			18 983	16 821
1994	609	55 763	31 484				24 569
1995	795	62 925	32 117			20 946	26 868
1996	832	48 704	29 599			21 159	23 573
1997	1 002	63 469	37 784			23 866	29 095
1998	1 173	56 681	44 406			25 925	31 717
1999	1 362	44 661	35 574			31 052	36 724
2000	1 381	62 229	41 334			38 781	45 936
2001	1 284	50 554	46 512			42 240	47 744
2002	1 017	54 504	50 326			51 585	57 292
2003	981	49 749	48 368			58 376	64 126
2004	917	60 022	55 715			64 263	66 575
2005	900	71 200	65 200			69 364	71 100
2006	1 200	85 000	71 500			76 490	78 500
2007	1 402	97 500	78 200			81 771	82 100
2008	1 745	261 657	110 727			90 202	85 456
2009	1 381	291 257	181 998			74 462	84 576
2010	1 422	196 538	150 634			67 095	81 362
承包工程							
1985	32	6 523	2 392	59	38	207	297
1990	46	14 052	6 767	332	280	1 999	2 280
1991	54	6 433	4 505	132	302	3 842	2 555
1992	79	18 867	9 231	428	380	6 441	3 009
1993	136	26 818	10 877			4 883	3 556
1994	180	44 900	19 600				
1995	191	39 414	17 626			4 509	4 966
1996	209	28 875	15 850			5 616	3 027
1997	216	39 754	20 980			3 399	4 263

18—16 续表

年份	合同份数（份）	合同金额（万美元）	完成营业额（万美元）	营业利润（万美元）	外汇净收入（万美元）	派出人员（人）	年末在外人数（人）
1998	247	35 901	28 258			4 467	4 305
1999	215	21 137	17 503			2 722	2 860
2000		32 811	20 309				
2001	72	9 327	15 962			2 751	2 265
2002	156	23 330	18 474			1 749	2 741
2003	228	20 644	17 151			1 801	2 000
2004	200	31 043	25 920			5 539	5 800
2005	281	54 600	42 662			3 176	4 045
2006	171	66 131	49 429			6 340	7 416
2007	243	65 500	54 500			9 810	10 657
2008	366	231 848	84 588			26 970	17 262
2009	157	255 818	157 858				
2010	137	172 372	132 250				
劳务合作							
1985	45	1 522	1 155	172	309	1 029	2 118
1990	177	9 932	1 678	146	550	8 355	6 179
1991	199	7 509	4 532	260	439	8 232	7 390
1992	275	8 634	4 939	557	568	11 756	10 158
1993	260	12 325	9 732			14 100	13 265
1994	429	10 863	11 884				24 569
1995	596	22 804	14 451			16 408	21 848
1996	618	19 634	13 616			15 504	20 545
1997	763	22 776	16 313			20 459	24 823
1998	922	20 397	15 660			21 428	27 401
1999	1 129	23 478	18 006			28 316	33 851
2000		29 310	20 926				
2001	926	27 486	20 326			26 766	33 599
2002	850	30 175	31 700			49 748	54 551
2003	750	29 001	31 005			56 508	62 059
2004	712	28 410	29 662			58 661	60 770
2005	619	16 600	22 538			66 188	67 055
2006	1 029	18 869	22 071			70 150	71 084
2007	1 159	32 000	23 700			71 961	71 443
2008	1 379	29 809	26 139			63 232	68 194
2009	1 218	26 063	24 140				
2010	1 285	24 178	21 651				

主要统计指标解释

利用外资 指我国各级政府、部门、企业和其他经济组织通过吸收外商直接投资以及用其他方式筹措的境外现汇、设备、技术等。

外商直接投资 是指外国企业和经济组织或个人(包括华侨、港澳台胞以及我国在境外注册的企业)按我国有关政策、法规,用现汇、实物、技术等在我国境内开办外商独资企业、与我国境内的企业或经济组织共同举办中外合资经营企业、合作经营企业或合作开发资源的投资(包括外商投资收益的再投资)以及经政府有关部门批准的项目投资总额内,企业从境外借入的资金。

对外承包工程 包括各对外承包公司以招标议标承包方式承揽的下列业务(1)承包国外工程建设项目;(2)承包我国对外经援项目;(3)承包我国驻外机构的工程建设项目;(4)承包我国境内利用外资进行建设的工程项目;(5)与外国承包公司合营或联合承包工程项目时我国公司分包部分;(6)以服务成果向业主收费的技术服务项目(包括承担地形地貌测绘;地质资源勘探与普查;建设区域规划;提供设计文件、图纸、生产工艺技术资料和工程技术经济咨询;工程项目的可行性考察、研究和评估;进行技术指导和培训人员等);(7)对外承包兼营的房屋开发业务。对外承包工程的完成营业额是以货币表现的本期内完成的对外承包工程的工作量,包括以前年度签订的合同和本年度新签订的合同在报告期完成的工作量。

对外劳务合作 指以收取工资的形式向业主或承包商提供技术和劳动服务的活动。我国对外承包公司在境外开办的合营企业,中国公司同时又提供劳务的,其劳务部分也纳入劳务合作统计。劳务合作完成营业额按报告期内向雇主提交的结算数(包括工资、加班费和奖金等)统计。

第十九篇

旅游

19

LUYOU

19—1 旅游事业发展情况

指标	单位	2005年	2006年	2007年	2008年	2009年	2010年
入境旅游人数	**人次**	**1 301 955**	**1 612 987**	**2 000 867**	**2 418 707**	**2 931 954**	**3 617 999**
外国人	人次	1 111 091	1 372 550	1 706 636	2 072 737	2 507 403	3 070 097
港澳台同胞	人次	190 864	240 437	294 231	345 970	424 551	547 902
平均逗留天数	天	3.2	3.1	3.0	3.0	3.1	3.1
国内居民出境人数	**人次**	**212 996**	**438 156**	**436 144**	**969 000**	**1 623 038**	**1 469 022**
国内旅游人数	**万人次**	**9 860**	**13 166**	**16 504**	**19 836**	**24 195**	**28 277.5**
旅游收入							
国际旅游收入	万美元	73 777	93 430	122 786	152 618	185 621	225 932.9
国内旅游收入	亿元	674.7	896.1	1 214.9	1 635.5	2 098.8	2 533.4
星级饭店总数	**个**	**499**	**497**	**507**	**540**	**515**	**543**
旅行社数	**个**	**1 003**	**1 073**	**1 108**	**1 116**	**1 110**	**1 170**

19—2 按国别分外国入境旅游人数

单位:人次

国别	2005年	2006年	2007年	2008年	2009年	2010年
总计	**1 111 091**	**1 372 550**	**1 706 636**	**2 072 737**	**2 507 403**	**3 070 097**
#日本	429 841	503 850	607 812	708 085	869 432	1 018 917
菲律宾	5 932	9 118	11 282	14 701	21 446	21 327
新加坡	17 977	20 676	25 557	36 907	40 618	51 797
泰国	5 002	6 784	6 394	10 285	9 483	10 725
印度尼西亚	4 632	8 821	7 470	11 346	13 219	14 486
美国	31 497	38 973	47 959	63 346	77 118	118 961
加拿大	8 671	11 163	14 817	18 297	21 283	27 374
英国	9 659	14 338	20 899	34 614	41 504	55 666
法国	6 542	9 466	12 998	17 671	16 678	22 617
德国	17 234	22 356	26 538	34 106	34 398	37 634
意大利	4 149	6 031	8 959	10 162	10 475	10 811
俄罗斯	63 459	88 553	122 308	132 801	159 078	216 104
澳大利亚	7 325	9 332	12 294	14 980	18 303	21 471
新西兰	1 846	2 588	3 148	4 691	6 262	6 771

19—3 按地区分接待入境旅游人数

单位:人次

地　　区	2005年	2006年	2007年	2008年	2009年	2010年
接待旅游人数	**1 301 955**	**1 612 987**	**2 000 867**	**2 418 707**	**2 931 954**	**3 617 999**
沈　阳	326 513	400 036	456 013	476 357	495 325	550 313
大　连	600 030	700 032	840 032	950 045	1 050 043	1 166 020
鞍　山	68 409	86 246	105 700	155 055	202 293	264 607
抚　顺	19 669	33 097	60 869	77 201	87 069	111 529
本　溪	52 201	82 199	136 716	217 816	367 384	562 000
丹　东	103 494	128 000	148 624	190 762	267 860	326 796
锦　州	54 952	68 117	87 342	114 820	150 381	200 134
营　口	17 011	21 109	24 527	49 670	59 787	85 708
阜　新	2 313	3 033	5 342	10 953	19 190	23 000
辽　阳	9 803	12 660	15 737	18 080	21 058	27 864
盘　锦	14 464	33 626	53 365	82 110	115 000	180 936
铁　岭	7 051	13 006	25 558	33 054	39 827	48 061
朝　阳	1 544	3 180	4 902	7 563	11 010	13 847
葫芦岛	24 501	28 646	36 140	35 221	45 727	57 184

19—4 按地区分旅游外汇收入

单位:万美元

地　　区	2005年	2006年	2007年	2008年	2009年	2010年
旅游外汇收入	**73 777**	**93 430**	**122 786**	**152 618**	**185 621**	**225 932.9**
沈　阳	17 272	23 156	28 993	33 009	36 999	40 023.5
大　连	40 000	46 500	58 125	65 835	72 748	80 386.0
鞍　山	4 945	6 080	7 900	12 052	15 607	22 435.1
抚　顺	504	915	2 436	3 439	3 965	5 882.0
本　溪	1 702	3 891	6 739	10 985	19 715	27 094.6
丹　东	3 680	4 493	5 927	9 040	12 535	16 402.5
锦　州	1 841	3 095	4 530	6 512	8 317	12 070.1
营　口	718	943	1 178	2 159	2 641	3 728.1
阜　新	90	136	255	488	835	1 004.8
辽　阳	468	649	897	1 007	1 212	1 698.7
盘　锦	747	1 359	2 324	3 828	5 486	8 915.9
铁　岭	330	634	1 476	1 776	2 275	2 698.3
朝　阳	77	167	317	464	664	852.9
葫芦岛	676	938	1 689	2 024	2 622	3 240.6

19—5　按地区分国内旅游人数及收入

（2010年）　　　　单位：万人次、百万元

地　区	国内旅游接待人数	过夜旅游者	一日游游客	国内旅游收入	过夜旅游者	一日游游客
全　省	**28 277.5**	**22 435.4**	**5 842.1**	**253 340.0**	**237 031.9**	**16 308.1**
沈　阳	5 705.3	5 004.2	701.1	48 970.0	48 459.9	510.1
大　连	3 777.1	3 279.3	497.8	49 550.0	48 437.9	1 112.1
鞍　山	2 224.0	1 588.8	635.2	17 620.0	14 617.5	3 002.5
抚　顺	1 980.2	1 312.5	667.7	17 740.0	16 049.6	1 690.4
本　溪	2 147.9	1 284.0	863.9	15 810.0	14 560.3	1 249.7
丹　东	2 248.2	1 747.7	500.5	20 810.0	18 993.9	1 816.1
锦　州	1 441.7	1 022.1	419.6	11 240.0	9 620.0	1 620.0
营　口	1 074.2	943.4	130.8	11 210.0	10 591.8	618.2
阜　新	658.3	226.5	431.8	3 590.0	2 180.2	1 409.8
辽　阳	1 661.6	1 566.6	95.0	12 970.0	12 294.2	675.8
盘　锦	1 653.5	1 411.3	242.2	13 030.0	12 068.6	961.5
铁　岭	1 080.6	514.4	566.2	7 850.0	6 431.7	1 418.3
朝　阳	1 164.8	1 091.6	73.2	10 360.0	10 190.2	169.8
葫芦岛	1 460.1	1 443.1	17.0	12 590.0	12 536.2	53.8

主要统计指标解释

旅游者人数 (1)入境国际旅游者人数:指来中国参观、访问、旅行、探亲、访友、休养、考察、参加会议和从事经济、科技、文化、教育、宗教等活动的外国人、港澳同胞和台湾同胞的人数。包括入境旅游者和入境一日游游客。不包括外国在我国的常驻机构,如使领馆、通讯社、企业办事处的工作人员;来我国常住的外国专家、留学生以及在岸逗留不过夜人员。

(2)出境居民人数:指大陆居民因公务活动或私人事务短期出境的人数。公务活动出境居民人数包括在国际交通工具上的中国服务员工,因私出境居民人数不包括在国际交通工具上的中国服务员工。

(3)国内旅游者人数:指我国大陆居民和在我国常住1年以上的外国人、港澳台同胞离开常住地在境内其他地方的旅游设施内至少停留一夜,最长不超过12个月的人数;和国内居民离开惯常住地10公里以上,出游时间超过6小时不足24小时,并未在境内其他地方的旅游住宿设施过夜的国内一日游游客。

国际旅游(外汇)收入 指入境旅游的外国人、港澳同胞和台湾同胞在中国大陆旅游过程中发生的一切旅游支出,对于国家来说就是国际旅游(外汇)收入。

国际旅行社 指经营对外招徕并接待外国人、港澳同胞和台湾同胞来中国、回内地旅游业务的旅行社。

国内旅行社 指负责经营招徕、组团、接待国内游客的旅游业务,以及不对外招徕,负责经营接待国际旅行社或其它涉外部门组织的外国人、港澳同胞和台湾同胞来中国、回内地旅游业务的旅行社。

星级饭店 指设备、设施、服务符合《旅游饭店星级的划分与评定》(中华人民共和国国家标准),通过相关旅游管理部门评定,并取得星级饭店称号的饭店(含预备星级饭店)。

第二十篇

金融业

20

JINRONGYE

20—1 金融机构存款、贷款余额

单位:亿元

指标	2005年	2006年	2007年	2008年	2009年	2010年
年末存款余额	**11 967.0**	**13 596.8**	**15 117.8**	**18 223.2**	**22 758.6**	**27 372.5**
一、企业存款	3 118.6	3 833.6	4 746.1	5 334.3	7 255.7	7 904.7
活期存款	2 235.3	2 681.5	3 416.1	3 446.9	4 747.2	5 667.0
定期存款	883.3	1 152.2	1 330.1	1 887.4	2 508.5	2 237.7
二、财政存款	116.6	144.3	282.2	306.7	515.6	593.2
三、机关团体存款	471.2	451.1	542.9	644.8	874.2	2 354.0
四、储蓄存款	6 950.2	7 701.2	8 063.0	10 127.3	12 030.9	13 690.3
活期存款	1 897.2	2 230.6	2 517.4	2 749.7	3 573.4	4 211.0
定期存款	5 053.1	5 740.6	5 545.7	7 377.6	8 457.5	9 479.3
五、农业存款	132.4	168.6	216.7	216.3	308.1	409.3
六、信托存款	37.6	0.0	0.0	0.0	0.0	0.0
七、委托存款	34.6	36.5	72.1	129.0	189.0	313.9
八、其他存款	1 105.7	1 261.5	1 194.7	1 464.9	1 585.2	2 107.3
年末贷款余额	**7 958.1**	**9 117.2**	**10 403.9**	**11 794.6**	**15 549.6**	**18 689.8**

20—2 金融机构贷款余额

单位:亿元

指标	2010年	指标	2010年
年末贷款余额	**18 689.8**	其中:个人消费贷款	2 135.0
一、境内贷款	18 688.4	2. 单位普通贷款	8 250.1
(一)短期贷款	6 143.8	其中:经营性贷款	2 127.4
1. 个人贷款及透支	875.2	固定资产贷款	6 062.0
其中:个人消费贷款	68.1	3. 普通并购贷款	2.5
2. 单位普通贷款及透支	4 888.1	4. 银团贷款	533.5
其中:经营性贷款	4 511.5	5. 贸易融资	122.9
固定资产贷款	305.6	(三)信托贷款	
3. 普通并购贷款		(四)融资贷款	25.7
4. 银团贷款	60.5	(五)委托贷款	77.8
5. 贸易融资	320.1	(六)票据融资	957.6
(二)中长期贷款	11 481.2	(七)各项垫款	2.4
1. 个人贷款	2 572.3	二、境外贷款	1.3

20—3 各地区金融机构存款余额

（2010 年）

单位:万元

地区	金融机构存款余额	# 企业存款	# 储蓄存款余额	定期存款	活期存款
全省	**273 725 498**	**79 046 923**	**136 902 654**	**94 793 068**	**42 109 586**
沈阳	80 919 886	25 975 315	33 382 310	21 873 835	11 508 475
大连	85 035 192	30 306 150	33 748 155	23 280 915	10 467 240
鞍山	19 026 424	4 664 697	11 211 010	8 079 443	3 131 567
抚顺	9 276 919	1 708 951	6 205 005	4 418 865	1 786 140
本溪	7 275 114	1 540 263	4 708 767	3 430 725	1 278 042
丹东	9 194 074	1 511 860	6 544 583	4 779 744	1 764 839
锦州	10 114 016	1 709 041	6 892 809	5 098 098	1 794 711
营口	9 461 850	2 340 790	5 957 239	3 934 929	2 022 310
阜新	5 052 726	1 236 758	3 231 482	2 220 472	1 011 010
辽阳	8 294 317	1 801 903	5 284 981	3 710 705	1 574 276
盘锦	8 398 341	2 054 493	5 151 827	3 601 240	1 550 587
铁岭	6 249 288	1 194 356	4 327 388	3 101 458	1 225 930
朝阳	7 055 481	1 143 845	5 003 437	3 425 289	1 578 148
葫芦岛	8 111 707	1 610 437	5 249 017	3 834 625	1 414 392

20—4　各地区金融机构贷款余额

（2010 年）

单位：万元

地区	金融机构贷款余额	境内贷款	短期	中长期	境外贷款
全省	**186 897 684**	**186 884 464**	**61 438 155**	**114 811 720**	**13 220**
沈阳	59 701 639	59 694 748	14 722 005	40 720 777	6 891
大连	61 589 983	61 583 654	18 429 240	41 673 582	6 329
鞍山	10 791 432	10 791 432	3 822 202	5 681 358	
抚顺	3 729 791	3 729 791	1 602 370	1 739 717	
本溪	5 049 102	5 049 102	2 416 500	1 986 722	
丹东	4 764 265	4 764 265	1 938 798	2 253 382	
锦州	5 832 908	5 832 908	1 974 879	3 692 516	
营口	8 135 530	8 135 530	2 852 291	4 892 714	
阜新	3 593 479	3 593 479	1 468 126	1 840 876	
辽阳	5 139 926	5 139 926	2 908 975	1 945 480	
盘锦	4 402 185	4 402 185	2 227 623	2 049 983	
铁岭	4 843 346	4 843 346	2 559 276	2 205 911	
朝阳	4 347 987	4 347 987	1 786 643	2 194 559	
葫芦岛	4 896 410	4 896 410	2 729 165	1 933 684	

20—5 金融机构现金收入

单位:亿元

项　　目	2005年	2006年	2007年	2008年	2009年	2010年
收入总计	**29 915.5**	**34 892.7**	**42 001.7**	**39 885.5**	**41 432.1**	**47 611.5**
商品销售收入	2 772.3	3 038.1	3 188.3	3 163.6	3 250.5	3 442.3
服务事业收入	917.6	972.9	1 083.8	1 071.9	1 048.0	1 049.2
税款收入	149.4	160.1	250.2	277.3	286.2	345.3
城乡个体经营收入	539.8	594.7	569.4	534.6	521.2	608.6
储蓄存款收入	22 621.2	26 719.4	33 027.4	31 060.3	32 711.6	37 875.5
其他金融机构收入	138.6	105.9	111.6	86.6	91.8	120.3
居民归还贷款收入	474.0	512.4	528.2	586.1	621.4	618.7
汇兑收入	207.7	234.2	256.1	271.1	246.1	283.3
有价证券收入	72.5	50.8	52.4	30.7	32.9	34.8
其他收入	2 022.5	2 504.2	2 934.3	2 803.4	2 622.3	3 233.6

20—6 金融机构现金支出

单位:亿元

项目	2005年	2006年	2007年	2008年	2009年	2010年
支出总计	**29 943.6**	**34 926.2**	**42 064.0**	**40 025.4**	**41 542.8**	**47 812.0**
工资性支出	1 146.9	1 257.2	1 391.1	1 415.1	1 351.3	1 409.3
农副产品采购支出	617.6	659.0	680.8	696.0	616.0	471.4
工矿及其他产品采购支出	771.3	857.0	1 041.6	1 064.0	840.2	912.0
行政企业管理费支出	1 591.8	1 735.2	1 876.1	1 890.3	1 898.9	1 918.6
城乡个体经营支出	1 059.8	983.9	1 124.4	931.4	861.9	938.5
储蓄存款支出	21 979.1	26 240.7	32 414.2	30 692.7	33 020.0	39 105.5
其他金融机构支出	138.6	83.5	127.2	141.9	98.8	100.0
居民提取贷款支出	474.0	511.3	512.9	516.1	413.2	168.0
汇兑支出	207.7	89.6	98.2	99.1	93.8	98.8
有价证券支出	72.5	47.6	70.8	49.9	29.2	25.8
其他支出	2 022.5	2 461.3	2 726.7	2 528.8	2 319.4	2 664.0

20—7 金融机构现金投放回笼差额

单位:亿元

年份	现金收入	现金支出	投放(+) 回笼(-)
1978	78.6	82.7	4.0
1980	124.3	131.0	6.7
1985	308.5	324.0	15.5
1986	390.7	406.1	15.4
1987	511.9	530.5	18.6
1988	760.4	825.8	65.4
1989	905.4	937.1	31.7
1990	972.8	1 027.3	54.5
1991	1 174.3	1 241.5	67.2
1992	1 671.6	1 770.8	99.2
1993	2 541.2	2 692.7	151.5
1994	3 333.6	3 477.7	144.1
1995	4 385.6	4 439.9	54.3
1996	5 274.4	5 292.2	17.8
1997	7 116.1	7 116.9	0.8
1998	10 171.1	10 170.2	-0.9
1999	12 223.3	12 256.7	33.4
2000	14 891.5	14 891.6	0.1
2001	16 843.3	16 811.6	-31.7
2002	18 631.6	18 631.4	-0.2
2003	21 649.9	21 706.7	-2.7
2004	27 201.7	27 191.5	-10.2
2005	29 915.5	29 943.6	28.1
2006	34 892.7	34 926.2	33.5
2007	42 001.7	42 064.0	62.4
2008	39 885.5	40 025.4	139.9
2009	41 432.1	41 542.8	110.7
2010	47 611.5	47 812.0	200.5

20—8　全省城乡储蓄存款年末余额

单位:万元

年　份	总　计	定　期	活　期	人均年末储蓄余额（元）
1980	245 865			71
1985	1 009 775			274
1986	1 408 872			378
1987	1 977 449			523
1988	2 565 080			671
1989	3 452 835			891
1990	4 631 835			1 182
1991	5 912 030			1 501
1992	7 287 623			1 841
1993	8 999 197			2 259
1994	12 183 191			3 040
1995	16 598 143			4 115
1996	22 910 247			5 647
1997	27 274 384	22 974 919	4 299 465	6 690
1998	31 899 065	26 870 855	5 028 210	7 799
1999	35 457 579	28 999 085	6 458 494	8 641
2000	37 795 571	29 534 329	8 261 242	9 140
2001	41 310 225	31 388 192	9 922 033	9 961
2002	46 650 485	34 545 038	12 105 446	11 226
2003	54 347 393	39 720 971	14 626 422	12 909
2004	60 485 185	43 894 320	16 590 865	14 495
2005	69 502 369	50 530 553	18 971 815	16 591
2006	77 011 856	54 705 872	22 305 985	18 291
2007	80 630 420	55 456 666	25 173 754	18 760
2008	101 273 078	73 775 596	27 497 482	23 516
2009	120 309 352	84 575 161	35 734 190	27 869
2010	136 902 654	94 793 068	42 109 586	31 495

主要统计指标解释

信贷资金 国家银行用于发放贷款的资金叫信贷资金。中国人民银行信贷资金的来源有各项存款、对国际金融机构负债、流通中货币、银行自有资金及当年结益等。信贷资金的运用有各项贷款、黄金占款、外汇占款、财政借款及在国际金融机构中的资产等。

存款 企业、机关、团体或居民根据可以收回的原则,把货币资金存入银行或其他信用机构保管并取得一定利息的一种信用活动形式。根据存款对象的不同可划分为企业存款、财政存款、机关团体存款、基本建设存款、城镇储蓄存款、农村存款等科目。它是银行信贷资金的主要来源。

贷款 银行或其他信用机构根据必须归还的原则,按一定利率,为企业、个人等提供资金的一种信用活动形式。我国银行贷款,分流动资金贷款、固定资产贷款、城乡个体工商户贷款以及农户贷款等科目。

第二十一篇

教育、科技

21

JIAOYU
KEJI

21—1 教育事业基本情况

指　　标	2005年	2006年	2007年	2008年	2009年	2010年
学校数(所)	**12 222**	**11 305**	**10 450**	**9 630**	**8 747**	**8 195**
普通高等学校	75	77	78	83	107	112
中等学校	2 836	2 794	2 702	2 650	2 603	2 560
#专业学校	101	103	103	98	97	95
普通中学	2 274	2 237	2 181	2 142	2 112	2 076
小　学	9 311	8 434	7 670	6 987	6 037	5 523
专任教师(人)	**382 111**	**376 847**	**379 535**	**379 662**	**382 092**	**381 394**
普通高等学校	43 960	46 816	50 344	53 495	55 835	57 404
中等学校	174 562	174 183	175 498	175 128	176 546	177 068
#专业学校	7 361	7 889	7 944	7 898	8 549	8 657
普通中学	144 647	143 219	143 532	143 922	145 118	145 358
小　学	163 589	155 848	153 693	151 039	149 711	146 922
招生数(人)	**1 554 585**	**1 588 265**	**1 552 549**	**155 963**	**1 449 068**	**1 419 122**
普通高等学校	210 495	220 608	234 466	252 385	245 312	252 234
中等学校	964 149	978 997	922 975	910 381	866 573	818 423
#专业学校	76 976	64 705	61 520	61 537	59 245	60 917
普通中学	761 646	763 321	711 588	702 791	676 153	637 545
小　学	379 941	388 660	395 108	393 197	337 183	348 465
在校学生(人)	**6 161 325**	**6 103 089**	**6 007 721**	**5 921 657**	**5 739 346**	**5 581 973**
普通高等学校	659 351	720 548	777 758	820 374	852 354	880 247
中等学校	2 835 819	2 835 730	2 777 365	2 733 933	2 631 015	2 519 204
#专业学校	201 740	191 758	184 883	182 035	175 255	173 779
普通中学	2 314 498	2 268 575	2 220 860	2 161 725	2 077 827	1 987 738
小　学	2 666 155	2 546 811	2 452 598	2 367 350	2 255 977	2 182 522
毕业生数(人)	**1 547 257**	**1 586 579**	**1 532 549**	**1 544 103**	**1 542 591**	**1 476 849**
普通高等学校	144 984	154 970	169 576	202 312	206 211	219 564
中等学校	903 204	924 820	882 406	882 423	907 838	859 769
#专业学校	53 096	55 231	61 685	56 394	63 664	60 857
普通中学	757 448	766 410	717 773	720 992	724 286	681 478
小　学	499 069	506 789	480 567	459 368	428 542	397 516
每一教师负担学校数(人)						
普通高等学校	15.0	15.4	15.4	15.3	15.3	17.2
中等学校	16.2	16.3	15.8	15.6	15.2	15.3
小　学	16.3	16.3	16.0	15.7	15.1	14.9

21—2 各级各类学校情况

年份	普通高等学校	中等专业学校	#中等师范学校	普通中学	农业中学职业中学	小学	幼儿园	盲、聋哑学校
一、学校数(所)								
1985	62	149	28	2 511	775	15 904	7 424	36
1986	64	160	31	2 507	750	15 762	7 177	35
1987	64	163	31	2 517	734	15 729	6 672	38
1988	63	169	32	2 509	681	15 732	11 416	46
1989	63	167	31	2 499	653	15 679	8 633	48
1990	63	166	31	2 489	618	15 630	9 714	51
1991	62	167	31	2 478	613	15 540	9 300	53
1992	61	165	30	2 457	598	15 230	9 372	52
1993	61	166	30	2 433	608	14 805	12 536	53
1994	61	165	30	2 448	606	14 655	10 923	52
1995	61	171	30	2 459	594	14 594	11 220	50
1996	61	173	29	2 447	561	14 464	9 945	51
1997	62	174	30	2 434	537	14 386	10 176	53
1998	61	170	26	2 444	523	14 084	9 899	52
1999	64	151	12	2 429	450	13 748	9 935	52
2000	58	133	9	2 401	383	13 356	9 990	50
2001	61	119	5	2 376	333	12 739	6 913	73
2002	66	137	5	2 362	340	12 161	6 639	75
2003	69	130	5	2 341	298	11 339	7 033	75
2004	70	127	4	2 317	309	10 281	6 891	75
2005	75	125	4	2 274	285	9 311	7 069	74
2006	77	127	4	2 237	274	8 434	7 071	74
2007	78	133	4	2 181	252	7 670	7 229	75
2008	83	128	4	2 142	237	6 987	7 492	75
2009	107	125	4	2 112	224	6 037	7 374	75
2010	112	125	4	2 076	214	5 523	8 613	74
二、教职工数(人)								
1985	51 718	20 282	3 622	168 036	16 390	230 139	59 594	1 102
1986	52 404	22 437	4 052	170 815	18 218	233 434	64 637	1 169
1987	54 572	23 448	4 577	176 662	20 075	235 433	69 138	1 208
1988	56 047	24 981	4 656	181 151	20 998	241 978	88 908	1 364
1989	58 438	24 885	4 926	182 481	20 918	246 153	81 554	1 431
1990	57 825	25 143	5 049	184 851	20 920	249 322	77 645	1 551
1991	58 277	24 832	4 869	187 373	21 253	248 415	78 709	1 686
1992	59 008	25 295	4 904	189 663	20 774	248 454	82 566	1 775
1993	59 138	25 492	4 973	186 545	21 518	239 700	83 082	1 876
1994	58 687	25 429	5 029	184 758	21 266	237 673	71 633	2 056
1995	58 455	25 757	5 044	189 553	22 979	237 981	69 346	1 847
1996	57 727	25 935	4 785	189 329	21 597	235 189	64 877	1 907

21－2 续表 1

年　　份	普通高等学校	中等专业学校	#中等师范学校	普通中学	农业中学职业中学	小　学	幼儿园	盲、聋哑学校
1997	57 359	25 368	4 424	188 057	22 068	233 770	62 089	1 882
1998	58 078	24 387	3 681	175 632	20 291	224 535	56 463	2 012
1999	59 590	22 602	1 984	175 820	19 443	222 460	54 582	1 891
2000	61 707	18 651	1 457	175 455	17 858	216 677	52 422	1 911
2001	65 237	16 211	719	178 162	16 974	211 684	39 271	2 375
2002	69 667	16 560	622	177 547	17 104	205 229	39 592	2 457
2003	75 632	15 615	627	179 521	20 123	199 829	42 852	2 474
2004	79 093	15 062	423	180 225	20 480	194 973	45 983	2 563
2005	82 816	15 052	422	180 016	20 833	190 548	48 558	2 565
2006	84 535	15 658	639	177 916	20 683	180 474	50 258	2 589
2007	87 215	16 789	536	177 652	18 464	176 929	52 539	2 598
2008	89 848	16 437	541	178 899	17 746	173 159	56 110	2 646
2009	91 974	16 935	535	180 483	16 740	170 584	59 595	2 658
2010	93 183	16 096	560	180 343	16 080	167 199	78 647	2 682
三、教师数（人）								
1985	19 046	8 658	1 834	114 708	10 218	191 669	32 490	717
1986	21 196	9 586	2 060	117 852	11 417	195 086	33 925	742
1987	21 963	10 114	2 264	123 376	12 645	197 593	34 294	790
1988	22 640	11 466	2 495	129 309	13 195	206 399	37 070	884
1989	23 933	11 587	2 545	130 884	13 091	209 873	44 427	964
1990	23 292	11 633	2 665	132 769	13 067	212 196	42 776	1 061
1991	23 384	11 703	2 642	135 487	13 464	211 353	43 835	1 152
1992	23 503	11 856	2 686	137 044	13 045	210 141	49 473	1 257
1993	23 575	12 003	2 661	135 397	13 336	201 664	48 909	1 254
1994	23 530	12 129	2 735	135 499	13 429	202 349	43 828	1 378
1995	23 400	12 378	2 730	137 185	13 765	198 815	44 598	1 326
1996	23 079	12 502	2 592	139 660	13 561	198 408	43 103	1 369
1997	23 109	12 435	2 367	140 643	13 915	197 347	42 274	1 334
1998	23 394	12 282	2 059	138 546	13 983	192 539	38 981	1 398
1999	25 179	11 286	1 103	139 497	13 691	191 011	37 881	1 357
2000	27 508	9 285	795	139 731	12 517	185 884	36 383	1 399
2001	30 364	8 441	391	142 503	11 875	181 444	22 801	1 743
2002	33 819	8 742	337	142 232	11 798	175 549	23 521	1 829
2003	38 086	8 521	349	144 016	13 453	170 947	24 946	1 854
2004	40 697	8 472	257	144 608	13 718	167 203	26 937	1 927
2005	43 960	8 728	259	144 647	14 031	163 589	28 594	1 903
2006	46 816	9 230	401	143 219	13 932	155 848	29 818	1 948
2007	50 344	10 492	354	143 532	12 432	153 693	31 217	2 012
2008	53 495	10 407	360	143 922	12 057	151 039	33 604	2 064
2009	55 835	10 916	359	145 118	11 279	149 711	35 901	2 095
2010	57 404	10 546	381	145 358	10 983	146 922	45 437	2 147

21－2 续表2

年份	普通高等学校	中等专业学校	#中等师范学校	普通中学	农业中学职业中学	小学	幼儿园	盲、聋哑学校
四、在校学生数(人)								
1985	95 161	70 371	20 350	1 868 360	147 212	4 223 416	929 591	3 365
1986	107 434	81 860	26 526	2 014 999	149 910	4 189 324	928 257	3 446
1987	112 652	89 384	30 526	2 048 761	137 783	4 107 393	937 057	3 617
1988	120 510	97 540	31 018	1 962 214	146 140	4 082 650	1 270 266	3 958
1989	122 543	102 879	28 894	1 830 394	147 422	4 126 831	976 651	4 065
1990	123 314	103 902	28 442	1 810 876	149 780	4 073 374	936 852	4 468
1991	124 777	104 269	28 888	1 887 654	151 572	3 915 360	1 037 576	4 769
1992	134 671	110 011	29 447	1 969 532	155 112	3 736 363	1 134 184	5 089
1993	155 554	124 707	32 019	1 911 632	155 231	3 686 796	1 257 278	5 100
1994	171 284	133 067	33 162	1 922 132	167 876	3 750 611	1 090 474	5 186
1995	179 412	140 870	32 182	2 008 338	182 984	3 751 941	1 021 123	5 050
1996	182 684	143 911	27 537	2 029 776	185 244	3 790 718	936 111	4 815
1997	188 159	149 730	24 426	1 950 241	195 742	3 886 760	879 987	4 870
1998	199 223	155 459	23 723	1 884 915	207 315	3 829 655	853 886	4 882
1999	235 819	156 847	18 872	1 961 673	194 860	3 666 131	838 133	4 837
2000	297 710	148 905	16 845	2 167 017	170 517	3 444 172	835 542	4 933
2001	372 336	143 044	7 949	2 323 395	154 398	3 230 517	726 634	8 590
2002	450 536	151 810	2 857	2 398 928	164 241	3 061 398	667 930	8 926
2003	514 191	173 347	4 006	2 410 745	186 817	2 891 925	675 118	8 429
2004	583 465	208 597	4 233	2 360 549	197 555	2 794 330	673 088	8 539
2005	659 351	220 233	4 438	2 314 498	201 774	2 666 155	685 587	8 296
2006	720 548	209 940	4 596	2 268 575	218 446	2 546 811	715 301	8 300
2007	777 758	202 506	3 921	2 220 860	227 583	2 452 598	725 300	8 742
2008	820 374	206 802	3 464	2 161 725	230 088	2 367 350	740 804	8 972
2009	852 354	204 307	3 178	2 077 827	216 180	2 255 977	779 370	8 776
2010	880 247	203 438	3 105	1 987 738	197 993	2 182 522	834 469	8 921
五、招 生 数(人)								
1985	34 076	29 545	7 929	715 460	80 307	717 494		772
1986	32 827	33 191	11 544	715 455	69 237	748 948		690
1987	34 756	34 311	10 929	683 593	57 539	669 707		757
1988	38 398	36 156	10 388	657 379	59 625	674 101		1 012
1989	35 149	31 655	8 539	610 627	59 407	710 199		635
1990	35 102	30 047	8 911	629 468	55 550	596 030		975
1991	36 094	33 803	9 101	696 406	58 782	523 096	498 215	836
1992	45 129	39 517	10 232	721 178	60 251	559 753	596 844	768
1993	55 071	44 226	10 398	653 170	60 781	652 210	689 042	705
1994	52 183	43 849	9 637	690 513	68 753	750 424		750
1995	53 310	43 821	7 957	756 666	67 881	703 538	607 336	715
1996	55 048	41 930	6 385	660 620	61 469	643 884	564 749	766

21－2 续表3

年份	普通高等学校	中等专业学校	#中等师范学校	普通中学	农业中学职业中学	小学	幼儿园	盲、聋哑学校
1997	56 373	47 282	7 732	600 728	74 485	611 404	527 969	721
1998	60 302	45 681	7 290	668 295	75 897	512 002	502 367	693
1999	87 851	42 839	3 523	755 550	56 341	503 795	481 840	609
2000	110 211	30 399	3 743	830 026	50 470	508 907	483 092	576
2001	127 577	37 222	2 303	817 663	52 691	484 661	440 299	913
2002	151 116	56 814	1 376	812 406	63 208	463 091	394 029	1 082
2003	163 802	73 948	1 708	820 180	72 508	432 650	376 388	803
2004	184 473	78 223	1 582	766 071	66 032	416 143	358 325	738
2005	210 495	83 121	1 446	761 646	73 151	379 941	344 990	698
2006	220 608	70 802	1 341	763 321	94 223	388 660	344 455	753
2007	234 466	67 808	1 152	711 588	88 520	395 108	339 963	986
2008	252 385	74 434	1 049	702 791	78 835	393 197	333 416	746
2009	245 312	72 651	1 073	676 153	72 557	337 183	340 807	846
2010	252 234	68 279	1 069	637 545	64 558	348 465	352 199	688
六、毕业生数（人）								
1985	17 495	20 226	6 318	502 101	27 994	689 598		517
1986	20 583	22 752	6 138	494 658	43 709	704 016		459
1987	29 394	26 932	7 019	522 777	54 614	680 861		405
1988	31 552	28 004	9 724	587 835	42 195	637 753		471
1989	32 708	26 326	10 882	572 508	47 204	593 257		429
1990	33 768	29 716	9 400	550 359	45 627	591 654		377
1991	33 530	33 223	8 484	538 346	49 550	660 343	415 665	419
1992	35 208	33 377	9 564	540 132	50 882	685 996	516 460	439
1993	33 615	30 449	7 821	542 163	50 122	630 759	650 232	330
1994	35 923	30 362	8 588	575 786	49 965	636 786		478
1995	44 072	33 966	9 304	601 421	51 246	672 482		522
1996	51 068	37 503	11 093	573 876	57 709	576 164		543
1997	49 591	40 340	10 497	626 046	63 502	500 252		513
1998	47 557	37 850	7 721	686 541	66 788	555 892		527
1999	49 964	40 100	7 158	618 065	60 060	644 042		551
2000	49 834	35 843	5 921	551 157	70 175	722 325		467
2001	60 271	42 499	4 825	581 476	66 852	679 852	379 010	883
2002	72 791	42 856	559	666 377	53 324	622 536	366 891	871
2003	98 908	47 479	1 964	740 994	48 605	595 278	350 428	790
2004	115 889	39 344	715	752 884	50 831	511 757	324 423	878
2005	144 984	58 457	1 045	757 448	61 219	499 069	299 493	971
2006	154 970	60 828	1 451	766 410	62 835	506 789	307 386	853
2007	169 576	67 809	1 739	717 773	60 167	480 567	308 819	799
2008	202 312	61 674	1 175	720 992	63 311	459 368	306 091	770
2009	206 211	68 063	995	724 286	72 545	428 542	270 357	889
2010	219 564	61 075	971	681 478	76 029	397 516	250 929	906

21—3 研　究　生　数

单位:人

年　份	招生数	在校学生数			毕业生数		
		小　计	攻读硕士学位	攻读博士学位	小　计	攻读硕士学位	攻读博士学位
1980	143	709					
1985	2 091	3 687	3 170	155	584	578	6
1986	1 989	5 009	4 146	208	670	639	13
1987	1 771	5 570	4 857	317	1 193	838	17
1988	1 575	5 160	4 668	379	1 929	1 604	24
1989	1 322	4 637	4 180	417	1 763	1 599	86
1990	1 404	4 343	3 858	462	1 677	1 558	84
1991	1 320	4 144	3 581	563	1 500	1 401	75
1992	1 415	4 290	3 671	619	1 245	1 159	85
1993	2 016	4 955	4 185	770	1 307	1 222	85
1994	2 602	6 274	5 298	976	1 273	1 138	135
1995	2 367	7 236	5 972	1 264	1 425	1 272	153
1996	2 647	7 787	6 313	1 474	1 962	1 753	209
1997	2 978	8 304	6 621	1 683	2 316	2 106	210
1998	3 197	9 164	7 292	1 872	2 126	1 852	274
1999	4 005	10 574	8 203	2 371	2 426	2 101	325
2000	5 804	13 655	10 726	2 929	2 910	2 532	378
2001	7 898	18 446	14 637	3 809	2 971	2 589	382
2002	9 569	23 949	19 131	4 818	3 674	3 135	539
2003	13 242	31 796	25 694	6 102	5 027	4 395	632
2004	16 254	40 678	33 392	7 286	6 726	5 914	812
2005	18 901	49 772	41 340	8 432	9 342	8 315	1 027
2006	20 998	58 424	49 283	9 141	11 516	10 249	1 267
2007	22 407	65 025	55 403	9 622	15 177	13 530	1 647
2008	24 490	67 806	57 622	10 184	21 010	19 446	1 564
2009	27 104	73 997	63 345	10 652	20 160	18 432	1 728
2010	29 031	82 019	69 613	12 406	21 676	19 700	1 976

21—4 分学科研究生情况

（2010 年）　　单位:人

项目	招生数	博士	硕士	在校学生数	博士	硕士	毕业生数	博士	硕士
总计	**29 031**	**2 756**	**26 275**	**82 019**	**12 406**	**69 613**	**21 676**	**1 976**	**19 700**
哲学	243	23	220	773	125	648	222	11	211
经济学	1 226	166	1 060	3 815	655	3 160	1 130	162	968
法学	1 145	90	1 055	3 321	318	3 003	1 034	27	1 007
教育学	814	20	794	2 423	53	2 370	839	8	831
文学	2 005	14	1 991	5 773	36	5 737	1 644	10	1 634
历史学	180		180	540		540	165		165
理学	2 237	316	1 921	6 862	1 244	5 618	1 567	208	1 359
工学	9 679	1 296	8 383	29 490	6 606	22 884	8 130	890	7 240
农学	555	86	469	1 682	344	1 338	668	79	589
医学	2 058	424	1 634	7 066	1 541	5 525	1 970	374	1 596
军事学	2		2	5		5	1		1
管理学	2 339	276	2 063	7 559	1 396	6 163	2 134	192	1 942
普通高校	**28 271**	**2 454**	**25 817**	**79 684**	**11 223**	**68 461**	**21 213**	**1 727**	**19 486**
哲学	243	23	220	773	125	648	222	11	211
经济学	1 226	166	1 060	3 815	655	3 160	1 130	162	968
法学	1 136	90	1 046	3 292	318	2 974	1 025	27	998
教育学	814	20	794	2 423	53	2 370	839	8	831
文学	2 005	14	1 991	5 773	36	5 737	1 644	10	1 634
历史学	180		180	540		540	165		165
理学	2 021	210	1 811	6 187	825	5 362	1 425	106	1 319
工学	9 211	1 105	8 106	27 965	5 858	22 107	7 831	750	7 081
农学	542	81	461	1 645	328	1 317	655	72	583
医学	2 058	424	1 634	7 066	1 541	5 525	1 970	374	1 596
军事学	2		2	5		5	1		1
管理学	2 339	276	2 063	7 559	1 396	6 163	2 134	192	1 942
科研院所	**760**	**302**	**458**	**2 335**	**1 183**	**1 152**	**463**	**249**	**214**
哲学									
经济学									
法学	9		9	29		29	9		9
教育学									
文学									
历史学									
理学	216	106	110	675	419	256	142	102	40
工学	468	191	277	1 525	748	777	299	140	159
农学	13	5	8	37	16	21	13	7	6
医学									
军事学									
管理学									

21—5 各类高等学校基本情况

（2010 年）　　单位：人

项目	学校数（所）	招生数	在校学生数	毕业生数	教职工数	#专任教师
总计	**114**	**252 234**	**880 247**	**219 564**	**93 183**	**57 404**
综合大学	14	44 967	153 979	44 034	16 109	9 617
理工院校	47	112 155	397 698	93 846	41 214	25 094
农林院校	5	12 743	41 602	10 392	3 936	2 428
医药院校	13	17 519	65 941	14 731	8 895	5 452
师范院校	8	20 719	69 691	20 139	8 354	5 436
语文院校	2	4 181	15 246	4 033	1 328	949
财经院校	11	18 070	57 982	14 132	5 744	3 550
政法院校	2	2 535	12 203	3 399	1 285	694
体育院校	2	1 934	7 699	1 875	867	536
艺术院校	6	10 600	36 219	7 294	3 778	2 664
民族院校	1	3 801	13 883	2 843	1 288	808

21—6 普通高等学校（机构）学生数

（2010 年）　　单位：人

项目	招生数	在校学生数	毕（结）业生数	授予学位数
研究生数	29 031	82 019	21 676	21 453
博士	2 756	12 406	1 976	1 809
硕士	26 275	69 613	19 700	19 644
普通本科、专科生	252 234	880 247	219 564	129 467
本科	155 215	602 201	132 522	129 467
专科	97 019	278 046	87 042	
成人本科、专科生	80 795	191 130	99 576	2 979
本科	30 836	76 863	38 932	2 979
专科	49 959	114 267	60 644	
网络本科、专科生	60 421	136 288	39 044	918
本科	29 285	71 927	18 059	918
专科	31 136	64 361	20 985	
在职人员攻读博士、硕士学位	4 899	16 657		4 992
自考助学班	20 039	35 287	15 325	
研究生课程进修班		1 330	1 053	
普通预科生		901		
进修及培训		8 100	210 201	
留学生	2 809	5 617	1 919	618

21—7 普通本、专科分学科学生数

(2010 年)

单位:人

项目	招生数	本科	专科	在校学生数	本科	专科	毕业生数	本科	专科
总计	**252 234**	**155 215**	**97 019**	**880 247**	**602 201**	**278 046**	**219 564**	**132 522**	**87 042**
#师范	10 738	5 140	5 598	37 127	22 755	14 372	13 360	6 814	6 546
哲学	81	81		251	251		55	55	
经济学	10 234	7 455	2 779	37 439	29 112	8 327	9 084	6 767	2 317
法学	5 019	3 563	1 456	20 572	16 064	4 508	6 072	4 451	1 621
教育学	11 468	4 218	7 250	35 190	16 154	19 036	12 105	3 764	8 341
文学	39 627	30 120	9 507	144 866	114 626	30 240	34 741	24 096	10 645
历史学	317	317		1 188	1 188		356	356	
理学	9 818	9 771	47	38 151	38 104	47	8 958	8 958	
工学	107 369	61 485	45 884	371 869	238 691	133 178	92 774	52 906	39 868
农学	4 306	1 592	2 714	14 379	6 168	8 211	4 512	1 642	2 870
医学	15 836	10 837	4 999	59 234	46 124	13 110	13 240	8 771	4 469
军事学	48 159	25 776	22 383	157 108	95 719	61 389	37 667	20 756	16 911
管理学	10 738	5 140	5 598	37 127	22 755	14 372	13 360	6 814	6 546

21—8 成人本、专科分学科学生数

（2010 年）

单位:人

项目	招生数	本科	专科	在校学生数	本科	专科	毕业生数	本科	专科
总计	**80 795**	**30 836**	**49 959**	**191 130**	**76 863**	**114 267**	**99 576**	**38 932**	**60 644**
成人高等学校办	**11 798**	**1 136**	**10 662**	**25 611**	**2 173**	**23 438**	**16 801**	**2 163**	**14 638**
#师范	1 142	837	305	1 945	1 335	610	2 459	1 654	805
哲学									
经济学	1 100		1 100	2 610		2 610	1 516		1 516
法学	246	156	90	493	369	124	338	287	51
教育学	644	307	337	1 232	604	628	1 518	771	747
文学	1 211	530	681	2 223	731	1 492	1 632	883	749
历史学									
理学									
工学	5 204	143	5 061	11 694	469	11 225	8 570	222	8 348
农学				17		17	55		55
医学	1 587		1 587	3 010		3 010	653		653
军事学									
管理学	1 806		1 806	4 332		4 332	2 519		2 519
普通高等学校办	**68 997**	**29 700**	**39 297**	**165 519**	**74 690**	**90 829**	**82 775**	**36 769**	**46 006**
#师范	3 865	2 970	895	8 658	6 770	1 888	5 348	4 613	735
哲学									
经济学	1 324	479	845	3 616	1 539	2 077	2 932	626	2 306
法学	1 990	1 878	112	4 118	3 933	185	4 713	4 577	136
教育学	4 352	1 721	2 631	10 150	5 050	5 100	5 733	3 132	2 601
文学	7 662	3 328	4 334	17 849	9 555	8 294	9 322	6 031	3 291
历史学	19	19		108	108		57	57	
理学	592	341	251	1 577	939	638	918	469	449
工学	27 403	10 084	17 319	65 472	23 675	41 797	33 933	9 983	23 950
农学	1 635	415	1 220	3 154	938	2 216	1 790	950	840
医学	10 749	5 900	4 849	28 238	15 114	13 124	7 787	4 763	3 024
军事学									
管理学	13 271	5 535	7 736	31 237	13 839	17 398	15 590	6 181	9 409

21—9 网络本、专科分学科学生数

(2010年) 单位:人

项目	招生数	本科	专科	在校学生数	本科	专科	毕业生数	本科	专科
总计	**60 421**	**29 285**	**31 136**	**136 288**	**71 927**	**64 361**	**39 044**	**18 059**	**20 985**
#师范									
哲学									
经济学	2 356	1 461	895	5 654	3 516	2 138	1 548	703	845
法学	2 327	1 642	685	7 064	5 010	2 054	3 205	1 845	1 360
教育学									
文学				128	97	31	100	62	38
历史学									
理学				106	106				
工学	19 245	8 003	11 242	40 371	16 855	23 516	7 081	2 952	4 129
农学									
医学	11 435	7 312	4 123	26 051	18 253	7 798	3 812	2 470	1 342
军事学									
管理学	25 058	10 867	14 191	56 914	28 090	28 824	23 298	10 027	13 271

21—10 各类中等职业学校(机构)基本情况

(2010年)

单位:人

项目	学校数(所)	毕业生数	招生数	在校学生数	教职工数	#专任教师
合计	**484**	**154 073**	**160 766**	**479 644**	**43 535**	**31 710**
1.调整后中职	29	5 727	11 973	36 001	3 904	2 644
2.普通中等专业学校	91	46 925	49 343	148 436	12 192	7 902
#中等师范学校	4					
3.成人中专	1				560	381
4.职业高中	214	65 743	63 020	191 514	16 080	10 983
5.技工学校	145	35 678	36 430	103 693	10 799	9 800

21—11 中等职业学校(机构)学生分科类情况

(2010年)

单位:人

项目	招生数	#初中毕业生	#应届毕业生	在校学生数	毕业生数	#获得职业资格证书
总计	**144 448**	**130 182**	**115 422**	**427 773**	**142 613**	**70 382**
农林类	21 127	19 023	13 059	42 810	8 405	2 823
资源与环境类	698	527	285	2 095	752	501
能源类	112	112	110	460	301	76
土木水利工程类	4 040	3 592	3 035	9 806	3 403	1 802
加工制造类	26 502	24 376	22 773	86 093	36 855	22 286
交通运输类	12 490	9 017	8 630	31 784	12 205	4 474
信息技术类	17 619	16 254	15 027	62 522	22 933	12 427
医药卫生类	15 121	13 500	11 601	46 802	10 815	3 538
商贸与旅游类	6 119	5 778	5 318	20 158	6 309	3 880
财经类	12 623	12 125	11 221	39 698	15 558	7 298
文化艺术与体育类	8 010	6 932	6 493	28 078	7 287	2 820
社会公共事物类	491	297	271	2 136	1 108	491
师范类	12 350	11 927	11 436	33 177	9 536	4 884
其他	7 146	6 722	6 163	22 154	7 146	3 082

21—12 普通高中学校和学生情况

(2010 年)

单位:人

项目	学校数(所)	高级中学	完全中学	招生数	在校学生数	毕业生数
总计	**419**	**88**	**331**	**226 130**	**715 443**	**226 130**
教育部门和集体办	334	57	277	205 210	637 322	205 210
社会力量办	83	31	52	19 994	75 747	19 994
其他部门办	2		2	926	2 374	926
城市	304	71	233	155 016	490 023	155 016
教育部门和集体办	228	44	184	136 402	419 878	136 402
社会力量办	74	27	47	17 688	67 771	17 688
其他部门办	2		2	926	2 374	926
县镇	83	12	71	58 270	182 136	58 270
教育部门和集体办	75	8	67	56 200	175 465	56 200
社会力量办	8	4	4	2 070	6 671	2 070
其他部门办						
农村	32	5	27	12 844	43 284	12 844
教育部门和集体办	31	5	26	12 608	41 979	12 608
社会力量办	1		1	236	1 305	236
其他部门办						

21—13 普通初中学校和学生情况

(2010 年)

单位:人

项目	学校数(所)	初级中学	九年一贯制	招生数	在校学生数	毕业生数
总计	**1 657**	**1 051**	**606**	**397 158**	**1 272 295**	**455 348**
教育部门和集体办	1 616	1 033	583	379 953	1 221 989	440 702
社会力量办	33	15	18	16 781	48 845	14 178
其他部门办	8	3	5	424	1 461	468
城市	484	407	77	159 069	511 268	176 748
教育部门和集体办	452	392	60	145 499	471 445	165 173
社会力量办	25	12	13	13 182	38 546	11 174
其他部门办	7	3	4	388	1 277	401
县镇	148	104	44	49 633	156 395	55 684
教育部门和集体办	141	101	40	46 118	146 329	52 736
社会力量办	7	3	4	3 515	10 066	2 948
其他部门办						
农村	1 025	540	485	188 456	604 632	222 916
教育部门和集体办	1 023	540	483	188 336	604 215	222 793
社会力量办	1		1	84	233	56
其他部门办	1		1	36	184	67

21—14 普通小学学校和学生情况

(2010 年) 单位:人

项目	学校数(所)	招生数	在校学生数	毕业生数
总计	**5 523**	**348 465**	**2 182 522**	**397 516**
教育部门和集体办	5 494	343 792	2 152 002	392 129
社会力量办	26	4 425	28 660	5 018
其他部门办	3	248	1 860	369
城市	943	136 807	840 986	147 966
教育部门和集体办	925	133 553	820 604	144 474
社会力量办	17	3 070	18 950	3 191
其他部门办	1	184	1 432	301
县镇	180	33 832	208 872	36 234
教育部门和集体办	175	32 607	200 001	34 537
社会力量办	5	1 225	8 871	1 697
其他部门办				
农村	4 400	177 826	1 132 664	213 316
教育部门和集体办	4 394	177 632	1 131 397	213 118
社会力量办	4	130	839	130
其他部门办	2	64	428	68

21—15 各级普通学校毕业生升学率和学龄儿童入学率

单位:%

年份	学龄儿童入学率	小学升初中	初中升高级中学
1990	99.4	92.0	34.7
1991	99.0	92.5	37.1
1992	99.0	92.6	38.7
1993	99.0	90.3	39.1
1994	99.1	93.4	40.9
1995	99.4	93.0	41.7
1996	99.3	96.0	41.9
1997	99.4	96.1	44.7
1998	99.4	95.7	48.2
1999	99.3	95.2	50.0
2000	99.3	93.9	57.4
2001	99.7	95.6	57.4
2002	99.4	98.1	66.3
2003	99.7	98.7	68.1
2004	99.7	99.2	74.7
2005	99.7	99.3	82.7
2006	99.8	99.6	85.4
2007	99.9	99.4	94.4
2008	99.9	99.8	97.7
2009	99.9	99.8	97.7
2010	99.9	99.9	97.3

注:初中升高级中学包含升入技工学校。

21—16 教育发展水平

年份	各类学校在校生占全省人口(%)	平均每万人口中有(人)			大中小学生各占学生总数(%)		
		大学生	中学生	小学生	大学生	中学生	小学生
1980	20.7	18.0	778.5	1 276.8	0.9	37.3	61.2
1985	17.4	25.9	549.1	1 150.6	1.5	31.5	65.9
1986	17.6	29.0	584.1	1 130.4	1.6	33.1	64.0
1987	17.2	30.0	582.8	1 094.8	1.7	33.7	63.2
1988	16.8	31.7	554.6	1 074.0	1.9	32.9	63.7
1989	16.3	31.8	513.6	1 071.7	1.9	31.2	65.2
1990	15.6	31.6	464.7	1 045.3	2.0	29.6	66.7
1991	15.7	31.8	519.2	996.8	2.0	33.0	63.3
1992	15.1	34.1	598.8	946.3	2.3	33.1	62.8
1993	17.9	38.7	470.6	918.0	2.2	26.6	51.2
1994	18.2	44.7	524.7	941.7	2.5	28.8	51.7
1995	18.0	46.0	538.8	922.5	2.6	30.0	51.4
1996	15.8	46.8	604.6	927.7	3.0	38.3	58.7
1997	15.9	48.4	584.6	953.3	3.0	36.9	60.1
1998	15.1	50.3	540.7	921.3	3.3	35.8	60.9
1999	17.2	60.2	563.8	893.5	3.9	38.2	58.9
2000	21.5	71.4	596.2	825.7	4.8	39.9	55.3
2001	22.3	87.9	618.4	762.3	6.0	42.1	51.9
2002	22.5	107.4	647.3	730.0	7.2	43.6	49.2
2003	19.3	123.7	666.8	695.9	8.3	44.9	46.8
2004	18.0	140.2	664.8	671.5	9.5	45.0	45.5
2005	17.5	158.0	655.8	638.9	10.9	45.1	44.0
2006	18.7	172.0	643.8	607.9	12.1	45.2	42.7
2007	16.5	184.7	629.6	582.5	13.2	45.1	41.7
2008	16.4	193.9	614.1	559.4	14.2	44.9	40.9
2009	15.8	200.8	588.4	531.3	15.2	44.6	40.2
2010	15.5	206.8	561.4	512.8	16.1	43.8	40.0

21—17 各地区普通高等学校基本情况

(2010年)

单位:人

地区	学校数(所)	招生数	在校学生数	毕业生数	教职工数	#专任教师
总计	**112**	**252 234**	**880 247**	**219 564**	**93 183**	**57 404**
沈阳	43	98 994	348 583	86 767	38 735	22 905
大连	31	67 183	245 756	57 065	27 332	17 161
鞍山	3	10 275	36 219	8 711	3 268	1 959
抚顺	5	11 503	41 533	9 949	3 309	2 048
本溪	2	3 780	10 875	2 855	1 258	745
丹东	3	7 673	24 193	6 888	2 509	1 459
锦州	9	21 169	76 746	20 496	6 540	4 519
营口	2	3 655	10 485	3 693	1 109	679
阜新	2	9 286	32 558	7 926	2 988	2 057
辽阳	4	6 806	19 880	5 749	1 536	1 150
盘锦	2	1 851	5 392	1 635	1 079	532
铁岭	3	4 318	10 369	2 798	1 521	948
朝阳	1	1 299	3 523	1 443	729	463
葫芦岛	2	4 442	14 135	3 589	1 270	779

21—18 各地区中等职业学校基本情况

(2010年) 单位:人

地区	学校数(所)	招生数	在校学生数	毕业生数	教职工数	#专任教师
总计	**339**	**144 448**	**427 773**	**142 613**	**32 736**	**21 910**
沈阳	89	33 128	99 780	34 011	9 214	5 977
大连	60	19 481	56 268	19 527	4 790	3 110
鞍山	18	7 061	29 248	11 440	1 804	1 218
抚顺	21	5 050	14 937	4 864	1 971	1 304
本溪	10	6 375	19 780	6 452	1 780	1 264
丹东	20	7 282	23 493	6 123	1 420	985
锦州	14	10 708	27 937	9 547	1 582	1 099
营口	18	9 141	25 702	7 958	1 818	1 335
阜新	22	8 574	23 399	6 851	1 994	1 268
辽阳	11	4 659	13 563	5 437	956	656
盘锦	6	4 425	14 332	4 134	774	577
铁岭	21	7 419	20 218	6 612	1 654	1 134
朝阳	14	15 704	43 053	15 413	1 911	1 214
葫芦岛	15	5 441	16 063	4 244	1 068	769

21—19 各地区普通高中基本情况

(2010年) 单位:人

地区	学校数(所)	招生数	在校学生数	毕业生数	教职工数	#专任教师
总计	**419**	**240 387**	**715 443**	**226 130**	**55 444**	**44 684**
沈阳	89	38 558	119 260	38 158	10 679	8 686
大连	80	35 622	107 009	32 889	8 807	7 275
鞍山	35	18 328	53 602	15 846	3 780	2 998
抚顺	25	10 837	34 139	11 570	2 906	2 234
本溪	16	8 096	24 566	7 701	2 014	1 592
丹东	22	14 534	43 513	13 632	2 905	2 371
锦州	28	16 885	51 108	16 256	3 501	2 671
营口	15	11 739	35 435	13 227	2 916	2 471
阜新	18	11 243	33 281	10 206	2 016	1 521
辽阳	12	10 705	26 567	7 828	2 068	1 695
盘锦	12	9 734	28 791	8 586	2 232	1 706
铁岭	20	14 853	42 598	13 276	2 930	2 322
朝阳	27	24 375	70 670	22 373	5 519	4 600
葫芦岛	20	14 878	44 904	14 582	3 171	2 542

21—20 各地区普通初中基本情况

(2010年) 单位:人

地区	学校数(所)	招生数	在校学生数	毕业生数	教职工数	#专任教师
总计	**1 657**	**397 158**	**1 272 295**	**455 348**	**124 899**	**100 674**
沈阳	232	58 952	182 978	67 779	19 239	15 187
大连	200	56 354	172 203	58 807	15 831	13 575
鞍山	130	28 887	103 925	38 276	11 069	8 780
抚顺	93	16 385	55 384	20 602	6 492	5 247
本溪	52	12 703	42 068	16 785	5 077	3 875
丹东	105	24 502	78 632	26 154	6 920	5 541
锦州	128	29 818	92 965	34 205	8 500	6 848
营口	83	22 217	67 693	23 068	6 457	5 201
阜新	99	19 073	62 335	22 394	6 960	5 132
辽阳	71	18 927	59 916	20 334	4 913	4 014
盘锦	62	14 091	47 841	15 244	5 177	3 541
铁岭	127	28 802	92 756	32 821	8 556	7 099
朝阳	157	36 990	121 598	45 977	11 247	9 370
葫芦岛	118	29 457	92 001	32 902	8 461	7 264

21—21 各地区普通小学基本情况

(2010年) 单位:人

地区	学校数(所)	招生数	在校学生数	毕业生数	教职工数	#专任教师
总计	**5 523**	**348 465**	**2 182 522**	**397 516**	**167 199**	**146 922**
沈阳	415	56 382	337 765	59 206	25 466	22 023
大连	700	45 113	290 854	55 883	20 216	17 258
鞍山	658	25 494	185 559	29 164	14 816	12 500
抚顺	194	13 535	84 667	16 169	8 261	7 303
本溪	66	9 583	64 048	12 643	6 416	5 665
丹东	474	19 491	126 533	24 503	9 435	8 587
锦州	431	27 073	160 924	29 887	11 806	10 535
营口	218	21 676	131 456	22 329	8 329	7 367
阜新	213	15 515	95 744	19 077	8 694	8 005
辽阳	277	14 698	99 035	19 045	6 340	5 449
盘锦	56	12 072	73 103	13 800	5 739	5 256
铁岭	476	26 441	153 399	28 802	12 330	10 859
朝阳	702	32 969	207 251	37 385	16 946	15 093
葫芦岛	643	28 423	172 184	29 623	12 405	11 022

21—22 各地区特殊教育基本情况

(2010 年) 单位:人

地　区	学校数(所)	招生数	在校学生数	毕业生数	教职工数	#专任教师
总　计	**74**	**688**	**8 921**	**906**	**2 682**	**2 147**
沈　阳	14	169	1 511	243	529	387
大　连	11	105	1 690	141	440	352
鞍　山	7	75	756	70	276	203
抚　顺	3	31	468	27	112	92
本　溪	2	24	259	25	69	61
丹　东	6	50	630	100	219	192
锦　州	7	59	617	43	192	155
营　口	4	45	947	61	229	212
阜　新	5	21	283	50	125	98
辽　阳	3	11	252	15	89	78
盘　锦	2	12	137	2	43	32
铁　岭	4	23	539	40	136	114
朝　阳	3	41	579	71	145	102
葫芦岛	3	22	253	18	78	69

21—23 各地区每十万人口各级学校平均在校生数

(2010 年) 单位:人

地　区	幼儿园	小　学	初中阶段	高中阶段	高等学校
总　计	**1 962.8**	**5 133.5**	**2 992.6**	**2 689.0**	**2 070.4**
沈　阳	1 956.4	4 693.8	2 542.8	3 043.9	4 844.1
大　连	2 044.4	4 960.0	2 936.6	2 784.4	4 190.9
鞍　山	2 316.2	5 274.6	2 954.1	2 355.0	1 029.5
抚　顺	1 260.6	3 832.8	2 507.2	2 221.6	1 880.2
本　溪	1 638.6	4 142.8	2 721.1	2 868.4	703.4
丹　东	1 770.4	5 241.6	3 257.3	2 775.7	1 002.2
锦　州	2 057.0	5 219.7	3 015.4	2 563.9	2 489.3
营　口	1 706.7	5 582.0	2 874.4	2 596.1	445.2
阜　新	1 559.5	4 976.3	3 239.9	2 945.9	1 692.2
辽　阳	1 746.8	5 402.9	3 268.7	2 189.3	1 084.6
盘　锦	2 237.1	5 571.9	3 646.4	3 286.8	411.0
铁　岭	2 334.7	5 027.8	3 040.2	2 058.9	339.9
朝　阳	1 987.4	6 110.0	3 584.8	3 352.7	103.9
葫芦岛	2 227.5	6 110.1	3 264.8	2 163.5	501.6

21—24 科技活动基本情况

指标	单位	2005年	2006年	2007年	2008年	2009年	2010年
科技活动人员	**万人**	**18.6**	**18.8**	**19.1**	**20.4**	**23.5**	**21.9**
#科学家和工程师	万人	12.3	12.9	13.6	14.8		
研究与试验发展折合全时人员	**万人年**	**6.7**	**7.0**	**7.8**	**7.9**	**9.2**	**8.5**
#科学家和工程师	万人年	5.6	5.9	6.5	6.8		
科技经费筹集额	**亿元**	**217.0**	**231.1**	**288.5**	**363.4**		
#政府资金	亿元	42.7	48.9	66.4	78.4		
企业资金	亿元	153.3	158.0	203.0	263.3		
金融机构贷款	亿元	7.4	11.6	9.6	9.2		
科技经费内部支出	**亿元**	**204.2**	**224.2**	**289.7**	**346.1**		
#劳务费	亿元	36.2	39.5	51.6	57.0		
固定资产购建费	亿元	43.0	62.8	84.9	96.7		
研究与试验发展经费支出	**亿元**	**125.3**	**136.4**	**166.0**	**194.2**	**232.4**	**287.5**
#基础研究	亿元	3.0	6.2	5.2	5.1	6.2	7.3
应用研究	亿元	23.2	20.4	24.7	29.6	25.8	36.2
试验发展	亿元	93.1	103.4	127.8	153.0	209.1	244.0
研究与试验发展经费支出占生产总值比重	%	**1.57**	**1.47**	**1.51**		**1.5**	**1.6**
技术市场成交额	**亿元**	**86.5**	**80.6**	**94.0**		**119.8**	**130.7**
专利申请受理数	**件**	**15 672**	**17 052**	**19 754**	**20 899**	**25 803**	**34 218**
发明	件	3 267	4 368	5 516	6 499	7 125	9 884
实用新型	件	8 192	8 594	8 012	10 348	12 634	14 996
外观设计	件	4 213	4 090	6 226	4 052	6 045	9 338
专利申请授权数	**件**	**6 195**	**7 399**	**9 615**	**10 665**	**12 198**	**17 093**
发明	件	942	1 063	1 220	1 516	1 994	2 357
实用新型	件	4 235	5 277	7 035	8 256	8 585	12 067
外观设计	件	1 018	1 059	1 360	893	1 620	2 669

21—25 科学研究和开发机构基本情况

指标	单位	2005年	2006年	2007年	2008年	2009年	2010年
科技活动人员	**万人**	**2.0**	**1.9**	**1.9**	**2.0**	**1.9**	**1.81**
#科学家和工程师	万人	1.6	1.3	1.5	1.6		
研究与试验发展折合全时人员	**万人年**	**0.55**	**0.55**	**0.54**	**0.59**	**1.09**	**1.13**
#科学家和工程师	万人年	0.49	0.49	0.50	0.55		
#基础研究	万人年	0.05	0.06	0.08	0.06	0.1	0.13
应用研究	万人年	0.16	0.15	0.15	0.20	0.36	0.37
试验发展	万人年	0.34	0.20	0.31	0.32	0.63	0.63
科技经费筹集额	**亿元**	**26.0**	**29.0**	**36.0**	**41.6**		
#政府资金	亿元	14.9	16.5	22.6	25.7		
企业资金	亿元	6.4	8.9	9.1	8.5		
金融机构贷款	亿元		0.5	0.4			
科技经费内部支出	**亿元**	**25.9**	**28.4**	**31.3**	**38.1**		
#劳务费	亿元	6.5	6.9	8.9	9.7		
固定资产购建费	亿元	5.3	6.1	6.7	8.2		
研究与试验发展经费支出	亿元	11.2	12.0	13.2	16.9	31.1	44.15
#基础研究	亿元	**1.0**	**1.3**	**1.6**	**1.8**	**2.6**	**3.26**
应用研究	亿元	3.2	4.0	5.1	5.9	12.3	14.66
试验发展	亿元	5.0	3.0	4.7	6.1	16.2	26.22

21—26 大中型工业企业科技活动基本情况

指　　标	单　位	2005年	2006年	2007年	2008年	2009年	2010年
有科技活动的企业	个	301	294	313	303		
占全部企业的比重	%	29.7	27.1	26.9	22.0		
科技机构数	个	295	303	308	332	399	358
科技活动人员	万　人	10.0	9.8	10.1	10.5		10.5
#科学家和工程师	万　人	5.6	5.9	6.5	7.1		
研究与试验发展折合全时人员	万人年	3.5	3.4	4.1	4.0	5.2	4.5
#科学家和工程师	万人年	2.8	2.7	3.2	3.3		
科技机构科技活动人员	万　人	3.2	3.3	3.7	3.8	4.1	
#科学家和工程师	万　人	1.9	2.1	2.4			
科技经费筹集额	亿　元	133.3	137.9	182.0	242.3		
#政府资金	亿　元	5.1	9.8	15.6	20.9		
企业资金	亿　元	119.4	116.5	160.2	213.9		
金融机构贷款	亿　元	4.0	7.3	4.8	6.1		
科技经费内部支出	亿　元	129.7	136.7	192.4	233.2		
#开发新产品经费支出	亿　元	92.7	82.9	102.1	122.6	199.2	196.7
科技经费支出占主营业务收入比重	%	1.62	1.41	1.66	1.62	1.35	0.96
研究与试验发展经费支出	亿　元	84.3	85.9	109.2	129.0	166.4	191.3
技术引进经费支出	亿　元	9.3	19.4	20.6	22.7	27.4	6.4
消化吸收经费支出	亿　元	0.8	2.1	2.7	3.2	4.7	4.6
购买国内技术支出	亿　元	1.2	2.8	12.2	20.3	18.9	15.8

21—27　高等学校科技活动情况

指　　标	单　位	2005年	2006年	2007年	2008年	2009年	2010年
科技活动人员	万　人	2.6	2.9	2.9	3.3	5.7	5.8
#科学家和工程师	万　人	2.2	2.5	2.5	2.8		
研究与试验发展机构	个	277	320	359	396		
研究与试验发展折合全时人员	万人年	1.3	1.5	1.5	1.6	1.5	1.6
#科学家和工程师	万人年	1.3	1.5	1.5	1.6		
#基础研究	万人年	0.40	0.6	0.5	0.6	0.6	0.6
应用研究	万人年	0.60	0.7	0.7	0.9	0.8	0.8
试验发展	万人年	0.30	0.22	0.2	0.1	0.1	0.1
科技经费筹集额	亿　元	21.4	24.0	26.7	31.6		
#政府资金	亿　元	8.0	8.7	10.1	12.8		
企业资金	亿　元	11.6	13.7	15.1	17.3		
金融机构贷款	亿　元						
科技经费内部支出	亿　元	19.1	22.0	23.8	28.0		
#劳务费	亿　元	3.9	4.1	4.4	4.3		
固定资产购建费	亿　元	2.7	3.3	4.0	5.2		
研究与试验发展经费支出	亿　元	12.3	15.6	17.3	21.1	23.6	24.5
#基础研究	亿　元	1.4	2.4	3.2	3.1	3.6	4.0
应用研究	亿　元	7.1	8.9	10.9	9.9	11.8	15.8
试验发展	亿　元	3.7	4.2	3.2	8.1	8.3	4.7

主要统计指标解释

普通高等学校　指按照国家规定的设置标准和审批程序批准举办的，通过全国普通高等学校统一招生考试，招收高中毕业生为主要培养对象，实施高等教育的全日制大学、独立设置的学院和高等专科学校、高等职业学校和其他机构。

大学、独立设置的学院主要实施本科层次以上教育，高等专科学校、高等职业学校实施专科层次教育，其他机构是承担国家普通招生计划任务不计校数的机构。包括普通高等学校分校和批准筹建的普通高等学校等。

成人高等学校　指按照国家规定的设置标准和审批程序批准举办的，通过全国成人高等学校统一招生考试，招收具有高中毕业或同等学历的在职从业人员为主要培养对象，利用函授、业余、脱产等多种形式对其实施高等学历教育的学校。包括职工高等学校、农民高等学校、管理干部学院、教育学院、独立函授学院、广播电视大学、其他机构等。其他机构是承担国家成人招生计划任务不计校数的机构。

小学学龄儿童净入学率　指调查范围内已入小学学习的学龄儿童占校内外学龄儿童总数（包括弱智儿童，不包括盲聋哑儿童）的比重。计算公式为：小学学龄儿童净入学率 = 已入学的小学学龄儿童数/校内外小学学龄儿童总数 × 100%

国家财政性教育经费　包括国家财政预算内教育经费，各级政府征收用于教育的税费，企业办学校教育经费，校办产业、勤工俭学和社会服务收入用于教育的经费。

财政预算内教育经费　指中央、地方各级财政或上级主管部门在年度内安排，并计划拨到教育部门和其他部门主办的各级各类学校、教育事业单位，列入国家预算支出科目的教育经费，包括教育事业拨款、科研经费拨款、基建拨款和其他经费拨款。

科技活动　指在自然科学、农业科学、医药科学、工程与技术科学、人文与社会科学领域（简称科学技术领域）中，与科技知识的产生、发展、传播和应用密切相关的有组织的活动。可分为研究与试验发展（R&D）、研究与试验发展成果应用及相关的科技服务三类活动。该定义是联合国教科文组织考虑成员国特别是发展中国家开展科技统计工作的需要，而对科技活动所作的统计界定。

科技活动人员　指直接从事科技活动、以及专门从事科技活动管理和为科技活动提供直接服务，累计的实际工作时间占全年制度工作时间 10% 及以上的人员。（1）直接从事科技活动的人员包括：在独立核算的科学研究与技术开发机构、高等学校、各类企业及其他事业单位内设的研究室、实验室、技术开发中心及中试车间（基地）等机构中从事科技活动的研究人员、工程技术人员、技术工人及其它人员；虽不在上述机构工作，但编入科技活动项目（课题）组的人员；科技信息与文献机构中的专业技术人员；从事论文设计的研究生等。（2）专门从事科技活动管理和为科技活动提供直接服务的人员，包括：独立核算的科学研究与技术开发机构、科技信息与文献机构、高等学校、各类企业及其他事业单位主管科技工作的负责人，专门从事科技活动的计划、行政、人事、财务、物资供应、设备维护、图书资料管理等工作的各类人员，但不包括保卫、医疗保健人员、司机、食堂人员、茶炉工、水暖工、清洁工等为科技活动提供间接服务的人员。该指标用来反映投入科技活动人力的规模。

科学家与工程师　指科技活动人员中具有高、中级技术职称（职务）的人员和不具有高、中级技术职称（职务）的大学本科及以上学历人员。该指标用来反映投入科技活动人力的素质。

研究与试验发展（R&D）　指在科学技术领域，为增加知识总量，以及运用这些知识去创造新的应用进行的系统的创造性的活动，包括基础研究、应用研究、试验发展三类活动。国际上通常采用 R&D 活动的规模和强度指标反映一国的科技实力和核心竞争力。

基础研究　指为了获得关于现象和可观察事实的基本原理的新知识（揭示客观事物的本质、运动规律，获得新发现、新学说）而进行的实验性或理论性研究，它不以任何专门或特定的应用或使用为目的。其成果以科学论文和科学著作为主要形式。用来反映知识的原始创新能力。

应用研究　指为获得新知识而进行的创造性研究，主要针对某一特定的目的或目标。应用研究是为了确定基础研究成果可能的用途，或是为达到预定的目标探索应采取的新方法（原理性）或新途径。其成果形式以科学论文、专著、原理性模型或发明专利为主。用来反映对基础研究成果应用途径的探索。

试验发展　指利用从基础研究、应用研究和实际经验所获得的现有知识，为产生新的产品、材料和装置，建立新的工艺、系统和服务，以及对已产生和建立的上述各项作实质性的改进而进行的系统性工作。其成果形式主要是专利、专有技术、具有新产品基本特征的产品原型或具有新装置基本特征的原始样机等。在社会科学领域，试验发展是指把通过基础研究、应用研究获得的知识转变成可以实施的计划（包括为进行检验和评估实施示范项目）的过程。人文科学领域没有对应的试验发展活动。主要反映将科研成果转化为技术和产品的能力，是科技推动经济社会发展的物化成果。

研究与试验发展人员　指参与研究与试验发展项目研究、管理和辅助工作的人员，包括项目（课题）组人员，企业科技行政管理人员和直接为项目（课题）活动提供服务的辅助人员。反映投入从事拥有自主知识产权的研究开发活动的人力规模。

研究与试验发展人员全时当量　指全时人员数加非全时人员按工作量折算为全时人员数的总和。例如：有两个全时人员和三个非全时人员（工作时间分别为 20%、30% 和 70%），则全时当量为 2 + 0.2 + 0.3 + 0.7 = 3.2 人年。为国际上比较科技人力投入而制定的可比指标。

专业技术人员 指从事专业技术工作和专业技术管理工作的人员，即企事业单位中已经聘任专业技术职务从事专业技术工作和专业技术管理工作的人员，以及未聘任专业技术职务，现在专业技术岗位上工作的人员。包括工程技术人员，农业技术人员，科学研究人员，卫生技术人员，教学人员，经济人员，会计人员，统计人员，翻译人员，图书资料、档案、文博人员，新闻出版人员，律师、公证人员，广播电视播音人员，工艺美术人员，体育人员，艺术人员及企业政治思想工作人员，共十七个专业技术职务类别。用来反映科技人力资源情况。

科技活动经费筹集 指从各种渠道筹集到的计划用于科技活动的经费，包括政府资金、企业资金、事业单位资金、金融机构贷款、国外资金和其他资金等。反映各社会经济主体对促进科技进步所做的努力。

政府资金 指从各级政府部门获得的计划用于科技活动的经费，包括科学事业费、科技三项费、科研基建费、科学基金、教育等部门事业费中计划用于科技活动的经费以及政府部门预算外资金中计划用于科技活动的经费等。

企业资金 指从自有资金中提取或接受其他企业委托的，科研院所和高校等事业单位接受企业委托获得的，计划用于科研和技术开发的经费。不包括来自政府、金融机构及国外的计划用于科技活动的资金。

金融机构贷款 指从各类金融机构获得的用于科技活动的贷款。

科技活动经费内部支出 指报告年内用于科技活动的实际支出，包括劳务费、科研业务费、科研管理费，非基建投资购建的固定资产、科研基建支出以及其他用于科技活动的支出。不包括生产性活动支出、归还贷款支出及转拨外单位支出。反映科技投入实际完成情况。

劳务费 指以货币或实物形式直接或间接支付给从事科技活动人员的劳动报酬及各种费用。包括各种形式的工资、津贴、奖金、福利、离退休人员费用、人民助学金等。反映改善科技人员待遇情况。

固定资产购建费 指报告年内使用非基建投资购建的固定资产和用于科研基建投资的实际支出额，即固定资产实际支出和科研基建投资实际完成额之和。固定资产是指长期使用而不改变原有实物形态的主要物资设备、图书资料、实验材料和标本以及其他设备和家具、房屋、建筑物。反映用于改善科研条件和科研手段方面的投入情况。

新产品 指采用新技术原理、新设计构思研制、生产的全新产品，或在结构、材质、工艺等某一方面比原有产品有明显改进，从而显著提高了产品性能或扩大了使用功能的产品。既包括政府有关部门认定并在有效期内的新产品，也包括企业自行研制开发，未经政府有关部门认定，从投产之日起一年之内的新产品。用来反映科技产出及对经济增长的直接贡献。

第二十二篇

文化、体育、卫生

22

WENHUA
TIYU
WEISHENG

22—1 文化事业基本情况

项　　目	2005年	2006年	2007年	2008年	2009年	2010年
一、文化事业机构数(个)	**20 871**	**19 085**	**18 617**	**17 479**	**15 255**	**14 690**
文化部门	12 315	10 338	5 982	6 475	2 279	2 130
其他部门	8 556	8 747	12 635	11 004	12 976	12 560
二、文化事业人员数(人)	**76 970**	**92 380**	**62 871**	**68 767**	**78 359**	**75 215**
文化部门	53 698	61 946	32 375	33 248	19 677	19 044
其他部门	23 272	30 434	30 496	35 519	58 682	56 171
三、各类文化艺术事业单位数(个)						
文化馆、艺术馆	124	133	138	123	122	122
公共图书馆	126	126	128	128	128	128
博物馆	37	37	37	54	61	61
电影院						
艺术表演场所	59	50	41	40	40	38
艺术表演团体	70	66	66	65	63	52
电影放映单位						
四、戏剧、电影观众(万人次)						
戏剧	960.5	1 103.6	1 105.7	656.2	638	537
电影						
五、按总人口平均每人观看(次)						
戏剧	0.23	0.26	0.26	0.15	0.15	
电影						

22—2 广播电视事业

项目	单位	2005年	2006年	2007年	2008年	2009年	2010年
一、职工人数	人	**25 047**	**24 783**	**25 244**	**25 494**	**24 783**	**26 392**
二、广播事业情况							
广播电台	座	15	15	15	15	15	15
发射台及转播台	座	32	33	33	34	33	34
发射机功率	千瓦	1 066	1 143	1 141	1 141	1 143	1 151
平均每天播音时间	小时:分	1 535:50	1 900:30	1 841:01	1 861:47	1 900:30	1 960:46
广播人口综合覆盖率	%	98.17	98.23	98.23	98.36	98.23	98.48
年广播节目制作时间	小时	353 886	459 060	458 424	471 941	459 060	457 602
新闻	小时	50 799	64 176	53 938	55 512	64 176	53 662
综艺	小时	125 848	178 854	182 237	181 814	178 854	153 476
专题	小时	112 131	121 034	125 039	132 055	121 034	145 270
广播剧	小时	324	170	550	3 975	170	4 404
广告	小时	42 452	59 052	60 410	56 346	59 052	62 729
其他	小时	22 332	35 774	36 250	42 239	35 774	38 064
三、电视事业情况							
电视台	座	16	16	16	16	16	13
电视发射及转播台	座	408	367	367	368	367	367
发射机功率		433	430	445	557	430	578
平均每周播出时间	小时:分	10 740:17	12 285:26	12 660:12	12 784:42	12 319:01	13 547:42
电视人口综合覆盖率	%	98.19	98.29	98.22	98.48	98.29	98.59
电视节目制作时间	小时	143 948	184 511	194 506	188 061	184 511	188 895
新闻	小时	21 350	25 005	22 552	24 024	25 004	30 945
综艺	小时	35 475	55 066	54 939	49 139	55 066	56 107
专题	小时	29 801	37 764	40 146	41 126	37 764	33 836
影视剧	小时	1 334	335	3 328	1 696	335	1 189
广告	小时	43 136	44 279	44 599	43 429	44 279	39 673
其他	小时	12 852	22 062	28 942	28 647	22 062	27 148

22—3 图书、杂志和报纸出版情况

年份	图书				杂志			报纸		
	种数（种）	#新出版	总印数（万册）	总印张数（万印张）	种数（种）	总印数（万册）	总印张数（万印张）	种数（种）	总印数（万份）	总印张数（万印张）
1990	2 776	2 087	20 000	79 000	236	14 000	30 000	65	83 000	63 000
1991	3 603	2 799	22 000	94 000	242	15 000	33 000	67	99 000	71 000
1992	3 203	2 336	21 000	90 000	255	16 000	30 000	70	94 000	70 000
1993	3 602		23 000	120 000	289	16 000	38 000	84	87 000	88 000
1994	4 419	2 986	24 000	108 000						
1995	3 585	1 975	18 000	79 000	295	15 000	34 000	88	90 000	88 000
1996	4 419	2 228	23 000	107 000	288	14 000	31 000	97	88 000	117 000
1997	4 979	2 678	22 000	104 000	286	14 000	31 000	89	99 000	124 000
1998	5 251	2 838	24 000	114 000	274	13 000	31 000	85	105 000	175 000
1999	5 256	2 711	23 000	106 000	277	13 000	32 000	85	110 000	206 000
2000	5 008	2 752	17 082	108 047	289	8 634	22 369	87	125 845	319 018
2001	5 117	2 719	18 176	123 953	306	14 043	33 907	97	124 584	1 097 498
2002	6 632	3 026	16 374	106 225	321	12 896	31 246	17	52 989	110 635
2003	6 519	2 826	15 428	92 405	322	10 881	30 241	17	50 631	150 874
2004	5 511	2 899	11 666	83 959	234	6 891	25 647	81	145 408	510 101
2005	6 598		12 394	88 222	325	10 890	30 251	81	145 800	510 235
2006	7 370		12 355	91 425	324	8 025	30 537	123	159 117	720 835
2007	5 533	3 043	6 686	51 332	326	10 793	39 720	122	268 855	743 621
2008	7 216	3 592	13 588	85 791	322	10 033	39 777	81	179 132	830 147
2009					317	8 424	37 759	113	144 362	702 087
2010	9 060	4 925	14 705	115 552	317	4 507	40 073	75	156 800	820 203

注:2002 年报纸为省级报纸统计数。

22—4 图书出版分类构成情况

（2010 年）

类别	种数（种）	印数（万册）	印张（千印张）
总计	**9 060**	**14 705**	**1 155 520**
使用“中国标准书号”合计	9 058	14 704	1 155 510
马列主义、毛泽东思想	13	4	558
哲学	112	99	12 977
社会科学总论	121	105	14 798
政治、法律	164	112	13 641
军事	36	28	4 334
经济	958	647	110 593
文化、科学、教育、体育	3 257	8 425	493 312
语言、文字	755	474	57 984
文学	929	954	112 010
艺术	544	739	44 212
历史、地理	202	1 671	134 089
自然科学总论	26	12	1 252
数理科学、化学	116	47	6 881
天文学、地球科学	15	7	548
生物科学	17	9	668
医学、卫生	178	137	12 068
农业科学	158	102	6 243
工业技术	854	356	49 396
交通运输	205	82	14 020
航空、航天			
环境科学	39	46	2 488
综合性图书	359	648	63 438
不使用“中国标准书号”图书	2	1	10

22—5 录像、录音制品出版情况

年份	录像制品				录音制品			
	数码激光视盘		高密度激光视盘		录音带		激光唱盘	
	种数（种）	数量（万张）	种数（种）	数量（万张）	种数（种）	数量（万盒）	种数（种）	数量（万张）
2001	270	207.1	1	0.1	77	314.6	49	60.6
2002	750	1 102.7	283	339.1	226	525.5	5	1.9
2003	876	2 967.6	245	1 342.5	80	229.4	42	27.6
2004	570	2 475.0	475	893.0	234	536.0	146	144.0
2005	317	292.3	194	189.4	108	122.4	66	32.2
2006	77	729.5	17	93.6	1	1.0	61	99.8
2007	823	840.2	456	366.1	69	34.5	186	59.8
2008	214	354.4	257	273.8	92	76.3	480	264.0
2009	263	386.7	285	304.6	87	64.0	497	276.0
2010	137	109.3	500	5 657.6	55	21.1	127	174.6

22—6 体委系统职工人数

（2010年）

单位:人

人员分类	合计	# 优秀运动队	# 体育运动学校	# 少儿业余体校	# 公共体育场馆	# 体育服务公司
全省	**5 053**	**2 099**	**1 440**	**949**	**565**	
运动员	1 429	1 405	24			
专职教练员	1 103	216	362	497	28	
专职文化教师	568	32	424	112		
科技人员	82	46	13	23		
宣传出版人员						
医务人员	59	38	16	5		
管理人员	1 119	228	352	222	317	
其它人员	693	134	249	90	220	

22—7 运动员历年创世界纪录情况

年份	项数(项)	#女子	人数(人)	#女子	次数(次)	#女子
1985	1	1	2	2	2	2
1986	1		1		1	
1987	3	2	7	5	12	9
1988	2	2	4	4	9	9
1989	10	10	4	4	10	10
1990	2	1	4	3	2	1
1991	8	8	6	6	10	10
1992	3	3	8	8	20	20
1993	20	18	14	12	30	27
1994	3	3	4	4	4	4
1995	1	1	1	1	1	1
1996	2	2	1	1	3	3
1997	9	9	5	5	11	11
1998	17	15	14	12	20	18
1999	13	12	9	8	22	21
2000	4	3	2	1	7	6
2001	4	4	6	6	4	4
2002	11	11	7	7	13	13
2003	13	–	7	–	34	–
2004	4	4	3	3	4	4
2005	3	3	3	3	4	4
2006	3	3	1	1	3	3
2007						
2008						
2009	3	3	2	2	4	4
2010						

注:总计的项数和人数中剔除了历年重复数(以下同)。

22—8 运动员分项获得世界冠军情况

(2010 年)

项目	项数(项)	#女子	人数(人)	#女子	次数(次)	#女子
总计	**6**	**6**	**10**	**10**	**14**	**14**
乒乓球	1	1	1	1	1	1
摔跤	1	1	3	3	3	3
赛艇						
柔道	1	1	1	1	1	1
羽毛球	1	1	2	2	2	2
自行车	2	2	3	3	7	7

22—9 运动员近年获得世界冠军情况

年份	项数(项)	#女子	人数(人)	#女子	次数(次)	#女子
1985	3	1	3	1	4	1
1986	6	4	8	4	8	4
1987	4	3	6	4	8	6
1988	2	1	4	3	10	8
1989	11	10	5	4	11	10
1990	11	7	7	4	12	8
1991	15	13	7	5	16	14
1992	6	5	8	7	13	12
1993	24	24	18	18	24	24
1994	4	4	7	5	12	8
1995	7	3	9	5	8	4
1996	6	6	5	5	8	8
1997	7	7	4	4	7	7
1998	14	8	11	9	15	8
1999	14	12	9	8	15	13
2000	9	7	6	5	9	7
2001	9	9	4	4	9	9
2002	12	10	10	8	12	10
2003	18		12		19	
2004	11	10	11	10	12	11
2005	6	6	6	6	6	6
2006	11	10	11	10	11	10
2007	14	14	12	12	20	20
2008	13	13	10	10	15	15
2009	7	7	4	4	7	7
2010	6	6	12	12	13	13

22—10 运动员分项创获亚洲冠军情况

（2010年）

项　目	项　数（项）	#女　子	人　数（人）	#女　子	次　数（次）	#女　子
总　计	**1**	**1**	**1**	**1**	**1**	**1**
柔　道						
蹼　泳	1	1	1	1	1	1

22—11 与外国体育活动交往情况

项　目	单　位	2005年	2006年	2007年	2008年	2009年	2010年
来我省的体育团体							
次　数	次	17	6	9	29	15	10
人　数	人	148	97	80	214	188	98
我省派出的体育团体							
次　数	次	86	104	106	42	15	20
人　数	人	326	336	284	176	108	140

22—12 卫 生 机 构、

(2010

卫生机构名称	机构数（个）	床位数（张）	人		
			合计	小计	执业(助理)医师
总计	**14 235**	**204 263**	**286 375**	**228 378**	**93 555**
一、医院	821	160 853	192 711	152 681	57 027
综合医院	508	111 584	140 980	112 864	41 808
中医医院	98	15 352	20 784	16 791	7 177
中西医结合医院	5	278	319	248	125
民族医院	2	210	186	115	50
专科医院	208	33 429	30 442	22 663	7 867
口腔医院	20	307	1 799	1 442	744
眼科医院	11	678	1 093	664	204
肿瘤医院	5	2 821	2 419	1 972	637
心血管病医院	2	86	101	84	30
胸科医院	2	1 283	1 085	800	258
血液病医院					
妇产(科)医院	26	3 452	5 785	4 526	1 605
儿童医院	4	891	1 214	980	358
精神病医院	37	10 124	5 364	3 835	1 131
传染病医院	18	4 886	4 405	3 152	942
皮肤病医院	4	198	319	224	89
结核病医院	6	1 784	1 193	773	243
职业病医院	1	660	452	365	168
骨科医院	15	1 471	1 452	1 125	440
康复医院	16	2 145	1 485	966	352
整形外科医院	3	58	80	47	17
美容医院	4	80	105	92	51
其他专科医院	34	2 505	2 091	1 616	598
二、疗养院	25	8 274	3 023	1 371	532
三、社区卫生服务中心(站)	956	4 783	12 661	10 538	4 469
社区卫生服务中心	224	3 760	8 104	6 585	2 654

床　数、人　员　数

年）

员				数(人)				
卫生技术人员						其他技术人员	管理人员	工勤技能人员
#执业医师	注册护士	药师(士)	技师(士)	#检验师	其他			
82 908	**88 464**	**13 608**	**13 920**	**9 838**	**18 831**	**12 397**	**17 264**	**28 336**
53 243	67 526	9 659	9 323	6 297	9 146	8 264	11 406	20 360
39 466	51 202	6 686	6 729	4 597	6 439	5 700	8 076	14 340
6 361	5 983	1 648	1 005	654	978	955	980	2 058
84	58	21	12	9	32	15	29	27
43	21	31	8	6	5	10	49	12
7 289	10 262	1 273	1 569	1 031	1 692	1 584	2 272	3 923
665	453	22	33	13	190	126	113	118
195	319	25	21	18	95	78	161	190
632	920	82	150	64	183	50	169	228
29	38	4	7	3	5	10	3	4
250	417	53	67	32	5	75	63	147
1 527	1 981	234	346	253	360	311	351	597
357	447	51	102	64	22	67	67	100
992	2 110	148	129	97	317	231	474	824
890	1 460	283	320	254	147	240	326	687
88	92	28	15	14		18	13	64
215	361	60	68	43	41	63	74	283
168	149	19	29	21		36	12	39
388	412	90	100	40	83	89	103	135
307	359	56	54	31	145	97	122	300
15	25	4	1	1		10	10	13
42	31	6	3	3	1	1	8	4
529	688	108	124	80	98	82	203	190
458	597	64	57	40	121	316	391	945
3 838	4 181	850	580	394	458	541	791	791
2 190	2 497	629	453	293	352	391	528	600

22—12 续表 1 (2010

卫生机构名称	机构数（个）	床位数（张）	人 合计	小计	执业(助理)医师
社区卫生服务站	732	1 023	4 557	3 953	1 815
四、卫生院	1 035	26 944	26 118	20 172	9 531
街道卫生院	33	532	575	484	241
乡镇卫生院	1 002	26 412	25 543	19 688	9 290
中心卫生院	245	9 642	9 965	7 864	3 669
乡卫生院	757	16 770	15 578	11 824	5 621
五、门诊部	383	662	5 457	4 298	2 173
综合门诊部	221	445	3 696	2 915	1 451
中医门诊部	52	60	569	432	247
中西医结合门诊部	7	4	68	55	26
专科门诊部	103	153	1 124	896	449
六、诊所、卫生所、医务室	10 356		22 760	22 019	11 823
诊所	9 211		19 486	18 897	10 208
卫生所、医务室	1 145		3 274	3 122	1 615
七、急救中心(站)	12	100	982	542	237
八、采供血机构	22		1 220	810	175
九、妇幼保健院(所、站)	110	1 281	5 015	3 951	2 235
省属	1	53	177	125	43
省辖市(地区)属	11	57	595	462	294
地辖市属	58	619	2 397	1 943	1 062
县属	35	552	1 731	1 333	782
其他	5		115	88	54
妇幼保健院	34	1 145	2 737	2 128	1 113
妇幼保健所	46	122	1 638	1 306	789
妇幼保健站	30	14	640	517	333
十、专科疾病防治院(所、站)	88	1 366	3 200	2 264	1 080
专科疾病防治院	8	534	666	465	208
结核病防治院					

年）

员				数(人)				
卫生技术人员						其他技术人员	管理人员	工勤技能人员
#执业医师	注册护士	药师(士)	技师(士)	#检验师	其他			
1 648	1 684	221	127	101	106	150	263	191
6 251	4 875	1 580	1 292	785	2 894	1 451	1 584	2 911
175	137	32	30	19	44	25	28	38
6 076	4 738	1 548	1 262	766	2 850	1 426	1 556	2 873
2 524	2 049	609	497	300	1 040	395	490	1 216
3 552	2 689	939	765	466	1 810	1 031	1 066	1 657
1 954	1 255	343	348	215	179	258	450	451
1 307	827	229	280	171	128	180	292	309
214	81	71	18	10	15	25	59	53
20	11	11	7	5		2	7	4
413	336	32	43	29	36	51	92	85
10 544	7 337	632	110	80	2 117			741
9 186	6 301	552	70	46	1 766			589
1 358	1 036	80	40	34	351			152
234	254	14	23	9	14	127	56	257
151	383	20	195	193	37	176	88	146
1 925	933	159	374	310	250	185	500	379
43	47	8	14	12	13	2	35	15
292	76	16	58	53	18	45	50	38
918	513	72	183	148	113	74	229	151
626	281	60	106	86	104	60	171	167
46	16	3	13	11	2	4	15	8
940	623	92	183	140	117	77	278	254
698	231	50	147	132	89	74	164	94
287	79	17	44	38	44	34	58	31
897	553	145	227	165	259	246	349	341
184	134	30	48	44	45	54	48	99

22—12 续表 2 (2010

卫生机构名称	机构数（个）	床位数（张）	人：合计	人：小计	人：执业(助理)医师
职业病防治院	6	434	588	397	167
其他	2	100	78	68	41
专科疾病防治所(站、中心)	80	832	2 534	1 799	872
口腔病防治所(站、中心)	13	5	444	366	182
精神病防治所(站、中心)	1	139	35	17	6
结核病防治所(站、中心)	50	470	1 584	1 102	481
职业病防治所(站、中心)	2	100	156	105	65
地方病防治所(站、中心)	12		270	197	132
药物戒毒所(中心)	1	100	43	10	4
其他	1	18	2	2	2
十一、疾病预防控制中心	132		8 609	6 512	3 690
省属	1		407	277	134
省辖市(地区)属	15		2 156	1 634	870
地辖市属	80		3 789	2 926	1 670
县属	30		1 872	1 387	840
其他	6		385	288	176
十二、卫生监督所(中心)	111		3 214	2 268	
省属	1		113	85	
省辖市(地区)属	13		804	492	
地辖市属	70		1 617	1 146	
县属	26		590	482	
其他	1		90	63	
十三、医学科学研究机构	6		101	61	39
十四、医学在职培训机构	2		32	24	16
十五、健康教育所(站、中心)	10		182	76	64
十六、其他卫生机构	166		1 090	791	464
卫生监督检验(监测)机构	28		100	99	78
临床检验中心(所、站)	3		19	11	1
其他	135		971	681	385

年）

员			数(人)					
卫生技术人员						其他技术人员	管理人员	工勤技能人员
#执业医师	注册护士	药师(士)	技师(士)	#检验师	其他			
149	128	28	44	42	30	54	46	91
35	6	2	4	2	15		2	8
713	419	115	179	121	214	192	301	242
167	93	5			86	21	44	13
6	8	2	1	1			2	16
371	282	99	139	87	101	111	187	184
62	19	1	14	12	6	30	14	7
101	14	7	23	20	21	30	24	19
4	3	1	2	1			30	3
2								
2 968	421	93	1 344	1 306	964	510	868	719
134	2		127	127	14	19	76	35
823	126	20	437	422	181	148	208	166
1 291	189	33	515	501	519	187	407	269
559	68	23	230	225	226	118	142	225
161	36	17	35	31	24	38	35	24
					2 268	137	621	188
					85		18	10
					492	10	249	53
					1 146	96	293	82
					482	9	57	42
					63	22	4	1
39	4	4	2	2	12	15	23	2
11	2	1			5	2	5	1
54	7	2			3	56	28	22
341	136	42	45	42	104	113	104	82
56	5	5			11		1	
1			8	8	2	4	3	1
284	131	37	37	34	91	109	100	81

22—13 各地区卫生机构、床位数

(2010 年)

地区	卫生机构数(个)	#医院	#卫生院	#门诊部、所	#疾病预防控制中心(防疫站)	#妇幼保健院(所站)	医疗机构床位数(张)
总计	**14 235**	**821**	**1 035**	**383**	**132**	**110**	**204 263**
沈阳	1 756	180	119	122	19	15	42 822
大连	2 359	109	107	153	17	13	32 040
鞍山	1 673	75	73	27	8	8	19 531
抚顺	638	50	50	7	9	8	9 609
本溪	245	28	42	2	8	7	9 792
丹东	460	44	68	10	8	4	12 717
锦州	717	33	73	2	8	8	11 745
营口	1 371	60	50	16	9	6	9 609
阜新	491	41	59	1	9	8	7 463
辽阳	618	50	38	8	8	8	10 636
盘锦	642	36	30	6	6	3	6 564
铁岭	1 091	25	92	13	8	7	8 193
朝阳	1 297	37	130	5	8	8	10 380
葫芦岛	877	53	104	11	7	7	13 162

22—14 各地区卫生机构人员数

(2010 年)

单位:人

地区	卫生机构人员合计	#卫生技术人员	#执业(助理)医师	#注册护士
总计	**286 375**	**228 378**	**93 555**	**88 464**
沈阳	64 435	52 327	20 859	21 391
大连	48 637	39 355	15 873	16 523
鞍山	25 421	19 542	8 008	7 593
抚顺	14 038	11 294	4 528	4 685
本溪	13 106	10 285	3 734	4 512
丹东	14 156	11 198	4 560	4 237
锦州	15 237	11 881	5 196	3 868
营口	14 756	11 646	4 967	4 338
阜新	11 594	9 151	3 481	3 661
辽阳	10 843	8 727	3 675	3 307
盘锦	10 229	8 162	3 568	3 036
铁岭	14 801	11 860	5 307	3 718
朝阳	14 558	12 117	5 254	3 768
葫芦岛	14 564	10 833	4 545	3 827

22—15 城市前十位疾病死亡原因及构成

（2010 年）

顺序	疾病死亡原因	占死亡总人数的%
	十种死因合计	**98.12**
1	循环系统疾病	48.06
2	肿瘤	26.35
3	呼吸系统疾病	7.56
4	损伤和中毒外部原因	4.00
5	内分泌,营养和代谢的其他疾病	3.96
6	消化系统疾病	2.74
7	其他疾病	1.93
8	神经系统疾病	1.29
9	泌尿生殖系统疾病	1.22
10	诊断不明	1.01
	男性十种死因合计	**98.10**
1	循环系统疾病	46.50
2	肿瘤	27.84
3	呼吸系统疾病	7.45
4	损伤和中毒外部原因	4.84
5	消化系统疾病	3.19
6	内分泌,营养和代谢的其他疾病	3.17
7	其他疾病	1.48
8	传染病和寄生虫病	1.33
9	神经系统疾病	1.23
10	诊断不明	1.07
	女性十种死因合计	**98.33**
1	循环系统疾病	50.12
2	肿瘤	24.36
3	呼吸系统疾病	7.70
4	内分泌,营养和代谢的其他疾病	5.02
5	损伤和中毒外部原因	2.89
6	其他疾病	2.54
7	消化系统疾病	2.14
8	泌尿生殖系统疾病	1.46
9	神经系统疾病	1.38
10	诊断不明	0.72

主要统计指标解释

文化事业机构　指从事专业文化工作和为专业文化工作服务的独立建制的单位。不包括这些单位另外举办独立核算的其他机构和各部门的业余文化组织。该指标主要反映文化事业机构发展规模水平。

艺术表演团体　指从事戏曲、音乐、舞蹈、杂技等专业艺术表演,有独立帐户的单位,不包括半工半艺、半农半艺和民间职业剧团。该指标主要反映全国专业艺术表演团体发展规模水平。

艺术表演观众人数(人次)　指售票、包场演出或民族地区免费演出的艺术表演观众人次数,不包括彩排审查和内部观摩演出的观看人次数。该指标主要反映全国观看专业艺术表演团体演出的效益规模。

卫生机构　包括医疗机构、疾病预防控制中心(防疫站)、采供血机构、卫生监督及监测(检验)机构、医学科研和在职培训机构、健康教育所等。

医疗机构　包括医院、社区卫生服务中心(站)、疗养院、卫生院、门诊部、诊所(卫生所、医务室)、妇幼保健院(所、站)、专科疾病防治院(所、站)、急救中心(站)和临床检验中心。医疗机构分为非赢利性医疗机构和赢利性医疗机构。

医院　包括综合医院、中医医院、中西医结合医院、民族医院、各类专科医院和护理院。

卫生技术人员　指卫生机构中医生、护理人员、药剂人员、检验人员等卫生技术人员。

医生　指在医疗、预防保健机构工作且取得《执业医师证书》的执业医师和执业助理医师。

卫生服务总费用　反映全国当年用于医疗卫生保健服务所消耗的资金总额,用筹资来源法测算。政府预算卫生支出指各级政府用于卫生事业的财政预算拨款。社会卫生支出指政府预算外的卫生资金投入,主要表现为社会医疗保险。其中包括如企事业单位和乡村集体经济单位举办的医疗卫生机构的设施建设费,企业职工医疗卫生费,行政事业单位负担的职工公费医疗超支部分等。居民个人卫生支出指城乡居民用自己可支配的经济收入支付的各项医疗卫生费用和医疗保险费用。

第二十三篇

其他社会活动

23

QITASHEHUI HUODONG

23—1 历届省人民代表大会的代表人数

单位:人

届别	年份	代表总数	#女代表	#少数民族代表	占代表总数比重(%) #女代表	占代表总数比重(%) #少数民族代表
一届	1954	588		100		17.0
二届	1959	566	107	39	18.9	6.89
三届	1964	795				
四届	1975					
五届	1978	1 200	292	160	24.33	13.33
六届	1983	900	219	146	24.33	16.22
七届	1988	725	142	118	19.59	16.28
八届	1993	745	159	115	21.34	15.44
九届	1998	622	123	97	19.77	15.59
十届	2003	619	108	102	17.45	16.48
十一届	2008	616	115	87	18.67	14.12

23—2 历届省政治协商会议的委员人数

单位:人

届别	年份	代表总数	#中国共产党委员	#少数民族委员	占委员总数比重(%) #中国共产党委员	占委员总数比重(%) #少数民族委员
一届	1954	122	28	16	22.95	13.11
二届	1959	376	123	32	32.71	8.51
三届	1963	403	125	31	31.02	7.69
四届	1977	586	245	57	41.81	9.73
五届	1983	595	220	65	36.97	10.92
六届	1988	696	245	83	35.20	11.93
七届	1993	695	242	81	34.82	11.65
八届	1998	723	283	97	39.14	13.42
九届	2003	750	284	98	37.87	13.07
十届	2008	796	285	119	35.80	14.95

23—3 工会组织情况

年份	工会基层组织数（个）	全省已建工会组织的基层单位的职工与会员人数（人）				工会专职工作人员数（人）
		职工人数	#女职工	会员人数	#女会员	
1980	19 004	6 149 000	2 340 000	5 182 000		26 000
1985	22 763	8 267 000	3 388 000	7 421 000	3 078 000	43 709
1986	23 190	8 341 973	3 462 049	7 605 645	3 202 109	47 842
1987	24 742	8 536 873	3 532 603	7 880 001	3 257 621	47 301
1988	25 753	8 712 119	3 611 855	8 034 410	3 370 064	41 910
1989	27 217	8 840 457	3 665 482	8 181 168	3 394 077	44 150
1990	27 836	8 968 227	3 750 636	8 340 951	3 497 883	46 875
1991	28 642	8 979 281	3 768 625	8 387 414	3 541 636	48 521
1992	29 222	9 164 759	3 828 618	8 567 567	3 584 922	45 584
1993	30 083	9 177 011	3 781 547	8 537 051	3 540 817	41 276
1994	27 629	9 133 500	3 843 987	8 420 047	3 501 514	31 215
1995	28 448	9 290 683	3 987 323	9 234 588	3 796 173	36 167
1996	27 517	9 095 895	3 796 520	8 577 752	3 564 856	39 693
1997	24 310	8 395 588	3 276 594	7 180 188	2 956 720	33 321
1998	23 317	7 198 855	2 994 485	6 694 517	2 784 204	23 766
1999	21 647	6 199 418	2 529 928	5 659 855	2 315 330	21 406
2000	41 167	8 018 747	3 360 629	7 515 909	3 100 980	27 396
2001	64 659			8 155 000		
2002	41 715	8 877 337	2 566 828	8 606 854	2 454 640	18 372
2003	35 717	7 933 711	2 540 304	7 698 113	2 388 475	18 683
2004	39 963	8 402 783	2 947 246	8 223 150	2 820 343	20 346
2005	43 614	8 830 676	3 351 654	8 621 046	3 121 658	19 626
2006	48 691	9 685 316	2 927 952	9 371 941	2 756 933	19 931
2007	54 264	10 882 834	2 709 465	10 459 638	2 578 179	21 363
2008	67 933	11 757 290	3 002 389	11 338 255	2 879 836	60 436
2009	70 531	17 864 409	2 998 480	11 338 291	2 941 172	41 272
2010	70 055	10 617 046	3 082 698	10 383 383	3 025 012	32 154

注:1998 年以后工会专职工作人员数为工会专职干部人数。

23—4 妇联组织情况

项目	单位	2005年	2006年	2007年	2008年	2009年	2010年
妇联组织总计	个	**1 595**	**1 703**	**1 738**	**1 709**	**1 634**	**1 871**
一、地方妇联	个	**1 595**	**1 703**	**1 738**	**1 709**	**1 634**	**1 871**
省级和市级	个	15	15	15	15	15	15
县(市)、区、乡(镇)级	个	1 114	1 130	1 160	1 144	1 103	1 063
街道妇联	个	466	558	563	550	516	793
二、农林场妇联	个						
建立基层妇代会组织数	个	15 156	15 711	15 176	15 313	17 427	11 216
#一类妇代会	人						
二类妇代会	人						
各类妇女工作委员会	个	7 274	10 023	7 499	10 489	31 010	22 491
各类妇女联谊组织数	个	45	76	82	79		47
民主党派中的妇女组织	个	42	56	56	59	68	53

23—5 律师、公证、调解工作基本情况

项目	单位	2005年	2006年	2007年	2008年	2009年	2010年
一、律师工作							
律师事务所	个	484	506	529	569	586	644
律师	人	5 134	5 301	5 017	5 943	6 298	6 648
专职律师	人	4 890	5 067	4 402	5 443	5 649	5 985
兼特邀职律师	人	244	234	615	500	313	339
聘请担任常年法律顾问的单位	处	7 978	8 015	8 298	7 722	9 319	8 243
民事诉讼代理	件	31 768	31 602	36 525	35 373	40 558	43 807
经济诉讼代理	件	12 902	12 337				
行政诉讼代理	件	2 022	2 074	2 352	2 747	1 757	1 535
刑事辩护	件	13 332	13 608	17 490	17 631	22 447	19 336
非诉讼法律事务	件	37 468	34 974	21 390	13 211	16 783	14 339
解答法律咨询	万人次	20.56	24.69	19.08	16.16	15.90	15.77
代写法律事务文书	万件	5.44	5.75	3.29	3.80	3.46	3.80
涉外及港澳台	件	1 119	678	16	9	85	284
二、公证工作							
公证处	个	107	106	107	107	106	106
公证人员	人	1 021	1 110	1 114	1 141	1 118	1 118
#公证员	人	576	562	551	546	510	510
公证员助理	人	138	218	200	245	252	252
办理公证文书	万件	63.42	69.09	72.33	66.4	74.0	74.8
三、人民调解工作							
专职司法助理员	人	1 682	1 734	1 851	3 892	2 642	3 449
人民调解委员会	个	21 513	22 371	22 218	20 682	19 929	20 267
调解人员	万人	16.59	15.51	16.07	15.5	17.4	17.2
调解民间纠纷	万件	14.13	14.41	13.39	13.31	16.1	15.3

23—6 国内公证文书分类

（2010年）

分类	办证件数（件）	比重（%）	分类	办证件数（件）	比重（%）
一、经济公证			其他	9 811	8.17
合计	120 022	100.00	二、民事公证		
购销	40	0.03	合计	388 658	100.00
联营			收养	22	0.01
拍卖	234	0.19	解除收养	2	0.00
贷款	95 319	79.42	继承权	57 265	14.73
担保	3 682	3.07	遗嘱	6 746	1.74
招标、投标	380	0.32	产权	558	0.14
科技协作			亲属关系	1 332	0.34
供用电	242	0.20	死亡	329	0.08
劳务合同	831	0.69	房屋买卖	107 525	27.67
建筑工程承包	86	0.07	房屋租赁	157	0.04
工商服务业承包			留学协议	51	0.01
农林牧副渔业承包	931	0.78	遗赠扶养协议	68	0.02
乡镇企业承包	1		其他民事协议	13 700	3.52
财产租赁	37	0.03	委托书	87 494	22.51
企业租赁	1		赠与书	9 748	2.51
资产经营责任制			声明书	28 805	7.41
其他经济合同	6 013	5.01	现场监督	29 754	7.66
法人（代表人）资格	543	0.45	签名印鉴属实	1 276	0.33
法人委托书	1 504	1.25	文本相符	3 405	0.88
公司章程	78	0.06	宅基地使用权	199	0.05
执行许可证明	362	0.30	证据保全	7 550	1.94
提存	161	0.13	其他	32 672	8.41

23—7 涉外公证文书分类

(2010年)

分类	办证件数（件）	比重（%）	分类	办证件数（件）	比重（%）
合计	**236 820**	**100.00**	委托书	1 579	0.67
收养	68	0.03	营业证书	916	0.39
遗嘱	18	0.01	公司章程	185	0.08
出生	34 987	14.77	其他法律文书	1 049	0.44
死亡	910	0.38	职称	1 414	0.60
生存、居住	3 072	1.30	法人资格	1 114	0.47
学历	26 957	11.38	商标注册	11	0.00
经历	1 868	0.79	贷款	7	0.00
国籍	4 239	1.79	担保	38	0.02
婚姻状况	20 217	8.54	其他经济合同	275	0.12
亲属关系	39 393	16.63	副本等与原本相符	27 985	11.82
继承权	4 007	1.69	签名印鉴属实	10 463	4.42
受、未受刑事处分	21 292	8.99	其他	30 671	12.95
声明书	4 085	1.72			

23—8 调解民间纠纷分类

项目	调节纠纷(件)					各类纠纷所占比重(%)				
	2006年	2007年	2008年	2009年	2010年	2006年	2007年	2008年	2009年	2010年
合计	**144 106**	**133 895**	**133 078**	**161 055**	**152 950**	**100.00**	**100.00**	**100.00**	**100**	**100.00**
婚姻	38 827	35 295	33,958	42 316	34 582	26.94	26.36	25.52	26.27	22.61
继承										
赡、抚、扶养										
家庭										
房屋宅基地	9 848	9 102	9,825	10 741	10 701	6.83	6.80	7.38	6.67	7.00
债务										
生产经营										
邻里	33 195	28 656	29,629	42 316	48 363	23.04	21.40	22.26	26.27	31.62
损害赔偿	7 903	6 704	7,130	8 067	6 973	5.48	5.01	5.36	5.01	4.56
其他	54 333	54 138	52,536	57 615	86 913	37.70	40.43	39.48	64.23	56.82

23—9 交通事故发生情况

（2010 年）

类别	发生起数（起）	死亡人数（人）	受伤人数（人）	损失折款（万元）
总计	**6 758**	**2 159**	**6 306**	**3 061.8**
机动车	6 592	2 122	6 152	3 034.8
#摩托车	915	366	854	168.6
拖拉机	22	13	12	3.8
非机动车	132	20	126	11.6
#自行车	333	5	26	3.0
行人乘车	34	17	28	15.5
其他				

23—10 火灾事故发生情况

（2010 年）

指标	单位	合计	按事故发生程度分		
			特大	重大	一般
发生起数	起	5 601		1	
死亡	人	42		12	
受伤	人	15		10	
损失折款	万元	3 587.4		98.0	
平均每起事故损失	元	6 405.0		98.0	

23—11 各地区交通事故发生情况

(2010年)

地区	发生起数（起）	死亡人数（人）	受伤人数（人）	损失折款（万元）
全省	**6 781**	**2 129**	**6 345**	**3 066.8**
沈阳	1 788	530	1 900	903.2
大连	1 122	244	821	665.1
鞍山	697	157	648	165.7
抚顺	207	112	200	104.6
本溪	218	85	156	148.9
丹东	347	144	242	186.9
锦州	596	103	585	153.8
营口	270	115	209	74.1
阜新	286	118	335	159.3
辽阳	301	97	295	148.6
盘锦	326	137	339	143.9
铁岭	219	52	218	55.4
朝阳	189	94	183	45.5
葫芦岛	175	132	156	95.1

23—12 结婚登记和离婚情况

年份	准予登记结婚（对）	初婚（人）	再婚（人）	准予登记离婚（对）	离婚率（‰）
1983	331 960	640 749	23 171	8 649	0.24
1984	387 829	748 957	26 701	8 810	0.24
1985	419 729	811 197	28 261	8 963	0.24
1986	440 722	845 008	36 436	14 416	0.39
1987	472 011	900 299	43 723	19 006	0.51
1988	415 219	785 176	45 262	22 379	0.59
1989	395 049	739 189	43 448	22 530	0.59
1990	383 976	710 383	57 569	24 459	0.63
1991	340 245	628 962	51 528	23 541	0.60
1992	411 425	772 983	49 867	24 565	0.62
1993	330 506	612 579	48 433	26 825	0.68
1994	294 877	539 149	50 605	29 890	0.75
1995	304 103	553 927	54 279	29 554	0.74
1996	308 500	560 821	56 179	30 279	0.75
1997	275 310	496 601	54 019	32 828	0.81
1998	264 684	473 115	56 253	34 772	0.85
1999	257 598	462 363	52 833	34 657	0.85
2000	272 644	482 897	62 391	35 300	0.86
2001	253 586	448 154	59 018	40 376	0.97
2002	235 007	402 638	67 376	40 731	0.98
2003	250 933	427 360	74 506	49 299	1.18
2004	290 391	496 718	84 064	74 093	1.78
2005	257 021	426 672	92 552	79 680	1.90
2006	308 815	516 992	106 182	77 273	1.84
2007	288 947	481 636	101 872	86 000	2.03
2008	321 107	519 911	128 017	92 354	2.18
2009	381 661	624 029	139 293	101 452	2.37
2010	321 965	504 961	138 969	99 762	2.37

23—13 各地区结婚登记和离婚情况

（2010 年）

地区	准予登记结婚（对）	初婚（人）	再婚（人）	准予登记离婚（对）
全省	**321 965**	**504 961**	**138 969**	**99 762**
沈阳	48 875	71 748	26 002	23 703
大连	58 311	92 548	24 074	9 342
鞍山	30 883	49 789	11 977	8 465
抚顺	15 385	19 519	11 251	8 035
本溪	11 026	16 568	5 484	5 144
丹东	14 536	23 191	5 881	5 375
锦州	15 885	24 035	7 735	4 461
营口	23 816	37 948	9 684	5 392
阜新	8 031	12 760	3 302	3 400
辽阳	16 137	24 175	8 099	5 540
盘锦	12 427	20 246	4 608	4 412
铁岭	21 375	36 584	6 166	7 234
朝阳	22 677	40 314	5 040	4 401
葫芦岛	20 927	33 904	7 950	4 723

23—14 社会福利事业、企业单位数和人员数

指标	机构数(个)					工作人员数(人)				
	2006年	2007年	2008年	2009年	2010年	2006年	2007年	2008年	2009年	2010年
总计	**3 891**	**3 712**	**3 561**	**3 532**	**3 600**	**101 468**	**109 236**	**11 420**	**118 283**	**124 400**
一、社会福利事业单位	1 226	1 269	1 229	1 222	1 281	11 665	13 561	13 441	13 342	14 060
民政部门办	76	76	80	115	109	3 395	3 602	3 598	4 064	3 992
社会集体办	1 150	1 193	1 149	1 107	1 172	8 270	9 959	9 843	9 278	10 068
二、社会福利企业单位	2 546	2 318	2 202	2 179	2 189	88 309	94 180	96 460	103 417	108 795
民政部门办	2 038	1 981	1 840	1 879	1 898	70 866	84 150	85 636	93 238	96 095
社会集体办	508	337	362	300	291	17 443	10 030	10 824	10 179	12 700
三、烈士纪念建筑物管理单位	23	24	25	24	24	347	354	346	347	342
四、收容遣送单位	45	51	52	55	55	730	761	770	780	813
五、殡葬管理单位	51	50	53	52	51	417	380	403	397	390

23—15 收养性社会福利事业单位基本情况

(2010年)

指标	单位数(个)	工作人员数(人)	床位数(张)	年末收养人数(人)
收养性福利事业单位	**1 281**	**14 060**	**112 037**	**75 694**
优抚休、疗养院	4	725	1 310	1 169
光荣院	23	599	2 406	1 765
社会福利院	76	2 286	11 759	8 534
儿童福利院	5	294	1 580	1 522
社会福利医院	1	88	20	6
城镇老年性福利机构	339	4 059	33 789	19 733
农村老年性福利机构	819	5 905	59 973	42 269
其他收养机构	14	104	1 200	696

23—16 各地区城镇社区服务设施和城市居民最低生活保障制度情况

（2010 年） 单位：个

地区	从业人员（人）	便民利民服务网点	城乡居民最低生活保障情况 城镇低保人数（人）	保障资金（万元）	农村低保人数（人）	保障资金（万元）
全省	**191 718**	**26 317**	**1 246 100**	**269 925**	**933 690**	**82 272**
沈阳	125 356	2 401	125 104	32 860	97 066	8 934
大连	977	368	85 841	22 184	61 685	7 988
鞍山	32 992	8 925	60 541	14 242	52 967	4 460
抚顺	6 220		141 824	33 373	43 123	4 088
本溪			85 584	25 624	20 092	3 055
丹东	163		57 638	9 569	46 075	3 449
锦州	50	1	77 978	14 338	89 609	7 851
营口	37	567	82 657	15 080	64 571	5 251
阜新			134 606	26 725	60 033	3 846
辽阳			51 395	9 648	52 752	3 931
盘锦	3 500	2	39 751	7 069		
铁岭	32	2	74 152	16 109	106 329	9 069
朝阳	22 382	14 051	157 883	33 035	137 920	13 656
葫芦岛	9		71 146	10 069	101 468	6 694

23—17 各地区优抚事业基本情况

（2010 年） 单位：人

地区	优抚对象总人数	革命伤残人员	烈军属人数	在乡退伍红军战士	在乡复员军人	在乡退伍军人
全省	**150 412**	**35 813**	**8 961**	**3**	**44 009**	**61 626**
沈阳	12 748	5 059	619		2 768	4 302
大连	23 652	5 750	1 240		6 278	10 384
鞍山	10 280	2 814	676		3 662	3 128
抚顺	6 519	2 076	348	1	2 098	1 996
本溪	7 835	2 191	478		2 142	3 024
丹东	10 129	2 970	688		3 734	2 737
锦州	16 185	2 870	850	2	4 663	7 800
营口	9 089	2 155	600		2 286	4 048
阜新	13 354	2 576	800		1 588	8 390
辽阳	4 918	1 017	306		1 012	2 583
盘锦	6 909	921	298		2 408	3 282
铁岭	11 663	1 651	460		3 792	5 760
朝阳	8 097	1 918	699		4 023	1 457
葫芦岛	9 034	1 845	899		3 555	2 735

23—18 社会福利企业基本情况

年份	民政部门办			社会办		
	单位（个）	职工（人）	#残疾职工	单位（个）	职工（人）	#残疾职工
1985	148	33 016	10 373	628	24 656	10 181
1986	140	31 301	9 784	1 890	74 710	21 738
1987	187	36 741	11 903	2 409	77 225	30 056
1988	218	40 198	13 638	3 296	86 756	31 168
1989	246	42 287	14 596	3 390	93 962	38 010
1990	289	39 853	13 553	3 535	105 385	42 729
1991	368	43 379	15 688	3 539	103 478	45 088
1992	361	42 179	15 220	3 867	111 643	48 951
1993	430	40 424	14 899	4 223	115 500	49 712
1994	470	40 752	15 552	4 084	119 815	51 702
1995	436	35 778	14 049	4 378	132 557	58 644
1996	416	33 252	12 814	4 140	116 753	54 131
1997	804	44 072	15 972	3 460	102 985	46 956
1998	437	29 493	11 327	3 574	98 703	45 725
1999	298	21 366	7 815	3 263	99 320	45 176
2000	1 908	72 554	31 978	861	26 873	11 837
2001	2 122	77 860	35 426	611	17 778	8 002
2002	2 093	79 778	35 594	697	18 390	8 837
2003	2 073	76 530	33 664	625	23 057	10 915
2004	2 106	78 389	36 122	602	22 044	10 402
2005	2 093	80 027	37 354	567	22 009	10 437
2006	2 038	70 866	28 045	508	17 443	9 686
2007	1 981	84 150	34 911	337	10 030	4 251
2008	1 840	85 636	41 586	362	10 824	5 588
2009	1 879	93 238	41 671	300	10 179	3 588
2010	1 898	108 795	49 308	291	12 700	6 824

23—19 各地区基本养老保险情况

年份、地区	年末参加基本养老保险人数（万人）	在职职工	#企业	离退休人数	基金收支情况（亿元）	
					基金征缴收入	基金支出
2000	1 029.9	748.9	679.7	281	134.6	469.5
2001	1 022.8	733.9	666.7	288.9	135.4	178.6
2002	1 039.2	737	669.6	302.2	162.2	202.9
2003	1 070.4	754.9	688.6	315.5	178.2	216.4
2004	1 101.0	767.2	695.1	333.8	215.0	243.9
2005	1 193.6	832.8	760.5	360.8	252.0	287.7
2006	1 248.8	865.8	790.2	383	294.3	356.8
2007	1 299.7	891.6	825.8	408.1	352.0	425.9
2008	1 406.2	976.4	910.6	429.9	464.2	525.5
2009	1 457.4	1 008.0	943.8	449.4	524.6	644.6
2010	1 496.9	1 024.2	961.5	472.7	583.1	754.8
沈阳	293.1	198.3	189.6	94.8	111.9	142.0
大连	231.4	164.3	152.3	67.1	121.7	137.0
鞍山	90.7	64.2	59.4	26.5	24.1	42.3
抚顺	88.9	58.8	58.0	30.1	24.8	43.8
本溪	80.5	58.3	52.5	22.2	21.4	31.1
丹东	73.4	50.9	48.0	22.5	19.3	34.3
锦州	72.6	49.2	42.6	23.4	20.1	35.7
营口	66.1	46.7	44.7	19.5	20.0	27.9
阜新	44.3	31.2	29.0	13.1	10.0	17.7
辽阳	54.1	40.0	38.2	14.1	16.8	21.6
盘锦	51.5	34.8	31.0	16.7	12.9	19.2
铁岭	49.3	34.1	31.6	15.2	12.3	20.6
朝阳	47.8	36.1	33.8	11.7	12.8	17.7
葫芦岛	41.4	29.1	27.1	12.4	12.7	18.6

23—20 各地区失业保险情况

单位:万人

年份、地区	参保人数	企业	国有企业	集体企业	其他企业	事业单位	领取失业保险金人数
2000	694.0	638.4	415.6	164.2	24.8	54.5	18.2
2001	648.0	590.0	364.6	158.4	34.2	66.5	20.3
2002	591.1	517.2	315.7	128.4	37.7	73.9	82.0
2003	622.2	486.3	248.4	124.6	77.4	102.5	67.0
2004	616.2	467.3	214.0	120.7	94.2	108.8	81.7
2005	607.7	454.6	204.4	119.2	93.9	108.9	46.5
2006	614.1	456.3	209.2	116.1	92.8	109.0	25.9
2007	622.1	458.9	209.3	115.9	93.9	106.2	19.6
2008	622.7	472.1	199.9	117.1	111.0	99.4	15.7
2009	625.3	473.8	207.3	112.5	125.5	97.0	13.4
2010	626.9	489.8	202.3	85.9	134.6	95.9	11.4
沈阳	125.0	102.3	32.1	18.9	31.2	17.5	2.7
大连	109.5	77.9	23.8	8.2	15.4	16.7	1.8
鞍山	62.5	53.5	27.3	15.0	9.4	6.6	0.5
抚顺	52.4	49.1	21.3	1.4	25.8	1.6	0.8
本溪	39.0	29.8	14.4	9.7	5.4	4.1	1.1
丹东	26.7	19.6	4.5	3.5	10.5	6.3	0.4
锦州	37.6	30.1	19.0	6.2	4.0	7.2	0.3
营口	21.9	16.4	4.7	2.5	4.0	5.0	0.3
阜新	22.0	15.8	6.4	5.6	3.6	4.6	0.2
辽阳	21.0	17.3	6.2	3.1	6.9	3.5	0.3
盘锦	26.2	22.4	14.9	0.4	7.0	3.3	0.1
铁岭	27.6	18.8	9.0	3.8	1.5	6.6	0.1
朝阳	23.4	13.6	4.7	2.2	6.4	7.2	2.3
葫芦岛	24.9	16.6	7.4	5.2	3.2	5.0	0.2

23—21 各地区基本医疗保险情况

年份、地区	年末参保人数(万人)				基金收支情况(亿元)	
	合计	在职职工	退休人员	居民医疗	基金征缴收入	基金支出
2000	108.1	71.5	36.6		6.9	
2001	304.3	216.9	87.4		10.7	
2002	619.0	430.3	188.7		27.1	15.5
2003	697.6	480.4	217.2		37.5	26.3
2004	783.7	536.4	247.3		53.3	39.8
2005	864.2	584.2	280.0		68.2	55.2
2006	959.3	651.9	307.4		89.4	66.6
2007	1 200.2	741.3	346.5	112.4	112.7	84.2
2008	1 507.4	822.8	386.5	298.1	148.9	108.5
2009	1 895.7	902.6	444.5	548.6	191.3	144.3
2010	2 056.2	944.6	464.1	647.5	196.5	173.9
沈阳	416.6	211.0	112.9	92.7	53.5	44.1
大连	413.6	253.0	75.4	85.2	46.8	47.5
鞍山	163.5	63.6	47.9	52.0	12.3	11.3
抚顺	131.7	42.0	35.3	54.4	10.4	7.6
本溪	93.9	39.3	23.4	31.2	9.0	8.7
丹东	99.2	45.3	24.3	29.5	7.4	6.5
锦州	116.4	45.7	29.1	41.6	8.2	7.9
营口	101.9	40.2	19.6	42.1	8.3	5.5
阜新	81.7	27.2	18.4	36.1	3.5	4.3
辽阳	78.3	36.9	18.1	23.3	8.2	6.3
盘锦	93.3	30.3	10.3	52.6	9.0	7.2
铁岭	90.8	40.4	17.4	33.0	6.6	5.0
朝阳	87.2	30.1	14.1	43.0	4.4	3.7
葫芦岛	68.3	29.6	13.0	25.8	6.2	5.7

注:支出为医院(药店)实际发生额。

主要统计指标解释

社会福利事业单位 指集中收养社会孤老、残、幼的机构，包括由民政部门管理的社会福利院、儿童福利院、精神病人福利院和城镇集体举办的福利院及农村集体举办的敬老院以及优抚医院和具有收养能力的社区服务中心等。该指标主要反映我国在社会福利性单位投入的水平。

社会福利事业单位收养人数 包括民政部门管理和城镇、农村集体举办的社会福利事业单位中收养的老人、少年儿童、缺乏生活自理能力的残疾人员和精神病人。该指标主要反映收养性社会福利单位的收养能力。

社会福利企业单位 指以安置城镇有一定劳动能力的盲、聋、哑和肢体残疾人员就业为目的，享受国家减免税待遇的国有或集体企业。包括福利工厂、福利商业和服务业、假肢厂和安置农场等单位。该指标主要反映我国对残疾人照顾的特殊政策。

农村五保户 指农村中既无劳动能力，又无经济来源的老、弱、孤、残的农民，其生活由集体供养，实行保吃、保穿、保住、保医、保葬(孤儿保教)，简称“五保”，享受五保待遇的家庭叫五保户。该指标主要反映农村弱势群体的人员数量。

离婚率 指当年离婚人数占年平均人口的比重，计算公式为：

离婚率 = 当年离婚对数 × 2/年平均人口数 × 1000‰

聋儿入普幼普小率 指本年度内进入普通幼儿园、普通小学的聋儿数与在训聋儿数(不含当年新收训聋儿数)之比。该指标主要反映经过康复训练的聋儿进入普通幼儿园和普通小学的情况。

综合防治康复精神病人数 指在开展精神病防治康复工作地区，采取不同形式，接受综合性防治康复措施、开放式管理的精神病人数。该指标主要反映精神病患者接受治疗康复情况。

监护率 指通过监护小组、家庭病床、工疗站、社会就业以及精神卫生机构，接受社会化、综合性、开放式治疗与康复的精神病人占经调查摸底、登记在册的精神病人数的百分比。该指标主要反映对精神病患者落实治疗康复措施的情况。

精神病人社会参与率 指生活能自理，并参加生产劳动和社会生活的精神病人数占监护精神病人数的百分比。该指标主要反映精神病人康复状况和参与社会的情况。

未入学适龄残疾儿童少年 指根据义务教育法规定应接受义务教育，但因各种原因未能入学的适龄视力残疾、听力与言语残疾、智力残疾、肢体残疾、精神残疾、多重残疾儿童少年。适龄残疾儿童少年的年龄段参照各省级人民政府依照义务教育法规定的入学年龄。该指标主要反映因各种原因未能入学的适龄残疾儿童的年度变化，为制定残疾儿童义务教育发展规划及其应采取的方针、政策和措施提供依据，同时为各地开展资助残疾儿童就学工作提供依据。

律师 指依法取得律师执业证书，担任法律顾问，民事(刑事、行政)案件代理人、刑事案件辩护人、办理非诉讼业务，解答法律询问，代写法律事务文书等，为社会提供法律服务的人员。

公证人员 指在公证处工作的人员总称，包括公证处主任、副主任、公证员、公证员助理(助理公证员)和其他从事辅助性工作的人员。

公证文书 指公证处根据当事人申请，依照事实和法律，按照法定程序制作的，具有法律效力的司法证明文书。根据公证书用途和使用地，公证书分为国内公证书、国内经济公证书、涉外民事公证书、涉外经济公证书四类。

调解员 指在人民调解委员会担负调解民间纠纷工作的人员，包括调解委员会的委员和调解小组的调解员。该指标主要反映从事人民调解工作的人员数量。

调解民间纠纷 指调解委员会按照法律规定，根据自愿原则，用说服教育的方法调解民间发生的有关民事权利和义务争执的件数，包括调解成功数和调解未成功数。该指标主要反映人民调解委员会的工作量。

立案 指人民检察院对受理的报案、控告、举报或自首及自行发现的犯罪线索、犯罪嫌疑人进行初步调查后，认为存在职务犯罪事实和应追究刑事责任，并决定作为刑事案件进行侦查的诉讼活动，是追究犯罪的开始。该指标主要反映人民检察院依法将职务犯罪线索作为刑事案件进行侦查的诉讼活动。

大案 指贪污、贿赂案数额在5万元以上，挪用公款案数额在10万元以上，集体私分、巨额财产来源不明、隐瞒境外存款案数额在50万元以上以及按照《人民检察院直接受理的渎职、侵权重、特大案件标准(试行)》认定的案件。该指标主要反映人民检察院立案查办的职务犯罪案件中经济损失大、社会危害严重的案件。

要案 指县、处级以上干部的犯罪案件。该指标主要反映国家工作人员中县、处级以上干部因职务犯罪被人民检察院依法立案侦查的情况。

决定逮捕 指人民检察院对直接受理、自行侦查的案件，认为需要逮捕犯罪嫌疑人时，依据法律做出的逮捕决定。该指标主要反映人民检察院对直接受理的案件行使决定逮捕权的情况。

批准逮捕 指人民检察院对公安机关、国家安全机关、监狱管理机关提出逮捕的犯罪嫌疑人进行审查，根据事实，依法做出逮捕决定。该指标主要反映人民检察院对提请逮捕机关提请逮捕犯罪嫌疑人进行审查后依法做出批准逮捕决定的情况。

决定起诉 指人民检察院对公安机关、国家安全机关、监狱管理机关和检察机关内设机构反贪污贿赂部门等移送起诉的案件进行审查，根据事实，做出提起公诉的案件。该指标主要反映人民检察院对各种刑事案件向人民法院提起公诉的情况。

申诉　指经检察机关信访部门审查处理后，移送到检察机关申诉部门的申诉案件，包括不服检察机关处理决定和不服法院刑事判决和裁定的申诉的案件。

受理劳动争议案件数　指劳动争议仲裁委员会根据国家有关规定，对劳动争议当事人的申请予以审查，符合受理条件而正式立案、准备处理的劳动争议案件数。

基本养老保险

1.（参保）职工人数：指报告期末按照国家法律、法规和有关政策规定参加基本养老保险并在社保经办机构已建立缴费记录档案的职工人数，包括中断缴费但未终止养老保险关系的职工人数，不包括只登记未建立缴费记录档案的人数。

2.（参保）离退休人员人数：指报告期末参加基本养老保险的离休、退休和退职人员的人数。

3. 基本养老保险基金收入：指根据国家有关规定，由纳入基本养老保险范围的缴费单位和个人按国家规定的缴费基数和缴费比例缴纳的养老保险基金，以及通过其他方式取得的形成基金来源的收入。包括单位和职工个人缴纳的基本养老保险费、基本养老保险基金利息收入、上级补助收入、下级上解收入、转移收入、财政补贴和其他收入。

4. 基本养老保险基金支出：指按照国家政策规定的开支范围和开支标准从养老保险基金中支付给参加基本养老保险的离休、通休、退职人员个人的养老金、丧葬抚恤补助，以及由于保险关系转移、上下级之间调剂资金等原因而发生的支出。包括离休金、退休金、退职金、各种补贴、医疗费、死亡丧葬补助费、抚恤救济费、社会保险经办机构管理费、补助下级支出、上解上级支出、转移支出、其他支出等。

5. 基本养老保险基金累计结余：指截止报告期末基本养老保险基金收支相抵后的累计余额。

离休、退休、退职人员　指正式办理了离休、退休、退职手续，并享受相应的离休、退休、退职待遇的人员。

基本医疗保险

1. 参保人数：指报告期末按国家有关规定参加基本医疗保险的人数。包括参加保险的职工人数和退休人员人数。

2. 基金收入：指根据国家有关规定，由纳入基本医疗保险范围的缴费单位和个人，按国家规定的缴费基数和缴费比例缴纳的基金，以及通过其他方式取得的形成基金来源的款项，包括：单位缴纳的社会统筹基金收入、个人缴纳的个人账户基金收入、财政补贴收入、利息收入、其他收入。

3. 基金支出：指按照国家政策规定的开支范围和开支标准从社会统筹基金中支付给参加基本医疗保险的职工和退休人员的医疗保险待遇支出，和从个人帐户基金中支付给参加基本医疗保险的职工和退休人员的医疗费用支出，以及其他支出。包括：住院医疗费用支出、门急诊医疗费用支出、个人账户基金支出、其他支出。

4. 基金累计结余：指截止报告期末基本医疗保险的社会统筹和个人帐户基金累计结余金额。包括银行存款、财政专户、债券投资和其他。

失业保险

1. 参保人数：指报告期末按照国家法律、法规和有关政策规定参加了失业保险的城镇企业事业单位的职工及地方政府规定参加失业保险的其他人员的人数。

2. 失业保险基金收入：指按照规定从企业、事业及其他单位筹集的失业保险费及其他并入失业保险基金收入的总额。包括单位和个人缴纳的失业保险费、失业保险基金利息收入、上级补助收入、下级上解收入、转移收入、财政补贴和其他收入。

3. 失业保险基金支出：指报告期内为保障失业人员和下岗职工基本生活、促进其再就业等支出的基金总额。包括失业救济金、医疗费、死亡丧葬补助费、抚恤救济费、转业训练费支出、失业保险经办机构管理费、补助下级支出、上解上级支出、转移支出和其他支出。

4. 基金累计结余：指截止报告期末失业保险基金收支相抵后的累计余额。

工伤保险

1. 参加保险人数：指报告期末依据国家有关规定参加工伤保险的职工人数。

2. 享受保险待遇人数：指劳动者因工负伤致残、死亡或因患职业病致残，根据有关规定享受工伤保险待遇职工或供养直系亲属人数。包括伤残人数、职业病人数、因工死亡人数、供养直系亲属人数。

3. 基金收入：指根据国家有关规定，由参加工伤保险的单位按国家规定的缴费基数和缴费比例缴纳的工伤保险基金，以及通过其他形式取得的形成基金来源的款项。包括：单位缴纳的社会统筹基金收入、财政补贴收入、利息收入、其他收入。

4. 基金支出：指按照国家政策规定的开支范围和开支标准从工伤保险基金中支付给参加工伤保险的人员及供养直系亲属工伤保险待遇支出及其他支出。包括工伤医疗费、伤残补助金、工亡补助金、护理费、丧葬补助费、工伤预防费用、职业康复费用和其他支出。

5. 基金累计结余：指截止报告期末工伤保险基金累计结余金额。包括银行存款、财政专户、债券投资和其他。

生育保险

1. 参保人数：指报告期末依据有关规定参加生育保险的职工人数。

2. 基金收入：指根据国家有关规定，由参加生育保险的单位按照国家规定的缴费基数和缴费比例缴纳的生育保险基金，以及通过其他方式取得的形成基金来源的款项，包括：单位缴纳的基金收入、利息收入和其他收入。

3. 基金支出：指按照国家政策规定的开支范围和开支标准，从生育保险基金中支付给参加生育保险的职工，因妊娠、分娩和计划生育手术而享受的待遇及其他支出。包括：生育津贴、医疗费用支出及其他支出。

4. 基金累计结余:指截止报告期末生育保险基金累计结余金额。包括银行存款、财政专户、债券投资和其他。

离休、退休、退职人员保险福利费用 指离休、退休、退职人员实际得到的生活费用总额,包括从社会保险经办机构和单位得到的费用。

1. 离休金:指按规定支付给离休人员的生活费用。

2. 退休金:指按规定支付给退休人员的生活费用。

3. 退职生活费:指按规定支付给退职人员的生活费用。

4. 医疗卫生费:指单位直接支付给离休、退休、退职人员的医疗费、住院费以及住院伙食补助等费用。

5. 其他:指离休金、退休金、退职生活费和医疗卫生费以外的其他保险福利费用,如丧葬抚恤救济费、生活补贴、物价补贴、冬季取暖补贴等。

附录

各省、市、县区经济指标比较

附录

GESHENG
SHIXIANQU
JINGJI
ZHIBIAO
BIJIAO

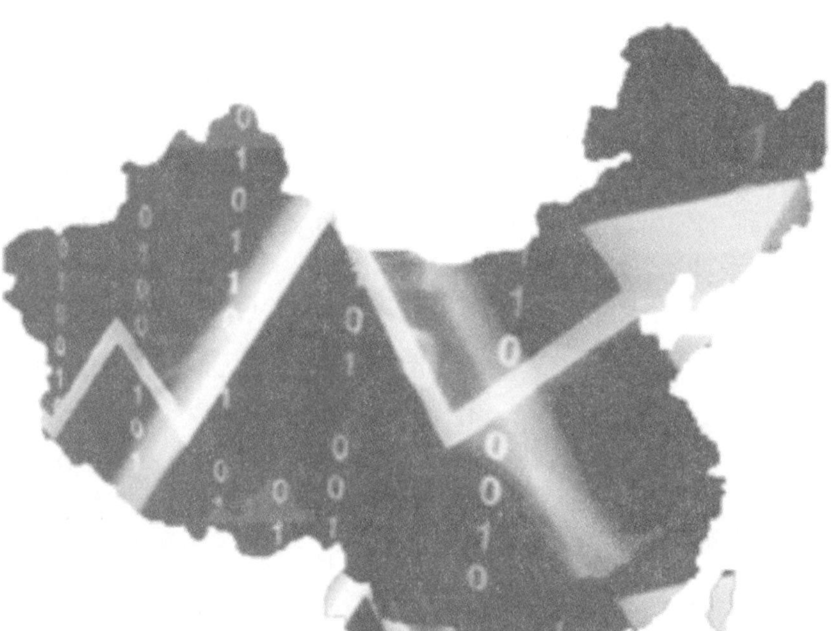

附录1　2010年各省(市、区)主要经济指标

地区	地区生产总值				第一产业增加值		第二产业增加值	
	绝对值(亿元)	位次	比上年增长(%)	位次	绝对值(亿元)	位次	绝对值(亿元)	位次
全国	**397 983**		**10.3**		**40 497**		**186 481**	
北京	13 777.9	13	10.2	30	124.4	29	3 323.1	23
天津	9 108.8	20	17.4	1	149.5	27	4 837.6	19
河北	20 197.1	6	12.2	24	2 562.8	3	10 705.7	6
山西	9 088.1	21	13.9	14	563.5	24	5 161.2	17
内蒙古	11 655.0	15	14.9	6	1 101.4	17	6 365.8	14
辽宁	**18 278.3**	**7**	**14.1**	**12**	**1 631.1**	**11**	**9 872.3**	**7**
吉林	8 577.1	22	13.7	16	1 050.2	19	4 417.4	21
黑龙江	10 235.0	16	12.6	19	1 302.3	14	5 100.1	18
上海	16 872.4	9	9.9	31	114.2	30	7 140.0	12
江苏	40 903.3	2	12.6	19	2 539.6	4	21 753.9	2
浙江	27 226.8	4	11.8	27	1 360.7	13	14 121.3	4
安徽	12 263.4	14	14.5	8	1 729.0	9	6 391.0	13
福建	14 357.1	12	13.8	15	1 363.7	12	7 365.5	10
江西	9 435.0	19	14.0	13	1 205.9	15	5 194.7	16
山东	39 416.2	3	12.5	21	3 588.3	1	21 398.9	3
河南	22 942.7	5	12.2	24	3 263.2	2	13 226.8	5
湖北	15 806.1	11	14.8	7	2 147.0	8	7 764.7	9
湖南	15 902.1	10	14.5	8	2 339.4	6	7 313.6	11
广东	45 472.8	1	12.2	24	2 286.9	7	22 918.1	1
广西	9 502.4	18	14.2	11	1 670.4	10	4 510.8	20
海南	2 052.1	28	15.8	3	539.3	25	566.6	30
重庆	7 894.2	23	17.1	2	685.4	21	4 356.4	22
四川	16 898.6	8	15.1	5	2 483.0	5	8 565.2	8
贵州	4 594.0	26	12.8	18	630.3	22	1 800.1	27
云南	7 220.1	24	12.3	22	1 105.8	16	3 223.9	24
西藏	507.5	31	12.3	22	68.1	31	163.9	31
陕西	10 021.5	17	14.5	8	988.5	20	5 403.5	15
甘肃	4 119.5	27	11.7	28	599.0	23	1 985.0	26
青海	1 350.4	30	15.3	4	134.9	28	744.6	29
宁夏	1 643.4	29	13.4	17	160.3	26	833.2	28
新疆	5 418.8	25	10.6	29	1 078.6	18	2 533.7	25

注:1. 地区生产总值绝对值按现价计算,速度按不变价计算。
2. 工业增加值统计范围是全部国有及规模以上非国有工业企业。
3. 本部分数据为各地(含我省)快报数,与年报略有出入。

附录 1 续表 1

地区	第三产业增加值		全社会固定资产投资			
	绝对值（亿元）	位次	绝对值（亿元）	位次	比上年增长（%）	位次
全国	**171 005**		**278 139.8**		**23.8**	
北京	10 330.5	5	5 403.0	23	17.0	28
天津	4 121.8	16	6 278.6	20	32.5	6
河北	6 928.6	7	15 082.5	6	22.9	18
山西	3 363.4	19	6 063.2	21	22.7	20
内蒙古	4 187.8	14	8 929.9	12	21.7	25
辽宁	**6 774.9**	**8**	**16 043.0**	**4**	**30.5**	**9**
吉林	3 109.5	21	7 870.4	16	22.8	19
黑龙江	3 832.6	17	6 812.6	18	35.5	1
上海	9 618.3	6	5 108.9	24	1.3	31
江苏	16 609.8	2	23 186.8	2	22.4	22
浙江	11 744.8	4	12 488.1	8	16.3	29
安徽	4 143.3	15	11 543.4	9	28.4	12
福建	5 628.0	13	8 198.5	14	31.6	8
江西	3 034.4	22	8 775.5	13	32.1	7
山东	14 429.0	3	23 282.9	1	22.3	23
河南	6 452.6	9	16 585.9	3	21.0	26
湖北	5 894.4	11	10 262.7	10	30.5	10
湖南	6 249.1	10	9 663.8	11	25.4	16
广东	20 267.9	1	15 624.0	5	20.8	27
广西	3 321.2	20	7 057.6	17	34.8	2
海南	946.3	28	1 317.0	29	33.3	5
重庆	2 852.4	24	6 692.4	19	28.3	13
四川	5 850.4	12	13 119.5	7	15.4	30
贵州	2 163.6	25	3 104.9	27	28.7	11
云南	2 890.4	23	5 528.7	22	22.1	24
西藏	275.4	31	463.3	31	22.5	21
陕西	3 629.6	18	7 964.4	15	27.5	15
甘肃	1 535.5	27	3 158.3	26	33.7	4
青海	470.9	30	1 018.7	30	27.6	14
宁夏	650.0	29	1 444.2	28	34.2	3
新疆	1 806.5	26	3 392.7	25	24.5	17

附录1 续表2

地区	城镇固定资产投资额				农村固定资产投资			
	绝对值（亿元）	位次	比上年增长（%）	位次	绝对值（亿元）	位次	比上年增长（%）	位次
全国	**241 414.93**		**24.5**		**36 724.9**		**19.7**	
北京	4 916.53	23	18.5	29	486.4	19	4.1	30
天津	5 896.50	20	32.6	7	382.1	24	31.0	8
河北	12 921.85	5	23.3	19	2 160.7	6	20.5	20
山西	5 526.60	21	22.6	22	536.6	15	23.7	13
内蒙古	8 699.16	10	21.8	26	230.7	27	19.6	21
辽宁	**15 106.33**	**3**	**30.2**	**10**	**936.7**	**10**	**36.3**	**6**
吉林	7 395.23	15	24.1	17	475.2	22	5.0	29
黑龙江	6 292.68	18	34.0	4	519.9	17	56.1	2
上海	4 630.47	24	0.3	31	478.4	20	12.6	26
江苏	17 418.94	2	22.1	23	5 767.8	1	23.2	16
浙江	8 525.45	12	14.4	30	3 962.6	3	20.5	19
安徽	10 281.78	8	29.4	11	1 261.7	8	20.7	18
福建	7 385.20	16	33.1	6	813.3	13	19.2	22
江西	7 856.69	13	30.8	9	918.8	11	44.7	4
山东	18 846.82	1	22.1	24	4 436.1	2	23.4	14
河南	13 934.82	4	21.6	28	2 651.0	5	17.8	23
湖北	9 405.63	9	30.9	8	857.1	12	25.4	11
湖南	8 618.24	11	25.3	15	1 045.6	9	27.0	10
广东	12 599.67	6	23.2	20	3 024.4	4	11.9	27
广西	6 383.26	17	36.1	1	674.3	14	23.2	15
海南	1 257.50	29	33.4	5	59.5	30	30.5	9
重庆	6 170.61	19	27.1	14	521.8	16	45.3	3
四川	11 062.19	7	21.7	27	2 057.3	7	-9.8	31
贵州	2 609.36	27	27.3	13	495.6	18	36.8	5
云南	5 052.61	22	22.7	21	476.1	21	16.4	24
西藏	405.43	31	23.7	18	57.8	31	14.2	25
陕西	7 570.66	14	28.6	12	393.8	23	9.8	28
甘肃	2 808.55	26	35.3	2	349.8	26	22.0	17
青海	840.01	30	21.9	25	178.7	28	63.7	1
宁夏	1 292.80	28	34.1	3	151.4	29	35.4	7
新疆	3 028.94	25	24.4	16	363.8	25	24.9	12

附录1续表3

地区	房地产开发投资额				地方财政一般预算收入			
	绝对值（亿元）	位次	比上年增长（%）	位次	绝对值（亿元）	位次	比上年增长（%）	位次
全国	**48 267.07**		**33.2**		**40 609.8**		**24.6**	
北京	2 901.07	6	24.1	23	2 353.9	6	16.1	30
天津	866.64	21	17.9	29	1 068.8	15	30.0	8
河北	2 264.83	7	49.0	6	1 330.8	10	24.7	18
山西	592.24	24	24.1	23	969.7	17	20.3	28
内蒙古	1 120.02	18	37.3	11	1 070.0	14	25.8	14
辽宁	**3 465.76**	**3**	**31.3**	**19**	**2 004.8**	**7**	**26.0**	**13**
吉林	921.01	19	21.7	28	602.4	24	23.7	21
黑龙江	843.12	22	49.5	5	755.6	23	17.8	29
上海	1 980.68	11	35.5	13	2 873.6	3	13.1	31
江苏	4 301.85	1	28.9	22	4 079.9	2	26.4	12
浙江	3 030.04	5	34.4	17	2 608.5	5	21.7	27
安徽	2 251.8	8	34.9	15	1 149.4	12	33.0	5
福建	1 818.86	12	60.1	2	1 151.5	11	23.5	23
江西	706.82	23	11.4	30	777.9	21	33.8	4
山东	3 251.78	4	33.9	18	2 749.3	4	25.0	16
河南	2 114.08	10	36.1	12	1 381.0	9	22.6	25
湖北	1 618.24	14	34.8	16	1 011.3	16	24.1	20
湖南	1 469.33	15	35.5	13	1 081.7	13	27.6	11
广东	3 659.69	2	23.6	25	4 515.7	1	23.7	21
广西	1 206.22	16	48.2	8	772.3	22	24.4	19
海南	467.87	26	62.5	1	271.1	28	52.1	1
重庆	1 620.26	13	30.8	20	952.1	19	45.3	2
四川	2 194.63	9	38.2	10	1 561.0	8	32.9	6
贵州	556.69	25	49.9	4	533.9	25	28.2	10
云南	900.44	20	22.1	27	871.2	20	24.8	17
西藏	8.96	31	-43.1	31	36.7	31	21.8	26
陕西	1 160.23	17	23.2	26	957.9	18	30.3	7
甘肃	266.41	28	30.5	21	353.6	27	23.4	24
青海	108.19	30	48.5	7	110.2	30	25.6	15
宁夏	254.37	29	56.3	3	153.6	29	37.7	3
新疆	344.93	27	46.2	9	500.6	26	28.8	9

附录1续表4

地　区	居民消费价格指数(上年＝100) 绝对值(%)	位次	比上年增长(%)	位次	农林牧渔业总产值 绝对值(亿元)	位次	比上年增长(%)	位次
全　国	**103.3**		**3.3**		**69 319.8**		**4.4**	
北　京	102.4	30	2.4	30	328.0	26	-1.7	30
天　津	103.5	12	3.5	12	317.3	27	3.5	27
河　北	103.1	18	3.1	18	4 309.4	3	3.5	28
山　西	103.0	23	3.0	23	1 047.8	22	6.2	4
内蒙古	103.2	14	3.2	14	1 843.6	18	6.2	3
辽　宁	**103.0**	**23**	**3.0**	**23**	**3 106.5**	**9**	**5.8**	**7**
吉　林	103.7	10	3.7	10	1 850.3	16	3.6	23
黑龙江	103.9	7	3.9	7	2 536.3	12	5.8	9
上　海	103.1	18	3.1	18	287.0	29	-5.1	31
江　苏	103.8	8	3.8	8	4 297.1	4	4.4	19
浙　江	103.8	8	3.8	8	2 172.9	14	2.9	29
安　徽	103.1	18	3.1	18	2 955.4	10	4.5	18
福　建	103.2	14	3.2	14	2 307.1	13	3.5	26
江　西	103.0	23	3.0	23	1 900.6	15	4.0	22
山　东	102.9	27	2.9	27	6 650.9	1	3.6	24
河　南	103.5	12	3.5	12	5 734.2	2	4.6	15
湖　北	102.9	27	2.9	27	3 502.0	8	4.5	17
湖　南	103.1	18	3.1	18	3 787.5	6	4.3	20
广　东	103.1	18	3.1	18	3 754.9	7	4.3	21
广　西	103.0	23	3.0	23	2 721.0	11	4.7	13
海　南	104.8	2	4.8	2	821.3	25	6.1	5
重　庆	103.2	14	3.2	14	1 021.1	23	5.9	6
四　川	103.2	14	3.2	14	4 081.8	5	4.5	16
贵　州	102.9	27	2.9	27	997.8	24	5.2	11
云　南	103.7	10	3.7	10	1 810.5	19	4.7	14
西　藏	102.2	31	2.2	31	100.8	31	3.5	25
陕　西	104.0	6	4.0	6	1 666.1	20	5.8	8
甘　肃	104.1	4	4.1	4	1 057.0	21	5.7	10
青　海	105.4	1	5.4	1	201.3	30	6.7	2
宁　夏	104.1	4	4.1	4	305.9	28	7.8	1
新　疆	104.3	3	4.3	3	1 846.2	17	4.9	12

附录1 续表5

地区	粮食		油料		蔬菜		水果	
	绝对量（万吨）	位次	绝对量（万吨）	位次	绝对量（万吨）	位次	绝对量（万吨）	位次
全国	**54 647.7**		**3 230.1**		**65 099.4**		**21 401.4**	
北京	115.7	29	1.6	30	303.0	29	115.2	27
天津	159.7	27	0.6	31	419.3	26	60.0	29
河北	2 975.9	7	140.3	8	7 073.6	2	1 612.4	3
山西	1 085.1	21	17.6	26	909.1	23	474.9	17
内蒙古	2 158.2	11	128.1	9	1 350.9	16	278.2	22
辽宁	**1 765.4**	**13**	**99.6**	**11**	**2 668.2**	**9**	**733.1**	**12**
吉林	2 842.5	9	70.4	13	1 078.7	22	218.0	25
黑龙江	5 012.8	2	27.5	23	723.8	24	279.6	21
上海	118.4	28	2.3	29	398.1	28	101.9	28
江苏	3 235.1	4	152.0	7	4 234.0	4	738.6	11
浙江	770.7	23	39.5	20	1 788.8	12	701.3	14
安徽	3 080.5	6	227.6	5	2 137.4	10	805.3	8
福建	661.9	24	26.6	24	1 563.3	14	642.8	15
江西	1 954.7	12	107.6	10	1 115.3	21	468.4	18
山东	4 335.7	3	342.2	2	9 030.7	1	2 793.8	1
河南	5 437.1	1	540.7	1	6 624.3	3	2 394.0	2
湖北	2 315.8	10	311.8	3	3 131.5	6	778.5	10
湖南	2 847.5	8	195.3	6	3 122.9	7	788.4	9
广东	1 316.5	16	88.2	12	2 718.6	8	1 235.9	5
广西	1 412.3	15	45.8	18	2 129.4	11	1 094.4	6
海南	180.4	26	9.5	27	442.4	25	375.1	20
重庆	1 156.1	19	44.4	19	1 309.5	17	238.5	23
四川	3 222.9	5	268.5	4	3 408.3	5	722.9	13
贵州	1 112.3	20	60.3	16	1 202.0	20	123.5	26
云南	1 531.0	14	34.2	22	1 255.0	18	397.9	19
西藏	91.2	31	5.9	28	58.1	31	2.2	31
陕西	1 164.9	18	56.1	17	1 384.0	15	1 476.5	4
甘肃	958.3	22	64.1	15	1 235.5	19	488.5	16
青海	102.0	30	34.4	21	141.6	30	3.8	30
宁夏	356.5	25	20.8	25	407.4	27	228.9	24
新疆	1 170.7	17	66.6	14	1 734.4	13	1 028.8	7

附录1续表6

地区	肉类合计		猪肉		牛肉		羊肉	
	绝对量（万吨）	位次	绝对量（万吨）	位次	绝对量（万吨）	位次	绝对量（万吨）	位次
全国	**7 925.8**		**5 071.2**		**653.1**		**398.9**	
北京	46.3	26	24.1	26	2.0	29	1.4	27
天津	42.6	27	28.0	25	3.1	26	1.5	26
河北	416.7	6	245.2	7	58.1	3	29.3	4
山西	72.4	24	53.1	22	4.9	24	5.6	19
内蒙古	238.7	15	71.9	21	49.7	4	89.2	1
辽宁	**406.7**	**7**	**228.4**	**11**	**41.6**	**6**	**7.9**	**15**
吉林	238.9	14	119.8	18	43.2	5	3.8	20
黑龙江	197.9	16	114.5	19	39.0	7	12.1	10
上海	26.2	29	17.9	28	0.01	31	0.5	31
江苏	365.8	11	213.1	13	3.5	25	7.4	16
浙江	175.1	20	131.9	17	1.1	30	1.9	24
安徽	376.9	10	238.8	10	18.3	11	14.2	8
福建	180.2	18	146.6	16	2.3	27	1.8	25
江西	289.9	13	221.1	12	11.2	18	1.1	28
山东	704.4	1	353.2	4	68.7	2	32.7	3
河南	638.4	3	408.3	3	83.0	1	25.2	5
湖北	379.3	9	287.0	5	17.7	12	8.1	14
湖南	494.8	4	412.4	2	16.3	13	10.6	11
广东	441.1	5	275.5	6	6.3	23	0.9	30
广西	387.8	8	241.5	9	13.7	16	3.3	22
海南	68.5	25	41.2	24	2.2	28	1.1	28
重庆	192.5	17	147.6	15	6.3	22	2.4	23
四川	656.6	2	492.2	1	29.4	10	24.8	6
贵州	179.1	19	148.1	14	12.0	17	3.4	21
云南	321.4	12	242.5	8	29.9	9	12.9	9
西藏	25.0	31	1.3	31	14.8	15	8.7	13
陕西	102.6	22	79.1	20	7.3	21	7.3	18
甘肃	84.4	23	46.3	23	16.1	14	15.6	7
青海	28.3	28	9.2	29	8.5	19	9.8	12
宁夏	25.7	30	8.5	30	7.5	20	7.3	17
新疆	121.7	21	23.0	27	35.5	8	47.0	2

附录1 续表7

地区	奶类 绝对量（万吨）	奶类 位次	原油 绝对量（万吨）	原油 位次	发电量 绝对量（亿千瓦小时）	发电量 位次	生铁 绝对量（万吨）	生铁 位次
全国	**3 748.0**		**20 301.4**		**42 065.4**		**59 021.8**	
北京	64.1	13			269.0	29	411.9	26
天津	69.3	12	3 332.7	2	589.1	25	1 926.4	8
河北	449.1	3	599.0	9	1 993.2	9	13 705.4	1
山西	74.9	10			2 151.0	7	3 355.4	5
内蒙古	945.7	1			2 483.9	5	1 357.0	14
辽宁	**126.7**	**8**	**950.0**	**7**	**1 295.1**	**15**	**5 470.6**	**3**
吉林	44.6	16	702.3	8	604.6	24	691.7	20
黑龙江	558.8	2	4 004.9	1	776.7	21	555.7	23
上海	24.7	21	8.3	17	876.2	19	1 901.4	9
江苏	57.3	14	186.0	12	3 359.2	1	5 211.3	4
浙江	20.3	23			2 567.8	4	915.6	18
安徽	20.5	22			1 443.9	11	1 844.9	10
福建	15.7	24			1 356.3	14	558.8	22
江西	11.9	26			664.4	23	1 673.9	12
山东	271.6	5	2 786.0	4	3 042.7	3	5 515.6	2
河南	307.9	4	497.9	10	2 191.9	6	2 073.9	7
湖北	30.4	18	86.5	13	2 043.0	8	2 311.0	6
湖南	7.8	29			1 226.2	16	1 700.6	11
广东	14.5	25	1 287.1	6	3 237.0	2	806.7	19
广西	8.2	27	2.7	19	1 031.8	18	1 109.7	16
海南	0.2	31	20.0	15	152.6	30		
重庆	8.0	28			504.3	27	417.4	25
四川	70.3	11	15.1	16	1 799.4	10	1 593.8	13
贵州	4.6	30			1 385.6	12	366.6	27
云南	54.1	15			1 364.8	13	1 329.0	15
西藏	29.4	19			21.0	31		
陕西	177.6	6	3 017.3	3	1 112.3	17	513.8	24
甘肃	36.3	17	58.2	14	791.5	20	625.5	21
青海	26.3	20	186.1	11	468.2	28	111.7	28
宁夏	84.5	9	3.1	18	587.1	26	39.1	29
新疆	132.8	7	2 558.2	5	675.7	22	927.4	17

附录1续表8

地区	粗钢 绝对量（万吨）	粗钢 位次	钢材 绝对量（万吨）	钢材 位次	水泥 绝对量（万吨）	水泥 位次	农用化肥 绝对量（万吨）	农用化肥 位次
全国	**62 695.9**		**79 775.5**		**188 000.0**		**6 740.6**	
北京	427.5	26	794.0	23	1 049.0	27	0.2	30
天津	2 162.1	9	4 483.7	5	809.7	29	1.5	29
河北	14 458.8	1	16 757.2	1	12 594.3	4	174.4	14
山西	3 048.7	5	2 862.0	9	3 297.7	22	331.8	8
内蒙古	1 232.8	16	1 341.4	17	5 370.3	16	180.1	13
辽宁	**5 202.4**	**4**	**5 661.8**	**4**	**4 777.1**	**17**	**71.5**	**21**
吉林	827.2	20	875.8	22	3 974.6	19	27.3	27
黑龙江	652.7	23	566.0	26	3 507.2	21	64.9	23
上海	2 214.3	8	2 475.9	11	670.8	30	2.5	28
江苏	6 242.8	2	9 123.0	2	15 647.5	1	242.0	11
浙江	1 228.5	17	2 832.6	10	11 275.3	7	32.7	26
安徽	1 853.8	10	2 446.4	12	7 873.7	10	255.5	10
福建	1 086.9	19	1 340.6	18	5 793.2	13	57.9	25
江西	1 834.0	11	1 951.6	14	6 220.5	12	113.4	16
山东	5 256.1	3	6 672.2	3	14 749.2	2	976.9	1
河南	2 327.4	7	3 196.4	6	11 479.7	6	415.6	4
湖北	2 498.7	6	2 894.7	8	8 982.9	8	891.8	2
湖南	1 766.5	12	1 811.7	15	8 701.2	9	355.9	7
广东	1 239.3	15	2 918.9	7	11 536.7	5	62.2	24
广西	1 201.2	18	1 554.2	16	7 455.5	11	85.6	18
海南			14.5	30	1 264.1	26	66.6	22
重庆	456.1	25	718.2	24	4 598.0	18	180.2	12
四川	1 581.0	13	1 976.6	13	13 227.6	3	510.2	3
贵州	360.5	27	391.0	27	3 694.8	20	384.9	5
云南	1 293.8	14	1 213.1	19	5 605.4	14	362.1	6
西藏					219.1	31		
陕西	604.8	24	994.9	20	5 463.8	15	82.7	19
甘肃	662.3	22	699.2	25	2 414.1	23	80.9	20
青海	137.3	28	137.9	28	811.1	28	312.6	9
宁夏			33.0	29	1 357.5	25	95.1	17
新疆	807.9	21	888.9	21	2 374.1	24	158.3	15

附录1续表9

地区	汽车		主营业务收入		税金总额		利润总额	
	绝对量（万辆）	位次	绝对值（亿元）	位次	绝对值（亿元）	位次	绝对值（亿元）	位次
全国	**1 827.0**		**624 450.5**		**27 101.0**		**38 827.9**	
北京	150.3	5	13 064.1	15	530.4	20	881.3	16
天津	73.8	11	15 452.8	14	519.7	21	1 035.0	14
河北	71.0	12	28 090.1	8	977.1	9	1 538.8	7
山西	0.3	27	11 201.2	19	761.3	15	756.0	18
内蒙古	5.2	24	11 845.3	17	662.2	16	1 074.3	12
辽宁	**70.8**	**13**	**32 934.8**	**5**	**1 287.4**	**6**	**1 271.8**	**8**
吉林	164.2	2	11 535.1	18	570.1	19	743.3	19
黑龙江	24.8	17	8 907.3	21	905.7	11	983.7	15
上海	169.9	1	28 659.6	7	1 236.3	7	2 033.8	6
江苏	74.4	10	81 867.0	1	2 787.1	2	4 727.4	2
浙江	31.9	16	43 952.3	4	1 587.4	4	2 596.6	5
安徽	118.9	8	15 711.0	13	645.7	17	693.8	22
福建	19.5	19	19 077.9	10	597.0	18	1 054.7	13
江西	37.3	15	12 519.1	16	515.5	22	702.8	21
山东	81.9	9	80 959.5	2	3 233.1	1	5 389.4	1
河南	23.5	18	32 239.0	6	1 442.8	5	2 748.2	4
湖北	157.8	4	18 550.3	11	905.2	12	1 077.7	11
湖南	16.6	20	15 940.2	12	972.0	10	761.2	17
广东	134.8	7	73 992.1	3	2 278.3	3	3 713.7	3
广西	136.6	6	7 949.8	22	378.9	24	394.0	23
海南	13.6	21	1 126.2	30	124.7	28	117.3	29
重庆	161.4	3	7 899.4	23	325.4	25	392.4	24
四川	10.2	23	20 441.9	9	982.7	8	1 181.2	9
贵州	0.8	26	3 299.9	27	308.1	26	229.8	26
云南	10.2	22	5 602.8	24	787.2	14	378.0	25
西藏			51.5	31	4.8	31	9.4	31
陕西	65.2	14	9 377.7	20	824.4	13	1 145.9	10
甘肃	2.1	25	4 479.2	26	287.0	27	193.4	27
青海			1 359.3	29	100.0	29	165.7	28
宁夏			1 659.6	28	90.8	30	102.8	30
新疆	0.2	28	4 705.0	25	472.7	23	734.7	20

附录1续表10

地区	资产总额		负债合计		总资产贡献率		资产保值增值率	
	绝对值（亿元）	位次	绝对值（亿元）	位次	绝对值（%）	位次	绝对值（%）	位次
全国	**568 193.5**		**333 839.9**		**14.9**		**120.4**	
北京	22 022.5	9	11 545.3	12	7.9	30	112.3	29
天津	14 333.1	15	9 175.1	13	13.7	15	128.1	6
河北	24 001.3	7	14 895.8	6	13.6	16	120.6	20
山西	18 472.8	12	12 253.0	10	11.1	27	121.9	16
内蒙古	14 222.9	16	8 796.9	15	16.1	10	123.2	13
辽宁	**27 828.4**	**5**	**16 631.5**	**5**	**11.7**	**26**	**118.1**	**23**
吉林	10 813.4	19	5 612.0	20	16.1	9	144.4	1
黑龙江	10 406.0	20	5 932.3	19	22.2	2	126.7	11
上海	27 357.4	6	14 410.5	7	14.3	13	113.9	28
江苏	63 241.9	1	36 842.9	1	15.1	12	122.8	15
浙江	46 011.3	4	28 135.9	4	12.2	23	122.9	14
安徽	14 820.0	14	9 086.4	14	12.1	24	131.9	2
福建	15 576.8	13	8 364.8	16	13.9	14	121.8	17
江西	8 277.1	22	4 641.0	24	19.0	7	128.8	4
山东	51 466.1	3	28 543.3	3	21.2	3	116.3	25
河南	22 500.3	8	12 700.4	9	23.5	1	118.3	22
湖北	19 847.8	11	11 832.6	11	13.2	18	108.7	30
湖南	11 649.6	18	7 089.2	18	19.3	6	121.2	18
广东	57 891.2	2	34 602.7	2	13.0	21	116.4	24
广西	8 119.7	23	5 155.4	22	13.1	20	126.8	10
海南	1 500.1	30	835.5	30	19.6	5	127.9	7
重庆	7 766.0	24	4 800.5	23	12.1	25	120.8	19
四川	21 296.6	10	13 185.1	8	13.5	17	127.6	8
贵州	5 674.7	27	3 742.9	27	12.8	22	120.1	21
云南	9 147.7	21	5 438.1	21	15.9	11	114.8	27
西藏	296.6	31	90.3	31	6.1	31	105.0	31
陕西	13 897.5	17	7 814.2	17	17.7	8	128.1	5
甘肃	6 060.4	26	3 774.0	26	10.5	28	115.6	26
青海	2 968.1	29	1 903.2	29	13.2	19	125.5	12
宁夏	3 178.2	28	2 098.3	28	9.0	29	131.5	3
新疆	7 548.1	25	3 911.0	25	20.2	4	127.2	9

附录1续表11

地区	资产负债率		成本费用利润率		产品销售率	
	绝对值（%）	位次	绝对值（%）	位次	绝对值（%）	位次
全国	**58.8**		**6.8**		**97.7**	
北京	52.4	28	7.2	15	98.8	3
天津	64.0	5	7.2	14	98.2	9
河北	62.1	8	5.9	24	97.4	16
山西	66.3	1	7.3	13	95.6	26
内蒙古	61.9	10	10.5	7	96.9	21
辽宁	**59.8**	**16**	**4.2**	**31**	**97.5**	**15**
吉林	51.9	29	7.1	16	98.2	8
黑龙江	57.0	20	13.2	5	95.8	25
上海	52.7	27	7.7	11	99.0	1
江苏	58.3	19	6.2	22	98.4	6
浙江	61.2	13	6.3	18	97.4	17
安徽	61.3	12	4.7	30	97.4	17
福建	53.7	26	6.0	23	97.6	12
江西	56.1	23	6.2	21	98.9	2
山东	55.5	25	7.3	12	98.5	5
河南	56.5	21	9.4	8	98.2	7
湖北	59.6	17	6.3	19	97.3	19
湖南	60.9	14	5.6	25	98.5	4
广东	59.8	15	5.4	26	96.9	20
广西	63.5	6	5.3	27	96.1	24
海南	55.7	24	12.4	6	97.6	14
重庆	61.8	11	5.3	27	97.8	10
四川	61.9	9	6.3	20	97.6	13
贵州	66.0	3	7.8	10	95.2	28
云南	59.5	18	8.0	9	94.5	30
西藏	30.4	31	19.1	2	93.3	31
陕西	56.2	22	14.7	3	96.6	23
甘肃	62.3	7	5.0	29	95.0	29
青海	64.1	4	14.1	4	97.7	11
宁夏	66.0	2	6.7	17	95.6	26
新疆	51.8	30	19.5	1	96.7	22

附录 1 续表 12

地区	客运量		货运量		社会消费品零售总额			
	绝对量（万人）	位次	绝对量（万吨）	位次	绝对值（亿元）	位次	比上年增长（%）	位次
全国	**3 269 508**		**3 241 807**		**156 998.4**		**18.3**	
北京	135 045	9	21 762	29	6 229.3	10	17.3	28
天津	24 525	26	40 014	24	2 902.6	23	19.4	2
河北	90 847	14	156 596	8	6 821.8	8	18.3	20
山西	38 423	24	124 367	12	3 318.2	18	18.1	25
内蒙古	24 043	27	137 231	10	3 384.0	17	18.5	14
辽宁	**101 525**	**12**	**158 485**	**7**	**6 887.6**	**7**	**18.5**	**17**
吉林	64 486	19	40 728	23	3 504.9	16	18.5	15
黑龙江	46 895	21	59 314	20	4 039.2	15	18.7	10
上海	10 233	30	87 256	17	6 070.5	11	17.3	27
江苏	226 073	5	179 013	5	13 606.8	3	18.5	18
浙江	226 945	4	171 037	6	10 245.4	4	18.8	9
安徽	159 388	7	228 104	2	4 197.7	14	19.0	5
福建	75 798	16	66 083	19	5 310.0	13	18.5	16
江西	76 447	15	100 635	15	2 956.2	21	19.0	4
山东	249 358	2	301 313	1	14 620.3	2	18.3	23
河南	167 223	6	202 962	3	8 004.2	5	18.6	12
湖北	103 268	11	93 422	16	7 013.9	6	18.3	22
湖南	156 404	8	149 540	9	5 839.5	12	18.8	8
广东	456 138	1	192 344	4	17 458.4	1	17.2	29
广西	75 751	17	115 475	13	3 312.0	19	18.7	11
海南	44 209	22	22 455	28	639.3	28	18.9	6
重庆	126 066	10	81 377	18	2 938.6	22	18.5	13
四川	241 868	3	134 306	11	6 810.1	9	18.3	24
贵州	70 819	18	39 735	25	1 482.7	25	18.9	7
云南	39 407	23	51 564	21	2 500.1	24	21.9	1
西藏	8 165	31	982	31	185.3	31	18.3	21
陕西	93 171	13	104 414	14	3 195.7	20	18.4	19
甘肃	53 771	20	30 270	27	1 394.5	26	17.9	26
青海	10 951	29	11 057	30	350.8	30	16.8	31
宁夏	13 560	28	32 325	26	403.6	29	19.0	3
新疆	31 937	25	48 459	22	1 375.1	27	16.8	30

附录 1 续表 13

地区	进出口总额 绝对值（亿美元）	位次	比上年增长（%）	位次	出口总额 绝对值（亿美元）	位次	比上年增长（%）	位次
全国	**29 727.6**		**34.7**		**15 779.3**		**31.3**	
北京	3 014.8	4	40.4	16	554.6	7	14.6	31
天津	822.0	8	28.8	26	375.2	9	25.5	28
河北	419.3	10	41.5	15	225.7	10	43.8	15
山西	125.8	22	46.8	11	47.1	23	65.9	8
内蒙古	87.2	25	28.7	27	33.3	25	44.0	14
辽宁	**806.7**	**9**	**28.2**	**29**	**431.2**	**8**	**28.9**	**25**
吉林	168.5	19	43.5	14	44.8	24	42.9	17
黑龙江	255.0	13	57.1	8	162.8	12	61.6	9
上海	3 688.9	3	32.8	24	1 807.2	3	27.4	26
江苏	4 657.9	2	37.5	17	2 705.5	2	35.8	20
浙江	2 534.7	5	35.0	22	1 804.8	4	35.7	21
安徽	242.8	14	54.8	9	124.2	16	39.7	19
福建	1 087.8	7	36.6	18	715.0	6	34.1	22
江西	214.7	15	68.0	4	134.2	14	82.2	4
山东	1 889.5	6	35.9	20	1 042.5	5	31.1	24
河南	177.9	16	32.0	25	105.3	17	43.4	16
湖北	259.1	12	50.2	10	144.4	13	44.7	13
湖南	146.7	20	44.5	12	79.6	19	44.9	12
广东	7 846.6	1	28.4	28	4 532.0	1	26.3	27
广西	177.0	17	24.2	30	96.0	18	14.6	30
海南	86.3	26	76.9	3	23.2	26	77.3	5
重庆	124.3	23	61.1	7	74.9	21	75.0	6
四川	327.8	11	35.6	21	188.5	11	33.2	23
贵州	31.4	28	36.3	19	19.2	27	41.5	18
云南	133.7	21	66.1	5	76.1	20	68.5	7
西藏	8.4	30	107.9	1	7.7	30	105.4	2
陕西	120.8	24	43.7	13	62.1	22	55.8	11
甘肃	73.3	27	89.6	2	16.4	28	122.8	1
青海	7.9	31	34.5	23	4.7	31	85.8	3
宁夏	19.6	29	63.1	6	11.7	29	57.5	10
新疆	171.3	18	22.8	31	129.7	15	19.8	29

附录1 续表14

地区	旅游外汇收入		城镇居民人均可支配收入			
	绝对值（亿美元）	位次	绝对值（元）	位次	比上年增长（%）	位次
全国	**458**		**19 109.4**		**7.8**	
北京	50.45	3	29 072.9	2	6.2	28
天津	14.20	9	24 292.6	4	9.6	1
河北	3.51	22	16 263.4	14	7.5	14
山西	4.65	20	15 647.7	20	8.4	8
内蒙古	6.02	18	17 698.2	10	8.5	7
辽宁	**22.59**	**7**	**17 712.6**	**9**	**9.3**	**2**
吉林	3.05	25	15 411.5	24	6.4	27
黑龙江	7.63	14	13 856.5	28	6.5	26
上海	63.41	2	31 838.1	1	7.1	22
江苏	47.83	4	22 944.3	6	7.7	13
浙江	39.30	5	27 359.0	3	6.9	23
安徽	7.09	16	15 788.2	18	8.8	4
福建	29.78	6	21 781.3	7	7.9	11
江西	3.46	23	15 481.1	22	7.3	18
山东	21.55	8	19 945.8	8	9.2	3
河南	4.99	19	15 930.3	17	7.2	20
湖北	7.51	15	16 058.4	16	8.8	5
湖南	9.06	12	16 565.7	13	6.5	25
广东	123.83	1	23 897.8	5	7.5	15
广西	8.06	13	17 063.9	12	7.3	17
海南	3.22	24	15 581.1	21	8.5	6
重庆	7.03	17	17 532.4	11	7.8	12
四川	3.54	21	15 461.2	23	8.1	10
贵州	1.30	27	14 142.7	27	6.6	24
云南	13.24	10	16 064.5	15	7.2	19
西藏	1.04	28	14 980.5	26	8.2	9
陕西	10.16	11	15 695.2	19	7.1	21
甘肃	0.15	30	13 188.6	31	5.9	29
青海	0.20	29	13 855.0	29	3.8	31
宁夏	0.06	31	15 344.5	25	5.5	30
新疆	1.85	26	13 643.8	30	7.4	16

附录1 续表15

地区	农民人均纯收入		城镇居民家庭恩格尔系数		农村居民家庭恩格尔系数	
	绝对值（元）	位次	绝对值（%）	位次	绝对值（%）	位次
全国	**5 919.0**		**35.7**		**41.1**	
北京	13 262.3	2	32.1	28	32.4	31
天津	10 074.9	4	35.9	19	41.7	14
河北	5 958.0	12	32.3	26	35.1	27
山西	4 736.3	22	31.2	30	37.5	23
内蒙古	5 529.6	16	30.1	31	37.5	21
辽宁	**6 907.9**	**9**	**35.1**	**21**	**38.2**	**19**
吉林	6 237.4	10	32.3	27	36.7	26
黑龙江	6 210.7	11	35.4	20	33.8	30
上海	13 978.0	1	33.5	23	37.3	24
江苏	9 118.2	5	36.5	16	38.1	20
浙江	11 302.6	3	34.3	22	34.2	29
安徽	5 285.2	18	38.0	11	40.7	15
福建	7 426.9	7	39.3	8	46.1	11
江西	5 788.6	14	39.5	5	46.3	9
山东	6 990.3	8	32.1	29	37.5	22
河南	5 523.7	17	33.0	25	37.2	25
湖北	5 832.3	13	38.7	9	43.1	13
湖南	5 622.0	15	36.5	15	48.4	4
广东	7 890.3	6	36.5	17	47.7	7
广西	4 543.4	25	38.1	10	48.5	3
海南	5 275.4	20	44.8	2	50.0	1
重庆	5 276.7	19	37.6	12	48.3	5
四川	5 086.9	21	39.5	6	48.3	6
贵州	3 471.9	30	39.9	4	46.3	10
云南	3 952.0	28	41.5	3	47.2	8
西藏	4 138.7	26	50.0	1	49.7	2
陕西	4 105.0	27	37.1	14	34.2	28
甘肃	3 424.7	31	37.4	13	44.7	12
青海	3 862.7	29	39.4	7	38.2	18
宁夏	4 674.9	23	33.2	24	38.4	17
新疆	4 642.7	24	36.2	18	40.3	16

附录2 2010年 省 辖 市

指 标 名 称	单 位	沈	阳	大	连	鞍
		全 市	市辖区	全 市	市辖区	全 市
人口、劳动力及土地资源						
土地面积	平方公里	12 980	3 471	12 574	2 568	9 252
年底总人口	万人	719.6	515.42	586.44	304.26	351.79
年平均人口	万人	718.08	513.83	585.62	303.14	351.91
出生人口	人	54 378	36 908	41 174	21 973	31 356
死亡人口	人	58 637	39 728	47 883	21 760	37 151
年底总户数	万户	251.28	182.35	207.59	111.81	117.89
年末单位从业人员数(城镇)	万人	110.42	103.77	94.2	81.18	40.97
第一产业	万人	0.99	0.66	0.97	0.43	0.74
第二产业	万人	41.27	40.36	47.57	41.61	21.23
第三产业	万人	68.16	62.75	45.66	39.14	19
城镇私营和个体从业人员	人	939 916	776 563	1 748 962	1 423 277	257 219
年末城镇登记失业人员数	人	77 198	70 510	71 159	52 760	19 952
地区生产总值						
地区生产总值	万元	50 175 427	41 849 101	51 581 621	34 322 142	21 250 121
第一产业	万元	2 327 484	746 125	3 450 996	827 959	930 087
第二产业	万元	25 299 343	20 651 052	26 244 899	16 313 159	11 543 734
#制造业	万元	21 315 781	17 097 155	22 647 982	13 730 512	9 666 195
第三产业	万元	22 548 600	20 451 924	21 885 726	17 181 024	8 776 300
人均地区生产总值	元	62 357	69 165	77 704		58 426
地区生产总值指数	上年=100	14.13	10.7	15.2	12.5	16
财 政						
地方财政一般预算内收入	万元	4 653 540	4 232 511	5 008 322	4 161 130	1 800 334
其中:各项税收	万元	3 680 711	3 384 170	3 985 638	3 433 957	1 246 169
其中:企业所得税	万元	503 294	483 882	560 250	508 738	129 323
个人所得税	万元	173 245	168 569	212 417	196 463	33 107
地方财政一般预算内支出	万元	5 166 242	4 437 511	6 114 743	5 010 912	2 019 010
一般性公共服务支出	万元	670 130	540 453	632 517	504 840	203 061
科学技术支出	万元	153 492	151 376	266 033	260 873	19 615
教育支出	万元	770 606	578 047	753 455	534 134	214 243
文化体育与传媒支出	万元	87 100	79 788	87 975	74 437	24 787
医疗卫生支出	万元	267 592	213 671	268 487	225 242	119 425
环境保护支出	万元	106 038	72 688	111 680	106 937	40 843
城乡社区事务支出	万元	614 587	574 075	781 190	650 391	466 564
社会保障和就业支出	万元	947 962	908 365	923 147	783 479	420 292
社会保险基金支出	万元	1 877 144	1 877 144	1 983 839	1 666 847	590 279
金 融						
年末金融机构存款余额	万元	80 919 886	78 120 449	85 035 192	75 233 897	19 026 424
其中:城乡居民储蓄年末余额	万元	33 382 310	31 225 327	33 748 155	27 095 020	11 211 010
年末金融机构各项贷款余额	万元	59 701 639	58 006 921	61 589 983	56 952 947	10 791 432

注:本表为快报数。

基　本　情　况(地区数)

山	抚	顺	本	溪	丹	东	锦	州
市辖区	全　市	市辖区	全　市	市辖区	全　市	市辖区	全　市	市辖区
624	11 272	714	8 411	1 518	15 290	941	9 891	436
146.85	220.91	138.35	154.6	95.13	241.36	78.83	308.35	93.35
147.05	221.76	138.7	155.03	95.33	242	78.88	309.27	93.36
8 803	13 497	7 186	10 625	5 256	16 437	5 089	25 613	7 190
13 220	26 071	12 308	17 506	8 989	28 791	6 779	42 674	11 749
52.51	83.3	54.72	56.69	36.05	82.81	29.52	103.77	33.87
31.44	26.76	22.81	23.21	20.27	21.22	14.31	24.13	17.07
0.08	0.55	0.14	0.19	0.07	0.3	0.05	1.46	0.58
18.81	15.39	14.36	12.93	12.13	8.01	6.23	8.05	7.07
12.55	10.82	8.31	10.09	8.07	12.91	8.03	14.62	9.42
154 019	389 680	269 236	189 810	124 224	166 798	103 950	414 373	286 246
12 965	39 737	31 009	28 989	22 908	22 000	8 800	17 111	7 517
12 561 795	8 951 571	6 631 375	8 603 675	6 283 596	7 288 908	2 609 429	9 126 325	4 391 806
67 847	548 159	101 746	433 475	119 102	1 000 884	119 105	1 513 141	219 385
7 520 217	5 254 624	4 174 595	5 360 122	4 114 887	3 731 921	1 381 899	4 345 526	2 210 468
6 485 974	3 563 686	2 961 699	4 065 303	3 143 464	1 891 979	537 042	3 371 009	1 475 439
4 973 731	3 148 788	2 355 034	2 810 078	2 049 607	2 556 103	1 108 425	3 267 658	1 961 953
82 457	41 810	39 648	50 612	65 111	29 893	32 228	29 264	49 236
17.3	17.02	12.7	16	13.6	15.8	17.9	16.2	13.5
1 368 163	812 507	630 230	745 960	584 940	802 359	364 154	810 703	481 604
994 865	628 631	472 685	557 230	446 496	590 139	292 722	668 800	411 748
98 628	51 465	32 063	18 301	6 438	45 474	30 947	49 468	36 183
25 743	26 876	22 400	22 266	15 453	15 102	9 914	23 674	16 367
1 348 185	1 502 536	1 116 081	1 164 764	843 478	1 346 622	643 769	1 384 452	717 600
124 219	143 409	92 213	158 084	110 271	121 667	57 680	140 789	79 057
17 819	11 547	7 926	11 413	7 382	8 668	6 320	12 317	7 008
111 164	133 276	78 351	156 824	100 686	182 424	64 430	173 732	79 205
15 548	9 043	5 355	26 234	21 622	16 837	11 096	15 225	7 706
77 957	65 310	43 802	48 462	33 412	60 464	24 971	78 137	32 519
25 643	80 774	60 364	33 240	17 376	23 147	8 285	42 808	23 024
328 935	167 541	138 833	177 936	141 030	203 934	70 298	144 734	97 412
337 226	468 732	422 328	216 793	197 367	244 514	163 719	300 370	187 079
525 094	526 394	465 625	93 922	90 855	98 453	76 793	104 116	74 147
14 428 549	9 276 919	8 073 420	7 275 114	5 813 102	9 194 074	5 512 170	10 114 016	6 942 611
7 356 258	6 205 005	5 323 705	4 708 767	3 649 635	6 544 583	3 467 790	6 892 809	4 385 586
8 611 279	3 729 791	3 286 758	5 049 102	4 561 832	4 764 265	3 015 229	5 832 908	3 979 541

附录2续表1

指 标 名 称	单 位	沈阳		大连		鞍
		全 市	市辖区	全 市	市辖区	全 市
保 险						
保费收入	万元	1 471 331		1 510 482		494 536
其中:财产险	万元	377 135		435 649		138 079
人身险	万元	1 084 573		1 074 833		356 456
赔款、给付	万元	329 273		226 195		169 449
其中:财产险	万元	161 793		187 795		74 621
人身险	万元	156 469		38 400		94 828
工 业						
规模以上工业法人企业:	-					
工业企业数	个	5 252	3 683	4 684	2 654	2 455
内资企业	个	4 601	3 071	3 354	1 627	2 346
国有企业	个	131	116	77	61	38
私营企业	个	3 363	2 054	2 667	1 155	1 573
私营独资企业	个	1 146	609	741	173	767
私营股份有限公司	个	117	76	133	80	104
港、澳、台商投资企业	个	150	145	211	159	36
外商投资企业	个	501	467	1 119	868	73
工业总产值(当年价)	万元	96 125 255	76 207 151	77 018 355	54 071 409	24 392 752
内资企业	万元	74 986 558	55 927 057	49 140 505	31 573 996	23 233 754
国有企业	万元	5 258 573	5 135 357	2 050 895	1 717 527	7 298 009
私营企业	万元	42 971 755	26 498 899	17 487 032	4 439 827	11 051 588
私营独资企业	万元	10 052 928	4 946 279	4 497 715	542 311	4 221 417
私营股份有限公司	万元	2 023 188	1 132 501	747 634	261 891	845 398
港、澳、台商投资企业	万元	4 530 298	4 332 448	2 800 645	1 943 426	398 157
外商投资企业	万元	16 608 399	15 947 646	25 077 205	20 553 987	760 841
从业人员年平均人数	万人	86.13	63.88	100.1	57.91	33.58
流动资产合计	万元	29 545 819	27 956 133	41 926 364	36 597 533	11 436 408
固定资产合计	万元	23 895 812	17 999 722	25 427 100	18 544 480	9 755 759
主营业务收入	万元	93 996 232	74 049 908	74 684 069	53 326 143	27 169 055
主营业务成本	万元	78 678 124	62 537 846	62 937 948	44 721 827	22 615 034
主营业务税金及附加	万元	992 890	867 330	2 013 165	1 831 196	246 105
本年应交增值税	万元	2 243 074	1 819 291	1 643 055	1 331 426	858 114
利润总额	万元	6 732 504	4 723 444	5 326 176	3 392 524	1 868 480
交通运输						
铁路旅客运量	万人	3 978.74		2 144.98		773.55
铁路货物运量	万吨	538		2 942		1 801
民用汽车拥有量	辆	831 759		698 817		259 459
私人汽车拥有量	辆	562 399		501 626		172 109
公路客运量(全社会)	万人	26 285		14 886		5 439
公路货运量(全社会)	万吨	16 804		19 045		16 004

山	抚	顺	本	溪	丹	东	锦	州
市辖区	全 市	市辖区	全 市	市辖区	全 市	市辖区	全 市	市辖区
	236 406		210 460		243 000		242 959	
	55 003		43 387		54 000		72 012	
	181 403		167 073		189 000		170 947	
	60 663		55 230		58 000		53 005	
	26 088		18 651		27 000		30 316	
	34 575		36 579		31 000		22 689	
968	1 410	716	624	452	1 054	365	1 005	318
913	1 314	641	579	422	899	293	920	256
29	14	10	20	11	14	6	18	13
540	1 096	506	338	259	700	196	631	106
130	464	118	145	109	307	55	292	13
75	28	13	21	17	39	18	27	10
18	19	15	19	15	32	17	22	16
37	77	60	26	15	123	55	63	46
11 835 708	16 553 266	12 296 969	15 113 534	13 438 254	8 650 865	3 030 740	16 720 457	8 059 612
11 528 113	15 436 355	11 315 832	11 216 022	9 678 972	7 139 274	2 218 086	14 321 970	6 094 506
7 175 496	176 992	165 589	64 779	34 464	229 465	67 329	247 374	164 592
3 144 863	5 965 979	2 488 130	2 877 045	2 689 839	4 943 312	969 316	6 783 936	1 191 998
325 373	2 120 960	511 025	1 338 427	1 322 028	1 839 173	335 686	2 481 516	157 570
570 585	197 729	64 843	146 572	88 959	197 213	62 963	223 689	60 251
85 740	403 088	359 816	3 007 805	2 978 494	340 985	216 605	571 115	512 006
221 855	713 823	621 321	889 707	780 788	1 170 606	596 049	1 827 372	1 453 100
18.76	18.79	14.5	15.76	13.28	14.27	5.44	14.25	7.04
8 151 027	4 214 277	3 605 021	7 520 903	6 912 753	2 871 286	1 172 612	3 553 428	2 485 799
5 942 315	5 093 126	4 563 760	9 299 679	8 723 382	1 864 846	626 702	3 642 025	1 792 665
15 011 871	16 531 512	12 371 715	15 978 239	14 443 255	9 095 030	3 211 574	16 253 764	7 978 224
12 277 043	14 227 624	10 564 478	14 277 831	13 050 135	7 836 587	2 749 520	13 625 499	6 733 926
122 902	834 877	810 157	73 862	57 703	62 149	20 381	537 054	472 852
487 596	420 551	324 614	309 037	244 408	291 671	115 537	478 301	265 821
852 197	838 213	450 042	555 775	343 508	745 614	326 992	1 381 680	452 501
	152.51		2 367.5		512.2		810.14	
	979		2 949		366		580	
	160 985		82 197		122 158		226 255	
	117 814		49 221		82 400		166 294	
	3 185		2 369		4 811		3 785	
	6 388		5 357		5 466		10 368	

附录2续表2

指标名称	单位	沈阳		大连		鞍
		全市	市辖区	全市	市辖区	全市
境内等级公路里程	公里	11 757		8 205		7 538
境内高速公路里程	公里	572		436		104
沿海港口货物吞吐量(规模以上)	万吨			31 399		
内河港口货物吞吐量(规模以上)	万吨					
水运客运量(全社会)	万人			414		
水运货运量(全社会)	万吨			9 081		
民用航空货邮运量	吨	55 000		47 409		
民用航空客运量	人	3 940 000		3 597 331		25 213
邮电通信						
年末邮政局(所)数	处	209	139	253	141	137
邮政业务收入	万元	42 984		45 502		28 401
电信业务收入	万元	990 880		843 767		270 470
年末固定电话用户数	万户	322.6	275.64	280.34	203.28	112.77
年末移动电话用户数	万户	855.3	779.53	674.63	506.43	279.19
国际互联网用户数	户	1 359 000	1 318 230	1 158 475	961 120	538 894
能源电力						
综合能源消费量	万吨/标准煤	1 244	930	1 633	1 257	2 067
全社会用电量	万千瓦时	2 380 901	2 033 395	2 573 694	1 996 630	2 312 743
工业用电	万千瓦时	1 272 915	1 059 822	1 739 348	1 337 558	2 013 167
城乡居民生活用电	万千瓦时	450 689	384 908	324 990	234 977	142 750
贸易						
限额以上批发零售贸易业商品销售总额	万元	55 261 869	54 305 723	25 492 978	25 243 441	9 870 593
社会消费品零售总额	万元	20 658 671	18 902 500	16 397 554	13 382 606	5 141 982
限额以上批发零售企业数(法人数)	个	1 377	1 272	1 077	1 030	624
从业人员年平均人数	万人	9.33	8.75	6.34	6.13	2.02
流动资产合计	万元	9 791 306	9 554 768	9 607 184	9 537 654	2 201 695
固定资产合计	万元	1 407 246	1 333 827	846 231	817 474	379 089
主营业务收入	万元	47 371 585	46 696 878	23 380 035	23 163 626	7 952 981
主营业务成本	万元	45 169 503	44 532 478	21 588 597	21 391 279	7 463 154
主营业务税金及附加	万元	107 203	101 799	61 385	60 862	41 474
本年应交增值税	万元	383 607	379 690	213 512	210 838	93 140
利润总额	万元	283 120	261 878	455 525	452 851	257 551
外贸、外经						
货物进口额(海关数)	万美元	377 887		2 472 262		246 151
货物出口额(海关数)	万美元	407 717		2 725 909		144 221
当年新签项目(合同)个数	个	473		472	449	83
当年实际使用外资金额	万美元	505 369	485 216	1 003 025	952 025	90 495
旅游						
入境游客人数(含一日游游客)	人	550 313		1 166 020		265 000
外国人	人	460 885		1 047 343		226 716

山	抚	顺	本	溪	丹	东	锦	州
市辖区	全　市	市辖区	全　市	市辖区	全　市	市辖区	全　市	市辖区
	4 477		3 092		4 663		6 825	
	151		108		176		175	
					5 505		6 008	
					25			
					431		122	
					600		1 205	
					100 000		96 355	
44	80	33	79	41	218	54	99	34
	10 674		8 892		21 559		12 387	
	144 414		105 227		513 300		171 197	
58.66	75.22	52.06	45.71	30.98	73.28	45.57	94.81	40.5
200.01	172.62	124.74	113.15	88.9	179.2	93.18	201.39	160.55
355 800	317 805	236 987	230 346	194 811	302 000	162 604	390 711	271 483
1 596	1 083	993	1 558	1 470	870	522	423	347
1 581 463	1 187 610	1 059 277	1 386 822	1 256 254	584 777	251 454	742 681	505 023
1 369 432	1 028 981	946 539	1 263 330	1 161 231	411 404	172 789	504 463	413 660
75 303	86 530	58 103	63 014	45 329	83 216	36 615	116 510	30 059
8 364 072	2 707 154	2 433 827	884 052	777 622	1 620 907	1 417 939	2 173 826	1 745 333
2 684 373	3 339 047	2 896 595	1 923 503	1 705 203	2 775 020	1 250 289	3 182 876	1 888 712
409	242	183	126	108	207	117	179	116
1.4	1.87	1.65	0.93	0.82	0.8	0.58	1.6	1.1
1 996 492	389 611	365 415	247 223	181 002	436 317	418 628	472 159	395 780
234 392	143 705	128 052	64 452	53 666	82 732	71 649	88 266	63 391
7 161 159	2 068 636	1 873 614	729 119	638 153	1 528 223	1 330 226	1 823 841	1 457 601
6 771 975	1 868 751	1 691 378	644 677	568 890	1 398 932	1 225 323	1 595 542	1 272 367
30 839	23 869	22 037	9 071	7 040	11 888	10 629	17 116	11 674
81 089	35 502	30 820	11 946	9 541	21 611	19 189	77 264	67 817
197 140	43 565	37 558	29 854	24 463	44 150	41 828	101 781	90 849
	50 144		189 236		105 408		113 938	
	52 355		158 375		187 443		117 852	
65	35	29	18	13	125	105	37	23
84 182	44 182	28 078	30 101	24 995	70 452	48 612	50 045	36 602
	111 529		532 000		326 796		200 134	
	71 890		472 893		323 130		142 821	

附录2 续表3

指 标 名 称	单 位	沈阳 全 市	沈阳 市辖区	大连 全 市	大连 市辖区	鞍 全 市
港、澳、台同胞	人	89 428		118 677		38 284
国际旅游(外汇)收入	万美元	40 023		80 386		22 400
固定资产投资						
全社会固定资产投资总额	万元	41 391 498	35 159 538	40 478 904	26 700 648	11 907 648
城镇固定资产投资额	万元	40 213 418	34 927 311	38 623 835	26 600 648	10 555 019
房地产开发投资额	万元	14 500 794	13 496 900	7 680 202	6 821 026	2 358 587
住　宅	万元	10 043 386	9 186 924	5 756 548	5 081 231	1 534 415
全年新增固定资产	万元	28 894 515	21 175 674	18 506 835	13 701 350	7 505 374
房地产						
商品房屋销售面积	万平方米	1 746.52	1 526.51	1 215.33	905.43	553.14
住　宅	万平方米	1 516.06	1 313.07	1 126.68	892.33	512.18
高档别墅公寓	万平方米	48.5	48.5	24.46	24.09	4.81
商品房屋销售额	万元	9 450 487	8 861 489	8 560 369	7 407 604	2 024 241
住　宅	万元	7 745 478	7 226 727	7 615 516	6 785 104	1 828 616
高档别墅公寓	万元	426 524	426 524	434 055	431 966	32 835
商品房屋空置面积	万平方米	572.59	423.48	235.4	201.68	123.33
保障性住房建设						
保障性住房本年完成投资	万元	495 539	495 539	204 273	196 973	3 108
廉租房	万元	6 505	6 505			
保障性住房施工面积	万平方米	240.16	240.16	190.54	184.18	13.28
廉租房	万平方米	2.87	2.87			
保障性住房竣工面积	万平方米	30.4	30.4	59.11	59.11	13.28
廉租房	万平方米	2.87	2.87			
教　育						
学校数						
普通高等学校数	所	41	41	31	31	3
中等职业教育学校数	所	125	120	103	96	24
普通中学学校数	所	321	222	280	154	165
小学学校数	所	415	282	700	238	658
专任教师数						
普通高等学校教师数	人	22 905	22 905	17 161	17 161	1 959
中等职业教育学校教师数	人	6 895	6 597	4 601	4 014	1 859
普通中学教师数	人	23 873	17 981	20 850	11 574	11 778
小学教师数	人	22 023	14 570	17 258	9 147	12 500
在校学生数						
普通高等学校学生数	人	348 583	348 583	245 756	245 756	36 219
高中阶段在校学生数	人	219 040	185 975	190 611	139 891	88 565
中等职业教育学校学生数	人	120 940	110 453	83 602	75 805	34 963
普通中学学生数	万人	30.22	21.84	27.92	15.59	15.75
小学学生数	万人	33.78	22.88	29.09	17.7	18.55
初中毕业生升学率	%	100	100	90	100	89
成人高等学校在校学生数	人	79 892	79 892	56 242	56 242	11 574
卫　生						
医院、卫生院数	个	299	204	216	111	148
医院、卫生院床位数	张	42 822	38 650	30 207	21 101	16 142
医生数(执业医师+执业助理医师)	人	20 859	18 148	15 873	11 888	5 591
注册护士	人	21 391	19 820	16 523	13 021	6 084

山	抚	顺	本	溪	丹	东	锦	州
市辖区	全　市	市辖区	全　市	市辖区	全　市	市辖区	全　市	市辖区
	39 639		59 107		3 666		57 313	
	5 882		28 900		16 403		12 070	
5 422 231	6 815 257	4 822 962	4 500 335	3 263 960	6 738 871	2 913 910	5 511 643	2 922 190
5 377 542	6 520 614	4 534 657	4 429 800	3 192 044	6 132 722	2 910 910	5 053 056	2 203 445
1 782 831	848 293	776 954	572 849	356 528	1 150 099	877 227	925 383	675 049
1 086 311	544 773	488 143	305 666	181 098	964 923	760 672	693 675	499 411
3 034 238	3 426 518	2 044 095	3 196 436	2 283 874	4 243 214	1 485 352	3 867 084	1 393 491
369.85	212.31	185.76	227.6	158.9	332.23	229.42	353.02	261.03
350.74	197.6	175.62	128.4	79.2	292.98	203.47	316.68	234.24
2.83	0.56	0.56	3.5	3.5	2.7	2.4	1.32	1.32
1 514 747	775 350	702 156	761 568	526 988	1 089 971	794 716	1 222 021	977 725
1 402 520	690 088	635 147	374 819	257 538	865 861	631 459	1 051 109	851 188
24 928	2 056	2 056	41 500	41 500	14 407	12 985	7 188	7 188
58.7	61.19	29.34	52.4	38.7	92.36	54.87	32.44	17.74
113 643	1 242	1 242	39 154	37 386	3 165	3 165	45 475	4 157
			1 768				5 273	4 157
48.56	1.24	1.24	112.4	111.3	5.03	5.03	46.46	2.03
			1.1				2.73	2.03
48.56			29.02	29.02	0.74	0.74	2.98	0.23
							0.23	0.23
3	6	6	2	2	3	3	9	9
19	29	26	15	13	7	7	14	10
63	118	66	68	42	127	37	156	45
82	194	71	66	44	474	82	431	81
1 959	2 048	2 048	1 410	1 410	1 459	1 459	4 519	4 519
1 536	1 761	1 632	2 652	2 296	215	215	1 099	745
5 436	7 481	4 637	7 091	4 344	7 912	2 453	9 519	3 144
3 597	7 303	3 763	6 416	3 730	8 587	2 118	10 535	2 979
36 219	42 524	42 524	15 471	15 471	24 193	24 193	80 694	80 694
53 482	49 076	41 906	51 230	37 639	62 114	19 255	79 045	42 045
25 957	21 418	19 278	26 664	22 211	25 493	25 493	27 937	23 488
6.33	8.95	5.78	6.66	4.05	7.86	2.36	14.41	4.63
5.53	8.47	4.63	6.4	3.58	12.65	3.16	16.09	4.56
98	89	114	102	123	94	94	81	90
11 574	3 317	3 317	4 596	4 596	5 780	5 780	23 114	23 114
57	100	47	70	38	112	36	106	19
10 118	8 249	6 104	8 909	6 980	11 790	5 895	11 531	7 142
3 479	4 528	3 481	2 995	2 361	4 560	2 189	5 243	2 724
4 493	4 685	3 967	4 001	3 286	4 237	2 470	3 871	2 569

附录2续表4

指标名称	单位	沈阳		大连		鞍
		全市	市辖区	全市	市辖区	全市
人民生活、社会保障						
在岗职工平均人数	万人	103.15	96.72	86.29	73.7	39.17
在岗职工工资总额	万元	4 321 951	4 125 103	3 849 830	3 406 045	1 289 331
居民收支						
城镇居民人均可支配收入	元		20 541		21 293	
最低20%户人均可支配收入	元		9 739		9 021	
最高20%户人均可支配收入	元		39 883		45 633	
城镇居民人均消费支出	元		16 961		16 580	
(1)食　品	元		5 385		6 145	
(2)衣　着	元		2 140		1 676	
(3)居　住	元		1 365		1 742	
(4)家庭设备用品及服务	元		1 032		995	
(5)医疗保健	元		1 448		1 128	
(6)交通和通信	元		2 428		2 520	
(7)教育文化娱乐服务	元		2 359		1 742	
居民生活						
每百户居民家庭拥有:						
(1)家用汽车	辆		19		12	
(2)家用电脑	台		88		88	
(3)固定电话	部		87		88	
(4)移动电话	部		206		203	
(5)互联网用户	户		63		73	
人均住房建筑面积	平方米		30.16		25.67	
居民消费价格指数(上年为100)	%		102.9		102.7	
社会保障						
城镇基本养老保险参保人数	人	2 930 901	2 765 427	1 642 932	1 374 661	876 218
基本医疗保险参保人数	人	3 239 750	2 972 419	4 136 268	3 528 754	1 114 855
失业保险参保人数	人	1 249 893	1 174 346	1 239 070	1 101 984	625 016
社会福利院数	个	137	68	292	198	145
社会福利院床位数	张	14 518	8 041	30 581	18 427	13 513
社区服务设施数	个	1 075	1 075	649	485	1 947
城镇居民最低生活保障人数	人	125 104	96 693	85 841	55 368	60 541
交通、社会治安						
交　通						
交通事故死亡人数	人	556	425	244	167	157
交通事故损失额	万元	911	799	665	544	163
火灾事故死亡人数	人	19	19	3		2
火灾事故损失额	万元	122	89	802	634	189
社会治安						
刑事案件立案数	起	11 794	10 112	5 115	3 934	2 655

山	抚	顺	本	溪	丹	东	锦	州
市辖区	全　市	市辖区	全　市	市辖区	全　市	市辖区	全　市	市辖区
30.07	26.17	22.19	22.52	19.65	20.42	13.33	23.59	16.62
1 083 378	919 875	800 173	716 591	630 522	528 188	334 739	694 798	554 947
18 423		15 303		16 775		14 636		17 375
7 534		7 601		8 532		7 151		6 699
40 554		29 406		32 560		27 509		38 702
13 710		10 007		12 119		11 323		11 802
4 671		4 041		4 780		4 470		4 191
1 491		976		1 583		1 119		1 458
1 572		901		908		1 402		1 461
720		473		713		676		561
1 081		895		977		1 130		1 061
2 096		1 197		1 321		1 111		1 357
1 375		1 090		1 292		1 033		1 305
8		3		4		3		4
59		56		63		60		69
87		82		60		84		86
147		158		200		172		166
55		47		51		46		64
26.05		22.43		21.25		24.46		31.04
103.1		102.9		102.76		103.1		102.7
646 939	877 083	780 761	805 029	685 214	734 000	460 066	627 000	429 000
936 065	773 023	686 976	626 177	537 211	704 274	478 906	1 164 000	714 000
479 839	524 122	482 703	389 544	351 352	267 110	118 374	376 000	277 000
55	120	80	67	48	124	48	1	1
5 339	9 134	6 759	7 143	4 530	4 710	3 133	250	250
1 513	1 478	1 382	756	596	355	134	1 103	763
47 751	141 824	121 048	83 611	65 742	57 390	31 389	77 914	51 381
61	112	50	85	61	144	55	103	39
83	105	87	149	133	186	36	155	101
2	4	4	1		1	1		
178	224	129	211	153	68	6	577	512
1 321	1 742	1 156	1 805	1 313	1 975	622	1 688	555

附录2续表5

指标名称	单位	沈阳		大连		鞍
		全市	市辖区	全市	市辖区	全市
犯罪人数	人	11 082	8 790	5 371	4 075	3 994
青少年人数(年龄16－25周岁)	人	2 347	2 032	1 181	871	665
市政公用事业						
基础设施						
城市维护建设资金支出	万元		1 653 383		474 880	
年末实有城市道路面积	万平方米		5 706		4 135	
排水管道长度	公里		3 738		2 459	
供水综合生产能力(包括自备水源)	万立方米/日		175.4		164.4	
供水总量	万吨		52 461		40 730	
售水量	万吨		35 238		26 306	
居民生活用水量	万吨		17 128		7 324	
用水人口	万人		478.47		292.48	
供气						
供气总量（人工、天然气）	万立方米		31 889		22 357	
家庭用量	万立方米		18 081		15 636	
用气人口	人		4 410 000		2 054 000	
液化石油气供气总量	吨		31 800		155 588	
家庭用量	吨		5 350		56 200	
用液化气人口	人		374 700		870 200	
公共交通						
年末实有公共汽(电)车营运车辆数	辆		5 013		4 696	
全年公共汽(电)车客运总量	万人次		120 000		103 107.4	
年末实有出租汽车数	辆		17 200		10 173	
轨道交通线路长度	公里		89		87	
轨道交通客运总量	万人次				7 384	
绿地						
绿地面积	公顷		25 994		18 153	
公园绿地面积	公顷		6 085		3 510	
建成区绿化覆盖面积	公顷		17 309		17 618	
环境保护						
三废综合利用产品产值	万元	15 373		39 367		6 132
工业废水排放量	万吨	6 140		27 421		5 548
工业废水排放达标量	万吨	5 912		26 125		5 319
工业二氧化硫去除量	吨	87 774		275 718		26 724
工业二氧化硫排放量	吨	77 385		78 866		77 532
工业烟尘去除量	吨	2 343 064		2 166 019		2 580 049
工业烟尘排放量	吨	60 363		24 171		30 205
工业固体废物综合利用率	%	95.68		95.9		19.1
污水集中处理率	%	78		94.2		70.59
生活垃圾无害化处理率	%	86		100		100
空气质量达标(API<100)天数	天	361		321		332

山	抚	顺	本	溪	丹	东	锦	州
市辖区	全　市	市辖区	全　市	市辖区	全　市	市辖区	全　市	市辖区
2 149	2 515	1 741	2 492	1 750	3 055	911	1 564	227
221	347	250	407	256	492	484	263	78
248 074		122 116		102 113		19 096		78 738
1 282		1 189		925		957		952
860		842		336		684		476
158.3		130.3		154.5		76		82.6
31 129		16 102		22 778		3 874		15 052
25 669		13 227		21 154		2 911		11 859
3 167		2 653		1 399		1 266		3 274
152.21		130		89.7		62.55		97.84
14 566		7 567		4 766		4 195		8 398
8 128		6 441		3 736		3 333		6 339
1 398 000		663 000		594 000		500 000		868 560
5 321		38 100		4 080		5 430		6 350
5 291		26 983		3 080		4 860		6 293
91 000		600 000		190 000		132 502		96 500
1 508		1 175		736		725		591
23 689		32 820		24 668.3		12 069		10 502.6
5 375		4 121		3 249		3 335		4 987
		24						
5 997		6 164		4 847		2 002		2 647
1 617		1 185		828		560		896
6 097		5 148		5 001		2 018		2 788
	85 193		7 486		3 719		14 590	
	3 031		2 591		4 070		3 859	
	2 932		2 159		3 044		3 648	
	93 589		46 572		28 716		68 406	
	50 553		87 528		27 955		61 739	
	3 994 381		323 802		414 370		707 539	
	17 937		26 543		1 378		41 158	
	43.87		37.85		98		62.52	
	76.38		84.53		9.12		45.47	
	84.97		100		86.69		0	
	348		350		348		362	

附录2 续表6

指标名称	单位	营口		阜新		辽
		全市	市辖区	全市	市辖区	全市
人口、劳动力及土地资源						
土地面积	平方公里	5 242	702	10 355	490	4 736
年底总人口	万人	235.53	90.41	192.38	78.88	183.32
年平均人口	万人	235.29	89.85	192.33	77.79	183.4
出生人口	人	24 885	8 651	12 831	4 104	19 687
死亡人口	人	28 709	5 700	18 589	1 985	20 869
年底总户数	万户	87.23	36.18	66.99	30.37	68.96
年末单位从业人员数(城镇)	万人	19.62	15.64	17.54	13.55	16.61
第一产业	万人	0.11	0.05	0.44	0.1	0.42
第二产业	万人	7.48	6.84	7.95	7.64	8.38
第三产业	万人	12.03	8.75	9.15	5.81	7.81
城镇私营和个体从业人员	人	438 108	274 202	242 865	177 540	265 541
年末城镇登记失业人员数	人	21 116	14 522	17 919	17 709	11 518
地区生产总值						
地区生产总值	万元	10 024 494	5 635 825	3 788 656	1 991 737	7 354 295
第一产业	万元	772 276	205 695	926 601	47 732	458 606
第二产业	万元	5 546 713	3 317 070	1 584 581	1 197 536	4 651 368
#制造业	万元	4 496 463	2 724 445	560 132	320 086	3 162 930
第三产业	万元	3 705 505	2 113 060	1 277 474	746 469	2 244 321
人均地区生产总值	元	41 452	62 727	20 819	25 603	39 686
地区生产总值指数	上年=100	17.8	26	17.5	20	16
财政						
地方财政一般预算内收入	万元	1 001 063	702 298	300 700	105 302	764 808
其中:各项税收	万元	811 722	584 584	250 446	93 113	569 872
其中:企业所得税	万元	65 170	47 550	21 691	7 426	89 416
个人所得税	万元	16 644	11 241	9 412	2 734	21 059
地方财政一般预算内支出	万元	1 372 882	887 142	882 722	166 675	1 000 685
一般性公共服务支出	万元	147 518	97 251	79 436	33 081	120 087
科学技术支出	万元	20 125	15 868	2 136	84	14 625
教育支出	万元	173 687	92 280	102 131	27 421	115 100
文化体育与传媒支出	万元	16 545	12 255	20 922	759	11 461
医疗卫生支出	万元	72 504	38 428	48 550	9 205	62 056
环境保护支出	万元	39 148	22 319	35 470	2 600	11 239
城乡社区事务支出	万元	278 556	228 116	65 889	20 011	81 818
社会保障和就业支出	万元	262 666	167 960	221 960	24 134	226 704
社会保险基金支出	万元	329 655	251 737	205 180	20 303	269 353
金融						
年末金融机构存款余额	万元	9 461 850	6 465 950	5 052 726	3 859 230	8 294 317
其中:城乡居民储蓄年末余额	万元	5 957 239	3 673 386	3 231 482	2 367 187	5 284 981
年末金融机构各项贷款余额	万元	8 135 530	6 616 161	3 593 479	2 572 640	5 139 926

阳	盘锦		铁岭		朝阳		葫芦岛	
市辖区	全市	市辖区	全市	市辖区	全市	市辖区	全市	市辖区
623	4 071	266	12 980	659	19 698	1 137	10 415	2 301
75.12	131.25	61.02	305.15	44.59	339.24	57.59	281.75	99.95
73.91	130.63	60.82	305.6	44.64	340.89	58.68	282.01	99.56
6 103	13 533	4 817	29 813	3 147	44 310	7 217	34 296	11 344
4 951	7 779	2 478	35 048	4 384	49 252	3 704	45 318	11 945
29.93	47.63	22.16	105	16.16	112.48	18.75	97.14	37.36
13.07	49.37	27.3	22.13	6.08	24	9	22.63	12.95
0.28	18.75	0.15	2.02	0.03	0.61	0.01	0.42	0.1
7.28	19.72	19.22	8.71	2.52	9.1	3.72	11.29	7.38
5.51	10.9	7.93	11.4	3.53	14.29	5.27	10.92	5.47
245 686	246 669	122 436	272 373	90 231	311 293	34 839	272 565	139 620
7 904	14 267	7 144	18 492	4 761	17 161	3 579	19 595	13 953
3 784 717	9 263 214	6 010 311	7 221 291	2 018 416	6 564 084	1 741 977	5 314 485	3 538 239
54 756	815 226	24 432	1 421 775	68 265	1 358 037	119 244	716 276	196 352
2 149 580	6 164 900	4 375 278	3 810 348	1 338 937	3 325 488	819 383	2 470 249	2 133 506
1 565 760	3 639 418	1 966 643	2 021 919	1 052 836	1 520 426	554 878	1 855 497	1 508 049
1 580 381	2 283 088	1 610 601	1 989 168	611 214	1 880 559	803 350	2 127 960	1 208 381
52 893	66 976	93 911	26 556	31 390	21 536	30 247	20 302	30 812
14.41	16.4	40.3	16	21.3	16.6	19.4	15.5	7.3
315 659	805 869	555 700	800 829	186 111	662 504	205 989	559 423	389 139
288 334	631 982	441 873	567 258	116 335	514 222	153 045	389 125	277 737
73 014	32 498	21 935	42 671	7 182	42 786	14 235	24 440	18 853
11 550	36 470	33 145	13 843	6 244	25 488	4 758	12 395	8 914
637 893	1 096 233	671 335	1 415 835	519 220	1 467 537	496 922	1 094 920	689 679
45 305	156 285	108 349	237 464	87 525	151 847	43 342	134 449	85 327
10 165	9 665	6 866	18 663	5 075	9 807	3 472	9 411	4 797
63 580	124 789	74 663	186 241	61 490	206 142	51 366	141 042	65 176
2 717	12 640	8 361	13 955	11 084	32 008	17 909	13 746	8 355
14 490	45 965	26 451	74 831	30 382	91 589	26 556	71 041	33 634
3 035	24 577	18 400	48 364	12 402	49 541	7 999	20 684	13 137
36 785	147 711	80 436	210 882	54 905	139 390	31 200	68 223	47 464
169 191	157 894	117 119	154 187	105 059	284 380	171 791	224 376	223 007
267 643	251 448	242 924	257 344	142 481	206 161	96 983	258 368	203 870
6 123 940	8 398 341	7 024 807	6 249 288	3 174 618	7 055 481	3 455 128	8 200 874	5 730 550
3 629 653	5 151 827	4 107 351	4 327 388	2 144 630	5 003 437	2 206 496	5 269 306	3 201 447
3 817 077	4 402 185	3 615 651	4 843 346	2 714 349	4 347 987	2 525 842	5 056 587	3 418 969

附录2 续表7

指标名称	单位	营口		阜新		辽
		全市	市辖区	全市	市辖区	全市
保险						
保费收入	万元	297 838		133 835		217 446
其中:财产险	万元	102 011		35 523		66 793
人身险	万元	195 827		98 312		150 653
赔款、给付	万元	60 538		30 269		50 735
其中:财产险	万元	42 435		14 847		27 392
人身险	万元	18 103		15 422		23 343
工业						
规模以上工业法人企业:	-					
工业企业数	个	1 651	1 032	461	330	891
内资企业	个	1 422	886	436	313	843
国有企业	个	9	4	9	8	15
私营企业	个	1 180	717	363	266	709
私营独资企业	个	266	90	131	97	484
私营股份有限公司	个	50	21	15	9	17
港、澳、台商投资企业	个	48	32	12	5	15
外商投资企业	个	181	114	13	12	33
工业总产值(当年价)	万元	22 332 715	14 113 025	4 477 708	3 581 788	16 125 236
内资企业	万元	16 871 327	10 363 708	3 955 262	3 136 002	14 128 708
国有企业	万元	103 595	21 764	824 794	823 862	293 616
私营企业	万元	10 232 203	5 473 936	2 093 067	1 488 984	8 520 893
私营独资企业	万元	2 107 528	649 968	451 511	357 213	5 207 557
私营股份有限公司	万元	399 277	115 226	59 780	22 208	392 737
港、澳、台商投资企业	万元	1 534 945	1 208 728	327 606	259 216	1 215 459
外商投资企业	万元	3 926 443	2 540 589	194 840	186 570	781 069
从业人员年平均人数	万人	20.86	12.89	10.7	9.2	12.74
流动资产合计	万元	5 958 300	4 192 263	2 055 222	1 715 131	5 767 410
固定资产合计	万元	7 206 019	6 176 354	2 852 894	2 263 791	4 049 224
主营业务收入	万元	22 767 707	14 719 605	4 096 441	3 291 613	15 999 565
主营业务成本	万元	19 112 588	12 564 454	3 479 096	2 801 241	13 501 041
主营业务税金及附加	万元	281 930	204 492	30 951	26 591	436 089
本年应交增值税	万元	1 139 747	609 879	171 926	155 365	262 523
利润总额	万元	1 948 225	1 096 271	284 730	226 201	1 715 958
交通运输						
铁路旅客运量	万人	441.52		191.32		370.07
铁路货物运量	万吨	2 581		1 453		1 589
民用汽车拥有量	辆	169 489		329 330		139 261
私人汽车拥有量	辆	112 743		306 267		91 855
公路客运量(全社会)	万人	4 616		1 018		4 415
公路货运量(全社会)	万吨	10 750		3 206		7 061

阳	盘 锦		铁 岭		朝 阳		葫 芦 岛	
市辖区	全 市	市辖区	全 市	市辖区	全 市	市辖区	全 市	市辖区
	258 000		172 112		205 423		205 346	
	63 000		53 244		49 918		68 667	
	195 000		118 868		155 505		136 679	
	79 200		42 472		48 091		59 406	
	30 000		20 894		20 380		33 383	
	49 200		21 578		27 711		26 023	
282	708	226	1 848	404	1 222	283	570	305
250	674	207	1 788	383	1 197	280	551	295
12	9	8	12	2	6	1	12	7
179	458	52	1 404	300	1 056	220	363	150
84	154	2	660	79	415	78	142	75
11	15	3	33	8	9	4	21	14
6	8	3	15	4	10	1	4	2
26	26	16	45	17	15	2	15	8
7 169 842	16 763 566	10 343 050	23 551 298	4 788 329	9 466 198	2 241 990	8 636 215	6 512 843
5 345 396	16 129 051	10 064 184	22 529 140	4 192 348	9 263 838	2 228 425	8 304 840	6 324 076
267 286	5 627 542	5 626 705	178 054	53 596	29 565	3 793	775 336	753 466
928 426	5 563 508	396 363	15 396 777	3 236 288	5 947 258	1 009 330	2 026 525	861 183
382 996	1 112 504	38 585	5 632 184	786 146	1 913 548	158 214	578 869	370 485
56 930	116 935	18 183	253 769	56 715	20 550	14 856	174 389	126 746
1 083 291	96 399	12 766	382 505	246 369	96 610	2 138	20 513	3 204
741 155	538 116	266 100	639 653	349 612	105 750	11 427	310 862	185 563
7.67	17.65	13.59	25.32	4.44	13.78	3.25	13.47	9.75
4 500 342	6 051 845	4 719 864	4 178 669	696 665	2 710 952	864 041	4 448 100	3 765 034
2 501 683	9 377 221	8 322 354	6 865 462	1 330 011	2 803 418	375 759	9 557 967	2 141 591
7 344 262	16 243 885	10 223 752	23 220 353	4 723 752	9 383 802	1 997 863	7 851 366	6 165 847
6 067 017	13 858 071	8 296 820	20 182 890	3 966 039	7 781 221	1 661 228	6 695 000	5 407 012
387 397	835 827	792 381	151 475	29 841	75 943	8 470	426 950	413 377
145 384	548 473	494 058	583 432	61 012	271 091	37 441	205 900	161 525
426 647	122 515	21 128	995 967	295 507	910 174	193 712	193 871	106 358
	117.42		687.82		271.28		478.56	
	298		1 123		800		623	
	178 699		118 775		252 323		250 970	
	135 075		85 503		171 337		44 754	
	3 128		4 970		3 597.22		5 404	
	6 916		8 681		3 459		7 856	

附录2 续表8

指标名称	单位	营口 全市	营口 市辖区	阜新 全市	阜新 市辖区	辽 全市
境内等级公路里程	公里	3 896		5 794		3 094
境内高速公路里程	公里	139		217		131
沿海港口货物吞吐量(规模以上)	万吨	22 579				
内河港口货物吞吐量(规模以上)	万吨	573				
水运客运量(全社会)	万人					
水运货运量(全社会)	万吨	573				
民用航空货邮运量	吨					
民用航空客运量	人					
邮电通信						
年末邮政局(所)数	处	71	33	69	14	98
邮政业务收入	万元	10 488		7 026		13 914
电信业务收入	万元	172 504		92 611		121 768
年末固定电话用户数	万户	61.68	31.99	53.16	40	54.02
年末移动电话用户数	万户	172	100.26	120.91	107	125.19
国际互联网用户数	户	302 267	194 984	215 430	102 520	215 783
能源电力						
综合能源消费量	万吨/标准煤	1 081		367	326	606
全社会用电量	万千瓦时	1 449 183	889 976	432 397	337 270	1 144 479
工业用电	万千瓦时	1 222 518	742 377	316 865	269 335	1 016 628
城乡居民生活用电	万千瓦时	90 752	55 733	71 957	33 819	68 292
贸易						
限额以上批发零售贸易业商品销售总额	万元	1 623 113	1 313 841	1 157 541	1 076 727	1 371 316
社会消费品零售总额	万元	2 497 516	1 432 867	1 490 310	1 139 422	2 086 090
限额以上批发零售企业数(法人数)	个	202	136	90	81	98
从业人员年平均人数	万人	1.17	0.8	0.75	0.71	0.38
流动资产合计	万元	360 974	251 384	351 624	334 526	176 939
固定资产合计	万元	96 126	61 048	72 894	68 056	43 850
主营业务收入	万元	1 387 288	1 122 954	883 874	884 802	986 969
主营业务成本	万元	1 155 075	946 902	796 488	731 877	917 075
主营业务税金及附加	万元	29 268	16 034	6 051	5 992	5 919
本年应交增值税	万元	37 444	19 080	16 504	15 921	6 724
利润总额	万元	126 353	105 088	17 651	16 526	27 320
外贸、外经						
货物进口额(海关数)	万美元	71 567		2 510		28 788
货物出口额(海关数)	万美元	220 593		12 036		96 151
当年新签项目(合同)个数	个	94		19	13	16
当年实际使用外资金额	万美元	86 036	60 526	11 013	5 856	33 352
旅游						
入境游客人数(含一日游游客)	人	85 708		23 000		27 864
外国人	人	85 158		17 787		26 967

阳	盘 锦		铁 岭		朝 阳		葫芦岛	
市辖区	全 市	市辖区	全 市	市辖区	全 市	市辖区	全 市	市辖区
	3 090		9 274		13 837		5 998	
	151		203		386		140	
	330						2 129	
							30	
	8						218	
					16 211			
25	79	31	102	20	162	27	109	49
	18 853		16 136		23 055		13 047	
	105 435		131 573		135 201		139 643	
25.12	45.41	31.7	63.25	12.8	79.86	20.05	65.15	22.77
97.43	109.68	77.04	145.6	96.7	171.18	5.1	153.27	101.56
159 703	166 878	160 100	231 177	77 714	238 312	103 329	232 894	140 689
416	744	613	571	161	447	65	670	360
768 598	532 585	482 800	532 585	96 087	770 398	154 170	802 782	548 151
534 445	357 121	285 697	357 121	45 332	626 429	101 220	613 596	50 703
33 331	46 888	32 821	86 644	24 832	83 399	23 191	79 542	29 388
1 296 291	1 758 633	1 574 357	1 361 080	274 224	1 365 214	863 809	1 107 074	846 114
1 171 178	1 851 055	1 401 936	2 272 605	485 670	2 165 580	624 086	2 331 624	1 381 653
75	170	159	155	31	139	63	103	74
0.33	1.4	1.3	1.1	0.54	1.15	0.92	1	0.6
156 729	573 704	533 517	307 789	113 007	626 240	139 003	229 764	152 763
37 981	79 136	60 526	102 794	34 573	87 474	61 182	73 929	45 099
922 843	1 484 791	1 355 706	1 191 507	323 127	1 196 966	743 418	957 255	723 172
864 795	1 314 435	1 167 752	1 098 342	300 306	1 091 118	671 448	866 814	654 719
5 797	12 292	12 155	16 438	2 727	8 316	7 079	11 727	7 367
6 011	33 094	33 020	31 082	6 559	16 498	9 430	8 946	8 062
25 136	57 236	57 731	35 512	-2 045	17 161	10 410	15 045	13 678
	11 322		8 408		8 349		69 181	
	36 662		46 129		41 277		65 250	
13	46	4	29	7	13	6	51	27
29 850	91 335	31 135	26 288	5 862	11 039	1 574	22 284	12 199
	182 600		48 061		13 847		57 184	
	89 005		29 813		12 121		48 524	

附录2续表9

指 标 名 称	单 位	营口		阜新		辽
		全 市	市辖区	全 市	市辖区	全 市
港、澳、台同胞	人	550		5 213		897
国际旅游(外汇)收入	万美元	3 728		540		1 699
固定资产投资						
全社会固定资产投资总额	万元	9 828 626	6 948 918	3 506 942	2 182 005	4 228 195
城镇固定资产投资额	万元	8 807 682	6 771 448	3 108 713	1 352 794	3 915 719
房地产开发投资额	万元	1 790 755	1 633 921	328 608	273 294	620 375
住 宅	万元	1 366 230	1 235 209	242 985	205 159	409 975
全年新增固定资产	万元	7 986 958	5 143 600	2 619 553	1 022 588	2 425 872
房地产						
商品房屋销售面积	万平方米	532.58	457.36	121.57	94.24	177.58
住 宅	万平方米	491.08	421.43	101.18	80.14	159.54
高档别墅公寓	万平方米	0.7	0.7			0.66
商品房屋销售额	万元	1 842 756	1 646 270	335 673	264 976	602 876
住 宅	万元	1 643 406	1 465 465	240 633	192 587	498 460
高档别墅公寓	万元	3 250	3 250			5 019
商品房屋空置面积	万平方米	170.12	152.39	65.75	58.84	39.27
保障性住房建设						
保障性住房本年完成投资	万元	90 090	87 000	1 430	1 430	19 651
廉租房	万元	7 763	4 800			
保障性住房施工面积	万平方米	158.28	154.27	5.73	5.73	58.03
廉租房	万平方米	6.24	3.23			
保障性住房竣工面积	万平方米	66.11	66.11			6.86
廉租房	万平方米					
教 育						
学校数						
普通高等学校数	所	2	2	2	2	4
中等职业教育学校数	所	21	19	22	18	13
普通中学学校数	所	98	39	117	34	83
小学学校数	所	218	59	213	76	277
专任教师数						
普通高等学校教师数	人	781	781	2 988	1 986	1 536
中等职业教育学校教师数	人	1 598	1 334	1 994	940	957
普通中学教师数	人	7 672	3 392	8 976	3 475	6 981
小学教师数	人	7 367	2 803	8 694	3 342	6 340
在校学生数						
普通高等学校学生数	人	16 674	16 674	41 355	43 211	19 880
高中阶段在校学生数	人	65 480	47 054	56 680	14 113	26 567
中等职业教育学校学生数	人	30 045	25 927	23 399	18 406	12 589
普通中学学生数	万人	10.31	4.63	6.23	2.06	5.99
小学学生数	万人	13.15	5.3	9.57	2.87	9.9
初中毕业生升学率	%	97	97	53	90	98
成人高等学校在校学生数	人	2 826	2 826	9 267	5 044	271
卫 生						
医院、卫生院数	个	110	50	100	34	622
医院、卫生院床位数	张	9 099	5 531	7 180	5 027	9 836
医生数(执业医师+执业助理医师)	人	6 054	3 332	3 905	1 633	3 917
注册护士	人	4 427	3 185	3 667	2 621	3 307

阳	盘	锦	铁	岭	朝	阳	葫芦岛	
市辖区	全市	市辖区	全市	市辖区	全市	市辖区	全市	市辖区
	93 595		18 248		1 726		8 660	
	8 915		2 753		853		3 242	
2 354 966	6 924 951	2 531 868	9 126 199	2 599 743	5 461 954	1 344 349	4 009 332	1 915 535
2 347 940	6 620 158	2 531 868	8 596 959	2 599 743	4 916 363	391 966	3 572 279	1 709 555
537 522	861 412	722 504	1 748 262	574 070	742 338	372 537	529 605	389 503
350 766	667 100	460 288	1 290 898	379 869	554 083	263 667	438 820	320 207
1 395 174	5 631 643	1 834 264	7 320 521	1 853 330	3 678 683	561 010	1 240 616	661 004
138.36	261.3	213.8	485.6	122.5	298.76	130.1	282.81	194.8
124.42	239.5	192.9	414.5	95	266.31	117.06	250.75	170
0.66			5.65	5.6	0.2	0.2		
468 300	918 372	783 618	1 360 897	477 103	693 393	321 718	995 018	684 904
402 832	812 409	680 348	1 105 008	386 719	565 124	259 854	840 034	554 821
5 019			23 132	23 132	866	866		
39.16	25.3	23.5	68.7	5.6	119.33	49.4	151.2	11.5
7 999	2 400	2 400	12 950		8 860		6 003	3 228
	2 400	2 400			6 864		4 803	3 228
27.87	0.17	0.17	15.05		5.81		18.91	16.4
	0.17	0.17	0		5.81		5.41	4.4
3.64			2.1		5.51		2.02	9
					5.51		2.02	9
4	2	2	4	4	1	1	1	1
11	6	3	20	12	15	4	15	12
32	74	31	147	22	184	28	139	50
40	56	44	476	35	702	98	643	136
1 536	532	532	1 125	1 125	463	463	650	650
748	577	285	1 168	572	1 908	652	1 068	726
3 217	5 247	2 822	9 421	1 954	13 970	2 496	11 632	4 447
2 491	5 256	2 229	10 854	1 395	15 093	2 711	12 405	4 513
19 880	5 392	5 392	16 491	16 491	3 523	3 523	6 775	6 775
23 211	28 791	16 914	65 150	23 181	113 723	23 970	44 904	16 133
9 825	14 332	6 772	20 234	11 092	43 053	9 968	14 074	10 696
3.72	8	4.33	13.54	2.55	19.23	3.69	13.69	4.26
3.66	7.31	3.79	15.34	2.29	20.73	3.99	17.22	5.7
95	99	99	70	100	89	100	75	90
271	781	781	2 093	2 093	4 754	4 754	3 000	2 156
47	642	483	117	17	167	17	157	56
7 809	6 564	5 190	7 713	2 399	10 036	2 568	9 267	4 092
2 897	3 568	2 773	5 587	1 792	3 956	1 115	4 614	2 056
2 843	3 036	2 551	3 872	1 382	3 313	955	3 833	2 172

附录2续表10

指标名称	单位	营口		阜新		辽
		全市	市辖区	全市	市辖区	全市
人民生活、社会保障						
在岗职工平均人数	万人	19.39	15.41	16.93	13.05	17.09
在岗职工工资总额	万元	593 218	484 012	429 145	340 580	547 420
居民收支						
城镇居民人均可支配收入	元		18 055		12 711	
最低20%户人均可支配收入	元		8 005		5 668	
最高20%户人均可支配收入	元		43 556		26 526	
城镇居民人均消费支出	元		12 223		9 047	
(1)食品	元		4 511		3 463	
(2)衣着	元		1 528		1 274	
(3)居住	元		1 409		821	
(4)家庭设备用品及服务	元		819		595	
(5)医疗保健	元		954		759	
(6)交通和通信	元		1 074		795	
(7)教育文化娱乐服务	元		1 160		1 047	
居民生活						
每百户居民家庭拥有:						
(1)家用汽车	辆		3		5	
(2)家用电脑	台		62		50	
(3)固定电话	部		77		76	
(4)移动电话	部		157		180	
(5)互联网用户	户		44		40	
人均住房建筑面积	平方米		28.06		24.25	
居民消费价格指数(上年为100)	%		102.9		102.5	
社会保障						
城镇基本养老保险参保人数	人	635 860	440 246	412 209	323 331	514 602
基本医疗保险参保人数	人	598 515	419 569	816 731	676 671	783 315
失业保险参保人数	人	218 659	160 363	230 510	181 602	209 836
社会福利院数	个	90	52	92	34	30
社会福利院床位数	张	7 798	4 934	4 395	2 395	3 202
社区服务设施数	个	232	192	160	90	291
城镇居民最低生活保障人数	人	82 657	49 358	143 637	137 148	50 979
交通、社会治安						
交通						
交通事故死亡人数	人	115	79	93	48	97
交通事故损失额	万元	74	44	137	92	149
火灾事故死亡人数	人					
火灾事故损失额	万元	30	15	165	61	25
社会治安						
刑事案件立案数	起	1 806	831	4 678	2 962	1 485

阳	盘	锦	铁	岭	朝	阳	葫芦岛	
市辖区	全 市	市辖区	全 市	市辖区	全 市	市辖区	全 市	市辖区
13.48	46.38	24.63	22.04	5.93	23.01	8.42	21.97	15.89
459 724	1 299 816	1 199 409	616 259	51 004	688 980	249 715	572 163	425 672
16 570		21 035		13 730		12 961		17 371
7 526		7 595		5 794		5 812		5 989
33 065		43 619		26 262		27 842		43 403
11 071		13 923		10 323		9 318		10 969
4 202		4 358		3 567		3 479		3 772
1 284		2 035		1 321		1 121		1 132
1 056		996		1 815		1 006		1 065
719		879		805		488		620
767		1 451		718		893		671
1 624		1 963		940		1 239		2 071
960		1 661		850		745		1 136
8		14		2		4		9
50		68		44		42		60
79		83		81		97		80
153		164		120		159		146
40		55		40		35		54
22.74		28.9		26.64		25.96		27.63
102		103		104.3		102.9		102.68
368 805	513 200	216 600	460 059	212 127	337 775	138 450	441 100	92 657
538 807	932 700	818 600	598 947	227 144	849 762	316 821	474 000	60 563
44 382	262 300	241 500	281 900	123 068	233 911	70 316	249 000	50 916
26	33	9	60	16	180	11	84	26
2 972	3 572	3 572	8 467	2 127	8 356	1 095	9 188	2 610
261	191	149	477	302	162	40	723	613
34 682	45 725	19 255	74 520	20 620	157 883	60 446	71 100	22 049
30	175	99	52	14	94		132	60
24	668	636	55	8	45		95	64
			2					
25	38	23	1 079	83	269	154	110	36
942	1 017	659	4 360	2 019	1 826	462	6 621	3 843

附录2续表11

指标名称	单位	营口		阜新		辽
		全市	市辖区	全市	市辖区	全市
犯罪人数	人	2 826	1 468	1 986	912	1 699
青少年人数(年龄16-25周岁)	人	50	14	828	695	249
市政公用事业						
基础设施						
城市维护建设资金支出	万元		99 609		32 162	
年末实有城市道路面积	万平方米		713		461	
排水管道长度	公里		526		259	
供水综合生产能力(包括自备水源)	万立方米/日		47.7		38	
供水总量	万吨		10 095		7 805	
售水量	万吨		5 131		6 427	
居民生活用水量	万吨		2 054		2 277	
用水人口	万人		92.32		77.72	
供气						
供气总量(人工、天然气)	万立方米		1 404		3 080	
家庭用量	万立方米		1 092		1 375	
用气人口	人		460 000		398 800	
液化石油气供气总量	吨		20 000		4 910	
家庭用量	吨		15 000		4 609	
用液化气人口	人		450 000		162 000	
公共交通						
年末实有公共汽(电)车营运车辆数	辆		660		361	
全年公共汽(电)车客运总量	万人次		8 477		5 300	
年末实有出租汽车数	辆		4 835		2 558	
轨道交通线路长度	公里					
轨道交通客运总量	万人次					
绿地						
绿地面积	公顷		3 810		2 799	
公园绿地面积	公顷		959		816	
建成区绿化覆盖面积	公顷		4 117		3 098	
环境保护						
三废综合利用产品产值	万元	25 633		16 817		18 684
工业废水排放量	万吨	3 197		544		2 942
工业废水排放达标量	万吨	3 196		358		2 936
工业二氧化硫去除量	吨	55 692		59 908		67 943
工业二氧化硫排放量	吨	77 072		52 912		30 513
工业烟尘去除量	吨	1 596 373		1 514 400		171 719
工业烟尘排放量	吨	45 221		28 368		13 599
工业固体废物综合利用率	%	99.4		96.25		100
污水集中处理率	%	80		80		78.45
生活垃圾无害化处理率	%	85		67.16		100
空气质量达标(API<100)天数	天	337		353		349

阳	盘锦		铁岭		朝阳		葫芦岛	
市辖区	全市	市辖区	全市	市辖区	全市	市辖区	全市	市辖区
890	1 649	1 186	2 669	414	1 762	504	2 607	1 553
154	407	324	600	111	227	54	629	402
47 757		29 781		13 522		40 227		33 656
998		984		813		373		450
742		555		461		299		844
92.55		30.63		21.4		15.1		37.87
15 846		7 244		4 006		3 048		5 620
14 264		6 064		2 407		1 974		3 151
1 652		2 011		1 181		952		1 355
79.23		65.44		44.1		41.6		46.15
1 180		1 263		3 723		1 697		2 550
951		990		1 911		1 570		1 353
292 900		300 000		340 423		321 000		261 000
11 606		13 504		2 926		5 980		1 000
10 690		13 328		1 380		4 020		870
416 100		354 400		100 532		123 000		101 000
538		419		400		201		409
8 277		9 125		4 121		4 941		5 677.6
3 579		3 238		2 183		3 338		2 877
3 535		2 087		1 542		922		2 807
674		488		437		324		366
3 809		2 343		1 726		922		2 878
	2 519		76 040		6 846		10 056	
	2 446		1 682		3 823		3 230	
	2 303		1 531		2 445		2 521	
	12 765		49 926		17 939		445 418	
	17 561		52 802		41 530		63 011	
	267 218		2 999 867		467 571		1 677 661	
	5 316		31 722		45 750		10 684	
	94.75		67.39		54.09		65.13	
	62.97		74.08		49.6		42.53	
	85.16		85					
	357		354		353			

附录3　2010年各市市辖区基本情况

区　名　称	行政区域土地面积（平方公里）	年末总人口（万人）	当年出生人口（人）	当年死亡人口（人）	年末总户数（万户）	年末单位从业人员数（万人）	# 第二产业	# 第三产业
沈阳市								
和平	61.10	65.63	3 775	4 980	22.63	15.10	3.32	11.79
沈河	58.00	73.53	5 152	5 613	26.29	9.83	1.34	8.49
大东	105.00	70.30	4 790	5 450	25.25	8.71	4.45	4.26
皇姑	66.90	80.85	5 023	5 995	27.97	10.34	3.06	7.27
铁西	483.30	99.92	7 247	7 729	35.32	22.07	15.74	6.33
大连市								
中山	40.10	35.66	2 365	2 539	13.39	13.27	0.98	12.26
西岗	23.94	30.24	1 891	2 266	11.48	9.43	3.38	6.03
沙河口	34.71	65.71	5 065	4 177	23.41	10.06	3.42	6.64
鞍山市								
铁东	28.55	49.88	2 702	3 531	16.83	8.94	1.56	7.37
铁西	15.41	28.86	1 516	2 615	11.19	3.08	1.35	1.72
立山	55.27	42.22	2 034	3 793	15.36	3.89	2.36	1.52
抚顺市								
新抚	30.36	25.26	1 299	1 213	10.12	9.42	6.96	2.46
东洲	226.60	32.72	1 375	3 297	13.87	2.85	1.94	0.91
望花	112.00	31.34	1 583	3 060	12.40	4.30	3.22	1.39
丹东市								
元宝	92.00	18.59	1 203	1 545	7.37	2.21	0.68	1.53
振兴	130.00	42.57	2 664	3 339	15.81	7.41	2.51	4.90
锦州市								
古塔	20.82	25.21	1 897	2 409	9.06	1.35	0.75	0.60
凌河	30.00	37.93	2 082	2 726	13.99	2.49	1.45	0.93
营口市								
站前	70.41	26.87	1 645	1 908	10.81	1.15	0.73	0.42
西市	39.74	16.84	842	1 229	8.64	0.89	0.62	0.27
辽阳市								
白塔	23.97	20.98	1 563	1 439	9.13	4.07	1.80	2.26
文圣	46.00	18.49	1 259	1 346	7.61	2.57	0.86	1.71
宏伟	113.30	14.31	680	501	5.20	3.78	3.11	0.67

注：本表为快报数。

附录3续表1

区 名 称	城镇登记失业人员数（人）	地区生产总值（万元）	第二产业增加值	#制造业	第三产业增加值	地方财政一般预算收入（万元）	各项税收（万元）
沈阳市							
和平	10 245	5 344 244	734 899	135 844	4 608 201	600 225	558 531
沈河	7 836	6 522 197	1 170 554	328 647	5 350 421	621 098	569 000
大东		4 241 491	2 923 151	2 701 415	1 314 004	355 219	322 046
皇姑	7 207	3 200 444	934 796	772 418	2 263 748	280 283	234 405
铁西	11 275.80	8 364 485	5 977 874	5 442 783	2 311 788	784 935	624 007
大连市							
中山		5 078 619	193 866	39 984	4 856 401	185 866	180 009
西岗		2 399 437	979 818	844 995	1 419 619	138 578	127 910
沙河口		2 680 215	763 895	600 997	1 916 320	180 739	165 366
鞍山市							
铁东	859	3 096 816	802 372	289 342	2 294 354	690 828	451 221
铁西	8 605	1 901 778	1 418 346	1 348 436	483 432	45 719	37 519
立山	2 319	2 376 005	1 702 709	1 462 411	671 376	161 870	139 441
抚顺市							
新抚		1 200 823	540 006	233 820	657 017	107 876	83 392
东洲	5 680	1 586 033	1 270 209	841 491	299 522	124 826	113 328
望花	20 403	1 288 091	966 921	865 592	311 184	71 003	63 706
丹东市							
元宝	12 460	377 034	153 433	135 963	214 646	37 137	33 565
振兴	5 095	1 452 913	661 129		775 055	100 653	93 195
锦州市							
古塔	10 220	1 246 017	584 027	439 834	661 633	49 453	46 541
凌河	515	721 052	345 715	88 310	373 442	72 884	69 997
营口市							
站前	1 528	830 123	445 237	356 145	384 886	55 011	41 817
西市	730	520 410	340 129	272 208	180 281	43 920	32 510
辽阳市							
白塔	1 872	827 041	224 178	126 635	600 436	63 283	58 710
文圣	13 502	551 399	105 911	82 671	444 358	42 083	39 775
宏伟	2 166	1 391 904	1 225 334	1 188 092	155 450	100 168	97 376

附录3续表2

区　名　称	地方财政一般预算支出（万元）	一般性公共服务支出	科学技术支出	教育支出	医疗卫生支出	规模以上工业企业数（个）	规模以上工业总产值（现价、万元）
沈阳市							
和平	262 711	60 787	10 000	47 770	18 006	137	742 467
沈河	285 274	63 697	3 365	58 567	15 100	204	1 741 120
大东	212 127	3 359	4 316	43 980	14 246	310	11 764 800
皇姑	178 989	30 481	3 453	47 470	11 242	282	3 151 272
铁西	503 175	30 011	18 695	77 048	18 927	715	22 650 312
大连市							
中山	168 928	17 075	4 281	38 506	8 096	21	70 117
西岗	145 733	30 496	3 132	30 300	6 859	53	3 257 252
沙河口	193 680	25 719	1 470	39 027	12 879	100	1 953 671
鞍山市							
铁东	100 520	15 026	948	18 475	2 382	21	139 532
铁西	46 503	7 930	57	9 327	1 453	66	210 100
立山	64 690	9 762	31	12 026	2 207	269	1 054 400
抚顺市							
新抚	60 326	6 251	200	9 625	2 270	29	854 330
东洲	62 715	15 321	16	8 821	2 843	133	4 578 630
望花	45 017	9 190	74	7 434	2 375	126	3 621 677
丹东市							
元宝	35 100	5 424	182	5 351	1 836	64	151 500
振兴	70 663	11 152	229	8 516	3 175	86	464 339
锦州市							
古塔	52 513	8 918	683	8 367	1 892	44	493 995
凌河	63 038	15 113	379	6 787	2 351	42	
营口市							
站前	54 500	11 640	200	6 205	1 845	233	2 063 532
西市	49 513	21 174	300	6 904	1 093	193	1 285 604
辽阳市							
白塔	36 078	10 027	665	5 565	1 870	40	381 038
文圣	23 921	6 414	386	4 263	2 517	29	262 808
宏伟	59 653	11 992	1 211	10 708	2 503	63	5 644 663

附录3 续表3

区名称	规模以上工业总产值(现价、万元)			规模以上工业从业人员年平均数(万人)	规模以上工业流动资产合计(万元)	规模以上工业固定资产合计(万元)	规模以上工业主营业务收入(万元)	主营业务税金及附加(万元)
	内资企业	港、澳、台商投资企业	外商投资企业					
沈阳市								
和平	628 647	36 176	77 645	2.43	551 487	726 097	778 631	97 338
沈河	1 602 971	63 549	74 600	2.43	794 469	436 581	1 700 160	5 202
大东	5 681 100	211 000	5 872 700	7.20	5 650 300	2 110 500	12 137 000	409 900
皇姑	3 136 258	7 946	7 069	3.56	1 926 048	653 576	2 839 067	43 789
铁西	16 910 076	2 197 053	3 234 684	18.55	11 009 653	5 023 132	20 791 083	68 950
大连市								
中山	64 281	1 144	4 692	0.20	115 220	20 570	70 830	465
西岗	3 238 815		18 437	2.13	8 972 726	1 356 277	3 193 607	5 328
沙河口	1 616 132	40 980	296 560	2.85	1 333 940	1 226 342	2 190 482	7 590
鞍山市								
铁东	116 117	1 851	21 564	0.59	173 025	150 127	139 422	437
铁西	172 400	1 800	35 900	0.67	180 500	58 800	212 000	800
立山	989 600	2 500	62 300	1.76	427 100	210 000	1 070 300	3 700
抚顺市								
新抚	785 461	4 585	65 483	2.17	4 676 364	5 665 455	9 250 201	765 869
东洲	4 451 348	67 149	60 132	4.11	8 958 174	19 377 345	46 155 408	5 589 039
望花	3 618 693	2 190	794	4.01	13 020 989	13 475 290	36 369 257	1 634 768
丹东市								
元宝	367 065	25 556	58 879	0.71	112 196	64 681	432 416	3 156
振兴	200 650	84 483	179 206	1.29	198 059	110 173	489 072	1 557
锦州市								
古塔	345 550	30 185	118 260	0.78	196 041	129 366	503 556	2 184
凌河	217 557		47 356	1.07	159 398	112 342	215 178	4 028
营口市								
站前	1 831 224	93 356	138 951	2.31	162 044	214 172	2 039 735	11 075
西市	1 176 218	47 364	62 022	1.18	177 397	175 791	1 288 742	5 241
辽阳市								
白塔	315 036	7 200	58 802	0.81	280 474	116 353	360 496	2 559
文圣	244 746	0	17 962	1.18	237 369	304 252	277 139	2 559
宏伟	4 057 066	1 057 841	529 756	3.84	3 565 340	1 762 881	5 849 400	381 510

附录3续表4

区　名　称	规模以上工业主营业务成本（万元）	规模以上工业本年应交增值税（万元）	规模以上工业利润总额（万元）	限额以上批发零售贸易业商品销售总额（万元）	社会消费品零售总额（万元）	限额以上批发零售企业数（法人数、个）	限额以上批发零售企业从业人员年平均人数（万人）	限额以上批发零售企业流动资产合计（万元）
沈　阳　市								
和　平	555 562	34 416	-133.7	4 259 016	4 305 885	223	1.84	1 262 495
沈　河	1 466 392	26 568	41 609	8 816 016	5 076 432	227	2.48	2 409 398
大　东	10 310 100	335 500	746 600	2 386 084	1 517 850	134	0.76	641 471
皇　姑	2 433 935	33 115	227 509	2 216 972	1 418 121.6	162	0.83	1 107 565
铁　西	17 491 639	343 124	750 338	6 780 796	3 277 484	238	1.61	1 734 633
大　连　市								
中　山	62 395	978	1 774	10 704 969	3 596 272	269	2.55	3 834 563
西　岗	2 809 742	71 365	233 704	1 910 844	1 484 148	119	0.65	1 060 017
沙河口	1 914 755	56 077	112 555	2 472 313	2 514 252	156	0.98	982 283
鞍　山　市								
铁　东	130 011	3 666	3 717	6 645 903	1 279 680	98	1.00	1 671 675
铁　西	189 300	7 300	7 600	507 596	620 420	78	0.28	164 046
立　山	870 100	26 700	32 200	444 647	301 634	134	0.15	48 497
抚　顺　市								
新　抚	7 341 330	389 747	150 076	1 074 204	1 237 608	39	1.11	130 005
东　洲	37 272 307	1 345 506	558 137	138 629	464 560	21	0.15	11 387
望　花	32 429 809	1 027 785	310 014	144 612.4	409 443	27	0.07	13 709
丹　东　市								
元　宝	386 544	17 090	15 518	570 968	486 197	8	0.11	23 690
振　兴	411 737	15 069	47 155	3 884 082	650 972	65	0.23	1 359 529
锦　州　市								
古　塔	464 817	11 554	13 668	397 460	122 119	28		117 023
凌　河	170 138	8 651	6 124	1 043 929	770 071	23	0.48	739 366
营　口　市								
站　前	1 797 472	49 132	132 545	215 885	414 793	41	0.22	67 613
西　市	997 780	49 521	109 573	156 600	72 579	33	0.10	16 765
辽　阳　市								
白　塔	317 883	11 883	23 819	129 146	528 058	21	0.10	56 689
文　圣	248 241	5 751	1 802	172 757	268 360	19	0.06	31 522
宏　伟	4 802 459	89 793	310 068	378 445	106 498	13	0.03	42 868

附录3续表5

区名称	限额以上批发零售企业固定资产合计（万元）	限额以上批发零售企业主营业务收入（万元）	限额以上批发零售企业主营业务成本（万元）	限额以上批发零售企业主营业务税金及附加（万元）	限额以上批发零售企业本年应交增值税（万元）	限额以上批发零售企业利润总额（万元）	当年实际使用外资金额（万美元）	城镇固定资产投资（万元）
沈阳市								
和平	269 192	3 590 734	3 329 503	6 278	50 573	58 950	66 303	3 774 440
沈河	386 581	7 470 982	6 937 814	48 954	142 435	109 315	76 462	4 306 199
大东	118 523	1 960 375	18 028 824	5 831	31 525	29 180	46 046	3 740 214
皇姑	112 149	1 661 269	1 502 688	19 460	34 253	14 008	33 385	3 773 060
铁西	187 356	5 700 481	5 383 699	9 757	40 544	35 316	92 372	5 422 765
大连市								
中山	332 054	9 827 493	9 069 298	17 054	82 910	149 185	30 000	1 930 575
西岗	114 222	1 724 873	1 460 743	31 854	36 324	108 550	30 000	1 186 016
沙河口	109 485	2 247 889	2 062 565	2 788	18 373	30 123	30 000	1 805 105
鞍山市								
铁东	237 780	5 810 732	5 525 336	23 447	34 288	159 323	32 343	1 572 314
铁西	23 016	433 387	399 866	1 394	12 371	7 435	3 525	797 162
立山	8 061	363 822	316 063	7 790	31 188	14 003	15 000	970 542
抚顺市								
新抚	64 887	898 570	816 846	18 891	10 287	24 261	1 044	378 420
东洲	7 972	118 486	92 794	784	3 251	529	2 800	523 270
望花	18 293	123 601	92 159	34	13 628	2 176	1 103	368 740
丹东市								
元宝	3 229	86 227	77 306	2 525	751	2 057	6 303	439 440
振兴	282 873	3 884 080	3 650 399	14 925	20 029	18 936	5 652	565 236
锦州市								
古塔	15 423	339 710	235 070	8 438	8 496	74 778	4 011	481 000
凌河	141 812	2 518 319	2 291 569	10 668	32 851	-3 400	390	257 857
营口市								
站前	13 667	184 276	152 436	1 628	3 991	15 200	7 114	612 948
西市	12 102	133 848	103 546	5 944	4 958	18 507	2 628	612 948
辽阳市								
白塔	11 428	112 911	107 578	248	1 119	102	358	483 322
文圣	5 496	147 656	119 302	5 183	4 059	15 097	36	370 648
宏伟	3 559	323 457	317 695	68	255	2 773	77 495	681 189

附录3 续表6

区名称	城镇固定资产投资(万元) 房地产开发投资额	住宅	城镇新增固定资产(万元)	商品房屋销售额(万元)	住宅	商品房屋空置面积(万平方米)	普通中学数(所)
沈阳市							
和平	2 424 512	1 447 376	6 552 418	1 344 083	1 153 246	12.47	17
沈河	1 796 695	798 870	2 668 286	687 432	500 745	81.10	23
大东	1 143 339	528 403	1 923 164	500 860	403 714	0.60	29
皇姑	806 871	634 243	3 016 679	570 241	518 929	42.60	32
铁西	2 089 195	1 584 883	2 165 379	2 163 678	1 412 173	38.50	32
大连市							
中山	839 465	505 282	535 092	1 080 352	1 029 278	25.06	13
西岗	348 881	201 623	49 089	197 734	150 186	5.96	11
沙河口	862 259	495 136	840 731	1 115 786	690 841	30.06	19
鞍山市							
铁东	792 514	498 117	810 992	608 012	543 508	15.39	10
铁西	268 558	221 606	519 903	250 285	234 148	13.10	9
立山	258 697	227 591	409 340	463 705	449 045	25.51	15
抚顺市							
新抚	110 762	24 850	107 061	54 006	29 074	2.43	9
东洲	81 976	48 664	133 428	46 308	31 641	0.04	12
望花	99 826	60 417	372 654	100 589	94 668	8.55	11
丹东市							
元宝	310 850		51 300	349 662	245 887	22.49	1
振兴	190 694	187 118	64 000	121 935	114 670		2
锦州市							
古塔	130 984	100 921	305 815	393 214	343 175	0.20	
凌河	204 143	119 443	285 025	209 742	179 339		
营口市							
站前	205 536	166 562	246 321	248 042	232 534	43.06	11
西市	275 100	229 771	256 591	456 175	425 871	0.47	6
辽阳市							
白塔	304 715	215 508	279 319	203 691	179 977	20.87	6
文圣	33 735	28 302	296 133	52 939	49 133	2.01	3
宏伟	62 724	54 828	191 590	77 069	72 909	8.51	7

附录3 续表7

区　名　称	小学数（所）	普通中学专任教师数（人）	小学专任教师数（人）	普通中学在校学生数（人）	小学在校学生数（人）	医院、卫生院数（所）	医院、卫生院床位数（床）
沈阳市							
和平	28	1 810	2 050	15 600	23 600	25	9 139
沈河	34	3 297	2 662	30 600	31 300	57	6 562
大东	35	2 755	2 060	11 100	22 900	135	6 093
皇姑	40	2 543	2 142	19 300	36 500	15	649
铁西	68	3 202	3 152	35 890	45 155	20	1 480
大连市							
中山	24	1 222	1 035	12 400	14 800	8	3 081
西岗	21	783	688	8 000	11 100	12	3 214
沙河口	29	1 363	1 299	14 200	23 800	16	5 204
鞍山市							
铁东	23	1 269	3 102	11 900	19 900	28	3 428
铁西	15	1 093	935	5 800	9 500	8	1 624
立山	20	1 510	833	9 100	13 300	10	3 405
抚顺市							
新抚	12	764	792	5 800	8 700	3	275
东洲	22	825	880	7 300	8 900	15	1 873
望花	15	697	1 003	6 723	8 701	8	1 220
丹东市							
元宝	40	96	436	1 000	5 300	6	20
振兴	18	113	1 052	1 300	12 400	13	360
锦州市							
古塔	10		810		9 400	131	330
凌河	17		1 165		15 600	3	347
营口市							
站前	11	1 053	732	11 900	11 700	25	798
西市	8	541	595	6 000	5 800	6	140
辽阳市							
白塔	12	730	735	9 100	9 500	17	1 102
文圣	9	336	559	3 400	7 500	115	3 540
宏伟	11	728	419	4 200	6 900	4	845

附录3 续表8

区　名　称	医生数（执业医师+执业助理医师）（人）	注册护士（人）	城镇在岗职工年平均人数（万人）	城镇在岗职工工资总额（万元）	城镇基本养老保险参保人数（人）	基本医疗保险参保人数（人）	失业保险参保人数（人）
沈阳市							
和平	3 716	5 408	13.27	655 473	142 963	566 242	183 313
沈河	7 914	4 113	9.58	399 650	696 523	615 264	678 541
大东	2 207	2 559	8.12	340 815	133 932		160 595
皇姑	468	380	9.70	448 718	81 547		115 517
铁西	1 706	1 254	20.99	783 637	382 131		314 185
大连市							
中山	1 715	2 115	11.04	609 356			
西岗	1 849	2 328	8.86	493 333			
沙河口	3 667	3 935	9.34	459 720			
鞍山市							
铁东	1 473	1 808	8.90	306 091	41 230		13 954
铁西	653	942	2.94	65 457	25 100		13 490
立山	1 030	1 305	3.46	88 294	22 736		11 692
抚顺市							
新抚	135	141	9.19	407 493	40 775	27 931	4 504
东洲	531	338	2.80	84 774	65 893	94 554	8 709
望花	294	486	4.20	12.8	47 311	45 000	51 967
丹东市							
元宝	99	55	2.11	51 402	43 000	21 200	
振兴	114	92	7.14	192 425			
锦州市							
古塔	250	228	1.26	23 526	5 719	15 759	7 980
凌河	300	32	2.51	47 665	12 493	110 926	8 816
营口市							
站前	724	311	1.14	20 558	25 658		111 917
西市	157	145	0.89	19 547	17 203		8 893
辽阳市							
白塔	1 136	1 298	4.20	117 757	3 245	3 258	1 219
文圣	1 091	1 711	2.65	69 173	27 471	57 600	650
宏伟	176	219	4.00	183 620	62 917	60 245	33 264

附录3续表9

区 名 称	社会福利院 数（个）	社会福利院床 位 数（张）	社区服务设 施 数（个）	城镇居民最低生活保障人数（人）	交通事故死亡人数（人）	交通事故损 失 额（万元）	刑事案件立 案 数（起）
沈 阳 市							
和 平	1	100	16 551	14 478	15	81	8 045
沈 河	12	987	24 154	141 055	298	854	9 854
大 东	11	180		21 404	48	92	1 190
皇 姑	10	1 110	7 785	16 712	39	300	6 970
铁 西	2	577	597	17 675	129	1 494	2 633
大 连 市							
中 山	12	687	60	6 572	6	25	367
西 岗	17	1 198	49	7 955	10	19	330
沙 河 口	31	2 014	98	14 867	21	111	542
鞍 山 市							
铁 东	4	267	750	12 055	9	44	527
铁 西	7	464	152	15 060	8	3	237
立 山	13	1 496	504	16 175	14	17	236
抚 顺 市							
新 抚	8	950	22 210	21 310			1 420
东 洲	18	1 336	372	51 924			239
望 花	17	803	81	31 173	13	67	215
丹 东 市							
元 宝	9	853	31	10 128			168
振 兴	10	529	3	14 648			1 586
锦 州 市							
古 塔			48	16 921			151
凌 河	2	45	63	25 795			196
营 口 市							
站 前	16	946		21 555	14	2	187
西 市	18	908		18 676	9	2	101
辽 阳 市							
白 塔				15 230	4	20	187
文 圣			32	10 924	5	20	101
宏 伟	4	500	50	3 020	6	5	78

附录3 续表10

区　名　称	犯罪人数（人）	工业废水排放量（万吨）	工业废水排放达标量（万吨）	工业二氧化硫去除量（吨）	工业二氧化硫排放量（吨）	工业烟尘去除量（吨）	工业烟尘排放量（吨）	工业固体废物综合利用率（%）
沈阳市								
和平	1 747	68.0	68.0	764	8 200	56 907	6 446	100.00
沈河	1 122	110.0	110.0	1 584	5 315	69 496	2 930	100.00
大东	1 553	634.0			8 491		4 487	98.45
皇姑	1 734	244.4	244.4	2 379	5 681	42 067	7 069	99.57
铁西	1 867	3 273.0	3 273.0	5 518	10 593	128 371	7 815	84.37
大连市								
中山	577	6.9	5.3	128	5 298	71 046	468	99.22
西岗	477	221.2	148.4	14 065	6 103	4 350	1 142	73.33
沙河口	862	259.8	212.6	11 968	11 357	224 036	5 020	99.93
鞍山市								
铁东	804	3.1	3.1	12	630	1 288	481	100.00
铁西	380	67.0	66.0	119	155	692	103	96.14
立山	466	70.0	67.0	25	933	1 700	593	100.00
抚顺市								
新抚	502	3.9			22 450	250	720	
东洲	318	50.0		72	1 362	3 620	2 901	100.00
望花	306	575.0	575.0	1 519	15 627	99 413	3 599	99.00
丹东市								
元宝	266							
振兴	386							
锦州市								
古塔	190	558.0	558.0	11 447	5 902	69 553	1 154	100.00
凌河	303	153.0	150.0	326	1 484	1 438	447	100.00
营口市								
站前	266							
西市	104							
辽阳市								
白塔	401				5	10	2	
文圣	161			4 274			2 176	100.00
宏伟	117	1 353.0	1 339.0	16	100	78	167	100.00

附录4 沈阳经济区主要经济指标

年 份	年末总人口（万人）	生产总值（亿元）	全社会固定资产投资（亿元）	社会消费品零售总额（亿元）	实际利用外商直接投资（亿美元）	出口总额（亿美元）	地方财政一般预算收入（亿元）
2000	2 311.5	2 433.5	625.6	1 059.7	10.4	24.6	136.0
2001	2 316.9	2 670.9	720.6	1 169.2	13.3	22.6	166.5
2002	2 319.1	2 985.6	873.1	1 299.6	20.0	26.1	182.5
2003	2 320.5	3 420.2	1 173.5	1 377.2	29.8	34.9	178.1
2004	2 327.8	4 161.6	1 784.3	1 554.8	30.0	52.7	228.0
2005	2 334.8	4 907.6	2 479.2	1 762.0	24.1	61.2	289.6
2006	2 343.8	5 790.6	3 256.4	2 016.7	34.8	78.5	353.8
2007	2 354.1	7 059.3	4 297.4	2 367.3	57.1	97.9	467.0
2008	2 359.4	8 539.3	5 739.0	2 899.9	68.0	132.3	601.8
2009	2 363.5	9 694.9	7 237.8	3 428.4	81.2	81.6	719.1
2010	2 363.3	11 737.0	9 130.5	3 941.0	82.7	112.6	1 088.0

附录5　沿海经济带主要经济指标

年　　份	年末总人口（万人）	生产总值（亿元）	全社会固定资产投资（亿元）	社会消费品零售总额（亿元）	实际利用外商直接投资（亿美元）	出口总额（亿美元）	地方财政一般预算收入（亿元）
2000	1 715.8	2 040.7	580.1	807.5	16.4	87.4	125.5
2001	1 722.9	2 226.3	623.3	888.3	19.4	92.6	154.2
2002	1 729.5	2 470.3	727.6	985.2	21.0	102.1	160.8
2003	1 733.9	2 843.3	943.9	987.4	28.2	116.8	176.6
2004	1 738.1	3 373.2	1 260.7	1 125.3	25.5	142.6	190.5
2005	1 746.1	3 915.3	1 822.7	1 280.0	12.5	180.7	231.8
2006	1 757.7	4 632.0	2 366.2	1 466.4	25.9	213.5	304.8
2007	1 769.9	5 533.2	3 176.8	1 719.3	34.8	264.9	406.2
2008	1 779.6	6 726.4	4 245.7	2 087.5	54.9	300.5	518.0
2009	1 784.9	7 613.7	5 450.5	2 467.4	77.5	260.1	636.3
2010	1 784.7	9 259.9	7 349.2	2 901.9	132.3	335.4	898.8

附录6 辽西北主要经济指标

年份	年末总人口（万人）	生产总值（亿元）	全社会固定资产投资（亿元）	社会消费品零售总额（亿元）	实际利用外商直接投资（亿美元）	出口总额（亿美元）	地方财政一般预算收入（亿元）
2000	824.8	282.0	98.3	134.8	0.5	0.7	15.8
2001	826.1	310.9	110.0	147.5	0.9	0.8	19.3
2002	827.5	350.6	123.7	159.9	1.1	0.9	20.2
2003	828.9	413.8	160.1	171.4	1.6	1.3	21.4
2004	830.1	514.9	201.6	198.8	1.2	2.5	25.1
2005	834.0	620.0	266.2	226.6	0.3	3.4	39.9
2006	837.6	739.1	443.9	260.7	0.8	4.0	40.2
2007	838.7	936.6	643.3	306.8	1.5	5.3	55.8
2008	839.3	1 206.5	1 000.3	378.7	2.2	6.1	79.5
2009	841.0	1 411.8	1 352.9	448.0	3.1	9.0	108.7
2010	836.7	1 757.4	1 809.5	592.8	4.8	9.9	176.4

附录7　2010年各市农业县区基本情况

县(市)区名称	行政区域土地面积(平方公里)	乡(镇)个数(个)	年末总人口(万人)	当年出生人口(人)	当年死亡人口(人)	乡村人口(万人)	年末总户数(户)
苏家屯区	782		42.8	3 078	3 813	22.9	156 293
东陵区	600		37.7	3 147	1 370	28.7	150 010
沈北新区	892	7	31.9	1 864	2 391	20.7	106 930
于洪区	499	4	31.1	3 169	2 243	18.0	113 479
辽中县	1 470	20	47.6	4 060	2 641	45.1	164 307
康平县	2 175	15	35.4	3 218	5 043	28.1	118 004
法库县	2 290	19	44.8	3 186	1 982	38.7	138 252
新民市	3 352	24	69.9	6 009	5 152	58.5	241 677
甘井子区	492		67.0	5 719	4 378	15.0	256 813
旅顺口区	405		20.5	1 117	1 549	11.4	81 340
金州区	1 042		60.3	4 166	4 748	25.3	216 979
长海县	119	5	7.3	423	995	6.4	26 293
瓦房店市	3 794	21	100.0	7 718	8 917	72.6	354 109
普兰店市	2 896	17	93.0	5 931	9 027	71.3	324 938
庄河市	4 086	21	90.5	5 719	8 335	70.9	285 067
千山区	503	8	25.9	2 499	3 257	16.3	91 269
台安县	1 394	11	38.1	3 812	3 292	32.0	131 961
岫岩县	4 502	22	51.9	5 487	7 878	42.4	151 857
海城市	2 732	29	114.9	13 254	12 761	90.8	369 966
顺城区	278	3	42.6	2 316	3 369	5.7	161 249
抚顺县	2 340	12	18.7	1 356	4 935	18.2	65 241
新宾县	4 287	15	30.1	2 010	1 474	24.5	100 492
清原县	3 921	14	33.7	2 466	3 422	26.1	120 074
平山区	179		33.4	1 362	913	1.7	121 500
溪湖区	478	1	21.4	1 107	1 061	1.3	88 833
明山区	400	1	33.1	1 978	3 095	3.7	121 217
南芬区	619	2	7.9	455	908	3.1	31 591
本溪县	3 343	10	29.3	2 931	5 762	18.6	101 481
桓仁县	3 551	11	30.2	2 438	2 755	21.4	105 008
振安区	664	5	17.7	1 224	1 919	10.8	63 415
宽甸县	6 115	21	43.5	3 991	6 270	34.4	140 083
东港市	2 399	15	60.8	3 575	4 280	49.7	194 055
凤城市	5 513	18	58.2	3 782	8 038	41.6	198 832
太和区	292	4	16.4	1 414	3 282	10.8	59 706
黑山县	2 487	21	62.5	5 148	7 370	49.1	216 525
义县	2 476	17	43.3	3 603	8 641	36.6	133 031
凌海市	2 585	18	53.0	5 211	7 124	44.4	178 779
北镇市	1 694	17	52.3	4 058	6 890	43.9	157 589
鲅鱼圈区	259	3	35.2	5 039	1 166	13.4	136 207

注:本表为快报数。

附录7续表1

县(市)区名称	行政区域土地面积(平方公里)	乡(镇)个数(个)	年末总人口(万人)	当年出生人口(人)	当年死亡人口(人)	乡村人口(万人)	年末总户数(户)
老边区	305	3	12.6	1 125	1 397	9.3	51 165
盖州市	2 946	19	72.9	8 935	13 330	61.7	250 517
大石桥市	1 598	13	72.2	7 299	9 679	55.9	259 914
海州区	98	1	27.4	1 317	1 109	2.1	100 432
新邱区	142	1	8.8	337	441	3.1	35 777
太平区	98	1	16.8	714	1 411	1.2	67 244
清河门区	98	2	7.1	289	388	2.9	28 329
细河区	110	1	14.0	789	1 210	2.7	56 044
阜新县	6 300	35	72.8	6 000	4 300	68.4	221 038
彰武县	3 641	24	41.5	3 225	4 876	35.1	141 760
弓长岭区	292	2	8.7	871	771	2.6	35 217
太子河区	175	3	13.2	1 366	725	8.0	44 715
辽阳县	2 745	17	57.0	6 976	10 765	49.3	198 934
灯塔市	1 333	13	51.4	4 298	2 352	41.0	186 518
双台子区	118		19.6	1 620	867	2.5	71 184
兴隆台区	214	1	41.3	3 187	1 611	2.5	150 493
大洼县	1 683	15	40.3	5 397	2 669	33.6	151 735
盘山县	2 065	14	29.8	3 319	2 632	29.7	100 272
银州区	78	1	32.0	2 101	2 525	4.7	119 230
清河区	465	3	9.7	818	1 487	6.4	32 917
铁岭县	2 249	14	39.0	3 114	4 818	36.4	134 447
西丰县	2 685	18	34.7	2 640	4 408	27.8	120 171
昌图县	4 317	33	104.2	4 537	10 707	84.8	344 672
调兵山市	262	3	24.1	1 589	1 537	6.7	90 680
开原市	2 838	18	58.6	4 786	9 194	43.4	198 361
双塔区	500	4	39.0	4 680	2 273	9.2	131 092
龙城区	624	6	18.0	2 537	1 431	12.0	56 457
朝阳县	3 762	27	56.8	4 311	2 983	56.1	168 844
建平县	4 868	24	58.5	8 827	8 725	48.0	198 821
喀左县	2 238	21	42.6	5 391	5 381	37.3	137 155
北票市	4 469	27	58.5	5 313	3 872	36.9	220 484
凌源市	3 278	22	65.0	8 041	8 803	52.1	210 824
连山区	1 616	15	64.0	7 471	8 450	33.9	231 085
龙港区	172	1	22.2	1 777	1 634	3.3	88 807
南票区	512	4	14.3	2 096	1 861	7.8	53 675
绥中县	2 763	25	63.6	5 592	13 380	54.1	217 236
建昌县	3 195	28	63.0	11 520	10 631	54.4	186 468
兴城市	2 116	20	55.1	3 481	2 549	41.5	194 145

附录7续表2

县(市)区名称	年末总户数(户)	年末单位			乡村从业		城镇登记失业人员数(人)
	乡村户数(户)	从业人员数(人)	#第二产业	#第三产业	人员数(人)	#农林牧渔业	
苏家屯区	74 894	37 979	22 570	15 155	115 562	51 089	3 293
东陵区	135 019	31 994	10 781	21 075	210 529	57 110	1 500
沈北新区	64 746	70 975	47 091	22 358	98 417	50 104	1 505
于洪区	103 542	23 926	4 529	19 390	159 008	29 020	2 848
辽中县	153 384	17 772	3 023	9 450	246 014	125 071	1 203
康平县	84 355	14 683	1 338	12 999	117 390	73 070	1 213
法库县	115 062	14 487	1 911	12 028	225 720	144 303	929
新民市	180 430	22 897	3 035	18 619	259 716	177 864	4 631
甘井子区	55 591	122 992	82 668	39 432	70 395	9 799	34 262
旅顺口区	45 099	49 144	31 600	16 725	67 614	22 104	4 515
金州区	92 298	231 485	186 378	44 705	128 095	50 434	8 745
长海县	21 648	8 102	347	3 935	31 092	19 175	3 739
瓦房店市	233 646	39 988	16 023	22 938	377 833	194 437	5 226
普兰店市	241 748	55 470	34 907	20 088	356 990	183 563	5 309
庄河市	216 315	37 849	18 352	19 062	374 310	162 078	5 994
千山区	53 723	22 147	12 150	9 451	79 769	27 270	449
台安县	90 224	21 753	5 497	11 344	192 146	120 587	1 785
岫岩县	117 216	22 682	4 814	17 576	218 539	131 584	9 690
海城市	269 777	50 871	13 900	35 613	432 117	191 697	12 206
顺城区	20 351	45 515	27 309	18 205	33 739	13 841	5 579
抚顺县	58 630	8 066	1 375	5 534	119 167	72 243	93
新宾县	71 869	11 978	2 204	8 971	137 707	89 210	5 304
清原县	82 238	19 485	5 151	10 646	151 121	99 560	523
平山区	5 733	168 852	125 415	43 238	9 560	4 228	3 603
溪湖区	4 145	17 214	7 177	6 556	6 735	1 958	7 428
明山区	11 485	68 392	42 541	25 438	22 945	9 285	1 562
南芬区	9 648	5 600	3 700	1 800	17 648	8 288	2 200
本溪县	54 533	14 541	3 126	10 465	98 774	46 329	2 621
桓仁县	57 748	14 572	6 412	7 030	117 885	64 772	1 954
振安区	34 045	21 986	7 148	3 953	60 316	29 184	1 033
宽甸县	97 209	18 108	4 748	13 012	186 703	117 961	1 752
东港市	155 645	27 219	5 604	19 653	265 503	147 356	4 051
凤城市	123 375	24 634	7 947	16 531	232 360	137 953	5 898
太和区	36 233	17 111	11 611	5 469	52 692	27 474	7 778
黑山县	154 881	16 881	2 656	13 958	276 196	181 190	1 503
义县	105 738	11 844	374	11 079	176 828	110 187	1 575
凌海市	139 231	24 350	2 128	13 369	236 413	143 625	1 012
北镇市	130 469	14 409	571	11 661	214 569	157 196	1 641
鲅鱼圈区	44 715	38 919	25 726	13 181	65 613	31 424	3 794

附录7 续表3

县(市)区名称	年末总户数(户)	年末单位			乡村从业		城镇登记失业人员数(人)
	乡村户数(户)	从业人员数(人)	#第二产业	#第三产业	人员数(人)	#农林牧渔业	
老边区	35 342	8 246	151	7 633	60 019	19 984	913
盖州市	187 805	16 769	2 383	14 033	329 490	184 268	9 000
大石桥市	176 038	22 991	4 069	18 750	291 485	113 493	2 889
海州区	6 429	14 560	5 270	6 378	10 750	2 698	5 126
新邱区	10 364	4 610	1 867	2 703	18 135	5 131	470
太平区	7 440	6 740	1 430	4 996	11 863	4 694	8 199
清河门区	8 859	7 058	4 700	2 258	12 398	6 517	7 100
细河区	8 413	3 048	141	2 906	14 997	4 312	10 866
阜新县	199 384	23 335	1 820	19 522	384 777	323 122	3 970
彰武县	103 141	16 115	1 617	13 714	198 468	136 348	4 218
弓长岭区	9 654	4 440	1 230	3 176	14 134	4 409	920
太子河区	26 423	22 036	8 394	8 922	41 327	18 607	1 067
辽阳县	161 817	22 165	10 012	11 830	243 625	135 524	6 223
灯塔市	132 280	13 223	995	7 609	220 735	149 860	1 815
双台子区	9 363	15 354	3 888	11 417	12 373	4 059	19 404
兴隆台区	7 960	246 985	64 080	167 105	15 706	9 235	29 721
大洼县	106 249	185 145	26 208	22 186	186 154	110 154	5 422
盘山县	98 309	69 425	3 229	12 017	168 658	113 164	1 617
银州区	14 524	43 299	13 883	29 207	25 548	7 302	47 279
清河区	19 681	9 928	5 144	4 666	29 750	17 906	570
铁岭县	114 216	21 333	3 642	17 342	170 134	103 659	359
西丰县	81 555	13 844	1 391	11 141	114 277	75 335	2 950
昌图县	248 425	39 611	996	20 952	344 783	211 056	16 856
调兵山市	22 072	62 171	51 360	10 811	34 331	17 628	1 297
开原市	126 695	23 596	4 570	18 446	218 241	129 929	2 180
双塔区	29 099	12 457	1 860	7 768	52 178	23 164	4 925
龙城区	38 850	14 577	7 222	7 298	67 892	33 321	3 250
朝阳县	162 544	24 880	3 766	17 163	314 950	188 083	1 905
建平县	139 800	22 711	3 980	17 303	258 061	152 579	2 237
喀左县	112 386	23 584	6 940	15 228	205 574	107 499	1 757
北票市	133 926	30 147	11 109	18 640	216 352	119 596	3 809
凌源市	151 365	35 023	13 666	18 925	275 189	152 913	20 897
连山区	111 782	50 713	31 829	18 146	152 477	82 754	731
龙港区	13 260	60 780	27 559	33 088	18 426	7 112	8 419
南票区	24 889	10 423	7 174	3 157	31 176	15 876	1 487
绥中县	163 575	21 058	2 490	16 496	277 922	193 432	1 806
建昌县	148 713	38 782	563	37 567	290 500	148 524	1 130
兴城市	128 382	27 261	7 371	19 327	194 955	118 052	5 260

附录7 续表4

县(市)区名称	生产总值（万元）	第一产业增加值（万元）	农业	林业	牧业	渔业	农林牧渔服务业
苏家屯区	2 384 406	228 000	91 462	886	125 980	4 492	5 180
东陵区	3 451 457	65 200	44 799	1 216	18 526	513	146
沈北新区	3 742 614	263 000	119 328	616	126 002	5 324	11 730
于洪区	3 248 585	90 000	44 010	2 125	35 537	4 833	3 495
辽中县	2 622 416	509 000	185 882	12 426	234 680	40 253	35 759
康平县	1 310 497	239 000	79 925	4 680	138 148	675	15 572
法库县	1 760 980	306 000	118 707	12 338	159 318	1 960	13 677
新民市	2 632 433	522 000	260 190	1 961	211 450	33 403	14 996
甘井子区	7 084 607	96 119	15 696	1 537	5 979	67 192	5 715
旅顺口区	1 800 835	139 560	30 897	1 200	10 206	79 681	17 576
金州区	11 004 248	416 550	175 107	1 341	79 068	113 668	47 366
长海县	534 482	329 195	583	264	598	295 900	31 850
瓦房店市	6 501 921	712 990	300 928	4 372	148 991	191 073	67 626
普兰店市	5 364 873	765 934	279 495	6 627	224 067	192 395	63 350
庄河市	5 006 982	864 918	193 524	11 305	164 366	455 572	40 151
千山区	2 081 782	57 716	29 584	25	25 050	1 807	1 250
台安县	1 728 459	280 103	134 095	450	123 857	19 890	1 811
岫岩县	1 546 325	198 429	113 046	1 010	76 641	5 732	2 000
海城市	6 600 907	390 400	179 014	452	191 772	14 162	5 000
顺城区	1 381 984	50 750	13 235	593	36 000	641	281
抚顺县	911 010	141 272	68 173	11 537	47 687	11 929	1 946
新宾县	766 079	152 416	75 783	22 116	29 659	22 434	2 424
清原县	940 296	152 725	57 840	37 973	17 426	38 436	1 050
平山区	1 435 187	9 473	2 857	922	5 133	66	495
溪湖区	954 006	31 910	12 216	2 178	14 953	1 479	1 084
明山区	1 064 232	42 301	19 868	8 515	12 608	438	872
南芬区	360 200	29 629	7 751	3 265	14 243	3 301	1 069
本溪县	1 180 917	149 376	48 772	49 968	32 471	16 481	1 684
桓仁县	1 144 954	170 786	72 410	52 495	26 818	17 011	2 052
振安区	563 116	46 693	36 635	1 148	6 527	1 635	748
宽甸县	1 418 418	182 192	69 646	11 964	40 518	54 459	5 605
东港市	3 376 008	490 884	154 336	877	45 993	275 578	14 100
凤城市	2 729 783	214 399	87 577	25 660	72 464	21 387	7 311
太和区	835 624	76 554	53 737	184	21 181	785	667
黑山县	1 219 926	381 517	160 054	2 514	207 926	5 808	5 215
义县	740 994	155 935	62 432	710	91 512	444	837
凌海市	1 797 092	395 048	177 411	1 865	124 704	84 744	6 324
北镇市	1 000 631	361 258	259 330	287	93 085	5 432	3 124
鲅鱼圈区	4 000 053	79 861	22 035	3 870	10 114	43 442	400

附录7 续表5

县(市)区名称	生产总值（万元）	第一产业增加值（万元）	农业	林业	牧业	渔业	农林牧渔服务业
老边区	2 000 698	110 611	15 653	1 910	29 693	60 820	2 535
盖州市	1 600 113	259 577	119 099	5 319	59 489	72 540	3 130
大石桥市	4 101 786	315 076	153 252	3 624	111 470	45 760	970
海州区	405 836	6 093	1 750	96	4 171		76
新邱区	165 366	11 113	4 799	1 855	4 292		167
太平区	226 356	7 484	910	148	6 361		65
清河门区	132 654	11 046	3 292	529	7 007		218
细河区	243 872	7 208	3 586	1 065	2 391		166
阜新县	965 892	493 812	291 408	16 685	171 974	1 046	12 699
彰武县	735 441	385 172	226 634	26 083	121 505	2 588	8 362
弓长岭区	522 497	13 576	3 909	1 130	7 999	509	29
太子河区	487 974	26 474	10 993	11	14 500	390	580
辽阳县	1 916 898	200 704	77 846	3 608	85 383	32 667	1 200
灯塔市	1 697 714	203 062	76 861	1 595	91 743	25 738	7 125
双台子区	914 709	6 226	2 027	26	1 891	2 121	161
兴隆台区	2 340 432	15 380	11 559	130	2 601	680	410
大洼县	1 963 022	454 401	214 569	1 771	41 604	187 660	8 797
盘山县	1 220 519	339 219	155 138	798	61 653	117 914	3 716
银州区	699 106	7 719	4 127	184	2 786	423	199
清河区	608 441	28 250	10 169	2 278	14 818	721	264
铁岭县	2 253 484	233 771	103 679	15 043	109 751	4 783	515
西丰县	626 193	179 577	77 089	12 079	87 985	2 212	212
昌图县	1 966 083	544 081	241 698	12 947	279 275	5 299	4 862
调兵山市	1 381 198	53 723	21 601	514	31 027	528	53
开原市	3 113 282	352 026	141 185	21 745	182 392	6 200	504
双塔区	1 077 673	40 998	20 017	2 261	16 598		2 122
龙城区	444 126	75 441	30 741	16 289	27 551	60	800
朝阳县	985 962	238 591	128 278	13 359	85 966	322	10 666
建平县	1 353 773	231 753	103 553	37 000	85 000	200	6 000
喀左县	864 350	217 600	150 566	12 194	51 490	350	3 000
北票市	1 604 908	287 497	160 394	11 347	113 168	347	2 241
凌源市	1 339 016	263 523	177 565	8 800	73 358	800	3 000
连山区	1 561 599	154 138	58 732	385	89 306	2 800	2 915
龙港区	563 456	19 100	4 712	11	1 087	12 884	406
南票区	156 486	22 982	13 068	505	8 959		450
绥中县	901 621	286 463	116 038	2 872	80 050	81 288	6 215
建昌县	497 293	110 255	44 118	4 125	57 883	562	3 567
兴城市	753 338	123 206	21 980	1 425	26 516	70 724	2 561

附录7续表6

县(市)区名称	生产总值(万元)			地方财政一般预算收入(万元)	各项税收(万元)	地方财政一般预算支出(万元)		
	第二产业增加值(万元)	工业	第三产业增加值(万元)				农林水事务支出	科学技术支出
苏家屯区	1 366 739	1 246 739	789 667	130 241	106 338	141 648	14 669	435
东陵区	2 619 622	2 571 755	766 635	77 906	64 106	100 263	17 556	2 545
沈北新区	2 692 972	2 640 972	786 642	274 723	242 301	293 265	21 108	957
于洪区	2 094 719	1 976 727	1 063 866	284 047	228 540	205 605	16 020	770
辽中县	1 469 236	1 404 236	644 180	110 373	70 392	180 606	16 302	731
康平县	707 157	650 157	364 340	90 811	69 614	153 998	18 010	253
法库县	1 077 688	1 060 688	377 292	101 379	76 224	182 175	32 002	626
新民市	1 501 674	1 427 674	608 759	118 466	80 312	211 752	39 166	506
甘井子区	5 105 546	4 557 284	1 882 942	346 389	909 076	381 088	11 561	4 459
旅顺口区	1 041 959	959 527	619 316	182 789	151 888	199 293	10 086	2 959
金州区	7 909 061	6 775 119	2 678 637	825 934	617 010	900 615	25 592	49 782
长海县	63 851	52 921	141 436	25 008	10 179	49 517	4 186	467
瓦房店市	3 960 675	3 766 022	1 828 256	355 796	378 382	444 171	34 189	1 277
普兰店市	3 230 350	2 954 719	1 368 589	216 230	253 717	282 060	15 529	790
庄河市	2 928 269	2 558 231	1 213 795	250 158	238 360	328 083	24 877	2 626
千山区	1 510 034	1 439 222	514 032	141 284	108 026	131 964	9 472	696
台安县	884 107	823 084	564 249	55 639	65 665	121 721	20 911	279
岫岩县	859 283	815 041	488 613	66 366	70 574	150 089	28 526	481
海城市	3 368 615	2 910 000	2 841 892	310 166	321 078	399 015	38 871	1 036
顺城区	566 125	372 324	765 109	106 077	97 105	76 081	2 564	261
抚顺县	452 192	416 169	317 546	58 000	83 643	109 419	18 109	687
新宾县	303 193	289 948	310 470	52 188	43 081	128 893	31 354	835
清原县	491 100	459 153	296 471	72 089	106 066	148 103	35 097	2 126
平山区	394 291	202 300	1 031 423	61 425	62 654	57 426	1 828	857
溪湖区	668 970	620 545	253 126	166 297	138 525	175 115	3 916	1 516
明山区	448 909	236 000	573 022	62 133	56 904	67 530	3 508	813
南芬区	244 374	234 273	86 197	33 972	28 800	28 786	3 091	153
本溪县	663 553	632 804	367 988	90 002	106 554	169 336	25 636	1 985
桓仁县	581 682	541 087	392 486	71 018	87 104	153 264	31 431	2 046
振安区	367 808	329 545	148 615	50 119	64 912	65 046	9 291	401
宽甸县	752 593	682 120	483 633	103 447	105 098	188 998	41 947	469
东港市	1 629 963	1 498 429	1 255 161	167 377	156 779	261 532	37 349	1 486
凤城市	1 435 200	1 294 568	1 080 184	167 381	165 482	252 353	27 047	393
太和区	606 639	561 655	152 431	62 300	59 559	68 590	7 750	898
黑山县	366 658	355 047	471 751	63 000	87 851	181 592	23 599	241
义县	403 361	400 227	181 698	53 400	38 780	138 149	29 715	1 986
凌海市	996 317	978 910	405 727	158 998	148 288	201 168	60 652	1 946
北镇市	328 505	312 139	310 868	53 701	64 716	145 961	22 241	1 136
鲅鱼圈区	2 502 107	2 317 283	1 418 085	273 324	298 596	266 174	7 259	

附录7 续表7

县(市)区名称	生 产 总 值(万元)			地方财政一般预算收入(万元)	各项税收(万元)	地方财政一般预算支出(万元)		
	第二产业增加值(万元)	工 业	第三产业增加值(万元)				农林水事务支出	科学技术支出
老边区	1 585 611	1 519 942	304 476	100 847	122 633	112 439	11 941	2 043
盖州市	766 454	705 929	574 082	85 084	83 086	182 558	22 272	305
大石桥市	2 552 306	2 491 688	1 234 404	213 681	262 373	243 379	24 276	3 952
海州区	162 679	94 536	237 064	24 525	21 029	37 671	665	8
新邱区	99 202	91 187	55 051	12 003	22 103	21 712	337	1
太平区	134 401	101 026	84 471	15 252	13 867	26 972	1 274	1
清河门区	74 349	70 286	47 259	10 334	22 666	21 610	581	50
细河区	122 471	80 812	114 193	16 377	15 219	26 480	1 571	56
阜新县	245 301	223 860	226 779	46 338	35 870	167 793	40 015	106
彰武县	136 092	122 122	214 177	35 620	31 693	129 691	31 286	242
弓长岭区	371 297	367 393	137 624	70 007	55 126	89 397	6 241	312
太子河区	219 844	150 508	241 656	40 118	37 347	28 767	3 284	591
辽阳县	1 408 249	1 390 482	307 945	126 666	91 502	174 698	18 818	3 426
灯塔市	1 160 292	1 138 756	334 360	148 455	217 330	161 473	17 491	2 027
双台子区	583 004	481 382	325 479	43 847	54 851	45 350	1 023	390
兴隆台区	1 023 653	748 529	1 301 399	139 366	190 983	124 839	3 972	3 547
大洼县	1 163 487	1 059 093	345 134	165 000	180 872	262 286	60 792	284
盘山县	594 348	584 240	286 952	85 169	105 985	166 685	39 401	2 515
银州区	286 731	249 004	404 656	58 303	34 748	68 892	1 432	101
清河区	409 184	384 445	171 007	40 023	31 997	61 080	12 723	405
铁岭县	1 499 527	1 435 875	520 186	156 842	127 227	166 393	28 275	3 216
西丰县	253 121	229 061	193 495	47 062	29 411	106 241	19 431	262
昌图县	624 113	570 019	797 889	56 237	45 018	197 678	35 560	1 419
调兵山市	953 206	899 937	374 269	135 066	112 738	113 337	4 514	2 214
开原市	2 039 981	1 951 266	721 275	207 685	133 707	286 024	46 035	5 677
双塔区	373 870	271 240	662 805	36 918	46 283	57 979	4 549	520
龙城区	248 128	186 737	120 557	32 965	26 608	54 345	6 547	218
朝阳县	455 145	391 986	292 226	85 900	140 934	182 011	30 541	1 104
建平县	738 986	688 890	383 034	117 624	169 523	227 472	38 253	845
喀左县	402 512	363 136	244 238	50 418	43 209	137 027	23 893	1 159
北票市	908 862	832 294	408 549	106 008	148 894	246 847	36 682	215
凌源市	670 081	629 871	405 412	74 746	88 789	154 856	20 952	1 085
连山区	924 222	805 935	483 239	132 458	112 456	124 193	12 377	995
龙港区	326 561	209 427	217 795	134 670	126 365	67 719	1 668	130
南票区	93 018	86 481	40 486	16 006	11 043	56 645	4 327	181
绥中县	239 444	174 219	375 714	71 088	48 069	147 294	25 822	2 005
建昌县	206 622	184 000	180 416	45 052	22 933	131 678	21 011	904
兴城市	266 683	245 580	363 449	54 144	58 566	126 269	17 053	1 705

附录7续表8

县(市)区名称	地方财政一般预算支出(万元)		年末金融机构各项存款余额(万元)		年末金融机构各项贷款余额(万元)		农业机械总动力(万千瓦特)
	医疗卫生支出	教育支出		居民储蓄存款余额		农业贷款	
苏家屯区	10 914	35 168	1 483 211	982 262	488 640	155 830	31.0
东陵区	7 569	29 592	1 092 187	1 021 040	493 698	4 569	21.0
沈北新区	8 243	43 429	1 472 513	836 184	1 195 052	285 500	30.1
于洪区	8 769	40 300	1 943 107	979 699	931 453	56 742	25.6
辽中县	13 450	51 800	857 146	677 363	399 690	133 978	32.3
康平县	11 729	35 216	420 711	307 965	374 348	118 711	29.0
法库县	11 828	36 351	549 571	393 140	431 263	240 137	45.5
新民市	16 914	69 192	972 009	778 515	489 417	183 340	82.3
甘井子区	14 086	97 449	4 124 505	2 851 565	2 210 886		8.1
旅顺口区	11 993	36 034	2 355 878	1 264 343	1 134 385	80 369	28.2
金州区	27 568	91 205	10 892 854	4 986 004	7 445 185	400 000	50.0
长海县	2 863	9 534	289 554	224 070	98 587	75 000	5.1
瓦房店市	11 781	78 508	3 952 203	2 681 470	1 811 447	310 248	94.1
普兰店市	6 780	64 088	3 042 224	1 845 892	1 401 458		74.8
庄河市	15 225	67 189	2 690 453	1 929 779	1 378 474	438 269	62.0
千山区	3 948	14 637	940 982	481 998	345 690	40 226	18.0
台安县	7 821	18 500	553 483	439 781	358 398	120 000	33.0
岫岩县	9 382	22 695	889 728	749 833	579 900	247 889	27.3
海城市	24 265	61 824	3 165 989	2 671 045	1 214 855	405 126	56.4
顺城区	3 931	12 859	1 152 155	1 057 022	525 178	18 736	4.2
抚顺县	4 500	13 648	211 369	168 262	128 404	48 731	13.6
新宾县	6 449	18 779	599 187	445 222	228 711	191 152	21.1
清原县	10 559	22 498	619 237	437 054	229 520	150 704	15.5
平山区	949	10 016	999 768	636 369	974 672	25 828	2.9
溪湖区	1 576	9 609	1 150 025	780 012	809 955	16 882	3.7
明山区	1 831	10 144	120 550	80 259	88 954	17 589	5.0
南芬区		6 481	54 600	37 500	253 500	10 000	2.7
本溪县	7 076	27 926	731 240	547 926	264 252	29 250	20.0
桓仁县	8 142	28 059	730 772	511 206	223 017	66 266	15.2
振安区	6 153	10 172	744 000	594 000	312 000	5 560	8.2
宽甸县	11 267	34 023	848 285	685 009	3 292 654		46.1
东港市	12 738	45 392	1 773 474	1 348 679	816 315	435 710	52.8
凤城市	11 488	38 579	1 286 390	1 043 105	591 864	240 000	51.8
太和区	3 363	11 512	375 785	313 442	187 554	73 743	9.6
黑山县	11 251	22 587	827 459	680 732	372 702	149 081	70.1
义县	10 873	20 078	456 551	364 890	314 699	112 668	33.1
凌海市	11 609	29 764	852 456	683 148	539 334	199 678	62.9
北镇市	11 898	22 106	927 145	778 453	636 036	183 291	64.5
鲅鱼圈区		19 435	2 147 156	1 084 894	3 424 222	5 857	12.0

附录7 续表9

县(市)区名称	地方财政一般预算支出(万元)		年末金融机构各项存款余额(万元)		年末金融机构各项贷款余额(万元)		农业机械总动力(万千瓦特)
	医疗卫生支出	教育支出		居民储蓄存款余额		农业贷款	
老边区	6 584	18 493	268 589	192 651	208 235	28 416	18.6
盖州市	16 979	29 014	1 135 619	872 253	486 427		35.9
大石桥市	17 072	44 520	1 872 593	1 414 893	1 034 506	130 966	39.9
海州区	2 882	8 155					4.9
新邱区	1 805	3 297					3.6
太平区	1 805	6 390					3.0
清河门区	420	3 500	59 000	41 000	31 500	13 400	2.8
细河区	1 566	5 091	29 000	20 670	19 450	1 900	2.0
阜新县	12 758	33 880	726 227	547 676	518 688	182 472	214.7
彰武县	7 931	15 326	467 269	316 619	502 151	243 120	59.9
弓长岭区	3 030	7 044	493 283	376 273	138 910	1 685	1.6
太子河区	4 635	5 964	224 228	195 853	199 384	6 635	4.2
辽阳县	14 003	27 077	1 001 825	788 757	757 815	110 869	27.8
灯塔市	1 996	21 291	1 184 532	879 049	584 094	110 394	29.3
双台子区	2 149	4 189	2 436 932	1 469 598	1 213 859	34 504	3.6
兴隆台区	2 666	7 972	4 386 476	2 645 275	2 166 738	67 281	3.9
大洼县	10 898	25 165	874 685	557 388	502 844	79 223	29.3
盘山县	8 616	24 961	659 230	520 795	291 505	271 184	33.1
银州区	4 428	7 291	263 176	132 389	88 970	10 770	7.8
清河区	3 482	8 140	207 288	174 518	313 056	4 818	4.8
铁岭县	9 656	18 756	411 589	313 718	275 048	146 851	34.5
西丰县	5 749	18 922	365 202	267 175	299 619	3 570	36.8
昌图县	14 732	48 311	794 012	622 300	745 538	359 639	81.5
调兵山市	2 669	17 086	1 154 634	657 744	449 912		6.1
开原市	8 663	31 451	760 822	672 630	633 927	415 425	39.5
双塔区	4 371	9 640	84 170	69 670	68 761	5 860	2.0
龙城区	3 468	7 642	19 890	16 730	16 350	4 000	5.0
朝阳县	11 544	29 796	202 678	134 515	192 095	120 938	32.0
建平县	18 288	40 707	1 116 323	859 660	426 542	209 081	58.2
喀左县	7 960	28 957	505 393	412 386	348 154		20.5
北票市	11 612	29 116	927 493	685 429	441 953	180 000	33.8
凌源市	9 495	23 458	1 087 188	848 719	676 608	158 168	21.1
连山区	8 906	27 525	437 752	361 634	139 507	20 087	17.2
龙港区	2 197	9 877	422 324	184 635	427 635	9 723	1.1
南票区	3 980	4 855	251 239	161 876	91 323	27 950	6.8
绥中县	11 836	23 111	1 003 873	848 048	880 921	321 252	65.7
建昌县	12 895	30 138	505 769	424 039	341 017	290 796	33.0
兴城市	12 676	22 626	1 034 199	832 515	490 039	258 264	16.9

附录7续表10

县(市)区名称	有效灌溉面积(公顷)	农作物总播种面积(公顷)	粮食作物播种面积(公顷)	稻谷	玉米	大豆	油料播种面积(公顷)	蔬菜播种面积(公顷)
苏家屯区	14 899.4	39 005	29 800	10 861	17 951	792	315	5 820
东陵区	23 109	30 563	26 357	5 101	19 794	1 133	806	2 702
沈北新区	17 830	44 014	31 698	10 793	20 596	209	111	10 398
于洪区	4 700	33 945	24 665	9 193	14 927	501	187	6 480
辽中县	40 706	95 767	76 815	41 750	31 958	2 086	4 944	12 610
康平县	4 333	101 996	75 742	4 557	60 232	4 914	20 950	4 624
法库县	4 601	109 079	86 786	4 712	75 463	2 913	8 143	3 932
新民市	66 234	200 444	154 985	39 882	103 879	3 707	8 307	20 819
甘井子区	3.3	2 401	896		713	54	2	1 456
旅顺口区	4 580	5 235	2 872	1	2 374	189	20	2 146
金州区	25 200	24 581	17 217	437	12 943	2 495	659	5 247
长海县	460	712	640		540	40		72
瓦房店市	30 540	89 751	77 184	1 049	54 433	9 751	1 295	9 456
普兰店市	10 940	92 344	76 939	6 695	52 890	12 006	2 888	11 881
庄河市	31 850	111 797	102 277	20 434	62 602	12 964	853	7 222
千山区	7 000	8 231	4 680	452	3 792	398	3	3 526
台安县	26 020	83 856	70 643	17 230	51 720	987	3 100	9 149
岫岩县	7 640	60 578	50 056	1 893	43 213	3 176	1 716	8 029
海城市	48 030	98 434	84 694	16 514	66 219	1 038	429	12 368
顺城区	6 271	4 268	3 265	501	2 519	99	71	873
抚顺县	6 522	27 252	23 119	3 094	17 940	1 107	424	2 579
新宾县	10 746	38 594	34 039	8 342	22 338	2 389	29	910
清原县	13 650	37 468	32 485	7 895	22 562	1 356	32	1 097
平山区	1 252	1 202	859	21	812	12		335
溪湖区	662	426	247		247			179
明山区	1 092	3 480	2 368	146	1 920	122	86	912
南芬区	163	2 654	2 038	8	1 878	114		561
本溪县	1 231	23 583	19 970	1 134	15 531	1 296	145	1 307
桓仁县	7 629	26 213	22 829	7 715	13 110	1 167	73	1 268
振安区	2 072.4	10 936	6 845	491	5 667	263	63	3 348
宽甸县	3 392	37 687	30 401	586	24 993	2 653	242	2 553
东港市	52 688	89 052	72 469	44 158	25 473	706	1 617	8 791
凤城市	7 572	62 512	51 549	4 111	42 433	3 478	977	4 400
太和区	7 600	11 060	6 887		6 460	203	67	4 040
黑山县	36 693	153 665	126 164	6 623	113 646	1 600	18 142	8 251
义县	28 233	77 587	59 301	160	52 917	2 401	9 204	8 169
凌海市	52 466.7	97 297	78 533	13 228	54 905	3 512	4 800	9 581
北镇市	51 864	89 082	67 580	10 178	55 231	946	4 269	16 997
鲅鱼圈区	21	3 793	2 923		2 461	193	40	632

附录7续表11

县(市)区名称	有效灌溉面积(公顷)	农作物总播种面积(公顷)	粮食作物播种面积(公顷)	稻谷	玉米	大豆	油料播种面积(公顷)	蔬菜播种面积(公顷)
老边区	4 240	7 241	6 243	3 722	2 484	32		988
盖州市	30 290	40 683	32 269	3 344	25 096	1 380	201	6 150
大石桥市	49 553	55 815	50 602	32 387	17 337	536	16	4 583
海州区	496	1 524	1 311	54	1 236	16		213
新邱区	414	3 345	2 678	25	2 324	64	287	380
太平区	195	1 283	1 079		962	33	15	189
清河门区	347	3 406	2 674		2 349	101	104	555
细河区	630	2 757	1 556	23	1 376	36	813	379
阜新县	27 524	293 054	185 310	217	138 263	11 586	89 930	15 577
彰武县	21 354	158 512	93 633	4 936	76 550	4 224	55 196	6 133
弓长岭区		2 368	1 922	131	1 626	48	18	328
太子河区	2 754	7 391	5 586	1 286	4 181	76	1	1 600
辽阳县	21 903	78 829	69 756	22 233	44 599	1 247	343	7 543
灯塔市	28 478	72 068	62 747	28 607	32 827	313	666	7 322
双台子区	811	811	657	604	53			154
兴隆台区	5 122	5 995	5 928	5 800	70	58		67
大洼县	57 052	72 878	63 519	59 333	780	3 406		9 337
盘山县	49 470	65 629	58 900	43 264	13 616	1 870	122	5 324
银州区	796	4 174	3 575	928	2 606	38	18	448
清河区	576	9 694	9 396	576	8 581	166	7	246
铁岭县	24 012	84 075	71 276	17 119	52 253	810	88	12 282
西丰县	4 879	53 114	46 628	4 879	39 677	1 042	52	4 445
昌图县	55 820	309 330	216 194	12 539	186 681	5 820	66 744	23 409
调兵山市	10 001	12 645	10 916	779	9 891	207	2	1 579
开原市	45 480	96 011	77 546	25 924	46 769	4 609	1 559	11 621
双塔区	1 647	9 227	7 672		6 243	167	244	1 156
龙城区	1 455	17 539	13 732	27	11 168	158	333	2 979
朝阳县	15 367	75 189	66 549		53 864	1 429	1 264	6 930
建平县	25 821	128 494	117 972	176	72 259	5 716	3 928	2 367
喀左县	23 790	49 023	38 543		29 191	1 528	1 956	7 888
北票市	16 155	92 452	64 844	27	53 165	1 606	1 142	25 578
凌源市	12 008	50 436	33 488	34	27 260	740	84	14 772
连山区	6 248	51 140	32 304	16	28 383	821	3 025	4 482
龙港区	152	40 156	2 465		2 438	8	26	135
南票区	550	8 348	7 402		6 309	149	24	897
绥中县	14 552	80 573	58 758	8 360	37 647	3 753	6 207	15 502
建昌县	5 621	48 411	45 391	5	36 409	2 129	111	2 779
兴城市	18 315	59 096	41 989	815	36 617	1 546	14 938	1 921

附录7续表12

县(市)区名称	粮食总产量(吨)	稻谷	玉米	大豆	油料产量(吨)	水果产量(吨)	肉类总产量(吨)	奶类总产量(吨)
苏家屯区	209 958	96 076	109 485	2 303	1 023	54 613	137 113	28 275
东陵区	129 374	29 833	95 181	2 784	1 738	28 512	17 939	29 274
沈北新区	216 926	90 517	125 135	599	402	8 881	87 841	129 408
于洪区	150 642	80 202	68 737	1 209	642	11 778	32 074	29 619
辽中县	530 276	358 479	162 463	4 392	9 196	22 239	186 175	28 091
康平县	550 681	36 395	458 923	17 452	62 407	22 660	120 009	3 768
法库县	703 560	32 297	642 991	8 795	29 744	17 672	128 990	61 282
新民市	759 705	277 034	444 789	10 296	23 194	9 628	155 564	86 569
甘井子区	5 419		4 264	200	3	20 867	5 115	464
旅顺口区	16 493	2	14 237	505	52	36 051	18 961	16 807
金州区	93 063	3 063	76 527	6 447	2 062	85 992	50 378	70 988
长海县	3 004		2 754	57		347	826	30
瓦房店市	412 093	8 024	310 657	23 542	3 127	660 750	190 180	10 861
普兰店市	372 574	40 446	282 016	28 311	8 253	378 284	229 804	23 956
庄河市	565 499	135 069	367 291	32 530	2 807	297 834	181 745	2 197
千山区	19 674	3 382	15 492	721	3	28 159	23 148	4 576
台安县	300 881	110 085	186 118	1 884	5 418	34 602	147 676	4 265
岫岩县	213 105	9 400	190 927	6 612	5 516	40 970	98 483	1 434
海城市	500 228	126 355	367 774	2 350	1 279	183 725	128 641	9 096
顺城区	21 852	4 385	16 250	280	175	8 181	23 008	16 177
抚顺县	139 052	19 378	110 430	2 381	1 133	52 729	36 386	17 710
新宾县	161 936	42 313	111 061	3 849	67	3 114	36 302	2 131
清原县	163 724	38 930	118 404	2 518	135	4 280	44 019	1 093
平山区	4 229	137	4 013	33		639	7 120	499
溪湖区	1 389		1 389			536	5 192	3 204
明山区	10 369	507	9 233	226	57	2 363	9 912	8 718
南芬区	9 769	48	9 305	312		3 223	17 974	853
本溪县	80 947	6 282	65 200	2 238	236	13 056	37 453	2 711
桓仁县	99 882	41 257	51 776	1 956	155	20 845	33 986	
振安区	19 494	1 116	16 442	437	129	6 348	23 985	7 922
宽甸县	95 296	2 264	82 760	4 852	444	35 107	45 431	3 420
东港市	400 099	285 031	98 940	2 062	6 016	113 774	76 190	10 000
凤城市	175 168	19 387	144 881	5 296	2 556	9 887	89 237	4 400
太和区	14 039		12 775	331	151	7 535	17 103	27 354
黑山县	644 343	42 814	572 850	4 057	47 986	85 020	211 801	50 208
义县	405 075	759	379 681	5 563	23 561	50 167	100 445	9 099
凌海市	406 936	98 081	260 137	8 855	10 809	51 934	152 406	35 004
北镇市	400 511	79 114	314 658	1 701	10 024	243 619	128 570	2 956
鲅鱼圈区	13 467		12 090	401	127	114 788	9 745	212

附录 7 续表 13

县(市)区名称	粮食总产量(吨)	稻谷	玉米	大豆	油料产量(吨)	水果产量(吨)	肉类总产量(吨)	奶类总产量(吨)
老边区	54 538	35 877	18 545	93		618	29 280	2 676
盖州市	144 021	24 914	108 694	2 799	399	417 532	63 679	2 245
大石桥市	437 537	360 154	74 837	1 279	44	38 225	99 568	7 780
海州区	8 102	271	7 787	24		518	4 048	5 050
新邱区	21 645	188	19 712	224	891	4 326	7 762	5 140
太平区	8 133		7 515	123	42	1 311	7 417	2 137
清河门区	22 520		20 691	301	331	6 515	13 628	700
细河区	11 128	170	10 320	99	1 613	345	3 290	4 540
阜新县	1 451 000	1 607	1 213 657	30 431	250 591	182 960	211 822	130 462
彰武县	780 995	44 415	686 248	11 846	172 575	113 889	132 305	76 187
弓长岭区	9 773	1 066	7 849	117	32	2 840	1 925	145
太子河区	28 835	9 058	19 527	108	3	8 394	6 872	7 485
辽阳县	310 869	143 270	155 197	2 657	1 216	71 717	77 861	7 306
灯塔市	345 236	214 787	124 050	868	1 324	14 992	90 808	3 597
双台子区	3 813	3 601	212				2 296	120
兴隆台区	47 980	46 934	640	406		6	3 992	
大洼县	557 999	543 041	3 653	11 305		10 054	93 659	6 591
盘山县	441 544	373 801	61 996	4 866	275	3 136	48 554	18 340
银州区	21 373	5 506	15 746	109	26	3 239	18 172	33 385
清河区	67 024	4 492	61 865	395	18	21 943	16 690	16 837
铁岭县	392 533	112 641	272 061	2 169	221	36 663	145 864	74 944
西丰县	300 268	35 236	254 197	2 980	122	40 676	59 423	1 157
昌图县	1 957 004	109 825	1 740 166	18 715	222 900	44 512	310 673	36 215
调兵山市	59 143	6 423	52 105	463	6	4 411	26 001	13 830
开原市	455 245	187 005	254 266	11 795	5 252	95 229	263 856	20 982
双塔区	45 000		37 832	476	591	11 752	10 256	3 630
龙城区	90 000	240	74 362	446	652	16 752	24 097	24 030
朝阳县	467 508	2	392 676	5 524	4 196	211 869	81 594	49 450
建平县	633 130	1 314	473 751	7 682	5 902	14 979	73 173	55 524
喀左县	280 000		242 537	3 667	6 084	31 356	78 718	2 005
北票市	395 361	100	340 855	3 910	1 686	46 281	131 175	10 764
凌源市	235 000	239	213 540	1 355	105	15 000	106 203	6 907
连山区	165 096	97	147 073	1 948	6 053	87 002	66 330	25 266
龙港区	14 857		14 762	18	62	1 467	1 127	1 414
南票区	33 492		30 220	290	21	18 943	5 614	2 576
绥中县	322 466	50 351	207 485	8 020	13 829	600 079	174 236	2 517
建昌县	313 049	32	281 383	5 216	214	141 809	57 075	1 308
兴城市	218 001	4 682	189 917	3 606	30 526	70 640	67 162	11 637

附录 7 续表 14

县(市)区名称	禽蛋产量（吨）	蔬菜产量（吨）	水产品产量（吨）	规模以上工业企业数（个）	规模以上工业总产值（现价、万元）	内资企业	港、澳、台商投资企业	外商投资企业
苏家屯区	73 266	325 360	11 175	333	5 649 077	4 693 485	355 685	599 907
东陵区	11 226	153 744	630	548	9 904 140	6 619 454	792 775	2 491 911
沈北新区	98 596	588 695	10 500	443	12 365 209	9 727 349	470 227	2 167 633
于洪区	40 520	429 905	6 040	617	7 850 229	6 676 607	192 246	981 376
辽中县	79 313	894 271	89 600	430	6 258 250	6 161 614	1 687	94 949
康平县	18 716	196 597	5 120	437	3 027 211	3 018 091		9 120
法库县	33 988	248 368	3 260	302	4 683 454	4 282 930	150 925	249 599
新民市	250 294	1 381 189	60 786	400	5 949 188	5 596 865	45 238	307 085
甘井子区	105	55 061	112 755	750	16 793 707	7 889 185	1 945 150	6 959 372
旅顺口区	23 079	113 400	233 020	336	2 052 734	1 559 534	46 900	446 300
金州区	40 452	422 528	411 098	1 087	21 174 245	6 396 545	1 255 500	13 522 200
长海县	144	2 961	430 753	15	121 173	116 765	4 408	
瓦房店市	39 057	681 749	204 359	806	10 110 621	8 215 015	710 402	1 185 204
普兰店市	79 501	724 473	256 761	665	8 160 362	6 997 963	214 531	947 868
庄河市	75 746	443 948	613 634	676	7 886 997	6 004 100	376 580	1 506 317
千山区	26 218	172 209	1 705	446	2 646 553	2 551 797	34 053	60 703
台安县	86 191	642 745	24 484	222	2 152 711	2 144 224	8 487	
岫岩县	21 913	428 647	8 064	268	2 152 509	1 963 758	45 613	143 138
海城市	272 106	985 723	19 188	997	8 251 823	7 597 659	258 316	395 848
顺城区	7 308	54 993	946	182	1 045 979	737 761	135 779	172 439
抚顺县	18 781	113 567	6 999	244	1 788 030	1 706 731	37 851	43 448
新宾县	12 260	35 521	5 304	215	908 769	908 769		
清原县	42 502	32 394	4 713	225	1 522 763	1 479 363		43 400
平山区	1 867	15 658	107	94	703 041	661 798	28 753	12 490
溪湖区	2 231	27 844	409	177	1 423 582	1 392 211	6 938	24 433
明山区	13 601	30 424	78	115	778 242	736 580	17 626	24 036
南芬区	8 657	31 331	768	56	405 731	397 370	4 911	3 450
本溪县	13 895	59 302	6 186	92	1 130 807	1 097 943		32 864
桓仁县	8 589	40 161	9 420	80	544 472	439 106	29 311	76 055
振安区	7 085	168 649	2 750	150	858 890	689 859	39 933	129 098
宽甸县	19 130	109 861	76 535	174	1 220 291	1 110 149	8 083	102 059
东港市	78 361	473 928	473 556	260	2 761 737	2 286 967	93 618	381 152
凤城市	24 322	156 509	18 263	255	1 638 097.7	1 524 072.6	22 680	91 345
太和区	32 844	625 038	418	133	2 174 955	1 744 887	261 441	168 627
黑山县	249 669	683 983	12 760	248	1 654 307	1 646 272		8 035
义县	18 935	429 924	880	123	1 399 314.2	1 292 074.4	3 810	103 430
凌海市	73 710	702 894	204 049	217	4 284 665	4 050 241	43 215	191 209
北镇市	119 188	897 127	12 760	105	1 322 559	1 238 877	12 084	71 598
鲅鱼圈区	4 956	27 391	135 500	210	5 750 491	3 459 240	933 792	1 357 459

附录7续表15

县(市)区名称	禽蛋产量（吨）	蔬菜产量（吨）	水产品产量（吨）	规模以上工业企业数（个）	规模以上工业总产值（现价、万元）	内资企业	港、澳、台商投资企业	外商投资企业
老边区	8 081	81 186	106 165	204	2 450 018	2 318 550	34 581	96 887
盖州市	35 908	318 679	225 000	238	1 915 182	1 631 282	100 711	183 189
大石桥市	95 321	424 224	89 000	373	6 700 159	4 260 803	1 242 241	1 197 115
海州区	7 064	11 584	60	45	269 946	240 155		29 791
新邱区	4 663	24 851		38	283 509	283 509		
太平区	2 841	8 006		53	299 382	184 123	53 313	61 946
清河门区	979	34 232		40	233 683	223 187	7 990	2 506
细河区	3 005	25 469		25	402 430	400 020	2 410	
阜新县	74 879	39 935	2 300	73	497 649	435 778	53 601	8 270
彰武县	57 085	353 054	4 600	58	398 271	383 481	14 790	
弓长岭区	487	17 865	985	57	374 900	370 900		4 000
太子河区	9 686	91 945	565	94	521 300	372 500	18 300	130 500
辽阳县	92 804	273 811	46 700	367	5 036 500	4 975 500	41 800	19 200
灯塔市	42 450	320 601	51 694	242	3 918 783	3 807 780	90 321	20 682
双台子区	1 821	8 437	4 500	34	473 003	469 303		3 700
兴隆台区	3 975	6 610	2 100	190	2 303 299	2 128 637	6 366	168 296
大洼县	24 167	742 510	310 665	336	4 775 500	4 674 800		100 700
盘山县	41 400	454 472	121 000	218	2 028 340	1 772 737	83 633	171 970
银州区	1 031	24 080	511	121	1 123 600	1 001 100	9 100	113 400
清河区	1 820	12 489	879	115	1 154 843	981 577	147 292	25 974
铁岭县	17 944	841 866	6 456	398	4 617 177	4 469 548	17 344	130 285
西丰县	7 723	253 447	1 697	83	569 000	556 600	9 800	2 600
昌图县	144 876	1 525 366	6 320	323	2 983 700	2 953 500	20 600	9 600
调兵山市	11 590	101 290	561	99	2 117 360	2 029 311	2 118	85 931
开原市	55 537	707 017	6 747	501	8 259 536	8 234 791	24 584	161
双塔区	16 219	82 757	80	125	1 009 600	1 007 500	2 100	
龙城区	66 239	124 583	100	106	631 600	629 700		1 900
朝阳县	115 118	673 111	547	120	1 129 800	1 100 100	9 500	20 200
建平县	91 037	87 752	500	272	1 143 100	1 056 100	23 200	63 800
喀左县	58 865	945 616	901	160	1 272 600	1 220 600	52 000	
北票市	81 760	639 474	800	242	1 196 117	1 185 917	9 300	900
凌源市	47 643	949 100	750	155	679 100	669 100	500	9 500
连山区	111 997	275 815	6 122	143	3 102 078	3 099 150	2 928	
龙港区	3 075	9 908	46 205	48	552 253	532 692		19 561
南票区	17 648	69 102		20	251 212	189 425		61 787
绥中县	52 671	1 329 526	271 000	92	833 907	828 185		5 722
建昌县	41 088	152 585	1 142	44	519 800	519 800		
兴城市	20 383	111 593	166 200	136	699 905	584 142	52 004	63 759

附录7 续表16

县(市)区名称	从业人员年平均数（人）	流动资产合计（万元）	固定资产净值（万元）	主营业务收入（万元）	#主营业务税金及附加	本年应交增值税（万元）	利润总额（万元）	建筑业企业数（个）
苏家屯区	42 727	535 587	636 160	5 570 319	33 257	187 748	95 326	43
东陵区	84 411	3 765 110	3 316 909	9 722 336	60 261	179 203	769 646	130
沈北新区	85 781	1 601 406	2 723 577	12 163 243	25 027	304 680	1 430 126	46
于洪区	70 883	1 035 087	1 202 884	7 892 338	73 408	105 906	481 057	111
辽中县	36 845	371 611	1 783 783	6 222 067	28 275	42 369	445 432	19
康平县	72 535	756 427	1 349 882	3 006 055	30 683	55 409	129 102	10
法库县	56 786	271 759	1 195 702	4 667 290	55 774	284 052	569 400	7
新民市	56 366	189 890	1 405 882	5 844 229	10 830	38 295	865 127	21
甘井子区	124 947	7 661 368	2 173 295	15 602 548	1 463 654	420 017	558 058	266
旅顺口区	40 734	1 307 283	837 800	1 998 638	12 139	44 881	166 156	46
金州区	229 219	11 311 907	4 789 600	21 868 005	350 033	333 324	1 113 824	296
长海县	1 561	60 043	16 057	118 193	115	648	4 233	9
瓦房店市	149 676	3 448 686	4 673 538	10 070 033	68 672	104 821	352 560	70
普兰店市	122 989	1 829 624	676 243	5 402 001	45 191	84 766	24 156	74
庄河市	97 300	1 102 170	1 804 880	7 300 794	27 643	133 845	376 833	115
千山区	26 390	1 150 955	480 635	2 474 319	15 899	87 680	209 424	41
台安县	33 331	778 822	755 752	2 146 758	18 172	35 343	146 648	9
岫岩县	29 785	393 235	443 883	2 035 327	62 527	105 923	196 911	13
海城市	84 987	2 113 325	2 270 347	7 975 098	42 503	229 252	672 724	66
顺城区	18 104	493 068	463 617	1 001 712	4 895	22 061	534 470	58
抚顺县	15 066	316 534	266 960	1 793 994	6 687	41 564	297 026	9
新宾县	12 617	115 237	101 313	880 603	11 789	16 012	47 146	5
清原县	16 300	186 800	134 200	1 485 900	4 473	18 887	71 581	6
平山区	11 182	176 121	150 756	661 498	1 950	10 397	15 864	67
溪湖区	13 000	503 169	234 313	1 527 535	6 075	21 357	99 854	46
明山区	6 044	118 186	68 081	330 858	3 117	5 328	9 286	76
南芬区	9 559	236 389	156 928	491 996	2 801	12 168	44 665	3
本溪县	15 579	372 356	290 727	1 063 758	9 325	36 046	115 043	14
桓仁县	9 202	235 794	250 582	471 226	6 835	28 583	97 225	21
振安区	14 633	334 457	1 851 558	980 066	5 432	26 491	93 312	30
宽甸县	17 998	162 361	351 346	1 318 939	10 182	42 639	80 840	30
东港市	41 134	423 781	394 005	2 887 550	11 755	84 993	307 595	35
凤城市	29 584	512 531	452 003	1 677 326	18 316	48 501	41 304	14
太和区	26 482	872 436	682 205	2 245 157	7 562	52 482	106 913	26
黑山县	26 027	160 384	275 912	1 610 686	12 320	42 100	110 751	5
义县	13 033	224 603	292 067	1 270 171	8 984	29 353	98 719	3
凌海市	24 062	476 451	869 880	4 122 248	41 241	113 244	635 412	12
北镇市	8 964	206 192	229 231	1 272 436	1 657	27 783	84 298	6
鲅鱼圈区	38 214	1 381 061	2 838 594	5 671 761	10 933	81 682	84 614	49

附录7 续表17

县(市)区名称	从业人员年平均数(人)	流动资产合计(万元)	固定资产净值(万元)	主营业务收入(万元)	#主营业务收入及附加	本年应交增值税(万元)	利润总额(万元)	建筑业企业数(个)
老边区	16 682	748 133	318 771	2 435 555	2 751	35 051	102 843	15
盖州市	21 686	259 405	299 940	1 896 335	10 056	32 713	33 118	20
大石桥市	56 168	1 368 111	662 505	6 366 996	41 844	478 906	737 546	18
海州区	8 962	135 593	118 762	284 962	1 199	10 697	11 394	46
新邱区	3 517	207 345	57 274	242 271	2 718	7 095	22 633	6
太平区	8 832	158 167	79 087	292 929	1 580	8 319	18 318	24
清河门区	4 901	97 144	277 761	225 901	2 246	10 923	9 884	4
细河区	5 514	108 844	57 924	365 101	1 051	3 827	14 178	34
阜新县	9 161	205 532	204 993	452 758	6 387	10 964	31 989	19
彰武县	5 868	134 559	363 037	352 071	973	5 598	26 540	6
弓长岭区	8 200	35 200	47 700	376 800	7 000	23 900	64 381	8
太子河区	10 223	386 900	264 000	494 600	1 600	13 700	27 400	27
辽阳县	27 300	867 500	676 200	4 918 300	16 600	48 800	582 827	16
灯塔市	23 364	399 584	613 718	3 736 989	32 121	68 332	706 484	13
双台子区	2 861	378 039	79 439	390 138	1 389	4 582	26 986	15
兴隆台区	19 852	1 161 785	383 834	2 280 759	33 158	73 501	121 885	126
大洼县	33 000	658 500	498 200	4 506 400	41 800	34 900	59 400	25
盘山县	12 826	718 380	492 699	1 867 520	9 251	20 398	75 708	18
银州区	15 392	213 900	213 900	1 132 600	900	9 400	14 200	32
清河区	9 427	196 977	536 390	1 132 379	6 483	1 269	13 106	4
铁岭县	40 467	782 988	1 462 730	4 593 048	11 311	123 092	119 286	13
西丰县	6 200	81 400	143 300	549 000	6 800	9 900	49 800	4
昌图县	29 700	266 300	1 109 400	2 941 000	7 600	20 200	116 000	9
调兵山市	65 310	1 065 123	815 720	2 077 811	23 218	102 130	139 725	11
开原市	58 684	1 234 734	1 318 766	7 994 050	715 238	2 429 023	282 401	11
双塔区	13 800	245 100	167 100	910 600	4 700	18 500	167 900	59
龙城区	10 100	262 100	163 200	543 400	2 700	10 700	59 600	24
朝阳县	13 600	261 100	78 000	1 082 900	5 600	21 300	221 500	12
建平县	14 800	247 500	229 600	1 106 600	24 600	60 400	124 500	9
喀左县	14 500	274 900	272 500	1 262 100	7 400	27 500	176 400	5
北票市	31 301	139 840	123 928	1 179 219	14 456	30 641	90 673	17
凌源市	19 700	219 700	225 200	677 400	2 300	12 900	59 800	18
连山区	42 194	794 513	815 111	3 446 156	400 744	133 597	108 360	41
龙港区	16 780	250 063	80 423	402 000	2 085	8 756	-5 443	56
南票区	7 615	73 858	101 427	205 341	1 058	2 641	-4 259	2
绥中县	9 131	238 865	1 245 002	765 258	5 386	26 747	14 143	36
建昌县	11 200	183 400	149 000	481 800	57 000	10 700	52 700	9
兴城市	17 957	292 307	304 597	693 960	6 700	6 700	-1 855	14

附录7续表18

县(市)区名称	期末从业人员数（人）	建筑业总产值（万元）	境内公路里程（公里）	高等级公路	民用汽车拥有量（辆）	个人汽车	邮政业务量（万元）
苏家屯区	11 730	236 653	905	48	7 470	4 411	1 258
东陵区	13 398	243 664	1 000	260	17 986	15 121	885
沈北新区	4 796	165 325	1 024	165	5 633	4 183	1 482
于洪区	11 091	397 853	1 131	157	32 169	16 972	1 406
辽中县	16 343	493 130	1 375	541	3 459	2 138	3 300
康平县	1 842	50 881	1 741	10	21 000	16 000	880
法库县	2 734	43 057	858	3	880	600	1 407
新民市	12 105	371 720	2 532	169	8 451	6 532	3 247
甘井子区	83 176	1 730 724	419	287	7 124	6 592	5 733
旅顺口区	11 758	205 097	293	65	19 484	14 490	1 011
金州区	112 852	3 250 244	827	79	82 740	65 500	9 992
长海县	1 307	31 451	273		2 185	1 926	423
瓦房店市	34 560	660 169	3 512	328	123 600	113 000	4 731
普兰店市	83 457	1 500 760	2 744	147	81 881	74 750	5 843
庄河市	86 606	1 835 794	3 613	822	67 176	53 741	6 257
千山区	8 869	216 714	608	10			586
台安县	4 891	253 760	1 492	574	20 302	15 515	2 129
岫岩县	3 404	67 888	2 447		38 166	36 327	4 738
海城市	17 977	622 573	2 328	138	92 969	71 307	9 956
顺城区	24 876	674 167	160	60	21 138	10 482	9 390
抚顺县	1 824	1 125 721	773	29	4 810	3 476	1 649
新宾县	1 105	40 546	1 596	11	3 861	2 702	1 293
清原县	3 246	99 835	1 846	84	24 635	16 915	2 218
平山区	20 241	599 355	110	28	9 646	3 369	3 162
溪湖区	8 504	186 447	195	60	11 320	8 725	1 996
明山区	14 249	539 690	172	100	22 630	21 582	2 930
南芬区	1 240	34 402	265	110	11 900	11 400	1 380
本溪县	3 856	104 722	939		6 540	3 200	1 060
桓仁县	4 980	129 250	1 620	831	6 013	3 742	3 020
振安区	6 666	85 558	640	265	2 625	1 312	535
宽甸县	3 899	111 448	1 915	107	5 225	2 240	5 759
东港市	11 283	311 972	1 852	121	24 089	11 729	2 767
凤城市	3 899	82 982	2 014	716	15 000	5 400	5 966
太和区	4 918	111 613	262	69	7 593	7 434	4 262
黑山县	1 708	41 754	1 981	30	32 219	25 775	2 281
义县	1 039	9 250	769	50	11 973	7 827	1 449
凌海市	4 513	90 232	1 585	177	20 054	13 683	1 866
北镇市	1 527	51 324	1 280	66	8 735	7 218	3 496
鲅鱼圈区	9 400	484 758	140	25	8 008	6 776	2 001

附录7 续表19

县(市)区名称	期末从业人员数(人)	建筑业总产值(万元)	境内公路里程(公里)	高等级公路	民用汽车拥有量(辆)	个人汽车	邮政业务量(万元)
老边区	6 912	116 775	318	27	3 357	1 560	345
盖州市	9 472	165 932	1 670	73	19 166	16 769	3 466
大石桥市	4 170	130 193	1 672	375	55 762	54 529	5 296
海州区	10 437	231 119	520	100	6 521	5 962	8 326
新邱区	1 364	38 842	103	5	981	320	
太平区	5 484	100 055	60		26 442	23 441	
清河门区	844	17 854	62	12	3 310	2 674	55
细河区	10 202	182 163	236	6			
阜新县	3 837	90 201	3 056	1 863	6 000	3 100	880
彰武县	2 212	66 892	2 274	72	15 423	14 290	1 140
弓长岭区	1 045	22 374	218	60	3 850	3 500	90
太子河区	7 525	418 128	205	38	3 955	1 903	
辽阳县	3 076	108 944	1 195	87	8 536	6 475	3 000
灯塔市	3 979	123 410	961	34	23 000	11 090	6 207
双台子区	4 717	163 293	755	38	35 342	23 436	13 500
兴隆台区	20 788	778 868	920		81 412	47 330	29 100
大洼县	25 886	507 041	1 331	265	24 828	16 295	7 752
盘山县	3 074	62 947	1 625	97	17 796	12 210	3 458
银州区	15 243	579 899	46	13	37 618	17 262	3 544
清河区	3 113	100 629	369		3 200	1 700	110
铁岭县	10 959	318 767	2 054	79	7 245	2 733	2 581
西丰县	1 688	48 300	854	156	3 791	3 281	1 636
昌图县	35 288	270 472	4 224	263	10 328	9 956	3 920
调兵山市	24 214	287 549	329	3	9 217	6 161	881
开原市	5 453	481 598	2 605	53	17 836	13 559	2 990
双塔区	43 952	339 839	35		7 182	5 316	22 360
龙城区	25 354	187 594	129	68	1 050	320	18 700
朝阳县	2 725	149 840	1 020	114	2 896	2 453	1 693
建平县	1 419	150 104	3 233	91	13 940	10 030	4 600
喀左县	9 406	116 189	752	20	899	846	1 834
北票市	16 344	254 615	2 852	15	8 807	6 207	3 800
凌源市	13 031	180 554	1 120	80	7 481	4 089	4 700
连山区	18 543	501 961	812	20	4 767	3 716	3 540
龙港区	23 831	528 849	148		1 824	977	612
南票区	866	14 183	162		1 300	400	749
绥中县	10 427	284 644	399	57	11 421	10 718	3 280
建昌县	1 623	683 140	1 680	40	9 953	6 967	2 058
兴城市	6 065	180 358	783	187	19 414	9 707	3 836

附录7续表20

县(市)区名称	电信业务量 (万元)	本地电话 年末用户 (户)	移动电话 年末用户数 (户)	互联网拨号 上网用户 (户)	全年用电量 (万千瓦时)	工业用电量	农村用电量
苏家屯区	14 059	142 148	129 756	19 730	127 700	66 491	34 010
东陵区	455	103 940	109 785	12 130	98 455	75 400	23 055
沈北新区	12 197	95 947	474 949	30 096	101 189	67 774	20 257
于洪区	164	112 537	154 429	57 619	111 195	94 525	4 348
辽中县	14 297	124 112	97 251	32 793	84 345	49 039	14 376
康平县	3 312	78 000	180 000	16 000	39 999	23 800	24 000
法库县	6 034	83 000	180 000	18 000	89 598	68 797	15 828
新民市	8 123	169 214	184 960	15 215	118 507	75 453	41 666
甘井子区	5 295	142 513	276 941	90 106	19 899	17 326	5 320
旅顺口区	14 661	106 370	179 700	96 310	89 026	49 563	46 979
金州区	78 900	369 400	321 402	786 906	681 303	499 059	27 206
长海县	11 700	25 300	52 000	7 000	10 182	2 720	10 182
瓦房店市	59 858	476 702	523 185	153 209	220 974	156 676	126 958
普兰店市	9 843	220 769	90 874	47 174	127 140	83 843	30 327
庄河市	17 819	227 768	431 214	64 053	87 778	44 837	64 073
千山区							
台安县	59 901	83 200	182 100	25 400	92 430	73 680	8 407
岫岩县	76 240	125 200	202 600	38 000	79 761	47 654	58 837
海城市	203 584	337 100	639 000	80 100	514 743	380 158	134 585
顺城区	32 329	153 003	158 090	30 829	54 960	45 034	6 233
抚顺县	5 100	57 260	55 000	15 657	68 392	56 611	11 781
新宾县	7 608	73 811	122 829	20 334	25 108	12 752	6 506
清原县	5 107	76 124	188 810	19 700	28 360	18 350	18 121
平山区	48 882	118 966	136 982	15 496	391 851	339 310	5 699
溪湖区	55 268	85 527	38 350	11 105	269 036	25 112	10 425
明山区	61 075	118 595	174 658	7 125	182 600	17 560	4 680
南芬区	15 000	25 800	59 500	8 500	98 000	88 000	5 200
本溪县	3 587	77 952	51 200	5 700	86 828	72 396	5 213
桓仁县	4 737	61 662	177 349	20 487	32 909	14 794	4 826
振安区	3 408	60 079	54 587	8 081	14 768	10 374	11 711
宽甸县	17 244	128 165	70 697	17 199	110 030	68 415	41 615
东港市	47 017	166 325	205 405	36 906	82 766	50 833	60 803
凤城市	26 668	155 000	288 269	71 000	133 546	82 564	41 000
太和区	33 505	59 365	74 157	7 451	49 247	30 408	970
黑山县	19 627	139 000	382 013	71 432	34 407	12 348	22 059
义县	5 660	94 569	145 437	25 086	27 029	6 963	17 066
凌海市	19 390	134 410	320 860	34 118	75 602	53 574	57 619
北镇市	29 657	120 926	85 630	39 000	49 609	12 852	27 150
鲅鱼圈区	8 952	96 177	82 765	7 890	103 684	57 391	14 445

附录7 续表21

县(市)区名称	电信业务量(万元)	本地电话年末用户(户)	移动电话年末用户数(户)	互联网拨号上网用户(户)	全年用电量(万千瓦时)	工业用电量	农村用电量
老边区	1 946	16 344	144 157	4 986	51 390	43 315	2 872
盖州市					89 349	55 426	62 250
大石桥市	16 704	295 901	437 114	58 691	465 770	422 856	95 597
海州区	26 283	75 668	62 245	18 425	9 247	5 786	973
新邱区	38 266	26 383			8 363	3 900	1 538
太平区	73 166	50 447			10 210	8 502	1 708
清河门区	1 671	14 100	23 120	4 550	19 470	13 128	2 640
细河区	73 563	50 720			30 000	16 820	1 405
阜新县	6 500	170 150	136 000	20 000	42 883	5 274	1 070
彰武县	6 073	96 939	88 137	14 919	24 222	8 625	17 200
弓长岭区	760	23 432	54 000	2 530	35 000	30 400	4 600
太子河区		39 855	29 965	1 411			
辽阳县	4 892	128 001	98 826	17 632	213 800	187 600	34 012
灯塔市	6 075	169 546	67 729	17 296	125 312	72 879	85 612
双台子区	6 521	21 012	100 609	16 999	51 500	27 293	3 300
兴隆台区	175 613	209 898	263 728	371 712	54 556	53 412	1 985
大洼县	35 210	126 114	152 119	38 615	59 598	41 551	18 047
盘山县	6 371	76 471	136 779	24 179	30 484	10 892	19 592
银州区	7 009	109 286	103 452	61 241	46 521	10 123	172
清河区	820	21 500	29 350	2 500	20 352	16 302	3 358
铁岭县	11 356	66 909	169 050	95 790	44 885	33 951	41 804
西丰县	5 350	57 081	69 976	14 995	20 739	8 468	12 281
昌图县	9 385	158 895	148 562	8 856	44 388	15 047	19 777
调兵山市	3 016	28 761	123 136	19 782	18 875	9 924	1 846
开原市	24 600	112 760	355 000	42 700	52 098	27 697	5 212
双塔区	50 370	126 015	164 870	21 850	42 070	38 624	9 235
龙城区	370	30 600	21 900	3 000	19 819	12 660	11 687
朝阳县	4 772	89 300	170 000	8 017	68 459	56 530	11 929
建平县	7 000	140 000	284 955	30 220	118 015	94 555	80 692
喀左县		90 207	204 000	23 058	67 417	54 016	60 680
北票市	8 001	120 495	268 249	30 634	121 988	100 810	37 930
凌源市	10 079	140 003	138 960	87 479	208 499	187 289	172 600
连山区	7 866	161 299	60 358	17 106	219 264	192 640	16 624
龙港区		30 911		3 304	17 614	7 342	7 613
南票区	1 800	25 230	28 000	7 500	28 798	22 752	2 528
绥中县	24 599	129 560	185 710	12 013	42 945	16 994	27 827
建昌县	13 179	135 663	263 235	14 247	49 694	33 908	15 208
兴城市	4 657	126 000	220 000	5 724	58 622	19 963	31 768

附录7续表22

县(市)区名称	社会消费品零售总额（万元）	限额以上批发零售贸易业商品销售总额（万元）	出口总额（万美元）	当年合同外资金额（万美元）	当年实际使用外资金额（万美元）	星级饭店个数（个）	星级饭店客房总数（间）
苏家屯区	610 003	131 403	12 051	31 500	22 323	3	441
东陵区	828 002	2 510 930	105 000	210 000	84 000	1	160
沈北新区	536 613	248 175	25 099	48 803	38 847	1	44
于洪区	472 535	505 058	16 494	9 381	21 509	4	476
辽中县	524 822	310 312	2 455	5 450	5 259	1	70
康平县	259 262	27 635	1 046	3 051	3 051	1	160
法库县	320 039	181 404	434	9 464	6 386	2	400
新民市	652 047	436 794	4 664	8 400	5 459	1	78
甘井子区	2 693 626	3 210 219	180 540		116 000	13	1 002
旅顺口区	397 483	230 900	77 935	26 061	33 000	5	241
金州区	2 221 718	1 742 515	842 905	229 157	330 000	20	2 688
长海县	78 295	31 167	8 947	1 000	1 000	9	541
瓦房店市	1 101 093	243 868	97 341	163 354	166 000	8	600
普兰店市	1 034 664	77 764	9 030	35 000	20 000	3	196
庄河市	1 017 582	198 154	50 653	34 267	45 000	6	339
千山区	209 043	689 021	5 805		12 400		
台安县	428 000	220 811	1 200		1 600	1	60
岫岩县	587 695	274 422	2 653		266	2	112
海城市	1 441 160	1 039 902	42 151	30 000	4 510	3	521
顺城区	717 000	111 753	16 200	11 475	8 157	3	255
抚顺县	79 372	76 957	2 953	250 000	3 501		
新宾县	198 080	140 101	1 655	13 273	5 254	3	176
清原县	165 000	41 649	1 776	7 980	5 091	4	254
平山区	823 156	233 543	866	5 000	2 129	6	420
溪湖区	145 617	32 417	4 601	10 000	6 748	2	150
明山区	416 559	58 543	2 769		2 566	5	936
南芬区	25 460	9 688	460	4 150	2 209		
本溪县	284 647	44 845	1 992		3 166	3	195
桓仁县	243 065	50 083	653		1 940	9	502
振安区	104 719	122 612	11 032	6 000	5 603	2	130
宽甸县	377 684	102 867	2 816	7 540	6 200	4	460
东港市	670 627	1 833	45 000	11 876	10 281	7	356
凤城市	471 821	23 102	7 826	6 500	5 620	3	180
太和区	127 574	85 550	6 832		3 282	1	65
黑山县	373 473	25 695	602	1 044	1 044	2	141
义县	155 126	22 177	1 093	18 685	5 660	1	80
凌海市	429 911	141 963	1 965	32 000	3 388	4	365
北镇市	335 655	217 910	613		3 000	4	335
鲅鱼圈区	614 649	249 015	108 318	69 031	27 353	4	517

附录7 续表23

县(市)区名称	社会消费品零售总额（万元）	限额以上批发零售贸易业商品销售总额（万元）	出口总额（万美元）	当年合同外资金额（万美元）	当年实际使用外资金额（万美元）	星级饭店个数（个）	星级饭店客房总数（间）
老边区	109 534	76 986	12 053		13 176		
盖州市	390 041	111 359	9 622	11 114	10 510	3	305
大石桥市	674 609	197 913	60 454	21 000	15 000	5	546
海州区	777 008	363 099	660	732	732	2	126
新邱区	37 879	5 008	65	610	610		
太平区	61 957	129 250	1 850	2 260	600	1	97
清河门区	25 388	97 990					
细河区	115 752	25 979	650	430	133		
阜新县	253 138	8 229	850	3 420	2 000	2	144
彰武县	97 750	72 586	820	1 861	1 861	1	68
弓长岭区	119 926		2 027		192	1	72
太子河区	150 736	347 319	13 496		332		
辽阳县	339 464	13 897	7 552	776	170	1	90
灯塔市	575 448	14 551	2 230		1 578		
双台子区	503 276	255 933	4 804	22 038	15 058		
兴隆台区	898 600	579 000	8 889	2 400	12 755	10	1 021
大洼县	304 969	44 383	5 522	36 549	15 050	4	500
盘山县	144 149	150 916	5 996	16 616	15 066		
银州区	300 150	218 342	1 728	355	86	2	210
清河区	129 234	26 446	2 775		1 940	2	115
铁岭县	190 293	112 428	2 640	204	3 914		
西丰县	223 173		398	1 210	60	1	85
昌图县	430 207	8 428	5 606	8 848	1 990		
调兵山市	285 268	42 466	6 307	1 363	1 980	3	250
开原市	425 002	140 162	13 643	10 135	7 410	1	30
双塔区	464 774	568 837	1 128	1 240	168	1	285
龙城区	132 106	63 137					
朝阳县	282 885	195 411	1 790	1 151	1 151		
建平县	305 926	12 662	2 200	4 300	3 682	1	72
喀左县	213 956	72 325	5 008	1 969	1 457	2	141
北票市	348 915	67 834	1 799	1 799	1 500	2	181
凌源市	389 793	95 574	1 896	200	200	1	44
连山区	882 346	181 841	1 321		4 050	2	109
龙港区	413 712	400 008	12 606	2 312	2 008	10	1 700
南票区	59 775		287				
绥中县	402 000	82 415	2 440	57 000	4 005	3	280
建昌县	138 938	19 030			2 064	2	310
兴城市	408 911	6 929	5 240			11	2 350

附录7续表24

县(市)区名称	名胜风景区文物保护区个数(个)	城镇固定资产投资完成额(万元)	城镇新增固定资产(万元)	城镇固定资产投资项目个数(个)	房地产开发投资完成额(万元)	住宅	普通中学数(所)
苏家屯区	5	2 629 015	1 747 287	455	515 234	397 511	21
东陵区	7	4 285 491	1 443 203	222	1 886 765	1 339 406	13
沈北新区	2	4 292 372	985 737	117	2 142 201	1 821 565	23
于洪区	6	2 300 822	1 067 357	358	1 207 760	984 245	14
辽中县		1 617 323	1 373 882	401	398 249	377 433	19
康平县	6	1 030 773	1 070 924	285	26 900	15 000	18
法库县	9	993 791	783 610	152	44 938	38 678	23
新民市	2	1 644 220	1 023 881	411	305 980	207 314	34
甘井子区	26	5 949 771	3 594 273	612	1 678 248	1 449 260	22
旅顺口区	73	2 225 219	620 713	326	601 672	444 018	14
金州区	39	9 015 628	5 816 603	1 105	1 818 259	1 416 574	36
长海县	15	189 424	98 073	79	14 338	13 537	7
瓦房店市	45	4 767 522	1 696 347	346	573 400	436 272	33
普兰店市	47	3 938 474	2 700 030	612	157 147	122 822	44
庄河市	14	3 127 766	1 512 833	709	257 189	201 813	34
千山区	2	1 526 820	670 230	278	463 062	138 997	17
台安县	6	664 609	542 320	211	121 492	97 542	18
岫岩县	23	740 432	544 656	138	85 276	70 283	29
海城市	18	3 772 436	2 754 555	897	368 988	280 279	53
顺城区	1	498 551	377 901	248	234 279	163 953	11
抚顺县	8	721 914	780 300	199	1 045	1 045	15
新宾县	6	542 189	392 189	46	25 884	18 867	16
清原县	6	793 285	631 276	122	44 410	34 485	14
平山区	3	620 363	490 151	186	37 470	10 099	11
溪湖区	2	1 363 841	605 959	200	126 230	98 254	9
明山区	8	656 150	398 437	62	185 128	118 797	9
南芬区	8	197 139	182 753	46	7 700	600	4
本溪县	12	689 440	598 931	112	101 894	36 654	12
桓仁县	60	498 316	183 382	75	114 427	87 914	14
振安区	3	508 726	85 984	84	168 805	141 703	9
宽甸县	3	806 218	687 900	225	30 563	21 196	25
东港市	7	1 373 700	909 670	504	97 260	75 716	30
凤城市	7	730 601	408 279	320	145 049	107 340	29
太和区	1	293 659	78 808	104	143 199	72 647	9
黑山县	2	521 513	465 049	95	60 364	31 573	31
义县	41	626 420	596 510	105	25 169	17 476	20
凌海市	36	1 112 187	1 040 729	414	64 310	47 316	27
北镇市	20	486 627	463 990	108	100 491	97 899	26
鲅鱼圈区	1	2 416 864	1 051 065	96	649 101	500 877	15

附录7续表25

县(市)区名称	名胜风景区文物保护区个数(个)	城镇固定资产投资完成额(万元)	城镇新增固定资产(万元)	城镇固定资产投资项目个数(个)	房地产开发投资完成额(万元)	住宅	普通中学数(所)
老边区		944 463	557 266	110	104 979	85 796	6
盖州市	40	1 157 782	939 120	215	86 811	70 576	29
大石桥市	41	878 452	586 955	190	70 023	60 445	26
海州区		104 534.2	193 906	68	94 507	58 058	9
新邱区		115 213.2	51 576	24	5 983	1 448	4
太平区	1	157 441.2	134 332	77	14 529	12 358	7
清河门区		285 472.4	102 499	56	2 408	2 408	3
细河区		102 686.7	113 784	26	137 987	115 502	6
阜新县	29	321 627.4	285 306	139	23 489	23 000	49
彰武县	38	939 736.3	1 075 331	104	31 825	23 123	29
弓长岭区	12	235 699	130 089	81	10 332	8 934	3
太子河区	7	453 112	89 032	65	126 016	47 606	4
辽阳县	3	777 883	587 837	152	49 114	38 907	24
灯塔市	4	789 896	632 991	120	33 739	20 302	22
双台子区		341 188	35 366	21	184 178	184 178	6
兴隆台区	3	933 481	645 616	73	538 326	466 991	21
大洼县	5	3 811 862	2 541 241	379	102 208	77 585	23
盘山县	6	1 200 711	1 149 214	207	36 700	24 682	17
银州区	2	1 097 373	744 376	64	535 970	344 569	15
清河区	1	502 370	527 215	107	38 100	35 300	5
铁岭县		2 648 143	2 281 076	267	377 969	304 613	19
西丰县	2	126 504	111 396	70	23 676	18 576	21
昌图县	1	1 061 073	426 568	365	129 490	114 391	42
调兵山市	2	1 136 440	959 912	175	285 445	220 634	10
开原市	1	2 015 056	2 447 445	192	357 612	252 815	27
双塔区	4	329 273	294 738	54	263 441	213 071	5
龙城区		178 311	178 311	54	60 750	60 750	9
朝阳县	74	691 963	184 359	160	81 741	69 499	36
建平县	27	774 681	760 778	213	86 225	51 679	35
喀左县	14	562 759	488 418	111	45 915	41 523	8
北票市	2	692 534	687 530	420	62 347	58 009	36
凌源市		496 981	496 981	163	93 575	67 338	26
连山区	4	704 185	215 340	70	104 124	71 635	23
龙港区	8	518 925	311 737	52	285 379	230 463	6
南票区		68 308	68 308	6			8
绥中县	31	905 959	1 056 410	69	50 708	36 339	33
建昌县	1	317 536	217 134	30	29 108	25 906	24
兴城市	5	487 566	85 968	143	60 286	56 368	31

附录7续表26

县(市)区名称	小学数(所)	普通中学专任教师数(人)	小学专任教师数(人)	普通中学在校学生数(人)	小学在校学生数(人)	专业技术人员数(人)	#农业技术人员
苏家屯区	14	1 473	1 431	17 944	20 937	10 201	1 011
东陵区	14	1 130	1 062	12 017	20 015	9 300	4 170
沈北新区	21	1 538	1 278	22 825	15 732	7 104	116
于洪区	40	1 021	1 031	10 551	20 394	371	307
辽中县	22	1 665	2 212	11 938	26 122	825	703
康平县	57	1 091	1 590	11 122	17 534	10 473	1 234
法库县	54	1 692	1 905	16 719	27 445	6 745	1 114
新民市	15	2 085	2 358	24 811	35 291	10 421	535
甘井子区	66	1 753	2 317	27 582	52 223	6 085	459
旅顺口区	30	1 056	836	11 313	13 173	8 848	128
金州区	55	2 891	2 241	39 078	46 845	529	200
长海县	12	293	306	4 076	4 407	2 798	1 108
瓦房店市	138	2 017	2 549	25 541	37 793	31 152	1 128
普兰店市	151	3 205	3 156	26 716	37 521	38 900	7 780
庄河市	162	3 392	2 627	48 839	36 089	15 495	982
千山区	28	1 194	1 211	11 108	12 688	3 522	245
台安县	100	1 114	1 591	16 993	22 688	6 784	292
岫岩县	162	1 652	2 261	22 817	30 789	8 750	219
海城市	314	3 571	5 047	54 499	76 524	15 939	2 440
顺城区	19	722	1 220	8 044	12 245	4 800	160
抚顺县	4	418	746	4 833	8 241	2 677	215
新宾县	47	1 040	1 274	7 150	13 761	6 572	482
清原县	50	797	1 337	8 561	14 417	5 785	170
平山区	20	1 000	1 360	7 363	12 231	3 566	20
溪湖区	15	645	714	4 410	5 813	3 396	128
明山区	11	799	1 033	8 368	11 520	7 372	239
南芬区	3	198	302	2 002	2 830	854	24
本溪县	15	1 089	1 537	15 207	15 896	7 954	160
桓仁县	10	953	1 212	14 589	13 555	6 610	125
振安区	38	503	704	5 423	7 834	2 073	86
宽甸县	194	1 286	2 285	14 224	26 227	7 618	502
东港市	121	1 567	2 027	24 077	33 993	10 659	371
凤城市	130	1 792	2 210	29 224	36 239	10 650	642
太和区	33	530	851	5 634	8 337	4 412	362
黑山县	101	1 765	2 483	20 950	33 549	8 543	344
义县	19	1 189	2 058	16 808	19 968	7 895	465
凌海市	57	1 575	1 822	16 567	33 508	6 801	372
北镇市	81	1 760	1 805	25 726	27 456	7 206	621
鲅鱼圈区	32	1 507	1 100	24 128	26 132	105	53

附录7续表27

县(市)区名称	小学数（所）	普通中学专任教师数（人）	小学专任教师数（人）	普通中学在校学生数（人）	小学在校学生数（人）	专业技术人员数（人）	#农业技术人员
老边区	7	515	585	5 417	8 761	2 168	1 285
盖州市	95	2 676	2 910	25 585	38 320	8 233	458
大石桥市	87	2 482	2 252	42 108	40 133	17 260	965
海州区	10	713	1 002	5 570	10 251	3 324	115
新邱区	12	141	344	2 017	3 034	37	10
太平区	16	492	834	3 418	5 306	326	75
清河门区	10	196	347	1 772	3 634	364	31
细河区	10	764	496	12 585	7 690	1 276	16
阜新县	137	2 735	3 789	26 153	39 731	10 900	750
彰武县	52	1 502	1 632	18 109	22 644	7 203	320
弓长岭区	3	224	383	1 930	4 070	1 623	20
太子河区	9	172	355	1 716	4 331	5 609	223
辽阳县	130	1 315	1 650	21 124	30 763	626	325
灯塔市	107	1 424	1 580	17 079	31 650	8 565	976
双台子区	15	605	603	7 745	9 367	312	108
兴隆台区	28	1 805	1 351	22 209	19 357	1 075	47
大洼县	26	1 595	2 682	20 941	21 491	10 398	1 000
盘山县	6	1 011	1 312	7 644	13 752	5 852	350
银州区	25	1 441	881	20 733	16 953	56	1
清河区	15	370	406	4 581	4 654	1 720	12
铁岭县	60	926	1 504	10 100	15 745	4 458	198
西丰县	56	1 029	1 190	13 727	15 347	5 070	2 195
昌图县	238	2 471	4 047	31 478	56 206	16 585	1 121
调兵山市	16	593	759	6 569	10 282	4 013	41
开原市	81	2 031	2 146	17 264	28 197	12 367	1 317
双塔区	45	186	1 378	3 160	30 103	5 451	223
龙城区	52	447	836	4 159	7 023	1 809	35
朝阳县	180	2 595	2 588	25 797	32 782	8 910	308
建平县	131	2 260	2 771	33 712	34 388	10 400	1 125
喀左县	22	1 327	2 378	17 207	26 041	9 090	1 800
北票市	105	2 381	2 296	30 494	29 130	12 390	450
凌源市	163	2 097	3 073	40 485	47 092	11 641	3 257
连山区	85	1 637	2 265	16 902	32 447	6 711	325
龙港区	7	1 060	681	8 128	12 808	1 703	12
南票区	31	416	738	3 483	7 784	1 329	11
绥中县	160	1 895	2 159	31 333	40 142	6 085	337
建昌县	191	2 273	2 763	31 452	39 893	8 973	652
兴城市	158	1 927	2 322	27 800	35 190	7 270	320

附录7 续表28

县(市)区名称	医院、卫生院数(所)	医院、卫生院床位数(床)	医院、卫生院技术人员数(人)	医生	城镇在岗职工年平均人数(人)	城镇在岗职工工资总额(万元)	农村居民人均纯收入(元)
苏家屯区	20	1 828	2 023	827	37 583	106 853	11 041
东陵区	14	680	910	443	77 244	254 159	11 763
沈北新区	18	1 434	1 046	427	68 513	209 881	11 023
于洪区	7	503	544	200	20 258	83 776	12 405
辽中县	29	1 127	1 698	1 180	14 002	49 311	9 514
康平县	19	910	1 097	450	14 305	44 163	7 840
法库县	22	835	621	420	12 958	41 925	8 403
新民市	35	1 630	2 965	821	23 061	61 450	9 464
甘井子区	22	5 082	5 987	1 706	117 965	513 845	22 083
旅顺口区	13	1 003	1 187	497	45 978	163 771	15 681
金州区	62	3 143	3 223	1 301	207 083	793 615	16 850
长海县	8	271	296	134	7 585	35 019	20 093
瓦房店市	35	4 351	4 652	2 528	38 689	141 790	10 252
普兰店市	38	2 774	2 005	965	54 068	169 488	10 112
庄河市	41	2 666	3 439	1 648	36 860	127 679	10 210
千山区	15	4 583	1 793	588	21 303	48 653	11 470
台安县	22	1 103	1 164	498	21 231	43 573	8 685
岫岩县	27	1 334	1 352	648	22 591	48 381	7 343
海城市	51	3 283	2 771	1 206	47 178	113 999	9 856
顺城区	9	350	379	190	44 070	141 201	9 031
抚顺县	17	585	357	155	8 388	28 717	7 387
新宾县	17	772	1 110	496	11 978	34 755	6 483
清原县	20	878	1 230	471	19 344	60 866	6 612
平山区	14	2 725	2 855	962	138 860	468 838	10 483
溪湖区	19	1 166	837	295	5 996	38 560	8 785
明山区	10	3 083	3 643	1 392	34 061	102 592	10 367
南芬区	4	470	453	109	4 862	10 688	8 525
本溪县	14	1 042	1 050	332	16 057	39 519	8 740
桓仁县	18	950	865	369	15 730	56 394	6 922
振安区	7	432	383	148	22 156	55 792	8 140
宽甸县	28	1 745	1 219	489	16 441	44 617	7 537
东港市	26	2 209	1 944	818	27 194	76 333	9 235
凤城市	29	2 120	1 920	839	24 456	62 685	8 207
太和区	10	802	732	278	16 958	42 593	8 413
黑山县	38	792	1 090	912	16 275	29 126	7 635
义县	20	1 020	876	349	12 162	26 757	5 979
凌海市	24	1 210	1 417	898	23 949	40 856	8 719
北镇市	18	985	948	790	14 208	27 583	8 408
鲅鱼圈区	23	2 621	2 986	1 417	39 631	112 893	10 161

附录7续表29

县(市)区名称	医院、卫生院数(所)	医院、卫生院床位数(床)	医院、卫生院技术人员数(人)	医生	城镇在岗职工年平均人数(人)	城镇在岗职工工资总额(万元)	农村居民人均纯收入(元)
老边区	5	250	228	132	8 011	20 746	10 022
盖州市	35	1 560	1 208	710	15 817	40 338	7 601
大石桥市	26	3 293	3 430	1 896	23 954	68 868	11 000
海州区	19	3 380	4 966	1 260	70 693	184 825	6 520
新邱区	4	240	175	64	5 697	12 335	7 309
太平区	4	280	308	124	14 700	32 199	6 638
清河门区	7	116	221	131	2 095	6 610	5 680
细河区	8	400	270	170	36 448	105 511	9 164
阜新县	37	980	1 123	483	22 591	55 124	6 690
彰武县	28	885	947	373	16 183	38 405	6 233
弓长岭区	2	384	272	84	4 383	11 481	9 324
太子河区	4	290	78	46	21 859	77 693	9 898
辽阳县	20	1 080	944	601	22 490	54 149	7 858
灯塔市	19	654	590	420	13 668	33 547	7 901
双台子区	10	1 930	1 880	913	15 482	34 872	10 503
兴隆台区	20	2 223	2 231	1 051	70 087	223 569	10 100
大洼县	18	709	1 042	662	21 615	40 270	9 677
盘山县	18	548	539	259	19 839	31 167	9 710
银州区	7	350	629	326	42 188	122 753	8 642
清河区	4	208	215	78	10 385	28 586	8 592
铁岭县	22	630	983	434	21 047	61 262	8 490
西丰县	18	678	897	294	13 275	25 565	6 515
昌图县	43	1 724	2 198	1 142	39 649	62 021	7 319
调兵山市	3	832	1 087	451	63 943	248 982	8 642
开原市	30	2 056	2 429	862	23 198	55 416	8 592
双塔区		1 236	135	113	9 796	17 825	6 545
龙城区	6	280	86	42	14 466	41 623	6 648
朝阳县	33	980	946	499	23 421	71 757	6 008
建平县	37	1 866	1 245	671	22 711	61 953	6 019
喀左县	28	1 077	1 076	470	23 258	60 241	6 001
北票市	40	1 917	1 815	811	30 081	83 283	6 342
凌源市	27	3 047	1 806	837	33 152	93 588	6 172
连山区	22	840	850	730	32 102	190 623	7 534
龙港区	4	120	104	53	58 800	30 157	8 206
南票区	6	600	325	161	10 217	23 137	5 548
绥中县	26	1 145	1 374	1 061	20 552	53 811	6 736
建昌县	38	1 476	1 363	1 018	17 256	44 927	6 155
兴城市	35	2 000	1 331	350	25 615	20 367	6 455

附录7 续表30

县(市)区名称	农村恩格尔系数(%)	各种社会福利收养性单位数(个)	各种社会福利收养性单位床位数(床)	参加基本养老保险的职工数(人)	参加基本医疗保险的职工数(人)	参加失业保险人数(人)	城镇居民最低生活保障人数(人)
苏家屯区	31.0	8	1 096	55 410	97 057	61 371	3 279
东陵区	38.1	24	1 020	50 600	96 800	62 500	5 780
沈北新区	31.1	7	790	40 198	57 374	59 065	2 801
于洪区	35.5	4	800	9 184	14 985	10 089	4 679
辽中县	46.0	19	1 727	22 995	31 002	17 480	8 109
康平县	41.4	14	1 100	19 275	23 279	14 460	5 144
法库县	39.1	19	1 942	27 151	34 226	16 910	5 118
新民市	39.4	14	2 000	14 325	49 931	24 938	10 113
甘井子区	31.2	12	700	50 854	40 527	28 468	14 878
旅顺口区	29.1	8	780	64 180	71 194	28 509	3 135
金州区	31.9	6	2 862	269 700	468 000	221 200	5 924
长海县	30.8	4	454	12 200	16 187	7 327	1 124
瓦房店市	43.5	33	4 000	95 204	127 663	48 946	12 733
普兰店市	41.2	28	3 389	74 000	131 279	28 372	10 226
庄河市	48.8	29	4 847	83 295	130 629	32 017	5 709
千山区	42.7	14	700	25 266	21 850	14 835	5 197
台安县	46.0	15	1 570	30 111	27 344	15 087	2 456
岫岩县	46.4	25	1 746	61 765	47 330	16 411	5 420
海城市	34.6	44	4 940	137 403	104 116	68 000	4 872
顺城区	28.4	21	1 820	128 980	78 198	35 705	20 956
抚顺县	41.0	12	665	22 833	17 380	8 733	1 570
新宾县	44.8	16	995	29 863	35 122	17 470	9 826
清原县	38.9	14	887	29 000	36 046	14 583	9 512
平山区	37.0	4	180	134 725	75 289	128 978	17 431
溪湖区	41.0	3	160	139 816	89 578	84 106	25 017
明山区	45.1	5	242	5 480	7 025	14 784	13 966
南芬区	37.0	1	145	48 950	23 600	30 500	2 460
本溪县	39.8	9	540	26 210	6 300	36 185	18 579
桓仁县	42.9	9	1 480	39 712	40 630	16 775	9 700
振安区	32.0	6	453	17 863	9 056	7 130	6 112
宽甸县	0.4	15	1 426	47 962	33 735	33 658	9 467
东港市	45.0	19	1 679	81 102	50 702	32 009	3 550
凤城市	50.0	30	1 468	88 194	78 000	46 800	13 099
太和区	30.1	6	320	9 930	17 628	4 946	3 709
黑山县	40.0	23	1 260	42 343	91 560	22 680	7 566
义县	41.7	17	1 655	36 150	39 650	11 560	6 868
凌海市	40.4	21	1 610	40 693	59 327	31 465	7 639
北镇市	33.4	17	1 300	37 015	52 211	30 117	4 091
鲅鱼圈区	41.2	3	340	93 581	81 100	32 265	5 551

附录7 续表31

县(市)区名称	农村恩格尔系数(%)	各种社会福利收养性单位数(个)	各种社会福利收养性单位床位数(床)	参加基本养老保险的职工数(人)	参加基本医疗保险的职工数(人)	参加失业保险人数(人)	城镇居民最低生活保障人数(人)
老边区	40.9	7	690	31 300	38 496	15 730	2 965
盖州市	38.7	28	1 400	87 000	72 000	25 490	15 653
大石桥市	35.7	6	2 185	113 000	107 270	33 296	16 309
海州区	36.0	10	412	15 378	7 560	12 400	35 100
新邱区	36.0	1	12	9 234	1 795	7 036	11 657
太平区	37.0	5	1 075	3 273	1 945	8 166	38 884
清河门区	40.0	1	50	3 230	2 122	1 198	10 799
细河区	36.0	2	250	13 468	2 920	9 637	15 658
阜新县	37.0	34	1 170	54 590	76 740	29 930	3 625
彰武县	36.5	25	1 083	31 315	25 429	19 508	2 848
弓长岭区	50.0	5	500	14 347	18 708	5 224	2 571
太子河区	35.0	1	120	17 420	49 850	8 750	3 302
辽阳县	40.0	15	1 000	64 226	58 876	20 904	11 309
灯塔市	41.0	15	833	72 401	76 508	13 439	4 903
双台子区	38.8	1	120	22 161	56 704	16 547	14 168
兴隆台区	35.4	1	222	54 949	199 231	50 155	3 642
大洼县	36.2	13	746	36 892	52 187	14 505	5 416
盘山县	35.0	14	1 011	73 190	33 189	6 221	2 800
银州区	30.0	6	713	23 940	29 284	6 267	17 504
清河区	28.0	3	420	6 950	22 480	1 738	2 647
铁岭县	31.0	4	660	22 253	53 448	17 420	4 078
西丰县	45.9	20	850	20 540	36 226	17 000	12 500
昌图县	38.9	20	1 865	48 000	73 000	31 684	16 500
调兵山市	32.9	3	160	51 020	64 000	33 006	6 550
开原市	35.8	6	2 000	47 676	142 467	44 685	10 719
双塔区	39.0	2	112	7 465	5 849		
龙城区	9.0	15	992	10 021	8 300	6 599	13 420
朝阳县	43.1	29	2 245	36 360	40 351	15 680	5 792
建平县	37.2	15	1 395	41 520	50 719	23 068	12 085
喀左县	28.0	5	750	26 101	32 755	22 483	11 669
北票市	32.0	73	3 000	58 158	55 302	36 011	49 358
凌源市	38.6	25	524	40 372	152 679	48 476	20 742
连山区	36.9	14	719	34 348	18 000	863	6 021
龙港区	32.3	2	150	27 506	24 799	17 000	2 547
南票区	46.0	4	134	8 024	11 118	2 531	13 911
绥中县	31.7	30	2 168	38 526	48 919	16 764	7 263
建昌县	42.0	15	995	29 787	36 863	9 910	11 586
兴城市	40.3	14	1 000	36 010	55 453	17 512	12 956

附录7续表32

县(市)区名称	农村居民最低生活保障人数(人)	参加农村合作医疗的人数(人)	参加农村养老保险的人数(人)	森林面积(公顷)	年末耕地总资源(公顷)	常用耕地面积	自然保护区个数(个)
苏家屯区	4 123	192 426	10 707	13 000	45 666	45 666	1
东陵区	4 880	85 000	4 500	12 779	26 352	25 161	1
沈北新区	2 632	165 521	453	16 869	52 381	52 381	
于洪区	4 194	149 546	8 026	6 800	27 547	13 883	
辽中县	21 711	363 626		21 333	72 926	72 926	
康平县	14 703	253 136	129 083	90 667	102 807	102 807	2
法库县	15 733	365 819		66 667	155 958	149 722	1
新民市	22 490	502 189	3 228	56 133	217 157	159 632	
甘井子区		14 909		17 533	2 140	2 140	
旅顺口区	1 997	70 005	49 626	19 125	6 974	6 974	1
金州区	4 517	154 167	6 546	107 234	40 260	40 000	1
长海县		1 345	11 352	6 845	1 378	1 378	2
瓦房店市	18 351	592 030	11 000	131 974	84 312	82 877	6
普兰店市	16 779	546 879	2 306	101 000	130 121	130 121	2
庄河市	18 059	649 886	6 416	169 467	119 864	119 856	1
千山区	3 900	144 328		13 266	9 697	9 697	
台安县	11 328	291 790		37 089	74 921	74 738	2
岫岩县	17 050	363 389	63 936	316 666	75 350	47 258	3
海城市	11 257	812 166	64 031	97 353	98 565	88 856	3
顺城区	2 484	42 005	26	12 001	6 275	6 273	
抚顺县	1 570	141 656	5 254	142 486	42 310	42 310	1
新宾县	11 785	202 896	87 785	338 956	57 549	57 549	3
清原县	16 172	215 897	12 000	278 733	37 001	37 001	1
平山区	710	14 389	14 209	10 305	1 252	1 252	6
溪湖区	1 425	25 689	6 115	23 194	5 130	5 130	7
明山区	1 753	31 875	2 360	27 447	2 643	2 643	7
南芬区	980	27 855		50 300	3 857	3 857	8
本溪县	5 528	167 000	2 792	193 635	27 528	27 528	8
桓仁县	8 600	195 740	137 815	272 000	27 312	27 312	4
振安区	3 163	91 923	4 948	40 694	12 597	10 772	1
宽甸县	16 863	339 172	38 690	491 581	36 283	31 455	7
东港市	15 612	463 643	38 956	51 698	90 569	75 451	4
凤城市	12 352	371 983	21 327	286 169	62 318	54 176	6
太和区	3 610	79 549	9 087	6 010	10 661	9 729	
黑山县	22 426	464 138	75 220	25 800	171 991	144 111	1
义县	24 528	300 838	235 321	51 353	96 108	95 970	2
凌海市	18 815	354 624	87 858	38 464	137 974	118 912	
北镇市	17 264	355 540	65 112	43 000	68 756	57 559	1
鲅鱼圈区	5 871	151 080	28 009	2 200	4 479	4 479	

附录7续表33

县(市)区名称	农村居民最低生活保障人数（人）	参加农村合作医疗的人数（人）	参加农村养老保险的人数（人）	森林面积（公顷）	年末耕地总资源（公顷）	常用耕地面积	自然保护区个数（个）
老边区	3 526	82 517	10 696	907	8 478	8 478	
盖州市	35 000	502 766	58 000	159 163	40 098	37 190	1
大石桥市	19 875	435 918	91 183	54 973	62 110	62 110	1
海州区	630	11 958	7 727	680	1 361	1 353	
新邱区	596	13 891	133	3 103	3 740	3 740	
太平区	610	10 914	1 580	2 501	1 131	1 131	
清河门区	1 350	15 921	1 420	360	3 400	3 300	
细河区	667	17 982	3 573	2 733	2 173	2 173	
阜新县	38 373	517 693	202 421	191 000	235 022	212 742	2
彰武县	16 721	282 289	104 674	4	130 565	107 341	2
弓长岭区	1 657	23 811	9 345	17 089	3 787	3 574	3
太子河区	2 724	62 702	538	995	7 535	7 535	
辽阳县	23 437	430 000	20 000	145 785	71 058	70 767	2
灯塔市	22 519	373 860	9 632	21 752	70 220	70 220	1
双台子区	719	15 162		59	1 177	1 177	
兴隆台区	1 445	20 638	603	479	5 457	5 457	
大洼县	8 392	232 838	129 500	7 278	66 377	66 377	1
盘山县	6 175	212 883	106 208	8 667	55 758	55 758	
银州区	900	21 508	3 116	815	5 899	5 899	
清河区	3 761	49 227	5 278	25 333	10 912	9 396	
铁岭县	13 357	309 653	21 402	68 570	105 703	105 703	
西丰县	15 731	248 757	108 451	95 067	80 657	75 273	
昌图县	36 000	753 300	158 000	88 000	327 715	327 046	
调兵山市	3 415	56 039	7 245	4 401			
开原市	18 715	383 816	73 985	115 784	119 361	89 457	2
双塔区		89 205	5 073	4 236	8 030	8 030	
龙城区	4 750	114 802	550	28 410	9 980	9 980	
朝阳县	29 688	498 403	198 059	58 693	266 772	89 996	4
建平县	20 826	429 711	281 300	216 366	436 920	183 921	1
喀左县	16 558	289 989	164 519	84 667	63 635	63 635	2
北票市	28 715	345 643	74 339	20 000	85 246	73 333	1
凌源市	49 695	495 000	69 741	172 531	51 078	49 596	1
连山区	14 383	291 959	54 131		41 444	41 414	
龙港区	1 482	33 066	7 215	3 566	2 637	2 466	
南票区	5 899	73 756	21 000	9 667	8 521	8 521	
绥中县	24 270	476 359	23 789	122 637	81 594	81 594	2
建昌县	24 722	501 591	309 330	67 679	68 416	68 416	4
兴城市	30 083	399 227	28 509	84 933	79 341	52 884	1

附录7续表34

县(市)区名称	自然保护区面积（公顷）	环境污染治理本年完成投资总额（万元）	工业二氧化硫排放量（吨）	工业废水排放达标率（%）	工业烟尘排放达标率（%）	城镇生活污水处理率（%）
苏家屯区	4 267	101 584	4 582	78.6	100.0	97.0
东　陵　区	260	7 000	3 768	98.0	99.6	100.0
沈北新区		9 870	8 458	80.0	97.0	92.0
于　洪　区		1 740	6 157	100.0	100.0	86.0
辽　中　县		270	2 963	98.0	96.0	100.0
康　平　县	84 000	3 000	12 367	100.0	100.0	20.0
法　库　县	30 356	117 506	2 008	86.2	95.2	95.0
新　民　市		6 100	2 264	94.8	85.1	100.0
甘井子区		346	34 713	94.2	92.8	82.1
旅顺口区	10 506	22 118	1 119	99.9	100.0	100.0
金　州　区	4 210	7 146	11 302	86.8	99.3	44.5
长　海　县	1 720	2 000	203	95.0	96.0	100.0
瓦房店市	204 900	26 655	3 721	99.2	99.9	89.3
普兰店市	15 210	1 717	6 814	95.8	97.0	91.3
庄　河　市	3 775	100 000	4 761	97.0	99.8	75.0
千　山　区			4 086	91.3	90.0	
台　安　县	11 490	6 390	988	89.5	80.0	100.0
岫　岩　县	11 000	590	8 750	91.0	92.0	
海　城　市	31 868	17 500	9 407	99.8	99.5	91.8
顺　城　区		1 379	55	100.0	100.0	92.0
抚　顺　县	10 434	2 828	602	100.0	100.0	95.0
新　宾　县	27 606	5 457	572	95.0	90.0	95.0
清　原　县	18 931	1 501	2 831	98.5	89.0	59.0
平　山　区	1 000	60	543	100.0	100.0	90.0
溪　湖　区	1 860	50	2 230	98.0	95.0	95.0
明　山　区	29 699	135	1 033	99.0	99.0	100.0
南　芬　区	2 524	1 200	2 200	100.0	100.0	70.0
本　溪　县	2 524	3 000	676	96.4	98.2	68.0
桓　仁　县	15 517	1 724	1 537	86.0	85.0	80.0
振　安　区	2 281	120	716	78.0	84.0	
宽　甸　县	141 545	3 892	2 147	89.1	85.1	
东　港　市	139 100	18 500	2 800	97.6	97.5	8.0
凤　城　市	66 796	26 664	4 637	82.0	65.0	
太　和　区		996	873	99.8	100.0	100.0
黑　山　县	6 867	2 480	4 021	50.0	48.0	41.0
义　　　县	5 921	760	942	100.0	100.0	100.0
凌　海　市		3 360	6 019	100.0	100.0	100.0
北　镇　市	14 000	10 930	2 661	92.0	100.0	100.0
鲅鱼圈区		1 190	7 300	92.0	93.0	96.0

附录7续表35

县(市)区名称	自然保护区面积(公顷)	环境污染治理本年完成投资总额(万元)	工业二氧化硫排放量(吨)	工业废水排放达标率(%)	工业烟尘排放达标率(%)	城镇生活污水处理率(%)
老边区		2 304	749	95.1	90.2	
盖州市	31 947	1 000	1 285	76.0	98.0	88.4
大石桥市	11 926	26 330	6 836	100.0	100.0	53.0
海州区		100	2 000	97.0	100.0	95.0
新邱区			17 877	90.0	100.0	90.0
太平区			2 500	95.0	100.0	93.0
清河门区			2 500	65.0	85.0	90.0
细河区			130	95.0	100.0	100.0
阜新县	22 243	12 631	27 542	96.0	90.0	100.0
彰武县	28 163	137	5 568	75.0	71.0	80.0
弓长岭区	39 842	1 490	1 724	100.0	100.0	90.0
太子河区			849	100.0	100.0	90.0
辽阳县	2 100	6 500	3 330	98.0	98.0	
灯塔市	1 362	2 820	2 028	93.4	88.0	
双台子区		6 831	192	100.0	100.0	100.0
兴隆台区		170	767	98.0	95.0	100.0
大洼县	87	310	490	100.0	100.0	100.0
盘山县		960	243	82.0	94.0	100.0
银州区			5 431	100.0	100.0	100.0
清河区		700	16 409	94.9	82.1	
铁岭县		11 246	23 830	100.0	100.0	
西丰县		2 630	911	16.9	9.0	50.0
昌图县		2 102	795	26.0	11.5	
调兵山市		21 000	21 400	84.0	72.3	93.3
开原市	18 500	6 582	1 296	98.2	99.8	53.0
双塔区		534	82	78.0	67.0	80.0
龙城区		4 605	1 166	80.0	70.0	100.0
朝阳县	37 132	1 500	1 678	74.5	84.0	
建平县	13 166		6 874	80.0	90.0	80.0
喀左县	28 795	620	1 706	83.4	12.4	100.0
北票市	17 697	560	6 050	80.0	96.0	100.0
凌源市	699	180	2 087	60.3	54.1	
连山区		5 362	2 103	98.7	99.5	99.2
龙港区		500	629	100.0	100.0	98.2
南票区			530		1.4	
绥中县	3 168	4 100	4 981	100.0	100.0	100.0
建昌县	22 349	8 400	2 867	79.7	99.5	78.7
兴城市	28 100	5 400	807	97.1	97.3	90.0

附录8 2010年东北三省国民经济主要指标

指标	单位	三省合计	辽宁	吉林	黑龙江	辽宁省相当于三省 %
国民经济核算						
地区生产总值	亿元	37 493.5	18 457.3	8 667.6	10 368.6	49.2
第一产业	亿元	3 984.2	1 631.1	1 050.2	1 302.9	40.9
第二产业	亿元	19 687.2	9 976.8	4 506.3	5 204.1	50.7
第三产业	亿元	13 822.1	6 849.4	3 111.1	3 861.6	49.6
人均地区生产总值	元	33 678.7	42 355.0	31 599.0	27 082.0	
地区生产总值指数(1978年=100)	%		114.2	113.8	1 413.6	
第一产业	%		105.8	103.7	471.5	
第二产业	%		116.8	118.8	1 520.3	
第三产业	%		112.5	110.7	2 928.2	
人口						
年底总人口	万人	10 829.5	4 251.7	2 746.6	3 831.2	39.3
城镇人口	万人	0.7	-2.1	2.0	2.3	
乡村人口	万人					
自然增长率	‰	5 561.1	2 317.5	1 311.6	1 932.0	41.7
劳动就业		2 069.6	703.6	567.4	798.6	34.0
年末就业人员	万人	1 278.9	641.5	263.0	374.4	50.2
第一产业	万人	2 212.6	972.4	481.2	759.0	43.9
第二产业	万人	1 239.8	572.8	259.5	407.5	46.2
第三产业	万人	31 353.0	35 057.0	29 399.0	29 603.0	
职工人数	万人	98.4	39.5	22.7	36.2	
职工平均工资	元	3.9	3.7	3.8	4.3	
城镇登记失业人数	万人					
城镇登记失业率	%	32 466.5	16 043.0	9 621.8	6 801.7	49.4
投资		5 229.9	3 465.8	921.0	843.1	66.3
全社会固定资产投资总额	亿元	9 356.2	3 875.5	2 820.1	2 660.6	41.4
#房地产开发	亿元	761.3	504.4	141.8	115.1	66.3
#国有经济	亿元	6 144.9	5 437.5	252.8	454.7	88.5
集体经济	亿元					
个体经济	亿元	9 664.9	6 728.2	1 206.0	1 730.7	69.6
财政		3 362.8	2 004.8	602.4	755.6	59.6
财政收入	亿元	7 673.8	3 195.8	1 787.3	2 690.7	41.6
#地方财政一般预算收入	亿元					
财政支出	亿元	103.5	103.2	104.1	103.1	
物价(上年=100)		103.5	103.0	103.7	103.9	
商品零售价格指数	%					
居民消费价格指数	%	15 660.5	17 713.0	15 411.5	13 857.0	
人民生活		6 452.1	6 908.0	6 237.4	6 211.0	
城镇居民人均可支配收入	元	27.2	26.9	29.0	25.7	
农村居民家庭人均纯收入	元	24.3	27.3	22.9	22.8	
城市人均住宅建筑面积	平方米	34.3	35.1	32.3	35.4	
农村人均住房面积	平方米			36.7	33.8	
城市居民的恩格尔系数	%					
农村居民的恩格尔系数	%					